最新国土资源执法监察政策文件汇编

地质出版社

·北 京·

图书在版编目（CIP）数据

最新国土资源执法监察政策文件汇编 / 地质出版社编. — 北京：地质出版社，2017.11（2018.2 重印）
ISBN 978－7－116－10715－1

Ⅰ. ①最… Ⅱ. ①地… Ⅲ. ①国土资源－资源管理－行政执法－法律监督－文件－汇编－中国 Ⅳ. ①D922.339②D922.119

中国版本图书馆 CIP 数据核字（2017）第 298797 号

Zuixin Guotu Ziyuan Zhifa Jiancha Zhengce Wenjian Huibian

责任编辑：张蕾红
责任校对：韦海军
出版发行：地质出版社
社址邮编：北京海淀区学院路 31 号，100083
电　　话：（010）66554649（邮购部）；（010）66554608（编辑部）
网　　址：http：//www.gph.com.cn
传　　真：（010）66554607
印　　刷：北京地大彩印有限公司
开　　本：787mm×960mm　1/16
印　　张：42.75
字　　数：890 千字
版　　次：2017 年 11 月北京第 1 版
印　　次：2018 年 2 月北京第 2 次印刷
定　　价：108.00 元
书　　号：ISBN 978－7－116－10715－1

目　录

第一部分　法律、行政法规

第二部分　中央、国务院文件

第三部分　司法解释

第四部分　部门规章及规范性文件

规划管理

耕地保护管理

土地利用管理

地籍管理

矿产资源管理

案件查处

第一部分
法律、行政法规

中华人民共和国土地管理法

（1986年6月25日第六届全国人民代表大会常务委员会第六次会议通过　1986年6月25日中华人民共和国主席令第41号公布　自1987年1月1日起施行　根据1988年12月29日第七届全国人民代表大会常务委员会第五次会议《关于修改〈中华人民共和国土地管理法〉的决定》第一次修正　1998年8月29日第九届全国人民代表大会常务委员会第四次会议修订　根据2004年8月28日第十届全国人民代表大会常务委员会第十一次会议《关于修改〈中华人民共和国土地管理法〉的决定》第二次修正）

第一章　总　则

第一条　为了加强土地管理，维护土地的社会主义公有制，保护、开发土地资源，合理利用土地，切实保护耕地，促进社会经济的可持续发展，根据宪法，制定本法。

第二条　中华人民共和国实行土地的社会主义公有制，即全民所有制和劳动群众集体所有制。

全民所有，即国家所有土地的所有权由国务院代表国家行使。

任何单位和个人不得侵占、买卖或者以其他形式非法转让土地。土地使用权可以依法转让。

国家为了公共利益的需要，可以依法对土地实行征收或者征用并给予补偿。

国家依法实行国有土地有偿使用制度。但是，国家在法律规定的范围内划拨国有土地使用权的除外。

第三条　十分珍惜、合理利用土地和切实保护耕地是我国的基本国策。各级人民政府应当采取措施，全面规划，严格管理，保护、开发土地资源，制止非法占用土地的行为。

第四条　国家实行土地用途管制制度。

国家编制土地利用总体规划，规定土地用途，将土地分为农用地、建设用地和未利用地。严格限制农用地转为建设用地，控制建设用地总量，对耕地实行特殊保护。

前款所称农用地是指直接用于农业生产的土地，包括耕地、林地、草地、农田水利用地、养殖水面等；建设用地是指建造建筑物、构筑物的土地，包括城乡住宅和公共设施用地、工矿用地、交通水利设施用地、旅游用地、军事设施用地等；未利用地是指农用地和建设用地以外的土地。

使用土地的单位和个人必须严格按照土地利用总体规划确定的用途使用土地。

第五条 国务院土地行政主管部门统一负责全国土地的管理和监督工作。

县级以上地方人民政府土地行政主管部门的设置及其职责，由省、自治区、直辖市人民政府根据国务院有关规定确定。

第六条 任何单位和个人都有遵守土地管理法律、法规的义务，并有权对违反土地管理法律、法规的行为提出检举和控告。

第七条 在保护和开发土地资源、合理利用土地以及进行有关的科学研究等方面成绩显著的单位和个人，由人民政府给予奖励。

第二章 土地的所有权和使用权

第八条 城市市区的土地属于国家所有。

农村和城市郊区的土地，除由法律规定属于国家所有的以外，属于农民集体所有；宅基地和自留地、自留山，属于农民集体所有。

第九条 国有土地和农民集体所有的土地，可以依法确定给单位或者个人使用。使用土地的单位和个人，有保护、管理和合理利用土地的义务。

第十条 农民集体所有的土地依法属于村农民集体所有的，由村集体经济组织或者村民委员会经营、管理；已经分别属于村内两个以上农村集体经济组织的农民集体所有的，由村内各该农村集体经济组织或者村民小组经营、管理；已经属于乡（镇）农民集体所有的，由乡（镇）农村集体经济组织经营、管理。

第十一条 农民集体所有的土地，由县级人民政府登记造册，核发证书，确认所有权。

农民集体所有的土地依法用于非农业建设的，由县级人民政府登记造册，核发证书，确认建设用地使用权。

单位和个人依法使用的国有土地，由县级以上人民政府登记造册，核发证书，确认使用权；其中，中央国家机关使用的国有土地的具体登记发证机关，由国务院确定。

确认林地、草原的所有权或者使用权，确认水面、滩涂的养殖使用权，分别依照《中华人民共和国森林法》、《中华人民共和国草原法》和《中华人民共和国渔业法》的有关规定办理。

第十二条 依法改变土地权属和用途的，应当办理土地变更登记手续。

第十三条 依法登记的土地的所有权和使用权受法律保护，任何单位和个人不得侵犯。

第十四条 农民集体所有的土地由本集体经济组织的成员承包经营，从事种植业、林业、畜牧业、渔业生产。土地承包经营期限为三十年。发包方和承包方应当订立承包合同，约定双方的权利和义务。承包经营土地的农民有保护和按照承包合同约定的用途合理利用土地的义务。农民的土地承包经营权受法律保护。

在土地承包经营期限内，对个别承包经营者之间承包的土地进行适当调整的，必须经村民会议三分之二以上成员或者三分之二以上村民代表的同意，并报乡（镇）人民政府和县级人民政府农业行政主管部门批准。

第十五条 国有土地可以由单位或者个人承包经营，从事种植业、林业、畜牧业、渔业生产。农民集体所有的土地，可以由本集体经济组织以外的单位或者个人承包经营，从事种植业、林业、畜牧业、渔业生产。发包方和承包方应当订立承包合同，约定双方的权利和义务。土地承包经营的期限由承包合同约定。承包经营土地的单位和个人，有保护和按照承包合同约定的用途合理利用土地的义务。

农民集体所有的土地由本集体经济组织以外的单位或者个人承包经营的，必须经村民会议三分之二以上成员或者三分之二以上村民代表的同意，并报乡（镇）人民政府批准。

第十六条 土地所有权和使用权争议，由当事人协商解决；协商不成的，由人民政府处理。

单位之间的争议，由县级以上人民政府处理；个人之间、个人与单位之间的争议，由乡级人民政府或者县级以上人民政府处理。

当事人对有关人民政府的处理决定不服的，可以自接到处理决定通知之日起三十日内，向人民法院起诉。

在土地所有权和使用权争议解决前，任何一方不得改变土地利用现状。

第三章 土地利用总体规划

第十七条 各级人民政府应当依据国民经济和社会发展规划、国土整治和资源环境保护的要求、土地供给能力以及各项建设对土地的需求，组织编制土地利用总体规划。

土地利用总体规划的规划期限由国务院规定。

第十八条 下级土地利用总体规划应当依据上一级土地利用总体规划编制。

地方各级人民政府编制的土地利用总体规划中的建设用地总量不得超过上一级土地利用总体规划确定的控制指标，耕地保有量不得低于上一级土地利用总体规划确定的控制指标。

省、自治区、直辖市人民政府编制的土地利用总体规划，应当确保本行政区域内耕地总量不减少。

第十九条 土地利用总体规划按照下列原则编制：

（一）严格保护基本农田，控制非农业建设占用农用地；

（二）提高土地利用率；

（三）统筹安排各类、各区域用地；

（四）保护和改善生态环境，保障土地的可持续利用；

（五）占用耕地与开发复垦耕地相平衡。

第二十条 县级土地利用总体规划应当划分土地利用区，明确土地用途。

乡（镇）土地利用总体规划应当划分土地利用区，根据土地使用条件，确定每一块土地的用途，并予以公告。

第二十一条 土地利用总体规划实行分级审批。

省、自治区、直辖市的土地利用总体规划，报国务院批准。

省、自治区人民政府所在地的市、人口在一百万以上的城市以及国务院指定的城市的土地利用总体规划，经省、自治区人民政府审查同意后，报国务院批准。

本条第二款、第三款规定以外的土地利用总体规划，逐级上报省、自治区、直辖市人民政府批准；其中，乡（镇）土地利用总体规划可以由省级人民政府授权的设区的市、自治州人民政府批准。

土地利用总体规划一经批准，必须严格执行。

第二十二条 城市建设用地规模应当符合国家规定的标准，充分利用现有建设用地，不占或者尽量少占农用地。

城市总体规划、村庄和集镇规划，应当与土地利用总体规划相衔接，城市总体规划、村庄和集镇规划中建设用地规模不得超过土地利用总体规划确定的城市和村庄、集镇建设用地规模。

在城市规划区内、村庄和集镇规划区内，城市和村庄、集镇建设用地应当符合城市规划、村庄和集镇规划。

第二十三条 江河、湖泊综合治理和开发利用规划，应当与土地利用总体规划相衔接。在江河、湖泊、水库的管理和保护范围以及蓄洪滞洪区内，土地利用应当符合江河、湖泊综合治理和开发利用规划，符合河道、湖泊行洪、蓄洪和输水的要求。

第二十四条 各级人民政府应当加强土地利用计划管理，实行建设用地总量控制。

土地利用年度计划，根据国民经济和社会发展计划、国家产业政策、土地利用总体规划以及建设用地和土地利用的实际状况编制。土地利用年度计划的编制审批程序与土地利用总体规划的编制审批程序相同，一经审批下达，必须严格执行。

第二十五条 省、自治区、直辖市人民政府应当将土地利用年度计划的执行情况列为国民经济和社会发展计划执行情况的内容，向同级人民代表大会报告。

第二十六条 经批准的土地利用总体规划的修改，须经原批准机关批准；未经批准，不得改变土地利用总体规划确定的土地用途。

经国务院批准的大型能源、交通、水利等基础设施建设用地，需要改变土地利用总体规划的，根据国务院的批准文件修改土地利用总体规划。

经省、自治区、直辖市人民政府批准的能源、交通、水利等基础设施建设用地，需要改变土地利用总体规划的，属于省级人民政府土地利用总体规划批准权限内的，根据省级人民政府的批准文件修改土地利用总体规划。

第二十七条 国家建立土地调查制度。

县级以上人民政府土地行政主管部门会同同级有关部门进行土地调查。土地所有者或者使用者应当配合调查，并提供有关资料。

第二十八条 县级以上人民政府土地行政主管部门会同同级有关部门根据土地调查成果、规划土地用途和国家制定的统一标准，评定土地等级。

第二十九条 国家建立土地统计制度。

县级以上人民政府土地行政主管部门和同级统计部门共同制定统计调查方案，依法进行土地统计，定期发布土地统计资料。土地所有者或者使用者应当提供有关资料，不得虚报、瞒报、拒报、迟报。

土地行政主管部门和统计部门共同发布的土地面积统计资料是各级人民政府编制土地利用总体规划的依据。

第三十条 国家建立全国土地管理信息系统，对土地利用状况进行动态监测。

第四章 耕地保护

第三十一条 国家保护耕地，严格控制耕地转为非耕地。

国家实行占用耕地补偿制度。非农业建设经批准占用耕地的，按照“占多少，垦多少”的原则，由占用耕地的单位负责开垦与所占用耕地的数量和质量相当的耕地；没有条件开垦或者开垦的耕地不符合要求的，应当按照省、自治区、直辖市的规定缴纳耕地开垦费，专款用于开垦新的耕地。

省、自治区、直辖市人民政府应当制定开垦耕地计划，监督占用耕地的单位按照计划开垦耕地或者按照计划组织开垦耕地，并进行验收。

第三十二条 县级以上地方人民政府可以要求占用耕地的单位将所占用耕地耕作层的土壤用于新开垦耕地、劣质地或者其他耕地的土壤改良。

第三十三条 省、自治区、直辖市人民政府应当严格执行土地利用总体规划和土地利用年度计划，采取措施，确保本行政区域内耕地总量不减少；耕地总量减少的，由国务院责令在规定期限内组织开垦与所减少耕地的数量与质量相当的耕地，并由国务院土地行政主管部门会同农业行政主管部门验收。个别省、直辖市确因土地后备资源匮乏，新增建设用地后，新开垦耕地的数量不足以补偿所占用耕地的数量的，必须报经国务院批准减免本行政区域内开垦耕地的数量，进行易地开垦。

第三十四条 国家实行基本农田保护制度。下列耕地应当根据土地利用总体规划划入基本农田保护区，严格管理：

（一）经国务院有关主管部门或者县级以上地方人民政府批准确定的粮、棉、油生产基地内的耕地；

（二）有良好的水利与水土保持设施的耕地，正在实施改造计划以及可以改造的中、低产田；

（三）蔬菜生产基地；

（四）农业科研、教学试验田；

（五）国务院规定应当划入基本农田保护区的其他耕地。

各省、自治区、直辖市划定的基本农田应当占本行政区域内耕地的百分之八十以上。

基本农田保护区以乡（镇）为单位进行划区定界，由县级人民政府土地行政主管部门会同同级农业行政主管部门组织实施。

第三十五条 各级人民政府应当采取措施，维护排灌工程设施，改良土壤，提高地力，防止土地荒漠化、盐渍化、水土流失和污染土地。

第三十六条 非农业建设必须节约使用土地，可以利用荒地的，不得占用耕地；可以利用劣地的，不得占用好地。

禁止占用耕地建窑、建坟或者擅自在耕地上建房、挖砂、采石、采矿、取土等。

禁止占用基本农田发展林果业和挖塘养鱼。

第三十七条 禁止任何单位和个人闲置、荒芜耕地。已经办理审批手续的非农业建设占用耕地，一年内不用而又可以耕种并收获的，应当由原耕种该幅耕地的集体或者个人恢复耕种，也可以由用地单位组织耕种；一年以上未动工建设的，应当按照省、自治区、直辖市的规定缴纳闲置费；连续二年未使用的，经原批准机关批准，由县级以上人民政府无偿收回用地单位的土地使用权；该幅土地原为农民集体所有的，应当交由原农村集体经济组织恢复耕种。

在城市规划区范围内，以出让方式取得土地使用权进行房地产开发的闲置土地，依照《中华人民共和国城市房地产管理法》的有关规定办理。

承包经营耕地的单位或者个人连续二年弃耕抛荒的，原发包单位应当终止承包合同，收回发包的耕地。

第三十八条 国家鼓励单位和个人按照土地利用总体规划，在保护和改善生态环境、防止水土流失和土地荒漠化的前提下，开发未利用的土地；适宜开发为农用地的，应当优先开发成农用地。

国家依法保护开发者的合法权益。

第三十九条 开垦未利用的土地，必须经过科学论证和评估，在土地利用总体规划划定的可开垦的区域内，经依法批准后进行。禁止毁坏森林、草原开垦耕地，禁止围湖造田和侵占江河滩地。

根据土地利用总体规划，对破坏生态环境开垦、围垦的土地，有计划有步骤地退耕还林、还牧、还湖。

第四十条 开发未确定使用权的国有荒山、荒地、荒滩从事种植业、林业、畜牧业、渔业生产的，经县级以上人民政府依法批准，可以确定给开发单位或者个人长期使用。

第四十一条 国家鼓励土地整理。县、乡（镇）人民政府应当组织农村集体经济组织，按照土地利用总体规划，对田、水、路、林、村综合整治，提高耕地质量，增加有效耕地面积，改善农业生产条件和生态环境。

地方各级人民政府应当采取措施，改造中、低产田，整治闲散地和废弃地。

第四十二条　因挖损、塌陷、压占等造成土地破坏，用地单位和个人应当按照国家有关规定负责复垦；没有条件复垦或者复垦不符合要求的，应当缴纳土地复垦费，专项用于土地复垦。复垦的土地应当优先用于农业。

第五章　建设用地

第四十三条　任何单位和个人进行建设，需要使用土地的，必须依法申请使用国有土地；但是，兴办乡镇企业和村民建设住宅经依法批准使用本集体经济组织农民集体所有的土地的，或者乡（镇）村公共设施和公益事业建设经依法批准使用农民集体所有的土地的除外。

前款所称依法申请使用的国有土地包括国家所有的土地和国家征收的原属于农民集体所有的土地。

第四十四条　建设占用土地，涉及农用地转为建设用地的，应当办理农用地转用审批手续。

省、自治区、直辖市人民政府批准的道路、管线工程和大型基础设施建设项目、国务院批准的建设项目占用土地，涉及农用地转为建设用地的，由国务院批准。

在土地利用总体规划确定的城市和村庄、集镇建设用地规模范围内，为实施该规划而将农用地转为建设用地的，按土地利用年度计划分批次由原批准土地利用总体规划的机关批准。在已批准的农用地转用范围内，具体建设项目用地可以由市、县人民政府批准。

本条第二款、第三款规定以外的建设项目占用土地，涉及农用地转为建设用地的，由省、自治区、直辖市人民政府批准。

第四十五条　征收下列土地的，由国务院批准：

（一）基本农田；

（二）基本农田以外的耕地超过三十五公顷的；

（三）其他土地超过七十公顷的。

征收前款规定以外的土地的，由省、自治区、直辖市人民政府批准，并报国务院备案。

征收农用地的，应当依照本法第四十四条的规定先行办理农用地转用审批。其中，经国务院批准农用地转用的，同时办理征地审批手续，不再另行办理征地审批；经省、自治区、直辖市人民政府在征地批准权限内批准农用地转用的，同时办理征地审批手续，不再另行办理征地审批，超过征地批准权限的，应当依照本条第一款的规定另行办理征地审批。

第四十六条　国家征收土地的，依照法定程序批准后，由县级以上地方人民政府予以公告并组织实施。

被征收土地的所有权人、使用权人应当在公告规定期限内，持土地权属证书到当地人民政府土地行政主管部门办理征地补偿登记。

第四十七条 征收土地的，按照被征收土地的原用途给予补偿。

征收耕地的补偿费用包括土地补偿费、安置补助费以及地上附着物和青苗的补偿费。征收耕地的土地补偿费，为该耕地被征收前三年平均年产值的六至十倍。征收耕地的安置补助费，按照需要安置的农业人口数计算。需要安置的农业人口数，按照被征收的耕地数量除以征地前被征收单位平均每人占有耕地的数量计算。每一个需要安置的农业人口的安置补助费标准，为该耕地被征收前三年平均年产值的四至六倍。但是，每公顷被征收耕地的安置补助费，最高不得超过被征收前三年平均年产值的十五倍。

征收其他土地的土地补偿费和安置补助费标准，由省、自治区、直辖市参照征收耕地的土地补偿费和安置补助费的标准规定。

被征收土地上的附着物和青苗的补偿标准，由省、自治区、直辖市规定。

征收城市郊区的菜地，用地单位应当按照国家有关规定缴纳新菜地开发建设基金。

依照本条第二款的规定支付土地补偿费和安置补助费，尚不能使需要安置的农民保持原有生活水平的，经省、自治区、直辖市人民政府批准，可以增加安置补助费。但是，土地补偿费和安置补助费的总和不得超过土地被征收前三年平均年产值的三十倍。

国务院根据社会、经济发展水平，在特殊情况下，可以提高征收耕地的土地补偿费和安置补助费的标准。

第四十八条 征地补偿安置方案确定后，有关地方人民政府应当公告，并听取被征地的农村集体经济组织和农民的意见。

第四十九条 被征地的农村集体经济组织应当将征收土地的补偿费用的收支状况向本集体经济组织的成员公布，接受监督。

禁止侵占、挪用被征收土地单位的征地补偿费用和其他有关费用。

第五十条 地方各级人民政府应当支持被征地的农村集体经济组织和农民从事开发经营，兴办企业。

第五十一条 大中型水利、水电工程建设征收土地的补偿费标准和移民安置办法，由国务院另行规定。

第五十二条 建设项目可行性研究论证时，土地行政主管部门可以根据土地利用总体规划、土地利用年度计划和建设用地标准，对建设用地有关事项进行审查，并提出意见。

第五十三条 经批准的建设项目需要使用国有建设用地的，建设单位应当持法律、行政法规规定的有关文件，向有批准权的县级以上人民政府土地行政主管部门提出建设用地申请，经土地行政主管部门审查，报本级人民政府批准。

第五十四条　建设单位使用国有土地，应当以出让等有偿使用方式取得；但是，下列建设用地，经县级以上人民政府依法批准，可以以划拨方式取得：

（一）国家机关用地和军事用地；

（二）城市基础设施用地和公益事业用地；

（三）国家重点扶持的能源、交通、水利等基础设施用地；

（四）法律、行政法规规定的其他用地。

第五十五条　以出让等有偿使用方式取得国有土地使用权的建设单位，按照国务院规定的标准和办法，缴纳土地使用权出让金等土地有偿使用费和其他费用后，方可使用土地。

自本法施行之日起，新增建设用地的土地有偿使用费，百分之三十上缴中央财政，百分之七十留给有关地方人民政府，都专项用于耕地开发。

第五十六条　建设单位使用国有土地的，应当按照土地使用权出让等有偿使用合同的约定或者土地使用权划拨批准文件的规定使用土地；确需改变该幅土地建设用途的，应当经有关人民政府土地行政主管部门同意，报原批准用地的人民政府批准。其中，在城市规划区内改变土地用途的，在报批前，应当先经有关城市规划行政主管部门同意。

第五十七条　建设项目施工和地质勘查需要临时使用国有土地或者农民集体所有的土地的，由县级以上人民政府土地行政主管部门批准。其中，在城市规划区内的临时用地，在报批前，应当先经有关城市规划行政主管部门同意。土地使用者应当根据土地权属，与有关土地行政主管部门或者农村集体经济组织、村民委员会签订临时使用土地合同，并按照合同的约定支付临时使用土地补偿费。

临时使用土地的使用者应当按照临时使用土地合同约定的用途使用土地，并不得修建永久性建筑物。

临时使用土地期限一般不超过二年。

第五十八条　有下列情形之一的，由有关人民政府土地行政主管部门报经原批准用地的人民政府或者有批准权的人民政府批准，可以收回国有土地使用权：

（一）为公共利益需要使用土地的；

（二）为实施城市规划进行旧城区改建，需要调整使用土地的；

（三）土地出让等有偿使用合同约定的使用期限届满，土地使用者未申请续期或者申请续期未获批准的；

（四）因单位撤销、迁移等原因，停止使用原划拨的国有土地的；

（五）公路、铁路、机场、矿场等经核准报废的。

依照前款第（一）项、第（二）项的规定收回国有土地使用权的，对土地使用权人应当给予适当补偿。

第五十九条　乡镇企业、乡（镇）村公共设施、公益事业、农村村民住宅等乡

（镇）村建设，应当按照村庄和集镇规划，合理布局，综合开发，配套建设；建设用地，应当符合乡（镇）土地利用总体规划和土地利用年度计划，并依照本法第四十四条、第六十条、第六十一条、第六十二条的规定办理审批手续。

第六十条 农村集体经济组织使用乡（镇）土地利用总体规划确定的建设用地兴办企业或者与其他单位、个人以土地使用权入股、联营等形式共同举办企业的，应当持有关批准文件，向县级以上地方人民政府土地行政主管部门提出申请，按照省、自治区、直辖市规定的批准权限，由县级以上地方人民政府批准；其中，涉及占用农用地的，依照本法第四十四条的规定办理审批手续。

按照前款规定兴办企业的建设用地，必须严格控制。省、自治区、直辖市可以按照乡镇企业的不同行业和经营规模，分别规定用地标准。

第六十一条 乡（镇）村公共设施、公益事业建设，需要使用土地的，经乡（镇）人民政府审核，向县级以上地方人民政府土地行政主管部门提出申请，按照省、自治区、直辖市规定的批准权限，由县级以上地方人民政府批准；其中，涉及占用农用地的，依照本法第四十四条的规定办理审批手续。

第六十二条 农村村民一户只能拥有一处宅基地，其宅基地的面积不得超过省、自治区、直辖市规定的标准。

农村村民建住宅，应当符合乡（镇）土地利用总体规划，并尽量使用原有的宅基地和村内空闲地。

农村村民住宅用地，经乡（镇）人民政府审核，由县级人民政府批准；其中，涉及占用农用地的，依照本法第四十四条的规定办理审批手续。

农村村民出卖、出租住房后，再申请宅基地的，不予批准。

第六十三条 农民集体所有的土地的使用权不得出让、转让或者出租用于非农业建设；但是，符合土地利用总体规划并依法取得建设用地的企业，因破产、兼并等情形致使土地使用权依法发生转移的除外。

第六十四条 在土地利用总体规划制定前已建的不符合土地利用总体规划确定的用途的建筑物、构筑物，不得重建、扩建。

第六十五条 有下列情形之一的，农村集体经济组织报经原批准用地的人民政府批准，可以收回土地使用权：

（一）为乡（镇）村公共设施和公益事业建设，需要使用土地的；

（二）不按照批准的用途使用土地的；

（三）因撤销、迁移等原因而停止使用土地的。

依照前款第（一）项规定收回农民集体所有的土地的，对土地使用权人应当给予适当补偿。

第六章 监督检查

第六十六条 县级以上人民政府土地行政主管部门对违反土地管理法律、法规的行为进行监督检查。

土地管理监督检查人员应当熟悉土地管理法律、法规，忠于职守、秉公执法。

第六十七条 县级以上人民政府土地行政主管部门履行监督检查职责时，有权采取下列措施：

（一）要求被检查的单位或者个人提供有关土地权利的文件和资料，进行查阅或者予以复制；

（二）要求被检查的单位或者个人就有关土地权利的问题作出说明；

（三）进入被检查单位或者个人非法占用的土地现场进行勘测；

（四）责令非法占用土地的单位或者个人停止违反土地管理法律、法规的行为。

第六十八条 土地管理监督检查人员履行职责，需要进入现场进行勘测、要求有关单位或者个人提供文件、资料和作出说明的，应当出示土地管理监督检查证件。

第六十九条 有关单位和个人对县级以上人民政府土地行政主管部门就土地违法行为进行的监督检查应当支持与配合，并提供工作方便，不得拒绝与阻碍土地管理监督检查人员依法执行职务。

第七十条 县级以上人民政府土地行政主管部门在监督检查工作中发现国家工作人员的违法行为，依法应当给予行政处分的，应当依法予以处理；自己无权处理的，应当向同级或者上级人民政府的行政监察机关提出行政处分建议书，有关行政监察机关应当依法予以处理。

第七十一条 县级以上人民政府土地行政主管部门在监督检查工作中发现土地违法行为构成犯罪的，应当将案件移送有关机关，依法追究刑事责任；尚不构成犯罪的，应当依法给予行政处罚。

第七十二条 依照本法规定应当给予行政处罚，而有关土地行政主管部门不给予行政处罚的，上级人民政府土地行政主管部门有权责令有关土地行政主管部门作出行政处罚决定或者直接给予行政处罚，并给予有关土地行政主管部门的负责人行政处分。

第七章 法律责任

第七十三条 买卖或者以其他形式非法转让土地的，由县级以上人民政府土地行政主管部门没收违法所得；对违反土地利用总体规划擅自将农用地改为建设用地的，限期拆除在非法转让的土地上新建的建筑物和其他设施，恢复土地原状，对符合土地利用总体规划的，没收在非法转让的土地上新建的建筑物和其他设施；可以并处罚款；对直接负责的主管人员和其他直接责任人员，依法给予行政处分；构成犯罪的，依法追究刑事责任。

第七十四条 违反本法规定，占用耕地建窑、建坟或者擅自在耕地上建房、挖砂、采石、采矿、取土等，破坏种植条件的，或者因开发土地造成土地荒漠化、盐渍化的，由县级以上人民政府土地行政主管部门责令限期改正或者治理，可以并处罚款；构成犯罪的，依法追究刑事责任。

第七十五条 违反本法规定，拒不履行土地复垦义务的，由县级以上人民政府土地行政主管部门责令限期改正；逾期不改正的，责令缴纳复垦费，专项用于土地复垦，可以处以罚款。

第七十六条 未经批准或者采取欺骗手段骗取批准，非法占用土地的，由县级以上人民政府土地行政主管部门责令退还非法占用的土地，对违反土地利用总体规划擅自将农用地改为建设用地的，限期拆除在非法占用的土地上新建的建筑物和其他设施，恢复土地原状，对符合土地利用总体规划的，没收在非法占用的土地上新建的建筑物和其他设施，可以并处罚款；对非法占用土地单位的直接负责的主管人员和其他直接责任人员，依法给予行政处分；构成犯罪的，依法追究刑事责任。

超过批准的数量占用土地，多占的土地以非法占用土地论处。

第七十七条 农村村民未经批准或者采取欺骗手段骗取批准，非法占用土地建住宅的，由县级以上人民政府土地行政主管部门责令退还非法占用的土地，限期拆除在非法占用的土地上新建的房屋。

超过省、自治区、直辖市规定的标准，多占的土地以非法占用土地论处。

第七十八条 无权批准征收、使用土地的单位或者个人非法批准占用土地的，超越批准权限非法批准占用土地的，不按照土地利用总体规划确定的用途批准用地的，或者违反法律规定的程序批准占用、征收土地的，其批准文件无效，对非法批准征收、使用土地的直接负责的主管人员和其他直接责任人员，依法给予行政处分；构成犯罪的，依法追究刑事责任。非法批准、使用的土地应当收回，有关当事人拒不归还的，以非法占用土地论处。

非法批准征收、使用土地，对当事人造成损失的，依法应当承担赔偿责任。

第七十九条 侵占、挪用被征收土地单位的征地补偿费用和其他有关费用，构成犯罪的，依法追究刑事责任；尚不构成犯罪的，依法给予行政处分。

第八十条 依法收回国有土地使用权当事人拒不交出土地的，临时使用土地期满拒不归还的，或者不按照批准的用途使用国有土地的，由县级以上人民政府土地行政主管部门责令交还土地，处以罚款。

第八十一条 擅自将农民集体所有的土地的使用权出让、转让或者出租用于非农业建设的，由县级以上人民政府土地行政主管部门责令限期改正，没收违法所得，并处罚款。

第八十二条 不依照本法规定办理土地变更登记的，由县级以上人民政府土地行政主管部门责令其限期办理。

第八十三条 依照本法规定，责令限期拆除在非法占用的土地上新建的建筑物和其他设施的，建设单位或者个人必须立即停止施工，自行拆除；对继续施工的，作出处罚决定的机关有权制止。建设单位或者个人对责令限期拆除的行政处罚决定不服的，可以在接到责令限期拆除决定之日起十五日内，向人民法院起诉；期满不起诉又不自行拆除的，由作出处罚决定的机关依法申请人民法院强制执行，费用由违法者承担。

第八十四条　土地行政主管部门的工作人员玩忽职守、滥用职权、徇私舞弊，构成犯罪的，依法追究刑事责任；尚不构成犯罪的，依法给予行政处分。

第八章　附　则

第八十五条　中外合资经营企业、中外合作经营企业、外资企业使用土地的，适用本法；法律另有规定的，从其规定。

第八十六条　本法自1999年1月1日起施行。

中华人民共和国土地管理法实施条例

（1998年12月27日国务院令第256号发布　根据2011年1月8日《国务院关于废止和修改部分行政法规的决定》第一次修订　根据2014年7月29日《国务院关于修改部分行政法规的决定》第二次修订）

第一章　总　则

第一条　根据《中华人民共和国土地管理法》（以下简称《土地管理法》），制定本条例。

第二章　土地的所有权和使用权

第二条　下列土地属于全民所有即国家所有：

（一）城市市区的土地；

（二）农村和城市郊区中已经依法没收、征收、征购为国有的土地；

（三）国家依法征收的土地；

（四）依法不属于集体所有的林地、草地、荒地、滩涂及其他土地；

（五）农村集体经济组织全部成员转为城镇居民的，原属于其成员集体所有的土地；

（六）因国家组织移民、自然灾害等原因，农民成建制地集体迁移后不再使用的原属于迁移农民集体所有的土地。

第三条　国家依法实行土地登记发证制度。依法登记的土地所有权和土地使用权受法律保护，任何单位和个人不得侵犯。

土地登记内容和土地权属证书式样由国务院土地行政主管部门统一规定。

土地登记资料可以公开查询。

确认林地、草原的所有权或者使用权，确认水面、滩涂的养殖使用权，分别依照《森林法》、《草原法》和《渔业法》的有关规定办理。

第四条　农民集体所有的土地，由土地所有者向土地所在地的县级人民政府土地行政主管部门提出土地登记申请，由县级人民政府登记造册，核发集体土地所有权证书，确认所有权。

农民集体所有的土地依法用于非农业建设的，由土地使用者向土地所在地的县级人民政府土地行政主管部门提出土地登记申请，由县级人民政府登记造册，核发集体土地使用权证书，确认建设用地使用权。

设区的市人民政府可以对市辖区内农民集体所有的土地实行统一登记。

第五条 单位和个人依法使用的国有土地，由土地使用者向土地所在地的县级以上人民政府土地行政主管部门提出土地登记申请，由县级以上人民政府登记造册，核发国有土地使用权证书，确认使用权。其中，中央国家机关使用的国有土地的登记发证，由国务院土地行政主管部门负责，具体登记发证办法由国务院土地行政主管部门会同国务院机关事务管理局等有关部门制定。

未确定使用权的国有土地，由县级以上人民政府登记造册，负责保护管理。

第六条 依法改变土地所有权、使用权的，因依法转让地上建筑物、构筑物等附着物导致土地使用权转移的，必须向土地所在地的县级以上人民政府土地行政主管部门提出土地变更登记申请，由原土地登记机关依法进行土地所有权、使用权变更登记。土地所有权、使用权的变更，自变更登记之日起生效。

依法改变土地用途的，必须持批准文件，向土地所在地的县级以上人民政府土地行政主管部门提出土地变更登记申请，由原土地登记机关依法进行变更登记。

第七条 依照《土地管理法》的有关规定，收回用地单位的土地使用权的，由原土地登记机关注销土地登记。

土地使用权有偿使用合同约定的使用期限届满，土地使用者未申请续期或者虽申请续期未获批准的，由原土地登记机关注销土地登记。

第三章 土地利用总体规划

第八条 全国土地利用总体规划，由国务院土地行政主管部门会同国务院有关部门编制，报国务院批准。

省、自治区、直辖市的土地利用总体规划，由省、自治区、直辖市人民政府组织本级土地行政主管部门和其他有关部门编制，报国务院批准。

省、自治区人民政府所在地的市、人口在100万以上的城市以及国务院指定的城市的土地利用总体规划，由各该市人民政府组织本级土地行政主管部门和其他有关部门编制，经省、自治区人民政府审查同意后，报国务院批准。

本条第一款、第二款、第三款规定以外的土地利用总体规划，由有关人民政府组织本级土地行政主管部门和其他有关部门编制，逐级上报省、自治区、直辖市人民政府批准；其中，乡（镇）土地利用总体规划，由乡（镇）人民政府编制，逐级上报省、自治区、直辖市人民政府或者省、自治区、直辖市人民政府授权的设区的市、自治州人民政府批准。

第九条 土地利用总体规划的规划期限一般为15年。

第十条 依照《土地管理法》规定，土地利用总体规划应当将土地划分为农用地、建设用地和未利用地。

县级和乡（镇）土地利用总体规划应当根据需要，划定基本农田保护区、土地开垦区、建设用地区和禁止开垦区等；其中，乡（镇）土地利用总体规划还应当根据土地使用条件，确定每一块土地的用途。

土地分类和划定土地利用区的具体办法，由国务院土地行政主管部门会同国务院有关部门制定。

第十一条 乡（镇）土地利用总体规划经依法批准后，乡（镇）人民政府应当在本行政区域内予以公告。

公告应当包括下列内容：

（一）规划目标；

（二）规划期限；

（三）规划范围；

（四）地块用途；

（五）批准机关和批准日期。

第十二条 依照《土地管理法》第二十六条第二款、第三款规定修改土地利用总体规划的，由原编制机关根据国务院或者省、自治区、直辖市人民政府的批准文件修改。修改后的土地利用总体规划应当报原批准机关批准。

上一级土地利用总体规划修改后，涉及修改下一级土地利用总体规划的，由上一级人民政府通知下一级人民政府作出相应修改，并报原批准机关备案。

第十三条 各级人民政府应当加强土地利用年度计划管理，实行建设用地总量控制。土地利用年度计划一经批准下达，必须严格执行。

土地利用年度计划应当包括下列内容：

（一）农用地转用计划指标；

（二）耕地保有量计划指标；

（三）土地开发整理计划指标。

第十四条 县级以上人民政府土地行政主管部门应当会同同级有关部门进行土地调查。

土地调查应当包括下列内容：

（一）土地权属；

（二）土地利用现状；

（三）土地条件。

地方土地利用现状调查结果，经本级人民政府审核，报上一级人民政府批准后，应当向社会公布；全国土地利用现状调查结果，报国务院批准后，应当向社会公布。土地调查规程，由国务院土地行政主管部门会同国务院有关部门制定。

第十五条 国务院土地行政主管部门会同国务院有关部门制定土地等级评定标准。

县级以上人民政府土地行政主管部门应当会同同级有关部门根据土地等级评定标准，对土地等级进行评定。地方土地等级评定结果，经本级人民政府审核，报上一级人民政府土地行政主管部门批准后，应当向社会公布。

根据国民经济和社会发展状况，土地等级每6年调整1次。

第四章 耕地保护

第十六条 在土地利用总体规划确定的城市和村庄、集镇建设用地范围内，为实施城市规划和村庄、集镇规划占用耕地，以及在土地利用总体规划确定的城市建设用地范围外的能源、交通、水利、矿山、军事设施等建设项目占用耕地的，分别由市、县人民政府、农村集体经济组织和建设单位依照《土地管理法》第三十一条的规定负责开垦耕地；没有条件开垦或者开垦的耕地不符合要求的，应当按照省、自治区、直辖市的规定缴纳耕地开垦费。

第十七条 禁止单位和个人在土地利用总体规划确定的禁止开垦区内从事土地开发活动。

在土地利用总体规划确定的土地开垦区内，开发未确定土地使用权的国有荒山、荒地、荒滩从事种植业、林业、畜牧业、渔业生产的，应当向土地所在地的县级以上地方人民政府土地行政主管部门提出申请，按照省、自治区、直辖市规定的权限，由县级以上地方人民政府批准。

开发未确定土地使用权的国有荒山、荒地、荒滩从事种植业、林业、畜牧业或者渔业生产的，经县级以上地方人民政府依法批准，可以确定给开发单位或者个人长期使用，使用期限最长不得超过50年。

第十八条 县、乡（镇）人民政府应当按照土地利用总体规划，组织农村集体经济组织制定土地整理方案，并组织实施。

地方各级人民政府应当采取措施，按照土地利用总体规划推进土地整理。土地整理新增耕地面积的百分之六十可以用作折抵建设占用耕地的补偿指标。

土地整理所需费用，按照谁受益谁负担的原则，由农村集体经济组织和土地使用者共同承担。

第五章 建设用地

第十九条 建设占用土地，涉及农用地转为建设用地的，应当符合土地利用总体规划和土地利用年度计划中确定的农用地转用指标；城市和村庄、集镇建设占用土地，涉及农用地转用的，还应当符合城市规划和村庄、集镇规划。不符合规定的，不得批准农用地转为建设用地。

第二十条 在土地利用总体规划确定的城市建设用地范围内，为实施城市规划占用土地的，按照下列规定办理：

（一）市、县人民政府按照土地利用年度计划拟订农用地转用方案、补充耕地方案、征收土地方案，分批次逐级上报有批准权的人民政府。

（二）有批准权的人民政府土地行政主管部门对农用地转用方案、补充耕地方案、征收土地方案进行审查，提出审查意见，报有批准权的人民政府批准；其中，补充耕地方案由批准农用地转用方案的人民政府在批准农用地转用方案时一并批准。

（三）农用地转用方案、补充耕地方案、征收土地方案经批准后，由市、县人民政府组织实施，按具体建设项目分别供地。

在土地利用总体规划确定的村庄、集镇建设用地范围内，为实施村庄、集镇规划占用土地的，由市、县人民政府拟订农用地转用方案、补充耕地方案，依照前款规定的程序办理。

第二十一条 具体建设项目需要使用土地的，建设单位应当根据建设项目的总体设计一次申请，办理建设用地审批手续；分期建设的项目，可以根据可行性研究报告确定的方案分期申请建设用地，分期办理建设用地有关审批手续。

第二十二条 具体建设项目需要占用土地利用总体规划确定的城市建设用地范围内的国有建设用地的，按照下列规定办理：

（一）建设项目可行性研究论证时，由土地行政主管部门对建设项目用地有关事项进行审查，提出建设项目用地预审报告；可行性研究报告报批时，必须附具土地行政主管部门出具的建设项目用地预审报告。

（二）建设单位持建设项目的有关批准文件，向市、县人民政府土地行政主管部门提出建设用地申请，由市、县人民政府土地行政主管部门审查，拟订供地方案，报市、县人民政府批准；需要上级人民政府批准的，应当报上级人民政府批准。

（三）供地方案经批准后，由市、县人民政府向建设单位颁发建设用地批准书。有偿使用国有土地的，由市、县人民政府土地行政主管部门与土地使用者签订国有土地有偿使用合同；划拨使用国有土地的，由市、县人民政府土地行政主管部门向土地使用者核发国有土地划拨决定书。

（四）土地使用者应当依法申请土地登记。

通过招标、拍卖方式提供国有建设用地使用权的，由市、县人民政府土地行政主管部门会同有关部门拟订方案，报市、县人民政府批准后，由市、县人民政府土地行政主管部门组织实施，并与土地使用者签订土地有偿使用合同。土地使用者应当依法申请土地登记。

第二十三条 具体建设项目需要使用土地的，必须依法申请使用土地利用总体规划确定的城市建设用地范围内的国有建设用地。能源、交通、水利、矿山、军事设施等建设项目确需使用土地利用总体规划确定的城市建设用地范围外的土地，涉及农用地的，按照下列规定办理：

（一）建设项目可行性研究论证时，由土地行政主管部门对建设项目用地有关事项进行审查，提出建设项目用地预审报告；可行性研究报告报批时，必须附具土地行政主管部门出具的建设项目用地预审报告。

（二）建设单位持建设项目的有关批准文件，向市、县人民政府土地行政主管部门提出建设用地申请，由市、县人民政府土地行政主管部门审查，拟订农用地转用方案、补充耕地方案、征收土地方案和供地方案（涉及国有农用地的，不拟订征收土地方案），经市、县人民政府审核同意后，逐级上报有批准权的人民政府批准；其中，补充耕地方案由批准农用地转用方案的人民政府在批准农用地转用方案时一并批准；供地方案由批准征收土地的人民政府在批准征收土地方案时一并批准（涉及国有农用地的，供地方案由批准农用地转用的人民政府在批准农用地转用方案时一并批准）。

（三）农用地转用方案、补充耕地方案、征收土地方案和供地方案经批准后，由市、县人民政府组织实施，向建设单位颁发建设用地批准书。有偿使用国有土地的，由市、县人民政府土地行政主管部门与土地使用者签订国有土地有偿使用合同；划拨使用国有土地的，由市、县人民政府土地行政主管部门向土地使用者核发国有土地划拨决定书。

（四）土地使用者应当依法申请土地登记。

建设项目确需使用土地利用总体规划确定的城市建设用地范围外的土地，涉及农民集体所有的未利用地的，只报批征收土地方案和供地方案。

第二十四条　具体建设项目需要占用土地利用总体规划确定的国有未利用地的，按照省、自治区、直辖市的规定办理；但是，国家重点建设项目、军事设施和跨省、自治区、直辖市行政区域的建设项目以及国务院规定的其他建设项目用地，应当报国务院批准。

第二十五条　征收土地方案经依法批准后，由被征收土地所在地的市、县人民政府组织实施，并将批准征地机关、批准文号、征收土地的用途、范围、面积以及征地补偿标准、农业人员安置办法和办理征地补偿的期限等，在被征收土地所在地的乡（镇）、村予以公告。

被征收土地的所有权人、使用权人应当在公告规定的期限内，持土地权属证书到公告指定的人民政府土地行政主管部门办理征地补偿登记。

市、县人民政府土地行政主管部门根据经批准的征收土地方案，会同有关部门拟订征地补偿、安置方案，在被征收土地所在地的乡（镇）、村予以公告，听取被征收土地的农村集体经济组织和农民的意见。征地补偿、安置方案报市、县人民政府批准后，由市、县人民政府土地行政主管部门组织实施。对补偿标准有争议的，由县级以上地方人民政府协调；协调不成的，由批准征收土地的人民政府裁决。征地补偿、安置争议不影响征收土地方案的实施。

征收土地的各项费用应当自征地补偿、安置方案批准之日起3个月内全额支付。

第二十六条　土地补偿费归农村集体经济组织所有；地上附着物及青苗补偿费归地上附着物及青苗的所有者所有。

征收土地的安置补助费必须专款专用，不得挪作他用。需要安置的人员由农村集体经济组织安置的，安置补助费支付给农村集体经济组织，由农村集体经济组织管理和使用；由其他单位安置的，安置补助费支付给安置单位；不需要统一安置的，安置补助费发放给被安置人员个人或者征得被安置人员同意后用于支付被安置人员的保险费用。

市、县和乡（镇）人民政府应当加强对安置补助费使用情况的监督。

第二十七条 抢险救灾等急需使用土地的，可以先行使用土地。其中，属于临时用地的，灾后应当恢复原状并交还原土地使用者使用，不再办理用地审批手续；属于永久性建设用地的，建设单位应当在灾情结束后6个月内申请补办建设用地审批手续。

第二十八条 建设项目施工和地质勘查需要临时占用耕地的，土地使用者应当自临时用地期满之日起1年内恢复种植条件。

第二十九条 国有土地有偿使用的方式包括：

（一）国有土地使用权出让；

（二）国有土地租赁；

（三）国有土地使用权作价出资或者入股。

第三十条 《土地管理法》第五十五条规定的新增建设用地的土地有偿使用费，是指国家在新增建设用地中应取得的平均土地纯收益。

第六章 监督检查

第三十一条 土地管理监督检查人员应当经过培训，经考核合格后，方可从事土地管理监督检查工作。

第三十二条 土地行政主管部门履行监督检查职责，除采取《土地管理法》第六十七条规定的措施外，还可以采取下列措施：

（一）询问违法案件的当事人、嫌疑人和证人；

（二）进入被检查单位或者个人非法占用的土地现场进行拍照、摄像；

（三）责令当事人停止正在进行的土地违法行为；

（四）对涉嫌土地违法的单位或者个人，停止办理有关土地审批、登记手续；

（五）责令违法嫌疑人在调查期间不得变卖、转移与案件有关的财物。

第三十三条 依照《土地管理法》第七十二条规定给予行政处分的，由责令作出行政处罚决定或者直接给予行政处罚决定的上级人民政府土地行政主管部门作出。对于警告、记过、记大过的行政处分决定，上级土地行政主管部门可以直接作出；对于降级、撤职、开除的行政处分决定，上级土地行政主管部门应当按照国家有关人事管理权限和处理程序的规定，向有关机关提出行政处分建议，由有关机关依法处理。

第七章 法律责任

第三十四条 违反本条例第十七条的规定，在土地利用总体规划确定的禁止开垦区内进行开垦的，由县级以上人民政府土地行政主管部门责令限期改正；逾期不改正的，依照《土地管理法》第七十六条的规定处罚。

第三十五条 在临时使用的土地上修建永久性建筑物、构筑物的，由县级以上人民政府土地行政主管部门责令限期拆除；逾期不拆除的，由作出处罚决定的机关依法申请人民法院强制执行。

第三十六条 对在土地利用总体规划制定前已建的不符合土地利用总体规划确定的用途的建筑物、构筑物重建、扩建的，由县级以上人民政府土地行政主管部门责令限期拆除；逾期不拆除的，由作出处罚决定的机关依法申请人民法院强制执行。

第三十七条 阻碍土地行政主管部门的工作人员依法执行职务的，依法给予治安管理处罚或者追究刑事责任。

第三十八条 依照《土地管理法》第七十三条的规定处以罚款的，罚款额为非法所得的百分之五十以下。

第三十九条 依照《土地管理法》第八十一条的规定处以罚款的，罚款额为非法所得的百分之五以上百分之二十以下。

第四十条 依照《土地管理法》第七十四条的规定处以罚款的，罚款额为耕地开垦费的 2 倍以下。

第四十一条 依照《土地管理法》第七十五条的规定处以罚款的，罚款额为土地复垦费的 2 倍以下。

第四十二条 依照《土地管理法》第七十六条的规定处以罚款的，罚款额为非法占用土地每平方米 30 元以下。

第四十三条 依照《土地管理法》第八十条的规定处以罚款的，罚款额为非法占用土地每平方米 10 元以上 30 元以下。

第四十四条 违反本条例第二十八条的规定，逾期不恢复种植条件的，由县级以上人民政府土地行政主管部门责令限期改正，可以处耕地复垦费 2 倍以下的罚款。

第四十五条 违反土地管理法律、法规规定，阻挠国家建设征收土地的，由县级以上人民政府土地行政主管部门责令交出土地；拒不交出土地的，申请人民法院强制执行。

第八章 附 则

第四十六条 本条例自 1999 年 1 月 1 日起施行。1991 年 1 月 4 日国务院发布的《中华人民共和国土地管理法实施条例》同时废止。

中华人民共和国农村土地承包法

（2002年8月29日第九届全国人民代表大会常务委员会第二十九次会议通过　2002年8月29日中华人民共和国主席令第73号公布　自2003年3月1日起施行　根据2009年8月27日第十一届全国人民代表大会常务委员会第十次会议《关于修改部分法律的决定》修正）

第一章　总　则

第一条　为稳定和完善以家庭承包经营为基础、统分结合的双层经营体制，赋予农民长期而有保障的土地使用权，维护农村土地承包当事人的合法权益，促进农业、农村经济发展和农村社会稳定，根据宪法，制定本法。

第二条　本法所称农村土地，是指农民集体所有和国家所有依法由农民集体使用的耕地、林地、草地，以及其他依法用于农业的土地。

第三条　国家实行农村土地承包经营制度。

农村土地承包采取农村集体经济组织内部的家庭承包方式，不宜采取家庭承包方式的荒山、荒沟、荒丘、荒滩等农村土地，可以采取招标、拍卖、公开协商等方式承包。

第四条　国家依法保护农村土地承包关系的长期稳定。

农村土地承包后，土地的所有权性质不变。承包地不得买卖。

第五条　农村集体经济组织成员有权依法承包由本集体经济组织发包的农村土地。

任何组织和个人不得剥夺和非法限制农村集体经济组织成员承包土地的权利。

第六条　农村土地承包，妇女与男子享有平等的权利。承包中应当保护妇女的合法权益，任何组织和个人不得剥夺、侵害妇女应当享有的土地承包经营权。

第七条　农村土地承包应当坚持公开、公平、公正的原则，正确处理国家、集体、个人三者的利益关系。

第八条　农村土地承包应当遵守法律、法规，保护土地资源的合理开发和可持续利用。未经依法批准不得将承包地用于非农建设。

国家鼓励农民和农村集体经济组织增加对土地的投入，培肥地力，提高农业生产能力。

第九条　国家保护集体土地所有者的合法权益，保护承包方的土地承包经营权，任何组织和个人不得侵犯。

第十条　国家保护承包方依法、自愿、有偿地进行土地承包经营权流转。

第十一条　国务院农业、林业行政主管部门分别依照国务院规定的职责负责全国农村土地承包及承包合同管理的指导。县级以上地方人民政府农业、林业等行政主管部门分别依照各自职责，负责本行政区域内农村土地承包及承包合同管理。乡（镇）人民政府负责本行政区域内农村土地承包及承包合同管理。

第二章　家庭承包

第一节　发包方和承包方的权利和义务

第十二条　农民集体所有的土地依法属于村农民集体所有的，由村集体经济组织或者村民委员会发包；已经分别属于村内两个以上农村集体经济组织的农民集体所有的，由村内各该农村集体经济组织或者村民小组发包。村集体经济组织或者村民委员会发包的，不得改变村内各集体经济组织农民集体所有的土地的所有权。

国家所有依法由农民集体使用的农村土地，由使用该土地的农村集体经济组织、村民委员会或者村民小组发包。

第十三条　发包方享有下列权利：

（一）发包本集体所有的或者国家所有依法由本集体使用的农村土地；

（二）监督承包方依照承包合同约定的用途合理利用和保护土地；

（三）制止承包方损害承包地和农业资源的行为；

（四）法律、行政法规规定的其他权利。

第十四条　发包方承担下列义务：

（一）维护承包方的土地承包经营权，不得非法变更、解除承包合同；

（二）尊重承包方的生产经营自主权，不得干涉承包方依法进行正常的生产经营活动；

（三）依照承包合同约定为承包方提供生产、技术、信息等服务；

（四）执行县、乡（镇）土地利用总体规划，组织本集体经济组织内的农业基础设施建设；

（五）法律、行政法规规定的其他义务。

第十五条　家庭承包的承包方是本集体经济组织的农户。

第十六条　承包方享有下列权利：

（一）依法享有承包地使用、收益和土地承包经营权流转的权利，有权自主组织生产经营和处置产品；

（二）承包地被依法征收、征用、占用的，有权依法获得相应的补偿；

（三）法律、行政法规规定的其他权利。

第十七条　承包方承担下列义务：

（一）维持土地的农业用途，不得用于非农建设；

（二）依法保护和合理利用土地，不得给土地造成永久性损害；

（三）法律、行政法规规定的其他义务。

第二节　承包的原则和程序

第十八条　土地承包应当遵循以下原则：

（一）按照规定统一组织承包时，本集体经济组织成员依法平等地行使承包土地的权利，也可以自愿放弃承包土地的权利；

（二）民主协商，公平合理；

（三）承包方案应当按照本法第十二条的规定，依法经本集体经济组织成员的村民会议三分之二以上成员或者三分之二以上村民代表的同意；

（四）承包程序合法。

第十九条　土地承包应当按照以下程序进行：

（一）本集体经济组织成员的村民会议选举产生承包工作小组；

（二）承包工作小组依照法律、法规的规定拟订并公布承包方案；

（三）依法召开本集体经济组织成员的村民会议，讨论通过承包方案；

（四）公开组织实施承包方案；

（五）签订承包合同。

第三节　承包期限和承包合同

第二十条　耕地的承包期为三十年。草地的承包期为三十年至五十年。林地的承包期为三十年至七十年；特殊林木的林地承包期，经国务院林业行政主管部门批准可以延长。

第二十一条　发包方应当与承包方签订书面承包合同。

承包合同一般包括以下条款：

（一）发包方、承包方的名称，发包方负责人和承包方代表的姓名、住所；

（二）承包土地的名称、坐落、面积、质量等级；

（三）承包期限和起止日期；

（四）承包土地的用途；

（五）发包方和承包方的权利和义务；

（六）违约责任。

第二十二条　承包合同自成立之日起生效。承包方自承包合同生效时取得土地承包经营权。

第二十三条　县级以上地方人民政府应当向承包方颁发土地承包经营权证或者林权证等证书，并登记造册，确认土地承包经营权。

颁发土地承包经营权证或者林权证等证书，除按规定收取证书工本费外，不得收取其他费用。

第二十四条　承包合同生效后，发包方不得因承办人或者负责人的变动而变更或者解除，也不得因集体经济组织的分立或者合并而变更或者解除。

第二十五条 国家机关及其工作人员不得利用职权干涉农村土地承包或者变更、解除承包合同。

第四节 土地承包经营权的保护

第二十六条 承包期内，发包方不得收回承包地。

承包期内，承包方全家迁入小城镇落户的，应当按照承包方的意愿，保留其土地承包经营权或者允许其依法进行土地承包经营权流转。

承包期内，承包方全家迁入设区的市，转为非农业户口的，应当将承包的耕地和草地交回发包方。承包方不交回的，发包方可以收回承包的耕地和草地。

承包期内，承包方交回承包地或者发包方依法收回承包地时，承包方对其在承包地上投入而提高土地生产能力的，有权获得相应的补偿。

第二十七条 承包期内，发包方不得调整承包地。

承包期内，因自然灾害严重毁损承包地等特殊情形对个别农户之间承包的耕地和草地需要适当调整的，必须经本集体经济组织成员的村民会议三分之二以上成员或者三分之二以上村民代表的同意，并报乡（镇）人民政府和县级人民政府农业等行政主管部门批准。承包合同中约定不得调整的，按照其约定。

第二十八条 下列土地应当用于调整承包土地或者承包给新增人口：

（一）集体经济组织依法预留的机动地；

（二）通过依法开垦等方式增加的；

（三）承包方依法、自愿交回的。

第二十九条 承包期内，承包方可以自愿将承包地交回发包方。承包方自愿交回承包地的，应当提前半年以书面形式通知发包方。承包方在承包期内交回承包地的，在承包期内不得再要求承包土地。

第三十条 承包期内，妇女结婚，在新居住地未取得承包地的，发包方不得收回其原承包地；妇女离婚或者丧偶，仍在原居住地生活或者不在原居住地生活但在新居住地未取得承包地的，发包方不得收回其原承包地。

第三十一条 承包人应得的承包收益，依照继承法的规定继承。

林地承包的承包人死亡，其继承人可以在承包期内继续承包。

第五节 土地承包经营权的流转

第三十二条 通过家庭承包取得的土地承包经营权可以依法采取转包、出租、互换、转让或者其他方式流转。

第三十三条 土地承包经营权流转应当遵循以下原则：

（一）平等协商、自愿、有偿，任何组织和个人不得强迫或者阻碍承包方进行土地承包经营权流转；

（二）不得改变土地所有权的性质和土地的农业用途；

（三）流转的期限不得超过承包期的剩余期限；

（四）受让方须有农业经营能力；

（五）在同等条件下，本集体经济组织成员享有优先权。

第三十四条 土地承包经营权流转的主体是承包方。承包方有权依法自主决定土地承包经营权是否流转和流转的方式。

第三十五条 承包期内，发包方不得单方面解除承包合同，不得假借少数服从多数强迫承包方放弃或者变更土地承包经营权，不得以划分“口粮田”和“责任田”等为由收回承包地搞招标承包，不得将承包地收回抵顶欠款。

第三十六条 土地承包经营权流转的转包费、租金、转让费等，应当由当事人双方协商确定。流转的收益归承包方所有，任何组织和个人不得擅自截留、扣缴。

第三十七条 土地承包经营权采取转包、出租、互换、转让或者其他方式流转，当事人双方应当签订书面合同。采取转让方式流转的，应当经发包方同意；采取转包、出租、互换或者其他方式流转的，应当报发包方备案。

土地承包经营权流转合同一般包括以下条款：

（一）双方当事人的姓名、住所；

（二）流转土地的名称、坐落、面积、质量等级；

（三）流转的期限和起止日期；

（四）流转土地的用途；

（五）双方当事人的权利和义务；

（六）流转价款及支付方式；

（七）违约责任。

第三十八条 土地承包经营权采取互换、转让方式流转，当事人要求登记的，应当向县级以上地方人民政府申请登记。未经登记，不得对抗善意第三人。

第三十九条 承包方可以在一定期限内将部分或者全部土地承包经营权转包或者出租给第三方，承包方与发包方的承包关系不变。

承包方将土地交由他人代耕不超过一年的，可以不签订书面合同。

第四十条 承包方之间为方便耕种或者各自需要，可以对属于同一集体经济组织的土地的土地承包经营权进行互换。

第四十一条 承包方有稳定的非农职业或者有稳定的收入来源的，经发包方同意，可以将全部或者部分土地承包经营权转让给其他从事农业生产经营的农户，由该农户同发包方确立新的承包关系，原承包方与发包方在该土地上的承包关系即行终止。

第四十二条 承包方之间为发展农业经济，可以自愿联合将土地承包经营权入股，从事农业合作生产。

第四十三条 承包方对其在承包地上投入而提高土地生产能力的，土地承包经营权依法流转时有权获得相应的补偿。

第三章　其他方式的承包

第四十四条　不宜采取家庭承包方式的荒山、荒沟、荒丘、荒滩等农村土地，通过招标、拍卖、公开协商等方式承包的，适用本章规定。

第四十五条　以其他方式承包农村土地的，应当签订承包合同。当事人的权利和义务、承包期限等，由双方协商确定。以招标、拍卖方式承包的，承包费通过公开竞标、竞价确定；以公开协商等方式承包的，承包费由双方议定。

第四十六条　荒山、荒沟、荒丘、荒滩等可以直接通过招标、拍卖、公开协商等方式实行承包经营，也可以将土地承包经营权折股分给本集体经济组织成员后，再实行承包经营或者股份合作经营。

承包荒山、荒沟、荒丘、荒滩的，应当遵守有关法律、行政法规的规定，防止水土流失，保护生态环境。

第四十七条　以其他方式承包农村土地，在同等条件下，本集体经济组织成员享有优先承包权。

第四十八条　发包方将农村土地发包给本集体经济组织以外的单位或者个人承包，应当事先经本集体经济组织成员的村民会议三分之二以上成员或者三分之二以上村民代表的同意，并报乡（镇）人民政府批准。

由本集体经济组织以外的单位或者个人承包的，应当对承包方的资信情况和经营能力进行审查后，再签订承包合同。

第四十九条　通过招标、拍卖、公开协商等方式承包农村土地，经依法登记取得土地承包经营权证或者林权证等证书的，其土地承包经营权可以依法采取转让、出租、入股、抵押或者其他方式流转。

第五十条　土地承包经营权通过招标、拍卖、公开协商等方式取得的，该承包人死亡，其应得的承包收益，依照继承法的规定继承；在承包期内，其继承人可以继续承包。

第四章　争议的解决和法律责任

第五十一条　因土地承包经营发生纠纷的，双方当事人可以通过协商解决，也可以请求村民委员会、乡（镇）人民政府等调解解决。

当事人不愿协商、调解或者协商、调解不成的，可以向农村土地承包仲裁机构申请仲裁，也可以直接向人民法院起诉。

第五十二条　当事人对农村土地承包仲裁机构的仲裁裁决不服的，可以在收到裁决书之日起三十日内向人民法院起诉。逾期不起诉的，裁决书即发生法律效力。

第五十三条　任何组织和个人侵害承包方的土地承包经营权的，应当承担民事责任。

第五十四条　发包方有下列行为之一的，应当承担停止侵害、返还原物、恢复原状、排除妨害、消除危险、赔偿损失等民事责任：

（一）干涉承包方依法享有的生产经营自主权；

（二）违反本法规定收回、调整承包地；

（三）强迫或者阻碍承包方进行土地承包经营权流转；

（四）假借少数服从多数强迫承包方放弃或者变更土地承包经营权而进行土地承包经营权流转；

（五）以划分“口粮田”和“责任田”等为由收回承包地搞招标承包；

（六）将承包地收回抵顶欠款；

（七）剥夺、侵害妇女依法享有的土地承包经营权；

（八）其他侵害土地承包经营权的行为。

第五十五条 承包合同中违背承包方意愿或者违反法律、行政法规有关不得收回、调整承包地等强制性规定的约定无效。

第五十六条 当事人一方不履行合同义务或者履行义务不符合约定的，应当依照《中华人民共和国合同法》的规定承担违约责任。

第五十七条 任何组织和个人强迫承包方进行土地承包经营权流转的，该流转无效。

第五十八条 任何组织和个人擅自截留、扣缴土地承包经营权流转收益的，应当退还。

第五十九条 违反土地管理法规，非法征收、征用、占用土地或者贪污、挪用土地征用补偿费用，构成犯罪的，依法追究刑事责任；造成他人损害的，应当承担损害赔偿等责任。

第六十条 承包方违法将承包地用于非农建设的，由县级以上地方人民政府有关行政主管部门依法予以处罚。

承包方给承包地造成永久性损害的，发包方有权制止，并有权要求承包方赔偿由此造成的损失。

第六十一条 国家机关及其工作人员有利用职权干涉农村土地承包，变更、解除承包合同，干涉承包方依法享有的生产经营自主权，或者强迫、阻碍承包方进行土地承包经营权流转等侵害土地承包经营权的行为，给承包方造成损失的，应当承担损害赔偿等责任；情节严重的，由上级机关或者所在单位给予直接责任人员行政处分；构成犯罪的，依法追究刑事责任。

第五章 附 则

第六十二条 本法实施前已经按照国家有关农村土地承包的规定承包，包括承包期限长于本法规定的，本法实施后继续有效，不得重新承包土地。未向承包方颁发土地承包经营权证或者林权证等证书的，应当补发证书。

第六十三条 本法实施前已经预留机动地的，机动地面积不得超过本集体经济组织耕地总面积的百分之五。不足百分之五的，不得再增加机动地。

本法实施前未留机动地的，本法实施后不得再留机动地。

第六十四条　各省、自治区、直辖市人民代表大会常务委员会可以根据本法，结合本行政区域的实际情况，制定实施办法。

第六十五条　本法自2003年3月1日起施行。

中华人民共和国城市房地产管理法

（1994年7月5日第八届全国人民代表大会常务委员会第八次会议通过 1994年7月5日中华人民共和国主席令第29号公布 自1995年1月1日起施行 根据2007年8月30日第十届全国人民代表大会常务委员会第二十九次会议《关于修改〈中华人民共和国城市房地产管理法〉的决定》第一次修正 根据2009年8月27日第十一届全国人民代表大会常务委员会第十次会议《关于修改部分法律的决定》第二次修正）

第一章 总 则

第一条 为了加强对城市房地产的管理，维护房地产市场秩序，保障房地产权利人的合法权益，促进房地产业的健康发展，制定本法。

第二条 在中华人民共和国城市规划区国有土地（以下简称国有土地）范围内取得房地产开发用地的土地使用权，从事房地产开发、房地产交易，实施房地产管理，应当遵守本法。

本法所称房屋，是指土地上的房屋等建筑物及构筑物。

本法所称房地产开发，是指在依据本法取得国有土地使用权的土地上进行基础设施、房屋建设的行为。

本法所称房地产交易，包括房地产转让、房地产抵押和房屋租赁。

第三条 国家依法实行国有土地有偿、有限期使用制度。但是，国家在本法规定的范围内划拨国有土地使用权的除外。

第四条 国家根据社会、经济发展水平，扶持发展居民住宅建设，逐步改善居民的居住条件。

第五条 房地产权利人应当遵守法律和行政法规，依法纳税。房地产权利人的合法权益受法律保护，任何单位和个人不得侵犯。

第六条 为了公共利益的需要，国家可以征收国有土地上单位和个人的房屋，并依法给予拆迁补偿，维护被征收人的合法权益；征收个人住宅的，还应当保障被征收人的居住条件。具体办法由国务院规定。

第七条 国务院建设行政主管部门、土地管理部门依照国务院规定的职权划分，各司其职，密切配合，管理全国房地产工作。

县级以上地方人民政府房产管理、土地管理部门的机构设置及其职权由省、自治区、直辖市人民政府确定。

第二章 房地产开发用地

第一节 土地使用权出让

第八条 土地使用权出让，是指国家将国有土地使用权（以下简称土地使用权）在一定年限内出让给土地使用者，由土地使用者向国家支付土地使用权出让金的行为。

第九条 城市规划区内的集体所有的土地，经依法征用转为国有土地后，该幅国有土地的使用权方可有偿出让。

第十条 土地使用权出让，必须符合土地利用总体规划、城市规划和年度建设用地计划。

第十一条 县级以上地方人民政府出让土地使用权用于房地产开发的，须根据省级以上人民政府下达的控制指标拟订年度出让土地使用权总面积方案，按照国务院规定，报国务院或者省级人民政府批准。

第十二条 土地使用权出让，由市、县人民政府有计划、有步骤地进行。出让的每幅地块、用途、年限和其他条件，由市、县人民政府土地管理部门会同城市规划、建设、房产管理部门共同拟定方案，按照国务院规定，报经有批准权的人民政府批准后，由市、县人民政府土地管理部门实施。

直辖市的县人民政府及其有关部门行使前款规定的权限，由直辖市人民政府规定。

第十三条 土地使用权出让，可以采取拍卖、招标或者双方协议的方式。

商业、旅游、娱乐和豪华住宅用地，有条件的，必须采取拍卖、招标方式；没有条件，不能采取拍卖、招标方式的，可以采取双方协议的方式。

采取双方协议方式出让土地使用权的出让金不得低于按国家规定所确定的最低价。

第十四条 土地使用权出让最高年限由国务院规定。

第十五条 土地使用权出让，应当签订书面出让合同。

土地使用权出让合同由市、县人民政府土地管理部门与土地使用者签订。

第十六条 土地使用者必须按照出让合同约定，支付土地使用权出让金；未按照出让合同约定支付土地使用权出让金的，土地管理部门有权解除合同，并可以请求违约赔偿。

第十七条 土地使用者按照出让合同约定支付土地使用权出让金的，市、县人民政府土地管理部门必须按照出让合同约定，提供出让的土地；未按照出让合同约定提供出让的土地的，土地使用者有权解除合同，由土地管理部门返还土地使用权出让金，土地使用者并可以请求违约赔偿。

第十八条 土地使用者需要改变土地使用权出让合同约定的土地用途的，必须取得出让方和市、县人民政府城市规划行政主管部门的同意，签订土地使用权出让合同变更协议或者重新签订土地使用权出让合同，相应调整土地使用权出让金。

第十九条 土地使用权出让金应当全部上缴财政，列入预算，用于城市基础设施建设和土地开发。土地使用权出让金上缴和使用的具体办法由国务院规定。

第二十条 国家对土地使用者依法取得的土地使用权，在出让合同约定的使用年限届满前不收回；在特殊情况下，根据社会公共利益的需要，可以依照法律程序提前收回，并根据土地使用者使用土地的实际年限和开发土地的实际情况给予相应的补偿。

第二十一条 土地使用权因土地灭失而终止。

第二十二条 土地使用权出让合同约定的使用年限届满，土地使用者需要继续使用土地的，应当至迟于届满前一年申请续期，除根据社会公共利益需要收回该幅土地的，应当予以批准。经批准准予续期的，应当重新签订土地使用权出让合同，依照规定支付土地使用权出让金。

土地使用权出让合同约定的使用年限届满，土地使用者未申请续期或者虽申请续期但依照前款规定未获批准的，土地使用权由国家无偿收回。

第二节 土地使用权划拨

第二十三条 土地使用权划拨，是指县级以上人民政府依法批准，在土地使用者缴纳补偿、安置等费用后将该幅土地交付其使用，或者将土地使用权无偿交付给土地使用者使用的行为。

依照本法规定以划拨方式取得土地使用权的，除法律、行政法规另有规定外，没有使用期限的限制。

第二十四条 下列建设用地的土地使用权，确属必需的，可以由县级以上人民政府依法批准划拨：

（一）国家机关用地和军事用地；

（二）城市基础设施用地和公益事业用地；

（三）国家重点扶持的能源、交通、水利等项目用地；

（四）法律、行政法规规定的其他用地。

第三章 房地产开发

第二十五条 房地产开发必须严格执行城市规划，按照经济效益、社会效益、环境效益相统一的原则，实行全面规划、合理布局、综合开发、配套建设。

第二十六条 以出让方式取得土地使用权进行房地产开发的，必须按照土地使用权出让合同约定的土地用途、动工开发期限开发土地。超过出让合同约定的动工开发日期满一年未动工开发的，可以征收相当于土地使用权出让金百分之二十以下的土地闲置费；满二年未动工开发的，可以无偿收回土地使用权；但是，因不可抗力或者政府、政府有关部门的行为或者动工开发必需的前期工作造成动工开发迟延的除外。

第二十七条　房地产开发项目的设计、施工，必须符合国家的有关标准和规范。

房地产开发项目竣工，经验收合格后，方可交付使用。

第二十八条　依法取得的土地使用权，可以依照本法和有关法律、行政法规的规定，作价入股，合资、合作开发经营房地产。

第二十九条　国家采取税收等方面的优惠措施鼓励和扶持房地产开发企业开发建设居民住宅。

第三十条　房地产开发企业是以营利为目的，从事房地产开发和经营的企业。设立房地产开发企业，应当具备下列条件：

（一）有自己的名称和组织机构；

（二）有固定的经营场所；

（三）有符合国务院规定的注册资本；

（四）有足够的专业技术人员；

（五）法律、行政法规规定的其他条件。

设立房地产开发企业，应当向工商行政管理部门申请设立登记。工商行政管理部门对符合本法规定条件的，应当予以登记，发给营业执照；对不符合本法规定条件的，不予登记。

设立有限责任公司、股份有限公司，从事房地产开发经营的，还应当执行公司法的有关规定。

房地产开发企业在领取营业执照后的一个月内，应当到登记机关所在地的县级以上地方人民政府规定的部门备案。

第三十一条　房地产开发企业的注册资本与投资总额的比例应当符合国家有关规定。

房地产开发企业分期开发房地产的，分期投资额应当与项目规模相适应，并按照土地使用权出让合同的约定，按期投入资金，用于项目建设。

第四章　房地产交易

第一节　一般规定

第三十二条　房地产转让、抵押时，房屋的所有权和该房屋占用范围内的土地使用权同时转让、抵押。

第三十三条　基准地价、标定地价和各类房屋的重置价格应当定期确定并公布。具体办法由国务院规定。

第三十四条　国家实行房地产价格评估制度。

房地产价格评估，应当遵循公正、公平、公开的原则，按照国家规定的技术标准和评估程序，以基准地价、标定地价和各类房屋的重置价格为基础，参照当地的市场价格进行评估。

第三十五条 国家实行房地产成交价格申报制度。

房地产权利人转让房地产，应当向县级以上地方人民政府规定的部门如实申报成交价，不得瞒报或者作不实的申报。

第三十六条 房地产转让、抵押，当事人应当依照本法第五章的规定办理权属登记。

第二节 房地产转让

第三十七条 房地产转让，是指房地产权利人通过买卖、赠与或者其他合法方式将其房地产转移给他人的行为。

第三十八条 下列房地产，不得转让：

（一）以出让方式取得土地使用权的，不符合本法第三十九条规定的条件的；

（二）司法机关和行政机关依法裁定、决定查封或者以其他形式限制房地产权利的；

（三）依法收回土地使用权的；

（四）共有房地产，未经其他共有人书面同意的；

（五）权属有争议的；

（六）未依法登记领取权属证书的；

（七）法律、行政法规规定禁止转让的其他情形。

第三十九条 以出让方式取得土地使用权的，转让房地产时，应当符合下列条件：

（一）按照出让合同约定已经支付全部土地使用权出让金，并取得土地使用权证书；

（二）按照出让合同约定进行投资开发，属于房屋建设工程的，完成开发投资总额的百分之二十五以上，属于成片开发土地的，形成工业用地或者其他建设用地条件。

转让房地产时房屋已经建成的，还应当持有房屋所有权证书。

第四十条 以划拨方式取得土地使用权的，转让房地产时，应当按照国务院规定，报有批准权的人民政府审批。有批准权的人民政府准予转让的，应当由受让方办理土地使用权出让手续，并依照国家有关规定缴纳土地使用权出让金。

以划拨方式取得土地使用权的，转让房地产报批时，有批准权的人民政府按照国务院规定决定可以不办理土地使用权出让手续的，转让方应当按照国务院规定将转让房地产所获收益中的土地收益上缴国家或者作其他处理。

第四十一条 房地产转让，应当签订书面转让合同，合同中应当载明土地使用权取得的方式。

第四十二条　房地产转让时，土地使用权出让合同载明的权利、义务随之转移。

第四十三条　以出让方式取得土地使用权的，转让房地产后，其土地使用权的使用年限为原土地使用权出让合同约定的使用年限减去原土地使用者已经使用年限后的剩余年限。

第四十四条　以出让方式取得土地使用权的，转让房地产后，受让人改变原土地使用权出让合同约定的土地用途的，必须取得原出让方和市、县人民政府城市规划行政主管部门的同意，签订土地使用权出让合同变更协议或者重新签订土地使用权出让合同，相应调整土地使用权出让金。

第四十五条　商品房预售，应当符合下列条件：

（一）已交付全部土地使用权出让金，取得土地使用权证书；

（二）持有建设工程规划许可证；

（三）按提供预售的商品房计算，投入开发建设的资金达到工程建设总投资的百分之二十五以上，并已经确定施工进度和竣工交付日期；

（四）向县级以上人民政府房产管理部门办理预售登记，取得商品房预售许可证明。

商品房预售人应当按照国家有关规定将预售合同报县级以上人民政府房产管理部门和土地管理部门登记备案。

商品房预售所得款项，必须用于有关的工程建设。

第四十六条　商品房预售的，商品房预购人将购买的未竣工的预售商品房再行转让的问题，由国务院规定。

第三节　房地产抵押

第四十七条　房地产抵押，是指抵押人以其合法的房地产以不转移占有的方式向抵押权人提供债务履行担保的行为。债务人不履行债务时，抵押权人有权依法以抵押的房地产拍卖所得的价款优先受偿。

第四十八条　依法取得的房屋所有权连同该房屋占用范围内的土地使用权，可以设定抵押权。

以出让方式取得的土地使用权，可以设定抵押权。

第四十九条　房地产抵押，应当凭土地使用权证书、房屋所有权证书办理。

第五十条　房地产抵押，抵押人和抵押权人应当签订书面抵押合同。

第五十一条　设定房地产抵押权的土地使用权是以划拨方式取得的，依法拍卖该房地产后，应当从拍卖所得的价款中缴纳相当于应缴纳的土地使用权出让金的款额后，抵押权人方可优先受偿。

第五十二条　房地产抵押合同签订后，土地上新增的房屋不属于抵押财产。需要拍卖该抵押的房地产时，可以依法将土地上新增的房屋与抵押财产一同拍卖，但对拍卖新增房屋所得，抵押权人无权优先受偿。

第四节　房屋租赁

第五十三条　房屋租赁，是指房屋所有权人作为出租人将其房屋出租给承租人使用，由承租人向出租人支付租金的行为。

第五十四条　房屋租赁，出租人和承租人应当签订书面租赁合同，约定租赁期限、租赁用途、租赁价格、修缮责任等条款，以及双方的其他权利和义务，并向房产管理部门登记备案。

第五十五条　住宅用房的租赁，应当执行国家和房屋所在城市人民政府规定的租赁政策。租用房屋从事生产、经营活动的，由租赁双方协商议定租金和其他租赁条款。

第五十六条　以营利为目的，房屋所有权人将以划拨方式取得使用权的国有土地上建成的房屋出租的，应当将租金中所含土地收益上缴国家。具体办法由国务院规定。

第五节　中介服务机构

第五十七条　房地产中介服务机构包括房地产咨询机构、房地产价格评估机构、房地产经纪机构等。

第五十八条　房地产中介服务机构应当具备下列条件：

（一）有自己的名称和组织机构；

（二）有固定的服务场所；

（三）有必要的财产和经费；

（四）有足够数量的专业人员；

（五）法律、行政法规规定的其他条件。

设立房地产中介服务机构，应当向工商行政管理部门申请设立登记，领取营业执照后，方可开业。

第五十九条　国家实行房地产价格评估人员资格认证制度。

第五章　房地产权属登记管理

第六十条　国家实行土地使用权和房屋所有权登记发证制度。

第六十一条　以出让或者划拨方式取得土地使用权，应当向县级以上地方人民政府土地管理部门申请登记，经县级以上地方人民政府土地管理部门核实，由同级人民政府颁发土地使用权证书。

在依法取得的房地产开发用地上建成房屋的，应当凭土地使用权证书向县级以上地方人民政府房产管理部门申请登记，由县级以上地方人民政府房产管理部门核实并颁发房屋所有权证书。

房地产转让或者变更时，应当向县级以上地方人民政府房产管理部门申请房产变更登记，并凭变更后的房屋所有权证书向同级人民政府土地管理部门申请土地使用权变更登记，经同级人民政府土地管理部门核实，由同级人民政府更换或者更改土地使用权证书。

法律另有规定的，依照有关法律的规定办理。

第六十二条 房地产抵押时，应当向县级以上地方人民政府规定的部门办理抵押登记。

因处分抵押房地产而取得土地使用权和房屋所有权的，应当依照本章规定办理过户登记。

第六十三条 经省、自治区、直辖市人民政府确定，县级以上地方人民政府由一个部门统一负责房产管理和土地管理工作的，可以制作、颁发统一的房地产权证书，依照本法第六十一条的规定，将房屋的所有权和该房屋占用范围内的土地使用权的确认和变更，分别载入房地产权证书。

第六章 法律责任

第六十四条 违反本法第十一条、第十二条的规定，擅自批准出让或者擅自出让土地使用权用于房地产开发的，由上级机关或者所在单位给予有关责任人员行政处分。

第六十五条 违反本法第三十条的规定，未取得营业执照擅自从事房地产开发业务的，由县级以上人民政府工商行政管理部门责令停止房地产开发业务活动，没收违法所得，可以并处罚款。

第六十六条 违反本法第三十九条第一款的规定转让土地使用权的，由县级以上人民政府土地管理部门没收违法所得，可以并处罚款。

第六十七条 违反本法第四十条第一款的规定转让房地产的，由县级以上人民政府土地管理部门责令缴纳土地使用权出让金，没收违法所得，可以并处罚款。

第六十八条 违反本法第四十五条第一款的规定预售商品房的，由县级以上人民政府房产管理部门责令停止预售活动，没收违法所得，可以并处罚款。

第六十九条 违反本法第五十八条的规定，未取得营业执照擅自从事房地产中介服务业务的，由县级以上人民政府工商行政管理部门责令停止房地产中介服务业务活动，没收违法所得，可以并处罚款。

第七十条 没有法律、法规的依据，向房地产开发企业收费的，上级机关应当责令退回所收取的钱款；情节严重的，由上级机关或者所在单位给予直接责任人员行政处分。

第七十一条 房产管理部门、土地管理部门工作人员玩忽职守、滥用职权，构成犯罪的，依法追究刑事责任；不构成犯罪的，给予行政处分。

房产管理部门、土地管理部门工作人员利用职务上的便利，索取他人财物，或者非法收受他人财物为他人谋取利益，构成犯罪的，依照惩治贪污罪贿赂罪的补充规定追究刑事责任；不构成犯罪的，给予行政处分。

第七章　附　则

第七十二条　在城市规划区外的国有土地范围内取得房地产开发用地的土地使用权，从事房地产开发交易活动以及实施房地产管理，参照本法执行。

第七十三条　本法自 1995 年 1 月 1 日起施行。

中华人民共和国矿产资源法

（1986年3月19日第六届全国人民代表大会常务委员会第十五次会议通过 1986年3月19日中华人民共和国主席令第36号公布 自1986年10月1日起施行 根据1996年8月29日第八届全国人民代表大会常务委员会第二十一次会议《关于修改〈中华人民共和国矿产资源法〉的决定》第一次修正 根据2009年8月27日第十一届全国人民代表大会常务委员会第十次会议《关于修改部分法律的决定》第二次修正）

第一章 总 则

第一条 为了发展矿业，加强矿产资源的勘查、开发利用和保护工作，保障社会主义现代化建设的当前和长远的需要，根据中华人民共和国宪法，特制定本法。

第二条 在中华人民共和国领域及管辖海域勘查、开采矿产资源，必须遵守本法。

第三条 矿产资源属于国家所有，由国务院行使国家对矿产资源的所有权。地表或者地下的矿产资源的国家所有权，不因其所依附的土地的所有权或者使用权的不同而改变。

国家保障矿产资源的合理开发利用。禁止任何组织或者个人用任何手段侵占或者破坏矿产资源。各级人民政府必须加强矿产资源的保护工作。

勘查、开采矿产资源，必须依法分别申请、经批准取得探矿权、采矿权，并办理登记；但是，已经依法申请取得采矿权的矿山企业在划定的矿区范围内为本企业的生产而进行的勘查除外。国家保护探矿权和采矿权不受侵犯，保障矿区和勘查作业区的生产秩序、工作秩序不受影响和破坏。

从事矿产资源勘查和开采的，必须符合规定的资质条件。

第四条 国家保障依法设立的矿山企业开采矿产资源的合法权益。

国有矿山企业是开采矿产资源的主体。国家保障国有矿业经济的巩固和发展。

第五条 国家实行探矿权、采矿权有偿取得的制度；但是，国家对探矿权、采矿权有偿取得的费用，可以根据不同情况规定予以减缴、免缴。具体办法和实施步骤由国务院规定。

开采矿产资源，必须按照国家有关规定缴纳资源税和资源补偿费。

第六条 除按下列规定可以转让外，探矿权、采矿权不得转让：

（一）探矿权人有权在划定的勘查作业区内进行规定的勘查作业，有权优先取得勘查作业区内矿产资源的采矿权。探矿权人在完成规定的最低勘查投入后，经依法批准，可以将探矿权转让他人。

（二）已取得采矿权的矿山企业，因企业合并、分立，与他人合资、合作经营，或者因企业资产出售以及有其他变更企业资产产权的情形而需要变更采矿权主体的，经依法批准可以将采矿权转让他人采矿。

前款规定的具体办法和实施步骤由国务院规定。

禁止将探矿权、采矿权倒卖牟利。

第七条 国家对矿产资源的勘查、开发实行统一规划、合理布局、综合勘查、合理开采和综合利用的方针。

第八条 国家鼓励矿产资源勘查、开发的科学技术研究，推广先进技术，提高矿产资源勘查、开发的科学技术水平。

第九条 在勘查、开发、保护矿产资源和进行科学技术研究等方面成绩显著的单位和个人，由各级人民政府给予奖励。

第十条 国家在民族自治地方开采矿产资源，应当照顾民族自治地方的利益，作出有利于民族自治地方经济建设的安排，照顾当地少数民族群众的生产和生活。

民族自治地方的自治机关根据法律规定和国家的统一规划，对可以由本地方开发的矿产资源，优先合理开发利用。

第十一条 国务院地质矿产主管部门主管全国矿产资源勘查、开采的监督管理工作。国务院有关主管部门协助国务院地质矿产主管部门进行矿产资源勘查、开采的监督管理工作。

省、自治区、直辖市人民政府地质矿产主管部门主管本行政区域内矿产资源勘查、开采的监督管理工作。省、自治区、直辖市人民政府有关主管部门协助同级地质矿产主管部门进行矿产资源勘查、开采的监督管理工作。

第二章 矿产资源勘查的登记和开采的审批

第十二条 国家对矿产资源勘查实行统一的区块登记管理制度。矿产资源勘查登记工作，由国务院地质矿产主管部门负责；特定矿种的矿产资源勘查登记工作，可以由国务院授权有关主管部门负责。矿产资源勘查区块登记管理办法由国务院制定。

第十三条 国务院矿产储量审批机构或者省、自治区、直辖市矿产储量审批机构负责审查批准供矿山建设设计使用的勘探报告，并在规定的期限内批复报送单位。勘探报告未经批准，不得作为矿山建设设计的依据。

第十四条 矿产资源勘查成果档案资料和各类矿产储量的统计资料，实行统一的管理制度，按照国务院规定汇交或者填报。

第十五条 设立矿山企业，必须符合国家规定的资质条件，并依照法律和国家有关规定，由审批机关对其矿区范围、矿山设计或者开采方案、生产技术条件、安全措施和环境保护措施等进行审查；审查合格的，方予批准。

第十六条 开采下列矿产资源的，由国务院地质矿产主管部门审批，并颁发采矿许可证：

（一）国家规划矿区和对国民经济具有重要价值的矿区内的矿产资源；

（二）前项规定区域以外可供开采的矿产储量规模在大型以上的矿产资源；

（三）国家规定实行保护性开采的特定矿种；

（四）领海及中国管辖的其他海域的矿产资源；

（五）国务院规定的其他矿产资源。

开采石油、天然气、放射性矿产等特定矿种的，可以由国务院授权的有关主管部门审批，并颁发采矿许可证。

开采第一款、第二款规定以外的矿产资源，其可供开采的矿产的储量规模为中型的，由省、自治区、直辖市人民政府地质矿产主管部门审批和颁发采矿许可证。

开采第一款、第二款和第三款规定以外的矿产资源的管理办法，由省、自治区、直辖市人民代表大会常务委员会依法制定。

依照第三款、第四款的规定审批和颁发采矿许可证的，由省、自治区、直辖市人民政府地质矿产主管部门汇总向国务院地质矿产主管部门备案。

矿产储量规模的大型、中型的划分标准，由国务院矿产储量审批机构规定。

第十七条 国家对国家规划矿区、对国民经济具有重要价值的矿区和国家规定实行保护性开采的特定矿种，实行有计划的开采；未经国务院有关主管部门批准，任何单位和个人不得开采。

第十八条 国家规划矿区的范围、对国民经济具有重要价值的矿区的范围、矿山企业矿区的范围依法划定后，由划定矿区范围的主管机关通知有关县级人民政府予以公告。

矿山企业变更矿区范围，必须报请原审批机关批准，并报请原颁发采矿许可证的机关重新核发采矿许可证。

第十九条 地方各级人民政府应当采取措施，维护本行政区域内的国有矿山企业和其他矿山企业矿区范围内的正常秩序。

禁止任何单位和个人进入他人依法设立的国有矿山企业和其他矿山企业矿区范围内采矿。

第二十条 非经国务院授权的有关主管部门同意，不得在下列地区开采矿产资源：

（一）港口、机场、国防工程设施圈定地区以内；

（二）重要工业区、大型水利工程设施、城镇市政工程设施附近一定距离以内；

（三）铁路、重要公路两侧一定距离以内；

（四）重要河流、堤坝两侧一定距离以内；

（五）国家划定的自然保护区、重要风景区，国家重点保护的不能移动的历史文物和名胜古迹所在地；

（六）国家规定不得开采矿产资源的其他地区。

第二十一条 关闭矿山，必须提出矿山闭坑报告及有关采掘工程、安全隐患、土地复垦利用、环境保护的资料，并按照国家规定报请审查批准。

第二十二条 勘查、开采矿产资源时，发现具有重大科学文化价值的罕见地质现象以及文化古迹，应当加以保护并及时报告有关部门。

第三章 矿产资源的勘查

第二十三条 区域地质调查按照国家统一规划进行。区域地质调查的报告和图件按照国家规定验收，提供有关部门使用。

第二十四条 矿产资源普查在完成主要矿种普查任务的同时，应当对工作区内包括共生或者伴生矿产的成矿地质条件和矿床工业远景作出初步综合评价。

第二十五条 矿床勘探必须对矿区内具有工业价值的共生和伴生矿产进行综合评价，并计算其储量。未作综合评价的勘探报告不予批准。但是，国务院计划部门另有规定的矿床勘探项目除外。

第二十六条 普查、勘探易损坏的特种非金属矿产、流体矿产、易燃易爆易溶矿产和含有放射性元素的矿产，必须采用省级以上人民政府有关主管部门规定的普查、勘探方法，并有必要的技术装备和安全措施。

第二十七条 矿产资源勘查的原始地质编录和图件，岩矿心、测试样品和其他实物标本资料，各种勘查标志，应当按照有关规定保护和保存。

第二十八条 矿床勘探报告及其他有价值的勘查资料，按照国务院规定实行有偿使用。

第四章 矿产资源的开采

第二十九条 开采矿产资源，必须采取合理的开采顺序、开采方法和选矿工艺。矿山企业的开采回采率、采矿贫化率和选矿回收率应当达到设计要求。

第三十条 在开采主要矿产的同时，对具有工业价值的共生和伴生矿产应当统一规划，综合开采，综合利用，防止浪费；对暂时不能综合开采或者必须同时采出而暂时还不能综合利用的矿产以及含有有用组分的尾矿，应当采取有效的保护措施，防止损失破坏。

第三十一条 开采矿产资源，必须遵守国家劳动安全卫生规定，具备保障安全生产的必要条件。

第三十二条 开采矿产资源，必须遵守有关环境保护的法律规定，防止污染环境。

开采矿产资源，应当节约用地。耕地、草原、林地因采矿受到破坏的，矿山企业应当因地制宜地采取复垦利用、植树种草或者其他利用措施。

开采矿产资源给他人生产、生活造成损失的，应当负责赔偿，并采取必要的补救措施。

第三十三条　在建设铁路、工厂、水库、输油管道、输电线路和各种大型建筑物或者建筑群之前，建设单位必须向所在省、自治区、直辖市地质矿产主管部门了解拟建工程所在地区的矿产资源分布和开采情况。非经国务院授权的部门批准，不得压覆重要矿床。

第三十四条　国务院规定由指定的单位统一收购的矿产品，任何其他单位或者个人不得收购；开采者不得向非指定单位销售。

第五章　集体矿山企业和个体采矿

第三十五条　国家对集体矿山企业和个体采矿实行积极扶持、合理规划、正确引导、加强管理的方针，鼓励集体矿山企业开采国家指定范围内的矿产资源，允许个人采挖零星分散资源和只能用作普通建筑材料的砂、石、粘土以及为生活自用采挖少量矿产。

矿产储量规模适宜由矿山企业开采的矿产资源、国家规定实行保护性开采的特定矿种和国家规定禁止个人开采的其他矿产资源，个人不得开采。

国家指导、帮助集体矿山企业和个体采矿不断提高技术水平、资源利用率和经济效益。

地质矿产主管部门、地质工作单位和国有矿山企业应当按照积极支持、有偿互惠的原则向集体矿山企业和个体采矿提供地质资料和技术服务。

第三十六条　国务院和国务院有关主管部门批准开办的矿山企业矿区范围内已有的集体矿山企业，应当关闭或者到指定的其他地点开采，由矿山建设单位给予合理的补偿，并妥善安置群众生活；也可以按照该矿山企业的统筹安排，实行联合经营。

第三十七条　集体矿山企业和个体采矿应当提高技术水平，提高矿产资源回收率。禁止乱挖滥采，破坏矿产资源。

集体矿山企业必须测绘井上、井下工程对照图。

第三十八条　县级以上人民政府应当指导、帮助集体矿山企业和个体采矿进行技术改造，改善经营管理，加强安全生产。

第六章　法律责任

第三十九条　违反本法规定，未取得采矿许可证擅自采矿的，擅自进入国家规划矿区、对国民经济具有重要价值的矿区范围采矿的，擅自开采国家规定实行保护性开采的特定矿种的，责令停止开采、赔偿损失，没收采出的矿产品和违法所得，可以并处罚款；拒不停止开采，造成矿产资源破坏的，依照刑法有关规定对直接责任人员追究刑事责任。

单位和个人进入他人依法设立的国有矿山企业和其他矿山企业矿区范围内采矿的，依照前款规定处罚。

第四十条 超越批准的矿区范围采矿的，责令退回本矿区范围内开采、赔偿损失，没收越界开采的矿产品和违法所得，可以并处罚款；拒不退回本矿区范围内开采，造成矿产资源破坏的，吊销采矿许可证，依照刑法有关规定对直接责任人员追究刑事责任。

第四十一条 盗窃、抢夺矿山企业和勘查单位的矿产品和其他财物的，破坏采矿、勘查设施的，扰乱矿区和勘查作业区的生产秩序、工作秩序的，分别依照刑法有关规定追究刑事责任；情节显著轻微的，依照治安管理处罚法有关规定予以处罚。

第四十二条 买卖、出租或者以其他形式转让矿产资源的，没收违法所得，处以罚款。

违反本法第六条的规定将探矿权、采矿权倒卖牟利的，吊销勘查许可证、采矿许可证，没收违法所得，处以罚款。

第四十三条 违反本法规定收购和销售国家统一收购的矿产品的，没收矿产品和违法所得，可以并处罚款；情节严重的，依照刑法有关规定，追究刑事责任。

第四十四条 违反本法规定，采取破坏性的开采方法开采矿产资源的，处以罚款，可以吊销采矿许可证；造成矿产资源严重破坏的，依照刑法有关规定对直接责任人员追究刑事责任。

第四十五条 本法第三十九条、第四十条、第四十二条规定的行政处罚，由县级以上人民政府负责地质矿产管理工作的部门按照国务院地质矿产主管部门规定的权限决定。第四十三条规定的行政处罚，由县级以上人民政府工商行政管理部门决定。第四十四条规定的行政处罚，由省、自治区、直辖市人民政府地质矿产主管部门决定。给予吊销勘查许可证或者采矿许可证处罚的，须由原发证机关决定。

依照第三十九条、第四十条、第四十二条、第四十四条规定应当给予行政处罚而不给予行政处罚的，上级人民政府地质矿产主管部门有权责令改正或者直接给予行政处罚。

第四十六条 当事人对行政处罚决定不服的，可以依法申请复议，也可以依法直接向人民法院起诉。

当事人逾期不申请复议也不向人民法院起诉，又不履行处罚决定的，由作出处罚决定的机关申请人民法院强制执行。

第四十七条 负责矿产资源勘查、开采监督管理工作的国家工作人员和其他有关国家工作人员徇私舞弊、滥用职权或者玩忽职守，违反本法规定批准勘查、开采矿产资源和颁发勘查许可证、采矿许可证，或者对违法采矿行为不依法予以制止、处罚，构成犯罪的，依法追究刑事责任；不构成犯罪的，给予行政处分。违法颁发的勘查许可证、采矿许可证，上级人民政府地质矿产主管部门有权予以撤销。

第四十八条 以暴力、威胁方法阻碍从事矿产资源勘查、开采监督管理工作的国家工作人员依法执行职务的，依照刑法有关规定追究刑事责任；拒绝、阻碍从事矿产资源勘查、开采监督管理工作的国家工作人员依法执行职务未使用暴力、威胁方法的，由公安机关依照治安管理处罚法的规定处罚。

第四十九条　矿山企业之间的矿区范围的争议，由当事人协商解决，协商不成的，由有关县级以上地方人民政府根据依法核定的矿区范围处理；跨省、自治区、直辖市的矿区范围的争议，由有关省、自治区、直辖市人民政府协商解决，协商不成的，由国务院处理。

第七章　附　则

第五十条　外商投资勘查、开采矿产资源，法律、行政法规另有规定的，从其规定。

第五十一条　本法施行以前，未办理批准手续、未划定矿区范围、未取得采矿许可证开采矿产资源的，应当依照本法有关规定申请补办手续。

第五十二条　本法实施细则由国务院制定。

第五十三条　本法自1986年10月1日起施行。

附：刑法有关条款

第二百七十五条　【故意毁坏财物罪】故意毁坏公私财物，数额较大或者有其他严重情节的，处三年以下有期徒刑、拘役或者罚金；数额巨大或者有其他特别严重情节的，处三年以上七年以下有期徒刑。

第二百七十七条　【妨害公务罪】以暴力、威胁方法阻碍国家机关工作人员依法执行职务的，处三年以下有期徒刑、拘役、管制或者罚金。

以暴力、威胁方法阻碍全国人民代表大会和地方各级人民代表大会代表依法执行代表职务的，依照前款的规定处罚。

在自然灾害和突发事件中，以暴力、威胁方法阻碍红十字会工作人员依法履行职责的，依照第一款的规定处罚。

故意阻碍国家安全机关、公安机关依法执行国家安全工作任务，未使用暴力、威胁方法，造成严重后果的，依照第一款的规定处罚。

第二百九十条　【聚众扰乱社会秩序罪；聚众冲击国家机关罪】聚众扰乱社会秩序，情节严重，致使工作、生产、营业和教学、科研无法进行，造成严重损失的，对首要分子，处三年以上七年以下有期徒刑；对其他积极参加的，处三年以下有期徒刑、拘役、管制或者剥夺政治权利。

聚众冲击国家机关，致使国家机关工作无法进行，造成严重损失的，对首要分子，处五年以上十年以下有期徒刑；对其他积极参加的，处五年以下有期徒刑、拘役、管制或者剥夺政治权利。

第二百九十一条 【聚众扰乱公共场所秩序、交通秩序罪；投放虚假危险物质罪；编造、故意传播虚假恐怖信息罪】聚众扰乱车站、码头、民用航空站、商场、公园、影剧院、展览会、运动场或者其他公共场所秩序，聚众堵塞交通或者破坏交通秩序，抗拒、阻碍国家治安管理工作人员依法执行职务，情节严重的，对首要分子，处五年以下有期徒刑、拘役或者管制。

投放虚假的爆炸性、毒害性、放射性、传染病病原体等物质，或者编造爆炸威胁、生化威胁、放射威胁等恐怖信息，或者明知是编造的恐怖信息而故意传播，严重扰乱社会秩序的，处五年以下有期徒刑、拘役或者管制；造成严重后果的，处五年以上有期徒刑。

中华人民共和国矿产资源法实施细则

（1994年3月26日　国务院令第152号）

第一章　总　则

第一条　根据《中华人民共和国矿产资源法》，制定本细则。

第二条　矿产资源是指由地质作用形成的，具有利用价值的，呈固态、液态、气态的自然资源。

矿产资源的矿种和分类见本细则所附《矿产资源分类细目》。新发现的矿种由国务院地质矿产主管部门报国务院批准后公布。

第三条　矿产资源属于国家所有，地表或者地下的矿产资源的国家所有权，不因其所依附的土地的所有权或者使用权的不同而改变。

国务院代表国家行使矿产资源的所有权。国务院授权国务院地质矿产主管部门对全国矿产资源分配实施统一管理。

第四条　在中华人民共和国领域及管辖的其他海域勘查、开采矿产资源，必须遵守《中华人民共和国矿产资源法》（以下简称《矿产资源法》）和本细则。

第五条　国家对矿产资源的勘查、开采实行许可证制度。勘查矿产资源，必须依法申请登记，领取勘查许可证，取得探矿权；开采矿产资源，必须依法申请登记，领取采矿许可证，取得采矿权。

矿产资源勘查工作区范围和开采矿区范围，以经纬度划分的区块为基本单位。具体办法由国务院地质矿产主管部门制定。

第六条　《矿产资源法》及本细则中下列用语的含义：

探矿权，是指在依法取得的勘查许可证规定的范围内，勘查矿产资源的权利。取得勘查许可证的单位或者个人称为探矿权人。

采矿权，是指在依法取得的采矿许可证规定的范围内，开采矿产资源和获得所开采的矿产品的权利。取得采矿许可证的单位或者个人称为采矿权人。

国家规定实行保护性开采的特定矿种，是指国务院根据国民经济建设和高科技发展的需要，以及资源稀缺、贵重程度确定的，由国务院有关主管部门按照国家计划批准开采的矿种。

国家规划矿区，是指国家根据建设规划和矿产资源规划，为建设大、中型矿山划定的矿产资源分布区域。

对国民经济具有重要价值的矿区，是指国家根据国民经济发展需要划定的，尚未列入国家建设规划的，储量大、质量好、具有开发前景的矿产资源保护区域。

第七条 国家允许外国的公司、企业和其他经济组织以及个人依照中华人民共和国有关法律、行政法规的规定，在中华人民共和国领域及管辖的其他海域投资勘查、开采矿产资源。

第八条 国务院地质矿产主管部门主管全国矿产资源勘查、开采的监督管理工作。国务院有关主管部门按照国务院规定的职责分工，协助国务院地质矿产主管部门进行矿产资源勘查、开采的监督管理工作。

省、自治区、直辖市人民政府地质矿产主管部门主管本行政区域内矿产资源勘查、开采的监督管理工作。省、自治区、直辖市人民政府有关主管部门，协助同级地质矿产主管部门进行矿产资源勘查、开采的监督管理工作。

设区的市人民政府、自治州人民政府和县级人民政府及其负责管理矿产资源的部门，依法对本级人民政府批准开办的国有矿山企业和本行政区域内的集体所有制矿山企业、私营矿山企业、个体采矿者以及在本行政区域内从事勘查施工的单位和个人进行监督管理，依法保护探矿权人、采矿权人的合法权益。

上级地质矿产主管部门有权对下级地质矿产主管部门违法的或者不适当的矿产资源勘查、开采管理行政行为予以改变或者撤销。

第二章 矿产资源勘查登记和开采审批

第九条 勘查矿产资源，应当按照国务院关于矿产资源勘查登记管理的规定，办理申请、审批和勘查登记。

勘查特定矿种，应当按照国务院有关规定办理申请、审批和勘查登记。

第十条 国有矿山企业开采矿产资源，应当按照国务院关于采矿登记管理的规定，办理申请、审批和采矿登记。开采国家规划矿区、对国民经济具有重要价值矿区的矿产和国家规定实行保护性开采的特定矿种，办理申请、审批和采矿登记时，应当持有国务院有关主管部门批准的文件。

开采特定矿种，应当按照国务院有关规定办理申请、审批和采矿登记。

第十一条 开办国有矿山企业，除应当具备有关法律、法规规定的条件外，并应当具备下列条件：

（一）有供矿山建设使用的矿产勘查报告；

（二）有矿山建设项目的可行性研究报告（含资源利用方案和矿山环境影响报告）；

（三）有确定的矿区范围和开采范围；

（四）有矿山设计；

（五）有相应的生产技术条件。

国务院、国务院有关主管部门和省、自治区、直辖市人民政府，按照国家有关固定资产投资管理的规定，对申请开办的国有矿山企业根据前款所列条件审查合格后，方予批准。

第十二条 申请开办集体所有制矿山企业、私营矿山企业及个体采矿的审查批准、采矿登记，按照省、自治区、直辖市的有关规定办理。

第十三条 申请开办集体所有制矿山企业或者私营矿山企业，除应当具备有关法律、法规规定的条件外，并应当具备下列条件：

（一）有供矿山建设使用的与开采规模相适应的矿产勘查资料；

（二）有经过批准的无争议的开采范围；

（三）有与所建矿山规模相适应的资金、设备和技术人员；

（四）有与所建矿山规模相适应的，符合国家产业政策和技术规范的可行性研究报告、矿山设计或者开采方案；

（五）矿长具有矿山生产、安全管理和环境保护的基本知识。

第十四条 申请个体采矿应当具备下列条件：

（一）有经过批准的无争议的开采范围；

（二）有与采矿规模相适应的资金、设备和技术人员；

（三）有相应的矿产勘查资料和经批准的开采方案；

（四）有必要的安全生产条件和环境保护措施。

第三章 矿产资源的勘查

第十五条 国家对矿产资源勘查实行统一规划。全国矿产资源中、长期勘查规划，在国务院计划行政主管部门指导下，由国务院地质矿产主管部门根据国民经济和社会发展中、长期规划，在国务院有关主管部门勘查规划的基础上组织编制。

全国矿产资源年度勘查计划和省、自治区、直辖市矿产资源年度勘查计划，分别由国务院地质矿产主管部门和省、自治区、直辖市人民政府地质矿产主管部门组织有关主管部门，根据全国矿产资源中、长期勘查规划编制，经同级人民政府计划行政主管部门批准后施行。

法律对勘查规划的审批权另有规定的，依照有关法律的规定执行。

第十六条 探矿权人享有下列权利：

（一）按照勘查许可证规定的区域、期限、工作对象进行勘查；

（二）在勘查作业区及相邻区域架设供电、供水、通讯管线，但是不得影响或者损害原有的供电、供水设施和通讯管线；

（三）在勘查作业区及相邻区域通行；

（四）根据工程需要临时使用土地；

（五）优先取得勘查作业区内新发现矿种的探矿权；

（六）优先取得勘查作业区内矿产资源的采矿权；

（七）自行销售勘查中按照批准的工程设计施工回收的矿产品，但是国务院规定由指定单位统一收购的矿产品除外。

探矿权人行使前款所列权利时，有关法律、法规规定应当经过批准或者履行其他手续的，应当遵守有关法律、法规的规定。

第十七条 探矿权人应当履行下列义务：

（一）在规定的期限内开始施工，并在勘查许可证规定的期限内完成勘查工作；

（二）向勘查登记管理机关报告开工等情况；

（三）按照探矿工程设计施工，不得擅自进行采矿活动；

（四）在查明主要矿种的同时，对共生、伴生矿产资源进行综合勘查、综合评价；

（五）编写矿产资源勘查报告，提交有关部门审批；

（六）按照国务院有关规定汇交矿产资源勘查成果档案资料；

（七）遵守有关法律、法规关于劳动安全、土地复垦和环境保护的规定；

（八）勘查作业完毕，及时封、填探矿作业遗留的井、硐或者采取其他措施，消除安全隐患。

第十八条 探矿权人可以对符合国家边探边采规定要求的复杂类型矿床进行开采；但是，应当向原颁发勘查许可证的机关、矿产储量审批机构和勘查项目主管部门提交论证材料，经审核同意后，按照国务院关于采矿登记管理法规的规定，办理采矿登记。

第十九条 矿产资源勘查报告按照下列规定审批：

（一）供矿山建设使用的重要大型矿床勘查报告和供大型水源地建设使用的地下水勘查报告，由国务院矿产储量审批机构审批；

（二）供矿山建设使用的一般大型、中型、小型矿床勘查报告和供中型、小型水源地建设使用的地下水勘查报告，由省、自治区、直辖市矿产储量审批机构审批；

矿产储量审批机构和勘查单位的主管部门应当自收到矿产资源勘查报告之日起六个月内作出批复。

第二十条 矿产资源勘查报告及其他有价值的勘查资料，按照国务院有关规定实行有偿使用。

第二十一条 探矿权人取得临时使用土地权后，在勘查过程中给他人造成财产损害的，按照下列规定给以补偿：

（一）对耕地造成损害的，根据受损害的耕地面积前三年平均年产量，以补偿时当地市场平均价格计算，逐年给以补偿，并负责恢复耕地的生产条件，及时归还；

（二）对牧区草场造成损害的，按照前项规定逐年给以补偿，并负责恢复草场植被，及时归还；

（三）对耕地上的农作物、经济作物造成损害的，根据受损害的耕地面积前三年平均年产量，以补偿时当地市场平均价格计算，给以补偿；

（四）对竹木造成损害的，根据实际损害株数，以补偿时当地市场平均价格逐株计算，给以补偿；

（五）对土地上的附着物造成损害的，根据实际损害的程度，以补偿时当地市场价格，给以适当补偿。

第二十二条　探矿权人在没有农作物和其他附着物的荒岭、荒坡、荒地、荒漠、沙滩、河滩、湖滩、海滩上进行勘查的，不予补偿；但是，勘查作业不得阻碍或者损害航运、灌溉、防洪等活动或者设施，勘查作业结束后应当采取措施，防止水土流失，保护生态环境。

第二十三条　探矿权人之间对勘查范围发生争议时，由当事人协商解决；协商不成的，由勘查作业区所在地的省、自治区、直辖市人民政府地质矿产主管部门裁决；跨省、自治区、直辖市的勘查范围争议，当事人协商不成的，由有关省、自治区、直辖市人民政府协商解决；协商不成的，由国务院地质矿产主管部门裁决。特定矿种的勘查范围争议，当事人协商不成的，由国务院授权的有关主管部门裁决。

第四章　矿产资源的开采

第二十四条　全国矿产资源的分配和开发利用，应当兼顾当前和长远、中央和地方的利益，实行统一规划、有效保护、合理开采、综合利用。

第二十五条　全国矿产资源规划，在国务院计划行政主管部门指导下，由国务院地质矿产主管部门根据国民经济和社会发展中、长期规划，组织国务院有关主管部门和省、自治区、直辖市人民政府编制，报国务院批准后施行。

全国矿产资源规划应当对全国矿产资源的分配作出统筹安排，合理划定中央与省、自治区、直辖市人民政府审批、开发矿产资源的范围。

第二十六条　矿产资源开发规划是对矿区的开发建设布局进行统筹安排的规划。

矿产资源开发规划分为行业开发规划和地区开发规划。

矿产资源行业开发规划由国务院有关主管部门根据全国矿产资源规划中分配给本部门的矿产资源编制实施。

矿产资源地区开发规划由省、自治区、直辖市人民政府根据全国矿产资源规划中分配给本省、自治区、直辖市的矿产资源编制实施；并作出统筹安排，合理划定省、市、县级人民政府审批、开发矿产资源的范围。

矿产资源行业开发规划和地区开发规划应当报送国务院计划行政主管部门、地质矿产主管部门备案。

国务院计划行政主管部门、地质矿产主管部门，对不符合全国矿产资源规划的行业开发规划和地区开发规划，应当予以纠正。

第二十七条　设立、变更或者撤销国家规划矿区、对国民经济具有重要价值的矿区，由国务院有关主管部门提出，并附具矿产资源详查报告及论证材料，经国务院计划行政主管部门和地质矿产主管部门审定，并联合书面通知有关县级人民政府。县级人民政府应当自收到通知之日起一个月内予以公告，并报国务院计划行政主管部门、地质矿产主管部门备案。

第二十八条 确定或者撤销国家规定实行保护性开采的特定矿种，由国务院有关主管部门提出，并附具论证材料，经国务院计划行政主管部门和地质矿产主管部门审核同意后，报国务院批准。

第二十九条 单位或者个人开采矿产资源前，应当委托持有相应矿山设计证书的单位进行可行性研究和设计。开采零星分散矿产资源和用作建筑材料的砂、石、粘土的，可以不进行可行性研究和设计，但是应当有开采方案和环境保护措施。

矿山设计必须依据设计任务书，采用合理的开采顺序、开采方法和选矿工艺。

矿山设计必须按照国家有关规定审批；未经批准，不得施工。

第三十条 采矿权人享有下列权利：

（一）按照采矿许可证规定的开采范围和期限从事开采活动；

（二）自行销售矿产品，但是国务院规定由指定的单位统一收购的矿产品除外；

（三）在矿区范围内建设采矿所需的生产和生活设施；

（四）根据生产建设的需要依法取得土地使用权；

（五）法律、法规规定的其他权利。

采矿权人行使前款所列权利时，法律、法规规定应当经过批准或者履行其他手续的，依照有关法律、法规的规定办理。

第三十一条 采矿权人应当履行下列义务：

（一）在批准的期限内进行矿山建设或者开采；

（二）有效保护、合理开采、综合利用矿产资源；

（三）依法缴纳资源税和矿产资源补偿费；

（四）遵守国家有关劳动安全、水土保持、土地复垦和环境保护的法律、法规；

（五）接受地质矿产主管部门和有关主管部门的监督管理，按照规定填报矿产储量表和矿产资源开发利用情况统计报告。

第三十二条 采矿权人在采矿许可证有效期满或者在有效期内，停办矿山而矿产资源尚未采完的，必须采取措施将资源保持在能够继续开采的状态，并事先完成下列工作：

（一）编制矿山开采现状报告及实测图件；

（二）按照有关规定报销所消耗的储量；

（三）按照原设计实际完成相应的有关劳动安全、水土保持、土地复垦和环境保护工作，或者缴清土地复垦和环境保护的有关费用。

采矿权人停办矿山的申请，须经原批准开办矿山的主管部门批准、原颁发采矿许可证的机关验收合格后，方可办理有关证、照注销手续。

第三十三条 矿山企业关闭矿山，应当按照下列程序办理审批手续：

（一）开采活动结束的前一年，向原批准开办矿山的主管部门提出关闭矿山申请，并提交闭坑地质报告；

（二）闭坑地质报告经原批准开办矿山的主管部门审核同意后，报地质矿产主管部门会同矿产储量审批机构批准；

（三）闭坑地质报告批准后，采矿权人应当编写关闭矿山报告，报请原批准开办矿山的主管部门会同同级地质矿产主管部门和有关主管部门按照有关行业规定批准。

第三十四条　关闭矿山报告批准后，矿山企业应当完成下列工作：

（一）按照国家有关规定将地质、测量、采矿资料整理归档，并汇交闭坑地质报告、关闭矿山报告及其他有关资料；

（二）按照批准的关闭矿山报告，完成有关劳动安全、水土保持、土地复垦和环境保护工作，或者缴清土地复垦和环境保护的有关费用。

矿山企业凭关闭矿山报告批准文件和有关部门对完成上述工作提供的证明，报请原颁发采矿许可证的机关办理采矿许可证注销手续。

第三十五条　建设单位在建设铁路、公路、工厂、水库、输油管道、输电线路和各种大型建筑物前，必须向所在地的省、自治区、直辖市人民政府地质矿产主管部门了解拟建工程所在地区的矿产资源分布情况，并在建设项目设计任务书报请审批时附具地质矿产主管部门的证明。在上述建设项目与重要矿床的开采发生矛盾时，由国务院有关主管部门或者省、自治区、直辖市人民政府提出方案，经国务院地质矿产主管部门提出意见后，报国务院计划行政主管部门决定。

第三十六条　采矿权人之间对矿区范围发生争议时，由当事人协商解决；协商不成的，由矿产资源所在地的县级以上地方人民政府根据依法核定的矿区范围处理；跨省、自治区、直辖市的矿区范围争议，当事人协商不成的，由有关省、自治区、直辖市人民政府协商解决；协商不成的，由国务院地质矿产主管部门提出处理意见，报国务院决定。

第五章　集体所有制矿山企业、私营矿山企业和个体采矿者

第三十七条　国家依法保护集体所有制矿山企业、私营矿山企业和个体采矿者的合法权益，依法对集体所有制矿山企业、私营矿山企业和个体采矿者进行监督管理。

第三十八条　集体所有制矿山企业可以开采下列矿产资源：

（一）不适于国家建设大、中型矿山的矿床及矿点；

（二）经国有矿山企业同意，并经其上级主管部门批准，在其矿区范围内划出的边缘零星矿产；

（三）矿山闭坑后，经原矿山企业主管部门确认可以安全开采并不会引起严重环境后果的残留矿体；

（四）国家规划可以由集体所有制矿山企业开采的其他矿产资源。

集体所有制矿山企业开采前款第（二）项所列矿产资源时，必须与国有矿山企业签订合理开发利用矿产资源和矿山安全协议，不得浪费和破坏矿产资源，并不得

影响国有矿山企业的生产安全。

第三十九条 私营矿山企业开采矿产资源的范围参照本细则第三十八条的规定执行。

第四十条 个体采矿者可以采挖下列矿产资源：

（一）零星分散的小矿体或者矿点；

（二）只能用作普通建筑材料的砂、石、粘土。

第四十一条 国家设立国家规划矿区、对国民经济具有重要价值的矿区时，对应当撤出的原采矿权人，国家按照有关规定给予合理补偿。

第六章 法律责任

第四十二条 依照《矿产资源法》第三十九条、第四十条、第四十二条、第四十三条、第四十四条规定处以罚款的，分别按照下列规定执行：

（一）未取得采矿许可证擅自采矿的，擅自进入国家规划矿区、对国民经济具有重要价值的矿区和他人矿区范围采矿的，擅自开采国家规定实行保护性开采的特定矿种的，处以违法所得50%以下的罚款；

（二）超越批准的矿区范围采矿的，处以违法所得30%以下的罚款；

（三）买卖、出租或者以其他形式转让矿产资源的，买卖、出租采矿权的，对卖方、出租方、出让方处以违法所得一倍以下的罚款；

（四）非法用采矿权作抵押的，处以5000元以下的罚款；

（五）违反规定收购和销售国家规定统一收购的矿产品的，处以违法所得一倍以下的罚款；

（六）采取破坏性的开采方法开采矿产资源，造成矿产资源严重破坏的，处以相当于矿产资源损失价值50%以下的罚款。

第四十三条 违反本细则规定，有下列行为之一的，对主管人员和直接责任人员给予行政处分；构成犯罪的，依法追究刑事责任：

（一）批准不符合办矿条件的单位或者个人开办矿山的；

（二）对未经依法批准的矿山企业或者个人颁发采矿许可证的。

第七章 附 则

第四十四条 地下水资源具有水资源和矿产资源的双重属性。地下水资源的勘查，适用《矿产资源法》和本细则；地下水资源的开发、利用、保护和管理，适用《水法》和有关的行政法规。

第四十五条 本细则由地质矿产部负责解释。

第四十六条 本细则自发布之日起施行。

附件：

矿产资源分类细目

（一）能源矿产

煤、煤成气、石煤、油页岩、石油、天然气、油砂、天然沥青、铀、钍、地热。

（二）金属矿产

铁、锰、铬、钒、钛；铜、铅、锌、铝土矿、镍、钴、钨、锡、铋、钼、汞、锑、镁；铂、钯、钌、锇、铱、铑；金、银；铌、钽、铍、锂、锆、锶、铷、铯；镧、铈、镨、钕、钐、铕、钇、钆、铽、镝、钬、铒、铥、镱、镥；钪、锗、镓、铟、铊、铪、铼、镉、硒、碲。

（三）非金属矿产

金刚石、石墨、磷、自然硫、硫铁矿、钾盐、硼、水晶（压电水晶、熔炼水晶、光学水晶、工艺水晶）、刚玉、蓝晶石、硅线石、红柱石、硅灰石、钠硝石、滑石、石棉、蓝石棉、云母、长石、石榴子石、叶蜡石、透辉石、透闪石、蛭石、沸石、明矾石、芒硝（含钙芒硝）、石膏（含硬石膏）、重晶石、毒重石、天然碱、方解石、冰洲石、菱镁矿、萤石（普通萤石、光学萤石）、宝石、黄玉、玉石、电气石、玛瑙、颜料矿物（赭石、颜料黄土）、石灰岩（电石用灰岩、制碱用灰岩、化肥用灰岩、熔剂用灰岩、玻璃用灰岩、水泥用灰岩、建筑石料用灰岩、制灰用灰岩、饰面用灰岩）、泥灰岩、白垩、含钾岩石、白云岩（冶金用白云岩、化肥用白云岩、玻璃用白云岩、建筑用白云岩）、石英岩（冶金用石英岩、玻璃用石英岩、化肥用石英岩）、砂岩（冶金用砂岩、玻璃用砂岩、水泥配料用砂岩、砖瓦用砂岩、化肥用砂岩、铸型用砂岩、陶瓷用砂岩）、天然石英砂（玻璃用砂、铸型用砂、建筑用砂、水泥配料用砂、水泥标准砂、砖瓦用砂）、脉石英（冶金用脉石英、玻璃用脉石英）、粉石英、天然油石、含钾砂页岩、硅藻土、页岩（陶粒页岩、砖瓦用页岩、水泥配料用页岩）、高岭土、陶瓷土、耐火黏土、凹凸棒石黏土、海泡石黏土、伊利石黏土、累托石黏土、膨润土、铁矾土、其他黏土（铸型用黏土、砖瓦用黏土、陶粒用黏土、水泥配料用黏土、水泥配料用红土、水泥配料用黄土、水泥配料用泥岩、保温材料用黏土）、橄榄岩（化肥用橄榄岩、建筑用橄榄岩）、蛇纹岩（化肥用蛇纹岩、熔剂用蛇纹岩、饰面用蛇纹岩）、玄武岩（铸石用玄武岩、岩棉用玄武岩）、辉绿岩（水泥用辉绿岩、铸石用辉绿岩、饰面用辉绿岩、建筑用辉绿岩）、安山岩（饰面用安山岩、建筑用安山岩、水泥混合材用安山玢岩）、闪长岩（水泥混合材用闪长玢岩、建筑用闪长岩）、花岗岩（建筑用花岗岩、饰面用花岗岩）、麦饭石、珍珠岩、黑曜岩、松脂岩、浮石、粗面岩（水泥用粗面岩、铸石用粗面岩）、霞石正长岩、凝灰岩（玻璃用凝灰岩、水泥用凝灰岩、建筑用凝灰岩）、火山灰、火山渣、大理岩（饰面用大理岩、建筑用大理岩、水泥用大理岩、玻璃用大理岩）、板岩（饰面用板岩、水泥配料用板岩）、片麻岩、角闪岩、泥炭、矿盐（湖盐、岩盐、天然卤水）、镁盐、碘、溴、砷。

（四）水气矿产

地下水、矿泉水、二氧化碳气、硫化氢气、氦气、氡气。

矿产资源补偿费征收管理规定

（1994年2月27日国务院令第150号发布 根据1997年7月13日国务院第222号令发布的《国务院关于修改〈矿产资源补偿费征收管理规定〉的决定》修改）

第一条 为了保障和促进矿产资源的勘查、保护与合理开发，维护国家对矿产资源的财产权益，根据《中华人民共和国矿产资源法》的有关规定，制定本规定。

第二条 在中华人民共和国领域和其他管辖海域开采矿产资源，应当依照本规定缴纳矿产资源补偿费；法律、行政法规另有规定的，从其规定。

第三条 矿产资源补偿费按照矿产品销售收入的一定比例计征。企业缴纳的矿产资源补偿费列入管理费用。

采矿权人对矿产品自行加工的，按照国家规定价格计算销售收入；国家没有规定价格的，按照征收时矿产品的当地市场平均价格计算销售收入。采矿权人向境外销售矿产品的，按照国际市场销售价格计算销售收入。本规定所称矿产品，是指矿产资源经过开采或者采选后，脱离自然赋存状态的产品。

第四条 矿产资源补偿费由采矿权人缴纳。矿产资源补偿费以矿产品销售时使用的货币结算；采矿权人对矿产品自行加工的，以其销售最终产品时使用的货币结算。

第五条 矿产资源补偿费按照下列方式计算：

征收矿产资源补偿费金额＝矿产品销售收入×补偿费费率×开采回采率系数

开采回采率系数＝核定开采回采率/实际开采回采率

核定开采回采率，以按照国家有关规定经批准的矿山设计为准；按照国家有关规定，只要求有开采方案，不要求有矿山设计的矿山企业，其开采回采率由县级以上地方人民政府负责地质矿产管理工作的部门会同同级有关部门核定。

不能按照本条第一款、第二款规定的方式计算矿产资源补偿费的矿种，由国务院地质矿产主管部门会同国务院财政部门另行制定计算方式。

第六条 矿产资源补偿费依照本规定附录所规定的费率征收。

矿产资源补偿费费率的调整，由国务院财政部门、国务院地质矿产主管部门、国务院计划主管部门共同确定，报国务院批准施行。

第七条 矿产资源补偿费由地质矿产主管部门会同财政部门征收。矿区在县级行政区域内的，矿产资源补偿费由矿区所在地的县级人民政府负责地质矿产管理工作的部门负责征收。

矿区范围跨县级以上行政区域的，矿产资源补偿费由所涉及行政区域的共同上一级人民政府负责地质矿产管理工作的部门负责征收。矿区范围跨省级行政区域的和在中华人民共和国领海与其他管辖海域的，矿产资源补偿费由国务院地质矿产主管部门授权的省级人民政府地质矿产主管部门负责征收。

第八条 采矿权人应当于每年的7月31日前缴纳上半年的矿产资源补偿费；于下一年度1月31日前缴纳上一年度下半年的矿产资源补偿费。

采矿权人在中止或者终止采矿活动时，应当结缴矿产资源补偿费。

第九条 采矿权人在缴纳矿产资源补偿费时，应当同时提交已采出的矿产品的矿种、产量、销售数量、销售价格和实际开采回采率等资料。

第十条 征收的矿产资源补偿费，应当及时上缴，并按照下款规定的中央与省、自治区、直辖市的分成比例分别入库，年终不再结算。

中央与省、直辖市矿产资源补偿费的分成比例为5∶5；中央与自治区矿产资源补偿费的分成比例为4∶6。

第十一条 矿产资源补偿费纳入国家预算，实行专项管理，主要用于矿产资源勘查。

矿产资源补偿费的具体使用管理办法，由国务院财政部门、国务院地质矿产主管部门、国务院计划主管部门共同制定。

第十二条 采矿权人有下列情形之一的，经省级人民政府地质矿产主管部门会同同级财政部门批准，可以免缴矿产资源补偿费：

（一）从废石（矸石）中回收矿产品的；

（二）按照国家有关规定经批准开采已关闭矿山的非保安残留矿体的；

（三）国务院地质矿产主管部门会同国务院财政部门认定免缴的其他情形。

第十三条 采矿权人有下列情形之一的，经省级人民政府地质矿产主管部门会同同级财政部门批准，可以减缴矿产资源补偿费：

（一）从尾矿中回收矿产品的；

（二）开采未达到工业品位或者未计算储量的低品位矿产资源的；

（三）依法开采水体下、建筑物下、交通要道下的矿产资源的；

（四）由于执行国家定价而形成政策性亏损的；

（五）国务院地质矿产主管部门会同国务院财政部门认定减缴的其他情形。

采矿权人减缴的矿产资源补偿费超过应当缴纳的矿产资源补偿费50%的，须经省级人民政府批准。

批准减缴矿产资源补偿费的，应当报国务院地质矿产主管部门和国务院财政部门备案。

第十四条 采矿权人在规定期限内未足额缴纳矿产资源补偿费的，由征收机关责令限期缴纳，并从滞纳之日起按日加收滞纳补偿费2‰的滞纳金。

采矿权人未按照前款规定缴纳矿产资源补偿费和滞纳金的，由征收机关处以应当缴纳的矿产资源补偿费3倍以下的罚款；情节严重的，由采矿许可证颁发机关吊销其采矿许可证。

第十五条　采矿权人采取伪报矿种，隐匿产量、销售数量，或者伪报销售价格、实际开采回采率等手段，不缴或者少缴矿产资源补偿费的，由征收机关追缴应当缴纳的矿产资源补偿费，并处以应当缴纳的矿产资源补偿费5倍以下的罚款；情节严重的，由采矿许可证颁发机关吊销其采矿许可证。

第十六条　采矿权人未按照本规定第九条的规定报送有关资料的，由征收机关责令限期报送；逾期不报送的，处以5000元以下罚款；仍不报送的，采矿许可证颁发机关可以吊销其采矿许可证。

第十七条　依照本规定对采矿权人处以的罚款、加收的滞纳金应当上缴国库。

第十八条　当事人对行政处罚决定不服的，可以自接到处罚决定通知之日起15日内向作出处罚决定的机关的上一级机关申请复议；当事人也可以自接到处罚决定通知之日起15日内直接向人民法院起诉。

当事人逾期不申请复议也不向人民法院起诉、又不履行处罚决定的，作出处罚决定的机关可以申请人民法院强制执行。

第十九条　本规定发布前的地方性法规和地方人民政府发布的规章及行政性文件的内容，与本规定相抵触的，以本规定为准。

第二十条　省、自治区、直辖市人民政府可以根据本规定制定实施办法。

第二十一条　本规定由地质矿产部负责解释。

第二十二条　本规定自1994年4月1日起施行。

附录：

矿产资源补偿费费率表

矿　种	费率（%）
石油	1
天然气	1
煤炭、煤成气	1
铀、钍	3
石煤、油砂	1
天然沥青	2
地热	3
油页岩	2
铁、锰、铬、钒、钛	2
铜、铅、锌、铝土矿、镍、钴、钨、锡、铋、钼、汞、锑、镁	2

续表

矿　种	费率（%）
金、银、铂、钯、钌、锇、铱、铑	4
铌、钽、铍、锂、锆、锶、铷、铯	3
镧、铈、镨、钕、钐、铕、钇、钆、铽、镝、钬、铒、铥、镱、镥	3
离子型稀土	4
钪、锗、镓、铟、铊、铼、镉、硒、碲	3
宝石、玉石、宝石级金刚石	4
石墨、磷、自然硫、硫铁矿、钾盐、硼、水晶（压电水晶、熔炼水晶、光学水晶、工艺水晶）、刚玉、蓝晶石、硅线石、红柱石、硅灰石、钠硝石、滑石、石棉、蓝石棉、云母、长石、石榴子石、叶蜡石、透辉石、透闪石、蛭石、沸石、明矾石、芒硝（含钙芒硝）、金刚石、石膏、硬石膏、重晶石、毒重石、天然碱、方解石、冰洲石、菱镁矿、萤石（普通萤石、光学萤石）、黄玉、电气石、玛瑙、颜料矿物（赭石、颜料黄土）、石灰岩（电石用灰岩、制碱用灰岩、化肥用灰岩、熔剂用灰岩、玻璃用灰岩、水泥用灰岩、建筑石料用灰岩、制灰用灰岩、饰面用灰岩）、泥灰岩、白垩、含钾岩石、白云岩（冶金用白云岩、化肥用白云岩、玻璃用白云岩、建筑用白云岩）、石英岩（冶金用石英岩、玻璃用石英岩、化肥用石英岩）、砂岩（冶金用砂岩、玻璃用砂岩、水泥配料用砂岩、砖瓦用砂岩、化肥用砂岩、铸型用砂岩、陶瓷用砂岩）、天然石英砂（玻璃用砂、铸型用砂、建筑用砂、水泥配料用砂、水泥标准砂、砖瓦用砂）、脉石英（冶金用脉石英、玻璃用脉石英）、粉石英、天然油石、含钾砂页岩、硅藻土、页岩（陶粒页岩、砖瓦用页岩、水泥配料用页岩）、高岭土、陶瓷土、耐火粘土、凹凸棒石粘土、海泡石粘土、伊利石粘土、累托石粘土、膨润土、铁矾土、其他粘土（铸型用粘土、砖瓦用粘土、陶粒用粘土、水泥配料用粘土、水泥配料用红土、水泥配料用黄土、水泥配料用泥岩、保温材料用粘土）、橄榄岩（化肥用橄榄岩、建筑用橄榄岩）、蛇纹岩（化肥用蛇纹岩、熔剂用蛇纹岩、饰面用蛇纹岩）、玄武岩（铸石用玄武岩、岩棉用玄武岩）、辉绿岩（水泥用辉绿岩、铸石用辉绿岩、饰面用辉绿岩、建筑用辉绿岩）、安山岩（饰面用安山岩、建筑用安山岩、水泥混合材用安山玢岩）、闪长岩（水泥混合材用闪长玢岩、建筑用闪长岩）、花岗岩（建筑用花岗岩、饰面用花岗岩）、麦饭石、珍珠岩、黑曜岩、松脂岩、浮石、粗面岩（水泥用粗面岩、铸石用粗面岩）、霞石正长岩、凝灰岩（玻璃用凝灰岩、水泥用凝灰岩、建筑用凝灰岩）、火山灰、火山渣、大理岩（饰面用大理岩、建筑用大理岩、水泥用大理岩、玻璃用大理岩）、板岩（饰面用板岩、水泥配料用板岩）、片麻岩、角闪岩、泥炭、镁盐、碘、溴、砷	2
湖盐、岩盐、天然卤水	0.5
二氧化碳气、硫化氢气、氦气、氡气	3
矿泉水	4
地下水　费率及征收管理办法由国务院另行规定	

矿产资源勘查区块登记管理办法

（1998年2月12日国务院令第240号发布　根据2014年7月9日国务院第54次常务会议《国务院关于修改部分行政法规的决定》修订）

第一条　为了加强对矿产资源勘查的管理，保护探矿权人的合法权益，维护矿产资源勘查秩序，促进矿业发展，根据《中华人民共和国矿产资源法》，制定本办法。

第二条　在中华人民共和国领域及管辖的其他海域勘查矿产资源，必须遵守本办法。

第三条　国家对矿产资源勘查实行统一的区块登记管理制度。矿产资源勘查工作区范围以经纬度1′×1′划分的区块为基本单位区块。每个勘查项目允许登记的最大范围：

（一）矿泉水为10个基本单位区块；

（二）金属矿产、非金属矿产、放射性矿产为40个基本单位区块；

（三）地热、煤、水气矿产为200个基本单位区块；

（四）石油、天然气矿产为2500个基本单位区块。

第四条　勘查下列矿产资源，由国务院地质矿产主管部门审批登记，颁发勘查许可证：

（一）跨省、自治区、直辖市的矿产资源；

（二）领海及中国管辖的其他海域的矿产资源；

（三）外商投资勘查的矿产资源；

（四）本办法附录所列的矿产资源。

勘查石油、天然气矿产的，经国务院指定的机关审查同意后，由国务院地质矿产主管部门登记，颁发勘查许可证。

勘查下列矿产资源，由省、自治区、直辖市人民政府地质矿产主管部门审批登记，颁发勘查许可证，并应当自发证之日起10日内，向国务院地质矿产主管部门备案：

（一）本条第一款、第二款规定以外的矿产资源；

（二）国务院地质矿产主管部门授权省、自治区、直辖市人民政府地质矿产主管部门审批登记的矿产资源。

第五条　勘查出资人为探矿权申请人；但是，国家出资勘查的，国家委托勘查的单位为探矿权申请人。

第六条 探矿权申请人申请探矿权时，应当向登记管理机关提交下列资料：

（一）申请登记书和申请的区块范围图；

（二）勘查单位的资格证书复印件；

（三）勘查工作计划、勘查合同或者委托勘查的证明文件；

（四）勘查实施方案及附件；

（五）勘查项目资金来源证明；

（六）国务院地质矿产主管部门规定提交的其他资料。

申请勘查石油、天然气的，还应当提交国务院批准设立石油公司或者同意进行石油、天然气勘查的批准文件以及勘查单位法人资格证明。

第七条 申请石油、天然气滚动勘探开发的，应当向登记管理机关提交下列资料，经批准，办理登记手续，领取滚动勘探开发的采矿许可证：

（一）申请登记书和滚动勘探开发矿区范围图；

（二）国务院计划主管部门批准的项目建议书；

（三）需要进行滚动勘探开发的论证材料；

（四）经国务院矿产储量审批机构批准进行石油、天然气滚动勘探开发的储量报告；

（五）滚动勘探开发利用方案。

第八条 登记管理机关应当自收到申请之日起40日内，按照申请在先的原则作出准予登记或者不予登记的决定，并通知探矿权申请人。对申请勘查石油、天然气的，登记管理机关还应当在收到申请后及时予以公告或者提供查询。

登记管理机关应当保证国家地质勘查计划一类项目的登记，具体办法由国务院地质矿产主管部门会同国务院计划主管部门制定。

需要探矿权申请人修改或者补充本办法第六条规定的资料的，登记管理机关应当通知探矿权申请人限期修改或者补充。

准予登记的，探矿权申请人应当自收到通知之日起30日内，依照本办法第十二条的规定缴纳探矿权使用费，并依照本办法第十三条的规定缴纳国家出资勘查形成的探矿权价款，办理登记手续，领取勘查许可证，成为探矿权人。

不予登记的，登记管理机关应当向探矿权申请人说明理由。

第九条 禁止任何单位和个人进入他人依法取得探矿权的勘查作业区内进行勘查或者采矿活动。

探矿权人与采矿权人对勘查作业区范围和矿区范围发生争议的，由当事人协商解决；协商不成的，由发证的登记管理机关中级别高的登记管理机关裁决。

第十条 勘查许可证有效期最长为3年；但是，石油、天然气勘查许可证有效期最长为7年。需要延长勘查工作时间的，探矿权人应当在勘查许可证有效期届满的30日前，到登记管理机关办理延续登记手续，每次延续时间不得超过2年。

探矿权人逾期不办理延续登记手续的，勘查许可证自行废止。

石油、天然气滚动勘探开发的采矿许可证有效期最长为15年；但是，探明储量的区块，应当申请办理采矿许可证。

第十一条　登记管理机关应当自颁发勘查许可证之日起10日内，将登记发证项目的名称、探矿权人、区块范围和勘查许可证期限等事项，通知勘查项目所在地的县级人民政府负责地质矿产管理工作的部门。

登记管理机关对勘查区块登记发证情况，应当定期予以公告。

第十二条　国家实行探矿权有偿取得的制度。探矿权使用费以勘查年度计算，逐年缴纳。

探矿权使用费标准：第一个勘查年度至第三个勘查年度，每平方公里每年缴纳100元；从第四个勘查年度起，每平方公里每年增加100元，但是最高不得超过每平方公里每年500元。

第十三条　申请国家出资勘查并已经探明矿产地的区块的探矿权的，探矿权申请人除依照本办法第十二条的规定缴纳探矿权使用费外，还应当缴纳国家出资勘查形成的探矿权价款；探矿权价款按照国家有关规定，可以一次缴纳，也可以分期缴纳。

国家出资勘查形成的探矿权价款，由具有矿业权评估资质的评估机构进行评估；评估报告报登记管理机关备案。

第十四条　探矿权使用费和国家出资勘查形成的探矿权价款，由登记管理机关收取，全部纳入国家预算管理。具体管理、使用办法，由国务院地质矿产主管部门会同国务院财政部门、计划主管部门制定。

第十五条　有下列情形之一的，由探矿权人提出申请，经登记管理机关按照国务院地质矿产主管部门会同国务院财政部门制定的探矿权使用费和探矿权价款的减免办法审查批准，可以减缴、免缴探矿权使用费和探矿权价款：

（一）国家鼓励勘查的矿种；

（二）国家鼓励勘查的区域；

（三）国务院地质矿产主管部门会同国务院财政部门规定的其他情形。

第十六条　探矿权可以通过招标投标的方式有偿取得。

登记管理机关依照本办法第四条规定的权限确定招标区块，发布招标公告，提出投标要求和截止日期；但是，对境外招标的区块由国务院地质矿产主管部门确定。

登记管理机关组织评标，采取择优原则确定中标人。中标人缴纳本办法第十二条、第十三条规定的费用后，办理登记手续，领取勘查许可证，成为探矿权人，并履行标书中承诺的义务。

第十七条　探矿权人应当自领取勘查许可证之日起，按照下列规定完成最低勘查投入：

（一）第一个勘查年度，每平方千米2000元；

（二）第二个勘查年度，每平方千米5000元；

（三）从第三个勘查年度起，每个勘查年度每平方千米10000元。

探矿权人当年度的勘查投入高于最低勘查投入标准的，高于的部分可以计入下一个勘查年度的勘查投入。

因自然灾害等不可抗力的原因，致使勘查工作不能正常进行的，探矿权人应当自恢复正常勘查工作之日起30日内，向登记管理机关提交申请核减相应的最低勘查投入的报告；登记管理机关应当自收到报告之日起30日内予以批复。

第十八条 探矿权人应当自领取勘查许可证之日起6个月内开始施工；在开始勘查工作时，应当向勘查项目所在地的县级人民政府负责地质矿产管理工作的部门报告，并向登记管理机关报告开工情况。

第十九条 探矿权人在勘查许可证有效期内进行勘查时，发现符合国家边探边采规定要求的复杂类型矿床的，可以申请开采，经登记管理机关批准，办理采矿登记手续。

第二十条 探矿权人在勘查石油、天然气等流体矿产期间，需要试采的，应当向登记管理机关提交试采申请，经批准后可以试采1年；需要延长试采时间的，必须办理登记手续。

第二十一条 探矿权人在勘查许可证有效期内探明可供开采的矿体后，经登记管理机关批准，可以停止相应区块的最低勘查投入，并可以在勘查许可证有效期届满的30日前，申请保留探矿权。但是，国家为了公共利益或者因技术条件暂时难以利用等情况，需要延期开采的除外。

保留探矿权的期限，最长不得超过2年，需要延长保留期的，可以申请延长2次，每次不得超过2年；保留探矿权的范围为可供开采的矿体范围。

在停止最低勘查投入期间或者探矿权保留期间，探矿权人应当依照本办法的规定，缴纳探矿权使用费。

探矿权保留期届满，勘查许可证应当予以注销。

第二十二条 有下列情形之一的，探矿权人应当在勘查许可证有效期内，向登记管理机关申请变更登记：

（一）扩大或者缩小勘查区块范围的；

（二）改变勘查工作对象的；

（三）经依法批准转让探矿权的；

（四）探矿权人改变名称或者地址的。

第二十三条 探矿权延续登记和变更登记，其勘查年度、探矿权使用费和最低勘查投入连续计算。

第二十四条 有下列情形之一的，探矿权人应当在勘查许可证有效期内，向登记管理机关递交勘查项目完成报告或者勘查项目终止报告，报送资金投入情况报表和有关证明文件，由登记管理机关核定其实际勘查投入后，办理勘查许可证注销登记手续：

（一）勘查许可证有效期届满，不办理延续登记或者不申请保留探矿权的；

（二）申请采矿权的；

（三）因故需要撤销勘查项目的。

自勘查许可证注销之日起90日内，原探矿权人不得申请已经注销的区块范围内的探矿权。

第二十五条 登记管理机关需要调查勘查投入、勘查工作进展情况，探矿权人应当如实报告并提供有关资料，不得虚报、瞒报，不得拒绝检查。

对探矿权人要求保密的申请登记资料、勘查工作成果资料和财务报表，登记管理机关应当予以保密。

第二十六条 违反本办法规定，未取得勘查许可证擅自进行勘查工作的，超越批准的勘查区块范围进行勘查工作的，由县级以上人民政府负责地质矿产管理工作的部门按照国务院地质矿产主管部门规定的权限，责令停止违法行为，予以警告，可以并处10万元以下的罚款。

第二十七条 违反本办法规定，未经批准，擅自进行滚动勘探开发、边探边采或者试采的，由县级以上人民政府负责地质矿产管理工作的部门按照国务院地质矿产主管部门规定的权限，责令停止违法行为，予以警告，没收违法所得，可以并处10万元以下的罚款。

第二十八条 违反本办法规定，擅自印制或者伪造、冒用勘查许可证的，由县级以上人民政府负责地质矿产管理工作的部门按照国务院地质矿产主管部门规定的权限，没收违法所得，可以并处10万元以下的罚款；构成犯罪的，依法追究刑事责任。

第二十九条 违反本办法规定，有下列行为之一的，由县级以上人民政府负责地质矿产管理工作的部门按照国务院地质矿产主管部门规定的权限，责令限期改正；逾期不改正的，处5万元以下的罚款；情节严重的，原发证机关可以吊销勘查许可证：

（一）不按照本办法的规定备案、报告有关情况、拒绝接受监督检查或者弄虚作假的；

（二）未完成最低勘查投入的；

（三）已经领取勘查许可证的勘查项目，满6个月未开始施工，或者施工后无故停止勘查工作满6个月的。

第三十条 违反本办法规定，不办理勘查许可证变更登记或者注销登记手续的，由登记管理机关责令限期改正；逾期不改正的，由原发证机关吊销勘查许可证。

第三十一条 违反本办法规定，不按期缴纳本办法规定应当缴纳的费用的，由登记管理机关责令限期缴纳，并从滞纳之日起每日加收千分之二的滞纳金；逾期仍不缴纳的，由原发证机关吊销勘查许可证。

第三十二条 违反本办法规定勘查石油、天然气矿产的，由国务院地质矿产主管部门按照本办法的有关规定给予行政处罚。

第三十三条 探矿权人被吊销勘查许可证的，自勘查许可证被吊销之日起6个月内，不得再申请探矿权。

第三十四条 登记管理机关工作人员徇私舞弊、滥用职权、玩忽职守，构成犯罪的，依法追究刑事责任；尚不构成犯罪的，依法给予行政处分。

第三十五条 勘查许可证由国务院地质矿产主管部门统一印制。申请登记书、变更申请登记书、探矿权保留申请登记书和注销申请登记书的格式，由国务院地质矿产主管部门统一制定。

第三十六条 办理勘查登记手续，应当按照规定缴纳登记费。收费标准和管理、使用办法，由国务院物价主管部门会同国务院地质矿产主管部门、财政部门规定。

第三十七条 外商投资勘查矿产资源的，依照本办法的规定办理；法律、行政法规另有特别规定的，从其规定。

第三十八条 中外合作勘查矿产资源的，中方合作者应当在签订合同后，将合同向原发证机关备案。

第三十九条 本办法施行前已经取得勘查许可证的，由国务院地质矿产主管部门统一组织换领新的勘查许可证。探矿权使用费、最低勘查投入按照重新登记后的第一个勘查年度计算，并可以依照本办法的规定申请减缴、免缴。

第四十条 本办法附录的修改，由国务院地质矿产主管部门报国务院批准后公布。

第四十一条 本办法自发布之日起施行。1987年4月29日国务院发布的《矿产资源勘查登记管理暂行办法》和1987年12月16日国务院批准、石油工业部发布的《石油及天然气勘查、开采登记管理暂行办法》同时废止。

附录：

国务院地质矿产主管部门审批发证矿种目录

1 煤
2 石油
3 油页岩
4 烃类天然气
5 二氧化碳气
6 煤成（层）气
7 地热
8 放射性矿产
9 金
10 银
11 铂
12 锰
13 铬
14 钴
15 铁
16 铜
17 铅
18 锌
19 铝
20 镍
21 钨
22 锡
23 锑
24 钼
25 稀土
26 磷
27 钾
28 硫
29 锶
30 金刚石
31 铌
32 钽
33 石棉
34 矿泉水

矿产资源开采登记管理办法

（1998年2月12日国务院令第241号发布　根据2014年7月29日《国务院关于修改部分行政法规的决定》修正）

第一条　为了加强对矿产资源开采的管理，保护采矿权人的合法权益，维护矿产资源开采秩序，促进矿业发展，根据《中华人民共和国矿产资源法》，制定本办法。

第二条　在中华人民共和国领域及管辖的其他海域开采矿产资源，必须遵守本办法。

第三条　开采下列矿产资源，由国务院地质矿产主管部门审批登记，颁发采矿许可证：

（一）国家规划矿区和对国民经济具有重要价值的矿区内的矿产资源；

（二）领海及中国管辖的其他海域的矿产资源；

（三）外商投资开采的矿产资源；

（四）本办法附录所列的矿产资源。

开采石油、天然气矿产的，经国务院指定的机关审查同意后，由国务院地质矿产主管部门登记，颁发采矿许可证。

开采下列矿产资源，由省、自治区、直辖市人民政府地质矿产主管部门审批登记，颁发采矿许可证：

（一）本条第一款、第二款规定以外的矿产储量规模中型以上的矿产资源；

（二）国务院地质矿产主管部门授权省、自治区、直辖市人民政府地质矿产主管部门审批登记的矿产资源。

开采本条第一款、第二款、第三款规定以外的矿产资源，由县级以上地方人民政府负责地质矿产管理工作的部门，按照省、自治区、直辖市人民代表大会常务委员会制定的管理办法审批登记，颁发采矿许可证。

矿区范围跨县级以上行政区域的，由所涉及行政区域的共同上一级登记管理机关审批登记，颁发采矿许可证。

县级以上地方人民政府负责地质矿产管理工作的部门在审批发证后，应当逐级向上一级人民政府负责地质矿产管理工作的部门备案。

第四条　采矿权申请人在提出采矿权申请前，应当根据经批准的地质勘查储量报告，向登记管理机关申请划定矿区范围。

需要申请立项，设立矿山企业的，应当根据划定的矿区范围，按照国家规定办理有关手续。

第五条 采矿权申请人申请办理采矿许可证时，应当向登记管理机关提交下列资料：

（一）申请登记书和矿区范围图；

（二）采矿权申请人资质条件的证明；

（三）矿产资源开发利用方案；

（四）依法设立矿山企业的批准文件；

（五）开采矿产资源的环境影响评价报告；

（六）国务院地质矿产主管部门规定提交的其他资料。

申请开采国家规划矿区或者对国民经济具有重要价值的矿区内的矿产资源和国家实行保护性开采的特定矿种的，还应当提交国务院有关主管部门的批准文件。

申请开采石油、天然气的，还应当提交国务院批准设立石油公司或者同意进行石油、天然气开采的批准文件以及采矿企业法人资格证明。

第六条 登记管理机关应当自收到申请之日起40日内，作出准予登记或者不予登记的决定，并通知采矿权申请人。

需要采矿权申请人修改或者补充本办法第五条规定的资料的，登记管理机关应当通知采矿权申请人限期修改或者补充。

准予登记的，采矿权申请人应当自收到通知之日起30日内，依照本办法第九条的规定缴纳采矿权使用费，并依照本办法第十条的规定缴纳国家出资勘查形成的采矿权价款，办理登记手续，领取采矿许可证，成为采矿权人。

不予登记的，登记管理机关应当向采矿权申请人说明理由。

第七条 采矿许可证有效期，按照矿山建设规模确定：大型以上的，采矿许可证有效期最长为30年；中型的，采矿许可证有效期最长为20年；小型的，采矿许可证有效期最长为10年。采矿许可证有效期满，需要继续采矿的，采矿权人应当在采矿许可证有效期届满的30日前，到登记管理机关办理延续登记手续。

采矿权人逾期不办理延续登记手续的，采矿许可证自行废止。

第八条 登记管理机关在颁发采矿许可证后，应当通知矿区范围所在地的有关县级人民政府。有关县级人民政府应当自收到通知之日起90日内，对矿区范围予以公告，并可以根据采矿权人的申请，组织埋设界桩或者设置地面标志。

第九条 国家实行采矿权有偿取得的制度。采矿权使用费，按照矿区范围的面积逐年缴纳，标准为每平方公里每年1000元。

第十条 申请国家出资勘查并已经探明矿产地的采矿权的，采矿权申请人除依照本办法第九条的规定缴纳采矿权使用费外，还应当缴纳国家出资勘查形成的采矿权价款；采矿权价款按照国家有关规定，可以一次缴纳，也可以分期缴纳。

国家出资勘查形成的采矿权价款，由具有矿业权评估资质的评估机构进行评估；评估报告报登记管理机关备案。

第十一条 采矿权使用费和国家出资勘查形成的采矿权价款由登记管理机关收取，全部纳入国家预算管理。具体管理、使用办法，由国务院地质矿产主管部门会同国务院财政部门、计划主管部门制定。

第十二条 有下列情形之一的，由采矿权人提出申请，经省级以上人民政府登记管理机关按照国务院地质矿产主管部门会同国务院财政部门制定的采矿权使用费和采矿权价款的减免办法审查批准，可以减缴、免缴采矿权使用费和采矿权价款：

（一）开采边远贫困地区的矿产资源的；

（二）开采国家紧缺的矿种的；

（三）因自然灾害等不可抗力的原因，造成矿山企业严重亏损或者停产的；

（四）国务院地质矿产主管部门和国务院财政部门规定的其他情形。

第十三条 采矿权可以通过招标投标的方式有偿取得。

登记管理机关依照本办法第三条规定的权限确定招标的矿区范围，发布招标公告，提出投标要求和截止日期；但是，对境外招标的矿区范围由国务院地质矿产主管部门确定。

登记管理机关组织评标，采取择优原则确定中标人。中标人缴纳本办法第九条、第十条规定的费用后，办理登记手续，领取采矿许可证，成为采矿权人，并履行标书中承诺的义务。

第十四条 登记管理机关应当对本行政区域内的采矿权人合理开发利用矿产资源、保护环境及其他应当履行的法定义务等情况依法进行监督检查。采矿权人应当如实报告有关情况，并提交年度报告。

第十五条 有下列情形之一的，采矿权人应当在采矿许可证有效期内，向登记管理机关申请变更登记：

（一）变更矿区范围的；

（二）变更主要开采矿种的；

（三）变更开采方式的；

（四）变更矿山企业名称的；

（五）经依法批准转让采矿权的。

第十六条 采矿权人在采矿许可证有效期内或者有效期届满，停办、关闭矿山的，应当自决定停办或者关闭矿山之日起30日内，向原发证机关申请办理采矿许可证注销登记手续。

第十七条 任何单位和个人未领取采矿许可证擅自采矿的，擅自进入国家规划矿区和对国民经济具有重要价值的矿区范围采矿的，擅自开采国家规定实行保护性开采的特定矿种的，超越批准的矿区范围采矿的，由登记管理机关依照有关法律、行政法规的规定予以处罚。

第十八条 不依照本办法规定提交年度报告、拒绝接受监督检查或者弄虚作假的，由县级以上人民政府负责地质矿产管理工作的部门按照国务院地质矿产主管部门规定的权限，责令停止违法行为，予以警告，可以并处5万元以下的罚款；情节严重的，由原发证机关吊销采矿许可证。

第十九条　破坏或者擅自移动矿区范围界桩或者地面标志的，由县级以上人民政府负责地质矿产管理工作的部门按照国务院地质矿产主管部门规定的权限，责令限期恢复；情节严重的，处3万元以下的罚款。

第二十条　擅自印制或者伪造、冒用采矿许可证的，由县级以上人民政府负责地质矿产管理工作的部门按照国务院地质矿产主管部门规定的权限，没收违法所得，可以并处10万元以下的罚款；构成犯罪的，依法追究刑事责任。

第二十一条　违反本办法规定，不按期缴纳本办法规定应当缴纳的费用的，由登记管理机关责令限期缴纳，并从滞纳之日起每日加收2‰的滞纳金；逾期仍不缴纳的，由原发证机关吊销采矿许可证。

第二十二条　违反本办法规定，不办理采矿许可证变更登记或者注销登记手续的，由登记管理机关责令限期改正；逾期不改正的，由原发证机关吊销采矿许可证。

第二十三条　违反本办法规定开采石油、天然气矿产的，由国务院地质矿产主管部门按照本办法的有关规定给予行政处罚。

第二十四条　采矿权人被吊销采矿许可证的，自采矿许可证被吊销之日起2年内不得再申请采矿权。

第二十五条　登记管理机关工作人员徇私舞弊、滥用职权、玩忽职守，构成犯罪的，依法追究刑事责任；尚不构成犯罪的，依法给予行政处分。

第二十六条　采矿许可证由国务院地质矿产主管部门统一印制。申请登记书、变更申请登记书和注销申请登记书的格式，由国务院地质矿产主管部门统一制定。

第二十七条　办理采矿登记手续，应当按照规定缴纳登记费。收费标准和管理、使用办法，由国务院物价主管部门会同国务院地质矿产主管部门、财政部门规定。

第二十八条　外商投资开采矿产资源，依照本办法的规定办理；法律、行政法规另有特别规定的，从其规定。

第二十九条　中外合作开采矿产资源的，中方合作者应当在签订合同后，将合同向原发证机关备案。

第三十条　本办法施行前已经取得采矿许可证的，由国务院地质矿产主管部门统一组织换领新采矿许可证。

本办法施行前已经开办的矿山企业，应当自本办法施行之日起开始缴纳采矿权使用费，并可以依照本办法的规定申请减缴、免缴。

第三十一条　登记管理机关应当对颁发的采矿许可证和吊销的采矿许可证予以公告。

第三十二条　本办法所称矿区范围，是指经登记管理机关依法划定的可供开采矿产资源的范围、井巷工程设施分布范围或者露天剥离范围的立体空间区域。

本办法所称开采方式，是指地下开采或者露天开采。

第三十三条 本办法附录的修改，由国务院地质矿产主管部门报国务院批准后公布。

第三十四条 本办法自发布之日起施行。1987 年 4 月 29 日国务院发布的《全民所有制矿山企业采矿登记管理暂行办法》和 1990 年 11 月 22 日《国务院关于修改〈全民所有制矿山企业采矿登记管理暂行办法〉的决定》同时废止。

附录：

国务院地质矿产主管部门审批发证矿种目录

1	煤	13	铬	25	稀土
2	石油	14	钴	26	磷
3	油页岩	15	铁	27	钾
4	烃类天然气	16	铜	28	硫
5	二氧化碳气	17	铅	29	锶
6	煤成（层）气	18	锌	30	金刚石
7	地热	19	铝	31	铌
8	放射性矿产	20	镍	32	钽
9	金	21	钨	33	石棉
10	银	22	锡	34	矿泉水
11	铂	23	锑		
12	锰	24	钼		

探矿权采矿权转让管理办法

（1998年2月12日国务院令第242号发布　根据2014年7月29日《国务院关于修改部分行政法规的决定》修正）

第一条　为了加强对探矿权、采矿权转让的管理，保护探矿权人、采矿权人的合法权益，促进矿业发展，根据《中华人民共和国矿产资源法》，制定本办法。

第二条　在中华人民共和国领域及管辖的其他海域转让依法取得的探矿权、采矿权的，必须遵守本办法。

第三条　除按照下列规定可以转让外，探矿权、采矿权不得转让：

（一）探矿权人有权在划定的勘查作业区内进行规定的勘查作业，有权优先取得勘查作业区内矿产资源的采矿权。探矿权人在完成规定的最低勘查投入后，经依法批准，可以将探矿权转让他人。

（二）已经取得采矿权的矿山企业，因企业合并、分立，与他人合资、合作经营，或者因企业资产出售以及有其他变更企业资产产权的情形，需要变更采矿权主体的，经依法批准，可以将采矿权转让他人采矿。

第四条　国务院地质矿产主管部门和省、自治区、直辖市人民政府地质矿产主管部门是探矿权、采矿权转让的审批管理机关。

国务院地质矿产主管部门负责由其审批发证的探矿权、采矿权转让的审批。

省、自治区、直辖市人民政府地质矿产主管部门负责本条第二款规定以外的探矿权、采矿权转让的审批。

第五条　转让探矿权，应当具备下列条件：

（一）自颁发勘查许可证之日起满2年，或者在勘查作业区内发现可供进一步勘查或者开采的矿产资源；

（二）完成规定的最低勘查投入；

（三）探矿权属无争议；

（四）按照国家有关规定已经缴纳探矿权使用费、探矿权价款；

（五）国务院地质矿产主管部门规定的其他条件。

第六条　转让采矿权，应当具备下列条件：

（一）矿山企业投入采矿生产满1年；

（二）采矿权属无争议；

（三）按照国家有关规定已经缴纳采矿权使用费、采矿权价款、矿产资源补偿费和资源税；

（四）国务院地质矿产主管部门规定的其他条件。

国有矿山企业在申请转让采矿权前，应当征得矿山企业主管部门的同意。

第七条 探矿权或者采矿权转让的受让人，应当符合《矿产资源勘查区块登记管理办法》或者《矿产资源开采登记管理办法》规定的有关探矿权申请人或者采矿权申请人的条件。

第八条 探矿权人或者采矿权人在申请转让探矿权或者采矿权时，应当向审批管理机关提交下列资料：

（一）转让申请书；

（二）转让人与受让人签订的转让合同；

（三）受让人资质条件的证明文件；

（四）转让人具备本办法第五条或者第六条规定的转让条件的证明；

（五）矿产资源勘查或者开采情况的报告；

（六）审批管理机关要求提交的其他有关资料。

国有矿山企业转让采矿权时，还应当提交有关主管部门同意转让采矿权的批准文件。

第九条 转让国家出资勘查所形成的探矿权、采矿权的，必须进行评估。

国家出资勘查形成的探矿权、采矿权价款，由具有矿业权评估资质的评估机构进行评估；评估报告报探矿权、采矿权登记管理机关备案。

第十条 申请转让探矿权、采矿权的，审批管理机关应当自收到转让申请之日起40日内，作出准予转让或者不准转让的决定，并通知转让人和受让人。

准予转让的，转让人和受让人应当自收到批准转让通知之日起60日内，到原发证机关办理变更登记手续；受让人按照国家规定缴纳有关费用后，领取勘查许可证或者采矿许可证，成为探矿权人或者采矿权人。

批准转让的，转让合同自批准之日起生效。

不准转让的，审批管理机关应当说明理由。

第十一条 审批管理机关批准转让探矿权、采矿权后，应当及时通知原发证机关。

第十二条 探矿权、采矿权转让后，探矿权人、采矿权人的权利、义务随之转移。

第十三条 探矿权、采矿权转让后，勘查许可证、采矿许可证的有效期限，为原勘查许可证、采矿许可证的有效期减去已经进行勘查、采矿的年限的剩余期限。

第十四条 未经审批管理机关批准，擅自转让探矿权、采矿权的，由登记管理机关责令改正，没收违法所得，处10万元以下的罚款；情节严重的，由原发证机关吊销勘查许可证、采矿许可证。

第十五条 违反本办法第三条第（二）项的规定，以承包等方式擅自将采矿权转给他人进行采矿的，由县级以上人民政府负责地质矿产管理工作的部门按照国务院地质矿产主管部门规定的权限，责令改正，没收违法所得，处10万元以下的罚款；情节严重的，由原发证机关吊销采矿许可证。

第十六条　审批管理机关工作人员徇私舞弊、滥用职权、玩忽职守，构成犯罪的，依法追究刑事责任；尚不构成犯罪的，依法给予行政处分。

第十七条　探矿权转让申请书、采矿权转让申请书的格式，由国务院地质矿产主管部门统一制定。

第十八条　本办法自发布之日起施行。

中华人民共和国城乡规划法

（2007年10月28日第十届全国人民代表大会常务委员会第三十次会议通过　2007年10月28日中华人民共和国主席令第74号公布　自2008年1月1日起施行　根据2015年4月24日第十二届全国人民代表大会常务委员会第十四次会议《关于修改〈中华人民共和国港口法〉等七部法律的决定》修正）

第一章　总　则

第一条　为了加强城乡规划管理，协调城乡空间布局，改善人居环境，促进城乡经济社会全面协调可持续发展，制定本法。

第二条　制定和实施城乡规划，在规划区内进行建设活动，必须遵守本法。

本法所称城乡规划，包括城镇体系规划、城市规划、镇规划、乡规划和村庄规划。城市规划、镇规划分为总体规划和详细规划。详细规划分为控制性详细规划和修建性详细规划。

本法所称规划区，是指城市、镇和村庄的建成区以及因城乡建设和发展需要，必须实行规划控制的区域。规划区的具体范围由有关人民政府在组织编制的城市总体规划、镇总体规划、乡规划和村庄规划中，根据城乡经济社会发展水平和统筹城乡发展的需要划定。

第三条　城市和镇应当依照本法制定城市规划和镇规划。城市、镇规划区内的建设活动应当符合规划要求。

县级以上地方人民政府根据本地农村经济社会发展水平，按照因地制宜、切实可行的原则，确定应当制定乡规划、村庄规划的区域。在确定区域内的乡、村庄，应当依照本法制定规划，规划区内的乡、村庄建设应当符合规划要求。

县级以上地方人民政府鼓励、指导前款规定以外的区域的乡、村庄制定和实施乡规划、村庄规划。

第四条　制定和实施城乡规划，应当遵循城乡统筹、合理布局、节约土地、集约发展和先规划后建设的原则，改善生态环境，促进资源、能源节约和综合利用，保护耕地等自然资源和历史文化遗产，保持地方特色、民族特色和传统风貌，防止污染和其他公害，并符合区域人口发展、国防建设、防灾减灾和公共卫生、公共安全的需要。

在规划区内进行建设活动，应当遵守土地管理、自然资源和环境保护等法律、法规的规定。

县级以上地方人民政府应当根据当地经济社会发展的实际，在城市总体规划、镇总体规划中合理确定城市、镇的发展规模、步骤和建设标准。

第五条　城市总体规划、镇总体规划以及乡规划和村庄规划的编制，应当依据国民经济和社会发展规划，并与土地利用总体规划相衔接。

第六条　各级人民政府应当将城乡规划的编制和管理经费纳入本级财政预算。

第七条　经依法批准的城乡规划，是城乡建设和规划管理的依据，未经法定程序不得修改。

第八条　城乡规划组织编制机关应当及时公布经依法批准的城乡规划。但是，法律、行政法规规定不得公开的内容除外。

第九条　任何单位和个人都应当遵守经依法批准并公布的城乡规划，服从规划管理，并有权就涉及其利害关系的建设活动是否符合规划的要求向城乡规划主管部门查询。

任何单位和个人都有权向城乡规划主管部门或者其他有关部门举报或者控告违反城乡规划的行为。城乡规划主管部门或者其他有关部门对举报或者控告，应当及时受理并组织核查、处理。

第十条　国家鼓励采用先进的科学技术，增强城乡规划的科学性，提高城乡规划实施及监督管理的效能。

第十一条　国务院城乡规划主管部门负责全国的城乡规划管理工作。

县级以上地方人民政府城乡规划主管部门负责本行政区域内的城乡规划管理工作。

第二章　城乡规划的制定

第十二条　国务院城乡规划主管部门会同国务院有关部门组织编制全国城镇体系规划，用于指导省域城镇体系规划、城市总体规划的编制。

全国城镇体系规划由国务院城乡规划主管部门报国务院审批。

第十三条　省、自治区人民政府组织编制省域城镇体系规划，报国务院审批。

省域城镇体系规划的内容应当包括：城镇空间布局和规模控制，重大基础设施的布局，为保护生态环境、资源等需要严格控制的区域。

第十四条　城市人民政府组织编制城市总体规划。

直辖市的城市总体规划由直辖市人民政府报国务院审批。省、自治区人民政府所在地的城市以及国务院确定的城市的总体规划，由省、自治区人民政府审查同意后，报国务院审批。其他城市的总体规划，由城市人民政府报省、自治区人民政府审批。

第十五条　县人民政府组织编制县人民政府所在地镇的总体规划，报上一级人民政府审批。其他镇的总体规划由镇人民政府组织编制，报上一级人民政府审批。

第十六条　省、自治区人民政府组织编制的省域城镇体系规划，城市、县人民政府组织编制的总体规划，在报上一级人民政府审批前，应当先经本级人民代表大会常务委员会审议，常务委员会组成人员的审议意见交由本级人民政府研究处理。

镇人民政府组织编制的镇总体规划，在报上一级人民政府审批前，应当先经镇人民代表大会审议，代表的审议意见交由本级人民政府研究处理。

规划的组织编制机关报送审批省域城镇体系规划、城市总体规划或者镇总体规划，应当将本级人民代表大会常务委员会组成人员或者镇人民代表大会代表的审议意见和根据审议意见修改规划的情况一并报送。

第十七条 城市总体规划、镇总体规划的内容应当包括：城市、镇的发展布局，功能分区，用地布局，综合交通体系，禁止、限制和适宜建设的地域范围，各类专项规划等。

规划区范围、规划区内建设用地规模、基础设施和公共服务设施用地、水源地和水系、基本农田和绿化用地、环境保护、自然与历史文化遗产保护以及防灾减灾等内容，应当作为城市总体规划、镇总体规划的强制性内容。

城市总体规划、镇总体规划的规划期限一般为二十年。城市总体规划还应当对城市更长远的发展作出预测性安排。

第十八条 乡规划、村庄规划应当从农村实际出发，尊重村民意愿，体现地方和农村特色。

乡规划、村庄规划的内容应当包括：规划区范围，住宅、道路、供水、排水、供电、垃圾收集、畜禽养殖场所等农村生产、生活服务设施、公益事业等各项建设的用地布局、建设要求，以及对耕地等自然资源和历史文化遗产保护、防灾减灾等的具体安排。乡规划还应当包括本行政区域内的村庄发展布局。

第十九条 城市人民政府城乡规划主管部门根据城市总体规划的要求，组织编制城市的控制性详细规划，经本级人民政府批准后，报本级人民代表大会常务委员会和上一级人民政府备案。

第二十条 镇人民政府根据镇总体规划的要求，组织编制镇的控制性详细规划，报上一级人民政府审批。县人民政府所在地镇的控制性详细规划，由县人民政府城乡规划主管部门根据镇总体规划的要求组织编制，经县人民政府批准后，报本级人民代表大会常务委员会和上一级人民政府备案。

第二十一条 城市、县人民政府城乡规划主管部门和镇人民政府可以组织编制重要地块的修建性详细规划。修建性详细规划应当符合控制性详细规划。

第二十二条 乡、镇人民政府组织编制乡规划、村庄规划，报上一级人民政府审批。村庄规划在报送审批前，应当经村民会议或者村民代表会议讨论同意。

第二十三条 首都的总体规划、详细规划应当统筹考虑中央国家机关用地布局和空间安排的需要。

第二十四条 城乡规划组织编制机关应当委托具有相应资质等级的单位承担城乡规划的具体编制工作。

从事城乡规划编制工作应当具备下列条件，并经国务院城乡规划主管部门或者省、自治区、直辖市人民政府城乡规划主管部门依法审查合格，取得相应等级的资质证书后，方可在资质等级许可的范围内从事城乡规划编制工作：

（一）有法人资格；

（二）有规定数量的经相关行业协会注册的规划师；

（三）有规定数量的相关专业技术人员；

（四）有相应的技术装备；

（五）有健全的技术、质量、财务管理制度。

编制城乡规划必须遵守国家有关标准。

第二十五条　编制城乡规划，应当具备国家规定的勘察、测绘、气象、地震、水文、环境等基础资料。

县级以上地方人民政府有关主管部门应当根据编制城乡规划的需要，及时提供有关基础资料。

第二十六条　城乡规划报送审批前，组织编制机关应当依法将城乡规划草案予以公告，并采取论证会、听证会或者其他方式征求专家和公众的意见。公告的时间不得少于三十日。

组织编制机关应当充分考虑专家和公众的意见，并在报送审批的材料中附具意见采纳情况及理由。

第二十七条　省域城镇体系规划、城市总体规划、镇总体规划批准前，审批机关应当组织专家和有关部门进行审查。

第三章　城乡规划的实施

第二十八条　地方各级人民政府应当根据当地经济社会发展水平，量力而行，尊重群众意愿，有计划、分步骤地组织实施城乡规划。

第二十九条　城市的建设和发展，应当优先安排基础设施以及公共服务设施的建设，妥善处理新区开发与旧区改建的关系，统筹兼顾进城务工人员生活和周边农村经济社会发展、村民生产与生活的需要。

镇的建设和发展，应当结合农村经济社会发展和产业结构调整，优先安排供水、排水、供电、供气、道路、通信、广播电视等基础设施和学校、卫生院、文化站、幼儿园、福利院等公共服务设施的建设，为周边农村提供服务。

乡、村庄的建设和发展，应当因地制宜、节约用地，发挥村民自治组织的作用，引导村民合理进行建设，改善农村生产、生活条件。

第三十条　城市新区的开发和建设，应当合理确定建设规模和时序，充分利用现有市政基础设施和公共服务设施，严格保护自然资源和生态环境，体现地方特色。

在城市总体规划、镇总体规划确定的建设用地范围以外，不得设立各类开发区和城市新区。

第三十一条 旧城区的改建，应当保护历史文化遗产和传统风貌，合理确定拆迁和建设规模，有计划地对危房集中、基础设施落后等地段进行改建。

历史文化名城、名镇、名村的保护以及受保护建筑物的维护和使用，应当遵守有关法律、行政法规和国务院的规定。

第三十二条 城乡建设和发展，应当依法保护和合理利用风景名胜资源，统筹安排风景名胜区及周边乡、镇、村庄的建设。

风景名胜区的规划、建设和管理，应当遵守有关法律、行政法规和国务院的规定。

第三十三条 城市地下空间的开发和利用，应当与经济和技术发展水平相适应，遵循统筹安排、综合开发、合理利用的原则，充分考虑防灾减灾、人民防空和通信等需要，并符合城市规划，履行规划审批手续。

第三十四条 城市、县、镇人民政府应当根据城市总体规划、镇总体规划、土地利用总体规划和年度计划以及国民经济和社会发展规划，制定近期建设规划，报总体规划审批机关备案。

近期建设规划应当以重要基础设施、公共服务设施和中低收入居民住房建设以及生态环境保护为重点内容，明确近期建设的时序、发展方向和空间布局。近期建设规划的规划期限为五年。

第三十五条 城乡规划确定的铁路、公路、港口、机场、道路、绿地、输配电设施及输电线路走廊、通信设施、广播电视设施、管道设施、河道、水库、水源地、自然保护区、防汛通道、消防通道、核电站、垃圾填埋场及焚烧厂、污水处理厂和公共服务设施的用地以及其他需要依法保护的用地，禁止擅自改变用途。

第三十六条 按照国家规定需要有关部门批准或者核准的建设项目，以划拨方式提供国有土地使用权的，建设单位在报送有关部门批准或者核准前，应当向城乡规划主管部门申请核发选址意见书。

前款规定以外的建设项目不需要申请选址意见书。

第三十七条 在城市、镇规划区内以划拨方式提供国有土地使用权的建设项目，经有关部门批准、核准、备案后，建设单位应当向城市、县人民政府城乡规划主管部门提出建设用地规划许可申请，由城市、县人民政府城乡规划主管部门依据控制性详细规划核定建设用地的位置、面积、允许建设的范围，核发建设用地规划许可证。

建设单位在取得建设用地规划许可证后，方可向县级以上地方人民政府土地主管部门申请用地，经县级以上人民政府审批后，由土地主管部门划拨土地。

第三十八条 在城市、镇规划区内以出让方式提供国有土地使用权的，在国有土地使用权出让前，城市、县人民政府城乡规划主管部门应当依据控制性详细规划，提出出让地块的位置、使用性质、开发强度等规划条件，作为国有土地使用权出让合同的组成部分。未确定规划条件的地块，不得出让国有土地使用权。

以出让方式取得国有土地使用权的建设项目，在签订国有土地使用权出让合同后，建设单位应当持建设项目的批准、核准、备案文件和国有土地使用权出让合同，向城市、县人民政府城乡规划主管部门领取建设用地规划许可证。

城市、县人民政府城乡规划主管部门不得在建设用地规划许可证中，擅自改变作为国有土地使用权出让合同组成部分的规划条件。

第三十九条　规划条件未纳入国有土地使用权出让合同的，该国有土地使用权出让合同无效；对未取得建设用地规划许可证的建设单位批准用地的，由县级以上人民政府撤销有关批准文件；占用土地的，应当及时退回；给当事人造成损失的，应当依法给予赔偿。

第四十条　在城市、镇规划区内进行建筑物、构筑物、道路、管线和其他工程建设的，建设单位或者个人应当向城市、县人民政府城乡规划主管部门或者省、自治区、直辖市人民政府确定的镇人民政府申请办理建设工程规划许可证。

申请办理建设工程规划许可证，应当提交使用土地的有关证明文件、建设工程设计方案等材料。需要建设单位编制修建性详细规划的建设项目，还应当提交修建性详细规划。对符合控制性详细规划和规划条件的，由城市、县人民政府城乡规划主管部门或者省、自治区、直辖市人民政府确定的镇人民政府核发建设工程规划许可证。

城市、县人民政府城乡规划主管部门或者省、自治区、直辖市人民政府确定的镇人民政府应当依法将经审定的修建性详细规划、建设工程设计方案的总平面图予以公布。

第四十一条　在乡、村庄规划区内进行乡镇企业、乡村公共设施和公益事业建设的，建设单位或者个人应当向乡、镇人民政府提出申请，由乡、镇人民政府报城市、县人民政府城乡规划主管部门核发乡村建设规划许可证。

在乡、村庄规划区内使用原有宅基地进行农村村民住宅建设的规划管理办法，由省、自治区、直辖市制定。

在乡、村庄规划区内进行乡镇企业、乡村公共设施和公益事业建设以及农村村民住宅建设，不得占用农用地；确需占用农用地的，应当依照《中华人民共和国土地管理法》有关规定办理农用地转用审批手续后，由城市、县人民政府城乡规划主管部门核发乡村建设规划许可证。

建设单位或者个人在取得乡村建设规划许可证后，方可办理用地审批手续。

第四十二条　城乡规划主管部门不得在城乡规划确定的建设用地范围以外作出规划许可。

第四十三条　建设单位应当按照规划条件进行建设；确需变更的，必须向城市、县人民政府城乡规划主管部门提出申请。变更内容不符合控制性详细规划的，城乡规划主管部门不得批准。城市、县人民政府城乡规划主管部门应当及时将依法变更后的规划条件通报同级土地主管部门并公示。

建设单位应当及时将依法变更后的规划条件报有关人民政府土地主管部门备案。

第四十四条 在城市、镇规划区内进行临时建设的，应当经城市、县人民政府城乡规划主管部门批准。临时建设影响近期建设规划或者控制性详细规划的实施以及交通、市容、安全等的，不得批准。

临时建设应当在批准的使用期限内自行拆除。

临时建设和临时用地规划管理的具体办法，由省、自治区、直辖市人民政府制定。

第四十五条 县级以上地方人民政府城乡规划主管部门按照国务院规定对建设工程是否符合规划条件予以核实。未经核实或者经核实不符合规划条件的，建设单位不得组织竣工验收。

建设单位应当在竣工验收后六个月内向城乡规划主管部门报送有关竣工验收资料。

第四章 城乡规划的修改

第四十六条 省域城镇体系规划、城市总体规划、镇总体规划的组织编制机关，应当组织有关部门和专家定期对规划实施情况进行评估，并采取论证会、听证会或者其他方式征求公众意见。组织编制机关应当向本级人民代表大会常务委员会、镇人民代表大会和原审批机关提出评估报告并附具征求意见的情况。

第四十七条 有下列情形之一的，组织编制机关方可按照规定的权限和程序修改省域城镇体系规划、城市总体规划、镇总体规划：

（一）上级人民政府制定的城乡规划发生变更，提出修改规划要求的；

（二）行政区划调整确需修改规划的；

（三）因国务院批准重大建设工程确需修改规划的；

（四）经评估确需修改规划的；

（五）城乡规划的审批机关认为应当修改规划的其他情形。

修改省域城镇体系规划、城市总体规划、镇总体规划前，组织编制机关应当对原规划的实施情况进行总结，并向原审批机关报告；修改涉及城市总体规划、镇总体规划强制性内容的，应当先向原审批机关提出专题报告，经同意后，方可编制修改方案。

修改后的省域城镇体系规划、城市总体规划、镇总体规划，应当依照本法第十三条、第十四条、第十五条和第十六条规定的审批程序报批。

第四十八条 修改控制性详细规划的，组织编制机关应当对修改的必要性进行论证，征求规划地段内利害关系人的意见，并向原审批机关提出专题报告，经原审批机关同意后，方可编制修改方案。修改后的控制性详细规划，应当依照本法第十九条、第二十条规定的审批程序报批。控制性详细规划修改涉及城市总体规划、镇总体规划的强制性内容的，应当先修改总体规划。

修改乡规划、村庄规划的，应当依照本法第二十二条规定的审批程序报批。

第四十九条 城市、县、镇人民政府修改近期建设规划的，应当将修改后的近期建设规划报总体规划审批机关备案。

第五十条 在选址意见书、建设用地规划许可证、建设工程规划许可证或者乡村建设规划许可证发放后，因依法修改城乡规划给被许可人合法权益造成损失的，应当依法给予补偿。

经依法审定的修建性详细规划、建设工程设计方案的总平面图不得随意修改；确需修改的，城乡规划主管部门应当采取听证会等形式，听取利害关系人的意见；因修改给利害关系人合法权益造成损失的，应当依法给予补偿。

第五章 监督检查

第五十一条 县级以上人民政府及其城乡规划主管部门应当加强对城乡规划编制、审批、实施、修改的监督检查。

第五十二条 地方各级人民政府应当向本级人民代表大会常务委员会或者乡、镇人民代表大会报告城乡规划的实施情况，并接受监督。

第五十三条 县级以上人民政府城乡规划主管部门对城乡规划的实施情况进行监督检查，有权采取以下措施：

（一）要求有关单位和人员提供与监督事项有关的文件、资料，并进行复制；

（二）要求有关单位和人员就监督事项涉及的问题作出解释和说明，并根据需要进入现场进行勘测；

（三）责令有关单位和人员停止违反有关城乡规划的法律、法规的行为。

城乡规划主管部门的工作人员履行前款规定的监督检查职责，应当出示执法证件。被监督检查的单位和人员应当予以配合，不得妨碍和阻挠依法进行的监督检查活动。

第五十四条 监督检查情况和处理结果应当依法公开，供公众查阅和监督。

第五十五条 城乡规划主管部门在查处违反本法规定的行为时，发现国家机关工作人员依法应当给予行政处分的，应当向其任免机关或者监察机关提出处分建议。

第五十六条 依照本法规定应当给予行政处罚，而有关城乡规划主管部门不给予行政处罚的，上级人民政府城乡规划主管部门有权责令其作出行政处罚决定或者建议有关人民政府责令其给予行政处罚。

第五十七条 城乡规划主管部门违反本法规定作出行政许可的，上级人民政府城乡规划主管部门有权责令其撤销或者直接撤销该行政许可。因撤销行政许可给当事人合法权益造成损失的，应当依法给予赔偿。

第六章 法律责任

第五十八条 对依法应当编制城乡规划而未组织编制，或者未按法定程序编制、审批、修改城乡规划的，由上级人民政府责令改正，通报批评；对有关人民政府负责人和其他直接责任人员依法给予处分。

第五十九条 城乡规划组织编制机关委托不具有相应资质等级的单位编制城乡规划的，由上级人民政府责令改正，通报批评；对有关人民政府负责人和其他直接责任人员依法给予处分。

第六十条 镇人民政府或者县级以上人民政府城乡规划主管部门有下列行为之一的，由本级人民政府、上级人民政府城乡规划主管部门或者监察机关依据职权责令改正，通报批评；对直接负责的主管人员和其他直接责任人员依法给予处分：

（一）未依法组织编制城市的控制性详细规划、县人民政府所在地镇的控制性详细规划的；

（二）超越职权或者对不符合法定条件的申请人核发选址意见书、建设用地规划许可证、建设工程规划许可证、乡村建设规划许可证的；

（三）对符合法定条件的申请人未在法定期限内核发选址意见书、建设用地规划许可证、建设工程规划许可证、乡村建设规划许可证的；

（四）未依法对经审定的修建性详细规划、建设工程设计方案的总平面图予以公布的；

（五）同意修改修建性详细规划、建设工程设计方案的总平面图前未采取听证会等形式听取利害关系人的意见的；

（六）发现未依法取得规划许可或者违反规划许可的规定在规划区内进行建设的行为，而不予查处或者接到举报后不依法处理的。

第六十一条 县级以上人民政府有关部门有下列行为之一的，由本级人民政府或者上级人民政府有关部门责令改正，通报批评；对直接负责的主管人员和其他直接责任人员依法给予处分：

（一）对未依法取得选址意见书的建设项目核发建设项目批准文件的；

（二）未依法在国有土地使用权出让合同中确定规划条件或者改变国有土地使用权出让合同中依法确定的规划条件的；

（三）对未依法取得建设用地规划许可证的建设单位划拨国有土地使用权的。

第六十二条 城乡规划编制单位有下列行为之一的，由所在地城市、县人民政府城乡规划主管部门责令限期改正，处合同约定的规划编制费一倍以上二倍以下的罚款；情节严重的，责令停业整顿，由原发证机关降低资质等级或者吊销资质证书；造成损失的，依法承担赔偿责任：

（一）超越资质等级许可的范围承揽城乡规划编制工作的；

（二）违反国家有关标准编制城乡规划的。

未依法取得资质证书承揽城乡规划编制工作的，由县级以上地方人民政府城乡规划主管部门责令停止违法行为，依照前款规定处以罚款；造成损失的，依法承担赔偿责任。

以欺骗手段取得资质证书承揽城乡规划编制工作的，由原发证机关吊销资质证书，依照本条第一款规定处以罚款；造成损失的，依法承担赔偿责任。

第六十三条　城乡规划编制单位取得资质证书后，不再符合相应的资质条件的，由原发证机关责令限期改正；逾期不改正的，降低资质等级或者吊销资质证书。

第六十四条　未取得建设工程规划许可证或者未按照建设工程规划许可证的规定进行建设的，由县级以上地方人民政府城乡规划主管部门责令停止建设；尚可采取改正措施消除对规划实施的影响的，限期改正，处建设工程造价百分之五以上百分之十以下的罚款；无法采取改正措施消除影响的，限期拆除，不能拆除的，没收实物或者违法收入，可以并处建设工程造价百分之十以下的罚款。

第六十五条　在乡、村庄规划区内未依法取得乡村建设规划许可证或者未按照乡村建设规划许可证的规定进行建设的，由乡、镇人民政府责令停止建设、限期改正；逾期不改正的，可以拆除。

第六十六条　建设单位或者个人有下列行为之一的，由所在地城市、县人民政府城乡规划主管部门责令限期拆除，可以并处临时建设工程造价一倍以下的罚款：

（一）未经批准进行临时建设的；

（二）未按照批准内容进行临时建设的；

（三）临时建筑物、构筑物超过批准期限不拆除的。

第六十七条　建设单位未在建设工程竣工验收后六个月内向城乡规划主管部门报送有关竣工验收资料的，由所在地城市、县人民政府城乡规划主管部门责令限期补报；逾期不补报的，处一万元以上五万元以下的罚款。

第六十八条　城乡规划主管部门作出责令停止建设或者限期拆除的决定后，当事人不停止建设或者逾期不拆除的，建设工程所在地县级以上地方人民政府可以责成有关部门采取查封施工现场、强制拆除等措施。

第六十九条　违反本法规定，构成犯罪的，依法追究刑事责任。

第七章　附　则

第七十条　本法自2008年1月1日起施行。《中华人民共和国城市规划法》同时废止。

中华人民共和国行政处罚法

（1996年3月17日中华人民共和国第八届全国人民代表大会第四次会议通过　1996年3月17日中华人民共和国主席令第63号公布　自1996年10月1日起施行　2009年8月27日第十一届全国人民代表大会常务委员会第十次会议《关于修改部分法律的决定》修正）

第一章　总　则

第一条　为了规范行政处罚的设定和实施，保障和监督行政机关有效实施行政管理，维护公共利益和社会秩序，保护公民、法人或者其他组织的合法权益，根据宪法，制定本法。

第二条　行政处罚的设定和实施，适用本法。

第三条　公民、法人或者其他组织违反行政管理秩序的行为，应当给予行政处罚的，依照本法由法律、法规或者规章规定，并由行政机关依照本法规定的程序实施。

没有法定依据或者不遵守法定程序的，行政处罚无效。

第四条　行政处罚遵循公正、公开的原则。

设定和实施行政处罚必须以事实为依据，与违法行为的事实、性质、情节以及社会危害程度相当。

对违法行为给予行政处罚的规定必须公布；未经公布的，不得作为行政处罚的依据。

第五条　实施行政处罚，纠正违法行为，应当坚持处罚与教育相结合，教育公民、法人或者其他组织自觉守法。

第六条　公民、法人或者其他组织对行政机关所给予的行政处罚，享有陈述权、申辩权；对行政处罚不服的，有权依法申请行政复议或者提起行政诉讼。

公民、法人或者其他组织因行政机关违法给予行政处罚受到损害的，有权依法提出赔偿要求。

第七条　公民、法人或者其他组织因违法受到行政处罚，其违法行为对他人造成损害的，应当依法承担民事责任。

违法行为构成犯罪的，应当依法追究刑事责任，不得以行政处罚代替刑事处罚。

第二章　行政处罚的种类和设定

第八条　行政处罚的种类：

（一）警告；
（二）罚款；
（三）没收违法所得、没收非法财物；
（四）责令停产停业；
（五）暂扣或者吊销许可证、暂扣或者吊销执照；
（六）行政拘留；
（七）法律、行政法规规定的其他行政处罚。

第九条　法律可以设定各种行政处罚。

限制人身自由的行政处罚，只能由法律设定。

第十条　行政法规可以设定除限制人身自由以外的行政处罚。

法律对违法行为已经作出行政处罚规定，行政法规需要作出具体规定的，必须在法律规定的给予行政处罚的行为、种类和幅度的范围内规定。

第十一条　地方性法规可以设定除限制人身自由、吊销企业营业执照以外的行政处罚。

法律、行政法规对违法行为已经作出行政处罚规定，地方性法规需要作出具体规定的，必须在法律、行政法规规定的给予行政处罚的行为、种类和幅度的范围内规定。

第十二条　国务院部、委员会制定的规章可以在法律、行政法规规定的给予行政处罚的行为、种类和幅度的范围内作出具体规定。

尚未制定法律、行政法规的，前款规定的国务院部、委员会制定的规章对违反行政管理秩序的行为，可以设定警告或者一定数量罚款的行政处罚。罚款的限额由国务院规定。

国务院可以授权具有行政处罚权的直属机构依照本条第一款、第二款的规定，规定行政处罚。

第十三条　省、自治区、直辖市人民政府和省、自治区人民政府所在地的市人民政府以及经国务院批准的较大的市人民政府制定的规章可以在法律、法规规定的给予行政处罚的行为、种类和幅度的范围内作出具体规定。

尚未制定法律、法规的，前款规定的人民政府制定的规章对违反行政管理秩序的行为，可以设定警告或者一定数量罚款的行政处罚。罚款的限额由省、自治区、直辖市人民代表大会常务委员会规定。

第十四条　除本法第九条、第十条、第十一条、第十二条以及第十三条的规定外，其他规范性文件不得设定行政处罚。

第三章　行政处罚的实施机关

第十五条　行政处罚由具有行政处罚权的行政机关在法定职权范围内实施。

第十六条　国务院或者经国务院授权的省、自治区、直辖市人民政府可以决定一个行政机关行使有关行政机关的行政处罚权，但限制人身自由的行政处罚权只能由公安机关行使。

第十七条 法律、法规授权的具有管理公共事务职能的组织可以在法定授权范围内实施行政处罚。

第十八条 行政机关依照法律、法规或者规章的规定，可以在其法定权限内委托符合本法第十九条规定条件的组织实施行政处罚。行政机关不得委托其他组织或者个人实施行政处罚。

委托行政机关对受委托的组织实施行政处罚的行为应当负责监督，并对该行为的后果承担法律责任。

受委托组织在委托范围内，以委托行政机关名义实施行政处罚；不得再委托其他任何组织或者个人实施行政处罚。

第十九条 受委托组织必须符合以下条件：

（一）依法成立的管理公共事务的事业组织；

（二）具有熟悉有关法律、法规、规章和业务的工作人员；

（三）对违法行为需要进行技术检查或者技术鉴定的，应当有条件组织进行相应的技术检查或者技术鉴定。

第四章 行政处罚的管辖和适用

第二十条 行政处罚由违法行为发生地的县级以上地方人民政府具有行政处罚权的行政机关管辖。法律、行政法规另有规定的除外。

第二十一条 对管辖发生争议的，报请共同的上一级行政机关指定管辖。

第二十二条 违法行为构成犯罪的，行政机关必须将案件移送司法机关，依法追究刑事责任。

第二十三条 行政机关实施行政处罚时，应当责令当事人改正或者限期改正违法行为。

第二十四条 对当事人的同一个违法行为，不得给予两次以上罚款的行政处罚。

第二十五条 不满十四周岁的人有违法行为的，不予行政处罚，责令监护人加以管教；已满十四周岁不满十八周岁的人有违法行为的，从轻或者减轻行政处罚。

第二十六条 精神病人在不能辨认或者不能控制自己行为时有违法行为的，不予行政处罚，但应当责令其监护人严加看管和治疗。间歇性精神病人在精神正常时有违法行为的，应当给予行政处罚。

第二十七条 当事人有下列情形之一的，应当依法从轻或者减轻行政处罚：

（一）主动消除或者减轻违法行为危害后果的；

（二）受他人胁迫有违法行为的；

（三）配合行政机关查处违法行为有立功表现的；

（四）其他依法从轻或者减轻行政处罚的。

违法行为轻微并及时纠正，没有造成危害后果的，不予行政处罚。

第二十八条　违法行为构成犯罪，人民法院判处拘役或者有期徒刑时，行政机关已经给予当事人行政拘留的，应当依法折抵相应刑期。

违法行为构成犯罪，人民法院判处罚金时，行政机关已经给予当事人罚款的，应当折抵相应罚金。

第二十九条　违法行为在二年内未被发现的，不再给予行政处罚。法律另有规定的除外。

前款规定的期限，从违法行为发生之日起计算；违法行为有连续或者继续状态的，从行为终了之日起计算。

第五章　行政处罚的决定

第三十条　公民、法人或者其他组织违反行政管理秩序的行为，依法应当给予行政处罚的，行政机关必须查明事实；违法事实不清的，不得给予行政处罚。

第三十一条　行政机关在作出行政处罚决定之前，应当告知当事人作出行政处罚决定的事实、理由及依据，并告知当事人依法享有的权利。

第三十二条　当事人有权进行陈述和申辩。行政机关必须充分听取当事人的意见，对当事人提出的事实、理由和证据，应当进行复核；当事人提出的事实、理由或者证据成立的，行政机关应当采纳。

行政机关不得因当事人申辩而加重处罚。

第一节　简易程序

第三十三条　违法事实确凿并有法定依据，对公民处以五十元以下、对法人或者其他组织处以一千元以下罚款或者警告的行政处罚的，可以当场作出行政处罚决定。当事人应当依照本法第四十六条、第四十七条、第四十八条的规定履行行政处罚决定。

第三十四条　执法人员当场作出行政处罚决定的，应当向当事人出示执法身份证件，填写预定格式、编有号码的行政处罚决定书。行政处罚决定书应当当场交付当事人。

前款规定的行政处罚决定书应当载明当事人的违法行为、行政处罚依据、罚款数额、时间、地点以及行政机关名称，并由执法人员签名或者盖章。

执法人员当场作出的行政处罚决定，必须报所属行政机关备案。

第三十五条　当事人对当场作出的行政处罚决定不服的，可以依法申请行政复议或者提起行政诉讼。

第二节　一般程序

第三十六条　除本法第三十三条规定的可以当场作出的行政处罚外，行政机关发现公民、法人或者其他组织有依法应当给予行政处罚的行为的，必须全面、客观、公正地调查，收集有关证据；必要时，依照法律、法规的规定，可以进行检查。

第三十七条　行政机关在调查或者进行检查时，执法人员不得少于两人，并应当向当事人或者有关人员出示证件。当事人或者有关人员应当如实回答询问，并协助调查或者检查，不得阻挠。询问或者检查应当制作笔录。

行政机关在收集证据时，可以采取抽样取证的方法；在证据可能灭失或者以后难以取得的情况下，经行政机关负责人批准，可以先行登记保存，并应当在七日内及时作出处理决定，在此期间，当事人或者有关人员不得销毁或者转移证据。

执法人员与当事人有直接利害关系的，应当回避。

第三十八条　调查终结，行政机关负责人应当对调查结果进行审查，根据不同情况，分别作出如下决定：

（一）确有应受行政处罚的违法行为的，根据情节轻重及具体情况，作出行政处罚决定；

（二）违法行为轻微，依法可以不予行政处罚的，不予行政处罚；

（三）违法事实不能成立的，不得给予行政处罚；

（四）违法行为已构成犯罪的，移送司法机关。

对情节复杂或者重大违法行为给予较重的行政处罚，行政机关的负责人应当集体讨论决定。

第三十九条　行政机关依照本法第三十八条的规定给予行政处罚，应当制作行政处罚决定书。行政处罚决定书应当载明下列事项：

（一）当事人的姓名或者名称、地址；

（二）违反法律、法规或者规章的事实和证据；

（三）行政处罚的种类和依据；

（四）行政处罚的履行方式和期限；

（五）不服行政处罚决定，申请行政复议或者提起行政诉讼的途径和期限；

（六）作出行政处罚决定的行政机关名称和作出决定的日期。

行政处罚决定书必须盖有作出行政处罚决定的行政机关的印章。

第四十条　行政处罚决定书应当在宣告后当场交付当事人；当事人不在场的，行政机关应当在七日内依照民事诉讼法的有关规定，将行政处罚决定书送达当事人。

第四十一条　行政机关及其执法人员在作出行政处罚决定之前，不依照本法第三十一条、第三十二条的规定向当事人告知给予行政处罚的事实、理由和依据，或者拒绝听取当事人的陈述、申辩，行政处罚决定不能成立；当事人放弃陈述或者申辩权利的除外。

第三节　听证程序

第四十二条　行政机关作出责令停产停业、吊销许可证或者执照、较大数额罚款等行政处罚决定之前，应当告知当事人有要求举行听证的权利；当事人要求听证的，行政机关应当组织听证。当事人不承担行政机关组织听证的费用。听证依照以下程序组织：

（一）当事人要求听证的，应当在行政机关告知后三日内提出；

（二）行政机关应当在听证的七日前，通知当事人举行听证的时间、地点；

（三）除涉及国家秘密、商业秘密或者个人隐私外，听证公开举行；

（四）听证由行政机关指定的非本案调查人员主持；当事人认为主持人与本案有直接利害关系的，有权申请回避；

（五）当事人可以亲自参加听证，也可以委托一至二人代理；

（六）举行听证时，调查人员提出当事人违法的事实、证据和行政处罚建议；当事人进行申辩和质证；

（七）听证应当制作笔录；笔录应当交当事人审核无误后签字或者盖章。

当事人对限制人身自由的行政处罚有异议的，依照治安管理处罚法有关规定执行。

第四十三条　听证结束后，行政机关依照本法第三十八条的规定，作出决定。

第六章　行政处罚的执行

第四十四条　行政处罚决定依法作出后，当事人应当在行政处罚决定的期限内，予以履行。

第四十五条　当事人对行政处罚决定不服申请行政复议或者提起行政诉讼的，行政处罚不停止执行，法律另有规定的除外。

第四十六条　作出罚款决定的行政机关应当与收缴罚款的机构分离。

除依照本法第四十七条、第四十八条的规定当场收缴的罚款外，作出行政处罚决定的行政机关及其执法人员不得自行收缴罚款。

当事人应当自收到行政处罚决定书之日起十五日内，到指定的银行缴纳罚款。银行应当收受罚款，并将罚款直接上缴国库。

第四十七条　依照本法第三十三条的规定当场作出行政处罚决定，有下列情形之一的，执法人员可以当场收缴罚款：

（一）依法给予二十元以下的罚款的；

（二）不当场收缴事后难以执行的。

第四十八条　在边远、水上、交通不便地区，行政机关及其执法人员依照本法第三十三条、第三十八条的规定作出罚款决定后，当事人向指定的银行缴纳罚款确有困难，经当事人提出，行政机关及其执法人员可以当场收缴罚款。

第四十九条　行政机关及其执法人员当场收缴罚款的，必须向当事人出具省、自治区、直辖市财政部门统一制发的罚款收据；不出具财政部门统一制发的罚款收缴的，当事人有权拒绝缴纳罚款。

第五十条　执法人员当场收缴的罚款，应当自收缴罚款之日起二日内，交至行政机关；在水上当场收缴的罚款，应当自抵岸之日起二日内交至行政机关；行政机关应当在二日内将罚款缴付指定的银行。

第五十一条 当事人逾期不履行行政处罚决定的，作出行政处罚决定的行政机关可以采取下列措施：

（一）到期不缴纳罚款的，每日按罚款数额的百分之三加处罚款；

（二）根据法律规定，将查封、扣押的财物拍卖或者将冻结的存款划拨抵缴罚款；

（三）申请人民法院强制执行。

第五十二条 当事人确有经济困难，需要延期或者分期缴纳罚款的，经当事人申请和行政机关批准，可以暂缓或者分期缴纳。

第五十三条 除依法应当予以销毁的物品外，依法没收的非法财物必须按照国家规定公开拍卖或者按照国家有关规定处理。

罚款、没收违法所得或者没收非法财物拍卖的款项，必须全部上缴国库，任何行政机关或者个人不得以任何形式截留、私分或者变相私分；财政部门不得以任何形式向作出行政处罚决定的行政机关返还罚款、没收的违法所得或者返还没收非法财物的拍卖款项。

第五十四条 行政机关应当建立健全对行政处罚的监督制度。县级以上人民政府应当加强对行政处罚的监督检查。

公民、法人或者其他组织对行政机关作出的行政处罚，有权申诉或者检举；行政机关应当认真审查，发现行政处罚有错误的，应当主动改正。

第七章 法律责任

第五十五条 行政机关实施行政处罚，有下列情形之一的，由上级行政机关或者有关部门责令改正，可以对直接负责的主管人员和其他直接责任人员依法给予行政处分：

（一）没有法定的行政处罚依据的；

（二）擅自改变行政处罚种类、幅度的；

（三）违反法定的行政处罚程序的；

（四）违反本法第十八条关于委托处罚的规定的。

第五十六条 行政机关对当事人进行处罚不使用罚款、没收财物单据或者使用非法定部门制发的罚款、没收财物单据的，当事人有权拒绝处罚，并有权予以检举。上级行政机关或者有关部门对使用的非法单据予以收缴销毁，对直接负责的主管人员和其他直接责任人员依法给予行政处分。

第五十七条 行政机关违反本法第四十六条的规定自行收缴罚款的，财政部门违反本法第五十三条的规定向行政机关返还罚款或者拍卖款项的，由上级行政机关或者有关部门责令改正，对直接负责的主管人员和其他直接责任人员依法给予行政处分。

第五十八条　行政机关将罚款、没收的违法所得或者财物截留、私分或者变相私分的，由财政部门或者有关部门予以追缴，对直接负责的主管人员和其他直接责任人员依法给予行政处分；情节严重构成犯罪的，依法追究刑事责任。

执法人员利用职务上的便利，索取或者收受他人财物、收缴罚款据为己有，构成犯罪的，依法追究刑事责任；情节轻微不构成犯罪的，依法给予行政处分。

第五十九条　行政机关使用或者损毁扣押的财物，对当事人造成损失的，应当依法予以赔偿，对直接负责的主管人员和其他直接责任人员依法给予行政处分。

第六十条　行政机关违法实行检查措施或者执行措施，给公民人身或者财产造成损害、给法人或者其他组织造成损失的，应当依法予以赔偿，对直接负责的主管人员和其他直接责任人员依法给予行政处分；情节严重构成犯罪的，依法追究刑事责任。

第六十一条　行政机关为牟取本单位私利，对应当依法移交司法机关追究刑事责任的不移交，以行政处罚代替刑罚，由上级行政机关或者有关部门责令纠正；拒不纠正的，对直接负责的主管人员给予行政处分；徇私舞弊、包庇纵容违法行为的，依照刑法有关规定追究刑事责任。

第六十二条　执行人员玩忽职守，对应当予以制止和处罚的行为不予制止、处罚，致使公民、法人或者其他组织的合法权益、公共利益和社会秩序遭受损害的，对直接负责的主管人员和其他直接责任人员依法给予行政处分；情节构成犯罪的，依法追究刑事责任。

第八章　附　则

第六十三条　本法第四十六条罚款决定与罚款收缴分离的规定，由国务院制定具体实施办法。

第六十四条　本法自 1996 年 10 月 1 日起施行。

本法公布前制定的法规和规章关于行政处罚的规定与本法不符合的，应当自本法公布之日起，依照本法规定予以修订，在 1997 年 12 月 31 日前修订完毕。

附：刑法有关条文

第一百八十八条　司法工作人员徇私舞弊，对明知是无罪的人而使他受追诉、对明知是有罪的人而故意包庇不使他受追诉，或者故意颠倒黑白做枉法裁判的，处五年以下有期徒刑、拘役或者剥夺政治权利；情节特别严重的，处五年以上有期徒刑。

不动产登记暂行条例

（2014 年 11 月 24 日　国务院令第 656 号）

第一章　总　则

第一条　为整合不动产登记职责，规范登记行为，方便群众申请登记，保护权利人合法权益，根据《中华人民共和国物权法》等法律，制定本条例。

第二条　本条例所称不动产登记，是指不动产登记机构依法将不动产权利归属和其他法定事项记载于不动产登记簿的行为。

本条例所称不动产，是指土地、海域以及房屋、林木等定着物。

第三条　不动产首次登记、变更登记、转移登记、注销登记、更正登记、异议登记、预告登记、查封登记等，适用本条例。

第四条　国家实行不动产统一登记制度。

不动产登记遵循严格管理、稳定连续、方便群众的原则。

不动产权利人已经依法享有的不动产权利，不因登记机构和登记程序的改变而受到影响。

第五条　下列不动产权利，依照本条例的规定办理登记：

（一）集体土地所有权；

（二）房屋等建筑物、构筑物所有权；

（三）森林、林木所有权；

（四）耕地、林地、草地等土地承包经营权；

（五）建设用地使用权；

（六）宅基地使用权；

（七）海域使用权；

（八）地役权；

（九）抵押权；

（十）法律规定需要登记的其他不动产权利。

第六条　国务院国土资源主管部门负责指导、监督全国不动产登记工作。

县级以上地方人民政府应当确定一个部门为本行政区域的不动产登记机构，负责不动产登记工作，并接受上级人民政府不动产登记主管部门的指导、监督。

第七条　不动产登记由不动产所在地的县级人民政府不动产登记机构办理；直辖市、设区的市人民政府可以确定本级不动产登记机构统一办理所属各区的不动产登记。

跨县级行政区域的不动产登记，由所跨县级行政区域的不动产登记机构分别办理。不能分别办理的，由所跨县级行政区域的不动产登记机构协商办理；协商不成的，由共同的上一级人民政府不动产登记主管部门指定办理。

国务院确定的重点国有林区的森林、林木和林地，国务院批准项目用海、用岛，中央国家机关使用的国有土地等不动产登记，由国务院国土资源主管部门会同有关部门规定。

第二章 不动产登记簿

第八条 不动产以不动产单元为基本单位进行登记。不动产单元具有唯一编码。

不动产登记机构应当按照国务院国土资源主管部门的规定设立统一的不动产登记簿。

不动产登记簿应当记载以下事项：

（一）不动产的坐落、界址、空间界限、面积、用途等自然状况；

（二）不动产权利的主体、类型、内容、来源、期限、权利变化等权属状况；

（三）涉及不动产权利限制、提示的事项；

（四）其他相关事项。

第九条 不动产登记簿应当采用电子介质，暂不具备条件的，可以采用纸质介质。不动产登记机构应当明确不动产登记簿唯一、合法的介质形式。

不动产登记簿采用电子介质的，应当定期进行异地备份，并具有唯一、确定的纸质转化形式。

第十条 不动产登记机构应当依法将各类登记事项准确、完整、清晰地记载于不动产登记簿。任何人不得损毁不动产登记簿，除依法予以更正外不得修改登记事项。

第十一条 不动产登记工作人员应当具备与不动产登记工作相适应的专业知识和业务能力。

不动产登记机构应当加强对不动产登记工作人员的管理和专业技术培训。

第十二条 不动产登记机构应当指定专人负责不动产登记簿的保管，并建立健全相应的安全责任制度。

采用纸质介质不动产登记簿的，应当配备必要的防盗、防火、防渍、防有害生物等安全保护设施。

采用电子介质不动产登记簿的，应当配备专门的存储设施，并采取信息网络安全防护措施。

第十三条 不动产登记簿由不动产登记机构永久保存。不动产登记簿损毁、灭失的，不动产登记机构应当依据原有登记资料予以重建。

行政区域变更或者不动产登记机构职能调整的，应当及时将不动产登记簿移交相应的不动产登记机构。

第三章 登记程序

第十四条 因买卖、设定抵押权等申请不动产登记的，应当由当事人双方共同申请。

属于下列情形之一的，可以由当事人单方申请：

（一）尚未登记的不动产首次申请登记的；

（二）继承、接受遗赠取得不动产权利的；

（三）人民法院、仲裁委员会生效的法律文书或者人民政府生效的决定等设立、变更、转让、消灭不动产权利的；

（四）权利人姓名、名称或者自然状况发生变化，申请变更登记的；

（五）不动产灭失或者权利人放弃不动产权利，申请注销登记的；

（六）申请更正登记或者异议登记的；

（七）法律、行政法规规定可以由当事人单方申请的其他情形。

第十五条 当事人或者其代理人应当到不动产登记机构办公场所申请不动产登记。

不动产登记机构将申请登记事项记载于不动产登记簿前，申请人可以撤回登记申请。

第十六条 申请人应当提交下列材料，并对申请材料的真实性负责：

（一）登记申请书；

（二）申请人、代理人身份证明材料、授权委托书；

（三）相关的不动产权属来源证明材料、登记原因证明文件、不动产权属证书；

（四）不动产界址、空间界限、面积等材料；

（五）与他人利害关系的说明材料；

（六）法律、行政法规以及本条例实施细则规定的其他材料。

不动产登记机构应当在办公场所和门户网站公开申请登记所需材料目录和示范文本等信息。

第十七条 不动产登记机构收到不动产登记申请材料，应当分别按照下列情况办理：

（一）属于登记职责范围，申请材料齐全、符合法定形式，或者申请人按照要求提交全部补正申请材料的，应当受理并书面告知申请人；

（二）申请材料存在可以当场更正的错误的，应当告知申请人当场更正，申请人当场更正后，应当受理并书面告知申请人；

（三）申请材料不齐全或者不符合法定形式的，应当当场书面告知申请人不予受理并一次性告知需要补正的全部内容；

（四）申请登记的不动产不属于本机构登记范围的，应当当场书面告知申请人不予受理并告知申请人向有登记权的机构申请。

不动产登记机构未当场书面告知申请人不予受理的，视为受理。

第十八条 不动产登记机构受理不动产登记申请的，应当按照下列要求进行查验：

（一）不动产界址、空间界限、面积等材料与申请登记的不动产状况是否一致；

（二）有关证明材料、文件与申请登记的内容是否一致；

（三）登记申请是否违反法律、行政法规规定。

第十九条 属于下列情形之一的，不动产登记机构可以对申请登记的不动产进行实地查看：

（一）房屋等建筑物、构筑物所有权首次登记；

（二）在建建筑物抵押权登记；

（三）因不动产灭失导致的注销登记；

（四）不动产登记机构认为需要实地查看的其他情形。

对可能存在权属争议，或者可能涉及他人利害关系的登记申请，不动产登记机构可以向申请人、利害关系人或者有关单位进行调查。

不动产登记机构进行实地查看或者调查时，申请人、被调查人应当予以配合。

第二十条 不动产登记机构应当自受理登记申请之日起30个工作日内办结不动产登记手续，法律另有规定的除外。

第二十一条 登记事项自记载于不动产登记簿时完成登记。

不动产登记机构完成登记，应当依法向申请人核发不动产权属证书或者登记证明。

第二十二条 登记申请有下列情形之一的，不动产登记机构应当不予登记，并书面告知申请人：

（一）违反法律、行政法规规定的；

（二）存在尚未解决的权属争议的；

（三）申请登记的不动产权利超过规定期限的；

（四）法律、行政法规规定不予登记的其他情形。

第四章 登记信息共享与保护

第二十三条 国务院国土资源主管部门应当会同有关部门建立统一的不动产登记信息管理基础平台。

各级不动产登记机构登记的信息应当纳入统一的不动产登记信息管理基础平台，确保国家、省、市、县四级登记信息的实时共享。

第二十四条 不动产登记有关信息与住房城乡建设、农业、林业、海洋等部门审批信息、交易信息等应当实时互通共享。

不动产登记机构能够通过实时互通共享取得的信息，不得要求不动产登记申请人重复提交。

第二十五条 国土资源、公安、民政、财政、税务、工商、金融、审计、统计等部门应当加强不动产登记有关信息互通共享。

第二十六条 不动产登记机构、不动产登记信息共享单位及其工作人员应当对不动产登记信息保密；涉及国家秘密的不动产登记信息，应当依法采取必要的安全保密措施。

第二十七条 权利人、利害关系人可以依法查询、复制不动产登记资料，不动产登记机构应当提供。

有关国家机关可以依照法律、行政法规的规定查询、复制与调查处理事项有关的不动产登记资料。

第二十八条 查询不动产登记资料的单位、个人应当向不动产登记机构说明查询目的，不得将查询获得的不动产登记资料用于其他目的；未经权利人同意，不得泄露查询获得的不动产登记资料。

第五章 法律责任

第二十九条 不动产登记机构登记错误给他人造成损害，或者当事人提供虚假材料申请登记给他人造成损害的，依照《中华人民共和国物权法》的规定承担赔偿责任。

第三十条 不动产登记机构工作人员进行虚假登记，损毁、伪造不动产登记簿，擅自修改登记事项，或者有其他滥用职权、玩忽职守行为的，依法给予处分；给他人造成损害的，依法承担赔偿责任；构成犯罪的，依法追究刑事责任。

第三十一条 伪造、变造不动产权属证书、不动产登记证明，或者买卖、使用伪造、变造的不动产权属证书、不动产登记证明的，由不动产登记机构或者公安机关依法予以收缴；有违法所得的，没收违法所得；给他人造成损害的，依法承担赔偿责任；构成违反治安管理行为的，依法给予治安管理处罚；构成犯罪的，依法追究刑事责任。

第三十二条 不动产登记机构、不动产登记信息共享单位及其工作人员，查询不动产登记资料的单位或者个人违反国家规定，泄露不动产登记资料、登记信息，或者利用不动产登记资料、登记信息进行不正当活动，给他人造成损害的，依法承担赔偿责任；对有关责任人员依法给予处分；有关责任人员构成犯罪的，依法追究刑事责任。

第六章 附 则

第三十三条 本条例施行前依法颁发的各类不动产权属证书和制作的不动产登记簿继续有效。

不动产统一登记过渡期内，农村土地承包经营权的登记按照国家有关规定执行。

第三十四条 本条例实施细则由国务院国土资源主管部门会同有关部门制定。

第三十五条 本条例自 2015 年 3 月 1 日起施行。本条例施行前公布的行政法规有关不动产登记的规定与本条例规定不一致的，以本条例规定为准。

中华人民共和国民法总则（摘录）

（2017 年 3 月 15 日第十二届全国人民代表大会第五次会议通过　2017 年 3 月 15 日中华人民共和国主席令第 66 号公布　自 2017 年 10 月 1 日起施行）

第二章　自然人

第四节　个体工商户和农村承包经营户

第五十四条　自然人从事工商业经营，经依法登记，为个体工商户。个体工商户可以起字号。

第五十五条　农村集体经济组织的成员，依法取得农村土地承包经营权，从事家庭承包经营的，为农村承包经营户。

第五十六条　个体工商户的债务，个人经营的，以个人财产承担；家庭经营的，以家庭财产承担；无法区分的，以家庭财产承担。

农村承包经营户的债务，以从事农村土地承包经营的农户财产承担；事实上由农户部分成员经营的，以该部分成员的财产承担。

第五章　民事权利

第一百一十四条　民事主体依法享有物权。

物权是权利人依法对特定的物享有直接支配和排他的权利，包括所有权、用益物权和担保物权。

第一百一十五条　物包括不动产和动产。法律规定权利作为物权客体的，依照其规定。

第一百一十六条　物权的种类和内容，由法律规定。

第一百一十七条　为了公共利益的需要，依照法律规定的权限和程序征收、征用不动产或者动产的，应当给予公平、合理的补偿。

第九章　诉讼时效

第一百九十六条　下列请求权不适用诉讼时效的规定：

（一）请求停止侵害、排除妨碍、消除危险；

（二）不动产物权和登记的动产物权的权利人请求返还财产；

（三）请求支付抚养费、赡养费或者扶养费；

（四）依法不适用诉讼时效的其他请求权。

第二部分
中央、国务院文件

国务院关于坚决制止占用基本农田进行植树等行为的紧急通知

（国发明电〔2004〕1号）

各省、自治区、直辖市人民政府，国务院各部委、各直属机构：

近年来，一些地方违反《土地管理法》和《基本农田保护条例》的规定，占用基本农田进行植树造林、挖塘养鱼等，使基本农田面积不断减少，严重削弱了粮食生产能力。为实行最严格的耕地保护制度，切实保护基本农田，现紧急通知如下：

一、坚决制止占用基本农田进行植树等行为。要认真执行《土地管理法》和《基本农田保护条例》，坚决制止任意改变基本农田用途的行为，切实做好保护基本农田“五个不准”，即：不准占用基本农田进行植树造林、发展林果业和搞林粮间作以及超标准建设农田林网；不准以农业结构调整为名，在基本农田内挖塘养鱼、建设用于畜禽养殖的建筑物等严重破坏耕作层的生产经营活动；不准违法占用基本农田进行绿色通道和城市绿化隔离带建设；不准以退耕还林为名违反土地利用总体规划，将基本农田纳入退耕范围；除法律规定的国家重点建设项目以外，不准非农建设项目占用基本农田。凡在基本农田上进行植树造林（包括种植速生丰产林）、挖塘养鱼、绿色通道和城市绿化隔离带建设的必须立即停止和纠正。今后，新增绿色造林、新建和扩建用材林基地均不得占用基本农田。

二、正确引导和规范农业结构调整和绿色通道建设。地方各级人民政府和国务院有关部门要正确引导农民进行农业结构调整，充分利用荒山、荒地和一般耕地发展水产业、畜禽养殖和林果业。编制和实施退耕还林、生态建设与保护、农业结构调整等规划，要与土地利用总体规划相衔接。

进行绿色通道建设要因地制宜，严格限定道路沿线绿化带宽度。道路沿线是耕地的，道路用地范围以外每侧绿化绿宽度不得超过5米，其中县乡道路不得超过3米；占用基本农田的，应履行基本农田占用报批手续。交通、水利工程建设用地范围内的绿化用地，要严格按照有关规定办理建设用地审批手续，其中涉及占用耕地的必须做到占补平衡。

三、严格控制各类建设占用基本农田。严禁违反法定程序通过修改或调整土地利用总体规划改变基本农田的数量与布局。严禁规避基本农田占用审批。严格执行国家重点建设项目占用基本农田审批制度，确需占用基本农田的，要严格审查农用地转用和土地征用方案，并按照法定程序报国务院审批。

四、对已经违法违规占用和破坏的基本农田要尽快采取恢复耕种措施。各地区、各有关部门要按以下原则对已经违规占用和破坏的基本农田进行处理：（一）对占用基本农田种植速生丰产林的，限期恢复耕种；（二）对在基本农田内建设畜禽养殖等建筑物的，限期拆除并予整理；（三）对建设基础设施造成基本农田耕作力破坏的，限期修复；（四）对超标准建设绿色通道而占用基本农田的，逐步恢复耕种条件；（五）对各类非农建设占用基本农田的，在依法妥善处理前，不得受理该地区建设用地申请。在具体处理中，要确保农民经济上不受损失。

五、抓紧开展基本农田保护检查工作。各省、自治区、直辖市人民政府要立即组织有关部门对本地区基本农田保护情况进行一次检查，严肃查处违法占用和破坏基本农田的行为，清查工作结束后向国务院作出报告。国土资源部、农业部要按照全国基本农田保护检查工作方案组织检查，并将本通知贯彻落实情况作为检查重点内容。对有令不行、有禁不止的要严肃查处；对情节严重，特别是顶风作案，造成基本农田面积大量减少的地区，要依法严肃处理并追究责任人和有关领导人的责任。

国务院有关部门应依照本通知制定具体实施办法。本通知自发布之日起实行。前发文件规定，凡与本通知不一致的，一律以本通知为准。

国务院

二〇〇四年三月二十日

国务院关于深化改革严格土地管理的决定

（国发〔2004〕28号）

各省、自治区、直辖市人民政府，国务院各部委、各直属机构：

实行最严格的土地管理制度，是由我国人多地少的国情决定的，也是贯彻落实科学发展观，保证经济社会可持续发展的必然要求。去年以来，各地区、各部门认真贯彻党中央、国务院部署，全面清理各类开发区，切实落实暂停审批农用地转用的决定，土地市场治理整顿取得了积极进展，有力地促进了宏观调控政策的落实。但是，土地市场治理整顿的成效还是初步的、阶段性的，盲目投资、低水平重复建设，圈占土地、乱占滥用耕地等问题尚未根本解决。因此，必须正确处理保障经济社会发展与保护土地资源的关系，严格控制建设用地增量，努力盘活土地存量，强化节约利用土地，深化改革，健全法制，统筹兼顾，标本兼治，进一步完善符合我国国情的最严格的土地管理制度。现决定如下：

一、严格执行土地管理法律法规

（一）牢固树立遵守土地法律法规的意识。各地区、各有关部门要深入持久地开展土地法律法规的学习教育活动，深刻认识我国国情和保护耕地的极端重要性，本着对人民、对历史负责的精神，严格依法管理土地，积极推进经济增长方式的转变，实现土地利用方式的转变，走符合中国国情的新型工业化、城市化道路。进一步提高依法管地用地的意识，要在法律法规允许的范围内合理用地。对违反法律法规批地、占地的，必须承担法律责任。

（二）严格依照法定权限审批土地。农用地转用和土地征收的审批权在国务院和省、自治区、直辖市人民政府，各省、自治区、直辖市人民政府不得违反法律和行政法规的规定下放土地审批权。严禁规避法定审批权限，将单个建设项目用地拆分审批。

（三）严格执行占用耕地补偿制度。各类非农业建设经批准占用耕地的，建设单位必须补充数量、质量相当的耕地，补充耕地的数量、质量实行按等级折算，防止占多补少、占优补劣。不能自行补充的，必须按照各省、自治区、直辖市的规定缴纳耕地开垦费。耕地开垦费要列入专户管理，不得减免和挪作他用。政府投资的建设项目也必须将补充耕地费用列入工程概算。

（四）禁止非法压低地价招商。省、自治区、直辖市人民政府要依照基准地价制定并公布协议出让土地最低价标准。协议出让土地除必须严格执行规定程序外，出让价格不得低于最低价标准。违反规定出让土地造成国有土地资产流失的，要依法追究责任；情节严重的，依照《中华人民共和国刑法》的规定，以非法低价出让国有土地使用权罪追究刑事责任。

（五）严格依法查处违反土地管理法律法规的行为。当前要着重解决有法不依、执法不严、违法不究和滥用行政权力侵犯农民合法权益的问题。要加大土地管理执法力度，严肃查处非法批地、占地等违法案件。建立国土资源与监察等部门联合办案和案件移送制度，既查处土地违法行为，又查处违法责任人。典型案件，要公开处理。对非法批准占用土地、征收土地和非法低价出让国有土地使用权的国家机关工作人员，依照《监察部国土资源部关于违反土地管理规定行为行政处分暂行办法》给予行政处分；构成犯罪的，依照《中华人民共和国刑法》、《中华人民共和国土地管理法》、《最高人民法院关于审理破坏土地资源刑事案件具体应用法律若干问题的解释》和最高人民检察院关于渎职犯罪案件立案标准的规定，追究刑事责任。对非法批准征收、使用土地，给当事人造成损失的，还必须依法承担赔偿责任。

二、加强土地利用总体规划、城市总体规划、村庄和集镇规划实施管理

（六）严格土地利用总体规划、城市总体规划、村庄和集镇规划修改的管理。在土地利用总体规划和城市总体规划确定的建设用地范围外，不得设立各类开发区（园区）和城市新区（小区）。对清理后拟保留的开发区，必须依据土地利用总体规划和城市总体规划，按照布局集中、用地集约和产业集聚的原则严格审核。严格土地利用总体规划的修改，凡涉及改变土地利用方向、规模、重大布局等原则性修改，必须报原批准机关批准。城市总体规划、村庄和集镇规划也不得擅自修改。

（七）加强土地利用计划管理。农用地转用的年度计划实行指令性管理，跨年度结转使用计划指标必须严格规范。改进农用地转用年度计划下达和考核办法，对国家批准的能源、交通、水利、矿山、军事设施等重点建设项目用地和城、镇、村的建设用地实行分类下达，并按照定额指标、利用效益等分别考核。

（八）从严从紧控制农用地转为建设用地的总量和速度。加强农用地转用审批的规划和计划审查，强化土地利用总体规划和土地利用年度计划对农用地转用的控制和引导，凡不符合规划、没有农用地转用年度计划指标的，不得批准用地。为巩固土地市场治理整顿成果，2004 年农用地转用计划指标不再追加；对过去拖欠农民的征地补偿安置费在 2004 年年底前不能足额偿还的地方，暂缓下达该地区 2005 年农用地转用计划。

（九）加强建设项目用地预审管理。凡不符合土地利用总体规划、没有农用地转用计划指标的建设项目，不得通过项目用地预审。发展改革等部门要通过适当方式告知项目单位开展前期工作，项目单位提出用地预审申请后，国土资源部门要依法对建设项目用地进行审查。项目建设单位向发展改革等部门申报核准或审批建设项目时，必须附国土资源部门预审意见；没有预审意见或预审未通过的，不得核准或

批准建设项目。

（十）加强村镇建设用地的管理。要按照控制总量、合理布局、节约用地、保护耕地的原则，编制乡（镇）土地利用总体规划、村庄和集镇规划，明确小城镇和农村居民点的数量、布局和规模。鼓励农村建设用地整理，城镇建设用地增加要与农村建设用地减少相挂钩。农村集体建设用地，必须符合土地利用总体规划、村庄和集镇规划，并纳入土地利用年度计划，凡占用农用地的必须依法办理审批手续。禁止擅自通过“村改居”等方式将农民集体所有土地转为国有土地。禁止农村集体经济组织非法出让、出租集体土地用于非农业建设。改革和完善宅基地审批制度，加强农村宅基地管理，禁止城镇居民在农村购置宅基地。引导新办乡村工业向建制镇和规划确定的小城镇集中。在符合规划的前提下，村庄、集镇、建制镇中的农民集体所有建设用地使用权可以依法流转。

（十一）严格保护基本农田。基本农田是确保国家粮食安全的基础。土地利用总体规划修编，必须保证现有基本农田总量不减少，质量不降低。基本农田要落实到地块和农户，并在土地所有权证书和农村土地承包经营权证书中注明。基本农田保护图件备案工作，应在新一轮土地利用总体规划修编后三个月内完成。基本农田一经划定，任何单位和个人不得擅自占用，或者擅自改变用途，这是不可逾越的“红线”。符合法定条件，确需改变和占用基本农田的，必须报国务院批准；经批准占用基本农田的，征地补偿按法定最高标准执行，对以缴纳耕地开垦费方式补充耕地的，缴纳标准按当地最高标准执行。禁止占用基本农田挖鱼塘、种树和其他破坏耕作层的活动，禁止以建设“现代农业园区”或者“设施农业”等任何名义，占用基本农田变相从事房地产开发。

三、完善征地补偿和安置制度

（十二）完善征地补偿办法。县级以上地方人民政府要采取切实措施，使被征地农民生活水平不因征地而降低。要保证依法足额和及时支付土地补偿费、安置补助费以及地上附着物和青苗补偿费。依照现行法律规定支付土地补偿费和安置补助费，尚不能使被征地农民保持原有生活水平的，不足以支付因征地而导致无地农民社会保障费用的，省、自治区、直辖市人民政府应当批准增加安置补助费。土地补偿费和安置补助费的总和达到法定上限，尚不足以使被征地农民保持原有生活水平的，当地人民政府可以用国有土地有偿使用收入予以补贴。省、自治区、直辖市人民政府要制订并公布各市县征地的统一年产值标准或区片综合地价，征地补偿做到同地同价，国家重点建设项目必须将征地费用足额列入概算。大中型水利、水电工程建设征地的补偿费标准和移民安置办法，由国务院另行规定。

（十三）妥善安置被征地农民。县级以上地方人民政府应当制定具体办法，使被征地农民的长远生计有保障。对有稳定收益的项目，农民可以经依法批准的建设用地土地使用权入股。在城市规划区内，当地人民政府应当将因征地而导致无地的农民，纳入城镇就业体系，并建立社会保障制度；在城市规划区外，征收农民集体所有土地时，当地人民政府要在本行政区域内为被征地农民留有必要的耕作土地或安排相应的工作岗位；对不具备基本生产生活条件的无地农民，应当异地移民安置。劳动和社会保障部门要会同有关部门尽快提出建立被征地农民的就业培训和社会保障制度的指导性意见。

（十四）健全征地程序。在征地过程中，要维护农民集体土地所有权和农民土地承包经营权的权益。在征地依法报批前，要将拟征地的用途、位置、补偿标准、安置途径告知被征地农民；对拟征土地现状的调查结果须经被征地农村集体经济组织和农户确认；确有必要的，国土资源部门应当依照有关规定组织听证。要将被征地农民知情、确认的有关材料作为征地报批的必备材料。要加快建立和完善征地补偿安置争议的协调和裁决机制，维护被征地农民和用地者的合法权益。经批准的征地事项，除特殊情况外，应予以公示。

（十五）加强对征地实施过程监管。征地补偿安置不落实的，不得强行使用被征土地。省、自治区、直辖市人民政府应当根据土地补偿费主要用于被征地农户的原则，制订土地补偿费在农村集体经济组织内部的分配办法。被征地的农村集体经济组织应当将征地补偿费用的收支和分配情况，向本集体经济组织成员公布，接受监督。农业、民政等部门要加强对农村集体经济组织内部征地补偿费用分配和使用的监督。

四、健全土地节约利用和收益分配机制

（十六）实行强化节约和集约用地政策。建设用地要严格控制增量，积极盘活存量，把节约用地放在首位，重点在盘活存量上下功夫。新上建设项目首先要利用现有建设用地，严格控制建设占用耕地、林地、草原和湿地。开展对存量建设用地资源的普查，研究制定鼓励盘活存量的政策措施。各地区、各有关部门要按照集约用地的原则，调整有关厂区绿化率的规定，不得圈占土地搞“花园式工厂”，在开发区（园区）推广多层标准厂房。对工业用地在符合规划、不改变原用途的前提下，提高土地利用率和增加容积率的，原则上不再收取或调整土地有偿使用费。基础设施和公益性建设项目，也要节约合理用地。今后，供地时要将土地用途、容积率等使用条件的约定写入土地使用合同。对工业项目用地必须有投资强度、开发进度等控制性要求。土地使用权人不按照约定条件使用土地的，要承担相应的违约责任。在加强耕地占用税、城镇土地使用税、土地增值税征收管理的同时，进一步调整和完善相关税制，加大对建设用地取得和保有环节的税收调节力度。

（十七）推进土地资源的市场化配置。严格控制划拨用地范围，经营性基础设施用地要逐步实行有偿使用。运用价格机制抑制多占、滥占和浪费土地。除按现行规定必须实行招标、拍卖、挂牌出让的用地外，工业用地也要创造条件逐步实行招标、拍卖、挂牌出让。经依法批准利用原有划拨土地进行经营性开发建设的，应当按照

市场价补缴土地出让金。经依法批准转让原划拨土地使用权的，应当在土地有形市场公开交易，按照市场价补缴土地出让金；低于市场价交易的，政府应当行使优先购买权。

（十八）制订和实施新的土地使用标准。依照国家产业政策，国土资源部门对淘汰类、限制类项目分别实行禁止和限制用地，并会同有关部门制订工程项目建设用地定额标准，省、自治区、直辖市人民政府可以根据实际情况制订具体实施办法。继续停止高档别墅类房地产、高尔夫球场等用地的审批。

（十九）严禁闲置土地。农用地转用批准后，满两年未实施具体征地或用地行为的，批准文件自动失效；已实施征地，满两年未供地的，在下达下一年度的农用地转用计划时扣减相应指标，对具备耕作条件的土地，应当交原土地使用者继续耕种，也可以由当地人民政府组织耕种。对用地单位闲置的土地，严格依照《中华人民共和国土地管理法》的有关规定处理。

（二十）完善新增建设用地土地有偿使用费收缴办法。新增建设用地土地有偿使用费实行先缴后分，按规定的标准就地全额缴入国库，不得减免，并由国库按规定的比例就地分成划缴。审计部门要加强对新增建设用地土地有偿使用费征收和使用的监督检查。对减免和欠缴的，要依法追缴。财政部、国土资源部要适时调整新增建设用地土地有偿使用费收取标准。新增建设用地土地有偿使用费要严格按法定用途使用，由中央支配的部分，要向粮食主产区倾斜。探索建立国有土地收益基金，遏制片面追求土地收益的短期行为。

五、建立完善耕地保护和土地管理的责任制度

（二十一）明确土地管理的权力和责任。调控新增建设用地总量的权力和责任在中央，盘活存量建设用地的权力和利益在地方，保护和合理利用土地的责任在地方各级人民政府，省、自治区、直辖市人民政府应负主要责任。在确保严格实施土地利用总体规划，不突破土地利用年度计划的前提下，省、自治区、直辖市人民政府可以统筹本行政区域内的用地安排，依照法定权限对农用地转用和土地征收进行审批，按规定用途决定新增建设用地土地有偿使用费地方分成部分的分配和使用，组织本行政区域内耕地占补平衡，并对土地管理法律法规执行情况进行监督检查。地方各级人民政府要对土地利用总体规划确定的本行政区域内的耕地保有量和基本农田保护面积负责，政府主要领导是第一责任人。地方各级人民政府都要建立相应的工作制度，采取多种形式，确保耕地保护目标落实到基层。

（二十二）建立耕地保护责任的考核体系。国务院定期向各省、自治区、直辖市下达耕地保护责任考核目标。各省、自治区、直辖市人民政府每年要向国务院报告耕地保护责任目标的履行情况。实行耕地保护责任考核的动态监测和预警制度。国土资源部会同农业部、监察部、审计署、统计局等部门定期对各省、自治区、直辖市耕地保护责任目标履行情况进行检查和考核，并向国务院报告。对认真履行责任

目标，成效突出的，要给予表彰，并在安排中央支配的新增建设用地土地有偿使用费时予以倾斜；对没有达到责任目标的，要在全国通报，并责令限期补充耕地和补划基本农田。对土地开发整理补充耕地的情况也要定期考核。

（二十三）严格土地管理责任追究制。对违反法律规定擅自修改土地利用总体规划的、发生非法占用基本农田的、未完成耕地保护责任考核目标的、征地侵害农民合法权益引发群体性事件且未能及时解决的、减免和欠缴新增建设用地土地有偿使用费的、未按期完成基本农田图件备案工作的，要严肃追究责任，对有关责任人员由上级主管部门或监察机关依法定权限给予行政处分。同时，上级政府要责令限期整改，整改期间暂停农用地转用和征地审批。具体办法由国土资源部会同有关部门另行制订。实行补充耕地监督的责任追究制，国土资源部门和农业部门负责对补充耕地的数量和质量进行验收，并对验收结果承担责任。省、自治区、直辖市国土资源部门和农业部门要加强监督检查。

（二十四）强化对土地执法行为的监督。建立公开的土地违法立案标准。对有案不查、执法不严的，上级国土资源部门要责令其作出行政处罚决定或直接给予行政处罚。坚决纠正违法用地只通过罚款就补办合法手续的行为。对违法用地及其建筑物和其他设施，按法律规定应当拆除或没收的，不得以罚款、补办手续取代；确需补办手续的，依法处罚后，从新从高进行征地补偿和收取土地出让金及有关规费。完善土地执法监察体制，建立国家土地督察制度，设立国家土地总督察，向地方派驻土地督察专员，监督土地执法行为。

（二十五）加强土地管理行政能力建设。2004 年年底以前要完成省级以下国土资源管理体制改革，理顺领导干部管理体制、工作机制和加强基层队伍建设。市、县人民政府要保证基层国土资源管理所机构、编制、经费到位，切实发挥基层国土资源管理所在土地管理执法中的作用。国土资源部要会同有关部门抓紧建立和完善统一的土地分类、调查、登记和统计制度，启动新一轮土地调查，保证土地数据的真实性。组织实施“金土工程”。充分利用现代高新技术加强土地利用动态监测，建立土地利用总体规划实施、耕地保护、土地市场的动态监测网络。

各地区、各有关部门要以“三个代表”重要思想为指导，牢固树立科学发展观和正确的政绩观，把落实好最严格的土地管理制度作为对执政能力和依法行政能力的检验。高度重视土地的保护和合理利用，认真总结经验，积极推进土地管理体制改革，不断完善土地法制，建立严格、科学、有效的土地管理制度，维护好广大人民群众的根本利益，确保经济社会的可持续发展。

国务院

二〇〇四年十月二十一日

国务院关于全面整顿和规范矿产资源开发秩序的通知

（国发〔2005〕28号）

各省、自治区、直辖市人民政府，国务院各部委、各直属机构：

党中央、国务院对保护和合理开发利用矿产资源工作十分重视，制定了一系列方针、政策，多次部署了全国矿业秩序治理整顿工作。多年来，各地方和有关部门做了大量工作，取得了积极成效。但是，由于多方面的原因，矿产资源开发中存在的深层次矛盾和问题尚未得到解决，一些地区开发秩序仍然比较混乱，存在矿山布局不合理、经营粗放、浪费资源、破坏环境、安全生产事故频发等问题。尤其是最近一个时期，一些地区群发性无证勘查和开采、越界开采、乱采滥挖等各种违法违规行为出现严重反弹。为解决当前矿产资源开发中存在的突出问题，国务院决定全面整顿和规范矿产资源开发秩序。现就有关事项通知如下：

一、充分认识整顿和规范矿产资源开发秩序的重要意义

矿产资源是国民经济和社会发展的重要物质基础。整顿矿产资源开发中的各类违法违规行为，规范矿产资源开发活动，建立和维护良好的矿产资源开发秩序，是实现矿产资源合理开发、永续利用，确保安全的重要措施，对全面落实科学发展观、提高矿产资源对经济社会可持续发展的保障能力和全面建设小康社会，具有十分重要的意义。各地区、有关部门要以邓小平理论和“三个代表”重要思想为指导，以科学发展观为统领，进一步提高对整顿和规范矿产资源开发秩序工作重要性、紧迫性和艰巨性的认识，将整顿和规范矿产资源开发秩序作为一项事关全局的重要任务抓紧抓好，推动我国矿业走出一条科技含量高、经济效益好、资源利用率高、环境污染少、安全有保障、人力资源优势得到充分发挥的新路子。

二、整顿和规范矿产资源开发秩序的目标

要正确处理整顿与发展、局部与全局、当前与长远的关系，严格依照《中华人民共和国矿产资源法》等法律法规的规定，加大执法力度，切实做到有法必依、执法必严、违法必究。要坚持依法行政，并运用经济手段，全面开展以煤炭开发为重点的矿产资源开发秩序的整顿和规范行动。到2007年底全面完成整顿和规范的各项任务，使无证勘查和开采、乱采滥挖、浪费破坏矿产资源、严重污染环境等违法行为得到全面遏制；越界开采、非法转让探矿权和采矿权等违法行为得到全面清理，违法案件得到及时查处；矿山安全事故及破坏生态环境现象明显减少；矿山布局不

合理的状况得到明显改善，矿产资源开发利用规模化、集约化程度明显提高；基层监管到位，投资环境改善，矿产资源管理加强，基本建立规范的矿产资源开发秩序。

三、整顿矿产资源开发秩序的主要任务

（一）严厉打击无证勘查和开采等违法行为。地方各级人民政府要对本行政区域内的无证勘查和开采矿产资源的违法行为进行集中打击。对无证或持过期失效许可证进行勘查、开采的，公安部门不得批准其购买、使用民用爆破器材，电力部门不得供电，工商部门不得发放营业执照，安全监管部门不得发放安全生产许可证，国土资源主管部门要责令其停止开采，没收采出的矿产品和违法所得，并从重处以罚款。对持勘查许可证采矿或开采矿种与采矿许可证不符的，国土资源主管部门要责令其停止违法行为，并按无证开采予以处罚，对拒不改正的，依法吊销勘查许可证或采矿许可证和其他证照。对停产整改期间擅自采矿的，由决定停产整顿的部门进行严肃查处。对采矿许可证、安全生产许可证、生产许可证、营业执照和矿长资格证不全的煤炭开采企业，有关主管部门要责令其停止违法生产行为，并依法予以查处。

为防止无证勘查、开采现象出现反弹，地方各级人民政府要组织有关部门及时拆除当地违法工程的地面设施，查封设备，充填井筒。国土资源主管部门要加强巡查，发现无证勘查、开采的，要及时报告当地人民政府予以取缔。各地要高度重视并有效制止各类群发性无证开采行为的发生，对违法行为保持高压态势，做到及时发现、及时查处。对拒不停止开采或取缔后又违法开采，造成矿产资源破坏、甚至发生事故的，要依法追究有关人员的刑事责任。

（二）全面查处越界开采等违法行为。地方各级人民政府要组织国土资源等部门对本行政区域内越界开采、非法转让探矿权和采矿权等违法行为进行全面排查。对超越批准矿区范围开采的，责令退回其本矿区范围，没收越界开采的矿产品和违法所得，密封越界的井巷工程，并依法进行处罚；对拒不退回本矿区范围内开采的，依法吊销其采矿许可证和其他证照。对非法转让探矿权、采矿权的，没收其违法所得，处以罚款，并责令限期改正，逾期仍不改正的，依法吊销勘查许可证、采矿许可证和其他证照；对受让方按无证勘查、开采予以处罚。对取得勘查许可证后不按期进行施工或未依法完成最低勘查投入的，国土资源主管部门要责令限期改正，并依法处罚；对拒不改正的，依法吊销勘查许可证。对吊销许可证的，要及时依法注销工商登记并予以公告。对未按批准的开发利用方案或矿山设计进行开采、开采回采率达不到设计要求、浪费破坏矿产资源的，要责令停止生产、限期整改，对整改后仍达不到要求的，要坚决予以关闭。

（三）坚决关闭破坏环境、污染严重、不具备安全生产条件的矿山企业。要加大对矿产资源开发环境保护和矿山企业安全生产的监管力度。对在各类保护区的禁采区内进行开采的矿山企业和影响大矿安全生产的小矿，由当地人民政府予以关闭。

对严重污染环境、未进行环境影响评价的矿山企业，对不符合安全生产要求超通风能力生产、未按规定建立瓦斯抽放系统、未采取防突措施、未经“三同时”审查验收的矿山企业，环境、安全监管部门要依法责令限期整改或停产整顿，有关部门要及时收回所有证照；对拒不停产和整改后仍达不到要求的，要坚决及时予以关闭，有关部门要依法吊销所有证照。

（四）全面清查和纠正矿产资源开发管理中的各种违法违规行为。地方各级人民政府及国土资源、发展改革（经贸）、安全生产、环保、工商等部门要严格依法行政，全面规范矿产资源开发管理的行政行为。要依照相关法律法规，对矿产资源开发管理中的探矿权和采矿权审批、项目核准、生产许可、安全许可、环评审查、企业设立等各项管理行为进行一次全面清理检查。对违法违规审批、滥用职权、失职、渎职行为以及国家工作人员参与办矿、徇私舞弊等腐败现象依法进行严肃查处。

（五）全面开展煤炭资源回采率专项检查。各地要采取切实有效措施，加大煤炭资源回采率专项检查工作力度。要严肃查处一批浪费、破坏煤炭资源的典型案件并进行曝光，坚决遏制浪费、破坏资源的势头。同时，表彰一批保护和合理利用资源的先进典型。修订完善煤炭资源回采率标准和管理办法。凡设计回采率达不到国家规定标准的建设项目，一律不予核准，不予颁发采矿许可证。对达不到回采率标准的煤矿，要责令其限期整改，逾期仍达不到的，依法予以经济处罚，直至吊销采矿许可证和煤炭生产许可证。强制淘汰落后的生产技术、工艺及设备。通过专项检查和整改，全面提高煤炭资源开发利用水平。

（六）对保护性开采的特定矿种进行专项整治。国土资源部要会同发展改革委、商务部等有关部门按照各自职责，对钨、锡、锑、稀土等保护性开采的特定矿种，进行开采、选冶、加工、销售和出口的专项整治，切实解决超量开采、经营秩序混乱、生产结构失衡、缺乏有效监管、不具备安全生产条件等问题。国土资源部要继续对保护性开采的特定矿种实行开采总量控制，并对控制指标执行情况进行全面清查。继续暂停审批和颁发钨矿采矿许可证。严禁保护性开采的特定矿种超计划开采和计划外出口。同时，要加强对稀缺矿种的资源保护，严禁乱采滥挖和浪费破坏资源，国土资源部要会同有关部门根据国民经济发展的需要，研究制订对保护性开采的特定矿种和稀缺矿种的管理办法。

各省、自治区、直辖市人民政府要结合地方实际，对本行政区域内油气、铁、石墨、黄金等开发秩序问题突出的矿种以及影响铁路、公路安全的采矿行为，制订专项整治的具体措施，开展专项整治工作。

四、规范矿产资源开发秩序的主要任务

（一）严格探矿权、采矿权管理。国土资源部要严格依照《中华人民共和国行政许可法》、《中华人民共和国矿产资源法》等有关法律法规的规定，组织对各地探矿权、采矿权审批情况进行全面清理，坚决刹住一些地方非法干预设置探矿权、采矿

权的行为。国土资源部要严格按照国务院发布的《矿产资源勘查区块登记管理办法》和《矿产资源开采登记管理办法》的规定，对以往的各种授权进行清理并重新授权。要严格按照国家产业政策和矿产资源规划设置探矿权、采矿权。要依据法律规定严格审批条件，规范审批程序，进一步完善探矿权和采矿权申请、延续、变更、注销等相关管理制度。

（二）集中解决矿山布局不合理问题。各省、自治区、直辖市人民政府要结合本地实际，以煤炭资源为重点，通过资源整合，切实解决矿山布局不合理等问题，逐步实现资源开发规模化、集约化。国土资源部、发展改革委要积极扶持大型煤炭基地建设，在已划定19个煤炭国家规划矿区的基础上，继续划定并公布大型煤炭基地内的煤炭国家规划矿区名单，按照规划合理安排大型煤炭基地建设项目。对影响大矿统一规划开采的小矿，凡能够与大矿进行资源整合的，由大矿采取合理补偿、整体收购或联合经营等方式进行整合。各类矿山都要按照规模化、集约化的原则进行整合，限期达到规定的最低开采规模。各地要统一组织制定小矿整合方案，并切实抓好落实，提高矿产资源开发利用水平。国土资源部要根据国民经济和社会发展需要，结合各地实际情况，组织制定和完善不同矿种的最低开采规模标准。

（三）完善矿产资源有偿使用制度。要按照矿产资源分类、分级管理的要求，进一步推进矿产资源有偿使用制度改革。加强煤炭等国家规划矿区以及其他煤炭资源集中区的普查和必要的详查，统一编制矿区总体开发规划和探矿权、采矿权设置方案。全面实行探矿权、采矿权有偿取得制度、采取市场竞争方式出让探矿权、采矿权，规范矿业权市场，研究解决探矿权、采矿权无偿和有偿取得“双轨制”问题的有效措施。调整现行的矿业税费政策，积极探索矿产资源税费征收与储量消耗挂钩的政策措施。理顺矿产资源利益分配关系，改善矿业投资环境。具体办法由财政部、国土资源部另行制订。

（四）探索建立矿山生态环境恢复补偿制度。地方各级人民政府应对本地矿区生态环境进行监督管理，按照“谁破坏、谁恢复”的原则，明确治理责任，保证治理资金和治理措施落实到位。新建和已投产生产矿山企业要制订矿山生态环境保护与综合治理方案，报经主管部门审批后实施。对废弃矿山和老矿山的生态环境恢复与治理，按照“谁投资、谁受益”的原则，积极探索通过市场机制多渠道融资方式，加快治理与恢复的进程。财政部、国土资源部等部门应尽快制订矿山生态环境恢复的经济政策，积极推进矿山生态环境恢复保证金制度等生态环境恢复补偿机制。

（五）严格矿产资源勘查、开采准入管理。国土资源部、发展改革委等有关部门要加强勘查、开采资质管理，制订勘查、开采资质管理办法，严格市场准入标准。国土资源主管部门审批采矿许可证，必须依法对开发利用方案进行严格审查，凡不符合国家规划、产业政策和技术规范以及开采回采率低、矿产资源不能合理利用、不符合安全生产条件、不提交环境影响评价报告和地质灾害危险性评估报告批复文件的，一律不予批准。设计单位要严格按照国家规定的技术规范编制开发利用方案或设计，有关主管部门要加强监管。

（六）建立矿产资源开发监管责任体系。国土资源等有关部门要依据法律法规，进一步完善探矿权和采矿权审批、项目核准、生产许可、安全许可、环评审查、企业设立等各项矿产资源开发的管理制度，切实加强对矿产资源开发各个环节的监管并承担相应责任。要充分发挥执法监察队伍和矿产督察员队伍的作用，建立监管责任体系。要强化市、县国土资源管理部门监管职能，加强监管力量，实行任务到矿，责任到人，维护矿产资源勘查、开采正常秩序。要积极探索对储量进行动态监管的有效办法，严格矿产资源开发利用方案执行情况的检查，完善年度报告制度，切实提高矿产资源开发利用水平。

五、加强领导，确保整顿和规范矿产资源开发秩序工作顺利进行

整顿和规范矿产资源开发秩序工作时间紧、涉及面广，任务十分艰巨。各地区和有关部门要高度重视，切实加强领导。国土资源部、发展改革委要会同公安部、监察部、财政部、商务部、工商总局、环保总局、安全监管总局等部门建立部际联席会议制度，研究解决整顿和规范工作中的重大问题，指导全国整顿和规范矿产资源开发秩序工作。联席会议的日常工作由国土资源部承担。各省、自治区、直辖市人民政府是整顿和规范矿产资源开发秩序的责任主体，要将维护正常的矿产资源开发秩序纳入政府工作目标，并成立领导小组，明确责任，协调行动，联合执法，统一组织实施本行政区域内整顿和规范矿产资源开发秩序工作。

要按照统一部署、依法推进、突出重点、分步实施的原则，开展整顿和规范矿产资源开发秩序的各项工作，做到进度服从质量。整顿和规范工作大致分为两个阶段：第一阶段，自本通知下发之日起至2006年底，基本完成整顿的主要任务，同时开展相关的规范工作；第二阶段，从2007年年初至当年底，要全面完成本通知提出的各项任务。各地要建立整顿和规范工作目标责任制，一级抓一级，层层抓落实。对整顿工作不力、未完成整顿和规范任务的，要追究有关领导的责任。

各地区要在整顿和规范矿产资源开发秩序任务完成后，按照本通知的要求，分阶段认真做好检查验收工作，并向国务院作出报告。国土资源部、发展改革委要会同有关部门对全国整顿和规范矿产资源开发秩序工作进行检查验收。对整顿和规范工作中出现的重大问题，各地区和有关部门要及时向国务院报告。

国务院

二〇〇五年八月十八日

国务院关于加强土地调控有关问题的通知

（国发〔2006〕31 号）

各省、自治区、直辖市人民政府，国务院各部委、各直属机构：

党中央、国务院高度重视土地管理和调控。2004 年印发的《国务院关于深化改革严格土地管理的决定》（国发〔2004〕28 号），在严格土地执法、加强规划管理、保障农民权益、促进集约用地、健全责任制度等方面，作出了全面系统的规定。各地区、各部门采取措施，积极落实，取得了初步成效。但是，当前土地管理特别是土地调控中出现了一些新动向、新问题，建设用地总量增长过快，低成本工业用地过度扩张，违法违规用地、滥占耕地现象屡禁不止，严把土地“闸门”任务仍然十分艰巨。为进一步贯彻落实科学发展观，保证经济社会可持续发展，必须采取更严格的管理措施，切实加强土地调控。现就有关问题通知如下：

一、进一步明确土地管理和耕地保护的责任

地方各级人民政府主要负责人应对本行政区域内耕地保有量和基本农田保护面积、土地利用总体规划和年度计划执行情况负总责。将新增建设用地控制指标（包括占用农用地和未利用地）纳入土地利用年度计划，以实际耕地保有量和新增建设用地面积，作为土地利用年度计划考核、土地管理和耕地保护责任目标考核的依据；实际用地超过计划的，扣减下一年度相应的计划指标。国土资源部要加强对各地实际建设用地和土地征收情况的核查。

按照权责一致的原则，调整城市建设用地审批方式。在土地利用总体规划确定的城市建设用地范围内，依法由国务院分批次审批的农用地转用和土地征收，调整为每年由省级人民政府汇总后一次申报，经国土资源部审核，报国务院批准后由省级人民政府具体组织实施，实施方案报国土资源部备案。

严格实行问责制。对本行政区域内发生土地违法违规案件造成严重后果的，对土地违法违规行为不制止、不组织查处的，对土地违法违规问题隐瞒不报、压案不查的，应当追究有关地方人民政府负责人的领导责任。监察部、国土资源部要抓紧完善土地违法违规领导责任追究办法。

二、切实保障被征地农民的长远生计

征地补偿安置必须以确保被征地农民原有生活水平不降低、长远生计有保障为原则。各地要认真落实国办发〔2006〕29 号文件的规定，做好被征地农民就业

培训和社会保障工作。被征地农民的社会保障费用，按有关规定纳入征地补偿安置费用，不足部分由当地政府从国有土地有偿使用收入中解决。社会保障费用不落实的不得批准征地。

三、规范土地出让收支管理

国有土地使用权出让总价款全额纳入地方预算，缴入地方国库，实行“收支两条线”管理。土地出让总价款必须首先按规定足额安排支付土地补偿费、安置补助费、地上附着物和青苗补偿费、拆迁补偿费以及补助被征地农民社会保障所需资金的不足，其余资金应逐步提高用于农业土地开发和农村基础设施建设的比重，以及用于廉租住房建设和完善国有土地使用功能的配套设施建设。

四、调整建设用地有关税费政策

提高新增建设用地土地有偿使用费缴纳标准。新增建设用地土地有偿使用费缴纳范围，以当地实际新增建设用地面积为准。新增建设用地土地有偿使用费专项用于基本农田建设和保护、土地整理、耕地开发。对违规减免和欠缴的新增建设用地土地有偿使用费，要进行清理，限期追缴。其中，国发〔2004〕28号文件下发后减免和欠缴的，要在今年年底前全额清缴；逾期未缴的，暂不办理用地审批。财政部会同国土资源部要抓紧制订新增建设用地土地有偿使用费缴纳标准和适时调整的具体办法，并进一步改进和完善新增建设用地土地有偿使用费的分配使用管理。

提高城镇土地使用税和耕地占用税征收标准，财政部、税务总局会同国土资源部、法制办要抓紧制订具体办法。财税部门要加强税收征管，严格控制减免税。

五、建立工业用地出让最低价标准统一公布制度

国家根据土地等级、区域土地利用政策等，统一制订并公布各地工业用地出让最低价标准。工业用地出让最低价标准不得低于土地取得成本、土地前期开发成本和按规定收取的相关费用之和。工业用地必须采用招标拍卖挂牌方式出让，其出让价格不得低于公布的最低价标准。低于最低价标准出让土地，或以各种形式给予补贴或返还的，属非法低价出让国有土地使用权的行为，要依法追究有关人员的法律责任。

六、禁止擅自将农用地转为建设用地

农用地转为建设用地，必须符合土地利用总体规划、城市总体规划、村庄和集镇规划，纳入年度土地利用计划，并依法办理农用地转用审批手续。禁止通过“以租代征”等方式使用农民集体所有农用地进行非农业建设，擅自扩大建设用地规模。农民集体所有建设用地使用权流转，必须符合规划并严格限定在依法取得的建设用地范围内。未依法办理农用地转用审批，国家机关工作人员批准通过“以租代征”

等方式占地建设的，属非法批地行为；单位和个人擅自通过“以租代征”等方式占地建设的，属非法占地行为，要依法追究有关人员的法律责任。

七、强化对土地管理行为的监督检查

国家土地督察机构要认真履行国务院赋予的职责，加强对地方人民政府土地管理行为的监督检查。对监督检查中发现的违法违规问题，要及时提出纠正或整改意见。对纠正整改不力的，依照有关规定责令限期纠正整改。纠正整改期间，暂停该地区农用地转用和土地征收。

国土资源管理部门及其工作人员要严格执行国家土地管理的法律法规和方针政策，依法行政，对土地利用情况的真实性和合法性负责。凡玩忽职守、滥用职权、徇私舞弊、不执行和不遵守土地管理法律法规的，依照有关法律法规追究有关领导和人员的责任。

八、严肃惩处土地违法违规行为

国家机关工作人员非法批准征收、占用土地，或者非法低价出让国有土地使用权，触犯刑律的，依法追究刑事责任。对不执行国家土地调控政策、超计划批地用地、未按期缴纳新增建设用地土地有偿使用费及其他规定税费、未按期足额支付征地补偿安置费而征占土地，以及通过调整土地利用总体规划擅自改变基本农田位置，以规避建设占用基本农田应依法上报国务院审批的，要追究有关人员的行政责任。

完善土地违法案件的查处协调机制，加大对土地违法违规行为的查处力度。监察部要会同国土资源部等有关部门，在近期集中开展一次以查处非法批地、未批先用、批少用多、非法低价出让国有土地使用权等行为为重点的专项行动。对重大土地违法违规案件要公开处理，涉嫌犯罪的，要移送司法机关依法追究刑事责任。

各地区、各部门要以邓小平理论和“三个代表”重要思想为指导，全面落实科学发展观，充分认识实行最严格土地管理制度的重要性，认真贯彻、坚决执行中央关于加强土地调控的各项措施。各地区要结合执行本通知，对国发〔2004〕28号文件实施以来的土地管理和利用情况进行全面自查，对清查出的土地违法违规行为必须严肃处理。发展改革委、监察部、财政部、劳动保障部、国土资源部、建设部、农业部、人民银行、税务总局、统计局、法制办等部门要各司其职、密切配合，尽快制定本通知实施的配套文件，共同做好加强土地调控的各项工作。国土资源部要会同监察部等有关部门做好对本通知贯彻执行情况的监督检查。各地区、各部门要在2006年年底前将贯彻执行本通知的情况向国务院报告。

国务院

二〇〇六年八月三十一日

国务院办公厅关于规范国有土地使用权出让收支管理的通知

（国办发〔2006〕100 号）

各省、自治区、直辖市人民政府，国务院各部委、各直属机构：

我国是一个人多地少的发展中国家，加强土地管理，严格保护耕地，推进土地节约集约利用，始终是我国现代化建设中的一个全局性、战略性问题。将土地出让收支纳入地方预算，实行“收支两条线”管理，是落实科学发展观，构建社会主义和谐社会，加强土地调控的一项重要举措。根据《国民经济和社会发展第十一个五年规划纲要》、《国务院关于深化改革严格土地管理的决定》（国发〔2004〕28 号）以及《国务院关于加强土地调控有关问题的通知》（国发〔2006〕31 号）的规定，经国务院同意，现就有关事项通知如下：

一、明确国有土地使用权出让收入范围，加强国有土地使用权出让收入征收管理

国有土地使用权出让收入（以下简称土地出让收入）是政府以出让等方式配置国有土地使用权取得的全部土地价款，包括受让人支付的征地和拆迁补偿费用、土地前期开发费用和土地出让收益等。土地价款的具体范围包括：以招标、拍卖、挂牌和协议方式出让国有土地使用权所确定的总成交价款；转让划拨国有土地使用权或依法利用原划拨土地进行经营性建设应当补缴的土地价款；变现处置抵押划拨国有土地使用权应当补缴的土地价款；转让房改房、经济适用住房按照规定应当补缴的土地价款；改变出让国有土地使用权的土地用途、容积率等土地使用条件应当补缴的土地价款，以及其他和国有土地使用权出让或变更有关的收入等。按照土地出让合同规定依法向受让人收取的定金、保证金和预付款，在土地出让合同生效后可以抵作土地价款。

国土资源管理部门依法出租国有土地向承租者收取的土地租金收入；出租划拨土地上的房屋应当上缴的土地收益；土地使用者以划拨方式取得国有土地使用权，依法向市、县人民政府缴纳的土地补偿费、安置补助费、地上附着物和青苗补偿费、拆迁补偿费等费用（不含征地管理费），一并纳入土地出让收入管理。

土地出让收入由财政部门负责征收管理，可由国土资源管理部门负责具体征收。国土资源管理部门和财政部门应当督促土地使用者严格履行土地出让合同，确保将

应缴的土地出让收入及时足额缴入地方国库。地方国库负责办理土地出让收入的收纳、划分、留解和拨付等各项业务，确保土地出让收支数据准确无误。对未按照合同约定足额缴纳土地出让收入，并提供有效缴款凭证的，国土资源管理部门不予核发国有土地使用证。要完善制度规定，对违规核发国有土地使用证的，收回土地使用证，并依照有关法律法规追究有关领导和人员的责任。已经实施政府非税收入收缴管理制度改革的地方，土地出让收入纳入政府非税收入收缴管理制度改革范围，统一收缴票据，规范收缴程序，提高收缴效率。任何地区、部门和单位都不得以“招商引资”、“旧城改造”、“国有企业改制”等各种名义减免土地出让收入，实行“零地价”，甚至“负地价”，或者以土地换项目、先征后返、补贴等形式变相减免土地出让收入。

二、将土地出让收支全额纳入预算，实行“收支两条线”管理

从2007年1月1日起，土地出让收支全额纳入地方基金预算管理。收入全部缴入地方国库，支出一律通过地方基金预算从土地出让收入中予以安排，实行彻底的“收支两条线”。在地方国库中设立专账，专门核算土地出让收入和支出情况。

建立健全年度土地出让收支预决算管理制度。每年第三季度，有关部门要严格按照财政部门规定编制下一年度土地出让收支预算；每年年度终了，有关部门要严格按照财政部门规定编制土地出让收支决算。同时，按照规定程序向同级人民政府报告，政府依法向同级人民代表大会报告。编制年度土地出让收支预算要坚持“以收定支、收支平衡”的原则。土地出让收入预算按照上年土地出让收入情况、年度土地供应计划、地价水平等因素编制；土地出让支出预算根据预计年度土地出让收入情况，按照年度土地征收计划、拆迁计划以及规定的用途、支出范围和支出标准等因素编制；其中，属于政府采购范围的，应当按照规定编制政府采购预算。

三、规范土地出让收入使用范围，重点向新农村建设倾斜

土地出让收入使用范围：

（一）征地和拆迁补偿支出。包括土地补偿费、安置补助费、地上附着物和青苗补偿费、拆迁补偿费。

（二）土地开发支出。包括前期土地开发性支出以及按照财政部门规定与前期土地开发相关的费用等。

（三）支农支出。包括计提农业土地开发资金、补助被征地农民社会保障支出、保持被征地农民原有生活水平补贴支出以及农村基础设施建设支出。

（四）城市建设支出。包括完善国有土地使用功能的配套设施建设支出以及城市基础设施建设支出。

（五）其他支出。包括土地出让业务费、缴纳新增建设用地土地有偿使用费、计

提国有土地收益基金、城镇廉租住房保障支出、支付破产或改制国有企业职工安置费支出等。

土地出让收入的使用要确保足额支付征地和拆迁补偿费、补助被征地农民社会保障支出、保持被征地农民原有生活水平补贴支出，严格按照有关规定将被征地农民的社会保障费用纳入征地补偿安置费用，切实保障被征地农民和被拆迁居民的合法利益。土地出让收入的使用要重点向新农村建设倾斜，逐步提高用于农业土地开发和农村基础设施建设的比重。用于农村基础设施建设的资金，要重点安排农村饮水、沼气、道路、环境、卫生、教育以及文化等基础设施建设项目，逐步改善农民的生产、生活条件和居住环境，努力提高农民的生活质量和水平。土地前期开发要积极引入市场机制、严格控制支出，通过政府采购招投标方式选择评估、拆迁、工程施工、监理等单位，努力降低开发成本。城市建设支出和其他支出要严格按照批准的预算执行。编制政府采购预算的，应严格按照政府采购的有关规定执行。

为加强土地调控，由财政部门从缴入地方国库的土地出让收入中，划出一定比例资金，用于建立国有土地收益基金，实行分账核算，具体比例由省、自治区、直辖市及计划单列市人民政府确定，并报送财政部和国土资源部备案。国有土地收益基金主要用于土地收购储备。

四、切实保障被征地农民和被拆迁居民利益，建立被征地农民生活保障的长效机制

各地在征地过程中，要认真执行国发〔2004〕28号和国发〔2006〕31号文件中有关征地补偿费的规定，切实保障被征地农民利益。各省、自治区、直辖市要尽快制订并公布各市县征地的统一年产值标准或区片综合地价，依法提高征地补偿标准。出让城市国有土地使用权过程中，要严格依照《城市房屋拆迁管理条例》（国务院令第305号）、有关法律法规和省、自治区、直辖市及计划单列市有关规定支付相关补偿费用，有效保障被拆迁居民、搬迁企业及其职工的合法权益。

建立对被征地农民发放土地补偿费、安置补助费以及地上附着物和青苗补偿费的公示制度，改革对被征地农民征地补偿费的发放方式。有条件的地方，土地补偿费、安置补助费以及地上附着物和青苗补偿费等相关费用中应当支付给被征地农民的部分，可以根据征地补偿方案，由集体经济组织提供具体名单，通过发放记名银行卡或者存折方式直接发放给被征地农民，减少中间环节，防止被截留、挤占和挪用，切实保障被征地农民利益。

被征地农民参加有关社会保障所需的个人缴费，可以从其所得的土地补偿费、安置补助费中直接缴纳。地方人民政府可以从土地出让收入中安排一部分资金用于补助被征地农民社会保障支出，逐步建立被征地农民生活保障的长效机制。

五、加强国有土地储备管理，建立土地储备资金财务会计核算制度

国土资源部、财政部要抓紧研究制订土地储备管理办法，对土地储备的目标、原则、范围、方式和期限等作出统一规定，防止各地盲目储备土地。要合理控制土地储备规模，降低土地储备成本。土地储备实行项目预决算管理，国土资源管理部门应当于每年第三季度根据年度土地储备计划，编制下一年度土地储备资金收支预算，报财政部门审核；每年年度终了，要按照规定向财政部门报送土地储备资金收支决算。财政部要会同国土资源部抓紧研究制订土地储备资金财务管理办法、会计核算办法，建立健全土地储备成本核算制度。财政部门要加强对土地储备资金使用的监督管理，规范运行机制，严禁挤占、挪用土地储备资金。

六、加强部门间协作与配合，建立土地出让收支信息共享制度

国土资源管理部门与财政部门要加强协作，建立国有土地出让、储备及收支信息共享制度。国土资源管理部门应当将年度土地供应计划、年度土地储备计划以及签订的国有土地出让合同中有关土地出让总价款、约定的缴款时间等相关资料及时抄送财政部门，财政部门应当及时将土地出让收支情况反馈给国土资源管理部门。

财政部门、国土资源管理部门要与地方国库建立土地出让收入定期对账制度，对应缴国库、已缴国库和欠缴国库的土地出让收入数额进行定期核对，确保有关数据准确无误。

财政部门要会同国土资源管理部门、人民银行机构建立健全年度土地出让收支统计报表以及分季收支统计明细报表体系，统一土地出让收支统计口径，确保土地出让收支统计数据及时、准确、真实，为加强土地出让收支管理提供必要的基础数据。土地出让收支统计报表体系由财政部会同国土资源部、人民银行研究制订。

七、强化土地出让收支监督管理，防止国有土地资产收益流失

财政部门、国土资源管理部门、人民银行机构以及审计机关要建立健全对土地出让收支情况的定期和不定期监督检查制度，强化对土地出让收支的监督管理，确保土地出让收入及时足额上缴国库，支出严格按照财政预算管理的规定执行。

土地出让合同、征地协议等应约定对土地使用者不按时足额缴纳土地出让收入的，按日加收违约金额1‰的违约金。违约金随同土地出让收入一并缴入地方国库。对违反本通知规定，擅自减免、截留、挤占、挪用应缴国库的土地出让收入，不执行国家统一规定的会计、政府采购等制度的，要严格按照土地管理法、会计法、审计法、政府采购法、《财政违法行为处罚处分条例》（国务院令第427号）和《金融违法行为处罚办法》（国务院令第260号）等有关法律法规进行处理，并依法追究有

关责任人的责任；触犯刑法的，依法追究有关人员的刑事责任。

规范土地出让收支管理，不仅有利于促进节约集约用地，而且有利于促进经济社会可持续发展，对于保持社会稳定，推进社会主义和谐社会建设，以及加强党风廉政建设都具有十分重要的意义。各地区、各部门必须高度重视，坚决把思想统一到党中央、国务院决策部署上来，采取积极有效措施，确保规范土地出让收支管理政策的贯彻落实。

国务院办公厅

二〇〇六年十二月十七日

国务院办公厅关于严格执行有关农村集体建设用地法律和政策的通知

（国办发〔2007〕71号）

各省、自治区、直辖市人民政府，国务院各部委、各直属机构：

近年来，党中央、国务院连续下发严格土地管理、加强土地调控的政策文件，有力地促进了各地区、各部门贯彻落实科学发展观，坚决执行宏观调控政策。但是，一些地方仍存在违反农村集体建设用地管理的法律和政策规定，将农用地转为建设用地，非法批准建设用地等问题，并且有蔓延上升之势。为严格执行有关农村集体建设用地法律和政策，坚决遏制并依法纠正乱占农用地进行非农业建设，经国务院同意，现就有关问题通知如下：

一、严格执行土地用途管制制度

土地利用涉及全民族的根本利益，必须服从国家的统一管理。我国人多地少，为保证经济社会可持续发展，必须实行最严格的土地管理制度。土地用途管制制度是最严格土地管理制度的核心。但是，一些地方在土地利用中没有严格执行土地用途管制制度，未经依法批准，擅自将农用地转为建设用地。《中华人民共和国土地管理法》规定："国家实行土地用途管制制度"，"使用土地的单位和个人必须严格按照土地利用总体规划确定的用途使用土地"。违反土地利用总体规划和不依法经过批准改变土地用途都是违法行为。任何涉及土地管理制度的试验和探索，都不能违反国家的土地用途管制制度。地方各级人民政府既要加强土地征收或征用管理，更要重点加强土地用途管制。

二、严格规范使用农民集体所有土地进行建设

当前一些地方在使用农民集体所有土地进行建设的过程中，擅自扩大农民集体所有土地的使用范围，违法提供建设用地的问题比较严重。《中华人民共和国土地管理法》规定，乡镇企业、乡（镇）村公共设施和公益事业建设、农村村民住宅等三类乡（镇）村建设可以使用农民集体所有土地。对这三类用地的范围，法律和政策都有准确界定，必须严格执行。按照《中华人民共和国乡镇企业法》规定，乡镇企业必须是农村集体经济组织或者农民投资为主，在乡镇（包括所辖村）举办的承担支援农业义务的企业。要严禁以兴办"乡镇企业"、"乡（镇）村公共设施和公益事业建设"为名，非法占用（租用）农民集体所有土地进行非农业建设。

按照《中华人民共和国土地管理法》等法律法规的规定，任何建设需要将农用地和未利用地转为建设用地的，都必须依法经过批准。兴办乡镇企业、乡（镇）村公共设施和公益事业建设、村民建住宅需要使用本集体经济组织农民集体所有土地的，必须符合乡（镇）土地利用总体规划和镇规划、乡规划、村庄规划（以下简称乡（镇）、村规划），纳入土地利用年度计划，并依法办理规划建设许可及农用地转用和建设项目用地审批手续。农村集体经济组织使用乡（镇）土地利用总体规划确定的建设用地，兴办企业或与其他单位、个人以土地使用权入股、联营等形式共同兴办企业的，必须符合土地利用总体规划和乡（镇）、村规划，并纳入建设用地年度计划管理；涉及占用农用地的，必须先依法办理农用地转用审批手续，用地规模必须符合有关企业用地标准。

农村住宅用地只能分配给本村村民，城镇居民不得到农村购买宅基地、农民住宅或"小产权房"。单位和个人不得非法租用、占用农民集体所有土地搞房地产开发。农村村民一户只能拥有一处宅基地，其面积不得超过省、自治区、直辖市规定的标准。农村村民出卖、出租住房后，再申请宅基地的，不予批准。

其他任何单位和个人进行非农业建设，需要使用土地的，必须依法申请使用国有土地。不符合土地利用总体规划和乡（镇）、村规划，没有土地利用年度计划指标的，不得批准用地。任何单位和个人不得自行与农村集体经济组织或个人签订协议将农用地和未利用地转为建设用地。非法占用耕地改作他用，数量较大，造成耕地大量毁坏的，要依法追究刑事责任。

三、严格控制农村集体建设用地规模

一些地方借农民集体所有建设用地使用权流转、土地整理折抵和城乡建设用地增减挂钩等名义，擅自扩大建设用地的规模。地方各级人民政府要依据土地利用总体规划和乡（镇）、村规划，对农村集体建设用地实行总量控制。严禁以各种名义，擅自扩大农村集体建设用地规模，以及通过"村改居"等方式，非法将农民集体所有土地转为国有土地。

严格控制农民集体所有建设用地使用权流转范围。农民集体所有的土地使用权不得出让、转让或者出租用于非农业建设。符合土地利用总体规划并依法取得建设用地的企业发生破产、兼并等情形时，所涉及的农民集体所有建设用地使用权方可依法转移。其他农民集体所有建设用地使用权流转，必须是符合规划、依法取得的建设用地，并不得用于商品住宅开发。

依照《中华人民共和国土地管理法实施条例》，土地整理新增耕地面积只能折抵用于建设占用耕地的补偿，不得折抵为建设用地指标，扩大建设用地规模。城乡建设用地增减挂钩试点，必须严格控制在国家已经批准的试点范围内。试点必须符合土地利用总体规划、城市规划和乡（镇）、村规划，必须确保城乡建设用地总量不增加，农用地和耕地面积不减少。不得以试点为名违背农民意愿大拆大建、强制搬迁，侵害农民权益。

四、严格禁止和严肃查处“以租代征”转用农用地的违法违规行为

近年来，一些地方出现了违反土地利用总体规划和土地利用年度计划，规避农用地转用和土地征收审批，通过出租（承租）、承包等“以租代征”方式非法使用农民集体所有土地进行非农业项目建设的行为。对此，必须严格禁止，并予以严肃查处。国土资源管理部门要对“以租代征”的违法违规问题进行全面清查，并严格依法依纪处理。严肃追究瞒案不报、压案不查的责任。严肃处理以罚代法、处罚不到位的行为。国家机关工作人员批准“以租代征”占地建设的，要追究其非法批地的法律责任，涉嫌犯罪的要及时移送司法机关依法处理；应给予政纪处分的，依据《行政机关公务员处分条例》等规定办理。单位和个人擅自通过“以租代征”占地建设的，要追究其非法占地的法律责任，涉嫌犯罪的要及时移送司法机关依法处理。对纠正、整改土地违法违规行为不力的地区和土地违法违规行为大量发生、造成严重后果的地区，实行问责制，由国家土地总督察责令限期整改，限期整改期间暂停该地区农用地转用和土地征收审批。

五、严格土地执法监管

国土资源部要会同发展改革、监察、农业、建设等部门，依据土地管理的法律法规和有关规定，严格土地执法监管，坚决制止乱占农用地进行非农业建设的违法违规行为。各有关部门要依据本部门职责，切实加强监管，形成执法合力。对未取得合法用地手续的建设项目，发展改革部门不得办理项目审批、核准手续，规划部门不得办理建设规划许可，建设部门不得发放施工许可证，电力和市政公用企业不得通电、通水、通气，国土资源管理部门不得受理土地登记申请，房产部门不得办理房屋所有权登记手续，金融机构不得发放贷款。未依法办理农用地转用审批手续占用农用地设立企业的，工商部门不得登记。同时，国土资源部要会同有关部门，根据农村经济社会发展变化的新情况，深入研究在依照土地利用总体规划、加强用途管制的前提下，完善对乡镇企业、农民住宅等农村集体建设用地管理和流转的政策措施。

地方各级人民政府及其国土资源管理部门要采用通俗易懂的方式，广泛深入地开展土地管理法律法规特别是农村集体建设用地管理法律法规的宣传教育和培训，使乡（镇）村干部、农民和城镇居民、企业法人真正知晓并且自觉遵守土地管理法律法规的规定。

各地区、各部门特别是主要领导干部，要充分认识制止乱占农用地进行非农业建设的重要性和紧迫性，增强责任感和紧迫感，把思想统一到贯彻落实科学发展观和中央宏观调控政策的要求上来，从实际出发，加强领导，制订有力措施，认真清理查处农民集体所有土地使用中的违法违规问题，严格控制建设用地供应总量，建

立严格的管理制度和长效机制，坚决刹住乱占滥用农用地之风。

各省、自治区、直辖市人民政府和国务院各有关部门要于2008年3月底前，将贯彻执行本通知的情况，向国务院专题报告。

国务院办公厅

二〇〇七年十二月三十日

国务院关于促进节约集约用地的通知

（国发〔2008〕3号）

各省、自治区、直辖市人民政府，国务院各部委、各直属机构：

我国人多地少，耕地资源稀缺，当前又正处于工业化、城镇化快速发展时期，建设用地供需矛盾十分突出。切实保护耕地，大力促进节约集约用地，走出一条建设占地少、利用效率高的符合我国国情的土地利用新路子，是关系民族生存根基和国家长远利益的大计，是全面贯彻落实科学发展观的具体要求，是我国必须长期坚持的一条根本方针。现就有关问题通知如下：

一、按照节约集约用地原则，审查调整各类相关规划和用地标准

（一）强化土地利用总体规划的整体控制作用。各类与土地利用相关的规划要与土地利用总体规划相衔接，所确定的建设用地规模必须符合土地利用总体规划的安排，年度用地安排也必须控制在土地利用年度计划之内。不符合土地利用总体规划和年度计划安排的，必须及时调整和修改，核减用地规模。

（二）切实加强重大基础设施和基础产业的科学规划。要按照合理布局、经济可行、控制时序的原则，统筹协调各类交通、能源、水利等基础设施和基础产业建设规划，避免盲目投资、过度超前和低水平重复建设浪费土地资源。

（三）从严控制城市用地规模。城市规划要按照循序渐进、节约土地、集约发展、合理布局的原则，科学确定城市定位、功能目标和发展规模，增强城市综合承载能力。要按照节约集约用地的要求，加快城市规划相关技术标准的制定和修订。尽快出台新修订的人均用地、用地结构等城市规划控制标准，合理确定各项建设建筑密度、容积率、绿地率，严格按国家标准进行各项市政基础设施和生态绿化建设。严禁规划建设脱离实际需要的宽马路、大广场和绿化带。

（四）严格土地使用标准。要健全各类建设用地标准体系，抓紧编制公共设施和公益事业建设用地标准。要按照节约集约用地的原则，在满足功能和安全要求的前提下，重新审改现有各类工程项目建设用地标准。凡与土地使用标准不一致的建设标准和设计规范，要及时修订。要采取先进节地技术、降低路基高度、提高桥隧比例等措施，降低公路、铁路等基础设施工程用地和取弃土用地标准。建设项目设计、施工和建设用地审批必须严格执行用地标准，对超标准用地的，要核减用地面积。今后，各地区、各部门不得开展涉及用地标准并有悖于节约集约用地原则的达标评比活动，已经部署开展的相关活动要坚决停下来。

二、充分利用现有建设用地，大力提高建设用地利用效率

（五）开展建设用地普查评价。各地要在第二次土地调查的基础上，认真组织开展建设用地普查评价，对现有建设用地的开发利用和投入产出情况做出评估，并按照法律法规和政策规定，处理好建设用地开发利用中存在的问题。今后各项建设要优先开发利用空闲、废弃、闲置和低效利用的土地，努力提高建设用地利用效率。

（六）严格执行闲置土地处置政策。土地闲置满两年、依法应当无偿收回的，坚决无偿收回，重新安排使用；不符合法定收回条件的，也应采取改变用途、等价置换、安排临时使用、纳入政府储备等途径及时处置、充分利用。土地闲置满一年不满两年的，按出让或划拨土地价款的20%征收土地闲置费。对闲置土地特别是闲置房地产用地要征缴增值地价，国土资源部要会同有关部门抓紧研究制订具体办法。2008年6月底前，各省、自治区、直辖市人民政府要将闲置土地清理处置情况向国务院做出专题报告。

（七）积极引导使用未利用地和废弃地。国土资源部门要对适宜开发的未利用地做出规划，引导和鼓励将适宜建设的未利用地开发成建设用地。积极复垦利用废弃地，对因单位撤销、迁移等原因停止使用，以及经核准报废的公路、铁路、机场、矿场等使用的原划拨土地，应依法及时收回，重新安排使用；除可以继续划拨使用的以外，经依法批准由原土地使用者自行开发的，按市场价补缴土地价款。今后，要严格落实被损毁土地的复垦责任，在批准建设用地或发放采矿权许可证时，责任单位应依法及时足额缴纳土地复垦费。

（八）鼓励开发利用地上地下空间。对现有工业用地，在符合规划、不改变用途的前提下，提高土地利用率和增加容积率的，不再增收土地价款；对新增工业用地，要进一步提高工业用地控制指标，厂房建筑面积高于容积率控制指标的部分，不再增收土地价款。财政、税务部门要严格落实和完善鼓励节约集约用地的税收政策。国土资源部要会同有关部门，依照《中华人民共和国物权法》的有关规定，抓紧研究制订土地空间权利设定和登记的具体办法。

（九）鼓励开发区提高土地利用效率。国土资源部要研究建立土地利用状况、用地效益和土地管理绩效等评价指标体系，加快开发区土地节约集约利用评估工作。凡土地利用评估达到要求并通过国家审核公告的开发区，确需扩区的，可以申请整合依法依规设立的开发区，或者利用符合规划的现有建设用地扩区。对符合“布局集中、产业集聚、用地集约”要求的国家级开发区，优先安排建设用地指标。

三、充分发挥市场配置土地资源基础性作用，健全节约集约用地长效机制

（十）深入推进土地有偿使用制度改革。国土资源部要严格限定划拨用地范围，

及时调整划拨用地目录。今后除军事、社会保障性住房和特殊用地等可以继续以划拨方式取得土地外，对国家机关办公和交通、能源、水利等基础设施（产业）、城市基础设施以及各类社会事业用地要积极探索实行有偿使用，对其中的经营性用地先行实行有偿使用。其他建设用地应严格实行市场配置，有偿使用。要加强建设用地税收征管，抓紧研究各类建设用地的财税政策。

（十一）完善建设用地储备制度。储备建设用地必须符合规划、计划，并将现有未利用的建设用地优先纳入储备。储备土地出让前，应当处理好土地的产权、安置补偿等法律经济关系，完成必要的前期开发，缩短开发周期，防止形成新的闲置土地。土地前期开发要引入市场机制，按照有关规定，通过公开招标方式选择实施单位。经过前期开发的土地，依法由市、县人民政府国土资源部门统一组织出让。

（十二）合理确定出让土地的宗地规模。土地出让前要制订控制性详细规划和土地供应方案，明确容积率、绿地率和建筑密度等规划条件。规划条件一经确定，不得擅自调整。合理确定出让土地的宗地规模，督促及时开发利用，形成有效供给，确保节约集约利用每宗土地。未按合同约定缴清全部土地价款的，不得发放土地证书，也不得按土地价款缴纳比例分割发放土地证书。

（十三）严格落实工业和经营性用地招标拍卖挂牌出让制度。工业用地和商业、旅游、娱乐、商品住宅等经营性用地（包括配套的办公、科研、培训等用地），以及同一宗土地有两个以上意向用地者的，都必须实行招标拍卖挂牌等方式公开出让。国土资源部门要会同发展改革、城市规划、建设、水利、环保等部门制订工业用地招标拍卖挂牌出让计划，拟定出让地块的产业类型、项目建议、规划条件、环保要求等内容，作为工业用地出让的前置条件。工业和经营性用地出让必须以招标拍卖挂牌方式确定土地使用者和土地价格。严禁用地者与农村集体经济组织或个人签订协议圈占土地，通过补办用地手续规避招标拍卖挂牌出让。

（十四）强化用地合同管理。土地出让合同和划拨决定书要严格约定建设项目投资额、开竣工时间、规划条件、价款、违约责任等内容。对非经营性用地改变为经营性用地的，应当约定或明确政府可以收回土地使用权，重新依法出让。

（十五）优化住宅用地结构。合理安排住宅用地，继续停止别墅类房地产开发项目的土地供应。供应住宅用地要将最低容积率限制、单位土地面积的住房建设套数和住宅建设套型等规划条件写入土地出让合同或划拨决定书，确保不低于70%的住宅用地用于廉租房、经济适用房、限价房和90平方米以下中小套型普通商品房的建设，防止大套型商品房多占土地。

四、强化农村土地管理，稳步推进农村集体建设用地节约集约利用

（十六）高度重视农村集体建设用地的规划管理。要按照统筹城乡发展、节约集约用地的原则，指导、督促编制好乡（镇）土地利用总体规划和镇规划、乡规划、

村庄规划，划定村镇发展和撤并复垦范围。利用农民集体所有土地进行非农建设，必须符合规划，纳入年度计划，并依法审批。严格禁止擅自将农用地转为建设用地，严格禁止“以租代征”将农用地转为非农业用地。

（十七）鼓励提高农村建设用地的利用效率。要在坚持尊重农民意愿、保障农民权益的原则下，依法盘活利用农村集体建设用地。按规划稳妥开展农村集体建设用地整理，改善农民生产生活条件。农民住宅建设要符合镇规划、乡规划和村庄规划，住宅建设用地要先行安排利用村内空闲地、闲置宅基地。对村民自愿腾退宅基地或符合宅基地申请条件购买空闲住宅的，当地政府可给予奖励或补助。

（十八）严格执行农村一户一宅政策。各地要结合本地实际完善人均住宅面积等相关标准，控制农民超用地标准建房，逐步清理历史遗留的一户多宅问题，坚决防止产生超面积占用宅基地和新的一户多宅现象。

五、加强监督检查，全面落实节约集约用地责任

（十九）建立健全土地市场动态监测制度。要对土地出让合同、划拨决定书的执行实施全程监管，及时向社会公开供地计划、结果及实际开发利用情况等动态信息。国土资源部门要对土地供应和开发利用情况进行定期评价分析，研究完善加强土地调控、促进节约集约用地的政策措施。

（二十）完善建设项目竣工验收制度。要将建设项目依法用地和履行土地出让合同、划拨决定书的情况，作为建设项目竣工验收的一项内容。没有国土资源部门的检查核验意见，或者检查核验不合格的，不得通过竣工验收。

（二十一）加强各类土地变化状况的监测。运用遥感等现代技术手段，做好年度土地变更调查，建立土地利用现状数据库，全面掌握各类土地变化状况。国家每年选择若干个省级行政区，进行全行政区域的土地利用状况监测。重点监测各地新增建设用地、耕地减少和违法用地等情况，监测结果要向社会公开。

（二十二）加强对节约集约用地工作的监管。国土资源部要会同监察部等有关部门持续开展用地情况的执法检查，重点查处严重破坏、浪费、闲置土地资源的违法违规案件，依法依纪追究有关人员的责任。要将企业违法用地、闲置土地等信息纳入有关部门信用信息基础数据库。金融机构对房地产项目超过土地出让合同约定的动工开发日期满一年，完成土地开发面积不足1/3或投资不足1/4的企业，应审慎贷款和核准融资，从严控制展期贷款或滚动授信；对违法用地项目不得提供贷款和上市融资，违规提供贷款和核准融资的，要追究相关责任人的责任。

（二十三）建立节约集约用地考核制度。制定单位GDP和固定资产投资规模增长的新增建设用地消耗考核办法。实行上一级人民政府对下一级人民政府分级考核，考核结果由国土资源部门定期公布，作为下达土地利用年度计划的依据。

各地区、各部门要充分认识节约集约用地的重要性和紧迫性，增强节约集约用

地的责任感，切实转变用地观念，转变经济发展方式，调整优化经济结构，将节约集约用地的要求落实在政府决策中，落实到各项建设中，科学规划用地，着力内涵挖潜，以节约集约用地的实际行动全面落实科学发展观，实现经济社会的可持续发展。

国务院

二〇〇八年一月三日

中共中央办公厅、国务院办公厅印发《关于实行党政领导干部问责的暂行规定》的通知

（中办发〔2009〕25号）

《关于实行党政领导干部问责的暂行规定》（以下简称《暂行规定》）已经党中央、国务院同意，现印发给你们，请认真贯彻执行。

《暂行规定》的颁布实施，是加强反腐倡廉法规制度建设、完善领导干部行为规范的重要举措，对于加强党政领导干部的管理和监督，增强党政领导干部的责任意识，更好地贯彻落实科学发展观，不断提高党的执政能力和执政水平，具有重要意义。

各级党政领导干部要认真践行全心全意为人民服务的宗旨，以对党和国家高度负责、对人民群众高度负责的精神，切实履行党和人民赋予的职责，兢兢业业完成好各项工作任务。各级党委和政府要依照《暂行规定》严肃问责，充分发挥问责在党风廉政建设中的积极作用。

各地区各部门在执行《暂行规定》过程中的情况和建议，要及时报告中央。

中共中央办公厅

国务院办公厅

二〇〇九年六月三十日

关于实行党政领导干部问责的暂行规定

第一章 总 则

第一条 为加强对党政领导干部的管理和监督，增强党政领导干部的责任意识和大局意识，促进深入贯彻落实科学发展观，提高党的执政能力和执政水平，根据《中国共产党章程》、《党政领导干部选拔任用工作条例》等党内法规和《中华人民共和国行政监察法》、《中华人民共和国公务员法》等国家法律法规，制定本规定。

第二条 本规定适用于中共中央、国务院的工作部门及其内设机构的领导成员；县级以上地方各级党委、政府及其工作部门的领导成员，上列工作部门内设机构的领导成员。

第三条 对党政领导干部实行问责，坚持严格要求、实事求是，权责一致、惩教结合，依靠群众、依法有序的原则。

第四条 党政领导干部受到问责，同时需要追究纪律责任的，依照有关规定给予党纪政纪处分；涉嫌犯罪的，移送司法机关依法处理。

第二章 问责的情形、方式及适用

第五条 有下列情形之一的，对党政领导干部实行问责：

（一）决策严重失误，造成重大损失或者恶劣影响的；

（二）因工作失职，致使本地区、本部门、本系统或者本单位发生特别重大事故、事件、案件，或者在较短时间内连续发生重大事故、事件、案件，造成重大损失或者恶劣影响的；

（三）政府职能部门管理、监督不力，在其职责范围内发生特别重大事故、事件、案件，或者在较短时间内连续发生重大事故、事件、案件，造成重大损失或者恶劣影响的；

（四）在行政活动中滥用职权，强令、授意实施违法行政行为，或者不作为，引发群体性事件或者其他重大事件的；

（五）对群体性、突发性事件处置失当，导致事态恶化，造成恶劣影响的；

（六）违反干部选拔任用工作有关规定，导致用人失察、失误，造成恶劣影响的；

（七）其他给国家利益、人民生命财产、公共财产造成重大损失或者恶劣影响等失职行为的。

第六条 本地区、本部门、本系统或者本单位在贯彻落实党风廉政建设责任制方面出现问题的，按照《关于实行党风廉政建设责任制的规定》，追究党政领导干部的责任。

第七条 对党政领导干部实行问责的方式分为：责令公开道歉、停职检查、引咎辞职、责令辞职、免职。

第八条 党政领导干部具有本规定第五条所列情形，并且具有下列情节之一的，应当从重问责：

（一）干扰、阻碍问责调查的；

（二）弄虚作假、隐瞒事实真相的；

（三）对检举人、控告人打击、报复、陷害的；

（四）党内法规和国家法律法规规定的其他从重情节。

第九条 党政领导干部具有本规定第五条所列情形，并且具有下列情节之一的，可以从轻问责：

（一）主动采取措施，有效避免损失或者挽回影响的；

（二）积极配合问责调查，并且主动承担责任的。

第十条 受到问责的党政领导干部，取消当年年度考核评优和评选各类先进的资格。

引咎辞职、责令辞职、免职的党政领导干部，一年内不得重新担任与其原任职务相当的领导职务。

对引咎辞职、责令辞职、免职的党政领导干部，可以根据工作需要以及本人一贯表现、特长等情况，由党委（党组）、政府按照干部管理权限酌情安排适当岗位或者相应工作任务。

引咎辞职、责令辞职、免职的党政领导干部，一年后如果重新担任与其原任职务相当的领导职务，除应当按照干部管理权限履行审批手续外，还应当征求上一级党委组织部门的意见。

第三章 实行问责的程序

第十一条 对党政领导干部实行问责，按照干部管理权限进行。纪检监察机关、组织人事部门按照管理权限履行本规定中的有关职责。

第十二条 对党政领导干部实行问责，依照下列程序进行：

（一）对因检举、控告、处理重大事故事件、查办案件、审计或者其他方式发现的党政领导干部应当问责的线索，纪检监察机关按照权限和程序进行调查后，对需要实行问责的，按照干部管理权限向问责决定机关提出问责建议；

（二）对在干部监督工作中发现的党政领导干部应当问责的线索，组织人事部门按照权限和程序进行调查后，对需要实行问责的，按照干部管理权限向问责决定机关提出问责建议；

（三）问责决定机关可以根据纪检监察机关或者组织人事部门提出的问责建议作出问责决定；

（四）问责决定机关作出问责决定后，由组织人事部门办理相关事宜，或者由问责决定机关责成有关部门办理相关事宜。

第十三条 纪检监察机关、组织人事部门提出问责建议，应当同时向问责决定机关提供有关事实材料和情况说明，以及需要提供的其他材料。

第十四条 作出问责决定前，应当听取被问责的党政领导干部的陈述和申辩，并且记录在案；对其合理意见，应当予以采纳。

第十五条 对于事实清楚、不需要进行问责调查的，问责决定机关可以直接作出问责决定。

第十六条 问责决定机关按照干部管理权限对党政领导干部作出的问责决定，应当经领导班子集体讨论决定。

第十七条 对党政领导干部实行问责，应当制作《党政领导干部问责决定书》。《党政领导干部问责决定书》由负责调查的纪检监察机关或者组织人事部门代问责决定机关草拟。

《党政领导干部问责决定书》应当写明问责事实、问责依据、问责方式、批准机关、生效时间、当事人的申诉期限及受理机关等。作出责令公开道歉决定的，还应当写明公开道歉的方式、范围等。

第十八条　《党政领导干部问责决定书》应当送达被问责的党政领导干部本人及其所在单位。

问责决定机关作出问责决定后，应当派专人与被问责的党政领导干部谈话，做好其思想工作，督促其做好工作交接等后续工作。

第十九条　组织人事部门应当及时将被问责的党政领导干部的有关问责材料归入其个人档案，并且将执行情况报告问责决定机关，回复问责建议机关。

党政领导干部问责情况应当报上一级组织人事部门备案。

第二十条　问责决定一般应当向社会公开。

第二十一条　对经各级人民代表大会及其常务委员会选举或者决定任命的人员实行问责，按照有关法律规定的程序办理。

第二十二条　被问责的党政领导干部对问责决定不服的，可以自接到《党政领导干部问责决定书》之日起15日内，向问责决定机关提出书面申诉。问责决定机关接到书面申诉后，应当在30日内作出申诉处理决定。申诉处理决定应当以书面形式告知申诉人及其所在单位。

第二十三条　被问责的党政领导干部申诉期间，不停止问责决定的执行。

第四章　附　则

第二十四条　对乡（镇、街道）党政领导成员实行问责，适用本规定。

对县级以上党委、政府直属事业单位以及国有企业、国有金融企业领导人员实行问责，参照本规定执行。

第二十五条　本规定由中央纪委、中央组织部负责解释。

第二十六条　本规定自发布之日起施行。

国务院关于严格规范城乡建设用地增减挂钩试点切实做好农村土地整治工作的通知

（国发〔2010〕47号）

各省、自治区、直辖市人民政府，国务院各部委、各直属机构：

近年来，各地开展农村土地整治，有效促进了耕地保护；同时，一些地方在农村土地整治过程中，进行了将通过整治节约的少部分农村建设用地以指标调剂的方式按规划调整到城镇使用的政策探索，开展城乡建设用地增减挂钩试点（以下简称增减挂钩试点），对统筹城乡发展发挥了积极作用，但也出现了少数地方片面追求增加城镇建设用地指标、擅自开展增减挂钩试点和扩大试点范围、突破周转指标、违背农民意愿强拆强建等一些亟需规范的问题，侵害了农民权益，影响了土地管理秩序，必须采取有力措施，坚决予以纠正。为严格规范增减挂钩试点，切实做好农村土地整治工作，现就有关问题通知如下：

一、总体要求

（一）以促进农业现代化和城乡统筹发展为导向。要坚持最严格的耕地保护制度和最严格的节约用地制度，促进农业农村发展和农业现代化，促进新农村建设和城镇化发展；要增加耕地数量、提高耕地质量，促进农业产业结构调整，提高农业集约化水平；要优化城乡用地结构，加强农村基础设施和公共服务设施建设，提高节约集约用地水平，促进城乡统筹发展。

（二）以增加高产稳产基本农田和改善农村生产生活条件为目标。要按照有利生产、方便生活、改善环境的原则，以农田整治为重点，立足提高高产稳产基本农田比重，加快改善农村生产生活条件，促进农民增收、农业增效、农村发展。有条件的地区，通过农村土地整治示范建设，与散乱、废弃、闲置、低效利用的农村建设用地整治相结合，实施田水路林村综合整治，充分发挥其经济、社会、生态综合效益。

（三）以切实维护农民权益为出发点和落脚点。要始终把维护农民权益放在首位，充分尊重农民意愿，坚持群众自愿、因地制宜、量力而行、依法推动。要依法维护农民和农村集体经济组织的主体地位，依法保障农民的知情权、参与权和受益权。整治腾出的农村建设用地，首先要复垦为耕地，在优先满足农村各种发展建设用地后，经批准将节约的指标少量调剂给城镇使用的，其土地增值收益必须及时全部返还农村，切实做到农民自愿、农民参与、农民满意。

二、严格规范增减挂钩试点

（四）坚决扭转片面追求增加城镇建设用地指标的倾向。要依据土地利用总体规划，统筹安排农民新居、城镇发展等土地整治活动，合理设置建新、拆旧项目区，确保项目区内建设用地总量有减少、布局更合理，耕地面积有增加、质量有提高，实现以城带乡、以工补农，城乡统筹发展的目标。要坚决扭转在增减挂钩试点中重建新、轻拆旧、重城镇、轻农村单一解决城镇建设用地供需矛盾的倾向，坚决纠正少数地方突破土地利用年度计划控制、片面追求增加城镇建设用地指标等偏差，坚决制止实施过程中脱离发展实际、侵害群众利益等各类违法违规行为。

（五）坚决制止以各种名义擅自开展土地置换等行为。在推进农村新居建设和危房改造及小康示范村建设等工作中，凡涉及城乡建设用地调整使用的，必须纳入增减挂钩试点。必须坚持局部试点、封闭运行、规范管理、结果可控，未经批准不得擅自开展试点或扩大试点范围。严禁在试点之外，以各种名义开展城乡建设用地调整使用。严禁擅自开展建设用地置换、复垦土地周转等“搭车”行为，防止违规扩大城镇建设用地规模。

（六）严禁突破挂钩周转指标。各地要依据土地利用总体规划和农业生产、城乡建设、农田水利建设、林业保护利用和生态建设等有关要求，科学编制农村土地整治规划，合理安排增减挂钩试点的规模、布局和时序。试点必须符合土地利用总体规划和土地整治规划，纳入土地利用年度计划。所在省（区、市）要严格按照国家下达的挂钩周转指标，组织审批和实施试点项目，严禁突破挂钩周转指标设立挂钩项目区，严禁项目区跨县级行政区域设置，严禁循环使用周转指标。各试点地区要对挂钩周转指标的下达、使用和归还实行全程监管，严格考核，确保增减挂钩试点严格控制在周转指标内。

（七）严禁盲目大拆大建和强迫农民住高楼。要与地方经济社会发展水平和农业产业发展相适应，与城镇化进程和农村人口转移相协调，遵循城镇发展规律，区分城镇规划区内、城乡结合部、空心村和闲置宅基地等不同情况，因地制宜，量力而行，循序渐进。涉及农村拆迁安置的新居建设，要为农民提供多种建房选择，保持农村特色和风貌，保护具有历史文化和景观价值的传统建筑。要尊重农民意愿并考虑农民实际承受能力，防止不顾条件盲目推进、大拆大建。严禁在农村地区盲目建高楼、强迫农民住高楼。

（八）严禁侵害农民权益。开展增减挂钩试点，必须举行听证、论证，充分听取当地农村基层组织和农民的意见。涉及土地调整互换使用的，未征得农村集体组织和农民同意，不得强行开展增减挂钩试点。必须按照明晰产权、维护权益的原则，合理分配土地调整使用中的增值收益。要明确受益主体，规范收益用途，确保所获土地增值收益及时全部返还农村，用于支持农业农村发展和改善农民生产生活条件，防止农村和农民利益受到侵害。

三、切实做好农村土地整治工作

（九）大力推进以高产稳产基本农田建设为重点的农田整治。要按照因地制宜、改善条件、提高质量的要求，以提高高产稳产基本农田比重为目标，大力开展土地平整、田间道路建设、农田防护建设和农田水利建设。要依照耕地分等定级技术规范和标准，严格土地整治新增耕地质量评定和验收，有针对性地采取培肥地力等措施，稳步提升新增耕地产能，经整治的耕地要划定为基本农田，实行永久保护。要切实防止投入散、项目小、新增耕地质量偏低，以及重建设轻管护等问题。

（十）规范推进农村土地整治示范建设。要按照统筹规划、整合资源、整体推进的原则，以耕地面积增加、建设用地总量减少、农村生产生活条件和生态环境明显改善为目标，规范推进以田水路林村综合整治为内容的农村土地整治示范建设。未批准开展增减挂钩试点的地区，不得将农村土地整治节约的建设用地指标调剂给城镇使用。整治腾出的农村建设用地，首先要复垦为耕地，规划继续作为建设用地的可作为农民旧房改造、新居建设、农村基础设施和公共服务配套设施建设以及农村非农产业发展用地。严禁以整治为名，擅自突破土地利用总体规划和年度计划，扩大城镇建设用地规模。严禁在农村土地整治中，违法调整、收回和强迫流转农民承包地。

（十一）积极组织实施农村土地整治重大工程。要按照科学论证、集中投入、分步实施的要求，以提高粮食综合生产能力为目标，在保护生态环境的前提下，积极组织实施《全国土地利用总体规划纲要（2006—2020年）》、《全国新增1000亿斤粮食生产能力规划（2009—2020年）》确定的农村土地整治重大工程，促进国家粮食核心产区和战略后备产区建设，为确保国家粮食安全提供基础性保障。要切实加强配套工程建设，落实配套资金，强化工程监管，防止和纠正配套工程不到位、配套资金不落实等问题。

四、保障措施

（十二）加强组织领导。地方各级人民政府要高度重视，以统筹城乡发展、全面建设小康社会为目标，切实加强组织领导，形成地方政府主导、国土资源部门搭建平台、相关部门各司其职协调联动的工作机制。国土资源部要会同相关部门根据职能分工，落实责任，通力合作，准确把握工作要求，加强全程指导和有效监管，严格规范增减挂钩试点并切实做好农村土地整治工作。

（十三）强化资金整合和使用管理。各地要以新增建设用地土地有偿使用费、用于农业土地开发的土地出让收入、耕地开垦费和土地复垦费等资金为主体，引导和聚合相关涉农资金，保持渠道和用途不变，实行专账管理，统筹集中使用，切实提高各项资金综合使用效益。严格执行土地出让收益要优先用于农业土地开发和农村基础设施建设的规定，严格执行新增建设用地土地有偿使用费主要用于基本农田建设和保护、耕地开发和土地整理的规定，中央分成部分要重点支持农村土地整治重大工程和示范工程建设。要引导和规范民间资本参与增减挂钩试点和农村土地整治行为。

（十四）做好农村集体土地权属管理。各地区开展增减挂钩试点和农村土地整治，要按照确权在先的要求，对土地利用现状和权属状况进行调查、核实，做到地类和面积准确，界址和权属清楚。增减挂钩试点和农村土地整治涉及的土地，原则上应维持原有土地权属不变；对土地互换的，要引导相关权利人本着互利互惠的原则，平等协商解决，有争议的要依法做好调处工作。对权属有争议又调处不成的，不得开展增减挂钩试点和农村土地整治。增减挂钩试点和农村土地整治实施后，要依法及时办理土地确权、变更登记手续，发放土地权利证书及农村土地承包经营权证等，依法保障农民的土地权益。

（十五）严格监督管理。各级国土资源主管部门要结合国土资源综合监管平台建设，加强增减挂钩试点和农村土地整治项目管理信息化建设，实行全程监管；要完善增减挂钩试点和农村土地整治项目在线备案制度，对项目的批准和实施情况，实行网络直报备案，及时向社会公示，自觉接受社会公众监督；要做好增减挂钩试点和农村土地整治项目的可行性论证和立项工作，加强对项目实施的检查指导、评估考核以及项目实施后的验收等工作；要充分发挥国家土地督察和土地执法监察的作用，完善问题发现和查处机制，强化监督检查，及时纠正发现的问题。

（十六）严肃查处违法违规行为。地方各级人民政府近期要对增减挂钩试点和农村土地整治开展情况进行全面自查、清理。国土资源部要会同有关部门组织全面检查，对不符合政策规定的一律叫停，进行整顿、规范和限期整改，对违法违规行为要坚决查处。对未经批准擅自开展增减挂钩试点、超出试点范围开展增减挂钩和建设用地置换或擅自扩大挂钩周转指标规模的，要严肃追究有关地方人民政府负责人及相关人员的责任，并相应扣减土地利用年度计划指标。

各地区、各有关部门要牢固树立科学发展观和正确的政绩观，立足于维护好广大人民群众的根本利益，认真总结经验，及时研究解决工作中出现的新情况、新问题，确保增减挂钩试点和农村土地整治工作规范、健康、有序开展。

国务院

二〇一〇年十二月二十七日

国务院办公厅关于做好自然保护区管理有关工作的通知

（国办发〔2010〕63 号）

各省、自治区、直辖市人民政府，国务院各部委、各直属机构：

建立自然保护区是保护生态环境、自然资源的有效措施，是保护生物多样性、建设生态文明的重要载体，是加快转变经济发展方式、实现可持续发展的积极手段。多年来，自然保护区的建设和管理工作取得了显著成效。但是，随着工业化、城镇化的加速推进，保护与开发的矛盾日益突出，一些自然保护区频繁进行调整或被非法侵占，部分物种的栖息地受到威胁，生态环境遭到破坏，自然保护区发展面临的压力不断加大。为切实做好自然保护区管理工作，促进自然保护区事业健康发展，经国务院同意，现就有关问题通知如下：

一、科学规划自然保护区发展。定期开展全国生态环境和生物多样性状况调查和评价。并在各部门相关规划的基础上，统筹完善全国自然保护区发展规划。积极推进中东部地区自然保护区发展，在继续完善森林生态类型自然保护区布局的同时，将河湖、海洋和草原生态系统及地质遗迹、小种群物种的保护作为新建自然保护区的重点。按照自然地理单元和物种的天然分布对已建自然保护区进行整合，通过建立生态廊道，增强自然保护区间的联通性。对范围和功能分区尚不明确的自然保护区要进行核查和确认。设立其他类型保护区域，原则上不得与自然保护区范围交叉重叠；已经存在交叉重叠的，对交叉重叠区域要从严管理。

二、强化对自然保护区范围和功能区调整的管理。任何部门和单位不得擅自改变自然保护区的性质、范围和功能分区，不得随意撤销已批准建立的自然保护区。自然保护区自批准建立或调整之日起，原则上五年内不得进行调整。确因国家立项核准的重大工程建设需要，必须对自然保护区进行调整的，应在确保自然保护区功能不发生改变的前提下，从严控制缩小自然保护区及其核心区、缓冲区的范围。地方级自然保护区的调整由其所在地省级人民政府审批，并报环境保护部和相关部门备案。各省、自治区、直辖市人民政府要抓紧制定地方级自然保护区调整的管理规定。

三、严格限制涉及自然保护区的开发建设活动。自然保护区属禁止开发区域，在自然保护区核心区和缓冲区内禁止开展任何形式的开发建设活动；在自然保护区实验区内开展的开发建设活动，不得影响其功能，不得破坏其自然资源或景观。加强涉及自然保护区的矿产资源开发活动管理，限期对自然保护区内违法违规探矿和采矿活动予以清理。加强对自然保护区内旅游活动的监管。

四、加强涉及自然保护区开发建设项目管理。涉及自然保护区的开发建设项目的环境影响评价文件，应对项目可能造成的对自然保护区功能和保护对象的影响作出预测，提出保护与恢复治理方案。项目所在地环保部门要会同有关部门加强项目实施期间的监管，督促建设单位落实保护与恢复治理方案。对于未按规定完成生态恢复任务的地区和建设单位，暂停审批其新的涉及自然保护区的建设项目环评文件。并对相关责任人依法予以处罚。

五、规范自然保护区内土地和海域管理。将自然保护区涉及的土地、海域纳入土地利用、草地和林地保护等相关规划以及海洋功能区划统筹考虑。加强自然保护区内土地和海域权属管理，依法确定其土地所有权和使用权及海域使用权。对自然保护区内的集体所有土地，可采取签订委托管理协议等方式妥善解决管理问题。依法使用自然保护区内土地的单位和个人，不得擅自改变土地用途，扩大使用面积。禁止任何单位和个人破坏、侵占、买卖或者以其他方式非法转让自然保护区内的土地。

六、强行监督检查。根据功能定位和主要保护对象的特权，对自然保护区实施分类管理。定期开展自然保护区专项执法检查和管理评估，严肃查处各类违法行为，提高规范化管理水平。对管理不善、保护不力的，有关部门要责令其限期整改。对环境和资源受到严重破坏，不再符合条件或失去保护价值的自然保护区，原批准机关要给予降级或撤销处理。对由于人为因素导致自然保护区降级或撤销的，要依照相关规定追究有关人员的责任。环境保护部要会同有关部门制定自然保护区评估标准，有关部门可根据所管理自然保护区的特点和需要制定相应标准。

七、加大资金投入。国家级自然保护区管护基础设施的建设投资由发展改革委在现有投资渠道中统筹安排，能力建设投资由财政部以专项资金形式给予补助，日常管理经费纳入其所在地省级财政预算。地方级自然保护区的建设和管理经费参照国家缴自然保护区予以保障。要综合考虑自然保护区功能定位和土地权属等特点，加大财政转移支付力度，逐步提高当地居民基本公共服务均等化水平。加快建立自然保护区生态补偿机制。自然保护区内的野生动物对周边居民造成损害的，地方人民政府应给予补偿。规范涉及自然保护区开发建设活动的补偿措施。

八、增强科技支撑。加强自然保护区生物多样性基础理论、保护技术和管理政策等方面的研究。建立自然保护区生态系统、植被和珍稀濒危物种分布数据库。建立卫星遥感监测和地面监测相结合的自然保护区生态和资源监测体系。认真履行有关国际公约，加强迁徙物种监测与保护、外来物种入侵等领域的国际交流与合作。充分发挥自然保护区的生态环境保护宣传教育、自然科学普及平台功能。加强自然保护区科研、管理等专业人员培训。

九、加强领导和协调。各省、自治区、直辖市人民政府要加强对自然保护区管理工作的组织领导，建立考核和责任追究制度，实行任期目标管理，保障工作经费，健全管理机构，积极划建自然保护区。建立当地居民参加的自然保护区共管机制，妥善处理好自然保护区管理与当地经济建设及居民生产生活的关系。各有关部门要加强沟通协调，完善自然保护区建立、调整评审等工作机制，共同做好自然保护区管理工作。环境保护部要加强自然保护区的综合管理，会同有关部门完善相关政策、法规、规划，制定标准和技术规范，发布相关信息。国土资源部、水利部、农业部、林业局、海洋局和中科院等部门和单位要依据职责分工，做好各自管理自然保护区的相关工作。

国务院办公厅

二〇一〇年十二月二十八日

国务院关于加强地质灾害防治工作的决定

（国发〔2011〕20号）

各省、自治区、直辖市人民政府，国务院各部委、各直属机构：

我国是世界上地质灾害最严重、受威胁人口最多的国家之一，地质条件复杂，构造活动频繁，崩塌、滑坡、泥石流、地面塌陷、地面沉降、地裂缝等灾害隐患多、分布广，且隐蔽性、突发性和破坏性强，防范难度大。特别是近年来受极端天气、地震、工程建设等因素影响，地质灾害多发频发，给人民群众生命财产造成严重损失。为进一步加强地质灾害防治工作，特作如下决定。

一、指导思想、基本原则和工作目标

（一）指导思想。全面贯彻党的十七大和十七届三中、四中、五中全会精神，以邓小平理论和“三个代表”重要思想为指导，全面贯彻落实科学发展观，将“以人为本”的理念贯穿于地质灾害防治工作各个环节，以保护人民群众生命财产安全为根本，以建立健全地质灾害调查评价体系、监测预警体系、防治体系、应急体系为核心，强化全社会地质灾害防范意识和能力，科学规划，突出重点，整体推进，全面提高我国地质灾害防治水平。

（二）基本原则。坚持属地管理、分级负责，明确地方政府的地质灾害防治主体责任，做到政府组织领导、部门分工协作、全社会共同参与；坚持预防为主、防治结合，科学运用监测预警、搬迁避让和工程治理等多种手段，有效规避灾害风险；坚持专群结合、群测群防，充分发挥专业监测机构作用，紧紧依靠广大基层群众全面做好地质灾害防治工作；坚持谁引发、谁治理，对工程建设引发的地质灾害隐患明确防灾责任单位，切实落实防范治理责任；坚持统筹规划、综合治理，在加强地质灾害防治的同时，协调推进山洪等其他灾害防治及生态环境治理工作。

（三）工作目标。“十二五”期间，完成地质灾害重点防治区灾害调查任务，全面查清地质灾害隐患的基本情况；基本完成三峡库区、汶川和玉树地震灾区、地质灾害高易发区重大地质灾害隐患点的工程治理或搬迁避让；对其他隐患点，积极开展专群结合的监测预警，灾情、险情得到及时监控和有效处置。到2020年，全面建成地质灾害调查评价体系、监测预警体系、防治体系和应急体系，基本消除特大型地质灾害隐患点的威胁，使灾害造成的人员伤亡和财产损失明显减少。

二、全面开展隐患调查和动态巡查

（四）加强调查评价。以县为单元在全国范围全面开展山洪、地质灾害调查评价工作，重点提高汶川、玉树地震灾区以及三峡库区、西南山区、西北黄土区、东南沿海等地区的调查工作程度，加大对人口密集区、重要军民设施周边地质灾害危险性的评价力度。调查评价结果要及时提交当地县级以上人民政府，作为灾害防治工作的基础依据。

（五）强化重点勘查。对可能威胁城镇、学校、医院、集市和村庄、部队营区等人口密集区域及饮用水源地，隐蔽性强、地质条件复杂的重大隐患点，要组织力量进行详细勘查，查明灾害成因、危害程度，掌握其发展变化规律，并逐点制定落实监测防治措施。

（六）开展动态巡查。地质灾害易发区县级人民政府要建立健全隐患排查制度，组织对本地区地质灾害隐患点开展经常性巡回检查，对重点防治区域每年开展汛前排查、汛中检查和汛后核查，及时消除灾害隐患，并将排查结果及防灾责任单位及时向社会公布。省、市两级人民政府和相关部门要加强对县级人民政府隐患排查工作的督促指导，对基层难以确定的隐患，要及时组织专业部门进行现场核查确认。

三、加强监测预报预警

（七）完善监测预报网络。各地区要加快构建国土、气象、水利等部门联合的监测预警信息共享平台，建立预报会商和预警联动机制。对城镇、乡村、学校、医院及其他企事业单位等人口密集区上游易发生滑坡、山洪、泥石流的高山峡谷地带，要加密部署气象、水文、地质灾害等专业监测设备，加强监测预报，确保及时发现险情、及时发出预警。

（八）加强预警信息发布手段建设。进一步完善国家突发公共事件预警信息发布系统，建立国家应急广播体系，充分利用广播、电视、互联网、手机短信、电话、宣传车和电子显示屏等各种媒体和手段，及时发布地质灾害预警信息。重点加强农村山区等偏远地区紧急预警信息发布手段建设，并因地制宜地利用有线广播、高音喇叭、鸣锣吹哨、逐户通知等方式，将灾害预警信息及时传递给受威胁群众。

（九）提高群测群防水平。地质灾害易发区的县、乡两级人民政府要加强群测群防的组织领导，健全以村干部和骨干群众为主体的群测群防队伍。引导、鼓励基层社区、村组成立地质灾害联防联控互助组织。对群测群防员给予适当经费补贴，并配备简便实用的监测预警设备。组织相关部门和专业技术人员加强对群测群防员等的防灾知识技能培训，不断增强其识灾报灾、监测预警和临灾避险应急能力。

四、有效规避灾害风险

（十）严格地质灾害危险性评估。在地质灾害易发区内进行工程建设，要严格按规定开展地质灾害危险性评估，严防人为活动诱发地质灾害。强化资源开发中的生态保护与监管，开展易灾地区生态环境监测评估。各地区、各有关部门编制城市总体规划、村庄和集镇规划、基础设施专项规划时，要加强对规划区地质灾害危险性评估，合理确定项目选址、布局，切实避开危险区域。

（十一）快速有序组织临灾避险。对出现灾害前兆、可能造成人员伤亡和重大财产损失的区域和地段，县级人民政府要及时划定地质灾害危险区，向社会公告并设立明显的警示标志；要组织制定防灾避险方案，明确防灾责任人、预警信号、疏散路线及临时安置场所等。遇台风、强降雨等恶劣天气及地震灾害发生时，要组织力量严密监测隐患发展变化，紧急情况下，当地人民政府、基层群测群防组织要迅速启动防灾避险方案，及时有序组织群众安全转移，并在原址设立警示标志，避免人员进入造成伤亡。在安排临时转移群众返回原址居住前，要对灾害隐患进行安全评估，落实监测预警等防范措施。

（十二）加快实施搬迁避让。地方各级人民政府要把地质灾害防治与扶贫开发、生态移民、新农村建设、小城镇建设、土地整治等有机结合起来，统筹安排资金，有计划、有步骤地加快地质灾害危险区内群众搬迁避让，优先搬迁危害程度高、治理难度大的地质灾害隐患点周边群众。要加强对搬迁安置点的选址评估，确保新址不受地质灾害威胁，并为搬迁群众提供长远生产、生活条件。

五、综合采取防治措施

（十三）科学开展工程治理。对一时难以实施搬迁避让的地质灾害隐患点，各地区要加快开展工程治理，充分发挥专家和专业队伍作用，科学设计，精心施工，保证工程质量，提高资金使用效率。各级国土资源、发展改革、财政等相关部门，要加强对工程治理项目的支持和指导监督。

（十四）加快地震灾区、三峡库区地质灾害防治。针对汶川、玉树等地震对灾区地质环境造成的严重破坏，在全面开展地震影响区地质灾害详细调查评价的基础上，抓紧编制实施地质灾害防治专项规划，对重大隐患点进行严密监测，及时采取搬迁避让、工程治理等防治措施，防止造成重大人员伤亡和财产损失。组织实施好三峡库区地质灾害防治工作，妥善解决二、三期地质灾害防治遗留问题，重点加强对水位涨落引发的滑坡、崩塌监测预警和应急处置。

（十五）加强重要设施周边地质灾害防治。对交通干线、水利枢纽、输供电输油（气）设施等重要设施及军事设施周边重大地质灾害隐患，有关部门和企业要及时采取防治措施，确保安全。经评估论证需采取地质灾害防治措施的工程项目，建设单位必须在主体工程建设的同时，实施地质灾害防护工程。各施工企业要加强对工地周边地质灾害隐患的监测预警，制定防灾预案，切实保证在建工程和施工人员安全。

（十六）积极开展综合治理。各地区要组织国土资源、发展改革、财政、环境保护、水利、农业、安全监管、林业、气象等相关部门，统筹各方资源抓好地质灾害防治、矿山地质环境治理恢复、水土保持、山洪灾害防治、中小河流治理和病险水库除险加固、尾矿库隐患治理、易灾地区生态环境治理等各项工作，切实提高地质灾害综合治理水平。要编制实施相关规划，合理安排非工程措施和工程措施，适当提高山区城镇、乡村的地质灾害设防标准。

（十七）建立健全地面沉降、塌陷及地裂缝防控机制。建立相关部门、地方政府地面沉降防控共同责任制，完善重点地区地面沉降监测网络，实行地面沉降与地下水开采联防联控，重点加强对长江三角洲、华北地区和汾渭地区地下水开采管理，合理实施地下水禁采、限采措施和人工回灌等工程，建立地面沉降防治示范区，遏制地面沉降、地裂缝进一步加剧。在深入调查的基础上，划定地面塌陷易发区、危险区，强化防护措施。制定地下工程活动和地下空间管理办法，严格审批程序，防止矿产开采、地下水抽采和其他地下工程建设以及地下空间使用不当等引发地面沉降、塌陷及地裂缝等灾害。

六、加强应急救援工作

（十八）提高地质灾害应急能力。地方各级人民政府要结合地质灾害防治工作实际，加强应急救援体系建设，加快组建专群结合的应急救援队伍，配备必要的交通、通信和专业设备，形成高效的应急工作机制。进一步修订完善突发地质灾害应急预案，制定严密、科学的应急工作流程。建设完善应急避难场所，加强必要的生活物资和医疗用品储备，定期组织应急预案演练，提高有关各方协调联动和应急处置能力。

（十九）强化基层地质灾害防范。地质灾害易发区要充分发挥基层群众熟悉情况的优势，大力支持和推进乡、村地质灾害监测、巡查、预警、转移避险等应急能力建设。在地质灾害重点防范期内，乡镇人民政府、基层群众自治组织要加强对地质灾害隐患的巡回检查，对威胁学校、医院、村庄、集市、企事业单位等人员密集场所的重大隐患点，要安排专人盯守巡查，并于每年汛期前至少组织一次应急避险演练。

（二十）做好突发地质灾害的抢险救援。地方各级人民政府要切实做好突发地质灾害的抢险救援工作，加强综合协调，快速高效做好人员搜救、灾情调查、险情分析、次生灾害防范等应急处置工作。要妥善安排受灾群众生活、医疗和心理救助，全力维护灾区社会稳定。

七、健全保障机制

（二十一）完善和落实法规标准。全面落实《地质灾害防治条例》，地质灾害易发区要抓紧制定完善地方性配套法规规章，健全地质灾害防治法制体系。抓紧修订地质灾害调查评价、危险性评估与风险区划、监测预警和应急处置的规范标准，完善地质灾害治理工程勘查、设计、施工、监理、危险性评估等技术要求和规程。

（二十二）加强地质灾害防治队伍建设。地质灾害易发区省、市、县级人民政府要建立健全与本地区地质灾害防治需要相适应的专业监测、应急管理和技术保障队伍，加大资源整合和经费保障力度，确保各项工作正常开展。支持高等院校、科研院所加大地质灾害防治专业技术人才培养力度，对长期在基层一线从事地质灾害调查、监测等防治工作的专业技术人员，在职务、职称等方面给予政策倾斜。

（二十三）加大资金投入和管理。国家设立的特大型地质灾害防治专项资金，用于开展全国地质灾害调查评价，实施重大隐患点的监测预警、勘查、搬迁避让、工程治理和应急处置，支持群测群防体系建设、科普宣教和培训工作。地方各级人民政府要将地质灾害防治费用和群测群防员补助资金纳入财政保障范围，根据本地实际，增加安排用于地质灾害防治工作的财政投入。同时，要严格资金管理，确保地质灾害防治资金专款专用。各地区要探索制定优惠政策，鼓励、吸引社会资金投入地质灾害防治工作。

（二十四）积极推进科技创新。国家和地方相关科技计划（基金、专项）等要加大对地质灾害防治领域科学研究和技术创新的支持力度，加强对复杂山体成灾机制、灾害风险分析、灾害监测与治理技术、地震对地质灾害影响评价等方面的研究。积极采用地理信息、全球定位、卫星通信、遥感遥测等先进技术手段，探索运用物联网等前沿技术，提升地质灾害调查评价、监测预警的精度和效率。鼓励地质灾害预警和应急指挥、救援关键技术装备的研制，推广应用生命探测、大型挖掘起重破障、物探钻探及大功率水泵等先进适用装备，提高抢险救援和应急处置能力。加强国际交流与合作，学习借鉴国外先进的地质灾害防治理论和技术方法。

（二十五）深入开展科普宣传和培训教育。各地区、各有关部门要广泛开展地质灾害识灾防灾、灾情报告、避险自救等知识的宣传普及，增强全社会预防地质灾害的意识和自我保护能力。地质灾害易发区要定期组织机关干部、基层组织负责人和骨干群众参加地质灾害防治知识培训，加强对中小学学生地质灾害防治知识的教育和技能演练；市、县、乡级政府负责人要全面掌握本地区地质灾害情况，切实增强灾害防治及抢险救援指挥能力。

八、加强组织领导和协调

（二十六）切实加强组织领导。地方各级人民政府要把地质灾害防治工作列入重要议事日程，纳入政府绩效考核，考核结果作为领导班子和领导干部综合考核评价的重要内容。要加强对地质灾害防治工作的领导，地方政府主要负责人对本地区地质灾害防治工作负总责，建立完善逐级负责制，确保防治责任和措施层层落到实处。地质灾害易发区要把地质灾害防治作为市、县、乡级政府分管领导及主管部门负责人任职等谈话的重要内容，督促检查防灾责任落实情况。对在地质灾害防范和处置中玩忽职守，致使工作不到位，造成重大人员伤亡和财产损失的，要依法依规严肃追究行政领导和相关责任人的责任。

（二十七）加强沟通协调。各有关部门要各负其责、密切配合，加强与人民解放军、武警部队的沟通联络和信息共享，共同做好地质灾害防治工作。国土资源部门要加强对地质灾害防治工作的组织协调和指导监督；发展改革、教育、工业和信息化、民政、住房城乡建设、交通运输、铁道、水利、卫生、安全监管、电力监管、旅游等部门要按照职责分工，做好相关领域地质灾害防治工作的组织实施。

（二十八）构建全社会共同参与的地质灾害防治工作格局。广泛发动社会各方面力量积极参与地质灾害防治工作，紧紧依靠人民解放军、武警部队、民兵预备役、公安消防队伍等抢险救援骨干力量，切实发挥工会、共青团、妇联等人民团体在动员群众、宣传教育等方面的作用，鼓励公民、法人和其他社会组织共同关心、支持地质灾害防治事业。对在地质灾害防治工作中成绩显著的单位和个人，各级人民政府要给予表扬奖励。

国务院

二〇一一年六月十三日

中共中央、国务院关于加强耕地保护和改进占补平衡的意见

（2017年1月9日）

耕地是我国最为宝贵的资源，关系十几亿人吃饭大事，必须保护好，绝不能有闪失。近年来，按照党中央、国务院决策部署，各地区各有关部门积极采取措施，强化主体责任，严格落实占补平衡制度，严守耕地红线，耕地保护工作取得显著成效。当前，我国经济发展进入新常态，新型工业化、城镇化建设深入推进，耕地后备资源不断减少，实现耕地占补平衡、占优补优的难度日趋加大，激励约束机制尚不健全，耕地保护面临多重压力。为进一步加强耕地保护和改进占补平衡工作，现提出如下意见。

一、总体要求

（一）指导思想。全面贯彻党的十八大和十八届三中、四中、五中、六中全会精神，深入贯彻习近平总书记系列重要讲话精神和治国理政新理念新思想新战略，紧紧围绕统筹推进“五位一体”总体布局和协调推进“四个全面”战略布局，牢固树立新发展理念，按照党中央、国务院决策部署，坚守土地公有制性质不改变、耕地红线不突破、农民利益不受损三条底线，坚持最严格的耕地保护制度和最严格的节约用地制度，像保护大熊猫一样保护耕地，着力加强耕地数量、质量、生态“三位一体”保护，着力加强耕地管控、建设、激励多措并举保护，采取更加有力措施，依法加强耕地占补平衡规范管理，落实藏粮于地、藏粮于技战略，提高粮食综合生产能力，保障国家粮食安全，为实现“两个一百年”奋斗目标、实现中华民族伟大复兴中国梦构筑坚实的资源基础。

（二）基本原则。

——坚持严保严管。强化耕地保护意识，强化土地用途管制，强化耕地质量保护与提升，坚决防止耕地占补平衡中补充耕地数量不到位、补充耕地质量不到位的问题，坚决防止占多补少、占优补劣、占水田补旱地的现象。已经确定的耕地红线绝不能突破，已经划定的城市周边永久基本农田绝不能随便占用。

——坚持节约优先。统筹利用存量和新增建设用地，严控增量、盘活存量、优化结构、提高效率，实行建设用地总量和强度双控，提高土地节约集约利用水平，以更少的土地投入支撑经济社会可持续发展。

——坚持统筹协调。充分发挥市场配置资源的决定性作用和更好发挥政府作用，

强化耕地保护主体责任，健全利益调节机制，激励约束并举，完善监管考核制度，实现耕地保护与经济社会发展、生态文明建设相统筹，耕地保护责权利相统一。

——坚持改革创新。适应经济发展新常态和供给侧结构性改革要求，突出问题导向，完善永久基本农田管控体系，改进耕地占补平衡管理方式，实行占补平衡差别化管理政策，拓宽补充耕地途径和资金渠道，不断完善耕地保护和占补平衡制度，把握好经济发展与耕地保护的关系。

（三）总体目标。牢牢守住耕地红线，确保实有耕地数量基本稳定、质量有提升。到2020年，全国耕地保有量不少于18.65亿亩，永久基本农田保护面积不少于15.46亿亩，确保建成8亿亩、力争建成10亿亩高标准农田，稳步提高粮食综合生产能力，为确保谷物基本自给、口粮绝对安全提供资源保障。耕地保护制度和占补平衡政策体系不断完善，促进形成保护更加有力、执行更加顺畅、管理更加高效的耕地保护新格局。

二、严格控制建设占用耕地

（四）加强土地规划管控和用途管制。充分发挥土地利用总体规划的整体管控作用，从严核定新增建设用地规模，优化建设用地布局，从严控制建设占用耕地特别是优质耕地。实行新增建设用地计划安排与土地节约集约利用水平、补充耕地能力挂钩，对建设用地存量规模较大、利用粗放、补充耕地能力不足的区域，适当调减新增建设用地计划。探索建立土地用途转用许可制，强化非农建设占用耕地的转用管控。

（五）严格永久基本农田划定和保护。全面完成永久基本农田划定，将永久基本农田划定作为土地利用总体规划的规定内容，在规划批准前先行核定并上图入库、落地到户，并与农村土地承包经营权确权登记相结合，将永久基本农田记载到农村土地承包经营权证书上。粮食生产功能区和重要农产品生产保护区范围内的耕地要优先划入永久基本农田，实行重点保护。永久基本农田一经划定，任何单位和个人不得擅自占用或改变用途。强化永久基本农田对各类建设布局的约束，各地区各有关部门在编制城乡建设、基础设施、生态建设等相关规划，推进多规合一过程中，应当与永久基本农田布局充分衔接，原则上不得突破永久基本农田边界。一般建设项目不得占用永久基本农田，重大建设项目选址确实难以避让永久基本农田的，在可行性研究阶段，必须对占用的必要性、合理性和补划方案的可行性进行严格论证，通过国土资源部用地预审；农用地转用和土地征收依法依规报国务院批准。严禁通过擅自调整县乡土地利用总体规划，规避占用永久基本农田的审批。

（六）以节约集约用地缓解建设占用耕地压力。实施建设用地总量和强度双控行动，逐级落实“十三五”时期建设用地总量和单位国内生产总值占用建设用地面积下降的目标任务。盘活利用存量建设用地，推进建设用地二级市场改革试点，促进城镇低效用地再开发，引导产能过剩行业和“僵尸企业”用地退出、转产和兼并重组。完善土地使用标准体系，规范建设项目节地评价，推广应用节地技术和节地模式，强化节约集约用地目标考核和约束，推动有条件的地区实现建设用地减量化或零增长，促进新增建设不占或尽量少占耕地。

三、改进耕地占补平衡管理

（七）严格落实耕地占补平衡责任。完善耕地占补平衡责任落实机制。非农建设占用耕地的，建设单位必须依法履行补充耕地义务，无法自行补充数量、质量相当耕地的，应当按规定足额缴纳耕地开垦费。地方各级政府负责组织实施土地整治，通过土地整理、复垦、开发等推进高标准农田建设，增加耕地数量、提升耕地质量，以县域自行平衡为主、省域内调剂为辅、国家适度统筹为补充，落实补充耕地任务。各省（自治区、直辖市）政府要依据土地整治新增耕地平均成本和占用耕地质量状况等，制定差别化的耕地开垦费标准。对经依法批准占用永久基本农田的，缴费标准按照当地耕地开垦费最高标准的两倍执行。

（八）大力实施土地整治，落实补充耕地任务。各省（自治区、直辖市）政府负责统筹落实本地区年度补充耕地任务，确保省域内建设占用耕地及时保质保量补充到位。拓展补充耕地途径，统筹实施土地整治、高标准农田建设、城乡建设用地增减挂钩、历史遗留工矿废弃地复垦等，新增耕地经核定后可用于落实补充耕地任务。在严格保护生态前提下，科学划定宜耕土地后备资源范围，禁止开垦严重沙化土地，禁止在25度以上陡坡开垦耕地，禁止违规毁林开垦耕地。鼓励地方统筹使用相关资金实施土地整治和高标准农田建设。充分发挥财政资金作用，鼓励采取政府和社会资本合作（PPP）模式、以奖代补等方式，引导农村集体经济组织、农民和新型农业经营主体等，根据土地整治规划投资或参与土地整治项目，多渠道落实补充耕地任务。

（九）规范省域内补充耕地指标调剂管理。县（市、区）政府无法在本行政辖区内实现耕地占补平衡的，可在市域内相邻的县（市、区）调剂补充，仍无法实现耕地占补平衡的，可在省域内资源条件相似的地区调剂补充。各省（自治区、直辖市）要规范补充耕地指标调剂管理，完善价格形成机制，综合考虑补充耕地成本、资源保护补偿和管护费用等因素，制定调剂指导价格。

（十）探索补充耕地国家统筹。根据各地资源环境承载状况、耕地后备资源条件、土地整治新增耕地潜力等，分类实施补充耕地国家统筹。耕地后备资源严重匮乏的直辖市，新增建设占用耕地后，新开垦耕地数量不足以补充所占耕地数量的，可向国务院申请国家统筹；资源环境条件严重约束、补充耕地能力严重不足的省份，对由于实施国家重大建设项目造成的补充耕地缺口，可向国务院申请国家统筹。经国务院批准后，有关省份按规定标准向中央财政缴纳跨省补充耕地资金，中央财政统筹安排落实国家统筹补充耕地任务所需经费，在耕地后备资源丰富省份落实补充耕地任务。跨省补充耕地资金收取标准综合考虑补充耕地成本、资源保护补偿、管护费用及区域差异等因素确定，具体办法由财政部会同国土资源部另行制定。

（十一）严格补充耕地检查验收。市县政府要加强对土地整治和高标准农田建设项目的全程管理，规范项目规划设计，强化项目日常监管和施工监理。做好项目竣工验收，严格新增耕地数量认定，依据相关技术规程评定新增耕地质量。经验收合格的新增耕地，应当及时在年度土地利用变更调查中进行地类变更。省级政府要做好对市县补充耕地的检查复核，确保数量质量到位。

四、推进耕地质量提升和保护

（十二）大规模建设高标准农田。各省（自治区、直辖市）要根据全国高标准农田建设总体规划和全国土地整治规划的安排，逐级分解高标准农田建设任务，统一建设标准、统一上图入库、统一监管考核。建立政府主导、社会参与的工作机制，以财政资金引导社会资本参与高标准农田建设，充分调动各方积极性。加强高标准农田后期管护，按照谁使用、谁管护和谁受益、谁负责的原则，落实高标准农田基础设施管护责任。高标准农田建设情况要统一纳入国土资源遥感监测“一张图”和综合监管平台，实行在线监管，统一评估考核。

（十三）实施耕地质量保护与提升行动。全面推进建设占用耕地耕作层剥离再利用，市县政府要切实督促建设单位落实责任，将相关费用列入建设项目投资预算，提高补充耕地质量。将中低质量的耕地纳入高标准农田建设范围，实施提质改造，在确保补充耕地数量的同时，提高耕地质量，严格落实占补平衡、占优补优。加强新增耕地后期培肥改良，综合采取工程、生物、农艺等措施，开展退化耕地综合治理、污染耕地阻控修复等，加速土壤熟化提质，实施测土配方施肥，强化土壤肥力保护，有效提高耕地产能。

（十四）统筹推进耕地休养生息。对25度以上坡耕地、严重沙化耕地、重要水源地15－25度坡耕地、严重污染耕地等有序开展退耕还林还草，不得将确需退耕还林还草的耕地划为永久基本农田，不得将已退耕还林还草的土地纳入土地整治项目，不得擅自将永久基本农田、土地整治新增耕地和坡改梯耕地纳入退耕范围。积极稳妥推进耕地轮作休耕试点，加强轮作休耕耕地管理，不得减少或破坏耕地，不得改变耕地地类，不得削弱农业综合生产能力；加大轮作休耕耕地保护和改造力度，优先纳入高标准农田建设范围。因地制宜实行免耕少耕、深松浅翻、深施肥料、粮豆轮作套作的保护性耕作制度，提高土壤有机质含量，平衡土壤养分，实现用地与养地结合，多措并举保护提升耕地产能。

（十五）加强耕地质量调查评价与监测。建立健全耕地质量和耕地产能评价制度，完善评价指标体系和评价方法，定期对全国耕地质量和耕地产能水平进行全面评价并发布评价结果。完善土地调查监测体系和耕地质量监测网络，开展耕地质量年度监测成果更新。

五、健全耕地保护补偿机制

（十六）加强对耕地保护责任主体的补偿激励。积极推进中央和地方各级涉农资金整合，综合考虑耕地保护面积、耕地质量状况、粮食播种面积、粮食产量和粮食商品率，以及耕地保护任务量等因素，统筹安排资金，按照谁保护、谁受益的原则，加大耕地保护补偿力度。鼓励地方统筹安排财政资金，对承担耕地保护任务的农村集体经济组织和农户给予奖补。奖补资金发放要与耕地保护责任落实情况挂钩，主要用于农田基础设施后期管护与修缮、地力培育、耕地保护管理等。

（十七）实行跨地区补充耕地的利益调节。在生态条件允许的前提下，支持耕地后备资源丰富的国家重点扶贫地区有序推进土地整治增加耕地，补充耕地指标可对口向省域内经济发达地区调剂，补充耕地指标调剂收益由县级政府通过预算安排用于耕地保护、农业生产和农村经济社会发展。省（自治区、直辖市）政府统筹耕地保护和区域协调发展，支持占用耕地地区在支付补充耕地指标调剂费用基础上，通过实施产业转移、支持基础设施建设等多种方式，对口扶持补充耕地地区，调动补充耕地地区保护耕地的积极性。

六、强化保障措施和监管考核

（十八）加强组织领导。各地区各有关部门要按照本意见精神，抓紧研究制定贯彻落实具体方案，强化耕地保护工作责任和保障措施。建立党委领导、政府负责、部门协同、公众参与、上下联动的共同责任机制，地方各级党委和政府要树立保护耕地的强烈意识，切实担负起主体责任，采取积极有效措施，严格源头控制，强化过程监管，确保本行政区域内耕地保护责任目标全面落实；地方各级政府主要负责人要承担起耕地保护第一责任人的责任，组织相关部门按照职责分工履职尽责，充分调动农村集体经济组织、农民和新型农业经营主体保护耕地的积极性，形成保护耕地合力。

（十九）严格监督检查。完善国土资源遥感监测“一张图”和综合监管平台，扩大全天候遥感监测范围，对永久基本农田实行动态监测，加强对土地整治过程中的生态环境保护，强化耕地保护全流程监管。加强耕地保护信息化建设，建立耕地保护数据与信息部门共享机制。健全土地执法联动协作机制，严肃查处土地违法违规行为。国家土地督察机构要加强对省级政府实施土地利用总体规划、履行耕地保护目标责任、健全耕地保护制度等情况的监督检查。

（二十）完善责任目标考核制度。完善省级政府耕地保护责任目标考核办法，全面检查和考核耕地与永久基本农田保护情况、高标准农田建设任务完成情况、补充耕地任务完成情况、耕地占补平衡落实情况等。经国务院批准，国土资源部会同农业部、国家统计局等有关部门下达省级政府耕地保护责任目标，作为考核依据。各省级政府要层层分解耕地保护任务，落实耕地保护责任目标，完善考核制度和奖惩机制。耕地保护责任目标考核结果作为领导干部实绩考核、生态文明建设目标评价考核的重要内容。探索编制土地资源资产负债表，完善耕地保护责任考核体系。实行耕地保护党政同责，对履职不力、监管不严、失职渎职的，依纪依规追究党政领导责任。

第三部分
司法解释

最高人民法院关于审理破坏土地资源刑事案件具体应用法律若干问题的解释

（法释〔2000〕14号）

为依法惩处破坏土地资源犯罪活动，根据刑法的有关规定，现就审理这类案件具体应用法律的若干问题解释如下：

第一条　以牟利为目的，违反土地管理法规，非法转让、倒卖土地使用权，具有下列情形之一的，属于非法转让、倒卖土地使用权"情节严重"，依照刑法第二百二十八条的规定，以非法转让、倒卖土地使用权罪定罪处罚：

（一）非法转让、倒卖基本农田五亩以上的；

（二）非法转让、倒卖基本农田以外的耕地十亩以上的；

（三）非法转让、倒卖其他土地二十亩以上的；

（四）非法获利五十万元以上的；

（五）非法转让、倒卖土地接近上述数量标准并具有其他恶劣情节的，如曾因非法转让、倒卖土地使用权受过行政处罚或者造成严重后果等。

第二条　实施第一条规定的行为，具有下列情形之一的，属于非法转让、倒卖土地使用权"情节特别严重"：

（一）非法转让、倒卖基本农田十亩以上的；

（二）非法转让、倒卖基本农田以外的耕地二十亩以上的；

（三）非法转让、倒卖其他土地四十亩以上的；

（四）非法获利一百万元以上的；

（五）非法转让、倒卖土地接近上述数量标准并具有其他恶劣情节，如造成严重后果等。

第三条　违反土地管理法规，非法占用耕地改作他用，数量较大，造成耕地大量毁坏的，依照刑法第三百四十二条的规定，以非法占用耕地罪定罪处罚：

（一）非法占用耕地"数量较大"，是指非法占用基本农田五亩以上或者非法占用基本农田以外的耕地十亩以上。

（二）非法占用耕地"造成耕地大量毁坏"，是指行为人非法占用耕地建窑、建坟、建房、挖沙、采石、采矿、取土、堆放固体废弃物或者进行其他非农业建设，造成基本农田五亩以上或者基本农田以外的耕地十亩以上种植条件严重毁坏或者严重污染。

第四条　国家机关工作人员徇私舞弊，违反土地管理法规，滥用职权，非法批准征用、占用土地，具有下列情形之一的，属于非法批准征用、占用土地“情节严重”，依照刑法第四百一十条的规定，以非法批准征用、占用土地罪定罪处罚：

（一）非法批准征用、占用基本农田十亩以上的；

（二）非法批准征用、占用基本农田以外的耕地三十亩以上的；

（三）非法批准征用、占用其他土地五十亩以上的；

（四）虽未达到上述数量标准，但非法批准征用、占用土地造成直接经济损失三十万元以上；造成耕地大量毁坏等恶劣情节的。

第五条 实施第四条规定的行为，具有下列情形之一的，属于非法批准征用、占用土地“致使国家或者集体利益遭受特别重大损失”：

（一）非法批准征用、占用基本农田二十亩以上的；

（二）非法批准征用、占用基本农田以外的耕地六十亩以上的；

（三）非法批准征用、占用其他土地一百亩以上的；

（四）非法批准征用、占用土地，造成基本农田五亩以上，其他耕地十亩以上严重毁坏的；

（五）非法批准征用、占用土地造成直接经济损失五十万元以上等恶劣情节的。

第六条 国家机关工作人员徇私舞弊，违反土地管理法规，非法低价出让国有土地使用权，具有下列情形之一的，属于“情节严重”，依照刑法第四百一十条的规定，以非法低价出让国有土地使用权罪定罪处罚：

（一）出让国有土地使用权面积在三十亩以上，并且出让价额低于国家规定的最低价额标准的百分之六十的；

（二）造成国有土地资产流失价额在三十万元以上的。

第七条 实施第六条规定的行为，具有下列情形之一的，属于非法低价出让国有土地使用权，“致使国家和集体利益遭受特别重大损失”：

（一）非法低价出让国有土地使用权面积在六十亩以上，并且出让价额低于国家规定的最低价额标准的百分之四十的；

（二）造成国有土地资产流失价额在五十万元以上的。

第八条 单位犯非法转让、倒卖土地使用权罪、非法占有耕地罪的定罪量刑标准，依照本解释第一条、第二条、第三条的规定执行。

第九条 多次实施本解释规定的行为依法应当追诉的，或者一年内多次实施本解释规定的行为未经处理的，按照累计的数量、数额处罚。

最高人民法院

二〇〇〇年六月十九日

最高人民法院关于审理涉及国有土地使用权合同纠纷案件适用法律问题的解释

（法释〔2005〕5号）

最高人民法院关于审理涉及国有土地使用权合同纠纷案件适用法律问题的解释根据《中华人民共和国民法通则》、《中华人民共和国合同法》、《中华人民共和国土地管理法》、《中华人民共和国城市房地产管理法》等法律规定，结合民事审判实践，就审理涉及国有土地使用权合同纠纷案件适用法律的问题，制定本解释。

一、土地使用权出让合同纠纷

第一条 本解释所称的土地使用权出让合同，是指市、县人民政府土地管理部门作为出让方将国有土地使用权在一定年限内让与受让方，受让方支付土地使用权出让金的协议。

第二条 开发区管理委员会作为出让方与受让方订立的土地使用权出让合同，应当认定无效。本解释实施前，开发区管理委员会作为出让方与受让方订立的土地使用权出让合同，起诉前经市、县人民政府土地管理部门追认的，可以认定合同有效。

第三条 经市、县人民政府批准同意以协议方式出让的土地使用权，土地使用权出让金低于订立合同时当地政府按照国家规定确定的最低价的，应当认定土地使用权出让合同约定的价格条款无效。当事人请求按照订立合同时的市场评估价格交纳土地使用权出让金的，应予支持；受让方不同意按照市场评估价格补足，请求解除合同的，应予支持。因此造成的损失，由当事人按照过错承担责任。

第四条 土地使用权出让合同的出让方因未办理土地使用权出让批准手续而不能交付土地，受让方请求解除合同的，应予支持。

第五条 受让方经出让方和市、县人民政府城市规划行政主管部门同意，改变土地使用权出让合同约定的土地用途，当事人请求按照起诉时同种用途的土地出让金标准调整土地出让金的，应予支持。

第六条 受让方擅自改变土地使用权出让合同约定的土地用途，出让方请求解除合同的，应予支持。

二、土地使用权转让合同纠纷

第七条 本解释所称的土地使用权转让合同，是指土地使用权人作为转让方将出让土地使用权转让于受让方，受让方支付价款的协议。

第八条 土地使用权人作为转让方与受让方订立土地使用权转让合同后，当事人一方以双方之间未办理土地使用权变更登记手续为由，请求确认合同无效的，不予支持。

第九条 转让方未取得出让土地使用权证书与受让方订立合同转让土地使用权，起诉前转让方已经取得出让土地使用权证书或者有批准权的人民政府同意转让的，应当认定合同有效。

第十条 土地使用权人作为转让方就同一出让土地使用权订立数个转让合同，在转让合同有效的情况下，受让方均要求履行合同的，按照以下情形分别处理：(一) 已经办理土地使用权变更登记手续的受让方，请求转让方履行交付土地等合同义务的，应予支持；(二) 均未办理土地使用权变更登记手续，已先行合法占有投资开发土地的受让方请求转让方履行土地使用权变更登记等合同义务的，应予支持；(三) 均未办理土地使用权变更登记手续，又未合法占有投资开发土地，先行支付土地转让款的受让方请求转让方履行交付土地和办理土地使用权变更登记等合同义务的，应予支持；(四) 合同均未履行，依法成立在先的合同受让方请求履行合同的，应予支持。未能取得土地使用权的受让方请求解除合同、赔偿损失的，按照《中华人民共和国合同法》的有关规定处理。

第十一条 土地使用权人未经有批准权的人民政府批准，与受让方订立合同转让划拨土地使用权的，应当认定合同无效。但起诉前经有批准权的人民政府批准办理土地使用权出让手续的，应当认定合同有效。

第十二条 土地使用权人与受让方订立合同转让划拨土地使用权，起诉前经有批准权的人民政府同意转让，并由受让方办理土地使用权出让手续的，土地使用权人与受让方订立的合同可以按照补偿性质的合同处理。

第十三条 土地使用权人与受让方订立合同转让划拨土地使用权，起诉前经有批准权的人民政府决定不办理土地使用权出让手续，并将该划拨土地使用权直接划拨给受让方使用的，土地使用权人与受让方订立的合同可以按照补偿性质的合同处理。

三、合作开发房地产合同纠纷

第十四条 本解释所称的合作开发房地产合同，是指当事人订立的以提供出让土地使用权、资金等作为共同投资，共享利润、共担风险合作开发房地产为基本内容的协议。

第十五条 合作开发房地产合同的当事人一方具备房地产开发经营资质的，应当认定合同有效。当事人双方均不具备房地产开发经营资质的，应当认定合同无效。但起诉前当事人一方已经取得房地产开发经营资质或者已依法合作成立具有房地产开发经营资质的房地产开发企业的，应当认定合同有效。

第十六条 土地使用权人未经有批准权的人民政府批准，以划拨土地使用权作为投资与他人订立合同合作开发房地产的，应当认定合同无效。但起诉前已经办理批准手续的，应当认定合同有效。

第十七条 投资数额超出合作开发房地产合同的约定，对增加的投资数额的承担比例，当事人协商不成的，按照当事人的过错确定；因不可归责于当事人的事由或者当事人的过错无法确定的，按照约定的投资比例确定；没有约定投资比例的，按照约定的利润分配比例确定。

第十八条 房屋实际建筑面积少于合作开发房地产合同的约定，对房屋实际建筑面积的分配比例，当事人协商不成的，按照当事人的过错确定；因不可归责于当事人的事由或者当事人过错无法确定的，按照约定的利润分配比例确定。

第十九条 在下列情形下，合作开发房地产合同的当事人请求分配房地产项目利益的，不予受理；已经受理的，驳回起诉：

（一）依法需经批准的房地产建设项目未经有批准权的人民政府主管部门批准；

（二）房地产建设项目未取得建设工程规划许可证；

（三）擅自变更建设工程规划。

因当事人隐瞒建设工程规划变更的事实所造成的损失，由当事人按照过错承担。

第二十条 房屋实际建筑面积超出规划建筑面积，经有批准权的人民政府主管部门批准后，当事人对超出部分的房屋分配比例协商不成的，按照约定的利润分配比例确定。对增加的投资数额的承担比例，当事人协商不成的，按照约定的投资比例确定；没有约定投资比例的，按照约定的利润分配比例确定。

第二十一条 当事人违反规划开发建设的房屋，被有批准权的人民政府主管部门认定为违法建筑责令拆除，当事人对损失承担协商不成的，按照当事人过错确定责任；过错无法确定的，按照约定的投资比例确定责任；没有约定投资比例的，按照约定的利润分配比例确定责任。

第二十二条 合作开发房地产合同约定仅以投资数额确定利润分配比例，当事人未足额交纳出资的，按照当事人的实际投资比例分配利润。

第二十三条 合作开发房地产合同的当事人要求将房屋预售款充抵投资参与利润分配的，不予支持。

第二十四条 合作开发房地产合同约定提供土地使用权的当事人不承担经营风险，只收取固定利益的，应当认定为土地使用权转让合同。

第二十五条 合作开发房地产合同约定提供资金的当事人不承担经营风险，只分配固定数量房屋的，应当认定为房屋买卖合同。

第二十六条 合作开发房地产合同约定提供资金的当事人不承担经营风险，只收取固定数额货币的，应当认定为借款合同。

第二十七条 合作开发房地产合同约定提供资金的当事人不承担经营风险，只以租赁或者其他形式使用房屋的，应当认定为房屋租赁合同。

四、其 他

第二十八条 本解释自2005年8月1日起施行；施行后受理的第一审案件适用本解释。本解释施行前最高人民法院发布的司法解释与本解释不一致的，以本解释为准。

最高人民法院

二〇〇五年六月十八日

最高人民法院关于审理涉及农村土地承包纠纷案件适用法律问题的解释

（法释〔2005〕6号）

根据《中华人民共和国民法通则》、《中华人民共和国合同法》、《中华人民共和国民事诉讼法》、《中华人民共和国农村土地承包法》、《中华人民共和国土地管理法》等法律的规定，结合民事审判实践，对审理涉及农村土地承包纠纷案件适用法律的若干问题解释如下：

一、受理与诉讼主体

第一条 下列涉及农村土地承包民事纠纷，人民法院应当依法受理：

（一）承包合同纠纷；

（二）承包经营权侵权纠纷；

（三）承包经营权流转纠纷；

（四）承包地征收补偿费用分配纠纷；

（五）承包经营权继承纠纷。

集体经济组织成员因未实际取得土地承包经营权提起民事诉讼的，人民法院应当告知其向有关行政主管部门申请解决。

集体经济组织成员就用于分配的土地补偿费数额提起民事诉讼的，人民法院不予受理。

第二条 当事人自愿达成书面仲裁协议的，受诉人民法院应当参照最高人民法院《关于适用＜中华人民共和国民事诉讼法＞若干问题的意见》第145条至第148条的规定处理。

当事人未达成书面仲裁协议，一方当事人向农村土地承包仲裁机构申请仲裁，另一方当事人提起诉讼的，人民法院应予受理，并书面通知仲裁机构。但另一方当事人接受仲裁管辖后又起诉的，人民法院不予受理。

当事人对仲裁裁决不服并在收到裁决书之日起三十日内提起诉讼的，人民法院应予受理。

第三条 承包合同纠纷，以发包方和承包方为当事人。

前款所称承包方是指以家庭承包方式承包本集体经济组织农村土地的农户，以及以其他方式承包农村土地的单位或者个人。

第四条 农户成员为多人的，由其代表人进行诉讼。

农户代表人按照下列情形确定：

（一）土地承包经营权证等证书上记载的人；

（二）未依法登记取得土地承包经营权证等证书的，为在承包合同上签字的人；

（三）前两项规定的人死亡、丧失民事行为能力或者因其他原因无法进行诉讼的，为农户成员推选的人。

二、家庭承包纠纷案件的处理

第五条　承包合同中有关收回、调整承包地的约定违反农村土地承包法第二十六条、第二十七条、第三十条、第三十五条规定的，应当认定该约定无效。

第六条　因发包方违法收回、调整承包地，或者因发包方收回承包方弃耕、撂荒的承包地产生的纠纷，按照下列情形，分别处理：

（一）发包方未将承包地另行发包，承包方请求返还承包地的，应予支持；

（二）发包方已将承包地另行发包给第三人，承包方以发包方和第三人为共同被告，请求确认其所签订的承包合同无效、返还承包地并赔偿损失的，应予支持。但属于承包方弃耕、撂荒情形的，对其赔偿损失的诉讼请求，不予支持。

前款第（二）项所称的第三人，请求受益方补偿其在承包地上的合理投入的，应予支持。

第七条　承包合同约定或者土地承包经营权证等证书记载的承包期限短于农村土地承包法规定的期限，承包方请求延长的，应予支持。

第八条　承包方违反农村土地承包法第十七条规定，将承包地用于非农建设或者对承包地造成永久性损害，发包方请求承包方停止侵害、恢复原状或者赔偿损失的，应予支持。

第九条　发包方根据农村土地承包法第二十六条规定收回承包地前，承包方已经以转包、出租等形式将其土地承包经营权流转给第三人，且流转期限尚未届满，因流转价款收取产生的纠纷，按照下列情形，分别处理：

（一）承包方已经一次性收取了流转价款，发包方请求承包方返还剩余流转期限的流转价款的，应予支持；

（二）流转价款为分期支付，发包方请求第三人按照流转合同的约定支付流转价款的，应予支持。

第十条　承包方交回承包地不符合农村土地承包法第二十九条规定程序的，不得认定其为自愿交回。

第十一条　土地承包经营权流转中，本集体经济组织成员在流转价款、流转期限等主要内容相同的条件下主张优先权的，应予支持。但下列情形除外：

（一）在书面公示的合理期限内未提出优先权主张的；

（二）未经书面公示，在本集体经济组织以外的人开始使用承包地两个月内未提出优先权主张的。

第十二条　发包方强迫承包方将土地承包经营权流转给第三人，承包方请求确认其与第三人签订的流转合同无效的，应予支持。

发包方阻碍承包方依法流转土地承包经营权，承包方请求排除妨碍、赔偿损失的，应予支持。

第十三条　承包方未经发包方同意，采取转让方式流转其土地承包经营权的，转让合同无效。但发包方无法定理由不同意或者拖延表态的除外。

第十四条　承包方依法采取转包、出租、互换或者其他方式流转土地承包经营权，发包方仅以该土地承包经营权流转合同未报其备案为由，请求确认合同无效的，不予支持。

第十五条　承包方以其土地承包经营权进行抵押或者抵偿债务的，应当认定无效。对因此造成的损失，当事人有过错的，应当承担相应的民事责任。

第十六条　因承包方不收取流转价款或者向对方支付费用的约定产生纠纷，当事人协商变更无法达成一致，且继续履行又显失公平的，人民法院可以根据发生变更的客观情况，按照公平原则处理。

第十七条　当事人对转包、出租地流转期限没有约定或者约定不明的，参照合同法第二百三十二条规定处理。除当事人另有约定或者属于林地承包经营外，承包地交回的时间应当在农作物收获期结束后或者下一耕种期开始前。

对提高土地生产能力的投入，对方当事人请求承包方给予相应补偿的，应予支持。

第十八条　发包方或者其他组织、个人擅自截留、扣缴承包收益或者土地承包经营权流转收益，承包方请求返还的，应予支持。

发包方或者其他组织、个人主张抵销的，不予支持。

三、其他方式承包纠纷的处理

第十九条　本集体经济组织成员在承包费、承包期限等主要内容相同的条件下主张优先承包权的，应予支持。但在发包方将农村土地发包给本集体经济组织以外的单位或者个人，已经法律规定的民主议定程序通过，并由乡（镇）人民政府批准后主张优先承包权的，不予支持。

第二十条　发包方就同一土地签订两个以上承包合同，承包方均主张取得土地承包经营权的，按照下列情形，分别处理：

（一）已经依法登记的承包方，取得土地承包经营权；

（二）均未依法登记的，生效在先合同的承包方取得土地承包经营权；

（三）依前两项规定无法确定的，已经根据承包合同合法占有使用承包地的人取得土地承包经营权，但争议发生后一方强行先占承包地的行为和事实，不得作为确定土地承包经营权的依据。

第二十一条　承包方未依法登记取得土地承包经营权证等证书，即以转让、出租、入股、抵押等方式流转土地承包经营权，发包方请求确认该流转无效的，应予支持。但非因承包方原因未登记取得土地承包经营权证等证书的除外。

承包方流转土地承包经营权，除法律或者本解释有特殊规定外，按照有关家庭承包土地承包经营权流转的规定处理。

四、土地征收补偿费用分配及土地承包经营权继承纠纷的处理

第二十二条 承包地被依法征收，承包方请求发包方给付已经收到的地上附着物和青苗的补偿费的，应予支持。

承包方已将土地承包经营权以转包、出租等方式流转给第三人的，除当事人另有约定外，青苗补偿费归实际投入人所有，地上附着物补偿费归附着物所有人所有。

第二十三条 承包地被依法征收，放弃统一安置的家庭承包方，请求发包方给付已经收到的安置补助费的，应予支持。

第二十四条 农村集体经济组织或者村民委员会、村民小组，可以依照法律规定的民主议定程序，决定在本集体经济组织内部分配已经收到的土地补偿费。征地补偿安置方案确定时已经具有本集体经济组织成员资格的人，请求支付相应份额的，应予支持。但已报全国人大常委会、国务院备案的地方性法规、自治条例和单行条例、地方政府规章对土地补偿费在农村集体经济组织内部的分配办法另有规定的除外。

第二十五条 林地家庭承包中，承包方的继承人请求在承包期内继续承包的，应予支持。

其他方式承包中，承包方的继承人或者权利义务承受者请求在承包期内继续承包的，应予支持。

五、其他规定

第二十六条 人民法院在审理涉及本解释第五条、第六条第一款第（二）项及第二款、第十六条的纠纷案件时，应当着重进行调解。必要时可以委托人民调解组织进行调解。

第二十七条 本解释自2005年9月1日起施行。施行后受理的第一审案件，适用本解释的规定。

施行前已经生效的司法解释与本解释不一致的，以本解释为准。

最高人民法院

二〇〇五年七月二十九日

国务院法制办公室、国土资源部关于对《中华人民共和国土地管理法实施条例》第二条第（五）项的解释意见

（国法函〔2005〕36号）

各省、自治区、直辖市人民政府：

根据《行政法规制定程序条例》第三十一条的规定，经国务院批准，现对《中华人民共和国土地管理法实施条例》第二条第（五）项作如下解释：

一、该项规定，是指农村集体经济组织土地被依法征收后，其成员随土地征收已经全部转为城镇居民，该农村集体经济组织剩余的少量集体土地可以依法征收为国家所有。

二、本解释自公布之日实施。

国务院法制办公室

国土资源部

二〇〇五年三月四日

最高人民法院印发《关于当前形势下进一步做好房地产纠纷案件审判工作的指导意见》的通知

（法发〔2009〕42号）

各省、自治区、直辖市高级人民法院，解放军军事法院，新疆维吾尔自治区高级人民法院生产建设兵团分院：

现将《关于当前形势下进一步做好房地产纠纷案件审判工作的指导意见》印发给你们，请结合当地实际，认真贯彻落实。

最高人民法院

二〇〇九年七月九日

最高人民法院关于当前形势下进一步做好房地产纠纷案件审判工作的指导意见

当前，稳定房地产市场，保障房地产业的健康发展，是党和国家应对国际金融危机影响，促进经济平稳较快发展的重大决策部署。充分发挥人民法院的审判职能作用，切实做好房地产纠纷案件审判工作，是人民法院为大局服务、为人民司法的必然要求。各级人民法院要深刻认识当前形势下做好房地产纠纷案件审判工作的重要意义，准确把握宏观经济形势发生的客观变化，在法律和国家政策规定框架内，适用原则性和灵活性相统一的方法，妥善审理房地产案件，为国家“保增长、保民生、保稳定”的工作大局提供强有力的司法保障。现就做好房地产纠纷案件的审判工作，提出如下指导意见。

一、切实依法维护国有土地使用权出让市场。要依照物权法、合同法、城市房地产管理法等法律及最高人民法院《关于审理涉及国有土地使用权合同纠纷案件适用法律问题的解释》的规定，尽可能维持土地使用权出让合同效力，依法保护守约方的合法权益，促进土地使用权出让市场的平稳发展。

二、切实依法维护国有土地使用权转让市场。要正确理解城市房地产管理法等法律、行政法规关于土地使用权转让条件的规定，准确把握物权效力与合同效力的区分原则，尽可能维持合同效力，促进土地使用权的正常流转。

三、切实依法保护国家投资基础设施建设拉大内需政策的落实。要依照法律规定，结合国家政策，妥善审理好涉及国家重大工程、重点项目的建设工程施工合同纠纷案件；要慎用财产保全措施，尽可能加快案件审理进度，发挥财产效益，为重点工程按期完工提供司法保障。

四、加大对招标投标法的贯彻力度。要依照招标投标法和最高人民法院《关于审理建设工程施工合同纠纷案件适用法律问题的解释》的规定，准确把握“黑白合同”的认定标准，依法维护中标合同的实质性内容；对案件审理中发现的带有普遍性的违反招标投标法等法律、行政法规和司法解释规定的问题，要及时与建设行政管理部门沟通、协商，共同研究提出从源头上根治的工作方案，切实维护建筑市场秩序。

五、妥善处理因发包人资金困难产生的发包人拖欠工程款、承包人拖欠劳务分包人工程款等连锁纠纷案件。要统筹协调各方当事人的利益，加大案件调解力度，力争通过案件审判盘活现有的存量资金，实现当事人双赢、多赢的结果。调解不成的，要综合考虑连锁案件的整体情况，根据当事人的偿付能力和对方的资金需求，确定还款期限、还款方式，最大限度避免连锁案件引发群体事件影响社会稳定。

六、妥善处理非法转包、违法分包、肢解发包、不具备法定资质的实际施工人借用资质承揽工程等违法行为，以保证工程质量。对规避标准化法关于国家强制性标准的规定，降低建材标号，擅自缩减施工流程，降低工程质量标准等危及建筑产品安全的行为，要按照法律规定和合同约定严格予以处理；构成犯罪的，交由有关部门依法追究责任人的刑事责任。

七、妥善处理各类房屋买卖合同纠纷案件，依法稳定房屋交易市场。要依照法律和最高人民法院《关于审理商品房买卖合同纠纷案件适用法律若干问题的解释》的规定，妥善处理房屋销售广告纠纷，认购协议中定金纠纷、房屋质量纠纷、房屋面积纠纷，制裁恶意违约行为，保护购房人利益；对于房地产开发商确因资金暂时困难未按时交付房屋的，要多做双方当事人的调解工作，确无调解可能的案件，可以根据案件的具体情况，依法合理调整违约金数额，公平解决违约责任问题；对于买受人请求解除商品房合同纠纷案件，要严格依法审查，对不符合解除条件的不能解除；要引导当事人理性面对市场经营风险，共同维护诚信的市场交易秩序。对矛盾有可能激化的敏感案件和群体性案件，要及时向当地党委汇报，与政府主管部门沟通情况，力争将不稳定因素化解在萌芽状态。

八、妥善审理商品房抵押贷款合同纠纷案件，维护房地产金融体系安全。在审理因商品房买受人拖欠银行贷款产生的纠纷案件中，要依法保护银行的合法权益；对涉嫌利用虚假房地产交易套取银行信贷资金等违法犯罪活动的，要及时向侦查机关提供线索；对案件中出现的新情况、新问题及时与房地产主管部门、银行业进行沟通，依法支持金融监管机构有效行使管理职能，防范房地产金融体系风险。

九、妥善处理拖欠租金引发的房屋租赁合同纠纷案件。在处理小型企业租赁他人厂房、仓库等经营性用房的案件时，如果承租人因资金短缺临时拖欠租金，但企业仍处于正常生产经营状态的，要从维护企业的生存发展入手，加大调解力度，尽可能促成合同继续履行。

十、妥善采用多种途径处理房地产纠纷案件。房地产案件的审判涉及到房地产企业和广大人民群众的切身利益，要从保障企业合法权益，保障人民群众居住权益的角度，切实贯彻“调解优先、调判结合”原则，大力加强诉讼调解工作；要借助行政调解、人民调解力量，多种途径、多种方式化解纠纷，维护稳定，切实防止房地产纠纷转变为群体性行为。

十一、加强对当前形势下房地产业审判工作新情况、新问题的进一步研究。房地产业在国民经济中的重要作用，决定了国际金融危机对房地产业的影响是深远的，要加强对房地产案件审判的前瞻性研究，密切关注国内外经济形势变化可能引发的房地产纠纷案件，对案件审判中出现的新情况、新问题及时提出应对的司法政策；要及时总结审判经验，有效提高解决疑难复杂问题的能力，为房地产业的健康、持续发展提供可靠的司法保证。

关于印送《立法技术规范（试行）（二）》的函

（法工委发〔2011〕5号）

各有关部门：

我们在总结立法工作实践经验，广泛听取各方面意见的基础上，针对立法工作中经常遇到的、带有共性和普遍性的有关法律结构、文字等立法技术层面的问题，拟定了《立法技术规范（试行）（二）》。经报常委会领导同志同意，现将《立法技术规范（试行）（二）》及其说明印送给你们，供工作中参考。

全国人民代表大会常务委员会法制工作办公室

二〇一一年二月十五日

立法技术规范（试行）（二）

（2011年1月30日）

一、法律条文表述规范

1. 部门（机构）职责的表述

1.1　涉及一个职能部门（机构）的职责的，表述为：××部门（机构）主管（负责）全国××工作。

示例1：国家保密行政管理部门主管全国的保密工作。县级以上地方各级保密行政管理部门主管本行政区域的保密工作。（保守国家秘密法第五条）

示例2：国务院公安部门负责全国道路交通安全管理工作。县级以上地方各级人民政府公安机关交通管理部门负责本行政区域内的道路交通安全管理工作。（道路交通安全法第五条）

示例3：国务院银行业监督管理机构负责对全国银行业金融机构及其业务活动监督管理的工作。（银行业监督管理法第二条第一款）

1.2　涉及多个职能部门（机构），需要明确各自职责的，分别表述为：××部门（机构）主管（负责）全国××工作，××部门（机构）负责××工作，××部门（机构）负责××工作。

示例1：国务院农业行政主管部门主管全国农业和农村经济发展工作，国务院林业行政主管部门和其他有关部门在各自的职责范围内，负责有关的农业和农村经济发展工作。（农业法第九条第二款）

示例2：国务院环境保护行政主管部门……负责全国防治陆源污染物和海岸工程建设项目对海洋污染损害的环境保护工作。

国家海洋行政主管部门负责海洋环境的监督管理，组织海洋环境的调查、监测、监视、评价和科学研究，负责全国防治海洋工程建设项目和海洋倾倒废弃物对海洋污染损害的环境保护工作。

国家海事行政主管部门负责所辖港区水域内非军事船舶和港区水域外非渔业、非军事船舶污染海洋环境的监督管理，并负责污染事故的调查处理；对在中华人民共和国管辖海域航行、停泊和作业的外国籍船舶造成的污染事故登轮检查处理。船舶污染事故给渔业造成损害的，应当吸收渔业行政主管部门参与调查处理。

国家渔业行政主管部门负责渔港水域内非军事船舶和渔港水域外渔业船舶污染海洋环境的监督管理，负责保护渔业水域生态环境工作，并调查处理前款规定的污染事故以外的渔业污染事故。

军队环境保护部门负责军事船舶污染海洋环境的监督管理及污染事故的调查处理。

沿海县级以上地方人民政府行使海洋环境监督管理权的部门的职责，由省、自治区、直辖市人民政府根据本法及国务院有关规定确定。（海洋环境保护法第五条）

1.3　涉及多个职能部门（机构），需要明确主管部门（机构）及其职责，但不必明确其他部门（机构）及其具体职责的，

表述为：××部门（机构）主管（负责）全国××工作，其他有关部门（机构）负责××工作。

示例1：国务院能源主管部门依照本法规定主管全国管道保护工作，负责组织编制并实施全国管道发展规划，统筹协调全国管道发展规划与其他专项规划的衔接，协调跨省、自治区、直辖市管道保护的重大问题。国务院其他有关部门依照有关法律、行政法规的规定，在各自职责范围内负责管道保护的相关工作。（石油天然气管道保护法第四条）

示例2：国务院社会保险行政部门负责全国的社会保险管理工作，国务院其他有关部门在各自的职责范围内负责有关的社会保险工作。（社会保险法第七条第一款）

2. 制定行政法规或者部门规章的表述

2.1　为确保法律规定的制度、有关事项的实施，需要国务院制定行政法规的，表述为：×××，由国务院制定。

示例1：民间统计调查活动的管理办法，由国务院制定。（统计法第四十九条）

示例2：保险保障基金筹集、管理和使用的具体办法，由国务院制定。（保险法

第一百条第二款）

2.2　为确保法律规定的专业性、技术性规定的实施，需要国务院有关部门（机构）制定部门规章的，表述为：×××，由国务院××部门（机构）制定。

示例1：使用空调采暖、制冷的公共建筑应当实行室内温度控制制度。具体办法由国务院建设主管部门制定。（节约能源法第三十七条）

示例2：保险公司提取和结转责任准备金的具体办法，由国务院保险监督管理机构制定。（保险法第九十八条）

3. 制定地方性法规或者地方政府规章的表述

3.1　需要由省级人大或其常委会制定地方性法规的，表述为：×××，由省、自治区、直辖市人民代表大会或者其常务委员会制定。

示例1：食品生产加工小作坊和食品摊贩从事食品生产经营活动，应当符合本法规定的与其生产经营规模、条件相适应的食品安全要求，保证所生产经营的食品卫生、无毒、无害，有关部门应当对其加强监督管理，具体管理办法由省、自治区、直辖市人民代表大会常务委员会依照本法制定。（食品安全法第二十九条第三款）

示例2：地方重点保护野生动物和其他非国家重点保护野生动物的管理办法，由省、自治区、直辖市人民代表大会常务委员会制定。（野生动物保护法第三十条）

3.2　需要由省级人大或其常委会或者较大市人大或其常委会制定地方性法规的，表述为：×××，由地方性法规规定。

示例：农村生活垃圾污染环境防治的具体办法，由地方性法规规定。（固体废物污染环境防治法第四十九条）

3.3　需要由省级人民政府制定规章的，表述为：×××，由省、自治区、直辖市人民政府制定（规定）。

示例1：临时建设和临时用地规划管理的具体办法，由省、自治区、直辖市人民政府制定。（城乡规划法第四十四条第三款）

示例2：预备役军官参加军事训练、执行军事勤务期间，其工作单位是国家机关、社会团体、企业事业单位的，由其所在单位照发工资和奖金，其享受的福利待遇不变。

前款规定以外的其他预备役军官参加军事训练、执行军事勤务期间，应当给予误工补贴，具体办法和标准由省、自治区、直辖市人民政府规定。（预备役军官法第五十三条）

3.4　可以由省级人大或其常委会制定地方性法规，也可以由省级人民政府制定规章的，表述为：×××，由省、自治区、直辖市制定（规定）。

示例1：在乡、村庄规划区内使用原有宅基地进行农村村民住宅建设的规划管理办法，由省、自治区、直辖市制定。（城乡规划法第四十一条第二款）

示例2：父母或者其他法定监护人在非户籍所在地工作或者居住的适龄儿童、少年，在其父母或者其他法定监护人工作或者居住地接受义务教育的，当地人民政府应当为其提供平等接受义务教育的条件。具体办法由省、自治区、直辖市规定。（义务教育法第十二条第二款）

4. 罚款规定的表述

罚款是行政处罚的一种方式，对当事人有惩戒教育作用。罚款可以是警示性的，也可以是经济性的。设定罚款应当根据违法行为的主观恶性、造成的损失、社会危害程度确定。

4.1 罚款规定一般应明确罚款的数额或者幅度。

4.2 对违法行为能够以违法数额、违法所得数额、造成的实际损失等作为参考系数确定罚款数额的，可以使用处以该系数的倍数或者比例罚款的表述。

示例1：机动车所有人、管理人未按照国家规定投保机动车第三者责任强制保险的，由公安机关交通管理部门扣留车辆至依照规定投保后，并处依照规定投保最低责任限额应缴纳的保险费的二倍罚款。（道路交通安全法第九十八条）

示例2：对造成一般或者较大水污染事故的，按照水污染事故造成的直接损失的百分之二十计算罚款；对造成重大或者特大水污染事故的，按照水污染事故造成的直接损失的百分之三十计算罚款。（水污染防治法第八十三条）

示例3：违反本法第五十三条的规定，在煤炭产品中掺杂、掺假，以次充好的，责令停止销售，没收违法所得，并处违法所得一倍以上五倍以下的罚款，可以依法吊销煤炭生产许可证或者取消煤炭经营资格；构成犯罪的，由司法机关依法追究刑事责任。（煤炭法第七十二条）

4.3 对违法行为难以用违法数额、违法所得数额、造成的实际损失等作为参考系数确定罚款数额的，可以使用确定数额以内或者一定幅度以内罚款的表述。

示例1：冒充国家机关工作人员或者以其他虚假身份招摇撞骗的，处五日以上十日以下拘留，可以并处五百元以下罚款；情节较轻的，处五日以下拘留或者五百元以下罚款。（治安管理处罚法第五十一条）

示例2：发行人、上市公司或者其他信息披露义务人未按照规定披露信息，或者所披露的信息有虚假记载、误导性陈述或者重大遗漏的，责令改正，给予警告，并处以三十万元以上六十万元以下的罚款。对直接负责的主管人员和其他直接责任人员给予警告，并处以三万元以上三十万元以下的罚款。（证券法第一百九十三条）

4.4 在规定处以一定幅度的数额罚款时，最低数额与最高数额之间一般不超过十倍。

示例1：违反本法规定，有下列情形之一的，由有关主管部门按照各自职责分工，责令改正，给予警告；拒不改正的，处二千元以上二万元以下罚款；情节严重的，责令停产停业，直至吊销许可证：……（食品安全法第八十七条）

示例2：非法安装警报器、标志灯具的，由公安机关交通管理部门强制拆除，予

以收缴，并处二百元以上二千元以下罚款。（道路交通安全法第九十七条）

4.5　规定罚款数额上限不规定下限的，表述为：可以处××元以下罚款。规定确定罚款数额或者数额幅度的，“处”之前不加“可以”。

示例1：违反本法规定，采集发菜，或者在水土流失重点预防区和重点治理区铲草皮、挖树兜、滥挖虫草、甘草、麻黄等的，由县级以上地方人民政府水行政主管部门责令停止违法行为，采取补救措施，没收违法所得，并处违法所得一倍以上五倍以下的罚款；没有违法所得的，可以处五万元以下的罚款。（水土保持法第五十一条）

示例2：违反本法规定，在崩塌、滑坡危险区或者泥石流易发区从事取土、挖砂、采石等可能造成水土流失的活动的，由县级以上地方人民政府水行政主管部门责令停止违法行为，没收违法所得，对个人处一千元以上一万元以下的罚款，对单位处二万元以上二十万元以下的罚款。（水土保持法第四十八条）

5. 刑法以外的法律中刑事责任规定的表述

5.1　只有个别条文涉及追究刑事责任的，一般在该条文中直接表述：“构成犯罪的，依法追究刑事责任”。

示例1：仲裁员有索贿受贿、徇私舞弊、枉法裁决以及接受当事人请客送礼等违法违纪行为的，农村土地承包仲裁委员会应当将其除名；构成犯罪的，依法追究刑事责任。（农村土地承包经营纠纷调解仲裁法第十七条第二款）

示例2：弄虚作假骗取护照的，由护照签发机关收缴护照或者宣布护照作废；由公安机关处二千元以上五千元以下罚款；构成犯罪的，依法追究刑事责任。（护照法第十七条）

5.2　有多个条文内容涉及追究刑事责任的，可在法律责任部分最后单设一条，表述为：违反本法规定，构成犯罪的，依法追究刑事责任。

示例1：违反本法规定，构成犯罪的，依法追究刑事责任。（社会保险法第九十四条）

示例2：违反本法规定，构成犯罪的，依法追究刑事责任。（石油天然气管道保护法第五十七条）

二、法律常用词语规范

6. 作出，做出

6.1　“作出”多与决定、解释等词语搭配使用。

示例1：农村土地承包仲裁委员会对回避申请应当及时作出决定，以口头或者书面方式通知当事人，并说明理由。（农村土地承包经营纠纷调解仲裁法第二十九条）

示例2：最高人民法院、最高人民检察院作出的属于审判、检察工作中具体应用法律的解释，应当自公布之日起三十日内报全国人民代表大会常务委员会备案。（监

督法第三十一条）

6.2　“做出”多与名词词语搭配使用。

示例1：对在社会主义建设中做出显著成绩的残疾人，对维护残疾人合法权益、发展残疾人事业、为残疾人服务做出显著成绩的单位和个人，各级人民政府和有关部门给予表彰和奖励。（残疾人保障法第十三条）

示例2：国务院和沿海地方各级人民政府应当加强对海岛保护的宣传教育工作，增强公民的海岛保护意识，并对在海岛保护以及有关科学研究工作中做出显著成绩的单位和个人予以奖励。（海岛保护法第七条）

7. 公布，发布，公告

7.1　“公布”用于公布法律、行政法规、结果、标准等。

示例1：本法自公布之日起施行。（村民委员会组织法第四十一条）

示例2：统计调查项目的审批机关应当对调查项目的必要性、可行性、科学性进行审查，对符合法定条件的，作出予以批准的书面决定，并公布；对不符合法定条件的，作出不予批准的书面决定，并说明理由。（统计法第十三条）

示例3：食品安全国家标准由国务院卫生行政部门负责制定、公布，国务院标准化行政部门提供国家标准编号。（食品安全法第二十一条）

7.2　“发布”用于公开发出新闻、信息、命令、指示等。

示例1：履行统一领导职责或者组织处置突发事件的人民政府，应当按照有关规定统一、准确、及时发布有关突发事件事态发展和应急处置工作的信息。（突发事件应对法第五十三条）

示例2：突发事件发生地的其他单位应当服从人民政府发布的决定、命令，配合人民政府采取的应急处置措施，做好本单位的应急救援工作，并积极组织人员参加所在地的应急救援和处置工作。（突发事件应对法第五十六条第二款）

7.3　“公告”用于向公众发出告知事项。

示例1：遇有大型群众性活动、大范围施工等情况，需要采取限制交通的措施，或者作出与公众的道路交通活动直接有关的决定，应当提前向社会公告。（道路交通安全法第三十九条）

示例2：专利复审委员会对宣告专利权无效的请求应当及时审查和作出决定，并通知请求人和专利权人。宣告专利权无效的决定，由国务院专利行政部门登记和公告。（专利法第四十六条）

8. 违法，非法

8.1　“违法”一般用于违反法律强制性规范的行为。

示例1：被检查单位或者个人拒不停止违法行为，造成严重水土流失的，报经水行政主管部门批准，可以查封、扣押实施违法行为的工具及施工机械、设备等。（水

土保持法第四十三条)

示例2：村民委员会不及时公布应当公布的事项或者公布的事项不真实的，村民有权向乡、民族乡、镇的人民政府或者县级人民政府及其有关主管部门反映，有关人民政府或者主管部门应当负责调查核实，责令依法公布；经查证确有违法行为的，有关人员应当依法承担责任。(村民委员会组织法第三十一条)

8.2 “非法”通常情况下也是违法，但主要强调缺乏法律依据的行为。

示例1：任何组织和个人不得侵占、挪用义务教育经费，不得向学校非法收取或者摊派费用。(义务教育法第四十九条)

示例2：非法占有高度危险物造成他人损害的，由非法占有人承担侵权责任。所有人、管理人不能证明对防止他人非法占有尽到高度注意义务的，与非法占有人承担连带责任。(侵权责任法第七十五条)

9. 设定，设立

“设定”和“设立”都可以用于权利、义务、条件等的设置。“设立”还可以用于成立或者开办组织、机构、项目等。

示例1：行政机关和法律、法规授权的具有管理公共事务职能的组织不得滥用行政权力，以设定歧视性资质要求、评审标准或者不依法发布信息等方式，排斥或者限制外地经营者参加本地的招标投标活动。(反垄断法第三十四条)

示例2：不动产物权的设立、变更、转让和消灭，应当依照法律规定登记。动产物权的设立和转让，应当依照法律规定交付。(物权法第六条)

示例3：国务院设立食品安全委员会，其工作职责由国务院规定。(食品安全法第四条)

示例4：国务院和县级以上地方人民政府根据实际需要，设立专项资金，扶持农村地区、民族地区实施义务教育。(义务教育法第四十七条)

10. 执业人员，从业人员

10.1 “执业人员”用于表述符合法律规定的条件，依法取得相应执业证书，并从事为社会公众提供服务的人员。

示例1：本法所称律师，是指依法取得律师执业证书，接受委托或者指定，为当事人提供法律服务的执业人员。(律师法第二条)

示例2：注册会计师是依法取得注册会计师证书并接受委托从事审计和会计咨询、会计服务业务的执业人员。(注册会计师法第二条)

10.2 “从业人员”用于表述在一般性行业就业的人员。

示例1：无雇工的个体工商户、未在用人单位参加基本养老保险的非全日制从业人员以及其他灵活就业人员可以参加基本养老保险，由个人缴纳基本养老保险费。(社会保险法第十条第二款)

示例2：从业人员有依法接受职业培训和继续教育的权利和义务。（教育法第四十条第一款）

11. 批准，核准

11.1 “批准”用于有权机关依据法定权限和法定条件，对当事人提出的申请、呈报的事项等进行审查，并决定是否予以准许。

示例1：进行下列施工作业，施工单位应当向管道所在地县级人民政府主管管道保护工作的部门提出申请：……

县级人民政府主管管道保护工作的部门接到申请后，应当组织施工单位与管道企业协商确定施工作业方案，并签订安全防护协议；协商不成的，主管管道保护工作的部门应当组织进行安全评审，作出是否批准作业的决定。（石油天然气管道保护法第三十五条）

示例2：从事考古发掘的单位，为了科学研究进行考古发掘，应当提出发掘计划，报国务院文物行政部门批准；对全国重点文物保护单位的考古发掘计划，应当经国务院文物行政部门审核后报国务院批准。（文物保护法第二十八条）

11.2 “核准”用于有权机关依据法定权限和法定条件进行审核，对符合法定条件的予以准许。

示例1：公开发行证券，必须符合法律、行政法规规定的条件，并依法报经国务院证券监督管理机构或者国务院授权的部门核准；未经依法核准，任何单位和个人不得公开发行证券。（证券法第十条）

示例2：公证机构的负责人应当在有三年以上执业经历的公证员中推选产生，由所在地的司法行政部门核准，报省、自治区、直辖市人民政府司法行政部门备案。（公证法第十条）

12. 注销，吊销，撤销

12.1 “注销”用于因一些法定事实出现而导致的取消登记在册的事项或者已经批准的行政许可等。

示例1：建设用地使用权消灭的，出让人应当及时办理注销登记。（物权法第一百五十条）

示例2：有下列情形之一的，行政机关应当依法办理有关行政许可的注销手续：

（一）行政许可有效期届满未延续的；

（二）赋予公民特定资格的行政许可，该公民死亡或者丧失行为能力的；

（三）法人或者其他组织依法终止的；

（四）行政许可依法被撤销、撤回，或者行政许可证件依法被吊销的；

（五）因不可抗力导致行政许可事项无法实施的；

（六）法律、法规规定的应当注销行政许可的其他情形。（行政许可法第七十条）

12.2　“吊销”作为一种行政处罚，用于有权机关针对违法行为，通过注销证件或者公开废止证件效力的方式，取消违法者先前已经取得的许可证件。

示例1：邮政企业、快递企业不建立或者不执行收件验视制度，或者违反法律、行政法规以及国务院和国务院有关部门关于禁止寄递或者限制寄递物品的规定收寄邮件、快件的，对邮政企业直接负责的主管人员和其他直接责任人员给予处分；对快递企业，邮政管理部门可以责令停业整顿直至吊销其快递业务经营许可证。（邮政法第七十五条）

示例2：城乡规划编制单位取得资质证书后，不再符合相应的资质条件的，由原发证机关责令限期改正；逾期不改正的，降低资质等级或者吊销资质证书。（城乡规划法第六十三条）

12.3　“撤销”用于有权机关取消依法不应颁发的行政许可或者发出的文件、设立的组织机构，也可以用于取消资质、资格等。

示例1：城乡规划主管部门违反本法规定作出行政许可的，上级人民政府城乡规划主管部门有权责令其撤销或者直接撤销该行政许可。（城乡规划法第五十七条）

示例2：违反本法规定，食品检验机构、食品检验人员出具虚假检验报告的，由授予其资质的主管部门或者机构撤销该检验机构的检验资格；依法对检验机构直接负责的主管人员和食品检验人员给予撤职或者开除的处分。（食品安全法第九十三条第一款）

13. 根据，依据

13.1　引用宪法、法律作为立法依据时，用“根据”。

示例1：为了加强国防建设，完善国防动员制度，保障国防动员工作的顺利进行，维护国家的主权、统一、领土完整和安全，根据宪法，制定本法。（国防动员法第一条）

示例2：省、自治区、直辖市的人民代表大会常务委员会根据本法，结合本行政区域的实际情况，制定实施办法。（村民委员会组织法第四十条）

13.2　适用其他法律或者本法的其他条款时，用“依据”。

示例1：提供的统计资料不能满足需要时，国防动员委员会办事机构可以依据《中华人民共和国统计法》和国家有关规定组织开展国防动员潜力专项统计调查。（国防动员法第十九条）

示例2：对反垄断执法机构依据本法第二十八条、第二十九条作出的决定不服的，可以先依法申请行政复议；对行政复议决定不服的，可以依法提起行政诉讼。（反垄断法第五十三条）

14. 谋取，牟取

“谋取”是中性词，可以谋取合法利益，也可以谋取非法利益。“牟取”是贬义词，表示通过违法行为追求利益。

示例1：学校以向学生推销或者变相推销商品、服务等方式谋取利益的，由县级人民政府教育行政部门给予通报批评；有违法所得的，没收违法所得；对直接负责的主管人员和其他直接责任人员依法给予处分。（义务教育法第五十六条第二款）

示例2：采购代理机构不得以向采购人行贿或者采取其他不正当手段谋取非法利益。（政府采购法第二十五条第三款）

示例3：人民调解员在调解工作中有下列行为之一的，由其所在的人民调解委员会给予批评教育、责令改正，情节严重的，由推选或者聘任单位予以罢免或者解聘：……（三）索取、收受财物或者牟取其他不正当利益的；……（人民调解法第十五条）

示例4：国务院证券监督管理机构工作人员应当忠于职守，依法办事，公正廉洁，接受监督，不得利用职务牟取私利。（证券投资基金法第七十九条）

最高人民法院、最高人民检察院关于办理非法采矿、破坏性采矿刑事案件适用法律若干问题的解释

（法释〔2016〕25号）

为依法惩处非法采矿、破坏性采矿犯罪活动，根据《中华人民共和国刑法》《中华人民共和国刑事诉讼法》的有关规定，现就办理此类刑事案件适用法律的若干问题解释如下：

第一条　违反《中华人民共和国矿产资源法》《中华人民共和国水法》等法律、行政法规有关矿产资源开发、利用、保护和管理的规定的，应当认定为刑法第三百四十三条规定的“违反矿产资源法的规定”。

第二条　具有下列情形之一的，应当认定为刑法第三百四十三条第一款规定的“未取得采矿许可证”：

（一）无许可证的；

（二）许可证被注销、吊销、撤销的；

（三）超越许可证规定的矿区范围或者开采范围的；

（四）超出许可证规定的矿种的（共生、伴生矿种除外）；

（五）其他未取得许可证的情形。

第三条　实施非法采矿行为，具有下列情形之一的，应当认定为刑法第三百四十三条第一款规定的“情节严重”：

（一）开采的矿产品价值或者造成矿产资源破坏的价值在十万元至三十万元以上的；

（二）在国家规划矿区、对国民经济具有重要价值的矿区采矿，开采国家规定实行保护性开采的特定矿种，或者在禁采区、禁采期内采矿，开采的矿产品价值或者造成矿产资源破坏的价值在五万元至十五万元以上的；

（三）二年内曾因非法采矿受过两次以上行政处罚，又实施非法采矿行为的；

（四）造成生态环境严重损害的；

（五）其他情节严重的情形。

实施非法采矿行为，具有下列情形之一的，应当认定为刑法第三百四十三条第一款规定的“情节特别严重”：

（一）数额达到前款第一项、第二项规定标准五倍以上的；

（二）造成生态环境特别严重损害的；

（三）其他情节特别严重的情形。

第四条　在河道管理范围内采砂，具有下列情形之一，符合刑法第三百四十三条第一款和本解释第二条、第三条规定的，以非法采矿罪定罪处罚：

（一）依据相关规定应当办理河道采砂许可证，未取得河道采砂许可证的；

（二）依据相关规定应当办理河道采砂许可证和采矿许可证，既未取得河道采砂许可证，又未取得采矿许可证的。

实施前款规定行为，虽不具有本解释第三条第一款规定的情形，但严重影响河势稳定，危害防洪安全的，应当认定为刑法第三百四十三条第一款规定的“情节严重”。

第五条　未取得海砂开采海域使用权证，且未取得采矿许可证，采挖海砂，符合刑法第三百四十三条第一款和本解释第二条、第三条规定的，以非法采矿罪定罪处罚。

实施前款规定行为，虽不具有本解释第三条第一款规定的情形，但造成海岸线严重破坏的，应当认定为刑法第三百四十三条第一款规定的“情节严重”。

第六条　造成矿产资源破坏的价值在五十万元至一百万元以上，或者造成国家规划矿区、对国民经济具有重要价值的矿区和国家规定实行保护性开采的特定矿种资源破坏的价值在二十五万元至五十万元以上的，应当认定为刑法第三百四十三条第二款规定的“造成矿产资源严重破坏”。

第七条　明知是犯罪所得的矿产品及其产生的收益，而予以窝藏、转移、收购、代为销售或者以其他方法掩饰、隐瞒的，依照刑法第三百一十二条的规定，以掩饰、隐瞒犯罪所得、犯罪所得收益罪定罪处罚。

实施前款规定的犯罪行为，事前通谋的，以共同犯罪论处。

第八条　多次非法采矿、破坏性采矿构成犯罪，依法应当追诉的，或者二年内多次非法采矿、破坏性采矿未经处理的，价值数额累计计算。

第九条　单位犯刑法第三百四十三条规定之罪的，依照本解释规定的相应自然人犯罪的定罪量刑标准，对直接负责的主管人员和其他直接责任人员定罪处罚，并对单位判处罚金。

第十条　实施非法采矿犯罪，不属于“情节特别严重”，或者实施破坏性采矿犯罪，行为人系初犯，全部退赃退赔，积极修复环境，并确有悔改表现的，可以认定为犯罪情节轻微，不起诉或者免予刑事处罚。

第十一条　对受雇佣为非法采矿、破坏性采矿犯罪提供劳务的人员，除参与利润分成或者领取高额固定工资的以外，一般不以犯罪论处，但曾因非法采矿、破坏性采矿受过处罚的除外。

第十二条　对非法采矿、破坏性采矿犯罪的违法所得及其收益，应当依法追缴或者责令退赔。

对用于非法采矿、破坏性采矿犯罪的专门工具和供犯罪所用的本人财物，应当依法没收。

第十三条　非法开采的矿产品价值，根据销赃数额认定；无销赃数额，销赃数额难以查证，或者根据销赃数额认定明显不合理的，根据矿产品价格和数量认定。

矿产品价值难以确定的，依据下列机构出具的报告，结合其他证据作出认定：

（一）价格认证机构出具的报告；

（二）省级以上人民政府国土资源、水行政、海洋等主管部门出具的报告；

（三）国务院水行政主管部门在国家确定的重要江河、湖泊设立的流域管理机构出具的报告。

第十四条 对案件所涉的有关专门性问题难以确定的，依据下列机构出具的鉴定意见或者报告，结合其他证据作出认定：

（一）司法鉴定机构就生态环境损害出具的鉴定意见；

（二）省级以上人民政府国土资源主管部门就造成矿产资源破坏的价值、是否属于破坏性开采方法出具的报告；

（三）省级以上人民政府水行政主管部门或者国务院水行政主管部门在国家确定的重要江河、湖泊设立的流域管理机构就是否危害防洪安全出具的报告；

（四）省级以上人民政府海洋主管部门就是否造成海岸线严重破坏出具的报告。

第十五条 各省、自治区、直辖市高级人民法院、人民检察院，可以根据本地区实际情况，在本解释第三条、第六条规定的数额幅度内，确定本地区执行的具体数额标准，报最高人民法院、最高人民检察院备案。

第十六条 本解释自2016年12月1日起施行。本解释施行后，《最高人民法院关于审理非法采矿、破坏性采矿刑事案件具体应用法律若干问题的解释》（法释〔2003〕9号）同时废止。

最高人民法院

最高人民检察院

二〇一六年十一月二十八日

第四部分
部门规章及规范性文件

规划管理

国土资源部关于印发《城乡建设用地增减挂钩试点管理办法》的通知

（国土资发〔2008〕138号）

天津、江苏、浙江、安徽、福建、山东、湖北、湖南、广东、重庆、四川、河北、内蒙古、辽宁、江西、河南、云南等省（区、市）国土资源厅（国土资源和房屋管理局）：

《城乡建设用地增减挂钩试点管理办法》已经第14次部长办公会审议通过，现予印发，请认真贯彻执行。

国土资源部

二〇〇八年六月二十七日

城乡建设用地增减挂钩试点管理办法

第一条 为进一步加强和规范城乡建设用地增减挂钩试点工作。

根据《国务院关于深化改革严格土地管理的决定》（国发〔2004〕28号）的规定，制定本办法。

第二条 本办法所称城乡建设用地增减挂钩（以下简称挂钩）是指依据土地利用总体规划，将若干拟整理复垦为耕地的农村建设用地地块（即拆旧地块）和拟用于城镇建设的地块（即建新地块）等面积共同组成建新拆旧项目区（以下简称项目区），通过建新拆旧和土地整理复垦等措施，在保证项目区内各类土地面积平衡的基础上，最终实现增加耕地有效面积，提高耕地质量，节约集约利用建设用地，城乡用地布局更合理的目标。

第三条 挂钩试点工作应以落实科学发展观为统领，以保护耕地、保障农民土地权益为出发点，以改善农村生产生活条件，统筹城乡发展为目标，以优化用地结构和节约集约用地为重点。具体遵循以下原则：

（一）以规划统筹试点工作，引导城乡用地结构调整和布局优化，推进土地节约集约利用，促进城乡协调发展。

（二）以挂钩周转指标安排项目区建新拆旧规模，调控实施进度，考核计划目标；

（三）以项目区实施为核心，实行行政辖区和项目区建新拆旧双层审批、考核和管理，确保项目区实施后，增加耕地有效面积，提高耕地质量，建设用地总量不突破原有规模；

（四）因地制宜，统筹安排，零拆整建，先易后难，突出重点，分步实施；

（五）尊重群众意愿，维护集体和农户土地合法权益；

（六）以城带乡、以工促农，通过挂钩试点工作，改善农民生产、生活条件，促进农业适度规模经营和农村集体经济发展。

第四条 国土资源部负责对全国挂钩试点工作的政策指导、规模调控和监督检查；试点省（区、市）省级国土资源部门负责辖区内试点工作的总体部署和组织管理；试点市、县国土资源部门负责本行政区域内试点工作的具体组织实施。挂钩试点工作应当由市、县人民政府组织协调，相关部门协同配合，共同推进。

第五条 挂钩试点工作实行行政区域和项目区双层管理，以项目区为主体组织实施。项目区应在试点市、县行政辖区内设置，优先考虑城乡结合部地区；项目区内建新和拆旧地块要相对接近，便于实施和管理，并避让基本农田；项目区内建新地块总面积必须小于拆旧地块总面积，拆旧地块整理复垦耕地的，数量、质量，应比建新占用耕地的数量有增加、质量有提高。项目区内拆旧地块整理的耕地面积，大于建新占用的耕地的，可用于建设占用耕地占补平衡。

第六条 挂钩试点通过下达城乡建设用地增减挂钩周转指标（以下简称挂钩周转指标）进行。挂钩周转指标专项用于控制项目区内建新地块的规模，同时作为拆旧地块整理复垦耕地面积的标准。不得作为年度新增建设用地计划指标使用。

挂钩周转指标应在规定时间内用拆旧地块整理复垦的耕地面积归还，面积不得少于下达的挂钩周转指标。

第七条 挂钩试点市、县应当开展专项调查，查清试点地区土地利用现状、权属、等级，分析试点地区农村建设用地整理复垦潜力和城镇建设用地需求，了解当地群众的生产生活条件和建新拆旧意愿。

第八条 挂钩试点市、县应当依据土地利用总体规划和专项调查，编制挂钩试点专项规划，统筹安排挂钩试点项目区规模布局，做好与城市、村镇规划等的衔接。

第九条 挂钩试点县（区、市）应依据专项调查和挂钩试点专项规划，编制项目区实施规划，统筹确定城镇建设用地增加和农村建设用地撤并的规模、范围和布局，合理安排建新区城镇村建设用地的比例，优先保证被拆迁农民安置和农村公共设施建设用地，并为当地农村集体经济发展预留空间。

项目区实施规划内容主要包括农村建设用地整理复垦潜力分析，项目区规模与范围，土地利用结构调整等情况；项目区实施时序，周转指标规模及使用、归还计划；拆旧区整理复垦和安置补偿方案；资金预算与筹措等，以及项目区土地利用现状图和项目区实施规划图。

第十条 挂钩试点工作必须经国土资源部批准，未经批准不得自行开展试点工作。

省级国土资源部门制定试点工作总体方案，向国土资源部提出开展挂钩试点工作申请。国土资源部对省级国土资源部门上报的试点工作总体方案进行审查，并批准挂钩试点省份。

经批准的试点省级国土资源部门，依据试点工作总体方案，组织市、县国土资源部门编制项目区实施规划，并进行审查，建立项目区备选库；根据项目区入库情况，向国土资源部提出周转指标申请。

国土资源部在对项目区备选库进行核查的基础上，按照总量控制的原则，批准下达挂钩周转指标规模。

第十一条　挂钩试点应当具备以下条件：

（一）建设用地供需矛盾突出，农村建设用地整理复垦潜力较大；

（二）当地政府重视，群众积极性较高；

（三）经济发展较快，具备较强的经济实力，能确保建新安置和拆旧整理所需资金；

（四）土地管理严格规范，各项基础业务扎实，具有较强制度创新和探索能力。

第十二条　试点省（区、市）应根据国土资源部批准下达的挂钩周转指标规模，在项目区备选库中择优确定试点项目区，对项目区实施规划和建新拆旧进行整体审批，不再单独办理农用地转用审批手续。整体审批结果报国土资源部备案。

项目区经整体审批后方可实施，未经整体审批的项目区，不得使用挂钩周转指标；未纳入项目区、无挂钩周转指标的地块，不得改变土地用途，涉及农用地改变为新增建设用地的应依法办理农用地转用手续。

第十三条　项目区实施前，应当对建新拟占用的农用地和耕地，进行面积测量和等级评定，并登记入册。

第十四条　挂钩试点实施过程中，项目区拆旧地块整理要严格执行土地整理复垦的有关规定，涉及工程建设的，应当执行项目法人制、招投标制、工程监理制、公告制等制度。

第十五条　挂钩周转指标分别以行政区域和项目区为考核单位，两者建新地块的面积规模都不得突破下达的挂钩周转指标规模。对各项目区挂钩周转指标的使用情况，要独立进行考核和管理；对试点市、县挂钩周转指标的使用情况，要综合行政辖区内的所有项目区进行整体考核和管理。

试点市、县国土资源部门应按照“总量控制、封闭运行、定期考核、到期归还”的原则，制定建立挂钩周转指标管理台账，对挂钩周转指标的下达、使用和归还进行全程监管。

挂钩周转指标从项目区整体审批实施至指标归还的期限一般不超过三年。项目区要制定分年度指标归还计划，试点市、县国土资源部门督促落实指标归还进度；试点省级国土资源部门每年应依据指标归还计划，对各试点市、县挂钩周转指标归还情况进行考核验收。

第十六条 项目区建新地块要按照国家供地政策和节约集约用地要求供地和用地。确需征收的集体土地，应依法办理土地征收手续。

通过开展土地评估、界定土地权属，按照同类土地等价交换的原则，合理进行土地调整、互换和补偿。根据“依法、自愿、有偿、规范”的要求，探索集体建设用地流转，创新机制，促进挂钩试点工作。

第十七条 项目区选点布局应当举行听证、论证，充分吸收当地农民和公众意见，严禁违背农民意愿，大拆大建；项目区实施过程中，涉及农用地或建设用地调整、互换，要得到集体经济组织和农民确认。涉及集体土地征收的，要实行告知、听证和确认，对集体和农民妥善给予补偿和安置。

建新地块实行有偿供地所得收益，要用于项目区内农村和基础设施建设，并按照城市反哺农村、工业反哺农业的要求，优先用于支持农村集体发展生产和农民改善生活条件。

第十八条 市、县国土资源部门对挂钩试点工作要实行动态监管，每半年将试点进展情况向上级国土资源部门报告；省级国土资源部门应定期对本行政辖区试点工作进行检查指导，并于每年年底组织开展年度考核，考核情况报国土资源部备案。

第十九条 项目区实施完成后，由试点县级国土资源部门进行初验。初验合格后，向上一级国土资源部门申请，由省级国土资源部门组织正式验收，并将验收结果报部备案。

项目区验收时，需提供1:1万或更大比例尺的项目区土地利用现状图和必要的遥感影像资料，与项目区实施前的图件资料进行比对和核查。

第二十条 项目区竣工验收后，要在规定的时间内完成地籍调查和土地变更调查，明确地块界址，并依法办理土地变更登记手续。

第二十一条 试点各级国土资源部门应运用计算机等手段，对建新拆旧面积、周转指标、土地权属等进行登记、汇总，建立项目区数据库，加强信息化管理。

第二十二条 国土资源部定期对试点工作进行检查，对未能按计划及时归还指标的省（区、市），要限期整改，情节严重的，暂停挂钩试点工作；对于擅自扩大试点范围，突破下达周转指标规模，停止该省（区、市）的挂钩试点工作，并相应扣减土地利用年度计划指标。

第二十三条 试点省（区、市）可结合本地区实际情况，参照本办法，制定具体实施办法。

第二十四条 本办法自颁布之日起实施。

建设项目用地预审管理办法

（2001年7月25日国土资源部令第7号发布　2004年10月29日国土资源部第九次部务会议修订　2008年11月12日国土资源部第十三次部务会议第一次修正　根据2016年11月25日《国土资源部关于修改〈建设项目用地预审管理办法〉的决定》第二次修正）

第一条　为保证土地利用总体规划的实施，充分发挥土地供应的宏观调控作用，控制建设用地总量，根据《中华人民共和国土地管理法》、《中华人民共和国土地管理法实施条例》和《国务院关于深化改革严格土地管理的决定》，制定本办法。

第二条　本办法所称建设项目用地预审，是指国土资源主管部门在建设项目审批、核准、备案阶段，依法对建设项目涉及的土地利用事项进行的审查。

第三条　预审应当遵循下列原则：

（一）符合土地利用总体规划；

（二）保护耕地，特别是基本农田；

（三）合理和集约节约利用土地；

（四）符合国家供地政策。

第四条　建设项目用地实行分级预审。

需人民政府或有批准权的人民政府发展和改革等部门审批的建设项目，由该人民政府的国土资源主管部门预审。

需核准和备案的建设项目，由与核准、备案机关同级的国土资源主管部门预审。

第五条　需审批的建设项目在可行性研究阶段，由建设用地单位提出预审申请。

需核准的建设项目在项目申请报告核准前，由建设单位提出用地预审申请。

需备案的建设项目在办理备案手续后，由建设单位提出用地预审申请。

第六条　依照本办法第四条规定应当由国土资源部预审的建设项目，国土资源部委托项目所在地的省级国土资源主管部门受理，但建设项目占用规划确定的城市建设用地范围内土地的，委托市级国土资源主管部门受理。受理后，提出初审意见，转报国土资源部。

涉密军事项目和国务院批准的特殊建设项目用地，建设用地单位可直接向国土资源部提出预审申请。

应当由国土资源部负责预审的输电线塔基、钻探井位、通讯基站等小面积零星分散建设项目用地，由省级国土资源主管部门预审，并报国土资源部备案。

第七条　申请用地预审的项目建设单位，应当提交下列材料：

（一）建设项目用地预审申请表；

（二）建设项目用地预审申请报告，内容包括拟建项目的基本情况、拟选址占地情况、拟用地是否符合土地利用总体规划、拟用地面积是否符合土地使用标准、拟用地是否符合供地政策等；

（三）审批项目建议书的建设项目提供项目建议书批复文件，直接审批可行性研究报告或者需核准的建设项目提供建设项目列入相关规划或者产业政策的文件。

前款规定的用地预审申请表样式由国土资源部制定。

第八条 建设单位应当对单独选址建设项目是否位于地质灾害易发区、是否压覆重要矿产资源进行查询核实；位于地质灾害易发区或者压覆重要矿产资源的，应当依据相关法律法规的规定，在办理用地预审手续后，完成地质灾害危险性评估、压覆矿产资源登记等。

第九条 负责初审的国土资源主管部门在转报用地预审申请时，应当提供下列材料：

（一）依据本办法第十一条有关规定，对申报材料作出的初步审查意见；

（二）标注项目用地范围的土地利用总体规划图、土地利用现状图及其他相关图件；

（三）属于《土地管理法》第二十六条规定情形，建设项目用地需修改土地利用总体规划的，应当出具规划修改方案。

第十条 符合本办法第七条规定的预审申请和第九条规定的初审转报件，国土资源主管部门应当受理和接收。不符合的，应当场或在五日内书面通知申请人和转报人，逾期不通知的，视为受理和接收。

受国土资源部委托负责初审的国土资源主管部门应当自受理之日起二十日内完成初审工作，并转报国土资源部。

第十一条 预审应当审查以下内容：

（一）建设项目用地是否符合国家供地政策和土地管理法律、法规规定的条件；

（二）建设项目选址是否符合土地利用总体规划，属《土地管理法》第二十六条规定情形，建设项目用地需修改土地利用总体规划的，规划修改方案是否符合法律、法规的规定；

（三）建设项目用地规模是否符合有关土地使用标准的规定；对国家和地方尚未颁布土地使用标准和建设标准的建设项目，以及确需突破土地使用标准确定的规模和功能分区的建设项目，是否已组织建设项目节地评价并出具评审论证意见。

占用基本农田或者其他耕地规模较大的建设项目，还应当审查是否已经组织踏勘论证。

第十二条 国土资源主管部门应当自受理预审申请或者收到转报材料之日起二十日内，完成审查工作，并出具预审意见。二十日内不能出具预审意见的，经负责预审的国土资源主管部门负责人批准，可以延长十日。

第十三条　预审意见应当包括对本办法第十一条规定内容的结论性意见和对建设用地单位的具体要求。

第十四条　预审意见是有关部门审批项目可行性研究报告、核准项目申请报告的必备文件。

第十五条　建设项目用地预审文件有效期为三年，自批准之日起计算。已经预审的项目，如需对土地用途、建设项目选址等进行重大调整的，应当重新申请预审。

未经预审或者预审未通过的，不得批复可行性研究报告、核准项目申请报告；不得批准农用地转用、土地征收，不得办理供地手续。预审审查的相关内容在建设用地报批时，未发生重大变化的，不再重复审查。

第十六条　本办法自2009年1月1日起施行。

土地利用总体规划编制审查办法

（2009年2月4日　国土资源部令第43号）

第一章　总　则

第一条　为规范土地利用总体规划的编制、审查和报批，提高土地利用总体规划的科学性，根据《中华人民共和国土地管理法》和《中华人民共和国土地管理法实施条例》等法律、行政法规，制定本办法。

第二条　土地利用总体规划依法由各级人民政府组织编制，国土资源行政主管部门具体承办。国土资源行政主管部门会同有关部门编制本级土地利用总体规划，审查下级土地利用总体规划，适用本办法。

第三条　土地利用总体规划是实行最严格土地管理制度的纲领性文件，是落实土地宏观调控和土地用途管制，规划城乡建设和统筹各项土地利用活动的重要依据。

各地区、各部门、各行业编制的城市、村镇规划，基础设施、产业发展、生态环境建设等专项规划，应当与土地利用总体规划相衔接。

第四条　编制和审查土地利用总体规划，应当贯彻落实科学发展观，坚持节约资源和保护环境的基本国策，坚持最严格的耕地保护制度和最严格的节约用地制度，紧密结合国民经济和社会发展的要求，不断提高土地资源对经济社会全面协调可持续发展的保障能力。

第五条　国土资源行政主管部门会同财政等部门落实规划编制工作经费，保障规划编制工作的顺利开展。

第二章　规划编制

第六条　土地利用总体规划分为国家、省、市、县和乡（镇）五级。

根据需要可编制跨行政区域的土地利用总体规划。

村庄土地利用总体规划是乡（镇）土地利用总体规划的重要内容。各地应当在编制乡（镇）土地利用总体规划时对村庄土地利用的总体布局作出科学规划和统筹安排。

第七条　编制土地利用总体规划，应当坚持政府组织、专家领衔、部门合作、公众参与、科学决策的工作方针。

第八条　土地利用总体规划编制前，国土资源行政主管部门应当对现行规划的实施情况进行评估，开展基础调查、重大问题研究等前期工作。

第九条　国土资源行政主管部门应当在前期工作基础上，以真实、准确、合法的土地调查基础数据为依据，组织编制土地利用总体规划大纲。

前款规定的土地利用总体规划大纲，包括：规划背景，指导思想和原则，土地利用战略定位和目标，土地利用规模、结构与布局总体安排，规划实施措施等内容。

第十条　国土资源行政主管部门依据经审查通过的土地利用总体规划大纲，编制土地利用总体规划。

乡（镇）土地利用总体规划可以与所在地的县级土地利用总体规划同步编制。

第十一条　在土地利用总体规划编制过程中，对涉及资源保护与可持续发展、区域和城乡协调、土地节约集约利用、土地利用结构布局优化、土地生态环境保护与建设等重大问题，国土资源行政主管部门应当组织相关方面的专家进行专题研究和论证。

第十二条　在土地利用总体规划编制过程中，国土资源行政主管部门应当建立部门协调机制，征求各有关部门的意见。

第十三条　对土地利用总体规划编制中的重大问题，可以向社会公众征询解决方案。

对直接涉及公民、法人和其他组织合法利益的规划内容，应当举行听证会，充分听取公众的意见。

采取听证会形式听取意见的，按照《国土资源听证规定》的程序进行。

第十四条　国土资源行政主管部门应当组织相关方面专家对土地利用总体规划进行论证，论证意见及采纳情况应当作为报送审查材料一并上报。

第十五条　承担土地利用总体规划具体编制工作的单位，应当具备下列条件：

（一）具有法人资格；

（二）具有编制土地利用总体规划的工作业绩；

（三）有完备的技术和质量管理制度；

（四）有经过培训且考核合格的专业技术人员。

国土资源部和省、自治区、直辖市国土资源行政主管部门应当定期公布符合本条规定条件的单位目录。

第三章　规划内容

第十六条　土地利用总体规划应当包括下列内容：

（一）现行规划实施情况评估；

（二）规划背景与土地供需形势分析；

（三）土地利用战略；

（四）规划主要目标的确定，包括：耕地保有量、基本农田保护面积、建设用地规模和土地整理复垦开发安排等；

（五）土地利用结构、布局和节约集约用地的优化方案；

（六）土地利用的差别化政策；

（七）规划实施的责任与保障措施。

乡（镇）土地利用总体规划可以根据实际情况，适当简化前款规定的内容。

第十七条 省级土地利用总体规划，应当重点突出下列内容：

（一）国家级土地利用任务的落实情况；

（二）重大土地利用问题的解决方案；

（三）各区域土地利用的主要方向；

（四）对市（地）级土地利用的调控；

（五）土地利用重大专项安排；

（六）规划实施的机制创新。

第十八条 市级土地利用总体规划，应当重点突出下列内容：

（一）省级土地利用任务的落实；

（二）土地利用规模、结构与布局的安排；

（三）土地利用分区及分区管制规则；

（四）中心城区土地利用控制；

（五）对县级土地利用的调控；

（六）重点工程安排；

（七）规划实施的责任落实。

前款第（四）项规定的中心城区，包括城市主城区及其相关联的功能组团，其土地利用控制的重点是按照土地用途管制的要求，确定规划期内新增建设用地的规模与布局安排，划定中心城区建设用地的扩展边界。

第十九条 县级土地利用总体规划，应当重点突出下列内容：

（一）市级土地利用任务的落实；

（二）土地利用规模、结构和布局的具体安排；

（三）土地用途管制分区及其管制规则；

（四）城镇村用地扩展边界的划定；

（五）土地整理复垦开发重点区域的确定。

第二十条 乡（镇）土地利用总体规划，应当重点突出下列内容：

（一）基本农田地块的落实；

（二）县级规划中土地用途分区、布局与边界的落实；

（三）各地块土地用途的确定；

（四）镇和农村居民点用地扩展边界的划定；

（五）土地整理复垦开发项目的安排。

第二十一条 土地利用总体规划图件，包括：

（一）土地利用总体规划图；

（二）土地利用总体规划附图。

前款第（二）项规定的土地利用总体规划附图，包括规划现状图、专题规划图和规划分析图。

第二十二条　编制土地利用总体规划，应当依据国家、行业标准和规范。

第四章　审查和报批

第二十三条　土地利用总体规划审查报批，分为土地利用总体规划大纲审查和土地利用总体规划审查报批两个阶段。

土地利用总体规划大纲经本级人民政府审查同意后，逐级上报审批机关同级的国土资源行政主管部门审查。

第二十四条　国土资源行政主管部门应当对土地利用总体规划大纲的指导思想、战略定位、基础数据、规划目标、土地利用结构与空间布局调整等内容进行审查。

第二十五条　土地利用总体规划大纲未通过审查的，有关国土资源行政主管部门应当根据审查意见修改土地利用总体规划大纲，重新申报审查。

土地利用总体规划大纲通过审查后，有关国土资源行政主管部门应当依据审查通过的土地利用总体规划大纲，编制土地利用总体规划。

第二十六条　土地利用总体规划按照下级规划服从上级规划的原则，自上而下审查报批。

第二十七条　土地利用总体规划审查报批，应当提交下列材料：

（一）规划文本及说明；

（二）规划图件；

（三）专题研究报告；

（四）规划成果数据库；

（五）其他材料，包括征求意见及论证情况、土地利用总体规划大纲审查意见及修改落实情况、公众听证材料等。

第二十八条　有关国土资源行政主管部门应当自收到人民政府转来的下级土地利用总体规划之日起5个工作日内，征求有关部门和单位意见，并自收到有关部门和单位的意见之日起15个工作日内，完成规划审查工作。

对土地利用总体规划有较大分歧时，有关国土资源行政主管部门应当组织各方进行协调。因特殊情况，确需延长规划审查期限的，可以延长审查。

第二十九条　国土资源行政主管部门依据下列规定对土地利用总体规划进行审查：

（一）现行法律、法规及相关规范；

（二）国家有关土地利用和管理的各项方针、政策；

（三）上级土地利用总体规划；

（四）土地利用相关规划；

（五）其他可以依据的基础调查资料等。

第三十条 土地利用总体规划审查重点内容包括：

（一）现行规划实施评价；

（二）规划编制原则与指导思想；

（三）战略定位与规划目标；

（四）土地利用结构、规模、布局和时序；

（五）土地利用主要指标分解情况；

（六）规划衔接协调论证情况和公众参与情况；

（七）规划实施保障措施。

第三十一条 国土资源行政主管部门应当根据审查情况和相关部门意见，提出明确的审查结论，提请有批准权的人民政府审批。

第五章 附 则

第三十二条 国土资源行政主管部门根据需要可以编制土地利用专项规划。行业主管部门可以结合本行业特点编制行业土地利用规划。

土地利用专项规划、行业土地利用规划应当符合土地利用总体规划。

土地利用专项规划、行业土地利用规划的编制和审查，参照本办法执行。

第三十三条 本办法自发布之日起施行。1997 年 10 月 28 日原国家土地管理局发布的《土地利用总体规划编制审批规定》同时废止。

国土资源部办公厅关于印发市县乡级土地利用总体规划编制指导意见的通知

（国土资厅发〔2009〕51号）

各省、自治区、直辖市国土资源厅（国土环境资源厅、国土资源局、国土资源和房屋管理局、规划和国土资源管理局），副省级城市国土资源行政主管部门，新疆生产建设兵团国土资源局，各派驻地方的国家土地督察局，部有关直属单位，部机关各司局：

为贯彻落实最严格的耕地保护制度和最严格的节约用地制度，落实《全国土地利用总体规划纲要（2006—2020年）》，科学编制市、县、乡级土地利用总体规划，强化土地用途管制和土地宏观调控，部在试点实践和调查研究基础上，制定了《市县乡级土地利用总体规划编制指导意见》（以下简称《指导意见》），现印发你们，请在市、县、乡级土地利用总体规划编制中遵照执行。

《指导意见》分为四部分：一是土地规划分类与基数转换，明确了土地规划分类与基数转换的原则、方法、要求以及二次调查数据应用处理等；二是各类用地空间布局，明确了各类用地规划布局的次序和原则；三是基本农田调整和布局，明确了基本农田调整的原则、要求和基本农田保护区的划定要求；四是建设用地布局与管制，明确了建设用地布局原则、空间管制要素及其划定要求、成果检验和管制规则等。

编制和实施土地利用总体规划是各级国土资源管理部门的重要职责。目前，地方各级土地利用总体规划修编已进入关键阶段，部将加强对市、县、乡级土地利用总体规划修编工作的培训和指导，地方各级国土资源管理部门要高度重视，认真学习领会《指导意见》，准确把握精神实质，结合地方实际，切实贯彻执行，提高市、县、乡级土地利用总体规划修编的科学性和可操作性，确保规划成果质量。

附件：《市县乡级土地利用总体规划编制指导意见》

国土资源部办公厅

二〇〇九年五月二十五日

市县乡级土地利用总体规划编制指导意见

第一章　土地规划分类与基数转换

市、县、乡级土地利用总体规划编制中，应在土地现状分类的基础上，根据规划管理需要，进行土地规划分类与基数转换，形成规划基础数据。

一、土地规划分类

（一）定义

1. 土地利用现状数据：指通过土地利用变更调查或全国第二次土地调查获得的土地利用现状数据。

2. 土地现状分类：包括过渡期分类和“二调”分类，其中，过渡期分类指土地利用变更调查中采用的全国土地分类，“二调”分类指第二次全国土地调查中实际采用的土地利用现状分类。

3. 土地规划分类：指土地利用总体规划编制中，根据规划管理需要，对土地现状分类进行归并或细分形成的规划用地分类。

4. 规划基础数据：指土地利用总体规划编制中，根据土地规划分类对土地利用现状数据进行转换，形成规划基期年各类用地基础数据（以下简称“规划基数”）。

（二）分类

1. 分类体系。规划基数采用三级分类体系。其中，一级类 3 个，为农用地、建设用地、未利用地；二级类 11 个，为耕地、园地、林地、牧草地、其他农用地、城乡建设用地、交通水利用地、其他建设用地、水域、滩涂沼泽、自然保留地；三级类 33 个。

土地利用总体规划编制中的土地规划分类体系见附图 1（略）。

土地规划分类代码及含义见附表 1（略）。

2. 市县乡级土地规划分类。市、县级土地利用总体规划基数分类，原则上分到二级类；根据管理需要，可对建设用地进一步细分。乡级土地利用总体规划基数分类，原则上分到三级类；根据管理需要，可对各类用地进一步细分。

二、规划基数转换

（一）转换原则

1. 用途管制原则。应遵循土地用途管制的要求，有利于落实最严格的耕地保护制度和最严格的节约用地制度。

2. 依法核定原则。应通过对土地利用现状数据的合法性审查认定，确保规划基数客观准确，维护规划编制的严肃性和科学性。

3. 衔接可行原则。应充分利用土地利用变更调查、全国第二次土地调查以及“四查清、四对照”等成果，与土地现状分类充分衔接，满足规划管理需要，有利于规划目标任务的落实。

4. 综合平衡原则。应遵循行政辖区内土地总面积以及农用地、建设用地、未利用地面积保持不变的原则，转换前后保持一致。

（二）转换方法

在土地变更调查或二次调查的基础上，按照附表1（略）的土地规划分类体系进行调整，得到各类用地转换结果，并标注到规划基期年土地利用现状图上。必要时，可利用遥感等手段，结合实地调查进行。

1. 农用地转换。耕地、园地、林地、牧草地和其他农用地，按照附表1（略）的土地规划分类体系进行归并，分别纳入相应地类。

2. 建设用地转换。城市、建制镇、农村居民点、独立工矿、交通、水利等建设用地，按照附表1（略）的土地规划分类体系进行调整，分别纳入相应地类。

其中，城乡建设用地中，应对土地利用现状数据的独立工矿用地进行区分，将附属于城镇的独立工矿用地按照附属性质分别纳入城市、建制镇；其他独立工矿用地从空间上作解译判断，按照独立建设用地和采矿用地的含义进行区分。

3. 未利用地转换。水域、滩涂沼泽、自然保留地等其他地类按照附表1（略）的土地规划分类体系进行调整，分别纳入相应地类。

（三）应用处理

县、乡级土地利用总体规划修编，可以采用二次调查数据，经校核转换后作为规划基数。转换后无较大差异的，可直接应用；有较大差异的，以耕地保有量和基本农田保护面积不减少、建设用地规模不增加为原则，首先立足于本行政辖区解决，确有困难的，可在上一级行政辖区统筹处理，但各省（区、市）规划目标不变。

对于批而未用土地和违法用地，一并纳入规划目标年建设用地总规模，并标注在县、乡级土地利用总体规划基期年土地利用现状图上。

三、其他规定

（一）依据土地规划分类进行基数转换，应经有关程序审定。

（二）规划基数转换应确保规划基期分类面积数据与图件的一致性。规划基数一经确认，不得修改。

（三）因行政区划调整的土地利用现状面积变化，需说明调整情况，并由上一级国土资源管理部门对调整前后的数据进行审定。

（四）各地应结合基数转换工作，对基本农田现状进行汇总，分析核实基本农田落实情况，形成现状基本农田的图件和数据成果。

（五）规划基数转换结果应纳入土地利用总体规划数据库。

第二章　各类用地空间布局的总要求

市、县、乡级土地利用总体规划编制中，应当按照以下布局次序、原则和要求，科学合理地安排各类用地的空间布局。

一、优先布设国土生态屏障用地

（一）设定核心生态网络体系，维护和改善区域生态安全格局，形成基本的国土生态屏障。

（二）维持自然地貌的连续性，顺应自然地形地貌的形态，按最大适宜度安排各类用地。

（三）维系河道、湖泊及滨水地带的自然形态，保留水系、蓄水、泄洪等通道，保护湿地系统，尽量恢复原有的水生生态系统。

（四）布设基本的动物、植物通道，建立非机动车绿色通道。

二、协调安排基本农田和基础设施用地

（一）在避让生态屏障系统的前提下，协调安排基本农田和基础设施用地，做到相互协调、合理布局。

（二）将耕地质量评价作为基本农田布局的依据，优先把优质耕地划入基本农田，协调好各类建设用地与基本农田的空间布局关系。

（三）合理布局基础设施用地。结合自然条件和现状特点，处理好基础设施用地与城镇、村庄用地布局的关系。线性基础设施要尽可能预留交通走廊，综合利用地上、地下空间。

三、优化城镇村用地布局

（一）在不突破城镇用地规模的前提下，依据区域人口和产业迁移规律、城镇经济社会发展趋势和建设用地适宜性，确定城镇体系空间布局及各级城镇用地的发展方向和空间形态。

（二）在生态屏障和基本农田的间隔地带，根据农村经济社会发展趋势，协调农村居民点与基础设施、公共设施布局的空间关系，统筹安排集镇村庄建设用地，引导人口合理集聚，形成方便生产、有利生活、环境优美的集镇和村庄用地布局。

（三）建设用地与水面、耕地、园地、林地、草地穿插布局，形成城乡宜居环境

的基础，构建功能完善、有机联系、相互协调的城乡建设用地体系。

四、维护和扩大城乡绿色空间

（一）尽可能增加绿色用地，以耕地、园地、林地、草地、水面等共同构建完善的城乡生态空间，发挥最大生态功能。

（二）统筹安排城郊生态和城市绿地相结合的绿色系统。以农田、绿地疏解城市，形成合理的组团式布局。在城市内尽量分散、均衡布设公园绿地，开放专用绿地，增加城市公共绿色空间。

五、稳定自然和人文景观用地

（一）有效保护和合理利用自然和人文景观资源，发挥自然和人文景观用地的多重功能，提高整体效益。

（二）整体保护人文历史景观，保留原有乡土、民俗和休闲用地，保护多样化的乡土生境系统。

（三）布设绿色文化遗产长廊，预留乡土植物群落生长和培育的用地空间。

六、发挥农地多重功能，拓展生态空间

（一）充分发挥耕地的生产、生态、景观和间隔的综合功能。将具有生态功能的耕地特别是水田作为城市中的“绿心、绿带”，与建设用地穿插布局，使生态建设与耕地保护有机统一。

（二）鼓励在城市内和组团之间保留连片、大面积的农地、水面、山体等绿色空间。

（三）引导园地向立地条件适宜的丘陵、台地和荒坡地集中发展。保护林地资源，结合区域特点，因地制宜地对林地进行空间布局。保护和合理利用草场资源，提高草地生产力，改善草地生态系统。

第三章　基本农田调整和布局要求

一、基本原则

市、县、乡级土地利用总体规划编制中，基本农田调整应当按照面积不减少、质量有提高、布局总体稳定的总要求，遵循以下原则：

（一）依法依规，规范调整。应依据有关法律法规、现行规划实施情况和新一轮规划目标任务，对现状基本农田进行局部调整。严禁借规划修编随意调减耕地保有量和基本农田保护面积，擅自调整基本农田布局。

（二）确保数量，提升质量。调整后的基本农田数量不得低于上一级规划下达的基本农田保护面积指标；调整后的基本农田平均质量等别应高于调整前的平均质量

等别，或调整部分的质量等别有所提高；调整后的基本农田数量、质量和布局安排应协调一致。

（三）稳定布局，明确条件。国家和地方人民政府确定的粮、棉、油生产基地内的耕地，集中连片、有良好水利与水土保持设施的耕地，交通沿线、城镇工矿、集镇村庄周边的耕地，水田、水浇地等高等别耕地，土地整理复垦开发新增优质耕地，应当优先划为基本农田。

二、调整要求

（一）调入的基本农田

1. 新划为基本农田的土地现状应当为耕地。规划期内预期开发为耕地的未利用地和水域、预期整理复垦为耕地的建设用地、预期调整为耕地的其他农用地等，不得划为基本农田。

2. 高等别耕地、集中连片耕地、已验收合格的土地整理复垦开发新增的优质耕地等，应当优先划为基本农田。

3. 城镇村建设用地规模边界内作为“绿心”、“绿带”保留的耕地，以及城乡建设用地扩展边界内作为生态景观和绿色开敞空间的耕地可以划为基本农田。

4. 地形坡度大于25度或田面坡度大于15度的耕地、易受自然灾害损毁的耕地，不得划为基本农田。

（二）调出的基本农田

1. 低等别、质量较差、田面坡度大于25度、严重沙化不宜农作以及生态脆弱地区水土流失严重的基本农田可以调出。

2. 因损毁、采矿塌陷和污染严重难以恢复、不宜农作的基本农田可以调出。

3. 现状基本农田中的非耕地可以调出。

4. 土地利用总体规划确定的建设用地范围内的基本农田应当调出。

5. 零星破碎、区位偏僻、不易管理的基本农田可以调出。

三、检验分析与成果要求

（一）检验分析要求

按照以下要求对基本农田调整进行检验分析。

1. 调整后的基本农田保护面积应不低于上一级规划下达的基本农田保护面积指标。

2. 调整后的基本农田平均质量等别应高于调整前的平均质量等别，或调整部分的质量等别有所提高。

3. 调整后的基本农田中非耕地、坡耕地的比重应当有所降低。

4. 调整后的基本农田集中连片程度应当有所提高。

（二）工作及成果要求

基本农田调整、检验中，需对调整前后的基本农田变化情况进行分析，对相关成果进行评价，统计调整情况，形成检验分析报告。县、乡级土地利用总体规划还应编绘调整分析图，将调整前后基本农田分布情况进行叠加分析，重点标注调入、调出基本农田的空间位置、质量等别、地类代码等要素。

基本农田调整成果应当纳入土地利用总体规划数据库。

四、基本农田保护区划定

县级土地利用总体规划，应结合土地用途区确定，划定基本农田保护区；乡级土地利用总体规划，应将县级规划划定的基本农田保护区进一步落实到地块。

（一）划区要求

1. 下列耕地应当划入基本农田保护区：经国务院主管部门或者县级以上地方人民政府批准确定的粮、棉、油、蔬菜生产基地内的耕地；有良好的水利与水土保持设施的耕地，正在改造或已列入改造规划的中、低产田；农业科研、教学实验田；集中连片程度较高的耕地；相邻城镇间、城市组团间和交通干线间绿色隔离带中的耕地。

2. 为基本农田生产服务的农村道路、农田水利、农田防护林和其他农业设施，以及农田之间的其他零星土地，可以划入基本农田保护区。

3. 土地利用总体规划已预留为建设用地的土地，不再划入基本农田保护区。

4. 基本农田保护区的边界应依据上一级土地利用总体规划的规划目标和分区要求，参照已有的相关规划，综合考虑生态环境建设安排、基础设施建设用地布局、城乡建设用地扩展边界划定等因素确定。尽可能利用明显的线形地物或河川、山脊、林带等自然、人工地物界线，兼顾行政界限。

5. 基本农田保护区划定中，可以多划一定比例的基本农田，用于规划期内补划不易确定具体范围的建设项目占用基本农田，包括难以确定用地范围的交通、水利等线型工程用地，不宜在城镇村建设用地范围内建设、又难以定位的独立建设项目（如防灾救灾建设、社会公益项目建设、城镇村重要基础设施建设、污染企业搬迁等）。同时，列明可在基本农田保护区内安排的建设项目清单。

（二）管制规则

1. 基本农田保护区内鼓励开展基本农田建设，可进行直接为基本农田服务的农村道路、农田水利、农田防护林及其他农业设施的建设。

2. 土地整理复垦资金应当优先投入基本农田保护区。

3. 基本农田保护区内非农建设用地和其他零星农用地应当优先整理、复垦或调整为基本农田；规划期内确实不能复垦或调整的，可保留现状用途，但不得扩大面积。

4. 基本农田保护区内，严禁安排城镇村建设用地和未列入项目清单的其他非农建设项目。

5. 在不突破多划的基本农田规模的前提下，列入项目清单的建设项目占用基本农田时不再补划，简化相应用地报批程序。

五、基本农田集中区和基本农田整备区

（一）基本农田集中区

市级土地利用总体规划，可根据当地实际情况，将基本农田分布集中度相对较高、优质基本农田所占比例相对较大的区域，划定为基本农田集中区。

基本农田集中区，要重点保护和整治。城乡建设用地规划布局应尽量避让基本农田集中区。

（二）基本农田整备区

乡级土地利用总体规划，在落实基本农田保护任务、明确划定基本农田保护地块的前提下，可结合新农村建设和土地综合整治项目的实施，划定基本农田整备区。

基本农田整备区内，要加大土地综合整治的资金投入，引导建设用地等其他土地逐步退出，将零星分散的基本农田集中布局，形成集中连片的、高标准粮棉油生产基地。

第四章　建设用地布局与管制要求

一、布局原则

按照土地利用总体规划确定的建设用地指标，统筹存量与增量建设用地利用，在建设用地布局适宜性评价基础上，与相关规划相协调，合理安排建设用地布局。

（一）城、镇、村、工矿等建设用地的宏观布局，应当按照集约用地、集中发展、适度规模的要求，形成大城市组团式发展、中小城市紧凑发展、小城镇和农村居民点集聚发展的土地利用格局。

（二）城镇发展，应统筹存量、新增建设用地，加大存量建设用地挖潜力度，加强闲散用地整合，鼓励低效用地增容改造和深度开发，积极引导城镇建设向地上、地下发展。城镇新增用地，应当尽量依托城镇已有的基础设施，少占耕地和水域，避让基本农田、地质灾害危险区、泄洪滞洪区和重要生态环境用地。

（三）各类园区必须在城镇工矿用地规模内控制，尽量在城镇建设用地规划范围

内统筹布局，并与周边其他用地布局相协调。

（四）采矿、能源、化工、钢铁等生产仓储用地以及其他高污染性、危险性用地，应当与居住、商业等人口密集的用地保持安全距离。高污染性工业用地布局要避让基本农田保护区。

（五）农村居民点新增用地，应当主要用于中心村建设，并与旧村缩并相挂钩，控制自然村落的无序扩张，促进农村居民点适度集中。

（六）交通、水利等基础设施用地，应当与规划的城乡建设用地空间格局相协调，主要用于满足工业化、城镇化和新农村建设的客观需求，用于改善落后地区的投资环境和发展能力。

二、空间管制要素

（一）边界

为加强对城乡建设用地的空间管制，市、县、乡级土地利用总体规划应当根据管理需要，因地制宜地划定以下建设用地边界：

1. 城乡建设用地规模边界。按照土地利用总体规划确定的城乡建设用地面积指标，划定城、镇、村、工矿建设用地边界。

2. 城乡建设用地扩展边界。为适应城乡建设发展的不确定性，在城乡建设用地规模边界之外划定城、镇、村、工矿建设规划期内可选择布局的范围边界。扩展边界与规模边界可以重合。

3. 禁止建设用地边界。为保护自然资源、生态、环境、景观等特殊需要，划定规划期内需要禁止各项建设的空间范围边界。

（二）区域

建设用地边界划定后，规划范围内形成允许建设区、有条件建设区、限制建设区和禁止建设区 4 个区域：

1. 允许建设区。城乡建设用地规模边界所包含的范围，是规划期内新增城镇、工矿、村庄建设用地规划选址的区域，也是规划确定的城乡建设用地指标落实到空间上的预期用地区。

2. 有条件建设区。城乡建设用地规模边界之外、扩展边界以内的范围。在不突破规划建设用地规模控制指标的前提下，区内土地可以用于规划建设用地区的布局调整。

3. 限制建设区。辖区范围内除允许建设区、有条件建设区、禁止建设区外的其他区域。

4. 禁止建设区。禁止建设用地边界所包含的空间范围，是具有重要资源、生态、环境和历史文化价值，必须禁止各类建设开发的区域。

三、划定要求

（一）允许建设区与建设用地规模边界

1. 建设用地规模边界按照有利发展、保护资源、保护环境的要求，在建设用地适宜性评价以及与其他相关规划充分协调的基础上，根据各类建设用地规模控制指标划定。

2. 允许建设区应涵盖规划期内将保留的现状建设用地和规划新增的建设用地，划分为城镇、村庄、工矿等不同类型。

3. 允许建设区布局应进行多方案比选，优先选择有利于保护耕地和环境、节约集约用地的方案，尽量利用存量建设用地和未利用地，少占农用地特别是耕地。

（二）有条件建设区与建设用地扩展边界

1. 有条件建设区在建设用地规模边界外，按照保护资源和环境、有利于节约集约用地的要求划定，避让优质耕地和重要的生态环境用地。

2. 城、镇等建设用地扩展边界应尽量采用主要河流、高速公路、铁路、绿化带、山体等具有明显隔离作用的地物。

3. 在无原则性冲突时，建设用地扩展边界可采用其他相关规划的同类边界。

（三）限制/禁止建设区和禁止建设用地边界

1. 自然保护区核心区、森林公园、地质公园、列入省级以上保护名录的野生动植物自然栖息地、水源保护区的核心区、主要河湖的蓄滞洪区、地质灾害高危险地区等，划入禁止建设区。

2. 县、乡级土地利用总体规划，可将规划期内要拆迁复垦的现状建设用地划入限制/禁止建设区。

3. 上述区域外的土地一律划入限制建设区。

四、成果检验

城乡建设用地空间管制要素落实到规划图后，图上反映的城、镇、村、工矿建设用地规模应控制在规划确定的相应用地指标范围内，做到图数一致。

（一）现状建设用地检验。图上反映的合法的城、镇、村、工矿建设用地现状面积，应与依法依规认定的规划基数保持一致。

（二）允许建设区检验。图上反映的各类允许建设区的用地面积，应不突破相应类型建设用地的规模控制指标。

（三）有条件建设区检验。有条件建设区的确定，应充分考虑城市发展趋势、空间拓展模式和主要发展方向。有条件建设区的规模，原则上不超过新增建设用地规模的20%。

五、管制规则

（一）允许建设区

1. 区内土地主导用途为城、镇、村或工矿建设发展空间，具体土地利用安排应与依法批准的相关规划相协调。

2. 区内新增城乡建设用地受规划指标和年度计划指标约束，应统筹增量与存量用地，促进土地节约集约利用。

3. 规划实施过程中，在允许建设区面积不改变的前提下，其空间布局形态可依程序进行调整，但不得突破建设用地扩展边界。

4. 允许建设区边界（规模边界）的调整，须报规划审批机关同级国土资源管理部门审查批准。

（二）有条件建设区

1. 区内土地符合规定的，可依程序办理建设用地审批手续，同时相应核减允许建设区用地规模。

2. 规划期内建设用地扩展边界原则上不得调整。如需调整按规划修改处理，严格论证，报规划审批机关批准。

（三）限制建设区

1. 区内土地主导用途为农业生产空间，是开展土地整理复垦开发和基本农田建设的主要区域。

2. 区内禁止城、镇、村建设，严格控制线型基础设施和独立建设项目用地。

（四）禁止建设区

1. 区内土地的主导用途为生态与环境保护空间，严格禁止与主导功能不相符的各项建设。

2. 除法律法规另有规定外，规划期内禁止建设用地边界不得调整。

国土资源部关于调整报国务院审批土地利用总体规划范围的通知

（国土资发〔2009〕67号）

各省、自治区、直辖市国土资源厅（国土环境资源厅、国土资源局、国土资源和房屋管理局、规划和国土资源管理局），副省级城市国土资源行政主管部门，国家测绘局，新疆生产建设兵团国土资源局，各派驻地方的国家土地督察局，中国地质调查局及部其他直属单位，部机关各司局：

2008年10月6日，《国务院关于印发全国土地利用总体规划纲要（2006—2020年）的通知》（国发〔2008〕33号）下发后，各地按照《全国土地利用总体规划纲要（2006—2020年）》确定的各项目标和任务，正在抓紧推进新一轮土地利用总体规划修编工作。根据《土地管理法》的规定，各省、自治区、直辖市的土地利用总体规划，以及省、自治区人民政府所在地的市、人口在100万以上的城市和国务院指定的人口50万~100万的城市的土地利用总体规划需报国务院审批。由于近十年来我国城市人口与经济社会发展发生很大变化，有必要对报国务院审批土地利用总体规划的范围做出适当调整。经国务院批准，现将调整后的报国务院审批土地利用总体规划的范围通知如下：

31个省、自治区、直辖市，27个省、自治区人民政府所在地的市，35个100万人口以上的城市，40个50万~100万人口的城市，以及新疆生产建设兵团，共计134个土地利用总体规划需报国务院审批（详见附件）。

请各地按照调整后的国务院审批土地利用总体规划的范围，抓紧推进新一轮土地利用总体规划修编，做好报国务院审批规划的相关工作。

附件：报国务院审批土地利用总体规划的范围

国土资源部

二〇〇九年五月二十六日

附件：

报国务院审批土地利用总体规划的范围

北京，共1个

天津，共1个

河北、石家庄、唐山、邯郸、保定、张家口、秦皇岛，共7个

山西、太原、大同，共3个

内蒙古、呼和浩特、包头，共3个

辽宁、沈阳、大连、鞍山、抚顺、本溪、丹东、锦州、阜新、辽阳、盘锦，共11个

吉林、长春、吉林，共3个

黑龙江、哈尔滨、齐齐哈尔、大庆、伊春、鸡西、鹤岗、佳木斯、牡丹江，共9个

上海，共1个

江苏、南京、无锡、徐州、常州、苏州、南通、扬州、镇江、泰州，共10个

浙江、杭州、宁波、温州、台州、嘉兴、绍兴，共7个

安徽、合肥、淮南、淮北、马鞍山，共5个

福建、福州、厦门，共3个

江西、南昌，共2个

山东、济南、青岛、淄博、烟台、潍坊、临沂、枣庄、泰安、东营、威海、德州，共12个

河南、郑州、洛阳、南阳、开封、平顶山、安阳、新乡、焦作，共9个

湖北、武汉、荆州、黄石、襄樊，共5个

湖南、长沙、株洲、衡阳、湘潭，共5个

广东、广州、深圳、汕头、佛山、江门、湛江、惠州、东莞、珠海、中山，共11个

广西、南宁、柳州、桂林，共4个

海南、海口，共2个

重庆，共1个

四川、成都，共2个

贵州、贵阳，共2个

云南、昆明，共2个

西藏、拉萨，共2个

陕西、西安，共2个

甘肃、兰州，共2个

青海、西宁，共2个

宁夏、银川，共2个

新疆、乌鲁木齐、新疆生产建设兵团，共3个

国土资源部关于严格土地利用总体规划实施管理的通知

（国土资发〔2012〕2号）

各省、自治区、直辖市国土资源主管部门，新疆生产建设兵团国土资源局，各派驻地方的国家土地督察局，部有关直属单位，部机关各司局：

国务院批准《全国土地利用总体规划纲要（2006—2020年）》（以下简称《纲要》）以来，各省（区、市）根据《纲要》确定的各项土地利用目标和要求，积极推进地方各级土地利用总体规划修编和审批工作。目前，地方各级土地利用总体规划修编工作已基本完成，大部分规划已批准实施。从2012年4月1日起，土地管理各项相关工作以经批准的新一轮土地利用总体规划和数据库为依据。为严格实施土地利用总体规划，充分发挥土地利用总体规划的统筹管控作用，落实最严格的土地管理制度，保障和促进科学发展，现就有关事项通知如下：

一、充分认识严格实施土地利用总体规划的重要意义

土地利用总体规划是指导土地管理的纲领性文件，是落实土地宏观调控和土地用途管制的重要依据，事关国家和人民长远利益。各级国土资源主管部门要充分认识土地利用总体规划在土地管理工作中的基础地位和引领作用，切实做好土地利用总体规划实施管理工作，不断提高土地资源对经济社会全面协调可持续发展的保障能力。

土地利用总体规划一经批准，具有法定效力，任何单位和个人不得违反。各级国土资源主管部门要严格依据土地利用总体规划，从严审查各地区、各部门、各行业编制的城乡建设、区域发展、产业布局、基础设施建设、生态环境建设等相关规划，不得以任何名义改变土地利用总体规划确定的用地规模、结构和布局安排，确保各类规划在土地利用上与土地利用总体规划相衔接。凡不符合土地利用总体规划的，必须及时调整和修改，核减用地规模，调整用地布局，强化土地利用总体规划对土地利用的整体管控作用。

二、严格依据规划划定和保护基本农田

（一）及时划定基本农田。各地要严格按照土地利用总体规划确定的基本农田保护目标、保护区布局及管制规则，在土地利用总体规划批准之后3个月内完成基本农田划定工作。基本农田划定后，实行永久保护，任何单位和个人未经批准不得改变或者占用。

（二）完善基本农田保护区管理。列入县、乡级土地利用总体规划设定的交通廊道内，或已列入土地利用总体规划重点建设项目清单的民生、环保等特殊项目，在不突破多划基本农田面积额度的前提下，占用基本农田保护区中规划多划的基本农田时，按一般耕地办理建设用地审批手续，不需另外补划基本农田，但用地单位必须落实补充耕地任务，按占用基本农田标准缴纳税费和对农民进行补偿。未在土地利用总体规划设定的交通廊道内，未列入土地利用总体规划项目清单的民生、环保等特殊项目，或超出多划基本农田面积额度的，均按占用基本农田认定。

（三）建立基本农田建设集中投入制度。各级国土资源主管部门要将新增建设用地土地有偿使用费、耕地开垦费、土地复垦费、土地出让收入用于农业开发部分等土地整治专项资金向基本农田保护区、集中区和整备区倾斜，积极试点探索“以奖代投、以补促建”模式，加快建设旱涝保收高标准基本农田，改善基本农田生产条件，提高基本农田质量，引导基本农田整备区内建设用地等其他土地逐步退出，将零星分散的基本农田集中布局，形成集中连片、高标准农产品生产基地。

三、强化建设用地空间管制

（一）落实建设用地管制边界和管制区域。各地要严格按照土地利用总体规划划定的“三界四区”（即城乡建设用地规模边界、扩展边界和禁止建设边界，允许建设区、有条件建设区、限制建设区和禁止建设区），尽快将城镇建设用地管制边界和管制区域落到实地，明确四至范围，确定管制边界的拐点坐标，在主要拐点设置标识，并向社会公告，防止城镇建设无序蔓延扩张。

（二）认真执行各项空间管制规则。城乡建设用地允许建设区在面积不改变的前提下，空间布局可在有条件建设区内进行形态调整，但不得突破建设用地扩展边界。城乡建设用地规模边界的调整，须经规划原批准机关的同级国土资源主管部门批准。城乡建设用地扩展边界原则上不得调整，如需调整，应按规划修改程序报规划原批准机关批准。禁止建设用地边界，除法律法规另有规定外，不得进行调整。

四、严格土地利用总体规划实施

（一）加强土地利用计划调控。土地利用计划是实施土地利用总体规划的重要手段，各地要依据土地利用年度计划，严格建设用地审批。凡不符合国家产业政策和供地政策的建设项目，不得安排计划指标，没有计划指标的不得批准用地。要积极推进计划差别化、精细化管理，努力化解土地供需矛盾，保障科学发展用地。

各地要采取措施，加强土地利用计划执行监管，认真做好土地利用计划安排使用登记统计，落实计划安排使用网络直报制度，实时监控计划执行情况。要加强土地利用计划执行考核，全面落实计划指标奖罚，提高计划的约束力，确保计划有效执行。

（二）严格建设项目用地预审。强化建设项目用地规划审查，凡不符合法律规定和土地利用总体规划的，不得通过建设项目用地预审。做好经营性和工业项目出让土地的用地预审，在项目审批（核准）前，必须先按程序进行用地预审，预审意见提出的要求，要作为出让条件纳入出让方案。

加强对部委托建设项目用地预审的管理，除法律法规规章明确的项目用地外，对部有关政策性文件明确的灾后重建等特殊地区的项目用地委托预审事宜，实行一事一报制度。

（三）严格依据规划审查各类用地。单独选址建设项目，已列入土地利用总体规划重点建设项目清单，在土地利用总体规划设定的交通廊道内，或选址在土地利用总体规划确定的独立工矿区的，要按照规定及时审查报批用地；未列入土地利用总体规划，但符合《土地管理法》第26条规定的，要按照有关规定，根据国务院和省级人民政府对项目的批准文件，及时修改规划，并将规划修改方案与建设用地报批资料一并报批；未列入土地利用总体规划，也不符合《土地管理法》第26条规定的，不得批准用地，确需建设的项目，需先修改规划，按规定程序报规划原批准机关批准后才能审批用地。

城镇村建设用地，在土地利用总体规划确定的城乡建设用地允许建设区内选址的，按照规定审查报批用地。需要改变允许建设区的空间布局形态，在有条件建设区进行选址建设的，要在确保允许建设区规模不增加的前提下，编制规划布局调整方案，经规划原批准机关的同级国土资源主管部门批准后才能审批用地。因城镇化进程加快，超过规划城镇建设用地规模，需要在允许建设区规模之外使用有条件建设区的，必须在对规划进行定期评估后，在确保耕地保有量和基本农田保护面积不减少、质量有提高，建设用地规模不增加、布局更合理的前提下，编制规划布局调整方案，经规划原批准机关同级国土资源主管部门批准后才能审批用地。

围填海造地，涉及围填海的规模、用途和布局符合土地利用总体规划的，要按照规定审查报批；未纳入土地利用总体规划的，要编制规划修改方案，经规划原批准机关批准后审查报批。

土地整治项目，应当优先在土地利用总体规划及土地整治规划确定的土地整治重点区域、重大工程、示范区和基本农田保护区、集中区、整备区内安排。

（四）严格中心城区规划控制范围的管控。各级国土资源主管部门要严格控制中心城区规划控制范围内、中心城区规划建设用地扩展边界外的规划修改，国务院批准的城市土地利用总体规划确定的中心城区规划控制范围内、中心城区规划建设用地扩展边界外的规划修改，须报国土资源部备案。

（五）规范土地利用总体规划评估修改。经国务院批准的大型能源、交通、水利、矿山、军事设施等建设项目，需要改变土地利用总体规划的，根据国务院的批准文件修改土地利用总体规划；经省、自治区、直辖市人民政府批准的能源、交通、水利、矿山、军事设施等建设项目，需要改变土地利用总体规划的，属于省级人民政府土地利用总体规划批准权限内的，根据省级人民政府的批准文件修改土地利用总体规划。

建立土地利用总体规划实施定期评估和适时修改机制，严格规范土地利用总体规划修改。对土地利用总体规划的修改，必须就修改的必要性、合理性和合法性等进行评估，组织专家论证，依法组织听证，并向社会公示。规划实施评估报告经规划原批准机关同级国土资源主管部门同意后，方可开展规划修改。凡涉及改变城乡建设用地扩展边界、禁止建设用地边界，改变约束性指标，调整重大布局等原则性修改，必须经规划原批准机关批准。严禁擅自通过修改下级土地利用总体规划，扩大建设用地规模和改变建设用地布局，降低耕地保有量和基本农田保护面积。

（六）补充和深化土地利用总体规划安排。在土地利用总体规划的控制和指导下，积极推进地方各级土地整治规划编制工作；县（区、市）可根据当地实际，编制土地复垦规划、后备土地资源开发规划、建设用地再开发规划，补充和深化土地利用总体规划安排。今后，凡开展土地整治、低丘缓坡荒滩等未利用地开发利用、工矿废弃地复垦调整利用等相关工作，必须符合土地利用总体规划、土地整治规划和相关专项规划。

五、保障土地利用总体规划有效实施

（一）加快推进土地利用规划数据库建设。建立与土地利用总体规划编制审批实施相适应的数据库建设、维护和更新长效机制。省级国土资源主管部门要加强对地方各级土地利用总体规划数据库建库、维护和更新的组织指导，严格规范数据的检查和汇交，保障成果质量，保证规划数据库建设各项工作与规划同步完成，并按统一标准和规定时限将数据库成果汇交到部。开展城乡建设用地增减挂钩、低丘缓坡荒滩等未利用土地开发利用、工矿废弃地复垦调整利用等试点的地方，必须将项目区信息上图入库，按规定时限汇交到部。各类规划数据库均纳入部“一张图”和综合监管平台进行统一管理。今后，土地审批和执法督察等工作中审核、审查是否符合土地利用总体规划和专项规划，均以纳入部“一张图”和综合监管平台的相关数据为准。

（二）制订完善土地利用总体规划管理的地方配套法规。各地要根据《土地管理法》及其配套条例、规章，结合各地实际，制订和完善土地利用规划管理的地方配套法规，规范土地利用总体规划各项管理工作，维护土地利用总体规划的严肃性和权威性。

（三）加大土地利用总体规划宣传力度。经批准的土地利用总体规划，应当依法公告，采用网络、报纸发布和张贴布告、设立公告牌等形式，对规划主要内容进行广泛宣传和解读，让全社会了解规划、监督规划的有效实施。

（四）加强土地利用总体规划实施动态监管。通过“一张图”和综合监管平台，加大土地利用总体规划实施情况的监测，及时发现、制止违反土地利用总体规划的行为。加大执法力度，对违法修改土地利用总体规划的行为要严肃查处，限期改正，并依法追究相关责任人的责任。对违反规划批地用地的行为，坚决依法查处。非法占用土地，违反土地利用总体规划的，责令限期拆除违法占地新建建筑物，拒不执行的，依法申请人民法院强制执行。

（五）发挥国家土地督察机构的监督作用。市、县、乡级土地利用总体规划经依法批准后一个月内，省级国土资源主管部门须将土地利用总体规划文本、图件和批准文件送派驻地方的国家土地督察局备案。各派驻地方的国家土地督察局在对地方人民政府土地利用和管理情况的监督检查中，要加强对土地利用总体规划批准、备案和实施情况的监督检查，发现问题后及时向有关地方人民政府和省级国土资源主管部门提出督察意见，并向国家土地总督察报告。

（六）加强土地利用规划专业人才队伍建设。各级国土资源主管部门要加强土地利用规划专业人才队伍建设，采取专业技术知识更新培训、学历学位教育、实践锻炼等多种方式，不断提高专业人才队伍的政治素质和业务素质。严格规范土地利用规划甲级机构管理，进一步稳定、扩大土地利用规划编制机构队伍。省级国土资源主管部门可参照土地利用规划甲级机构审查要求，结合实际，指导省级土地学会积极开展土地利用规划乙级机构的申报认定工作，健全、充实和稳定土地利用规划技术队伍。

国土资源部

二〇一二年二月二十二日

国土资源部、财政部关于加快编制和实施土地整治规划大力推进高标准基本农田建设的通知

（国土资发〔2012〕63号）

各省、自治区、直辖市及计划单列市国土资源主管部门、财政厅（局），新疆生产建设兵团国土资源局、财务局：

党中央、国务院高度重视土地整治工作，明确提出“要推进农村土地整治，加快农村土地整理复垦，着力提高耕地质量建设，大规模建设旱涝保收高标准农田，夯实农业现代化基础”。按照国务院关于“制定并实施全国土地整治规划，加快建设高标准基本农田，力争‘十二五’期间再建成4亿亩旱涝保收的高标准基本农田”的要求，国土资源部会同国务院有关部门编制了《全国土地整治规划（2011—2015年）》（以下简称《全国规划》），并经国务院批准印发各地实施。为了贯彻落实《全国规划》，确保4亿亩高标准基本农田建设等目标任务的实现，迫切需要加快编制和实施地方各级土地整治规划，大力推进土地整治特别是旱涝保收高标准基本农田建设。现就有关事项通知如下：

一、充分认识编制和实施土地整治规划，大力推进高标准基本农田建设的重要意义

土地整治是优化土地利用结构、促进耕地保护、提高节约集约用地水平的重要手段，是统筹经济社会发展和土地资源保护、落实最严格土地管理制度的重要举措。大力推进土地整治，加快建设4亿亩旱涝保收高标准基本农田，是国务院赋予地方各级人民政府、国土资源部及国务院相关部门的重要职责，是当前各级国土资源管理部门服务“三农”、保障和促进经济社会又好又快发展的首要任务。各级国土资源管理部门和财政部门务必高度重视、提高认识，千方百计做好工作，全力推进土地整治和高标准基本农田建设。

土地整治规划是开展土地整治和建设旱涝保收高标准基本农田的基本依据，是保障土地整治科学、有序开展的重要前提。各级国土资源管理部门和财政部门要充分认识编制和实施土地整治规划的重要性和紧迫性，在地方人民政府的领导下，会同有关部门，精心组织、周密部署，加快推进地方各级土地整治规划编制，切实落实《全国规划》确定的土地整治目标任务。

二、加快推进各级土地整治规划编制，切实提高规划的科学性、可行性和可操作性

《全国规划》提出了土地整治的方针政策和总体目标，明确了4亿亩旱涝保收高标准基本农田建设任务，确定了土地整治的重点区域、重大工程和示范建设任务。地方各级土地整治规划，要以促进农业现代化和城乡统筹发展为出发点和落脚点，以建设4亿亩高标准基本农田为重点，统筹安排农田和村庄土地整治、损毁土地复垦和宜耕后备土地开发，同时，安排好城乡建设用地增减挂钩、工矿废弃地复垦调整利用、低丘缓坡荒滩土地开发利用、旧城镇旧厂矿改造和城市土地二次开发等各项活动，逐级分解《全国规划》确定的目标任务。工矿废弃地集中的县（市、区），可结合实际组织编制土地复垦专项规划。

省级规划重点分解下达土地整治特别是高标准基本农田建设任务，确定重点工程和投资方向；市级规划重点提出土地整治的规模、结构和区域布局，分解落实高标准基本农田建设任务，确定重点项目和资金安排；县级规划重点确定土地整治和高标准基本农田建设的项目、布局和工程措施，明确实施时序，提出资金安排计划。规划编制所需经费由同级财政部门安排。

土地整治规划编制，要以土地利用总体规划为依据，并做好与城乡建设、农业发展、产业布局、水利建设、生态环境保护等相关规划的协调衔接；要按照有关技术规范的要求，充分利用已有土地调查研究成果，摸清各类土地资源特别是高标准基本农田现状，科学分析土地整治潜力，深入开展重大专题研究，为规划编制奠定坚实基础；要坚持自上而下、上下结合，坚持公众参与、科学决策，切实做好规划协调论证，广泛征求专家和公众意见。

本次土地整治规划以2010年为规划基期，以2015年为规划目标年，展望到2020年。规划成果报经上一级国土资源管理部门审核，并做好衔接后，由同级人民政府批准，报上一级国土资源管理部门备案。省级土地整治规划编制工作要在2012年6月前完成，市、县级土地整治规划要在2012年年底前全面完成。没有编制土地整治规划的，不得安排土地整治项目。

三、抓紧编制年度计划和实施方案，落实好高标准基本农田建设任务

要按照编制规划、制定计划、安排项目统一部署并同步推进的要求，以高标准基本农田建设为重点，抓紧制定和分解下达年度计划，编制实施方案，安排落实项目，确保按时、保质、全面完成各项土地整治任务。

国土资源部会同财政部每年依据《全国规划》总体安排，按照统筹兼顾、突出重点、先易后难、分类实施的原则，综合考虑各省（区、市）基本农田数量和质量状况、土地整治资金征收入库情况，以及土地整治重大工程和示范省建设布局、高标准基本农田示范县安排情况，制订全国高标准基本农田建设计划，下达各省（区、

市）年度高标准基本农田建设任务。《2012 年全国高标准基本农田建设计划》见附件。

各省（区、市）要依据《全国规划》和全国高标准基本农田建设年度计划，结合土地整治规划编制和基本农田划定，应用第二次土地调查基本农田上图及农用地分等定级等成果，在全面摸清已建成和通过不同整治措施能够达到《高标准基本农田建设规范（试行）》（以下简称《建设规范》）要求的各类基本农田面积的基础上，综合考虑建设条件和资金保障能力等，制订高标准基本农田建设年度实施方案，分解落实国家下达的年度计划。实施方案分解落实年度计划要坚持“相对集中，连片推进”原则，建一片成一片，避免因分散建设影响高标准基本农田生产经营效果。已建成的高标准基本农田不得充作新建任务。

实施方案要落实年度高标准基本农田建设的目标任务，明确通过各级各类土地整治项目及各种途径能够建成高标准基本农田的面积，落实高标准基本农田示范县及具体建设任务，并对资金需求进行合理测算，提出具体保障措施。各省（区、市）在资金分配和项目安排时，要重点向高标准基本农田示范县倾斜。各省级国土资源主管部门应在 2012 年 6 月底前把本年度实施方案报部，以后每年 2 月底前报当年度的实施方案。

四、以土地整治重大工程和示范省建设为重点，扎实推进高标准基本农田建设

各地要按照土地整治规划和实施方案，以建成高标准基本农田作为主要目标，以土地整治项目为载体，着力推进土地整治示范省、土地整治重大工程和高标准基本农田示范县建设，打造土地整治和高标准基本农田建设示范项目，充分发挥典型示范和带动作用。要加快推进在建的土地整治重大工程和示范省建设，土地整治重大工程要按照规定的期限加快实施，土地整治示范省建设要按照部省协议要求在 2012 年内按时保质保量完成，并认真做好总结验收等工作。今年，各地要以高标准基本农田建设为引领，在认真总结评估 116 个示范区工作的基础上，重点做好 500 个示范县特别是已纳入土地整治重大工程和示范省建设范围的市县土地整治项目安排和工程组织实施，按照《建设规范》要求和“缺什么、补什么”的原则，抓紧实施一批新的以高标准基本农田建设为重点的土地整治项目，并同步准备下一批项目，滚动开展高标准基本农田建设。项目安排优先考虑建设条件好、地方积极性高、项目实施进展快的地区。

各级各类土地整治项目必须严格执行《建设规范》及有关工程建设和预算定额标准，认真做好项目立项审批、规划设计、工程实施、资金使用、竣工验收等工作。鼓励各地积极探索高标准基本农田建设的实施方式，在强化政府主导和完善制度、明确责任、监管到位的前提下，优化、简化项目申报和前期工作程序。有条件的地

方，省级国土资源主管部门可会同财政部门制定具体办法，探索“以补代投、以补促建”，鼓励农村集体经济组织和农民依据土地整治规划开展高标准基本农田建设。对确需通过招投标方式确定施工单位的，要严格履行程序，并把施工单位能否安排当地农民参与工程项目实施作为综合评标条件之一。

五、加强土地整治中的权属管理，维护好农民群众合法权益

各地在实施农村土地整治项目中，要按照中央有关充分尊重农民意愿、切实维护农民权益的要求，认真做好地籍调查和权属管理工作。

土地整治前，要按照确权在先的原则，做到四至界址清楚、地类面积准确、权属手续合法，没有产权纠纷。土地整治中，整治项目涉及土地权属调整的，要在尊重权利人意愿的前提下，及时编制、公告和报批土地权属调整方案，组织签订权属调整协议，并确保调整结果公开、公平、公正，切实维护当事人的土地权益，促进社会和谐稳定。土地整治完成后，要根据权属调整方案和调整协议，依法确定土地所有权、使用权等土地相关权利，及时办理变更登记手续，更新地籍调查等相关图件、数据库和统计台账，建立新的地籍档案并上图入库，确保地籍信息系统的现势性和完整性。

六、采取有力措施，确保高标准基本农田建设等各项任务的完成

（一）加强组织领导。地方各级国土资源管理部门和财政部门要主动争取地方党委、政府的支持，在地方政府统一领导下，加强与发展改革、农业、水利、农业综合开发等机构沟通协调，调动各方面积极性，建立“政府主导、农村集体经济组织和农民为主体、国土搭台、部门参与、统筹规划、整合资金”的工作机制，合力推进土地整治规划编制、实施和高标准基本农田建设工作。

（二）落实资金保障。在保持现有渠道和用途不变的前提下，以新增建设用地土地有偿使用费（以下简称“新增费”）为主体，引导和聚合相关涉农资金，共同投入高标准基本农田建设，发挥综合效益。中央分成新增费按照“集中资金，重点投入”的原则，支持各地开展高标准基本农田建设，并在分配时与各地上年度高标准基本农田建设计划执行情况挂钩。使用新增费开展高标准基本农田建设，可不受有关新增耕地率规定的限制。要结合土地流转，鼓励民间资金投入高标准基本农田建设，不断拓宽资金渠道。

（三）加强信息化管理。要按照国土资源遥感监测“一张图”和综合监管平台建设的总体部署，同步建设土地整治规划与实施管理数据库。要充分利用农村土地整治监测监管系统，对高标准基本农田建设情况进行集中统一、全面全程监管，在线实时报备工作，切实做到底数清、情况明、数据准、现势性强。要会同有关部门做好高标准基本农田质量监测和绩效评价，将高标准基本农田建设的年度完成情况纳入年度耕地保护责任目标考核内容，并根据考核情况实行奖优罚劣。

（四）强化高标准基本农田建后管护。各级国土资源管理部门要明确高标准基本农田管护主体，落实管护责任，对已建成和新建的高标准基本农田及时划界、设立标志、上图入库，实行永久保护。要充分利用农用地分等定级、土地质量地球化学评估等成果，对建成的高标准基本农田进行质量等级评定。

（五）正确引导社会舆论。要充分运用各种宣传媒体，加大对土地整治规划编制、实施和重大示范项目、高标准基本农田建设的宣传力度，及时解读相关文件和工作方案，总结宣传典型经验和先进事迹，营造良好的舆论氛围。

国土资源部

财政部

二〇一二年四月六日

附件：

2012 年全国高标准基本农田建设计划

地 区	基本农田建设任务（万亩）
全　国	10000
北　京	30
天　津	60
河　北	572
山　西	172
内蒙古	318
辽　宁	315
其中：大连	28
吉　林	274
黑龙江	712
上　海	41
江　苏	660
浙　江	323
其中：宁波	35
安　徽	600
福　建	48
其中：厦门	1

续表

地区	基本农田建设任务（万亩）
江　西	311
山　东	981
其中：青岛	67
河　南	842
湖　北	600
湖　南	419
广　东	468
其中：深圳	1
广　西	374
海　南	57
重　庆	120
四　川	510
贵　州	120
云　南	268
西　藏	7
陕　西	264
甘　肃	147
青　海	30
宁　夏	74
新　疆	283
其中：兵团	63

国土资源部关于进一步加强和改进建设项目用地预审工作的通知

（国土资发〔2012〕74号）

各省、自治区、直辖市国土资源主管部门，新疆生产建设兵团国土资源局，解放军土地管理局，各派驻地方的国家土地督察局，部有关直属单位，机关各司局：

建设项目用地预审（以下简称用地预审）制度实施以来，在严格执行土地利用总体规划、加强土地政策与产业政策的协同配合等方面发挥了重要作用，有力地促进了土地用途管制制度的落地，促进了耕地保护和节约集约用地，促进了国家宏观调控政策的有效落实。但是，随着土地使用制度改革和投资管理体制改革的不断深入，用地预审工作中也出现了一些新情况、新问题，预审内容有待进一步深化，与项目审批（核准、备案）以及建设用地审批、供应之间的衔接有待进一步加强，跟踪监管有待进一步强化。为了适应深化改革和规范管理的需要，经研究，现就进一步加强和改进用地预审工作通知如下：

一、切实发挥用地预审的前置把关作用

（一）严格执行用地预审相关法律政策规定。用地预审是《土地管理法》确立的一项基本管理制度，是实施土地利用总体规划、严格土地用途管制的一项基本政策工具，也是国家基本建设管理程序的必要环节。《国务院关于深化改革严格土地管理的决定》（国发〔2004〕28号）明确要求："项目建设单位向发展改革等部门申报核准或审批建设项目时，必须附国土资源部门预审意见；没有预审意见或预审未通过的，不得核准或批准建设项目"。《建设项目用地预审管理办法》（国土资源部令第42号，以下简称《预审办法》），对用地预审的依据、内容、程序和效力等作出了全面系统的规定。各级国土资源管理部门必须进一步提高对用地预审工作必要性和重要性的认识，坚持依法行政，严格预审管理，确保用地预审制度真正落实。

（二）深化对用地预审内容的实质性审查。按照深化土地审批制度改革的要求，进一步做好用地预审与建设用地审批内容的衔接，既避免重复审查、提高审批效率，又更好地发挥用地预审的前置把关作用。要加强对预审内容的实质性审查，进一步做好对拟建项目选址、用地规模、占地类型、补充耕地初步方案等内容的审查，确保耕地保护和节约集约用地各项政策要求的落实；强化对建设项目征地补偿费标准的审查，切实维护被征地农民的合法权益；加强对矿山项目等土地复垦资金落实情况的审查，促进矿山环境恢复治理和生态环境保护。需在用地预审阶段提交地质灾

害危险性评估报告和压覆重要矿产资源证明材料的，要做好对有关内容的审查把关。

（三）强化现场踏勘和专家论证。按照《关于在建设项目用地预审中做好实地踏勘和论证工作有关问题的通知》（国土资厅发〔2008〕41号）要求，对纳入论证范围的建设项目，要严格论证程序、突出论证重点、保证论证质量，把保护耕地和节约用地作为建设方案比选的重要内容，防止为降低投资成本等而占用大量耕地特别是基本农田。要强化前期介入，引导建设项目统筹规划、科学选址、节约用地，不占或少占耕地。要坚持专家论证与行政审查相分离的原则，确保专家论证意见的独立性、公正性和严肃性，更好地发挥专家咨询作用。

二、严格规范经营性和工业项目用地预审管理

（四）严格实行经营性和工业项目用地前置预审。经营性和工业项目，应按照《土地管理法》和《预审办法》的有关规定进行用地预审。预审意见由项目审批（核准、备案）部门同级的国土资源主管部门出具，预审意见提出的有关要求，作为土地出让条件纳入招拍挂方案，履行招拍挂程序后，由取得土地使用权人严格落实。

（五）规范经营性和工业项目用地预审。各级国土资源主管部门要严格执行前置预审规定，规范经营性和工业项目用地预审申请主体、办理程序和有关内容等，做好项目用地预审与招拍挂出让供地的衔接。严禁以土地招拍挂出让为名，规避用地预审；严禁以先行签订土地出让合同、核发土地使用证等代替用地预审意见。

三、认真做好用地预审与项目审批（核准、备案）的衔接

（六）依建设项目管理权限做好用地预审。需人民政府或有批准权的人民政府投资主管部门审批（核准、备案）的建设项目，由该人民政府的国土资源管理部门负责用地预审。对部有关政策性文件明确的项目用地委托预审事宜，实行一事一报制度，由省级国土资源主管部门向部提出对单个项目进行授权委托申请，经研究同意授权并出具委托函后，由省级国土资源主管部门对项目进行用地预审，用地预审意见报部备案。

（七）严格执行建设项目前期告知有关规定。按照国发〔2004〕28号文件的规定，对符合国家产业政策和供地政策，已纳入同级政府或投资主管部门批准的行业规划等，投资主管部门有明确意见需加快推进的建设项目，各级国土资源主管部门应按照严格规范管理、积极主动服务的要求，指导建设单位按要求组织用地预审报件，符合相关规定和要求的，及时出具用地预审意见。对未纳入行业规划的项目，申请用地预审时必须取得同级投资主管部门开展前期工作的书面告知意见，未取得书面告知意见的，各级国土资源主管部门不得受理用地预审申请。

（八）切实落实用地预审意见的前置把关要求。建设项目使用土地，必须严格按照有关规定申请用地预审，未经预审或预审未通过的，不得申请审批（核准）项目，不得申请建设用地审批。不涉及新增用地，在已批准的建设用地范围内进行改（扩）

建的项目，报投资主管部门审批（核准）时，可以不进行用地预审。本通知下发前，通过招拍挂方式取得土地使用权，并已取得地方政府颁发的土地使用证的，报投资主管部门审批（核准）项目时，可以不再补办用地预审手续。

四、加强建设项目用地预审的在线备案和跟踪监管

（九）严格执行用地预审在线备案制度。各级国土资源主管部门完成用地预审后，必须通过网络在线备案系统实时逐级上报，经省级国土资源主管部门汇总审核后，在线报部备案。同时抄送相关派驻地方的国家土地督察局。对未按要求及时报部备案的省份，部暂停受理其报部用地预审的项目。

（十）加强用地预审跟踪监管。用地预审意见是项目审批（核准）的前置条件，也是建设用地审批的重要依据。预审意见提出的相关要求，在建设用地审批环节必须加以落实。各级国土资源主管部门应在建设用地审批的审查环节，进一步加大对预审意见落实情况的审核力度，对未能落实预审意见提出的要求的，不得通过审核，必要时应当组织专家论证。为进一步加强用地预审和建设用地审批的衔接，切实发挥用地预审的前置把关作用，部将不定期抽查各地用地预审制度的执行情况，国家土地督察机构将其纳入督察范围，对未按规定进行用地预审和用地预审意见落实不到位的，将依据有关规定严肃处理。

国土资源部

二〇一二年五月一日

国土资源部关于推进土地利用计划差别化管理的意见

（国土资发〔2012〕141号）

各省、自治区、直辖市及计划单列市国土资源行政主管部门，新疆生产建设兵团国土资源局，各派驻地方的国家土地督察局，部机关各司局：

为了进一步加强和改进土地利用计划管理，提高计划的针对性和有效性，更好地发挥计划的调控和引导作用，就推进土地利用计划差别化管理，提出以下意见。

一、充分认识推进计划差别化管理的重要意义

（一）土地利用计划是实施土地利用总体规划的基本手段，也是土地管理参与宏观调控的重要措施。为适应工业化、城镇化和农业现代化同步快速推进的要求，统筹解决经济社会发展中日益突出的土地供需矛盾，在坚持节约集约用地的前提下，必须加强土地管理制度改革创新，推进计划差别化管理，推动国土综合开发整治，优化土地利用结构布局，促进和保障科学发展。要妥善处理当前与长远、局部与全局、需要与可能的关系，遵循统筹兼顾、突出重点，因地制宜、循序渐进，有保有压、奖罚结合的原则，围绕国家宏观调控要求和土地管控目标，进一步建立健全计划指标体系、加强计划总量、结构和布局调控、改进计划编制下达方法、推进计划分类精细化管理、严格监管考核增强计划管理的针对性和导向性。

二、建立健全计划指标体系

（二）完善新增建设用地计划指标设置。国家继续按照新增建设用地、占用农用地和占用耕地三项计划指标编制下达，重点控制新增建设占用耕地，鼓励开发利用未利用地。省级以下，可结合实际，将年度盘活利用存量用地安排纳入新增建设用地计划，推进土地节约集约利用。

（三）规范专项指标管理。按照规范统一管理的要求，城乡建设用地增减挂钩指标继续纳入土地利用年度计划管理，有序开展农村建设用地整治。按照封闭运行、严格考核的要求，设立低丘缓坡荒滩开发利用和工矿废弃地复垦利用专项控制指标，引导城镇、工业建设利用未利用土地和劣质农用地，鼓励工矿废弃地复垦。按照依法依规、稳妥有序的要求，推进城镇低效用地再开发利用，盘活存量建设用地，提高土地利用效率。

（四）加强建设用围填海计划指标管理。在编制全国土地利用年度计划时，由海洋管理部门提出建设用围填海计划总量，与土地利用年度计划做好衔接，纳入国民

经济和社会发展计划，待全国人大审议通过后，按照陆海统筹的原则，提出分解下达方案，与新增建设用地计划一并下达。

三、加强计划总量、结构和布局调控

（五）严格控制建设用地总量。依据国民经济和社会发展计划和土地利用总体规划，统筹经济社会发展用地需求、土地实际利用状况和资源潜力，按照总量控制和节约集约的原则，合理确定年度新增和存量建设用地计划，从严控制建设用地总量，推动经济发展方式加快转变，降低经济增长对土地资源的过度消耗，保障经济社会可持续发展。

（六）落实区域差别化用地政策。根据区域总体发展战略，结合区域发展实际和用地特点，统筹安排区域用地计划。东部发达地区，与加快经济结构调整相适应，严格控制新增建设用地计划指标，逐步加大增减挂钩指标，合理安排围填海用地指标。中部和东北地区，与产业转移和基础设施建设相适应，合理安排新增建设用地计划指标，适当加大增减挂钩指标，支持开展工矿废弃地复垦和低丘缓坡开发试点。西部欠发达地区，与西部大开发政策相适应，加大新增建设用地计划指标安排倾斜力度，鼓励使用未利用土地，在有条件的地方支持开展增减挂钩试点。同时，对扶贫攻坚地区实行用地计划指标倾斜。

（七）统筹城乡发展用地。按照城镇化发展总体部署，控制大城市建设用地规模，防止大城市过度扩张，合理安排中小城市和小城镇建设用地，促进中小城市和小城镇发展。对农村地区实行新增建设用地计划指标单列，单列规模不得低于国家下达计划指标总量的3%～5%，并优先安排增减挂钩指标，确保农民一户一宅建设用地。

（八）有保有压安排产业用地。与产业政策、投资政策等相协调，优先安排社会民生建设用地，确保保障性住房用地供应，保障重点基础设施、抗灾救灾、环境保护等建设用地，支持战略性新兴产业、高技术、高附加值、低消耗、低排放的项目用地，严禁将计划指标用于高耗能、高排放、产能过剩行业等淘汰类项目建设。

四、改进计划编制下达方法

（九）统筹安排国家和地方计划指标。根据国家宏观经济调控政策、固定资产投资安排、建设项目用地预审等情况，合理确定预留国家计划指标比例，保障国家重点交通、能源、水利等建设项目用地，同时预留一定数量的调剂奖励计划指标，其余计划指标下达地方。

（十）合理分解下达计划指标。按照统筹兼顾、客观合理的原则，综合考虑固定资产投资、国内生产总值、规划控制规模、实际供地水平、降低地耗要求、补充耕地潜力等因素，合理测算各省（区、市）用地计划指标，并广泛征求意见，提出计划分解方案，确保计划指标分解下达公平公正。

（十一）实行计划指标奖扣和调剂。计划指标实行年初分解和年中奖扣调剂两次下达。计划指标奖扣包括：计划执行情况考核指标奖扣，依据计划执行考核结果，对计划执行好的省份奖励计划指标，对计划执行差的省份扣减计划指标；“双保”工程评比指标奖励，根据耕地保护、土地利用、土地执法、依法行政等工作绩效考核结果，对考核排名前列的省份奖励计划指标；节约集约模范市县评比指标奖励，根据节约集约利用模范评比结果，对成效显著的市县奖励计划指标。同时，根据计划执行情况，适当进行计划指标调剂追加，保障重点急需项目用地。

五、推进计划分类精细化管理

（十二）鼓励未利用地和低丘缓坡荒滩开发。在严格保护生态环境的前提下，对西部等未利用地资源丰富地区，鼓励开发利用未利用地，严控建设占用耕地。适度开发低丘缓坡荒滩，根据低丘缓坡荒滩开发建设的进展情况和实际需要，专项安排建设用地计划指标，规范有序推进低丘缓坡荒滩开发利用。

（十三）鼓励工矿废弃地复垦。通过下达工矿废弃地复垦利用指标，在确保建设用地总量不增加，耕地面积不减少、质量有提高的前提下，将历史遗留的工矿废弃地以及交通、水利等基础设施废弃地加以复垦，并与新增建设用地相挂钩，合理调整建设用地，重点用于试点县、市的工矿发展、基础设施和民生工程，促进土地资源节约、合理和高效利用，改善生态环境。

（十四）鼓励城镇低效建设用地再开发。通过创新完善土地利用管理制度，鼓励对城镇低效、粗放、散乱的用地进行统一规划、整合和改造，提高土地利用效率，优化用地结构布局，促进产业转型升级，提升城镇化发展质量。

（十五）改进基础设施建设用地等计划管理。对能源、交通、水利、军事、环保等建设项目工程建设区域以外，未改变农用地用途而又需要征为国有土地的，可只办理土地征收手续。对地震、洪水、台风等重大自然灾害引发的抗灾救灾、灾后恢复重建涉及的新增建设用地，由有关省份在国家下达的年度计划指标中优先安排，指标确实不足的，列出具体项目，经部审定后可先行安排，年底将执行情况报部备案核销。

（十六）鼓励地方探索计划精细化管理。各省（区、市）可在国家下达的计划指标总量控制下，按照统分结合的原则，安排使用计划指标。对省级重点建设项目计划指标，可预留在省（区、市）统筹安排，并根据建设项目性质、投资强度等条件，探索“点供”等方式安排计划，确保计划指标高效使用。对市、县用地指标，可根据各地经济社会发展状况、土地资源条件等情况，并与节约集约用地、供地率等因素挂钩，进行分解下达，提高计划指标安排使用效率。

六、严格计划执行监管

（十七）加强计划安排使用监管。认真做好计划安排使用登记统计，按照国土资源综合监管平台建设要求，落实计划安排使用网络直报制度，实时监控计划执行情况；实行计划执行情况月报制度，加强计划动态管理。

（十八）完善评估考核制度。严格计划执行考核，重点考核新增建设占用耕地指标执行情况，根据计划执行情况考核结果，全面落实计划指标奖励扣减，提高计划的激励和约束性，促进计划有效执行。同时对增减挂钩、低丘缓坡开发、工矿废弃地复垦和城镇低效用地改造等进行年度考核，并根据考核结果，安排下一年度专项指标和工作。

（十九）落实计划管理共同责任。严格建设用地审批审查，凡不符合国家产业政策和供地政策的建设项目，不得安排计划指标，没有计划指标不得批准用地。各派驻地方的国家土地督察局要加强对计划执行情况的督察，推动计划差别化管理措施的有效落实。

国土资源部

二〇一二年九月十五日

国土资源部关于改进和优化建设项目用地预审和用地审查的通知

（国土资规〔2016〕16号）

各省、自治区、直辖市及计划单列市国土资源主管部门，新疆生产建设兵团国土资源局，解放军土地管理局，各派驻地方的国家土地督察局，部机关各司局：

为贯彻落实“简政放权、放管结合、优化服务”改革要求，进一步改进和优化建设项目用地预审和用地审查报批工作，现就有关事项通知如下：

一、认真贯彻党中央、国务院决策部署，高度重视改进和优化建设用地审批工作

（一）切实增强改进和优化建设用地审批工作的责任感和紧迫感。以用途管制为核心，以用地预审和用地审查为主要内容的现行建设用地审批制度，在严守耕地红线、保障发展需求、维护群众权益等方面发挥了长期重要的作用，但也存在着审查内容重复、时序结构不尽合理、报件准备周期长、标准化程度不够等问题。改进和优化建设用地审批制度，是贯彻落实党中央、国务院决策部署，适应把握引领经济发展新常态，积极推进供给侧结构性改革的内在要求；是深入落实“简政放权、放管结合、优化服务”的具体体现；是优化发展环境，激发市场活力，降低制度性交易成本，增强发展动能的务实举措；是回应社会关切，进一步提升国土资源服务效能的迫切需要。各级国土资源主管部门要充分认识改进和优化建设用地审批制度的重要意义，以思想的统一促行动上的自觉，以敬民之心，行简政之道，扎实抓好改进优化工作。

（二）准确把握改进和优化建设用地审批制度的总体要求。按照“明确定位、突出重点，系统梳理、减少重复，统筹衔接、强化协同，放管结合、优化服务”的原则，以依法依规、方便行政相对人为导向，部修正了《建设项目用地预审管理办法》和《建设用地审查报批管理办法》，通过去枝强干、调整时序、简化内容、优化流程等，实现建设用地审批“材料简化、时间缩短、难度降低”的目标。各级国土资源主管部门要准确把握改进和优化建设用地审批制度的方向目标和总体要求，全面理解掌握修正后部门规章的各项规定，尽快调整适应和改进用地报批审查工作，切实提高用地保障的服务能力水平。

二、简化改进审查内容，切实提高建设用地审批效率

（三）简化对符合土地利用总体规划和土地使用标准的审查。严格土地利用总体规划管理，强化建设项目用地规划审查，建设项目必须依据规划布局确定选址，不得随意修改规划。属于《土地管理法》第二十六条规定情形（包括占用基本农田情形），确需修改土地利用总体规划的，必须对修改规划的必要性和可行性进行论证说明，在用地预审阶段编制规划修改方案（包括基本农田补划内容），并在建设项目用地报批前完成规划修改听证、规划实施影响评估和专家论证等工作。已通过用地预审的建设项目，在用地报批阶段原则上不再重复审查是否符合土地利用总体规划、是否符合土地使用标准等情况，但项目用地位置、规模、功能分区发生变化的，应依据土地利用总体规划和土地使用标准进行复核。在用地预审通过后、可行性研究报告批准或核准前，建设项目选址发生局部调整，不符合土地利用总体规划或者用地总规模超过土地使用标准的，应重新申请用地预审。

（四）简化对补充耕地和征地补偿等的审查。用地预审阶段，不再对补充耕地和征地补偿费用、矿山项目土地复垦资金安排情况进行审查，相应审查在用地报批阶段进行。但地方人民政府应切实履行保护耕地的法定职责、维护权利人的合法权益，建设单位必须承诺将补充耕地、征地补偿、土地复垦等相关费用纳入工程概算，省级国土资源主管部门承诺督促落实。对于地方有关部门批准立项、地方人民政府审批农用地转用，但土地征收需报国务院批准的建设项目，部在用地审查时不再审核农用地转用方案与补充耕地方案，只审查土地征收方案与土地供应方案。

（五）改进地质灾害危险性评估的审查。用地预审阶段，不再对单独选址的审批类建设项目是否开展地质灾害危险性评估进行审查。在用地报批阶段，部对地质灾害危险性评估情况进行形式性审查，地方国土资源主管部门应核实建设项目是否位于地质灾害易发区，位于地质灾害易发区的，应进一步核实建设单位是否按规定进行了地质灾害危险性评估；省级国土资源主管部门在提交建设项目用地审查报告时，应对是否进行地质灾害危险性评估进行说明。未按规定开展地质灾害危险性评估的，不得批准建设用地。

（六）改进压覆重要矿产资源的审查。用地预审阶段，不再对单独选址的审批类建设项目是否压覆重要矿产资源进行审查。在用地报批阶段，建设项目涉及压覆重要矿产资源的，在建设单位说明已与矿业权人就压矿补偿问题进行协商、有关市县人民政府承诺做好压矿补偿协调工作的前提下，可办理用地审批手续；同时，省级国土资源主管部门应督促建设单位与矿业权人签订补偿协议，按规定办理压覆矿产资源审批和登记手续。对未签订补偿协议、未办理压覆矿产资源审批登记手续的，省级人民政府不得转发用地批复、市（县）人民政府不得供地。

（七）组织开展项目用地踏勘论证和节地评价。国家重点项目、线性工程等应避让基本农田，尽量不占或少占。确需占用基本农田或占用其他耕地规模较大（线性

工程占用耕地100公顷以上、块状工程70公顷以上或占用耕地达到用地总面积50%以上，不包括水库类项目）的建设项目，省级国土资源主管部门应组织踏勘论证。对国家和地方尚未颁布土地使用标准和建设标准的建设项目，以及确需突破土地使用标准确定的规模和功能分区的建设项目，应按要求组织开展建设项目节地评价。同时需要开展踏勘论证和建设项目节地评价的建设项目，可将两项工作合并开展，出具踏勘论证和节地评价报告。

（八）改进城市建设用地的审查报批。报国务院批准用地的106个城市，按照“国家批规模、控结构，地方管项目、落用地”的原则，组织用地申报。报国务院审批农用地转用和土地征收时，不再报送标注用地位置的土地利用总体规划图，具体用地是否符合土地利用总体规划由省级审核农用地转用和土地征收实施方案时把关，不符合土地利用总体规划的实施方案，不得审核同意。

（九）适当缩小用地预审范围。不涉及新增建设用地，在土地利用总体规划确定的城镇建设用地范围内使用已批准建设用地进行建设的项目，可不进行建设项目用地预审。

三、加强事中事后监管，进一步提升服务保障水平

（十）强化实质性审查责任。地方国土资源主管部门对部只进行形式性审查的事项，要积极履行职责，加强实质性审查，做到权责一致，保证审查意见的真实、准确。

（十一）提高规范化水平。项目建设单位和省级国土资源主管部门应按照部统一规范的建设项目用地预审和用地报批申报材料格式（见附件），做好组卷工作，提高报件质量。部将更新后的用地预审和用地报批电子报盘软件下发后（国土资源部门户网站下载），省级以下国土资源主管部门要按照新要求组卷报批；不符合新要求的，部政务大厅不予接收报件。部适时开展用地预审和用地审查集中培训，省级国土资源主管部门要加强业务指导，及时开展培训，确保各地全面掌握政策要求，提高业务能力水平。

（十二）加强实施监管。实行报件质量统计制度，对报部用地预审和用地审查项目报件质量差、补正多、不据实上报等情况，建立统计台账，并采取提醒、通报、约谈等方式，督促省级国土资源主管部门严格把关，确保报件质量。按照“谁审批、谁监管”的原则，严格落实监管责任，创新监管方式，提升监管能力，采取批后抽查、实地督察、部门联动等多种方式，对各地审查把关是否到位、是否存在未批先用、承诺事项是否落实等情况进行监督，发现问题及时提出整改意见，切实加强监督管理。加快完善用地审批业务系统与规划、供地、利用、卫片执法检查等系统的互联互通，完善综合监管体系，运用“大数据”分析技术，加强建设用地审批事中事后监管。

（十三）提升服务能力。大力推进用地预审和用地报批网上申报、受理、查询、

批复等信息化建设，加快实现建设用地远程报批。积极做好政策解读宣传，回应社会关切，帮助行政相对人及时了解掌握相关政策和办事流程，方便行政相对人。做好政策过渡期间的有效衔接，实现制度、流程、系统的顺利过渡。与相关部门加强沟通联动，提前介入了解情况，积极履职，主动服务，及时协调解决重点建设项目用地中存在的问题。

本通知自2017年1月1日起执行，有效期5年。各地可依据《建设项目用地预审管理办法》《建设项目用地审查报批管理办法》和本通知要求，结合当地实际，制订相应的实施细则。

附件：1. 报国土资源部建设项目用地预审材料目录（略）
2. 建设项目用地预审申请表格式（略）
3. 报国土资源部建设项目用地预审建设单位申请文本格式（略）
4. 报国土资源部建设项目用地预审省级国土资源主管部门初审报告文本格式（略）
5. 报国务院批准农用地转用和土地征收的单独选址建设项目用地报批材料目录（略）
6. 报国务院批准土地征收的单独选址建设项目用地报批材料目录（略）
7. 报国务院批准单独选址建设项目用地省级国土资源主管部门审查报告文本格式（略）
8. 建设用地项目呈报材料“一书四方案”（略）
9. 报国务院批准城市建设用地报批材料目录（略）
10. 报国务院批准城市建设用地省级国土资源主管部门审查报告文本格式（略）
11. 国务院批准建设用地城市农用地转用土地征收补充耕地方案申报汇总表（略）

国土资源部

二〇一六年十一月三十日

耕地保护管理

建设用地审查报批管理办法

（1999年3月2日国土资源部令第3号发布　根据2010年11月30日《国土资源部关于修改部分规章的决定》第一次修正　根据2016年11月25日《国土资源部关于修改〈建设用地审查报批管理办法〉的决定》第二次修正）

第一条　为加强土地管理，规范建设用地审查报批工作，根据《中华人民共和国土地管理法》（以下简称《土地管理法》）、《中华人民共和国土地管理法实施条例》（以下简称《土地管理法实施条例》），制定本办法。

第二条　依法应当报国务院和省、自治区、直辖市人民政府批准的建设用地的申请、审查、报批和实施，适用本办法。

第三条　县级以上国土资源主管部门负责建设用地的申请受理、审查、报批工作。

第四条　在建设项目审批、核准、备案阶段，建设单位应当向建设项目批准机关的同级国土资源主管部门提出建设项目用地预审申请。

受理预审申请的国土资源主管部门应当依据土地利用总体规划、土地使用标准和国家土地供应政策，对建设项目的有关事项进行预审，出具建设项目用地预审意见。

第五条　在土地利用总体规划确定的城市建设用地范围外单独选址的建设项目使用土地的，建设单位应当向土地所在地的市、县国土资源主管部门提出用地申请。

建设单位提出用地申请时，应当填写《建设用地申请表》，并附具下列材料：

（一）建设项目用地预审意见；

（二）建设项目批准、核准或者备案文件；

（三）建设项目初步设计批准或者审核文件。

建设项目拟占用耕地的，还应当提出补充耕地方案；建设项目位于地质灾害易发区的，还应当提供地质灾害危险性评估报告。

第六条　国家重点建设项目中的控制工期的单体工程和因工期紧或者受季节影响急需动工建设的其他工程，可以由省、自治区、直辖市国土资源主管部门向国土资源部申请先行用地。

申请先行用地，应当提交下列材料：

（一）省、自治区、直辖市国土资源主管部门先行用地申请；

（二）建设项目用地预审意见；

（三）建设项目批准、核准或者备案文件；

（四）建设项目初步设计批准文件、审核文件或者有关部门确认工程建设的文件；

（五）国土资源部规定的其他材料。

经批准先行用地的，应当在规定期限内完成用地报批手续。

第七条 市、县国土资源主管部门对材料齐全、符合条件的建设用地申请，应当受理，并在收到申请之日起30日内拟订农用地转用方案、补充耕地方案、征收土地方案和供地方案，编制建设项目用地呈报说明书，经同级人民政府审核同意后，报上一级国土资源主管部门审查。

第八条 在土地利用总体规划确定的城市建设用地范围内，为实施城市规划占用土地的，由市、县国土资源主管部门拟订农用地转用方案、补充耕地方案和征收土地方案，编制建设项目用地呈报说明书，经同级人民政府审核同意后，报上一级国土资源主管部门审查。

在土地利用总体规划确定的村庄和集镇建设用地范围内，为实施村庄和集镇规划占用土地的，由市、县国土资源主管部门拟订农用地转用方案、补充耕地方案，编制建设项目用地呈报说明书，经同级人民政府审核同意后，报上一级国土资源主管部门审查。

报国务院批准的城市建设用地，农用地转用方案、补充耕地方案和征收土地方案可以合并编制，一年申报一次；国务院批准城市建设用地后，由省、自治区、直辖市人民政府对设区的市人民政府分期分批申报的农用地转用和征收土地实施方案进行审核并回复。

第九条 建设只占用国有农用地的，市、县国土资源主管部门只需拟订农用地转用方案、补充耕地方案和供地方案。

建设只占用农民集体所有建设用地的，市、县国土资源主管部门只需拟订征收土地方案和供地方案。

建设只占用国有未利用地，按照《土地管理法实施条例》第二十四条规定应由国务院批准的，市、县国土资源主管部门只需拟订供地方案；其他建设项目使用国有未利用地的，按照省、自治区、直辖市的规定办理。

第十条 建设项目用地呈报说明书应当包括用地安排情况、拟使用土地情况等，并应附具下列材料：

（一）经批准的市、县土地利用总体规划图和分幅土地利用现状图，占用基本农田的，同时提供乡级土地利用总体规划图；

（二）有资格的单位出具的勘测定界图及勘测定界技术报告书；

（三）地籍资料或者其他土地权属证明材料；

（四）为实施城市规划和村庄、集镇规划占用土地的，提供城市规划图和村庄、集镇规划图。

第十一条　农用地转用方案，应当包括占用农用地的种类、面积、质量等，以及符合规划计划、基本农田占用补划等情况。

补充耕地方案，应当包括补充耕地的位置、面积、质量，补充的期限，资金落实情况等，以及补充耕地项目备案信息。

征收土地方案，应当包括征收土地的范围、种类、面积、权属，土地补偿费和安置补助费标准，需要安置人员的安置途径等。

供地方案，应当包括供地方式、面积、用途等。

第十二条　有关国土资源主管部门收到上报的建设项目用地呈报说明书和有关方案后，对材料齐全、符合条件的，应当在5日内报经同级人民政府审核。同级人民政府审核同意后，逐级上报有批准权的人民政府，并将审查所需的材料及时送该级国土资源主管部门审查。

对依法应由国务院批准的建设项目用地呈报说明书和有关方案，省、自治区、直辖市人民政府必须提出明确的审查意见，并对报送材料的真实性、合法性负责。

省、自治区、直辖市人民政府批准农用地转用、国务院批准征收土地的，省、自治区、直辖市人民政府批准农用地转用方案后，应当将批准文件和下级国土资源主管部门上报的材料一并上报。

第十三条　有批准权的国土资源主管部门应当自收到上报的农用地转用方案、补充耕地方案、征收土地方案和供地方案并按规定征求有关方面意见后30日内审查完毕。

建设用地审查应当实行国土资源主管部门内部会审制度。

第十四条　农用地转用方案和补充耕地方案符合下列条件的，国土资源主管部门方可报人民政府批准：

（一）符合土地利用总体规划；

（二）确属必需占用农用地且符合土地利用年度计划确定的控制指标；

（三）占用耕地的，补充耕地方案符合土地整理开发专项规划且面积、质量符合规定要求；

（四）单独办理农用地转用的，必须符合单独选址条件。

第十五条　征收土地方案符合下列条件的，国土资源主管部门方可报人民政府批准：

（一）被征收土地界址、地类、面积清楚，权属无争议的；

（二）被征收土地的补偿标准符合法律、法规规定的；

（三）被征收土地上需要安置人员的安置途径切实可行。

建设项目施工和地质勘查需要临时使用农民集体所有的土地的，依法签订临时使用土地合同并支付临时使用土地补偿费，不得办理土地征收。

第十六条　供地方案符合下列条件的，国土资源主管部门方可报人民政府批准：

（一）符合国家的土地供应政策；

（二）申请用地面积符合建设用地标准和集约用地的要求；

（三）只占用国有未利用地的，符合规划、界址清楚、面积准确。

第十七条 农用地转用方案、补充耕地方案、征收土地方案和供地方案经有批准权的人民政府批准后，同级国土资源主管部门应当在收到批件后5日内将批复发出。

未按规定缴纳新增建设用地土地有偿使用费的，不予批复建设用地。其中，报国务院批准的城市建设用地，省、自治区、直辖市人民政府在设区的市人民政府按照有关规定缴纳新增建设用地土地有偿使用费后办理回复文件。

第十八条 经批准的农用地转用方案、补充耕地方案、征收土地方案和供地方案，由土地所在地的市、县人民政府组织实施。

第十九条 建设项目补充耕地方案经批准下达后，在土地利用总体规划确定的城市建设用地范围外单独选址的建设项目，由市、县国土资源主管部门负责监督落实；在土地利用总体规划确定的城市和村庄、集镇建设用地范围内，为实施城市规划和村庄、集镇规划占用土地的，由省、自治区、直辖市国土资源主管部门负责监督落实。

第二十条 征收土地公告和征地补偿、安置方案公告，按照《征收土地公告办法》的有关规定执行。

征地补偿、安置方案确定后，市、县国土资源主管部门应当依照征地补偿、安置方案向被征收土地的农村集体经济组织和农民支付土地补偿费、地上附着物和青苗补偿费，并落实需要安置农业人口的安置途径。

第二十一条 在土地利用总体规划确定的城市建设用地范围内，为实施城市规划占用土地的，经依法批准后，市、县国土资源主管部门应当公布规划要求，设定使用条件，确定使用方式，并组织实施。

第二十二条 以有偿使用方式提供国有土地使用权的，由市、县国土资源主管部门与土地使用者签订土地有偿使用合同，并向建设单位颁发《建设用地批准书》。土地使用者缴纳土地有偿使用费后，依照规定办理土地登记。

以划拨方式提供国有土地使用权的，由市、县国土资源主管部门向建设单位颁发《国有土地划拨决定书》和《建设用地批准书》，依照规定办理土地登记。《国有土地划拨决定书》应当包括划拨土地面积、土地用途、土地使用条件等内容。

建设项目施工期间，建设单位应当将《建设用地批准书》公示于施工现场。

市、县国土资源主管部门应当将提供国有土地的情况定期予以公布。

第二十三条 各级国土资源主管部门应当对建设用地进行跟踪检查。

对违反本办法批准建设用地或者未经批准非法占用土地的，应当依法予以处罚。

第二十四条 本办法自发布之日起施行。

国土资源部关于加快推进征地补偿安置争议协调裁决制度的通知

（国土资发〔2006〕133号）

各省、自治区、直辖市国土资源厅（国土环境资源厅、国土资源局、国土资源和房屋管理局、房屋土地资源管理局）：

全国推行征地补偿安置争议协调裁决制度座谈会之后，按照部的统一部署，各地采取有效措施，积极推进征地补偿安置争议协调裁决制度建设，取得了一定进展。但是，一些地方对推行征地补偿安置争议协调裁决制度还存在着畏难情绪，思想认识不到位，工作缺乏主动性，协调裁决制度建设尚未在全国取得突破性进展。为进一步统一思想、提高认识，加快推进征地补偿安置争议协调裁决制度，及时化解因征地补偿安置引发的矛盾和纠纷，切实维护社会稳定，现就有关事项通知如下：

一、充分认识推行征地补偿安置争议协调裁决制度的紧迫性和重要性

推行征地补偿安置争议协调裁决制度，是构建社会主义和谐社会的客观需要。当前，我国正处在“发展机遇期”与“矛盾凸显期”，各种矛盾和纠纷纷繁复杂，突出多变。尤其是随着工业化、城市化进程的加快，因征地补偿安置引发的矛盾和纠纷日益突出，已成为人民群众日益关心的社会热点问题。一些地方由于征地补偿安置争议协调裁决制度不落实，致使许多因征地补偿引发的矛盾和纠纷得不到及时处理，部分地方甚至发生了群体性事件，影响了社会的稳定。全面推行征地补偿安置争议协调裁决制度，是建立和完善有效的群众利益诉求机制和权益保障机制的重要手段，对于引导被征地的农村集体经济组织和农民通过法定渠道化解征地矛盾，解决征地纠纷，切实维护社会稳定具有重要意义。

推行征地补偿安置争议协调裁决制度，是实施土地管理法规、完善征地程序的客观需要。征地补偿安置争议协调裁决制度，是《中华人民共和国土地管理法实施条例》为解决征地补偿安置争议确立的专门制度。2004年《国务院关于深化改革严格土地管理的决定》（国发〔2004〕28号）又提出了“加快建立和完善征地补偿安置争议的协调和裁决机制，维护被征地农民和用地者的合法权益”。当前，随着农民对征地补偿的日益关注和补偿标准的不断提高，在实施征地中发生的矛盾、纠纷和冲突不断增加，迫切需要启动征地补偿安置争议协调裁决程序，来解决矛盾，化解纠纷，这对于保证土地管理法规的顺利实施、完善征地程序、切实强化国土资源管理部门在实施征地中的社会管理和公共服务职能具有重要意义。

推行征地补偿安置争议协调裁决制度，是有效化解征地实施中矛盾和纠纷的有效途径。在市、县政府实施征地过程中，一旦发生纠纷，迫切需要上级政府进行协调和裁决，尽快解决矛盾，避免旷日持久的诉讼、上访，甚至激化矛盾，形成群体事件。湖南、重庆和安徽等省（市）推行征地补偿安置争议协调裁决制度的试点，已经在化解征地纠纷、维护社会稳定，规范政府行为、完善征地程序，普及法律法规、保护被征地农民合法权益等方面取得了良好效果。国务院领导对试点取得的成效给予了高度评价，对国土资源部全面推进这项工作给予了充分肯定。推行征地补偿安置争议协调裁决制度，是法规有要求，现实有需要，实践有经验，应当加快进行。

二、全面把握征地补偿安置争议协调裁决制度的基本内容

征地补偿安置争议协调裁决制度，是一项具有自身特点、专门针对征地补偿安置争议设立的纠纷解决制度，必须坚持政府主导、公众参与、重在协调的原则。各地在制定地方性的征地补偿安置争议协调裁决办法的过程中，要注意全面把握征地补偿安置争议协调裁决制度的基本内容：

（一）必须准确定位。协调裁决的范围是针对被征地农民与实施征地的市、县政府在补偿安置方面的争议。协调裁决不对经依法批准的征地合法性进行审查，不代替行政复议和诉讼。协调裁决的范围主要有：对市、县人民政府批准的征地补偿安置方案有异议的；对适用征地补偿安置方案涉及的对被征土地地类、人均耕地面积、被征土地前三年平均年产值的认定有异议的；实行区片综合地价计算征地补偿费的地区，对区片综合地价的适用标准和计算有异议的。

（二）必须兼顾合法性与合理性。协调要以土地管理法律、法规、规章和国家、省级人民政府有关政策为依据，主要是对市、县人民政府确定的征地补偿安置方案和实施过程进行合法性审查，同时兼顾合理性审查。合理性审查的标准是保证被征地农民原有生活水平不降低、长远生计有保障。各地要在对被征地农民原有生活水平调查、统计的基础上，逐步引入中立的中介组织对被征地土地进行评估，进一步量化合理性审查的标准。

（三）必须规范协调和裁决的程序。在程序设定上，首先必须贯彻协调前置、重在协调的原则，即当事人应当先向拟定征地补偿安置方案的市、县人民政府的上一级人民政府申请协调。未经协调的案件，不能进行裁决。裁决机关受理裁决案件后，也要先行组织协调。经协调达不成一致意见的，依法作出裁决决定。协调意见书经双方当事人签字同意后，即发生法律效力。其次要体现便民、高效和公开的原则。裁决机关接受裁决申请的方式要多种多样，传真、电子邮件等形式都应当允许；协调和裁决都必须要有明确的时限要求，防止裁决案件久拖不决；协调和裁决的程序、过程和结果都要公开透明。

（四）必须建立灵活多样的协调裁决机制。各地要结合本地区的实际情况，大胆

探索，按照居中协调和裁决的要求，积极探索灵活多样、符合本地区特点、有利于化解征地补偿安置纠纷的协调裁决机制。要借鉴国务院《信访条例》确立的政府主导、社会参与、有利于迅速解决纠纷的工作机制，在协调裁决工作中组织相关社会团体、法律援助机构、相关专业人员、社会志愿者等共同参与，综合运用咨询、教育、协商、调解、听证等方法，依法、及时处理征地补偿安置争议。

（五）必须依法告知当事人诉权。当事人对裁决机关作出的裁决决定不服的，可以在法定期限内依照《中华人民共和国行政复议法》和《中华人民共和国行政诉讼法》的有关规定申请行政复议或者提起行政诉讼。裁决决定中应当告知当事人诉权。

三、切实加强对推行征地补偿安置争议协调裁决制度的组织领导

明确职责任务，加强组织领导。各级国土资源管理部门要切实加强对推行征地补偿安置争议协调裁决制度的领导，从思想上高度重视，要把推行征地补偿安置争议协调裁决制度作为一项重要的政治任务，摆上重要的议事日程，专题研究部署，明确职责任务，主要负责同志负总责，分管领导亲自抓，建立健全领导责任制。要积极与当地政府沟通协调，争取政府的支持，尽快确立起分工明确、相互配合、规范运作、权责一致的工作机制。部决定将推行征地补偿安置争议协调裁决制度作为“完善体制、提高素质”活动的一项重要内容，作为考核省级国土资源管理部门主要领导执政能力和依法行政水平的重要指标。

采取有效措施，实现四个到位。征地补偿安置争议协调裁决制度涉及面广，问题复杂，推行这项制度，需要耗费大量的人力、物力和财力。各地要采取切实有效的措施，努力实现机构、人员、经费、责任四到位。省、自治区、直辖市国土资源管理部门在机构编制比较紧张的情况下，要按照转变国土资源管理方式，强化国土资源管理职能的要求，通过内部调剂，为协调裁决机构增加编制，充实人员。同时，各地也可根据当地的实际情况，通过协调裁决委员会制来落实裁决机构，即由分管法制工作的领导牵头，聘请部分人大代表、政协委员、国土资源监察专员、政府有关部门的领导和工作人员、土地估价师和律师等作为协调裁决员，对协调裁决案件提出处理意见。

加强监督检查，确保年底到位。各地要按照本通知的要求，切实做好推行征地补偿安置争议协调裁决制度的各项工作，确保2006年底前，征地补偿安置争议协调裁决制度在全国省级国土资源管理部门全面到位。部将加大监督检查工作的力度，对全国各省级国土资源管理部门推行裁决制度的进行全面检查，要以是否出台裁决办法、是否落实裁决机构和人员、是否依法受理和办理裁决案件作为裁决制度是否到位的重要标志。

总结交流情况，推广先进经验。2007年，部将召开全国推行征地补偿安置争议协调裁决制度经验交流会，总结、交流各地推行征地补偿安置争议协调裁决制度中所取得的好的经验和做法，认真研究解决存在的问题，不断完善制度建设，使征地

补偿安置争议协调裁决制度成为化解征地矛盾的有效途径。

加快推行征地补偿安置争议协调裁决制度，事关社会主义和谐社会建设，事关社会稳定，事关广大农民的切身利益，意义十分重大，任务相当艰巨。各级国土资源管理部门要以坚定不移的决心和众志成城的信心，勇于担当，勇于实践，确保征地补偿安置争议协调裁决制度全面到位。

国土资源部

二〇〇六年六月二十一日

国土资源部、农业部关于促进规模化畜禽养殖有关用地政策的通知

（国土资发〔2007〕220号）

各省、自治区、直辖市及新疆生产建设兵团国土资源厅（国土环境资源厅、国土资源局、国土资源和房屋管理局、房屋土地管理局），畜牧兽医（农业、农牧、农林）厅（局、办、委）：

随着我国畜牧业的发展，饲养方式和结构发生了很大变化，规模化养殖对用地提出了新的要求。为贯彻落实《国务院关于促进生猪生产发展稳定市场供应的意见》（国发〔2007〕22号）和《国务院关于切实落实政策保证市场供应维护副食品价格稳定的紧急通知》（国发明电〔2007〕1号）精神，促进规模化畜禽养殖发展，现就用地有关问题通知如下：

一、统筹规划，合理安排养殖用地

（一）县级畜牧主管部门要依据上级畜牧业发展规划和本地畜牧业生产基础、农业资源条件等，编制好县级畜牧业发展规划，明确发展目标和方向，提出规模化畜禽养殖及其用地的数量、布局和规模要求。

（二）在当前土地利用总体规划尚未修编的情况下，县级国土资源管理部门对于规模化畜禽养殖用地实行一事一议，依照现行土地利用规划，做好用地论证等工作，提供用地保障。下一步新一轮土地利用总体规划修编时，要统筹安排，将规模化畜禽养殖用地纳入规划，落实养殖用地，满足用地需求。

（三）规模化畜禽养殖用地的规划布局和选址，应坚持鼓励利用废弃地和荒山荒坡等未利用地、尽可能不占或少占耕地的原则，禁止占用基本农田。各地在土地整理和新农村建设中，可以充分考虑规模化畜禽养殖的需要，预留用地空间，提供用地条件。任何地方不得以新农村建设或整治环境为由禁止或限制规模化畜禽养殖。积极推行标准化规模养殖，合理确定用地标准，节约集约用地。

（四）规模化畜禽养殖用地确定后，不得擅自将用地改变为非农业建设用途，防止借规模化养殖之机圈占土地进行其他非农业建设。

二、区别不同情况，采取不同的扶持政策

（一）本农村集体经济组织、农民和畜牧业合作经济组织按照乡（镇）土地利用总体规划，兴办规模化畜禽养殖所需用地按农用地管理，作为农业生产结构调整用

地，不需办理农用地转用审批手续。

（二）其他企业和个人兴办或与农村集体经济组织、农民和畜牧业合作经济组织联合兴办规模化畜禽养殖所需用地，实行分类管理。畜禽舍等生产设施及绿化隔离带用地，按照农用地管理，不需办理农用地转用审批手续；管理和生活用房、疫病防控设施、饲料储藏用房、硬化道路等附属设施，属于永久性建（构）筑物，其用地比照农村集体建设用地管理，需依法办理农用地转用审批手续。

（三）办理农用地转用审批手续所需的用地计划指标，今年要从已下达的计划指标中调剂解决，以后要在年度计划中予以安排；占用耕地的，原则上由养殖企业或个人负责补充，有条件的，也可由县级人民政府实施的投资项目予以扶持。

三、简化程序，及时提供用地

（一）申请规模化畜禽养殖的企业或个人，无论是农村集体经济组织、农民和畜牧业合作经济组织还是其他企业或个人，需经乡（镇）人民政府同意，向县级畜牧主管部门提出规模化养殖项目申请，进行审核备案。

（二）本农村集体经济组织、农民和畜牧业合作经济组织申请规模化畜禽养殖的，经县级畜牧主管部门审核同意后，乡（镇）国土所要积极帮助协调用地选址，并到县级国土资源管理部门办理用地备案手续。涉及占用耕地的，要签订复耕保证书，原则上不收取保证金或押金；原址不能复耕的，要依法另行补充耕地。

（三）其他企业或个人申请规模化畜禽养殖的，经县级畜牧主管部门审核同意后，县（市）、乡（镇）国土资源管理部门积极帮助协调用地选址，并到县级国土资源管理部门办理用地备案手续。其中，生产设施及绿化隔离带用地占用耕地的，应签订复耕保证书，原址不能复耕的，要依法另行补充耕地；附属设施用地涉及占用农用地的，应按照规定的批准权限和要求办理农用地转用审批手续。

（四）规模化畜禽养殖用地要依据《农村土地承包法》、《土地管理法》等法律法规和有关规定，以出租、转包等合法方式取得，切实维护好土地所有权人和原使用权人的合法权益。县级国土资源管理部门在规模化畜禽养殖用地有关手续完备后，及时做好土地变更调查和登记工作。因建设确需占用规模化畜禽养殖用地的，应根据规划布局和养殖企业或个人要求，重新相应落实新的养殖用地，依法保护养殖企业和个人的合法权益。

四、通力合作，共同抓好规模化畜禽养殖用地的落实

（一）各地要依据法律法规和本通知的有关规定，结合本地实际情况，认真调查研究，进一步完善有关政策，细化有关规定，积极为规模化畜禽养殖用地做好服务。

（二）各级国土资源管理部门和畜牧主管部门要在当地政府的组织领导下，各司其职，加强沟通合作，及时研究规模化畜禽养殖中出现的新情况、新问题，不断完善相应政策和措施，促进规模化畜禽养殖的健康发展。

（三）各地在贯彻落实本通知中遇到的问题，要及时报国土资源部和农业部。

国土资源部

农业部

二〇〇七年九月二十一日

国土资源部关于改进报国务院批准单独选址建设项目用地审查报批工作的通知

（国土资发〔2009〕8号）

各省、自治区、直辖市国土资源厅（国土环境资源厅、国土资源局、国土资源和房屋管理局、规划和国土资源管理局），解放军土地管理局，新疆生产建设兵团国土资源局，各派驻地方的国家土地督察局：

自贯彻落实《国务院关于加强土地调控有关问题的通知》（国发〔2006〕31号）要求、调整报国务院批准的城市建设用地审批方式以来，各级国土资源管理部门认真履行职责，服务城市建设和发展，提高了城市建设用地审查报批工作效率，但单独选址建设项目用地还存在报批周期长、报批材料复杂等问题。为进一步增强土地调控能力，依法及时保障各项建设用地，适应经济平稳较快发展需要，根据国发〔2006〕31号文件有关精神，经研究决定，改进报国务院批准单独选址建设项目用地审查报批工作。现就有关问题通知如下：

一、加快建设项目用地报批前期工作

报国务院批准用地的建设项目批准（核准）后的初步设计阶段，市、县国土资源管理部门要提前介入，主动了解项目涉及用地有关情况，落实建设项目用地预审意见，开展用地报批的准备工作。受理建设单位用地申请后，应及时开展建设项目用地勘测定界、土地权属调查等工作；拟订建设用地报批“一书四方案”；组织提供完备的用地报批有关材料。

在建设用地报批前，市、县国土资源管理部门就征地位置、地类和面积以及补偿标准、安置途径等拟订征收土地方案，按规定履行征地报批前告知、确认和听证程序，充分听取被征地村组和农户对征收土地方案的意见，确认方案有关内容。征收土地方案依法批准后，市、县国土资源管理部门具体组织公告、登记等征地批后实施工作。

二、及时呈报建设项目用地

市、县国土资源管理部门对具备申请用地条件、完成用地报批前期工作的项目，应及时按规定申报用地。地（市）和省级国土资源管理部门要抓紧审查，逐级呈报用地。公路、铁路等线性工程，用地涉及省（区、市）行政区域内多个市、县的，原则上以省（区、市）为单位一次性报批用地；先行完成用地组件报批工作的，也可以地（市）为单位分段呈报国务院批准用地。

通过部用地预审的能源、交通、水利水电、军事国防等建设项目，在经发展改革委等部门批准（核准）、有关部门批准初步设计后，桥梁、隧道、特殊地基处理等控制工期的单体工程，可以在用地正式报批前由省级国土资源管理部门向部提出先行用地申请。为扩大内需新上项目确需先行用地的，按《国土资源部关于为拉动内需促进经济平稳较快发展做好服务和监管工作的通知》（国土资发〔2008〕237号）规定执行。部批准先行用地的建设项目，应在半年内正式报批用地。逾期未报批的，暂停受理该省（区、市）其他项目先行用地申请。

三、认真开展建设项目用地论证

省级国土资源管理部门要对报国务院批准的用地严格审查把关，按照有关规定，切实做好实地踏勘和专家论证工作。依法须由国务院批准的地方批准（核准）建设项目用地，公路、铁路、管道等线性工程申请占用基本农田超过100公顷、面（块）状工程申请占用基本农田超过70公顷的，部将根据项目性质、用地预审等具体情况组织专家进行实地踏勘论证。在项目初步设计论证阶段，省级国土资源管理部门可向部提出申请，提前开展用地论证工作。

通过部用地预审需报国务院批准用地的建设项目，因设计方案调整等原因，用地报批规模超出预审控制规模较多的，部将视具体情况组织专家对用地进行实地踏勘论证。

四、简化建设项目用地报批材料

在优化审查报批程序的基础上，简化报国务院批准的单独选址建设项目用地报部审查材料，由现行的35件减少到10件，部分报件不需要再报纸质材料（附件1）；规范建设项目申请控制工期的单体工程先行用地报部审查材料（附件2）。

简化报国务院批准单独选址建设项目用地报部审查材料后，省级国土资源管理部门根据审查责任和本地实际，对地方各级国土资源管理部门受理的用地报批材料作出规定。要利用统一的建设用地报盘软件，通过国土资源主干网由省（区、市）向部报送电子材料。省级国土资源管理部门向部报送用地报批材料时，同时将电子材料抄送派驻地方的有关国家土地督察局。

五、明确建设项目用地审查责任

地方各级国土资源管理部门要按照权责一致的原则，认真履行用地审查职责，既严格把关、规范管理，又要缩短周期、提高效率，保障各项建设依法及时用地。

市、县国土资源管理部门受理建设用地申请和按要求组织报件，负责审查申请用地条件，核实申请用地的权属、地类和面积，编报建设项目用地“一书四方案”，履行征地报批前告知、确认和听证程序等；向上级国土资源管理部门报告上述内容的审查情况；对申报材料内容的真实性负责。

省级国土资源管理部门负责审查用地是否落实预审意见、符合土地利用总体规划、纳入土地利用计划，涉及规划调整是否符合有关规定；审查用地是否确权登记、地类和面积是否准确；审查用地是否符合国家供地政策、用地总面积符合土地使用标准和节约集约要求；审查是否落实征地补偿安置和被征地农民社会保障措施，是否落实耕地占补平衡和补划基本农田；审查是否按规定办理压覆矿产资源审批、地质灾害危险性评估备案和土地复垦方案评审；对存在未批先用等违法用地行为的，审查是否已进行依法查处，是否追究有关责任人的行政或法律责任等。省级国土资源管理部门就上述内容形成报部的审查报告，说明审查依据，提出审查意见，对审查内容和意见的真实性、合法合规性负责。

国土资源部对省级国土资源管理部门的审查内容和意见进行复核性审查，对用地是否符合法律法规和有关规定提出结论性意见，必要时依据有关规定进行实地核实。对符合要求的项目用地，部在一个月内完成用地审查。

自2009年3月1日起，市、县国土资源管理部门新受理申报的建设项目用地按本通知规定执行。省级国土资源管理部门结合本地实际情况，提出贯彻落实的具体措施，制定具体操作办法，明确省级和市、县用地审查呈报的有关要求和时限。同时研究改进报省级人民政府批准的单独选址建设项目用地审查报批工作。

附件：1. 报国务院批准单独选址建设项目用地报批材料目录

2. 建设项目控制工期的单体工程先行用地报批材料目录

国土资源部

二〇〇九年一月二十四日

附件1：

报国务院批准单独选址建设项目用地报批材料目录

序号	报批材料名称	电子化格式	需纸质材料
1	省级国土资源管理部门的审查报告	PDF文档	是
2	建设项目用地呈报“一书四方案”	数据库表	是
3	建设项目用地申请表	数据库表	是
4	建设项目用地预审批复文件	PDF文档	是
5	建设项目批准、核准或备案文件	PDF文档	是
6	建设项目初步设计批准或审核文件	PDF文档	是
7	建设项目用地土地分类面积汇总表	数据库表	否
8	建设项目用地勘测定界界址点坐标成果表	数据库表	否
9	补充耕地地块边界拐点坐标表	数据库表	否
10	补划基本农田地块边界拐点坐标表	数据库表	否

附件2：

建设项目控制工期的单体
工程先行用地报批材料目录

1. 省级国土资源管理部门请示文件（含单体工程名称、位置、用地规模和耕地面积，省级项目单体工程是否占用基本农田等情况）；

2. 建设项目用地预审批复文件；

3. 建设项目批准（核准）文件；

4. 建设项目初步设计批准文件或国家有关部门确认工程建设的文件；

5. 市、县国土资源管理部门对申请先行用地的征地补偿标准和安置途径有关情况说明（附建设单位拨付征地补偿费用的凭证、被征地村组和群众对征地补偿标准和安置途径的意见、动工前将征地补偿费发放到被征地村组和群众的承诺）；

6. 申请先行用地的工程位置示意图（附电子版）。

国土资源部关于促进农业稳定发展农民持续增收推动城乡统筹发展的若干意见

（国土资发〔2009〕27号）

各省、自治区、直辖市国土资源厅、国土环境资源厅、国土资源局、国土资源和房屋管理局、规划和国土资源管理局，计划单列市国土资源行政主管部门、解放军土地管理局、新疆生产建设兵团国土资源局、各派驻地方的国家土地督察局、中国地质调查局及部其他直属单位，部机关各司局：

中共中央、国务院《关于2009年促进农业稳定发展农民持续增收的若干意见》（中发〔2009〕1号）明确了促进农业稳定发展、农民持续增收的政策措施，对建立严格的耕地保护制度、大力开展土地整治、明晰土地产权、规范集体土地流转、加强农村建设用地管理、推进节约集约用地等提出了具体要求。各级国土资源管理部门要把学习贯彻落实中发〔2009〕1号文件作为当前重要任务，切实抓紧抓好各项工作。现就围绕促进农业稳定发展农民持续增收、推动城乡统筹发展目标，做好国土资源管理工作提出以下意见：

一、切实保护耕地，为农业稳定发展奠定物质基础

（一）严格政府耕地保护目标考核和审计，落实耕地保护责任。各地要将《全国土地利用总体规划纲要（2006—2020年）》（下称《纲要》）确立的耕地保护目标和任务层层分解落实，作为政府耕地保护责任目标考核的主要内容。国土资源部已将省级政府目标考核结果，作为下达土地利用年度计划和实施计划奖惩的重要依据。国土资源管理部门要协同审计、监察等部门，尽快建立耕地和基本农田保护的领导干部离任审计制度。今年3月至4月份，各省（区、市）国土资源管理部门要会同有关部门在政府的领导下继续组织开展耕地保护目标履行情况的自查工作，国土资源部将会同有关部门组织抽查。

（二）稳定基本农田数量和质量，实行永久保护。各地要结合土地利用总体规划修编，调整好基本农田布局，对规划确定的基本农田落实到地块和农户，采取特殊保护措施，实行永久保护。永久基本农田要设立统一保护标志，建立公开查询系统，接受社会监督。土地利用总体规划修编中，除划定基本农田保护区外，还要设立基本农田整备区，加大区内土地整治的资金投入，引导建设用地等其他地类逐步退出，将零星分散的基本农田集中布局，形成连片的、高标准粮棉油生产基地。

（三）积极探索建立基本农田经济补偿机制，调动各方保地养地种粮的积极性。

国土资源部将及时总结各地经验，配合财政部门尽快开展基本农田保护补偿机制试点，研究和建立约束和激励并行的基本农田保护新机制。各地要进一步增加投入，提高基本农田的农业综合生产能力；鼓励有条件的地区探索建立基本农田保护基金，对农民和农村集体管护、利用基本农田给予补贴和奖励；引导政府资金和社会资金共同参与基本农田建设；积极配合财政部门加大对基本农田保护任务较重地区的财政转移支持力度。

二、加快土地确权登记，全面建设与健全严格规范的农村土地制度要求相适应的土地产权制度

（四）明晰农村土地产权，依法确定集体土地所有权主体。集体土地所有权登记要根据法律规定，加快明确农民集体土地的主体。以此为前提，推进集体土地的登记发证。对村民小组所有的土地，有条件的可将《集体土地所有证》直接发放到村民小组农民集体；没有条件的可采取“组有村管”的方式，在明确村民小组主体地位的前提下，将《集体土地所有证》发到村，由村委会代管。同时，对无权属纠纷、经济关系清晰的集体经济组织的土地也要给予登记发证。

（五）按照急需优先原则，加快推进农村土地确权登记发证工作。对需要流转的农用地，要尽快完成集体土地所有权确权登记工作，并与土地承包经营权流转做好登记发证衔接，确保承包地流转前后的集体所有性质不改变，土地用途不改变，农民土地承包权益不受损害。对需要流转的集体建设用地，要重点开展集体所有权和使用权确权登记，特别要开展集体经营性用地的认定和确权，为集体建设用地流转提供条件。对新农村建设和农村建设用地整理涉及宅基地调整的，要优先进行登记发证。综合改革试验区、城乡结合部要尽快完成集体土地登记发证，适应先行先试的改革要求。对于没有纠纷的集体土地所有权登记发证工作，要与第二次全国土地调查同步完成。

（六）依据土地确权登记成果，保障农村集体土地在征收和流转中的权益。征收集体所有土地办理征地手续时，必须依据集体土地所有权确权登记资料和证书，对农民进行补偿。集体土地使用权有偿使用和流转，必须做到产权明晰，界址清楚，没有纠纷，保障土地流转和交易安全。没有经过土地确权登记发证，所有权主体不清或使用者不明的集体土地使用权不允许有偿使用和流转，不得进入市场交易，以保障集体土地各方的经济权益。

三、积极开展土地整治，促进新农村建设和城乡统筹发展

（七）搭建促进城乡统筹发展的平台，整合各类土地整治活动和资金。各地要结合新农村建设和城乡统筹发展的总体部署，依据土地利用总体规划和土地整理复垦开发规划，以土地整理复垦开发项目为基础搭建土地整治（即土地整理复垦开发，

下同）平台，运用土地整理复垦开发资金，配合各级政府引导、聚合各类资金，共同投入项目区集中使用。按照“渠道不乱、用途不变、专账管理、统筹安排、各计其功”的原则，对田、水、路、林、村实施整治。各地要以土地整治为载体，整合协调农用地整理、建设用地整理、废弃地复垦以及未利用地开发等各类活动，发挥土地整治的整体效益，有效增加耕地面积，改善农村生产生活条件和村容村貌，推动新农村建设和城乡统筹发展。

（八）创建衔接运行机制和激励机制，加大对土地整治的支持力度。各地要完善各类土地整治工作的衔接运行机制和激励机制，充分调动政府和各方投入土地整治工作的积极性。土地整治区内涉及农用地整理的，安排土地整理专项资金给予支撑；涉及建设用地整理的，优先安排城乡用地增减挂钩周转指标给予配套。各省（区、市）国土资源管理部门要统筹使用中央分配的、省级留成的新增建设用地土地有偿使用费等土地整理复垦开发专项资金，全面支撑和推动土地整治。

农村建设用地和宅基地整理所节约的土地，要首先复垦为耕地，调剂为建设用地的，必须符合土地利用总体规划，纳入年度土地利用计划管理，优先用于农村公益事业建设。用于其他建设的，依法办理用地手续，缴纳有关税费，所得收入严格用于整理区内改善农村生产生活条件的基础设施建设，反哺乡村，促进城乡统筹发展。

（九）实施重大工程和“万村整治”示范工程，发挥土地整治示范作用。大力推进《纲要》所确定的七大工程建设，保证补充耕地任务的完成。今年，国土资源部还将在全国范围内启动“万村整治”示范工程建设，示范工程以村为单位，按照“农民自愿、权属清晰、改善民生、因地制宜、循序渐进”的总要求，开展土地整治活动，实行“全域规划、全域设计、全域整治”，促进城乡统筹发展。国土资源部重点抓好1000个国家级示范点，各省（区、市）开展9000个省级整治示范工程建设，形成国家、省两级土地整治示范工程体系。国土资源部和各省（区、市）国土资源管理部门要明确目标任务，按照项目管理的要求，协调配合提出项目名单，搞好项目论证，落实资金安排，共同推动示范工程建设。

四、规范集体建设用地流转，逐步建立城乡统一的建设用地市场

（十）明确土地市场准入条件，规范集体建设用地使用权流转。各地要按照十七届三中全会《决定》的总体要求，深化集体建设用地使用制度改革。今年，在城镇工矿建设规模范围外，除宅基地、集体公益事业建设用地，凡符合土地利用总体规划、依法取得、并已经确权为经营性的集体建设用地，可采用出让、转让等多种方式有偿使用和流转。以后，根据各地集体建设用地出让、转让等流转实践，总结经验，再推进其他符合条件的集体经营性建设用地进入市场。

近期，国土资源部将下发农村集体建设用地使用权出让和转让办法，对集体建设用地有偿使用的原则、范围、操作程序、收益分配管理进行明确规定。各地要及早谋划，研究切实可行的配套措施，确保工作规范、有序。

（十一）完善土地资源配置机制，构建城乡统一建设用地市场。各地要按照公开、公平、公正的市场原则，健全完善市场配置集体建设用地的价格形成机制。充分依托已有的国有土地市场，加快城乡统一的土地市场建设，促进集体建设用地进场交易，规范流转。在各地城乡统一土地市场中，要积极主动增设各类土地交易场所，协调有关部门，鼓励林地和土地承包经营权在统一的市场中交易，减少土地权属纠纷，提高交易安全。要积极培育集体土地流转的市场中介组织，完善服务功能，降低交易风险。

（十二）制定集体土地收益分配办法，增加农民财产性收入。各地在集体建设用地出让转让等流转活动中，要按照"初次分配基于产权，二次分配政府参与"的原则，总结集体建设用地流转试点经验，出台和试行集体建设用地有偿使用收益的分配办法。国土资源部将积极与相关部门沟通，研究建立集体建设用地有偿使用有关税费征缴和分配办法，保障集体土地所有权人和使用权人在集体建设用地有偿使用和流转等活动中的土地权益，切实增加财产性收入，促进农村致富、农民增收。

五、严格宅基地管理，依法保障宅基地用益物权，促进集约节约利用农村土地

（十三）科学规划宅基地，促进新农村建设合理布局。按照统筹城乡建设用地和控制总量、合理布局、节约用地、保护耕地的总要求，严格划定农村居民点扩展边界，合理确定宅基地数量、布局和用地规模，创造条件，编制好村级土地利用规划，引导农民住宅相对集中建设，促进自然村落适度撤并。各市、县国土资源管理部门要在省级下达的农村建设用地指标中，单列宅基地指标，保障农村居民住宅建设用地。农民新建住宅应优先利用村内空闲地、闲置宅基地和未利用地，村内有空闲地的，不再增加新增宅基地规模。

（十四）抓紧修订现有宅基地使用标准，促进土地集约利用。各地要遵循工业化、城镇化进程中的客观规律，按照节约集约用地原则，根据城乡不同的地域特点，区分不同住宅类型，抓紧修订现有的宅基地面积标准，建立和完善农村人均用地标准，控制宅基地和村庄建设用地规模。各省（区、市）国土资源管理部门修订标准涉及修改地方性法规和政府规章的，要按法定程序及时提交立法机关审议。

（十五）强化自我约束，探索宅基地集约节约利用新机制。各地要积极探索在集体经济组织内建立宅基地有偿使用制度，强化内部约束机制，促进宅基地公平分配，提高宅基地利用率。引导集体经济组织在充分尊重农民意愿的前提下，用经济手段调节宅基地的分配使用，规范农村宅基地特别是闲置宅基地的合理利用，促进解决现有宅基地集约利用和超标问题。对"一户多宅"、超标准占地依法应退出而不能退出的，积极探索由集体经济组织实行有偿使用，形成超标宅基地逐步退出机制。

（十六）改革完善宅基地审批制度，简化审批手续。各地要适应农民住宅建设的

特点，按照严格管理、公开高效、便民利民的原则，改革宅基地审批办法。在村或村民小组内部建立和完善宅基地“两图一表”制度，即按照宅基地现状图、宅基地审批控制图和宅基地安排计划表，在村民公开监督下，公示宅基地申请和审批结果，公平分配宅基地。村民住宅建设利用未利用地的，经村、乡（镇）逐级审核，批量报县（市）政府批准；涉及占用农用地的（基本农田除外），由各县（市）按当年总量，每年分若干批次向上级人民政府申请办理农用地转用手续，由省（区、市）或设区的市、自治州政府批准。各县（市）国土资源管理部门要规范宅基地审批办法，定期开展抽查，按年度将宅基地审批落实情况报省（区、市）国土资源管理部门备案，强化监督管理。

六、完善设施农用地和农村建设用地管理，改善农民生产生活条件

（十七）完善设施农用地管理，支持设施农业发展。各地要完善农村道路、农田水利用地和畜牧水产、温室大棚等设施农用地的管理，支持改善生产条件的农业设施建设，鼓励设施农业和规模化种养殖业的发展。除了设施农业附属的管理和生活用房等永久性建筑物的用地，须依法办理农用地转用审批手续，按照建设用地管理外，凡未使用建筑材料硬化地面、或虽使用建筑材料但未破坏土地并易于复垦的畜禽舍、温室大棚和附属绿化隔离等用地，以及农村道路、农田水利用地，均可作为设施农用地办理用地手续。由市、县政府审批，报省级国土资源管理部门备案，不纳入农用地转用范围，不占建设用地指标，但涉及占用耕地的要落实补充任务。

（十八）统筹安排，加大对农村基础设施等建设用地的支持力度。各地要对关系到提高农村生产和生活水平的农村公共设施、公益事业、流通基础设施等农村建设用地加大支持力度，在安排新增用地计划时，要将有关用地指标和宅基地一并单列，挂钩周转指标优先配套，促进农村经济社会发展。农村基础设施用地使。用本集体经济组织非农用土地的，由市、县级政府根据工程建设项目用地标准审批；涉及占用农用地的，按有关规定办理农用地转用审批，并可在本集体内部统筹协调补偿。

各级国土资源管理部门在为农业、农村、农民提供优质服务的同时，坚持严格规范管理。深化农村土地管理制度改革，探索用地管理新机制，依法依规办理农业和农村各类用地手续。凡涉及对有关用地政策要作重大调整的事项，应做好全面的评估论证，及时向上级国土资源管理部门报告。上级国土资源管理部门应根据法定权限提出明确意见，或继续试行或中止执行。对农村土地利用状况实施有效监管，发挥基层国土所的管理作用，加强动态巡查。加大对违法用地的查处力度，落实问责制，切实保护耕地，维护农民权益，促进农业稳定发展、农民持续增收和城乡统筹发展。

国土资源部

二〇〇九年三月六日

国土资源部关于全面实行耕地先补后占有关问题的通知

（国土资发〔2009〕31号）

各省、自治区、直辖市国土资源厅（国土环境资源厅、国土资源局、国土资源和房屋管理局、规划和国土资源管理局），解放军土地管理局，新疆生产建设兵团国土资源局，各派驻地方的国家土地督察局：

近年来，各地围绕落实耕地占补平衡健全制度，强化措施，取得了明显成效。党的十七届三中全会作出的《中共中央关于推进农村改革发展若干重大问题的决定》指出，“继续推进土地整理复垦开发，耕地实行先补后占”，是坚持最严格的耕地保护制度，坚守18亿亩耕地红线采取的重大举措。为贯彻落实党中央、国务院的要求，全面实行先补后占，切实做好耕地占补平衡工作，现就有关问题通知如下：

一、发挥规划计划调控作用，统筹安排补充耕地

目前，各级地方国土资源部门正在组织新一轮土地利用总体规划修编，在修编中要根据耕地后备资源状况，立足于区域内补充耕地自求平衡，严格控制新增建设占用耕地规模，确需占用耕地的，应尽量占用等级较低的耕地。认真编制土地整理复垦开发专项规划，落实补充耕地任务，明确重点区域，统筹安排好规划期内补充耕地工作。

各级地方国土资源部门在编制年度土地利用计划时，应充分考虑本地区补充耕地能力。按照差别化管理的原则，对补充耕地能力不足的或落实不好的，相应减少新增建设用地占用耕地的计划指标，通过“以补定占”，形成耕地占补平衡倒逼机制。今后，部在分解下达土地利用年度计划时，将把补充耕地能力作为确定新增建设用地占用耕地计划指标的重要因素；对耕地占补平衡落实不好的省份，部将相应扣减下一年度新增建设用地占用耕地计划指标。

二、完善耕地储备制度，全面实行先补后占

各级地方国土资源部门都要建立健全补充耕地储备库，先行实施土地整理复垦开发项目，实现耕地先补后占。要按照资金性质核定纳入储备的补充耕地面积。使用耕地开垦费、建设单位或市、县、乡（镇）政府自筹资金补充的耕地，可用于耕地占补平衡；凡使用新增建设用地土地有偿使用费补充的耕地，按规定不得用于占补平衡；资金打捆使用的，按比例确定可用于占补平衡的补充耕地面积。对于已完

成的按规定可用于占补平衡的补充耕地，尚未用于占补平衡的，在按耕地如实进行土地变更调查、登记后，纳入耕地储备库，用于今后的占补平衡。凡纳入耕地储备库的土地整理复垦开发项目，都应按照部《关于土地整理复垦开发项目信息备案有关问题的通知》（国土资发〔2008〕288号）规定要求，及时报部备案，统一配号。

自本通知下发之日起，所有依法报国务院或省级人民政府（含授权的城市人民政府）审批的各类建设用地，在省（区、市）或市、县报批用地前，必须先行完成补充耕地，做到先补后占。各级地方国土资源部门在审查用地时，要严格把关，按照建设用地项目与补充耕地项目挂钩的要求，认真核对项目备案和耕地占补平衡情况；建立本地区耕地占补平衡台账，随时掌握耕地储备和占补挂钩情况，做好项目衔接，防止补充耕地重复计算，确保补充耕地真实。

当前对于拉动内需项目补充耕地，可按照部《关于为扩大内需促进经济平稳较快发展做好服务和监管工作的通知》（国土资发〔2008〕237号）有关规定执行。

三、强化项目管理，提高补充耕地质量

为确保补充耕地数量质量，要进一步加强补充耕地项目管理。用于占补平衡的补充耕地，都应严格按照土地整理复垦开发项目要求规范管理，做好立项、设计、实施、验收等工作。依据规划，结合实施国家土地整理复垦开发重大工程和部最近部署的“万村整治”示范工程，设立补充耕地项目；按照当地优质耕地水准，优化项目设计，保障项目投入，提高工程建设标准；加强项目实施监管，确保工程建设质量；严格项目验收，所有用于占补平衡的补充耕地项目，都应由省级国土资源部门组织验收或核实。

各地要积极探索提高补充耕地质量新途径。有条件的地方或建设项目，要积极推行建设占用耕地的耕作层土壤剥离与利用工作。为进一步提高补充耕地质量，鼓励在项目资金中专门列支后期补助费用，在项目竣工验收后适当年限内，给予土地使用者培肥地力补助。

四、探索市场化运作方式，鼓励社会资金参与补充耕地

为充分挖掘补充耕地潜力，调动社会各方面积极性，多途径、多渠道补充耕地，有条件的地区可积极探索耕地占补平衡市场化运作方式。鼓励有条件的企业或个人依据土地利用总体规划和管理有关要求，利用自筹资金或结合生产建设活动，组织实施土地整理复垦开发项目补充耕地；耕地指标通过市场有偿转让，用于建设占用耕地的占补平衡。

省级国土资源部门要加强对耕地占补平衡市场化运作方式的统一管理，建立相关制度，规范运作行为。对于市场化补充耕地的，国土资源部门要着重做好项目立项、验收和补充耕地指标确认等工作，通过统一的指标转让市场，规范指标登记、转让、挂钩、注销等程序，严格管理，防止弄虚作假。市场化方式补充耕地的土地

整理复垦开发项目，在验收合格和补充耕地指标确认后，也必须按国土资发〔2008〕288 号文件规定要求，及时报部备案。

五、切实加强监管，确保耕地占补平衡落实

各级国土资源部门要按照部《关于加强建设用地动态监督管理的通知》（国土资发〔2008〕192 号）要求，切实加强对耕地占补平衡的动态监管。市、县国土资源部门要跟踪检查、实时监督补充耕地项目实施情况，项目竣工验收合格后，及时将补充耕地位置、面积、资金等有关信息按规定报部备案。部和省级国土资源部门在建设用地审查时，应充分利用建设用地监管平台，认真核对补充耕地情况，确保耕地先补后占。

各省（区、市）国土资源部门要严格按照《耕地占补平衡考核办法》（国土资源部令第 33 号）规定，每年及时组织开展耕地占补平衡考核，认真总结情况，发现问题及时纠正，不断改进管理工作。部将对各省（区、市）占补平衡情况进行全面汇总分析，并通过年度省级政府耕地保护责任目标检查或考核，集中检查各地占补平衡落实情况，对于问题突出的地区，将责令限期整改。检查、考核和整改等有关情况予以通报。各派驻地方的国家土地督察局要根据检查和考核情况，督促有关地方人民政府落实耕地占补平衡。

耕地占补平衡是严格耕地保护必须长期坚持的一项基本制度，事关政府耕地保护责任目标的实现和能否守住 18 亿亩耕地红线。各地必须高度重视，切实将补充耕地工作列入重要议事日程，加强组织领导，统筹谋划，周密部署；明确任务责任，采取有效措施，狠抓落实，不断加强和改进耕地占补平衡工作。

国土资源部

二〇〇九年三月十四日

国土资源部、农业部关于划定基本农田实行永久保护的通知

（国土资发〔2009〕167号）

各省、自治区、直辖市国土资源厅（国土环境资源厅、国土资源局、国土资源和房屋管理局、规划和国土资源管理局），农业（农牧）厅（委、局），新疆生产建设兵团国土资源局、农业局：

基本农田保护制度确立二十年来，基本农田保护工作一直受到党中央、国务院的高度重视。党的十七届三中全会《中共中央关于推进农村改革发展若干重大问题的决定》明确提出要划定永久基本农田，建立保护补偿机制，确保基本农田总量不减少、用途不改变、质量有提高。为科学划定基本农田实行永久保护，落实最严格的耕地保护制度，现将有关要求通知如下：

一、落实中央要求、实行永久保护，开创基本农田保护工作新局面

（一）坚决落实中央提出的新要求，全面提升基本农田保护工作水平。划定基本农田实行永久保护是党中央、国务院站在对历史和人民负责的高度，对基本农田保护工作提出的更新更高要求。各地要切实提高认识，增强责任感，按照“依法依规、确保数量、提升质量、落地到户”的要求，根据新一轮土地利用总体规划确定的基本农田保护目标，科学划定永久基本农田，全面提升基本农田保护水平，努力实现基本农田保护与建设并重、数量与质量并重、生产功能与生态功能并重。

（二）紧紧抓住有利时机，切实落实永久保护措施。当前，第二次全国土地调查即将完成，全国农用地分等定级、全国耕地地力调查基本完成，基本摸清了现有基本农田的位置、数量、等级及变化情况；地方各级土地利用总体规划修编工作已全面展开，为划定基本农田实行永久保护提供了有力支撑。各地要抓住有利时机，将划定基本农田实行永久保护的各项措施落到实处，切实解决一些地区基本农田零碎分散、规划调整频繁、建设占用多、补划不到位等突出问题，切实提高基本农田的区位稳定程度、集中连片程度、落地到户程度和信息化程度，将基本农田保护工作提升到全新水平。

二、合理调整、科学划定，确保基本农田落地到户

（三）严格规划编制的各项要求，切实落实基本农田保护目标。各地在新一轮

土地利用总体规划修编中，要严格按照上一级规划确定的基本农田保护指标，根据《市县乡级土地利用总体规划编制指导意见》（国土资厅发〔2009〕51号）要求，切实做好基本农田布局调整工作。基本农田布局调整后，保护面积不得低于上一级规划下达的指标，总体质量等别应高于调整前的平均质量等别，集中连片程度应有所提高。县级土地利用总体规划应划定基本农田保护区，乡级土地利用总体规划应将县级规划划定的保护区进一步落实到保护地块。规划期内已经确定必须占用的耕地不得划为基本农田。根据《市县乡级土地利用总体规划编制指导意见》，各地可以多预留一定比例的基本农田，用于规划期内不易确定具体范围的建设项目占用，同时列明可在基本农田保护区安排的建设项目清单；占用规划预留的基本农田，不视为调整规划。基本农田一经划定，不得擅自调整，不得随意改变区位。

（四）切实将基本农田落到地块和农户，真正落实保护责任。各地要在经依法批准的乡（镇）土地利用总体规划的基础上，将落实到地块的基本农田，编制基本农田保护专题图，并标示出基本农田所有权界线、地块及编号、图斑号、地类号及等级状况等基本信息。基本农田保护专题图要落到第二次全国土地调查形成的土地利用现状分布图上，作为年度土地利用变更调查的本底。各级国土资源管理部门要会同农业行政主管部门把划定的基本农田落实到承包农户，记载到土地承包经营权证，明确集体经济组织和农户的保护责任。规划预留的基本农田也必须落到地块和农户。

（五）设立和维护好基本农田统一标志，扩大社会宣传和监督效果。各地要根据《关于基本农田与土地整理标识使用及标志牌设立的规定》（国土资发〔2007〕304号）的要求，尽快设立统一规范的基本农田保护标志牌和标识，标示出基本农田的位置、面积、保护责任人、相关政策规定、示意图和监督举报电话等信息，扩大宣传效果，促进社会监督。每个基本农田保护区应设立标志牌，铁路、公路等交通沿线和城镇、村庄周边的显著位置应增设标志牌。省级国土资源管理部门要组织好标识和标志牌的设置和监督工作，并保障工作经费；市县级国土资源管理部门负责标识和标志牌的设立和维护。标识和标志牌一经设立，任何单位和个人不得擅自破坏和改变。

三、加强信息化建设、推行网络化报备制度，实现基本农田动态管理

（六）健全保护台账，夯实基本农田电子政务管理基础。地方各级国土资源管理等部门要健全台账，加强基本农田图、表、册管理。乡（镇）政府要根据基本农田保护专题图，对每一宗基本农田保护地块涉及的保护责任信息、土地承包经营信息和质量信息等进行收集、整理，建立基本农田保护信息表、册。各级农业部门要建立基本农田质量数据库。基本农田保护责任信息主要包括保护责任人的基本信息、

保护责任内容、保护责任起始时间等；土地承包经营信息主要包括每一宗基本农田地块内的农户数、每一农户承包地面积、质量等级等；基本农田质量信息主要包括耕地和土壤类型、标准耕作制度、立地条件、剖面性状、土壤养分状况、耕地地力等级、污染状况等。

（七）加快建立统一的基本农田信息网络系统，构建信息化管理体系。县级以上各级国土资源管理部门按照《基本农田数据库标准》（TD/T 1019—2009）要求，建立基本农田数据库，将基本农田保护图、表、册的内容，纳入数据库管理，并逐步实现省域内数据库联网互通。建立数据日常更新维护制度，图、表、册内容发生变化的，数据库相关信息要实时更新。各地要以构建国家、省、市、县、乡五级互动的基本农田信息化管理体系为目标，加快推进基本农田管理的计算机化、网络化，确保各级相关部门及时准确地掌握基本农田现状与变化情况。

（八）全面推行“五级”报备制度，实现信息共享。基本农田保护信息实行国家、省、市、县、乡五级报备制度，地方各级国土资源管理部门要将基本农田保护信息逐级备案，省级国土资源管理部门要做好备案信息的审核和监督，将经核实确认的汇总信息及时报备国土资源部。地方各级国土资源管理部门对本行政区域内备案信息的真实性、合法性、合规性负责。基本农田保护图件备案工作，应在新一轮土地利用总体规划修编完成后三个月内逐级上报省级国土资源管理部门。

四、严格占用审批、及时补划到位，确保基本农田的数量和质量

（九）加强用地审查，严格控制非农建设占用基本农田。国务院和国务院投资主管部门审批或核准的建设项目，涉及占用基本农田的，土地利用规划调整方案随同用地报批材料一并报国务院批准。各地凡涉及基本农田位置调整的土地利用总体规划修改，应报国务院批准。列入规划项目清单的建设项目占用规划预留的基本农田的，可不再补划基本农田，但必须完成补充耕地任务。各省（区、市）要对占用基本农田的征地补偿标准、耕地开垦费标准作出专门规定，提高占用基本农田的成本，不得低于当地征地补偿、耕地开垦费的最高标准。各省（区、市）制定的标准应报国土资源部备案。

（十）严格执行规定，切实做好补划工作。经国务院批准修改土地利用总体规划调整基本农田布局的，要保证规划确定的基本农田面积不减少、质量有提高，并落到基本农田保护图件上。经依法批准建设占用基本农田的，原则上要在本市县域范围内完成补划任务。因耕地后备资源匮乏、确实难以在本市县内补划的，必须由省级国土资源管理部门统筹安排补划基本农田并保证数量和质量。补划的基本农田数量和质量应由省级国土资源管理部门和农业行政主管部门验收确认。补划的基本农田要建立标识、落实到地块和农户、及时变更和备案。

五、实行年度变更调查、强化督察考核，提升基本农田监管水平

（十一）依法开展基本农田年度变更调查工作，准确掌握变化情况。地方各级国土资源管理部门要根据《土地调查条例实施办法》（国土资源部令第45号）规定，将基本农田状况调查、监测、统计、分析作为土地调查的重要内容，将基本农田位置、数量等变化情况列入年度土地变更调查。县级国土资源管理部门要做好年度基本农田变化情况的调查和统计，编制基本农田变化图件，及时汇交上一级国土资源管理部门汇总。地方各级农业行政主管部门要建立基本农田质量年度监测制度，并将基本农田质量变化情况反馈给同级国土资源管理部门。年度变更信息要按照基本农田“五级”信息报备的要求，及时变更和备案。

（十二）强化日常监管和督察，发挥共同监督作用。国家土地督察机构要切实担负起基本农田保护的督察职责。乡（镇）人民政府负责本行政区域内的基本农田保护管理工作，基层国土所要切实担负起基本农田保护的第一线责任。各级国土资源管理部门要加大对基层国土所的建设力度，强化动态巡查，切实发挥其日常监管作用。要充分发挥全社会共同监督作用，建立基本农田保护网络公开查询系统和畅通的信访、12336举报电话等群众监管渠道，方便公众查询和监管。要充分运用遥感监测等先进技术手段，加强对基本农田保护重点区域的监控。

（十三）加大目标责任考核和奖惩力度，切实落实保护责任。各级国土资源管理部门要将土地利用总体规划确定的基本农田保护指标和任务层层分解落实，作为对下一级地方政府耕地保护责任目标考核的重要内容。各有关部门要加大对基本农田保护责任目标考核的力度，督促下一级地方政府主要领导人层层签订责任书，落实领导责任。国土资源管理部门要将考核结果作为下达土地利用年度计划指标的重要依据，及时兑现奖惩。农业行政主管部门要将考核结果作为安排耕地质量建设有关项目的依据，并予以适当倾斜。进一步落实基本农田保护共同责任机制，配合组织、审计等部门将耕地保护纳入地方党政领导班子绩效分析评价和领导干部耕地保护离任审计，进一步完善考核措施。

六、加大投入、创新机制，强化基本农田保护和建设

（十四）加大建设投入力度，提高基本农田质量。各级国土资源管理部门要将新增建设用地土地有偿使用费、耕地开垦费、土地复垦费、土地出让收入用于农业开发部分等土地整治专项资金向基本农田保护区倾斜；聚合相关部门资金和引导社会资金共同参与基本农田建设。农村土地整治增加的耕地要划为基本农田实行永久保护。要加快国家级基本农田保护示范区的建设，有条件的地方要建立省级示范区，发挥典型示范作用。国土资源、农业部门进一步采取措施，提高基本农田质量，共同做好补划基本农田质量评定工作。积极探索基本农田整备区建设，形成连片、高标准的粮棉油生产基地。

（十五）探索经济补偿机制，激发各地保护工作积极性。各地要积极探索建立基本农田保护补偿机制，鼓励有条件的地区建立基本农田保护基金，对农民和农村集体管护、利用基本农田给予补贴。对基本农田保护先进单位和个人要进行表彰和奖励。国土资源管理等部门要积极配合财政部门加大对基本农田保护任务较重地区的财政转移支持力度。国家将进一步总结提炼各地经验，适时出台有关政策。

国土资源部

农业部

二〇〇九年十二月二日

国土资源部关于切实加强耕地占补平衡监督管理的通知

（国土资发〔2010〕6号）

各省、自治区、直辖市国土资源厅（国土环境资源厅、国土资源局、国土资源和房屋管理局、规划和国土资源管理局），新疆生产建设兵团国土资源局，各派驻地方的国家土地督察局：

依法实行占用耕地补偿制度以来，各地不断加强补充耕地管理，积极采取措施，努力实现耕地占补平衡。但从近年来检查和考核情况看，一些地方仍然存在补充耕地不实、占补平衡不到位、监管薄弱等不容忽视的问题。为完善制度，强化监管，切实做好耕地占补平衡工作，现通知如下：

一、建立耕地占补平衡全面全程监管制度

按照建设占用耕地“占一补一”和“先补后占”的要求，从补充耕地项目入手，在项目实施、备案、核实和补充耕地占补挂钩使用、占补考核（以下简称“补、备、核、用、考”）等环节上强化监督管理，做到制度健全，责任明确。利用土地利用“一张图”和国土资源综合信息监管平台实时监控，形成有力的监管机制。

（一）补充耕地项目实施。监督承担补充耕地任务的单位，严格按照土地整理复垦开发项目立项、设计、实施和验收的有关规定要求，完成补充耕地项目，落实补充耕地。

（二）补充耕地项目备案。监督补充耕地项目验收单位，按照土地整理复垦开发项目信息备案要求，及时将验收合格的项目报部备案。省级国土资源部门同时掌握市县验收的项目报备情况。

（三）补充耕地项目核实。市县验收的项目，省级国土资源部门核实项目立项、验收和补充耕地等报备信息；部对省级核实的报备项目和省级直接报备的项目进行复核。

（四）补充耕地挂钩使用。地方国土资源部门在报批建设用地时，按照占补平衡要求，将占用耕地项目与备案确认的补充耕地项目挂钩；部对补充耕地挂钩使用情况进行实时监督。

（五）耕地占补平衡考核。每年部对各省（区、市）补充耕地项目管理、备案、核实、占补挂钩等情况进行考核，实行奖惩。

二、落实补充耕地项目

（一）先行补充耕地。各地要按照部《关于全面实行耕地先补后占有关问题的通知》（国土资发〔2009〕31 号）规定要求，根据本区域经济发展用地需求和耕地后备资源状况，本着统一规划、集中连片、形成规模的原则，安排使用耕地开垦费、土地复垦费等补充耕地资金，引导企业或个人利用自筹资金或结合生产建设活动，先行组织实施补充耕地项目，储备补充耕地。各类补充耕地项目，都必须严格按土地整理复垦开发项目管理规定履行立项、验收等程序，项目验收后按规定进行土地变更调查、登记，纳入统一管理。

（二）严格执行新增耕地政策。各地要依据有关规定要求，严格掌握项目新增耕地和用于占补平衡的有关政策。使用新增建设用地土地有偿使用费补充的耕地，不得用于占补平衡。新增建设用地土地有偿使用费、耕地开垦费和其他资金打捆使用的，按耕地开垦费及其他资金所占比例确定可用于占补平衡的补充耕地面积。补充耕地项目立项、验收不符合规定要求的，不得纳入耕地占补平衡储备；在补充耕地中，将现状为低效园地整理为耕地的，计入耕地保有量按耕地管理，但不得用于占补平衡。

（三）补充耕地报部备案。所有用于占补平衡的补充耕地项目必须报部备案，未报备的，不得用于耕地占补平衡。按补充耕地项目“谁验收、谁备案”的要求，项目验收单位通过“土地整理复垦开发项目信息报备系统”，经国土资源业务网或互联网即时向部直报项目信息。其中，按规定由市县验收的项目，省级国土资源部门通过报备系统掌握有关情况。

三、核实补充耕地情况

（一）省级实地核实补充耕地。市县验收并报备的补充耕地项目，省级国土资源部门应组织进行实地核实。核实项目立项、验收是否符合土地整理复垦开发项目管理规定，新增耕地面积是否真实，资金渠道是否明确，补充耕地能否用于占补平衡等。核实通过的项目和省级验收的项目，报部复核；核实未通过的，应要求有关单位整改，整改不到位的，取消项目备案。

（二）部复核补充耕地。部对报备的补充耕地项目进行复核。利用土地利用“一张图”对项目备案信息进行对比分析，核对项目规模和地类；按照有关规定，核定可用于占补平衡的补充耕地面积。存在疑问的，部组织有关事业单位，联合派驻地方的国家土地督察局共同进行实地核定。复核通过的项目，部给予配号，将项目位置落在土地利用“一张图”上，并按规定纳入耕地占补平衡储备；未通过复核、没有编号的项目，补充的耕地不得用于耕地占补平衡。

经省核实或部复核后，补充耕地有关信息发生改变的，市县国土资源部门相应调整项目备案信息和土地变更调查、登记有关内容。

四、监控耕地占补平衡

（一）落实补充耕地责任。市县国土资源部门申报建设用地前，按照“谁占用、谁补充”的原则，落实建设占用耕地单位补充耕地的责任。建设单位自行补充耕地的，必须在申请用地前完成补充耕地，补充耕地项目报部备案确认。难以自行补充或补充耕地不合格的，在市县申报用地前，建设单位必须足额缴纳耕地开垦费。耕地开垦费统筹安排，滚动使用，专项用于补充耕地，纳入耕地占补平衡储备。

（二）建设项目与补充耕地项目挂钩。市县国土资源部门在申报建设用地拟订补充耕地方案时，按照“先补后占”要求，将建设项目与已报部备案确认的补充耕地项目挂钩，落实耕地占补平衡。建设单位自行补充耕地的，应与对应的补充耕地项目挂钩；缴纳耕地开垦费的，由国土资源部门安排补充耕地项目挂钩。应在土地整理复垦开发项目信息备案系统中就挂钩的补充耕地项目，按要求补充填报建设项目有关信息，确认补充耕地项目编号，将项目编号填报在补充耕地方案中并附确认信息。

报国务院批准的城市建设用地，在城市拟订农用地转用和土地征收实施方案时，落实挂钩的补充耕地项目。

（三）严格审查耕地占补平衡。部和省级国土资源部门在建设用地审查时，对建设单位自行补充耕地的，严格审查建设项目占用耕地数量、挂钩的补充耕地项目备案编号及确认信息、补充耕地数量等；对缴纳耕地开垦费的，还要核实耕地开垦费缴纳标准、金额和缴费凭证。未按规定要求落实耕地占补平衡的，不得通过用地审查。

（四）建立耕地占补平衡日常管理台账。省级国土资源部门应加强耕地占补平衡日常管理，根据批准的建设用地和完成的补充耕地，建立和完善占补平衡台账。部在运行好省级批准建设用地备案系统、城市建设用地实施方案备案系统、部建设用地审批信息系统和土地整理复垦开发项目信息备案系统基础上，结合土地利用“一张图”工程和国土资源综合信息监管平台建设，形成全国统一的耕地占补平衡台账和动态监管机制，及时掌握各地耕地占用、补充、储备和占补平衡情况。派驻地方的国家土地督察局通过国土资源业务网，利用国土资源综合信息监管平台，对有关地方落实耕地占补平衡情况进行督察。发现问题，及时督促整改，做到耕地占补平衡实时监管、底数清晰、真实可信。

五、严格耕地开垦费收缴使用管理

（一）合理调整耕地开垦费标准。各省（区、市）应对本地区耕地开垦费标准进行分析评价，依据当地耕地后备资源状况和土地整理复垦开发投入水平，合理确定耕地开垦费标准。标准偏低、难以补充数量相等质量相当耕地的，应重新核定。根据土地整理复垦开发难度越来越大和投入不断增加的实际情况，应定期调整耕地开垦费标准，满足耕地占补平衡需要。省级国土资源部门应将耕地开垦费标准核定和调整情况及时报部备案。

（二）足额收缴耕地开垦费。建设项目用地预审时，国土资源部门应对照当地耕地开垦费标准，审查项目足额列支补充耕地资金情况，低于规定标准或未足额纳入项目投资估算的，不予通过用地预审。对缴纳耕地开垦费的建设项目，市县申报用地时应出具建设单位足额缴纳耕地开垦费的凭证；申报城市用地的，应出具城市政府有关补充耕地资金和补充耕地项目落实情况的说明。省级国土资源部门应对耕地开垦费严格把关，确保按规定足额缴纳。

（三）确保耕地开垦费专款专用。各地国土资源部门认真履行职责，按规定加强对耕地开垦费收缴使用管理。开展日常监督检查，及时掌握收缴使用情况，防止出现擅自减、免、缓和截留、挤占、挪用及多收少用等问题，确保资金及时使用和专款专用。土地整理复垦开发项目实施中，要严格执行工程招投标有关规定，杜绝违规使用资金行为。发现问题，及时整改，严肃查处。

六、强化占补平衡考核奖惩

部每年组织耕地占补平衡考核工作，对各省（区、市）落实补充耕地项目、补充耕地报部备案、省级组织补充耕地核实、占用与补充耕地挂钩、耕地占补平衡台账、资金收缴使用情况等进行考核测评，考核情况予以通报。对于存在的问题，由有关派驻地方的国家土地督察局督促整改；整改不力的，暂停有关地区农用地转用和土地征收的受理和审批。

严格执行占用耕地补偿制度，落实耕地占补平衡，是确保完成土地利用总体规划确定的耕地保护任务、实现耕地保护责任目标的重要途径之一，年度耕地占补平衡考核结果将作为省级政府耕地保护责任目标履行情况检查的重要依据。同时，考核结果将作为确定年度土地利用计划奖惩指标的重要因素，根据考核排名情况，在安排土地利用计划指标时奖励或扣减有关省份建设用地计划指标。

国土资源部

二〇一〇年一月十二日

国土资源部关于改进报国务院批准城市建设用地申报与实施工作的通知

（国土资发〔2010〕9号）

各省、自治区、直辖市国土资源厅（国土环境资源厅、国土资源局、国土资源和房屋管理局、规划和国土资源管理局），新疆生产建设兵团国土资源局，各派驻地方的国家土地督察局：

自2007年调整报国务院批准城市建设用地审批方式以来，各地按照新的规定要求报批用地，保障了城市建设用地，但也存在用地从申报到实施周期偏长，不少城市土地“批而未征”、“征而未供”等问题。为进一步加强管理，提高用地报批效率，促进土地合理利用，现就改进报国务院批准城市建设用地申报与实施工作有关问题通知如下：

一、明确城市建设用地申报与实施事权和责任

在总结分析各地实践情况、完善《关于调整报国务院批准城市建设用地审批方式有关问题的通知》（国土资发〔2006〕320号）规定要求的基础上，改进报国务院批准城市建设用地申报与实施工作。坚持明晰事权、分级负责的原则，部重点对城市申报用地符合规划计划、规划用途以及征地补偿安置、补充耕地总体情况进行审查，省级国土资源部门重点对具体用地落实规划用途、征地补偿安置和补充耕地审查把关，城市政府具体做好征地和供地工作。

从城市政府申报农用地转用和土地征收方案、省级政府审核同意实施方案、城市政府实施征地供地等各环节入手，进一步改进用地申报与实施工作，提高效率，缩短用地报批周期。实行新申报用地与批准用地的征地供地等情况挂钩，促进城市土地及时开发利用。

二、改进农用地转用和土地征收方案申报工作

（一）控制城市申报用地规模。城市政府应在土地利用总体规划确定的城市建设用地范围内，按照土地利用总体规划确定的规划期内城市建设新增用地年均量，综合考虑城市发展实际需求和节约集约用地要求，合理确定城市年度申报用地规模，并不得突破年度土地利用计划。“批而未征”、“征而未供”等问题突出的城市，应减少申报用地规模。

（二）合理确定城市用地规划用途。依据城市规划和发展需要，按照首先满足民

生工程和基础设施建设、控制工业用地的原则申报城市用地。申报住宅用地的，经济适用住房、廉租住房和中低价位、中小套型普通商品住房用地占住宅用地的比例不得低于70%。依据《土地利用现状分类》（GB/T 21010—2007），城市申报用地的规划用途按交通运输用地、公共管理与公共服务用地、商服用地、工矿仓储用地、住宅用地等进行分类。

（三）调整用地申报方式和时间。为保证城市用地及时审查报批，对有多个城市需报国务院批准用地的省份，可根据城市申请用地进度，由省级政府分次报批用地，每个城市一年申报一次用地。因国家重大项目建设等特殊情况急需用地的，经部同意后可再申报用地。城市用地一般在上半年报部，因特殊情况经部同意后可适当延缓。

（四）减少报部审查材料。围绕部审查重点，减少省级向部提交的用地审查材料。需提交材料如下（文字资料2套、图件1套，电子数据通过国土资源主干网传送）：

1. 省级政府关于______年度城市建设用地请示文件；

2. 省级国土资源部门对______市______年度建设用地审查意见（包括上一年度国务院批准用地省级政府审核同意实施方案、城市实施征地和供地等情况）；

3. ______省（区、市）______年度国务院批准建设用地城市农用地转用和土地征收方案申报汇总表；

4. 标注申请用地位置的城市中心城区土地利用总体规划图。

三、加快农用地转用和土地征收实施方案申报和审核

（一）提前拟订实施方案。城市政府在申报农用地转用和土地征收方案的同时，对急需的用地，可提前做好勘测定界、履行征地报批前"告知、确认和听证"程序、落实耕地占补平衡、筹集新增建设用地土地有偿使用费和征地补偿安置费用等工作，拟订农用地转用和土地征收实施方案，在用地经国务院批准后及时呈报省级审核。

（二）调整实施方案内容。本着供地由城市负责的原则，城市申报实施方案时，只需要落实拟用地地块和规划用途，具体供地项目和供地方式在省级审核同意实施方案后，由城市按有关规定确定（相应调整实施方案表内容）。

（三）简化申报实施方案材料。按改进和加快城市建设用地报批的要求，简化农用地转用和土地征收实施方案申报材料。城市申报实施方案需提交以下材料：

1. ______市建设用地请示文件；

2. ______市农用地转用和土地征收实施方案（参考表）；

3. 标注申请用地位置的标准分幅土地利用现状图；

4. 建设用地勘测定界技术报告书和勘测定界图；

需其他申报材料的，由省级国土资源部门自行确定。

（四）抓紧审核实施方案。省级国土资源部门应按照调整后的审查内容，及时组

织开展实施方案审核工作。国务院批准用地后，省级政府应在12个月内全部完成实施方案的审核，未审核同意实施方案的用地不再实施，确需使用的纳入城市此后新申报用地报批。实施方案审核同意后，省级国土资源部门按规定要求及时将实施方案报部备案，将省级政府审核同意的回复文件及有关材料抄送有关派驻地方的国家土地督察局。

四、缩短实施征地供地时间

（一）简化征地批后实施程序。征地报批前履行了“告知、确认和听证”程序并完成土地权属、地类、面积、地上附着物和青苗等确认以及补偿登记的，征地报批的同时可拟订征地补偿安置方案。征地批准后，征收土地公告和征地补偿安置方案公告可同步进行。

（二）加快征地实施工作。在提前开展征地报批前期工作和简化征地批后实施程序的基础上，城市要加快征地实施工作。城市申报下一年度用地时，征地率（完成征地面积与国务院批准用地面积的比率）应达到60%。

（三）及时组织供地。对非招拍挂方式供地的项目，征地完成后原则上1个月内完成供地。城市申报下一年度用地时，供地率（完成供地面积与国务院批准用地面积的比率）应达到40%。

征地率或供地率未达到规定要求的，按其中较大的差值，等比例扣减申报用地规模。

五、做好2010年城市建设用地申报工作

从2010年起，各地要按照上述改进后的规定要求，制定落实措施，提高工作效率，切实做好城市建设用地申报和实施工作。根据当前国家经济调控政策和土地管理实际情况，申报2010年城市建设用地还应把握以下要求：

（一）申报用地与新一轮规划衔接。目前各地正在抓紧开展土地利用总体规划修编工作，申报城市建设用地应当做好与新一轮规划修编的衔接。已经国务院批准新一轮土地利用总体规划的城市，依据新的规划申报用地；土地利用总体规划大纲通过部审查的城市，依据新一轮规划大纲申报用地，按要求作出申报用地与规划大纲衔接的说明，随用地报批材料一并上报。

（二）结合批准用地实施情况确定新申报用地规模。各地应对已批准城市建设用地的实施方案审核、征地和供地实施等情况进行认真清理，如实作出说明。对于2007年、2008年国务院批准的用地，原则上应完成征地与供地工作，未完成的，相应减少新申报用地规模；2009年批准的，新申报用地时征地率、供地率低于规定比例的，应按规定要求减少新申报用地规模。省级国土资源部门要认真负责，严格审查把关，确保申报用地规模合理。

（三）按照产业政策和供地政策申报用地。各地应依据城市规划合理确定用地规

划用途。申报住宅用地的，经济适用住房、廉租住房和中低价位、中小套型普通商品住房用地占住宅用地的比例必须达到规定要求。严格控制高耗能、高污染、资源消耗型项目和钢铁、水泥、平板玻璃、煤化工、多晶硅、风电设备等产能过剩、重复建设项目的用地，优化城市建设用地结构。

（四）按现有范围申报城市建设用地。《关于调整报国务院审批土地利用总体规划范围的通知》（国土资发〔2009〕67 号）增加了需报国务院批准土地利用总体规划的城市。考虑到上述城市土地利用总体规划尚在修编中，2010 年报国务院批准用地城市范围仍按现有 84 个城市执行。

附件：1. ______省（区、市）______年度国务院批准建设用地城市农用地转用和土地征收方案申报汇总表（略）

2. ______市农用地转用和土地征收实施方案（参考表）（略）

3. ______省（区、市）国务院批准建设用地城市农用地转用和土地征收实施方案备案表（略）

国土资源部

二〇一〇年一月十四日

国土资源部关于进一步做好征地管理工作的通知

（国土资发〔2010〕96号）

各省、自治区、直辖市国土资源厅（国土环境资源厅、国土资源局、国土资源和房屋管理局、规划和国土资源管理局），新疆生产建设兵团国土资源局：

为贯彻落实党中央、国务院关于做好征地工作的一系列指示精神，以及日前国务院办公厅《关于进一步严格征地拆迁管理工作切实维护群众合法权益的紧急通知》（国办发明电〔2010〕15号，以下简称《紧急通知》）有关规定和要求，切实加强和改进征地管理，确保被征地农民原有生活水平不降低，长远生计有保障，现就有关事项通知如下：

一、推进征地补偿新标准实施，确保补偿费用落实到位

（一）全面实行征地统一年产值标准和区片综合地价。制定征地统一年产值标准和区片综合地价是完善征地补偿机制、实现同地同价的重要举措，也是提高征地补偿标准、维护农民权益的必然要求，各类建设征收农村集体土地都必须严格执行。对于新上建设项目，在用地预审时就要严格把关，确保项目按照公布实施的征地统一年产值标准和区片综合地价核算征地补偿费用，足额列入概算。建设用地位于同一年产值或区片综合地价区域的，征地补偿水平应基本保持一致，做到征地补偿同地同价。

各地应建立征地补偿标准动态调整机制，根据经济发展水平、当地人均收入增长幅度等情况，每2至3年对征地补偿标准进行调整，逐步提高征地补偿水平。目前实施的征地补偿标准已超过规定年限的省份，应按此要求尽快调整修订。未及时调整的，不予通过用地审查。

（二）探索完善征地补偿款预存制度。为防止拖欠征地补偿款，确保补偿费用及时足额到位，各地应探索和完善征地补偿款预存制度。在市县组织用地报批时，根据征地规模与补偿标准，测算征地补偿费用，由申请用地单位提前缴纳预存征地补偿款；对于城市建设用地和以出让方式供地的单独选址建设项目用地，由当地政府预存征地补偿款。用地经依法批准后，根据批准情况对预存的征地补偿款及时核算，多退少补。

省级国土资源部门应结合本省（区、市）实际情况，会同有关部门，建立健全征地补偿款预存的有关规章制度，并在用地审查报批时审核把关。

（三）合理分配征地补偿费。实行征地统一年产值标准和区片综合地价后，省级

国土资源部门要会同有关部门，按照征地补偿主要用于被征地农民的原则，结合近年来征地实施情况，制定完善征地补偿费分配办法，报省级政府批准后执行。

征地批后实施时，市县国土资源部门要按照确定的征地补偿安置方案，及时足额支付补偿安置费用；应支付给被征地农民的，要直接支付给农民个人，防止和及时纠正截留、挪用征地补偿安置费的问题。

二、采取多元安置途径，保障被征地农民生产生活

（四）优先进行农业安置。各地应结合当地实际，因地制宜，采取多种有效的征地安置方式。在一些通过土地整治增加了耕地以及农村集体经济组织预留机动地较多的农村地区，征地时应优先采取农业安置方式，将新增耕地或机动地安排给被征地农民，使其拥有一定面积的耕作土地，维持基本的生产条件和收入来源。

（五）规范留地安置。在土地利用总体规划确定的城镇建设用地范围内实施征地，可结合本地实际采取留地安置方式，但要加强引导和管理。留用地应安排在城镇建设用地范围内，并征为国有；涉及农用地转用的，要纳入年度土地利用计划，防止因留地安置扩大城市建设用地规模；留用地开发要符合城市建设规划和有关规定要求。实行留用地安置的地区，当地政府应制定严格的管理办法，确保留用地的安排规范有序，开发利用科学合理。

（六）推进被征地农民社会保障资金的落实。将被征地农民纳入社会保障，是解决被征地农民长远生计的有效途径。各级国土资源部门要在当地政府的统一领导下，配合有关部门，积极推进被征地农民社会保障制度建设。当前，解决被征地农民社保问题的关键在于落实社保资金，本着“谁用地、谁承担”的原则，鼓励各地结合征地补偿安置积极拓展社保资金渠道。各地在用地审查报批中，要对被征地农民社保资金落实情况严格把关，切实推进被征地农民社会保障资金的落实。

实行新型农村社会养老保险试点的地区，要做好被征地农民社会保障与新农保制度的衔接工作。被征地农民纳入新农保的，还应落实被征地农民的社会保障，不得以新农保代替被征地农民社会保障。

三、做好征地中农民住房拆迁补偿安置工作，解决好被征地农民居住问题

（七）切实做好征地涉及的拆迁补偿安置工作。各地要高度重视征地中农民住房拆迁工作，按照《紧急通知》规定要求切实加强管理。农民住房拆迁补偿安置涉及土地、规划、建设、户籍、民政管理等多方面，同时也关系到社会治安、环境整治以及民俗民风等社会问题，市县国土资源部门应在当地政府的统一组织领导和部署下，配合相关部门，建立协调机制，制订办法，共同做好拆迁工作。要严格执行相关法律法规和政策规定，履行有关程序，做到先安置后拆迁，坚决制止和纠正违法违规强制拆迁行为。

（八）住房拆迁要进行合理补偿安置。征地中拆迁农民住房应给予合理补偿，并

因地制宜采取多元化安置方式，妥善解决好被拆迁农户居住问题。在城市远郊和农村地区，主要采取迁建安置方式，重新安排宅基地建房。拆迁补偿既要考虑被拆迁的房屋，还要考虑被征收的宅基地。房屋拆迁按建筑重置成本补偿，宅基地征收按当地规定的征地标准补偿。

在城乡结合部和城中村，原则上不再单独安排宅基地建房，主要采取货币或实物补偿的方式，由被拆迁农户自行选购房屋或政府提供的安置房。被拆迁农户所得的拆迁补偿以及政府补贴等补偿总和，应能保障其选购合理居住水平的房屋。

（九）统筹规划有序推进征地拆迁。在城乡结合部和城中村，当地政府应根据城市发展需要，合理预测一段时期内征地涉及的农民住房拆迁安置规模，统筹规划，对拆迁安置用地和建造安置住房提前作出安排，有序组织拆迁工作。安置房建设要符合城市发展规划，防止出现“重复拆迁”。在城市远郊和农村地区，实行迁建安置应在村庄和集镇建设用地范围内安排迁建用地，优先利用空闲地和闲置宅基地。纳入拆并范围的村庄，迁建安置应向规划的居民点集中。有条件的地方应结合新农村或中心村建设，统筹安排被拆迁农户的安置住房。

四、规范征地程序，提高征地工作透明度

（十）认真做好用地报批前告知、确认、听证工作。征地工作事关农民切身利益，征收农民土地要确保农民的知情权、参与权、申诉权和监督权。市县国土资源部门要严格按照有关规定，征地报批前认真履行程序，充分听取农民意见。征地告知要切实落实到村组和农户，结合村务信息公开，采取广播、在村务公开栏和其他明显位置公告等方式，多形式、多途径告知征收土地方案。被征地农民有异议并提出听证的，当地国土资源部门应及时组织听证，听取被征地农民意见。对于群众提出的合理要求，必须妥善予以解决。

（十一）简化征地批后实施程序。为缩短征地批后实施时间，征地报批前履行了告知、确认和听证程序并完成土地权属、地类、面积、地上附着物和青苗等确认以及补偿登记的，可在征地报批的同时拟订征地补偿安置方案。征地批准后，征收土地公告和征地补偿安置方案公告可同步进行。公告中群众再次提出意见的，要认真做好政策宣传解释和群众思想疏导工作，得到群众的理解和支持，不得强行征地。

五、切实履行职责，加强征地管理

（十二）强化市县政府征地实施主体职责。依照法律规定，市县政府是征地组织实施的主体，对确定征地补偿标准、拆迁补偿安置、补偿费用及时足额支付到位、组织被征地农民就业培训、将被征地农民纳入社会保障等负总责。国土资源部门应在政府的统一组织领导下，认真履行部门职责，确保征地工作依法规范有序地进行。

（十三）落实征地批后实施反馈制度。建设用地批准后（其中国务院批准的城市建设用地，在省级政府审核同意农用地转用和土地征收实施方案后）6 个月内，市县

国土资源部门应将征地批后实施完成情况，包括实施征地范围和规模、履行征地批后程序、征地补偿费用到位、被征地农民安置及社会保障落实等情况，通过在线报送系统及时报送省级国土资源部门和国土资源部。省级国土资源部门要督促、指导市县做好报送工作，检查核实报送信息，及时纠正不报送、迟报送及报送错误等问题。各级国土资源部门要充分运用报送信息，及时掌握、分析征地批后实施情况，加强用地批后监管，确保按批准要求实施征地。

国土资源部

二〇一〇年六月二十六日

国土资源部、农业部关于完善设施农用地管理有关问题的通知

（国土资发〔2010〕155号）

各省、自治区、直辖市国土资源厅（国土环境资源厅、国土资源局、国土资源和房屋管理局、规划和国土资源管理局），农业（农牧、农机、畜牧、兽医、农垦、乡镇企业、渔业、农村经济）厅（局、办、委），新疆生产建设兵团国土资源局、农业局，各派驻地方的国家土地督察局：

随着我国农业现代化发展，传统农业向现代农业转变，特别是近年来农村土地承包经营权流转进程加快，农业生产经营规模不断扩大，农业设施不断增加，农业生产效益得到提高。为适应现代农业发展需要，促进设施农业健康有序发展，完善设施农用地管理，防止以发展设施农业为名，擅自将农用地改为建设用地、扩大建设用地规模，现就有关问题通知如下：

一、进一步界定设施农用地范围

依据《土地利用现状分类》(GB/T 21010—2007)，设施农用地是指：直接用于经营性养殖的畜禽舍、工厂化作物栽培或水产养殖的生产设施用地及其相应附属设施用地，农村宅基地以外的晾晒场等农业设施用地。根据设施农用地特点，从有利于规范管理出发，设施农用地具体分为生产设施用地和附属设施用地。

（一）生产设施用地是指在农业项目区域内，直接用于农产品生产的设施用地。包括：

1. 工厂化作物栽培中有钢架结构的玻璃或PC板连栋温室用地等；

2. 规模化养殖中畜禽舍（含场区内通道）、畜禽有机物处置等生产设施及绿化隔离带用地；

3. 水产养殖池塘、工厂化养殖、进排水渠道等水产养殖的生产设施用地；

4. 育种育苗场所、简易的生产看护房用地等。

（二）附属设施用地是指农业项目区域内，直接辅助农产品生产的设施用地。包括：

1. 管理和生活用房用地：指设施农业生产中必需配套的检验检疫监测、动植物疫病虫害防控、办公生活等设施用地；

2. 仓库用地：指存放农产品、农资、饲料、农机农具和农产品分拣包装等必要的场所用地；

3. 硬化晾晒场、生物质肥料生产场地、符合“农村道路”规定的道路等用地。

各省（区、市）国土资源和农业部门可根据本地实际情况，按照上述规定的原则，对生产设施和附属设施用地做出进一步规定。

二、区分用地情况实行分类管理

（一）明确设施农用地管理方式。生产设施用地和附属设施用地直接用于或者服务于农业生产，其性质不同于非农业建设项目用地，依据《土地利用现状分类》（GB/T 21010—2007），按农用地管理。

兴建农业设施的，经营者应拟定设施建设方案，并与当地农村集体经济组织签订用地协议。涉及土地承包经营权流转的，应先行依法签订土地流转合同。兴建农业设施占用农用地的，不需办理农用地转用审批手续，其中，生产设施占用耕地的，生产结束后由经营者负责复耕，不计入耕地减少考核；附属设施占用耕地的，由经营者按照“占一补一”要求负责补充占用的耕地。

（二）合理控制设施农业附属设施用地规模。各省（区、市）农业部门会同国土资源部门，根据农业有关标准、本地区设施农业发展类型和特点，本着从严控制附属设施用地规模、减少对耕地占用与破坏的原则，对设施建设标准做出指导性规定，对各类生产设施和附属设施用地科学制定用地标准。

进行工厂化作物栽培的，附属设施用地规模原则上控制在项目用地规模5%以内，但最多不超过10亩；进行规模化种植的附属设施用地规模原则上控制在项目用地规模3%以内，但最多不超过20亩；规模化畜禽养殖的附属设施用地规模原则上控制在项目用地规模7%以内（其中，规模化养牛、养羊的附属设施用地规模比例控制在10%以内），但最多不超过15亩；水产养殖的附属设施用地规模原则上控制在项目用地规模7%以内，但最多不超过10亩。附属设施用地规模应严格控制，省级国土资源和农业部门可结合本地实际情况，制定不高于上述规定限额的具体标准。

（三）严格把握设施农用地范围。在以农业为依托的休闲观光项目以及各类农业园区，涉及建设永久性餐饮、住宿、会议、大型停车场、工厂化农产品加工、中高档展销等的用地，不属于设施农用地范围，按非农建设用地管理。确需建设的，必须符合土地利用规划，依法办理建设用地审批手续。

在土地利用总体规划确定的建设用地范围内，因设施农业项目发展需要，申请按建设用地使用土地的，可按建设用地管理，并依法办理建设审批手续。

（四）引导设施农业合理选址。各地要根据农业发展规划和土地利用规划，在保护耕地、合理利用土地的前提下，积极引导设施农业发展。设施建设应尽量利用荒山荒坡、滩涂等未利用地和低效闲置的土地，不占或少占耕地，严禁占用基本农田。确需占用耕地的，也应尽量占用劣质耕地，避免滥占优质耕地，同时通过工程、技术等措施，尽量减少对耕作层的破坏。

三、规范设施农用地审核

农业设施的建设与用地由经营者提出申请，乡镇政府申报，县级政府审核同意。申报与审核用地按以下程序和要求办理：

（一）经营者申请。设施农业经营者应拟定设施建设方案，方案内容包括项目名称、建设地点、用地面积，拟建设施类型、数量、标准和用地规模等；并与有关农村集体经济组织协商土地使用年限、土地用途、补充耕地、土地复垦、交还和违约责任等有关土地使用条件。协商一致后，双方签订用地协议。经营者持设施建设方案、用地协议向乡镇政府提出用地申请。

（二）乡镇申报。乡镇政府依据设施农用地管理的有关规定，对经营者提交的设施建设方案、用地协议等进行审查。符合要求的，乡镇政府应及时将有关材料呈报县级政府审核；不符合要求的，乡镇政府及时通知经营者，并说明理由。

涉及土地承包经营权流转的，经营者应依法先行与农村集体经济组织和承包农户签订土地承包经营权流转合同。

（三）县级审核。县级政府组织农业部门和国土资源部门进行审核。农业部门重点就设施建设的必要性与可行性，承包土地用途调整的必要性与合理性，以及经营者农业经营能力和流转合同进行审核，国土资源部门依据农业部门审核意见，重点审核设施用地的合理性、合规性以及用地协议，涉及补充耕地的，要审核经营者落实补充耕地情况，做到先补后占。符合规定要求的，由县级政府批复同意。

设施农用地审核同意后，乡镇政府具体监督设施建设和用地协议的实施，县级国土资源部门做好土地变更调查、登记和台账管理等相关工作，县级农业部门做好土地承包合同变更和流转合同备案、登记等工作。

国有农场的农业设施建设与用地，由农场提出申请，报农场主管部门初审后，送县或县级以上人民政府审核同意。具体实施办法由各省（区、市）自行规定。

四、加强设施农用地监督管理

（一）切实加强设施农用地的用途管制。经营者要坚持农地农用的原则，按照协议约定使用土地。设施用地不得改变土地用途，禁止擅自或变相将设施农用地用于其他非农建设；不得超过用地标准，禁止擅自扩大设施用地规模或通过分次申报用地变相扩大设施用地规模；不得改变直接从事或服务于农业生产的设施性质，禁止擅自将设施用于其他经营。国土资源部门切实加强用地监管，农业部门切实加强经营者农业经营能力、经营行为和土地流转合同履行情况的监管。

（二）建立设施农用地监管的共同责任机制。市、县国土资源部门、农业部门和乡镇政府都应将设施农用地纳入日常管理，建立制度，分工合作，形成联动工作机制。市、县国土资源部门会同农业部门加强设施农用地审核同意后的跟踪监管，督促指导设施农用地的土地利用，及时做好土地变更调查登记和台账管理工作；乡镇政府负责监督经营者按照协议约定具体实施农业设施建设，落实土地复垦责任。

省级国土资源部门和农业部门应掌握本区域内设施农用地状况，不定期组织开展专项检查，及时总结情况、研究问题，改进管理工作。

（三）设施农用地使用纳入土地巡查和卫片执法检查范围。县级国土资源部门和乡（镇）国土所在土地巡查中要对设施农用地开展巡查，对不符合规定要求使用土地的，做到早发现、早制止、早报告、早查处；市县开展卫片执法检查自查中，对设施农用地的利用进行合规性核实，不符合规定的，计入违法用地予以纠正和查处。各派驻地方的国家土地督察局在有关督察工作中加强对设施农用地的监督检查，对发现的违法用地督促地方政府及时纠正整改。

（四）严肃查处设施农用地中违法违规用地行为。市县国土资源部门在设施农用地跟踪监管、土地巡查和卫片执法检查中，发现违法违规用地行为的，应严肃查处。对于未经审核同意的设施农用地，要依法依规进行处理。不符合设施农业用地规定的，要恢复土地原状；符合规定的，处理到位后确需用地的，按规定完善用地手续。

对于已经审核同意的设施农用地，擅自改变或变相将设施农用地用于其他非农建设的，擅自扩大设施用地规模的，或擅自改变直接从事或服务于农业生产的设施性质、将设施用于其他经营的，应予及时制止、责令限期纠正和整改；对于逾期未予纠正和整改的，要依法做出行政处罚，恢复土地原状。

各省（区、市）国土资源部门和农业部门要高度重视设施农用地管理工作，按照本通知的规定要求，进一步制定实施办法，切实加强和规范设施农用地管理。此前有关规定与本《通知》不一致的，以本《通知》规定为准。对于历史遗留的、尚未办理用地手续的设施农用地，各地应按照本《通知》规定要求予以妥善处理。

国土资源部

农业部

二〇一〇年九月三十日

国土资源部、农业部关于进一步做好永久基本农田划定工作的通知

（国土资发〔2014〕128号）

各省、自治区、直辖市及计划单列市国土资源主管部门，农业（农牧、农村经济）厅（委、局），新疆生产建设兵团国土资源局、农业局：

党中央、国务院高度重视耕地保护，要求严守耕地保护红线，划定永久基本农田。党的十八大、十八届三中全会和中央经济工作会议、城镇化工作会议、农村工作会议就严守18亿亩耕地红线、确保实有耕地面积基本稳定、实行耕地数量和质量保护并重等提出了新的更高要求。为了贯彻落实最严格的耕地保护制度，进一步加强基本农田管理，国土资源部、农业部（以下简称“两部”）研究决定，在已有划定永久基本农田工作的基础上，将城镇周边、交通沿线现有易被占用的优质耕地优先划为永久基本农田，进一步严格划定永久基本农田保护红线。现通知如下：

一、充分认识新时期做好永久基本农田划定工作的重要性和紧迫性

（一）做好永久基本农田划定工作是贯彻落实“十分珍惜、合理利用土地和切实保护耕地”基本国策和国家粮食安全战略的基本要求。当前，我国耕地保护和粮食安全形势依然十分严峻，耕地保护工作绝不能有丝毫的放松。党中央、国务院明确提出，要切实夯实粮食生产的物质基础，确保谷物基本自给、口粮绝对安全。基本农田是耕地的精华，是粮食生产的核心产能。各地要认真学习、深刻领会党中央、国务院的决策精神，切实提高对加强永久基本农田保护极端重要性和现实紧迫性的认识，进一步抓好永久基本农田保护工作，切实将优质耕地划为永久基本农田，实行严格特殊保护，夯实国家粮食安全基础，把13亿中国人的饭碗牢牢地端在自己手上。

（二）做好永久基本农田划定工作是贯彻落实国家新型城镇化发展战略、生态文明建设战略的重要举措。中央明确要求，城镇发展“要按照严守底线、调整结构、深化改革的思路，严控增量，盘活存量，优化结构，提升效率”、“在城乡建设上要节约集约用地，尽量少占或不占良田”。各地必须处理好城镇化发展与耕地保护的关系，以土地利用方式转变促进经济发展方式转变，保证新型城镇化健康发展。但目前，一些城市规划建设用地与优质耕地的重叠度较高，大中城市周边还有不少优质耕地未划为永久基本农田，城市发展占用优质耕地的现象仍比较突出。为此，必须进一步做好永久基本农田划定工作，结合划定城市开发边界、生态保护红线，引导

各地走串联式、组团式、卫星城式的新型城镇化发展之路，逐步形成合理的空间开发格局，科学控制城镇规模，推进耕地保护和节约集约用地。

（三）做好永久基本农田划定工作是尽职尽责保护耕地资源的重要任务。2010 年两部部署开展了永久基本农田划定工作，各地依据新一轮土地利用总体规划开展工作，全国总体上落实了15.6 亿亩划定任务。但在核查中发现，一些地方仍然存在划远不划近、划劣不划优的现象。各地要切实肩负起法律和政策赋予的主体责任，按照耕地数量和质量并重管理的要求，在加强和完善已有永久基本农田划定工作的基础上，将城镇周边、交通沿线现有易被占用的优质耕地优先划为永久基本农田，给农业留下更多的耕地，将良田沃土、绿色田园永久留给子孙后代。

二、准确把握做好永久基本农田划定工作的总体要求

（一）明确要求、保护优先。贯彻落实中央的最新要求，按照基本农田保护法律法规及有关规定，在已有划定永久基本农田工作的基础上，依据第二次全国土地调查、最新年度土地利用变更调查、土地利用总体规划、土地整治规划、全国耕地质量等别评定、县域耕地地力调查与质量评价成果，遵循耕地保护优先、数量质量并重的原则，按照布局基本稳定、数量不减少、质量有提高的要求，严格划定永久基本农田保护红线。城镇周边、交通沿线现有易被占用的优质耕地应当优先划为永久基本农田，最大限度地保障粮食综合生产能力，确保实有耕地面积基本稳定和国家粮食安全。

（二）依法依规、有序开展。在划定永久基本农田过程中，涉及基本农田数量或布局发生变化，需要相应调整土地利用总体规划的，应依法依规、规范有序进行调整完善。城镇周边、交通沿线现有易被占用优质耕地优先划为永久基本农田，要与城市开发边界和生态保护红线划定等工作协同开展，与经济社会发展规划、土地利用总体规划、城乡规划等多规合一工作相衔接。

（三）统筹谋划、稳步推进。为规范有序推进工作，两部研究提出了《永久基本农田划定工作方案》（以下简称《工作方案》，见附件1）。各省（区、市）根据两部的统一部署和《工作方案》，先从500 万以上人口特大城市、省会城市、计划单列市开始，按照城镇由大到小、空间由近及远、耕地质量等别和地力等级由高到低的顺序，稳步有序开展永久基本农田划定工作。按照有关规定和技术要求，永久基本农田要落实到具体地块，落实保护责任，及时设立统一规范的保护标志，编制更新图表册等管理资料，建立基本农田数据库。2016 年底前全面完成全国永久基本农田划定和成果完善工作。

（四）部省联动、部门协作。依据《基本农田保护条例》，永久基本农田划定工作由县级以上地方各级人民政府负主体责任，由国土资源主管部门会同同级农业主管部门负责组织实施。两部负责永久基本农田划定工作的宏观指导、监督检查，组织国务院审批土地利用总体规划和用地的106 个重点城市（名单见附件2）永久基本

农田划定工作。省级国土资源、农业主管部门负责本省（区、市）行政区域内永久基本农田划定工作的指导、监督检查等工作，组织设区的城市的划定工作，指导其他市县按要求开展工作。

三、加强对永久基本农田划定工作的组织领导

（一）强化组织保障。开展永久基本农田划定涉及面广、技术性强、任务艰巨，各地要加强政府的组织领导，认真谋划，精心部署。两部联合部署开展工作，加强对永久基本农田划定工作的监督指导。地方各级国土资源、农业主管部门报请本级人民政府批准，成立由政府负责同志牵头的领导小组，国土资源、农业、财政、住建、林业、环保等部门参与，做到人员落实、经费到位，确保按时、保质、保量完成各项工作任务。

（二）加强指导监督。建立定期上报和通报制度，从通知下发之日起，每季度末各省（区、市）定期向两部上报永久基本农田划定进展情况。两部将组成联合工作组，适时赴重点城市、重点地区开展专项督导，加强对工作开展全过程的指导、监督和检查。国家土地督察机构将永久基本农田划定工作开展情况列入督察工作重点，加强督导和检查。永久基本农田划定工作开展情况纳入省级政府耕地保护责任目标考核内容。对于不按规定划定永久基本农田的，要依法依规追究有关单位和个人责任。

（三）加强宣传引导。各地要充分利用各种媒体，开展多层次、多形式的宣传，营造有利于永久基本农田划定的工作环境和舆论氛围，促进有关部门齐抓共管、齐心协力，共同做好工作。

附件：1. 永久基本农田划定工作方案（略）

2. 土地利用总体规划和用地报国务院审批的106个重点城市名单（略）

国土资源部

农业部

二〇一四年十一月二日

国土资源部办公厅、农业部办公厅关于切实做好106个重点城市周边永久基本农田划定工作有关事项的通知

（国土资厅发〔2015〕14号）

各省、自治区、直辖市及计划单列市国土资源主管部门，农业（农牧、农村经济）厅（委、局），新疆生产建设兵团国土资源局、农业局：

根据《国土资源部农业部关于进一步做好永久基本农田划定工作的通知》（国土资发〔2014〕128号，以下简称《通知》）要求，国土资源部、农业部（以下简称两部）共同研究提出了106个重点城市周边永久基本农田划定初步任务，细化了推进划定工作的具体要求。现将有关事项通知如下：

一、抓紧开展106个重点城市周边永久基本农田划定工作

按照《通知》要求，两部以2012年土地变更调查成果、经依法批准的土地利用总体规划成果、全国耕地质量等别评定成果等为基础，依托国土资源综合监管平台，对106个重点城市周边（原则上为土地利用总体规划确定的中心城区规划控制范围）未划为永久基本农田的现有耕地分布、面积、质量等别等进行分析评估，提出了城市周边永久基本农田划定的初步任务。初步任务以城市为单位形成电子图形数据，随本通知下发数据光盘，数据说明见附件1。

各有关城市国土资源、农业主管部门要密切配合，依据下达的初步任务，充分运用最新的遥感影像图、土地变更调查、耕地质量等别评定和县域耕地地力调查与质量评价等成果，结合土地利用总体规划调整完善、城市开发边界划定，抓紧开展调查摸底、核实举证，要确保城市周边优质耕地、已建成的高标准农田全部纳入永久基本农田划定任务。按照核实举证结果数据汇交要求（见附件2）形成的报告和电子数据，经省级国土资源、农业主管部门审核后，于2015年5月底前联合报送两部。两部将对有关城市上报的核实举证情况进行论证，核定并下达重点城市周边永久基本农田划定任务。

各有关城市国土资源、农业主管部门要在当地政府的统一组织下，按照《通知》要求，扎实推进永久基本农田“落地块、明责任、设标志、建表册、入图库”等工作，确保于2015年底前全面完成城市周边永久基本农田上图入库、落地到户。

二、同步开展其他城市（镇）周边永久基本农田划定工作

各省（区、市）国土资源、农业主管部门，要参照两部对106个重点城市周边划定永久基本农田初步任务的分析评估方法和核实举证要求，开展106个重点城市以外其他设区的城市周边永久基本农田划定任务的下达工作。同时，指导督促设区的城市国土资源、农业主管部门，按照上述工作方法，推动所辖的县级城市（镇）周边永久基本农田划定工作，确保城市（镇）周边优质耕地优先划为永久基本农田。

各省（区、市）国土资源、农业主管部门，要按照本通知确定的数据汇交方式和格式要求，逐级统计汇总本行政区域内城市和城镇周边永久基本农田划定初步任务下发、地方核实举证、任务核定下达等情况，于2015年11月30日前报两部。

三、统筹做好城市（镇）全域永久基本农田划定工作

各有关城市国土资源、农业主管部门要在当地政府的组织领导下，统筹安排、通力合作，在已有工作的基础上，扎实做好永久基本农田划定工作。永久基本农田划定要与土地利用总体规划调整完善工作协同推进，规划调整完善前，采取自上而下的方式，按照上级核定下达的任务和要求，先行完成城市（镇）周边永久基本农田划定工作，确保城市（镇）周边、交通沿线优质耕地和已建成的高标准农田优先划定为永久基本农田，未按要求完成城市（镇）周边永久基本农田划定的，规划调整完善成果审批（备案）不予受理；规划调整完善后，采取自下而上的方式，按照布局基本稳定、数量不减少、质量有提高的要求，依照空间由近及远、耕地质量等别和地力等级由高到低的顺序，及时划定城市周边以外的永久基本农田，确保调整完善后规划确定的市（县）域基本农田保护目标任务全部上图入库、落地到户。永久基本农田划定要与城市开发边界划定工作同步推进，进一步强化永久基本农田对城市（镇）用地空间的刚性约束，切实发挥永久基本农田对优化城市（镇）空间形态的促进作用，更好引导城市串联式、组团式、卫星城式发展。

依据《基本农田保护条例》，永久基本农田划定和保护是地方各级人民政府的法定责任。106个重点城市周边永久基本农田划定工作完成情况，将纳入省级政府耕地保护责任目标检查考核工作。请各有关城市按照规定要求，扎实组织实施，确保按期完成任务。各省（区、市）国土资源、农业主管部门要加强督促指导，及时总结、宣传、推广好典型、好经验。两部将对各地永久基本农田划定工作进行督导检查，定期通报工作进展情况，适时召开现场交流会，总结推广地方经验做法，发挥示范引领作用。

附件：1. 城市周边永久基本农田划定初步任务分析评估结果数据说明（略）
2. 城市周边永久基本农田划定核实举证结果数据汇交要求（略）

国土资源部办公厅
农业部办公厅
二〇一五年四月八日

土地利用管理

国土资源部关于印发《规范国有土地租赁若干意见》的通知

（国土资发〔1999〕222号）

各省、自治区、直辖市及计划单列市土地（国土）管理局（厅），解放军土地管理局，新疆生产建设兵团土地管理局：

近年来，一些地方土地管理部门深化土地使用制度改革，完善土地有偿使用方式，开展了国有土地租赁试点，取得了一定的经验。新颁布的《中华人民共和国土地管理法实施条例》（以下简称《条例》）已将国有土地租赁规定为国有土地有偿使用的一种方式。为贯彻实施《条例》，规范国有土地租赁行为，现将《规范国有土地租赁若干意见》（以下简称《意见》）印发给你们，请结合本地实际认真贯彻执行。

国土资源部

一九九九年七月二十七日

规范国有土地租赁若干意见

一、严格依照《中华人民共和国城市房地产管理法》、《中华人民共和国土地管理法》的有关规定，确定国有土地租赁的适用范围。

国有土地租赁是指国家将国有土地出租给使用者使用，由使用者与县级以上人民政府土地行政主管部门签订一定年期的土地租赁合同，并支付租金的行为。国有土地租赁是国有土地有偿使用的一种形式，是出让方式的补充。当前应以完善国有土地出让为主，稳妥地推行国有土地租赁。

对原有建设用地，法律规定可以划拨使用的仍维持划拨，不实行有偿使用，也不实行租赁；对因发生土地转让、场地出租、企业改制和改变土地用途后依法应当有偿使用的，可以实行租赁。对于新增建设用地，重点仍应是推行和完善国有土地出让，租赁只作为出让方式的补充。对于经营性房地产开发用地，无论是利用原有建设用地，还是利用新增建设用地，都必须实行出让，不实行租赁。

二、国有土地租赁，可以采用招标、拍卖或者双方协议的方式，有条件的，必须采取招标、拍卖方式。采用双方协议方式出租国有土地的租金，不得低于出租底价和按国家规定的最低地价折算的最低租金标准，协议出租结果要报上级土地行政主管部门备案，并向社会公开披露，接受上级土地行政主管部门和社会监督。

三、国有土地租赁的租金标准应与地价标准相均衡。承租人取得土地使用权时未支付其他土地费用的，租金标准应按全额地价折算；承租人取得土地使用权时支付了征地、拆迁等土地费用的，租金标准应按扣除有关费用后的地价余额折算。

采用短期租赁的，一般按年度或季度支付租金；采用长期租赁的，应在国有土地租赁合同中明确约定土地租金支付时间、租金调整的时间间隔和调整方式。

四、国有土地租赁可以根据具体情况实行短期租赁和长期租赁。对短期使用或用于修建临时建筑物的土地，应实行短期租赁，短期租赁年限一般不超过5年；对需要进行地上建筑物、构筑物建设后长期使用的土地，应实行长期租赁，具体租赁期限由租赁合同约定，但最长租赁期限不得超过法律规定的同类用途土地出让最高年期。

五、租赁期限六个月以上的国有土地租赁，应当由市、县土地行政主管部门与土地使用者签订租赁合同。租赁合同内容应当包括出租方、承租方、出租宗地的位置、范围、面积、用途、租赁期限、土地使用条件、土地租金标准、支付时间和支付方式、土地租金标准调整的时间和调整幅度，出租方和承租方的权利义务等。

六、国有土地租赁，承租人取得承租土地使用权。承租人在按规定支付土地租金并完成开发建设后，经土地行政主管部门同意或根据租赁合同约定，可将承租土地使用权转租、转让或抵押。承租土地使用权转租、转让或抵押，必须依法登记。

承租人将承租土地转租或分租给第三人的，承租土地使用权仍由原承租人持有，承租人与第三人建立了附加租赁关系，第三人取得土地的他项权利。

承租人转让土地租赁合同的，租赁合同约定的权利义务随之转给第三人，承租土地使用权由第三人取得，租赁合同经更名后继续有效。

地上房屋等建筑物，构筑物依法抵押的，承租土地使用权可随之抵押，但承租土地使用权只能按合同租金与市场租金的差值及租期估价，抵押权实现时土地租赁合同同时转让。

在使用年期内，承租人有优先受让权，租赁土地在办理出让手续后，终止租赁关系。

七、国家对土地使用者依法取得的承租土地使用权，在租赁合同约定的使用年限届满前不收回；因社会公共利益的需要，依照法律程序提前收回的，应对承租人给予合理补偿。

承租土地使用权期满，承租人可申请续期，除根据社会公共利益需要收回该幅土地的，应予以批准。未申请续期或者虽申请续期但未获批准的，承租土地使用权由国家依法无偿收回，并可要求承租人拆除地上建筑物、构筑物，恢复土地原状。

承租人未按合同约定开发建设、未经土地行政主管部门同意转让、转租或不按合同约定按时交纳土地租金的，土地行政主管部门可以解除合同，依法收回承租土地使用权。

八、各级土地行政主管部门要切实加强国有土地租金的征收工作，协助财政部门作好土地租金的使用管理。收取的土地租金应当参照国有土地出让金的管理办法进行管理，按规定纳入当地国有土地有偿使用收入，专项用于城市基础设施建设和土地开发。

九、各省、市在本《意见》下发前对国有土地租赁适用范围已有规定或各地已签订《国有土地租赁合同》的，暂按已有规定及《国有土地租赁合同》的约定执行，并在今后工作中逐步规范；本《意见》下发后实施国有土地租赁的，一律按本《意见》要求规范办理。

协议出让国有土地使用权规定

（2003 年 6 月 11 日　国土资源部令第 21 号）

第一条　为加强国有土地资产管理，优化土地资源配置，规范协议出让国有土地使用权行为，根据《中华人民共和国城市房地产管理法》、《中华人民共和国土地管理法》和《中华人民共和国土地管理法实施条例》，制定本规定。

第二条　在中华人民共和国境内以协议方式出让国有土地使用权的，适用本规定。

本规定所称协议出让国有土地使用权，是指国家以协议方式将国有土地使用权在一定年限内出让给土地使用者，由土地使用者向国家支付土地使用权出让金的行为。

第三条　出让国有土地使用权，除依照法律、法规和规章的规定应当采用招标、拍卖或者挂牌方式外，方可采取协议方式。

第四条　协议出让国有土地使用权，应当遵循公开、公平、公正和诚实信用的原则。

以协议方式出让国有土地使用权的出让金不得低于按国家规定所确定的最低价。

第五条　协议出让最低价不得低于新增建设用地的土地有偿使用费、征地（拆迁）补偿费用以及按照国家规定应当缴纳的有关税费之和；有基准地价的地区，协议出让最低价不得低于出让地块所在级别基准地价的 70%。

低于最低价时国有土地使用权不得出让。

第六条　省、自治区、直辖市人民政府国土资源行政主管部门应当依据本规定第五条的规定拟定协议出让最低价，报同级人民政府批准后公布，由市、县人民政府国土资源行政主管部门实施。

第七条　市、县人民政府国土资源行政主管部门应当根据经济社会发展计划、国家产业政策、土地利用总体规划、土地利用年度计划、城市规划和土地市场状况，编制国有土地使用权出让计划，报同级人民政府批准后组织实施。

国有土地使用权出让计划经批准后，市、县人民政府国土资源行政主管部门应当在土地有形市场等指定场所，或者通过报纸、互联网等媒介向社会公布。

因特殊原因，需要对国有土地使用权出让计划进行调整的，应当报原批准机关批准，并按照前款规定及时向社会公布。

国有土地使用权出让计划应当包括年度土地供应总量、不同用途土地供应面积、地段以及供地时间等内容。

第八条 国有土地使用权出让计划公布后，需要使用土地的单位和个人可以根据国有土地使用权出让计划，在市、县人民政府国土资源行政主管部门公布的时限内，向市、县人民政府国土资源行政主管部门提出意向用地申请。

市、县人民政府国土资源行政主管部门公布计划接受申请的时间不得少于30日。

第九条 在公布的地段上，同一地块只有一个意向用地者的，市、县人民政府国土资源行政主管部门方可按照本规定采取协议方式出让；但商业、旅游、娱乐和商品住宅等经营性用地除外。

同一地块有两个或者两个以上意向用地者的，市、县人民政府国土资源行政主管部门应当按照《招标拍卖挂牌出让国有土地使用权规定》，采取招标、拍卖或者挂牌方式出让。

第十条 对符合协议出让条件的，市、县人民政府国土资源行政主管部门会同城市规划等有关部门，依据国有土地使用权出让计划、城市规划和意向用地者申请的用地项目类型、规模等，制订协议出让土地方案。

协议出让土地方案应当包括拟出让地块的具体位置、界址、用途、面积、年限、土地使用条件、规划设计条件、供地时间等。

第十一条 市、县人民政府国土资源行政主管部门应当根据国家产业政策和拟出让地块的情况，按照《城镇土地估价规程》的规定，对拟出让地块的土地价格进行评估，经市、县人民政府国土资源行政主管部门集体决策，合理确定协议出让底价。

协议出让底价不得低于协议出让最低价。

协议出让底价确定后应当保密，任何单位和个人不得泄露。

第十二条 协议出让土地方案和底价经有批准权的人民政府批准后，市、县人民政府国土资源行政主管部门应当与意向用地者就土地出让价格等进行充分协商，协商一致且议定的出让价格不低于出让底价的，方可达成协议。

第十三条 市、县人民政府国土资源行政主管部门应当根据协议结果，与意向用地者签订《国有土地使用权出让合同》。

第十四条 《国有土地使用权出让合同》签订后7日内，市、县人民政府国土资源行政主管部门应当将协议出让结果在土地有形市场等指定场所，或者通过报纸、互联网等媒介向社会公布，接受社会监督。

公布协议出让结果的时间不得少于15日。

第十五条 土地使用者按照《国有土地使用权出让合同》的约定，付清土地使用权出让金、依法办理土地登记手续后，取得国有土地使用权。

第十六条 以协议出让方式取得国有土地使用权的土地使用者，需要将土地使用权出让合同约定的土地用途改变为商业、旅游、娱乐和商品住宅等经营性用途的，应当取得出让方和市、县人民政府城市规划部门的同意，签订土地使用权出让合同变更协议或者重新签订土地使用权出让合同，按变更后的土地用途，以变更时的土地市场价格补交相应的土地使用权出让金，并依法办理土地使用权变更登记手续。

第十七条 违反本规定，有下列行为之一的，对直接负责的主管人员和其他直接责任人员依法给予行政处分：

（一）不按照规定公布国有土地使用权出让计划或者协议出让结果的；

（二）确定出让底价时未经集体决策的；

（三）泄露出让底价的；

（四）低于协议出让最低价出让国有土地使用权的；

（五）减免国有土地使用权出让金的。

违反前款有关规定，情节严重构成犯罪的，依法追究刑事责任。

第十八条 国土资源行政主管部门工作人员在协议出让国有土地使用权活动中玩忽职守、滥用职权、徇私舞弊的，依法给予行政处分；构成犯罪的，依法追究刑事责任。

第十九条 采用协议方式租赁国有土地使用权的，参照本规定执行。

第二十条 本规定自2003年8月1日起施行。原国家土地管理局1995年6月28日发布的《协议出让国有土地使用权最低价确定办法》同时废止。

国土资源部关于印发《招标拍卖挂牌出让国有土地使用权规范》（试行）和《协议出让国有土地使用权规范》（试行）的通知

（国土资发〔2006〕114 号）

各省、自治区、直辖市国土资源厅（国土环境资源厅、国土资源局、国土资源和房屋管理局、房屋土地资源管理局），计划单列市国土资源行政主管部门，解放军土地管理局，新疆生产建设兵团国土资源局：

为完善国有土地使用权出让制度，规范国有土地使用权出让程序，根据中共中央办公厅、国务院办公厅《印发〈中央纪委关于落实（建立健全教育、制度、监督并重的惩治和预防腐败体系实施纲要）2007 年底前工作要点〉的通知》（中办厅字〔2005〕14 号）要求，部研究制订了《招标拍卖挂牌出让国有土地使用权规范》（试行）和《协议出让国有土地使用权规范》（试行）。现予印发，自 2006 年 8 月 1 日起试行。

请各地将试行中的情况、经验和问题，及时报部土地利用管理司。

国土资源部

二〇〇六年五月三十一日

招标拍卖挂牌出让国有土地使用权规范（试行）

前　言

为完善国有土地使用权出让制度，规范国有土地使用权招标拍卖挂牌出让行为，统一程序和标准，优化土地资源配置，推进土地市场建设，根据《中华人民共和国土地管理法》、《中华人民共和国城市房地产管理法》、《中华人民共和国城镇国有土地使用权出让和转让暂行条例》、《招标拍卖挂牌出让国有土地使用权规定》等规定，制定本规范。

本规范的附录 B 为招标拍卖挂牌出让公告应当使用的文本格式，附录 A、附录 C、附录 D、附录 E、附录 F、附录 G、附录 H、附录 I、附录 J 为招标拍卖挂牌出让活动中所需其他文本的示范格式。

本规范由国土资源部负责解释。

1　适用范围

在中华人民共和国境内以招标、拍卖或者挂牌方式出让国有土地使用权，适用本规范；以招标、拍卖或者挂牌方式租赁国有土地使用权、出让国有土地他项权利，参照本规范执行。

以招标、拍卖或者挂牌方式转让国有土地使用权，以及依法以招标、拍卖或者挂牌方式流转农民集体建设用地使用权，可参照本规范执行。

2　引用的标准和文件

下列标准和文件所包含的条文，通过在本规范中引用而构成本规范的条文。本规范颁布时，所示版本均为有效。使用本规范的各方应使用下列各标准和文件的最新版本。

GB/T 18508—2001《城镇土地估价规程》

国土资发〔2000〕303 号《国有土地使用权出让合同示范文本》

国土资发〔2001〕255 号《全国土地分类》

国土资发〔2004〕232 号《工业建设项目用地控制指标》

3　依　据

(1)《中华人民共和国土地管理法》

(2)《中华人民共和国城市房地产管理法》

(3)《中华人民共和国城市规划法》

(4)《中华人民共和国行政许可法》

(5)《中华人民共和国合同法》

(6)《中华人民共和国城镇国有土地使用权出让和转让暂行条例》

(7)《建立健全教育、制度、监督并重的惩治和预防腐败体系实施纲要》(中发〔2005〕3 号)

(8)《国务院关于加强国有土地资产管理的通知》(国发〔2001〕15 号)

(9)《国务院关于深化改革严格土地管理的决定》(国发〔2004〕28 号)

(10)《中共中央纪委监察部关于领导干部利用职权违反规定干预和插手建设工程招投标、经营性土地使用权出让、房地产开发与经营等市场经济活动，为个人和亲友谋取私利的处理规定》(中纪发〔2004〕3 号)

(11)《招标拍卖挂牌出让国有土地使用权规定》(国土资源部令第 11 号)

4　总　则

4.1　招标拍卖挂牌出让国有土地使用权内涵

本规范所称招标出让国有土地使用权，是指市、县国土资源管理部门发布招标公告或者发出投标邀请书，邀请特定或者不特定的法人、自然人和其他组织参加国有土地使用权投标，根据投标结果确定土地使用者的行为。

本规范所称拍卖出让国有土地使用权，是指市、县国土资源管理部门发布拍卖公告，由竞买人在指定时间、地点进行公开竞价，根据出价结果确定土地使用者的行为。

本规范所称挂牌出让国有土地使用权，是指市、县国土资源管理部门发布挂牌公告，按公告规定的期限将拟出让宗地的交易条件在指定的土地交易场所挂牌公布，接受竞买人的报价申请并更新挂牌价格，根据挂牌期限截止时的出价结果或现场竞价结果确定土地使用者的行为。

4.2　招标拍卖挂牌出让国有土地使用权原则

（1）公开、公平、公正；

（2）诚实信用。

4.3　招标拍卖挂牌出让国有土地使用权范围

（1）供应商业、旅游、娱乐和商品住宅等各类经营性用地以及有竞争要求的工业用地；

（2）其他土地供地计划公布后同一宗地有两个或者两个以上意向用地者的；

（3）划拨土地使用权改变用途，《国有土地划拨决定书》或法律、法规、行政规定等明确应当收回土地使用权，实行招标拍卖挂牌出让的；

（4）划拨土地使用权转让，《国有土地划拨决定书》或法律、法规、行政规定等明确应当收回土地使用权，实行招标拍卖挂牌出让的；

（5）出让土地使用权改变用途，《国有土地使用权出让合同》约定或法律、法规、行政规定等明确应当收回土地使用权，实行招标拍卖挂牌出让的；

（6）法律、法规、行政规定明确应当招标拍卖挂牌出让的其他情形。

4.4　招标拍卖挂牌出让国有土地使用权组织实施

4.4.1　实施主体

国有土地使用权招标拍卖挂牌出让由市、县国土资源管理部门组织实施。

4.4.2　组织方式

市、县国土资源管理部门实施招标拍卖挂牌出让国有土地使用权活动，可以根据实际情况选择以下方式：

（1）市、县国土资源管理部门自行办理；

（2）市、县国土资源管理部门指定或授权下属事业单位具体承办；

（3）市、县国土资源管理部门委托具有相应资质的交易代理中介机构承办。

4.4.3　协调决策机构

国有土地使用权出让实行集体决策。市、县国土资源管理部门根据实际情况，可以成立国有土地使用权出让协调决策机构，负责协调解决出让中的相关问题，集体确定有关事项。

4.4.4　土地招标拍卖挂牌主持人

国有土地使用权招标拍卖挂牌出让活动，应当由符合国土资源部确定的土地招标拍卖挂牌主持人条件并取得资格的人员主持进行。

4.4.5　招标拍卖挂牌出让程序

（1）公布出让计划，确定供地方式；

（2）编制、确定出让方案；

（3）地价评估，确定出让底价；

（4）编制出让文件；

（5）发布出让公告；

（6）申请和资格审查；

（7）招标拍卖挂牌活动实施；

（8）签订出让合同，公布出让结果；

（9）核发《建设用地批准书》，交付土地；

（10）办理土地登记；

（11）资料归档。

4.5　地方补充规定

地方可对本规范做出补充规定或实施细则，并报上一级国土资源管理部门备案。

5　公布出让计划，确定供地方式

5.1　市、县国土资源管理部门应当将经批准的国有土地使用权出让计划向社会公布。有条件的地方可以根据供地进度安排，分阶段将国有土地使用权出让计划细化落实到地段、地块，并将相关信息及时向社会公布。国有土地使用权出让计划以及细化的地段、地块信息应当同时在中国土地市场网（www.landchina.com）上公布。

5.2　市、县国土资源管理部门公布国有土地使用权出让计划、细化的地段、地块信息，应当同时明确用地者申请用地的途径和方式，公开接受用地申请。

5.3　需要使用土地的单位和个人（以下简称意向用地者）应当根据公布的国有土地使用权出让计划、细化的地段、地块信息以及自身用地需求，向市、县国土资源管理部门提出用地申请。

5.4　用地预申请

为充分了解市场需求情况，科学合理安排供地规模和进度，有条件的地方，可以建立用地预申请制度。单位和个人对列入招标拍卖挂牌出让计划内的具体地块有使用意向的，可以提出用地预申请，并承诺愿意支付的土地价格。市、县国土资源管理部门认为其承诺的土地价格和条件可以接受的，应当根据土地出让计划和土地市场情况，适时组织实施招标拍卖挂牌出让活动，并通知提出该宗地用地预申请的单位或个人参加。提出用地预申请的单位、个人，应当参加该宗地竞投或竞买，且报价不得低于其承诺的土地价格。

5.5　根据意向用地者申请情况，符合4.3规定条件的土地使用权出让，应当采取招标拍卖挂牌方式。对不能确定是否符合4.3规定条件的具体宗地，可由国有土地使用权出让协调决策机构集体认定。

对具有综合目标或特定社会、公益建设条件、开发建设要求较高、仅有少数单位和个人可能有受让意向的土地使用权出让，可以采取招标方式，按照综合条件最佳者得的原则确定受让人；其他的土地使用权出让，应当采取招标、拍卖或挂牌方式，按照价高者得的原则确定受让人。

采用招标方式出让国有土地使用权的，应当采取公开招标方式。对土地使用者有严格的限制和特别要求的，可以采用邀请招标方式。

6　编制、确定出让方案

6.1　编制招标拍卖挂牌出让方案

市、县国土资源管理部门应当会同城市规划管理等有关部门，依据国有土地使用权出让计划、城市规划等，编制国有土地使用权招标拍卖挂牌出让方案。

国有土地使用权招标拍卖挂牌出让方案应当包括：拟出让地块的具体位置、四至、用途、面积、年限、土地使用条件、供地时间、供地方式、建设时间等。属于综合用地的，应明确各类具体用途、所占面积及其各自的出让年期。对于各用途不动产之间可以分割，最终使用者为不同单位、个人的，应当按照综合用地所包含的具体土地用途分别确定出让年期；对于多种用途很难分割、最终使用者唯一的，也可以统一按照综合用地最高出让年限50年确定出让年期。

6.2　招标拍卖挂牌出让方案报批

国有土地使用权招标拍卖挂牌出让方案应按规定报市、县人民政府批准。

7　地价评估，确定出让底价

7.1　地价评估

市、县国土资源管理部门应当根据拟出让地块的条件和土地市场情况，依据《城镇土地估价规程》，组织对拟出让地块的正常土地市场价格进行评估。

地价评估由市、县国土资源管理部门或其所属事业单位组织进行，根据需要也可以委托具有土地估价资质的土地或不动产评估机构进行。

7.2　确定底价

有底价出让的，市、县国土资源管理部门或国有土地使用权出让协调决策机构应当根据土地估价结果、产业政策和土地市场情况等，集体决策，综合确定出让底价和投标、竞买保证金。招标出让的，应当同时确定标底；拍卖和挂牌出让的，应当同时确定起叫价、起始价等。

标底、底价确定后，在出让活动结束之前应当保密，任何单位和个人不得泄露。

8 编制出让文件

市、县国土资源管理部门应当根据经批准的招标拍卖挂牌出让方案，组织编制国有土地使用权招标拍卖挂牌出让文件。

8.1 招标出让文件应当包括

（1）招标出让公告或投标邀请书

（2）招标出让须知

（3）标书

（4）投标申请书

（5）宗地界址图

（6）宗地规划指标要求

（7）中标通知书

（8）国有土地使用权出让合同

（9）其他相关文件

8.2 拍卖出让文件应当包括

（1）拍卖出让公告

（2）拍卖出让须知

（3）竞买申请书

（4）宗地界址图

（5）宗地规划指标要求

（6）成交确认书

（7）国有土地使用权出让合同

（8）其他相关文件

8.3 挂牌出让文件应当包括

（1）挂牌出让公告

（2）挂牌出让须知

（3）竞买申请书

（4）挂牌竞买报价单

（5）宗地界址图

（6）宗地规划指标要求

（7）成交确认书

（8）国有土地使用权出让合同

（9）其他相关文件

9 发布出让公告

9.1 发布公告

国有土地使用权招标拍卖挂牌出让公告应当由市、县国土资源管理部门发布。

出让公告应当通过中国土地市场网和当地土地有形市场发布，也可同时通过报刊、电视台等媒体公开发布。

出让公告应当至少在招标拍卖挂牌活动开始前20日发布，以首次发布的时间为起始日。

经批准的出让方案已明确招标、拍卖、挂牌具体方式的，应当发布具体的“国有土地使用权招标出让公告”、“国有土地使用权拍卖出让公告”或“国有土地使用权挂牌出让公告”；经批准的出让方案未明确招标、拍卖、挂牌具体方式的，可以发布“国有土地使用权公开出让公告”，发布公开出让公告的，应当明确根据申请截止时的申请情况确定具体的招标、拍卖或挂牌方式。

出让公告可以是单宗地的公告，也可以是多宗地的联合公告。

9.2　公告内容

9.2.1　招标出让公告应当包括以下内容：

（1）出让人的名称、地址、联系电话等，授权或指定下属事业单位以及委托代理机构进行招标的，还应注明其机构的名称、地址和联系电话等；

（2）招标地块的位置、面积、用途、开发程度、规划指标要求、土地使用年限和建设时间等；

（3）投标人的资格要求及申请取得投标资格的办法；

（4）获取招标文件的时间、地点及方式；

（5）招标活动实施时间、地点，投标期限、地点和方式等；

（6）确定中标人的标准和方法；

（7）支付投标保证金的数额、方式和期限；

（8）其他需要公告的事项。

9.2.2　拍卖出让公告应当包括以下内容：

（1）出让人的名称、地址、联系电话等，授权或指定下属事业单位以及委托代理机构进行拍卖的，还应注明其名称、地址和联系电话等；

（2）拍卖地块的位置、面积、用途、开发程度、规划指标要求、土地使用年限和建设时间等；

（3）竞买人的资格要求及申请取得竞买资格的办法；

（4）获取拍卖文件的时间、地点及方式；

（5）拍卖会的地点、时间和竞价方式；

（6）支付竞买保证金的数额、方式和期限；

（7）其他需要公告的事项。

9.2.3　挂牌出让公告应当包括以下内容：

（1）出让人的名称、地址、联系电话等，授权或指定下属事业单位以及委托代理机构进行挂牌的，还应注明其机构名称、地址和联系电话等；

（2）挂牌地块的位置、面积、用途、开发程度、规划指标要求、土地使用年限和建设时间等；

（3）竞买人的资格要求及申请取得竞买资格的办法；

（4）获取挂牌文件的时间、地点及方式；

（5）挂牌地点和起止时间；

（6）支付竞买保证金的数额、方式和期限；

（7）其他需要公告的事项。

9.3　公告调整

公告期间，出让公告内容发生变化的，市、县国土资源管理部门应当按原公告发布渠道及时发布补充公告。涉及土地使用条件变更等影响土地价格的重大变动，补充公告发布时间距招标拍卖挂牌活动开始时间少于20日的，招标拍卖挂牌活动相应顺延。

发布补充公告的，市、县国土资源管理部门应当书面通知已报名的申请人。

10　申请和资格审查

10.1　申请人

国有土地使用权招标拍卖挂牌出让的申请人，可以是中华人民共和国境内外的法人、自然人和其他组织，但法律法规对申请人另有限制的除外。

申请人可以单独申请，也可以联合申请。

10.2　申请

申请人应在公告规定期限内交纳出让公告规定的投标、竞买保证金，并根据申请人类型，持相应文件向出让人提出竞买、竞投申请：

（1）法人申请的，应提交下列文件：

① 申请书；

② 法人单位有效证明文件；

③ 法定代表人的有效身份证明文件；

④ 申请人委托他人办理的，应提交授权委托书及委托代理人的有效身份证明文件；

⑤ 保证金交纳凭证；

⑥ 招标拍卖挂牌文件规定需要提交的其他文件。

（2）自然人申请的，应提交下列文件：

① 申请书；

② 申请人有效身份证明文件；

③ 申请人委托他人办理的，应提交授权委托书及委托代理人的身份证明文件；

④ 保证金交纳凭证；

⑤ 招标拍卖挂牌文件规定需要提交的其他文件。

（3）其他组织申请的，应提交下列文件：

① 申请书；

② 表明该组织合法存在的文件或有效证明；

③ 表明该组织负责人身份的有效证明文件；

④ 申请人委托他人办理的，应提交授权委托书及委托代理人的身份证明文件；

⑤ 保证金交纳凭证；

⑥ 招标拍卖挂牌文件规定需要提交的其他文件。

（4）境外申请人申请的，应提交下列文件：

① 申请书；

② 境外法人、自然人、其他组织的有效身份证明文件；

③ 申请人委托他人办理的，应提交授权委托书及委托代理人的有效身份证明文件；

④ 保证金交纳凭证；

⑤ 招标拍卖挂牌文件规定需要提交的其他文件。

上述文件中，申请书必须用中文书写，其他文件可以使用其他语言，但必须附中文译本，所有文件的解释以中文译本为准。

（5）联合申请的，应提交下列文件：

① 联合申请各方共同签署的申请书；

② 联合申请各方的有效身份证明文件；

③ 联合竞买、竞投协议，协议要规定联合各方的权利、义务，包括联合各方的出资比例，并明确签订《国有土地使用权出让合同》时的受让人；

④ 申请人委托他人办理的，应提交授权委托书及委托代理人的有效身份证明文件；

⑤ 保证金交纳凭证；

⑥ 招标拍卖挂牌文件规定需要提交的其他文件。

（6）申请人竞得土地后，拟成立新公司进行开发建设的，应在申请书中明确新公司的出资构成、成立时间等内容。出让人可以根据招标拍卖挂牌出让结果，先与竞得人签订《国有土地使用权出让合同》，在竞得人按约定办理完新公司注册登记手续后，再与新公司签订《国有土地使用权出让合同变更协议》；也可按约定直接与新公司签订《国有土地使用权出让合同》。

10.3 受理申请及资格审查

出让人应当对出让公告规定的时间内收到的申请进行审查。

经审查，有下列情形之一的，为无效申请：

（1）申请人不具备竞买资格的；

（2）未按规定交纳保证金的；

（3）申请文件不齐全或不符合规定的；

（4）委托他人代理但委托文件不齐全或不符合规定的；

（5）法律法规规定的其他情形。

经审查，符合规定条件的，应当确认申请人的投标或竞买资格，并通知其参加招标拍卖挂牌活动。采用招标或拍卖方式的，取得投标或竞买资格者不得少于3个。

10.4　出让人应当对申请人的情况进行保密。

10.5　申请人对招标拍卖挂牌文件有疑问的，可以书面或者口头方式向出让人咨询，出让人应当为申请人咨询以及查询出让地块有关情况提供便利。根据需要，出让人可以组织申请人对拟出让地块进行现场踏勘。

11　招标拍卖挂牌活动实施——招标

11.1　投标

市、县国土资源管理部门应当按照出让公告规定的时间、地点组织招标投标活动。投标活动应当由土地招标拍卖挂牌主持人主持进行。

投标开始前，招标主持人应当现场组织开启标箱，检查标箱情况后加封。

投标人应当在规定的时间将标书及其他文件送达指定的投标地点，经招标人登记后，将标书投入标箱。

招标公告允许邮寄投标文件的，投标人可以邮寄，但以招标人在投标截止时间前收到的方为有效。招标人登记后，负责在投标截止时间前将标书投入标箱。

投标人投标后，不可撤回投标文件，并对投标文件和有关书面承诺承担责任。投标人可以对已提交的投标文件进行补充说明，但应在招标文件要求提交投标文件的截止时间前书面通知招标人并将补充文件送达投标地点。

11.2　开标

招标人按照招标出让公告规定的时间、地点开标，邀请所有投标人参加。开标应当由土地招标拍卖挂牌主持人主持进行。招标主持人邀请投标人或其推选的代表检查标箱的密封情况，当众开启标箱。

标箱开启后，招标主持人应当组织逐一检查标箱内的投标文件，经确认无误后，由工作人员当众拆封，宣读投标人名称、投标价格和投标文件的其他主要内容。

开标过程应当记录。

11.3　评标

按照价高者得的原则确定中标人的，可以不成立评标小组。按照综合条件最佳者得的原则确定中标人的，招标人应当成立评标小组进行评标。

11.3.1　评标小组由出让人、有关专家组成，成员人数为5人以上的单数。有条件的地方，可建立土地评标专家库，每次评标前随机从专家库中抽取评标小组专家成员。

11.3.2　招标人应当采取必要的措施，保证评标在严格保密的情况下进行。

11.3.3　评标小组可以要求投标人对投标文件中含义不明确的内容做出必要的澄清或者说明，但澄清或者说明不得超出投标文件的范围或者改变投标文件的实质性内容。

11.3.4　评标小组对投标文件进行有效性审查。有下列情形之一的，为无效投标文件：

（1）投标文件未密封的；

（2）投标文件未加盖投标人印鉴，也未经法定代表人签署的；

（3）投标文件不齐备、内容不全或不符合规定的；

（4）投标人对同一个标的有两个或两个以上报价的；

（5）委托投标但委托文件不齐全或不符合规定的；

（6）评标小组认为投标文件无效的其他情形。

11.3.5　评标要求

评标小组应当按照招标文件确定的评标标准和方法，对投标文件进行综合评分，根据综合评分结果确定中标候选人。

评标小组应当根据评标结果，按照综合评分高低确定中标候选人排序，但低于底价或标底者除外。同时有两个或两个以上申请人的综合评分相同的，按报价高低排名，报价也相同的，可以由综合评分相同的申请人通过现场竞价确定排名顺序。投标人的投标价均低于底价或投标条件均不能够满足标底要求的，投标活动终止。

11.4　定标

招标人应当根据评标小组推荐的中标候选人确定中标人。招标人也可以授权评标小组直接确定中标人。

按照价高者得的原则确定中标人的，由招标主持人根据开标结果，直接宣布报价最高且不低于底价者为中标人。有两个或两个以上申请人的报价相同且同为最高报价的，可以由相同报价的申请人在限定时间内再行报价，或者采取现场竞价方式确定中标人。

11.5　发出《中标通知书》

确定中标人后，招标人应当向中标人发出《中标通知书》，并同时将中标结果通知其他投标人。

《中标通知书》应包括招标人与中标人的名称，出让标的，成交时间、地点、价款，以及双方签订《国有土地使用权出让合同》的时间、地点等内容。

《中标通知书》对招标人和中标人具有法律效力，招标人改变中标结果，或者中标人不按约定签订《国有土地使用权出让合同》、放弃中标宗地的，应当承担法律责任。

12　招标拍卖挂牌活动实施——拍卖

12.1　市、县国土资源管理部门应当按照出让公告规定的时间、地点组织拍卖活动。拍卖活动应当由土地招标拍卖挂牌主持人主持进行。

12.2　拍卖会按下列程序进行：

（1）拍卖主持人宣布拍卖会开始；

（2）拍卖主持人宣布竞买人到场情况。设有底价的，出让人应当现场将密封的拍卖底价交给拍卖主持人，拍卖主持人现场开启密封件；

（3）拍卖主持人介绍拍卖地块的位置、面积、用途、使用年限、规划指标要求、建设时间等；

（4）拍卖主持人宣布竞价规则；拍卖主持人宣布拍卖宗地的起叫价、增价规则和增价幅度，并明确提示是否设有底价。在拍卖过程中，拍卖主持人可根据现场情况调整增价幅度。

（5）拍卖主持人报出起叫价，宣布竞价开始；

（6）竞买人举牌应价或者报价；

（7）拍卖主持人确认该竞买人应价或者报价后继续竞价；

（8）拍卖主持人连续三次宣布同一应价或报价而没有人再应价或出价，且该价格不低于底价的，拍卖主持人落槌表示拍卖成交，拍卖主持人宣布最高应价者为竞得人。成交结果对拍卖人、竞得人和出让人均具有法律效力。最高应价或报价低于底价的，拍卖主持人宣布拍卖终止。

12.3　签订《成交确认书》

确定竞得人后，拍卖人与竞得人当场签订《成交确认书》。拍卖人或竞得人不按规定签订《成交确认书》的，应当承担法律责任。竞得人拒绝签订《成交确认书》也不能对抗拍卖成交结果的法律效力。

《成交确认书》应包括拍卖人与竞得人的名称，出让标的，成交时间、地点、价款，以及双方签订《国有土地使用权出让合同》的时间、地点等内容。

《成交确认书》对拍卖人和竞得人具有法律效力，拍卖人改变拍卖结果的，或者竞得人不按约定签订《国有土地使用权出让合同》、放弃竞得宗地的，应当承担法律责任。

拍卖过程应当制作拍卖笔录。

13　招标拍卖挂牌活动实施——挂牌

市、县国土资源管理部门应当按照出让公告规定的时间、地点组织挂牌活动。挂牌活动应当由土地招标拍卖挂牌主持人主持进行。

13.1　公布挂牌信息

在挂牌公告规定的挂牌起始日，挂牌人将挂牌宗地的位置、面积、用途、使用年期、规划指标要求、起始价、增价规则及增价幅度等，在挂牌公告规定的土地交易地点挂牌公布。挂牌时间不得少于10个工作日。

13.2　竞买人报价

符合条件的竞买人应当填写报价单报价。有条件的地方，可以采用计算机系统报价。

竞买人报价有下列情形之一的，为无效报价：

（1）报价单未在挂牌期限内收到的；

（2）不按规定填写报价单的；

（3）报价单填写人与竞买申请文件不符的；

（4）报价不符合报价规则的；

（5）报价不符合挂牌文件规定的其他情形。

13.3　确认报价

挂牌主持人确认该报价后，更新显示挂牌价格，继续接受新的报价。有两个或两个以上竞买人报价相同的，先提交报价单者为该挂牌价格的出价人。

13.4　挂牌截止

挂牌截止应当由挂牌主持人主持确定。设有底价的，出让人应当在挂牌截止前将密封的挂牌底价交给挂牌主持人，挂牌主持人现场打开密封件。在公告规定的挂牌截止时间，竞买人应当出席挂牌现场，挂牌主持人宣布最高报价及其报价者，并询问竞买人是否愿意继续竞价。

13.4.1　挂牌主持人连续三次报出最高挂牌价格，没有竞买人表示愿意继续竞价的，挂牌主持人宣布挂牌活动结束，并按下列规定确定挂牌结果：

（1）最高挂牌价格不低于底价的，挂牌主持人宣布挂牌出让成交，最高挂牌价格的出价人为竞得人；

（2）最高挂牌价格低于底价的，挂牌主持人宣布挂牌出让不成交。

13.4.2　有竞买人表示愿意继续竞价的，即属于挂牌截止时有两个或两个以上竞买人要求报价的情形，挂牌主持人应当宣布挂牌出让转入现场竞价，并宣布现场竞价的时间和地点，通过现场竞价确定竞得人。

13.5　现场竞价

现场竞价应当由土地招标拍卖挂牌主持人主持进行，取得该宗地挂牌竞买资格的竞买人均可参加现场竞价。现场竞价按下列程序举行：

（1）挂牌主持人应当宣布现场竞价的起始价、竞价规则和增价幅度，并宣布现场竞价开始。现场竞价的起始价为挂牌活动截止时的最高报价增加一个加价幅度后的价格。

（2）参加现场竞价的竞买人按照竞价规则应价或报价。

（3）挂牌主持人确认该竞买人应价或者报价后继续竞价。

（4）挂牌主持人连续三次宣布同一应价或报价而没有人再应价或出价，且该价格不低于底价的，挂牌主持人落槌表示现场竞价成交，宣布最高应价或报价者为竞得人。成交结果对竞得人和出让人均具有法律效力。最高应价或报价低于底价的，挂牌主持人宣布现场竞价终止。

在现场竞价中无人参加竞买或无人应价或出价的，以挂牌截止时出价最高者为竞得人，但低于挂牌出让底价者除外。

13.6　签订《成交确认书》

确定竞得人后，挂牌人与竞得人当场签订《成交确认书》。挂牌人或竞得人不按规定签订《成交确认书》的，应当承担法律责任。竞得人拒绝签订《成交确认书》也不能对抗挂牌成交结果的法律效力。

《成交确认书》应包括挂牌人与竞得人的名称，出让标的，成交时间、地点、价款，以及双方签订《国有土地使用权出让合同》的时间、地点等内容。

《成交确认书》对挂牌人和竞得人具有法律效力，挂牌人改变挂牌结果的，或者竞得人不按规定签订《国有土地使用权出让合同》、放弃竞得宗地的，应当承担法律责任。

挂牌过程应当制作挂牌笔录。

14　签订出让合同，公布出让结果

14.1　签订《国有土地使用权出让合同》

招标拍卖挂牌出让活动结束后，中标人、竞得人应按照《中标通知书》或《成交确认书》的约定，与出让人签订《国有土地使用权出让合同》。

14.2　中标人、竞得人支付的投标、竞买保证金

在中标或竞得后转作受让地块的定金。其他投标人、竞买人交纳的投标、竞买保证金，出让人应在招标拍卖挂牌活动结束后5个工作日内予以退还，不计利息。

14.3　公布出让结果

招标拍卖挂牌活动结束后10个工作日内，出让人应当将招标拍卖挂牌出让结果通过中国土地市场网以及土地有形市场等指定场所向社会公布。

公布出让结果应当包括土地位置、面积、用途、开发程度、土地级别、容积率、出让年限、供地方式、受让人、成交价格和成交时间等内容。

出让人公布出让结果，不得向受让人收取费用。

15　核发《建设用地批准书》，交付土地

市、县国土资源管理部门向受让人核发《建设用地批准书》，并按照《国有土地使用权出让合同》、《建设用地批准书》确定的时间和条件将出让土地交付给受让人。

16　办理土地登记

受让人按照《国有土地使用权出让合同》约定付清全部国有土地使用权出让金，依法申请办理土地登记，领取《国有土地使用证》，取得国有土地使用权。

17　资料归档

出让手续全部办结后，市、县国土资源管理部门应当对宗地出让过程中的用地申请、审批、招标拍卖挂牌活动、签订合同等各环节相关资料、文件进行整理，并按规定归档。应归档的宗地出让资料包括：

（1）申请人的申请材料；

（2）宗地条件及相关资料；

（3）宗地评估资料；

（4）宗地出让底价及集体决策记录；

（5）宗地招标拍卖挂牌出让方案；

（6）宗地出让方案批复文件；

（7）招标拍卖挂牌出让文件；

（8）招标拍卖挂牌活动实施过程的记录资料；

（9）《中标通知书》或《成交确认书》；

（10）《国有土地使用权出让合同》及出让结果公布资料；

（11）其他应归档的材料。

附录：A　国有土地使用权出让预申请书示范文本（略）

B　国有土地使用权出让公告文本格式（略）

C　国有土地使用权出让须知示范文本（略）

D　投标［竞买］申请书示范文本（略）

E　投标［竞买］资格确认书示范文本（略）

F　国有土地使用权招标出让投标书示范文本（略）

G　国有土地使用权挂牌出让竞买报价单示范文本（略）

H　授权委托书示范文本（略）

I　中标通知书示范文本（略）

J　成交确认书示范文本（略）

协议出让国有土地使用权规范（试行）

前　言

为完善国有土地使用权出让制度，规范国有土地使用权协议出让行为，统一程度和标准，加强国有土地资产管理，推进土地市场建设，根据《中华人民共和国土地管理法》、《中华人民共和国城市房地产管理法》、《中华人民共和国城镇国有土地使用权出让和转让暂行条例》、《协议出让国有土地使用权规定》等规定，制定本规范。

本规范的附录A、附录B为协议出让活动中所需文本示范格式。

本规范由国土资源部提出并归口。

本规范起草单位：国土资源部土地利用管理司，国土资源部土地整理中心，辽宁省国土资源厅，黑龙江省国土资源厅，江苏省国土资源厅。

本规范主要起草人员：廖永林、冷宏志、岳晓武、雷爱先、高永、谢量雄、吴迪、宋玉波、牟傲风、叶卫东、钟松钇、林立淼、申亮、陈梅英、周旭、沈飞、张昉。

本规范参加起草人员（以姓氏笔画为序）：于世专、马尚、王薇、车长志、邓岳方、叶元蓬、叶东、任钊洪、关文荣、刘显祺、刘祥元、刘瑞平、朱育德、闫洪溪、严政、吴永高、吴海洋、张万中、张英奇、李延荣、李晓娟、李晓斌、束克欣、杨玉芳、杨江正、肖建军、陈永真、陈国庆、林君衡、罗演广、祝军、胡立兵、胡红兵、赵春华、郝吉虎、高志云、徐建设、涂高坤、秦水龙、钱友根、梁红、黄文波、韩建国、韩洪伟、靳薇、潘洪嵩、魏成、魏莉华。

本规范由国土资源部负责解释。

1　适用范围

在中华人民共和国境内以协议方式出让国有土地使用权，适用本规范；以协议方式租赁国有土地使用权、出让国有土地他项权利，参照本规范执行。

2　引用的标准和文件

下列标准和文件所包含的条文，通过在本规范中引用而构成本规范的条文。本规范颁布时，所示版本均为有效。使用本规范的各方应使用下列各标准和文件的最新版本。

GB/T 18508—2001《城镇土地估价规程》

国土资发〔2000〕303 号《国有土地使用权出让合同示范文本》

国土资发〔2001〕255 号《全国土地分类》

国土资发〔2004〕232 号《工业建设项目用地控制指标》

3　依　据

（1）《中华人民共和国土地管理法》；

（2）《中华人民共和国城市房地产管理法》；

（3）《中华人民共和国城市规划法》；

（4）《中华人民共和国行政许可法》；

（5）《中华人民共和国合同法》；

（6）《中华人民共和国城镇国有土地使用权出让和转让暂行条例》；

（7）《建立健全教育、制度、监督并重的惩治和预防腐败体系实施纲要》（中发〔2005〕3 号）；

（8）《国务院关于加强国有土地资产管理的通知》（国发〔2001〕15 号）；

（9）《国务院关于深化改革严格土地管理的决定》（国发〔2004〕28 号）；

（10）《协议出让国有土地使用权规定》（国土资源部令第 21 号）。

4　总　则

4.1　协议出让国有土地使用权内涵

本规范所称协议出让国有土地使用权，是指市、县国土资源管理部门以协议方式将国有土地使用权在一定年限内出让给土地使用者，由土地使用者支付土地使用权出让金的行为。

4.2 协议出让国有土地使用权原则

（1）公开、公平、公正；

（2）诚实信用。

4.3 协议出让国有土地使用权范围

出让国有土地使用权，除依照法律、法规和规章的规定应当采用招标、拍卖或者挂牌方式外，方可采取协议方式，主要包括以下情况：

（1）供应商业、旅游、娱乐和商品住宅等各类经营性用地以外用途的土地，其供地计划公布后同一宗地只有一个意向用地者的；

（2）原划拨、承租土地使用权人申请办理协议出让，经依法批准，可以采取协议方式，但《国有土地划拨决定书》、《国有土地租赁合同》、法律、法规、行政规定等明确应当收回土地使用权重新公开出让的除外；

（3）划拨土地使用权转让申请办理协议出让，经依法批准，可以采取协议方式，但《国有土地划拨决定书》、法律、法规、行政规定等明确应当收回土地使用权重新公开出让的除外；

（4）出让土地使用权人申请续期，经审查准予续期的，可以采用协议方式；

（5）法律、法规、行政规定明确可以协议出让的其他情形。

4.4 协议出让国有土地使用权组织管理

国有土地使用权协议出让由市、县国土资源管理部门组织实施。

国有土地使用权出让实行集体决策。市、县国土资源管理部门可根据实际情况成立国有土地使用权出让协调决策机构，负责协调解决出让中的相关问题，集体确定有关事项。

4.5 协议出让价格争议裁决

对于经营性基础设施、矿业开采等具有独占性和排他性的用地，应当建立协议出让价格争议裁决机制。此类用地协议出让过程中，意向用地者与出让方在出让价格方面有争议难以达成一致，意向用地者认为出让方提出的出让价格明显高于土地市场价格的，可提请出让方的上一级国土资源管理部门进行出让价格争议裁决。

4.6 地方补充规定

地方可对本规范做出补充规定或实施细则，并报上一级国土资源管理部门备案。

5 供地环节的协议出让

5.1 供地环节协议出让国有土地使用权的一般程序

（1）公开出让信息，接受用地申请，确定供地方式；

（2）编制协议出让方案；

（3）地价评估，确定底价；

（4）协议出让方案、底价报批；

（5）协商，签订意向书；

（6）公示；

（7）签订出让合同，公布出让结果；

（8）核发《建设用地批准书》，交付土地；

（9）办理土地登记；

（10）资料归档。

5.2 公开出让信息，接受用地申请，确定供地方式

5.2.1 市、县国土资源管理部门应当将经批准的国有土地使用权出让计划向社会公布。有条件的地方可以根据供地进度安排，分阶段将国有土地使用权出让计划细化落实到地段、地块，并将相关信息及时向社会公布。国有土地使用权出让计划以及细化的地段、地块信息应当同时通过中国土地市场网（www.landchina.com）公布。

5.2.2 市、县国土资源管理部门公布国有土地使用权出让计划、细化的地段、地块信息，应当同时明确用地者申请用地的途径和方式，公开接受用地申请。

5.2.3 需要使用土地的单位和个人（以下简称意向用地者）应当根据公布的国有土地使用权出让计划，细化的地段、地块信息以及自身用地需求，向市、县国土资源管理部门提出用地申请。

5.2.4 在规定时间内，同一地块只有一个意向用地者的，市、县国土资源管理部门方可采取协议方式出让，但属于商业、旅游、娱乐和商品住宅等经营性用地除外。对不能确定是否符合协议出让范围的具体宗地，可由国有土地使用权出让协调决策机构集体认定。

5.3 编制协议出让方案

市、县国土资源管理部门应当会同规划等部门，依据国有土地使用权出让计划、城市规划和意向用地者申请的用地类型、规模等，编制国有土地使用权协议出让方案。

协议出让方案应当包括：拟出让地块的位置、四至、用途、面积、年限、土地使用条件、供地时间、供地方式等。

5.4 地价评估，确定底价

5.4.1 地价评估

市、县国土资源管理部门应当根据拟出让地块的条件和土地市场情况，按照《城镇土地估价规程》，组织对拟出让地块的正常土地市场价格进行评估。

地价评估由市、县国土资源管理部门或其所属事业单位组织进行，根据需要也可以委托具有土地估价资质的土地或不动产评估机构进行评估。

5.4.2 确定底价

市、县国土资源管理部门或国有土地使用权出让协调决策机构应当根据土地估价结果、产业政策和土地市场情况等，集体决策，综合确定协议出让底价。

协议出让底价不得低于拟出让地块所在区域的协议出让最低价。

出让底价确定后，在出让活动结束之前应当保密，任何单位和个人不得泄露。

5.5　协议出让方案、底价报批

市、县国土资源管理部门应当按规定将协议出让方案、底价报有批准权的人民政府批准。

5.6　协商，签订意向书

市、县国土资源管理部门依据经批准的协议出让方案和底价，与意向用地者就土地出让价格等进行充分协商、谈判。协商谈判时，国土资源管理部门参加谈判的代表应当不少于2人。

双方协商、谈判达成一致，并且议定的出让价格不低于底价的，市、县国土资源管理部门应当与意向用地者签订《国有土地使用权出让意向书》。

5.7　公示

5.7.1　《国有土地使用权出让意向书》签订后，市、县国土资源管理部门将意向出让地块的位置、用途、面积、出让年限、土地使用条件、意向用地者、拟出让价格等内容在当地土地有形市场等指定场所以及中国土地市场网进行公示，并注明意见反馈途径和方式。公示时间不得少于5日。

5.7.2　公示期间，有异议且经市、县国土资源管理部门审查发现确实存在违反法律法规行为的，协议出让程序终止。

5.8　签订出让合同，公布出让结果

公示期满，无异议或虽有异议但经市、县国土资源管理部门审查没有发现存在违反法律法规行为的，市、县国土资源管理部门应当按照《国有土地使用权出让意向书》约定，与意向用地者签订《国有土地使用权出让合同》。

《国有土地使用权出让合同》签订后7日内，市、县国土资源管理部门将协议出让结果通过中国土地市场网以及土地有形市场等指定场所向社会公布，接受社会监督。

公布出让结果应当包括土地位置、面积、用途、开发程度、土地级别、容积率、出让年限、供地方式、受让人、成交价格和成交时间等内容。

5.9　核发《建设用地批准书》，交付土地

市、县国土资源管理部门向受让人核发《建设用地批准书》，并按照《国有土地使用权出让合同》、《建设用地批准书》约定的时间和条件将出让土地交付给受让人。

5.10　办理土地登记

受让人按照《国有土地使用权出让合同》约定付清全部国有土地使用权出让金，依法申请办理土地登记手续，领取《国有土地使用证》，取得土地使用权。

5.11　资料归档

协议出让手续全部办结后，市、县国土资源管理部门应当对宗地出让过程中的出让信息公布、用地申请、审批、谈判、公示、签订合同等各环节相关资料、文件进行整理，并按规定归档。应归档的宗地出让资料包括：

（1）用地申请材料；

（2）宗地条件、宗地规划指标要求；

（3）宗地评估报告；

（4）宗地出让底价及集体决策记录；

（5）协议出让方案；

（6）出让方案批复文件；

（7）谈判记录；

（8）《协议出让意向书》；

（9）协议出让公示资料；

（10）《国有土地使用权出让合同》；

（11）协议出让结果公告资料；

（12）核发建设用地批准书与交付土地的相关资料；

（13）其他应归档的材料。

6 原划拨、承租土地使用权人申请办理协议出让

6.1 原划拨、承租土地使用权人申请办理协议出让的，分别按下列情形处理：

（1）不需要改变原土地用途等土地使用条件，且符合规划的，报经市、县人民政府批准后，可以采取协议出让手续；

（2）经规划管理部门同意可以改变土地用途等土地使用条件的，报经市、县人民政府批准，可以办理协议出让手续，但《国有土地划拨决定书》、《国有土地租赁合同》、法律、法规、行政规定等明确应当收回划拨土地使用权公开出让的除外。

6.2 申请与受理

6.2.1 原划拨、承租土地使用权拟申请办理出让手续的，应由原土地使用权人持下列有关材料，向市、县国土资源管理部门提出申请：

（1）申请书；

（2）《国有土地使用证》、《国有土地划拨决定书》或《国有土地租赁合同》；

（3）地上建筑物、构筑物及其他附着物的产权证明；

（4）原土地使用权人有效身份证明文件；

（5）改变用途的应当提交规划管理部门的批准文件；

（6）法律、法规、行政规定明确应提交的其他相关材料。

6.2.2 市、县国土资源管理部门接到申请后，应当对申请人提交的申请材料进行初审，决定是否受理。

6.3 审查，确定协议出让方案

6.3.1 审查

市、县国土资源管理部门受理申请后，应当依据相关规定对申请人提交的申请

材料进行审查，并就申请地块的土地用途等征询规划管理部门意见。经审查，申请地块用途符合规划，并且符合办理协议出让手续条件的，市、县国土资源管理部门应当组织地价评估，确定应缴纳的土地出让金额，拟订协议出让方案。

6.3.2　地价评估

市、县国土资源管理部门应当组织对申请地块的出让土地使用权市场价格和划拨土地使用权权益价格或承租土地使用权市场价格进行评估，估价基准期日为拟出让时点。改变土地用途等土地使用条件的，出让土地使用权价格应当按照新的土地使用条件评估。

6.3.3　核定出让金额，拟订出让方案

市、县国土资源管理部门或国有土地使用权出让协调决策机构应当根据土地估价结果、产业政策和土地市场情况等，集体决策、综合确定协议出让金额，并拟订协议出让方案。

6.3.3.1　申请人应缴纳土地使用权出让金额分别按下列公式核定：

（1）不改变用途等土地使用条件的

应缴纳的土地使用权出让金额 = 拟出让时的出让土地使用权市场价格 − 拟出让时的划拨土地使用权权益价格或承租土地使用权市场价格

（2）改变用途等土地使用条件的

应缴纳的土地使用权出让金额 = 拟出让时的新土地使用条件下出让土地使用权市场价格 − 拟出让时的原土地使用条件下划拨土地使用权权益价格或承租土地使用权市场价格。

6.3.3.2　协议出让方案应当包括：拟办理出让手续的地块位置、四至、用途、面积、年限、拟出让时间和应缴纳的出让金额等。

6.4　出让方案报批

市、县国土资源管理部门应当按照规定，将协议出让方案报市、县人民政府审批。

6.5　签订出让合同，公布出让结果

市、县人民政府批准后，国土资源管理部门应当按照批准的协议出让方案，依法收回原土地使用权人的《国有土地划拨决定书》或解除《国有土地租赁合同》，注销土地登记，收回原土地证书，并与申请人签订《国有土地使用权出让合同》。

《国有土地使用权出让合同》签订后，市、县国土资源管理部门应当按照5.8的规定公布协议出让结果。

6.6　办理土地登记

按5.10规定办理。

6.7　资料归档

协议出让手续全部办结后，市、县国土资源管理部门应当对宗地出让过程中的用地申请、审批、签订合同等各环节相关资料、文件进行整理，并按规定归档。应归档的宗地出让资料包括：

（1）申请人的申请材料；
（2）宗地条件及相关资料；
（3）土地评估资料；
（4）出让金额确定资料；
（5）协议出让方案；
（6）出让方案批复文件；
（7）《国有土地使用权出让合同》；
（8）协议出让公告资料；
（9）其他应归档的材料。

7 划拨土地使用权转让中的协议出让

7.1 划拨土地使用权申请转让，经市、县人民政府批准，可以由受让人办理协议出让，但《国有土地划拨决定书》、法律、法规、行政规定等明确应当收回划拨土地使用权重新公开出让的除外。

7.2 申请与受理

7.2.1 原土地使用权人应当持下列有关材料，向市、县国土资源管理部门提出划拨土地使用权转让申请：

（1）申请书；
（2）《国有土地使用证》、《国有土地划拨决定书》；
（3）地上建筑物、构筑物及其他附着物的产权证明；
（4）原土地使用权人有效身份证明文件；
（5）共有房地产，应提供共有人书面同意的意见；
（6）法律、法规、行政规定明确应提交的其他相关材料。

7.2.2 市、县国土资源管理部门接到申请后，应当对申请人提交的申请材料进行初审，决定是否受理。

7.3 审查，确定协议出让方案

7.3.1 审查

市、县国土资源管理部门受理申请后，应当依据相关规定对申请人提交的申请材料进行审查，并就申请地块的土地用途等征询规划管理部门意见。经审查，申请地块用途符合规划，并且符合办理协议出让手续条件的，市、县国土资源管理部门应当组织地价评估，确定应缴纳的土地出让金额，拟订协议出让方案。

7.3.2 地价评估

市、县国土资源管理部门应当组织对申请转让地块的出让土地使用权市场价格和划拨土地使用权权益价格进行评估，估价基准期日为拟出让时点。

7.3.3 核定出让金额，拟订出让方案

市、县国土资源管理部门或国有土地使用权出让协调决策机构应当根据土地估价结果、产业政策和土地市场情况等，集体决策、综合确定办理出让手续时应缴纳土地使用权出让金额，并拟订协议出让方案。

7.3.3.1　应缴纳土地使用权出让金额应当按下式核定：

（1）转让后不改变用途等土地使用条件的

应缴纳的土地使用权出让金额 = 拟出让时的出让土地使用权市场价格 - 拟出让时的划拨土地使用权权益价格。

（2）转让后改变用途等土地使用条件的

应缴纳的土地使用权出让金额 = 拟出让时的新土地使用条件下出让土地使用权市场价格 - 拟出让时的原土地使用条件下划拨土地使用权权益价格。

7.3.3.2　协议出让方案应当包括：拟办理出让手续的地块位置、四至、用途、面积、年限、土地使用条件、拟出让时间和出让时应缴纳的出让金额等。

7.4　出让方案报批

市、县国土资源管理部门应当按照规定，将协议出让方案报市、县人民政府审批。

7.5　公开交易

协议出让方案批准后，市、县国土资源管理部门应向申请人发出《划拨土地使用权准予转让通知书》。

《划拨土地使用权准予转让通知书》应当包括准予转让的标的、原土地使用权人、转让确定受让人的要求、受让人的权利、义务、应缴纳的土地出让金等。

取得《划拨土地使用权准予转让通知书》的申请人，应当将拟转让的土地使用权在土地有形市场等场所公开交易，确定受让人和成交价款。

7.6　签订出让合同，公布出让结果

通过公开交易确定受让方和成交价款后，转让人应当与受让人签订转让合同，约定双方的权利和义务，明确划拨土地使用权转让价款。

受让人应在达成交易后10日内，持转让合同、原《国有土地使用证》、《划拨土地使用权准予转让通知书》、转让方和受让方的身份证明材料等，向市、县国土资源管理部门申请办理土地出让手续。

市、县国土资源管理部门应当按照批准的协议出让方案、公开交易情况等，依法收回原土地使用权人的《国有土地划拨决定书》，注销土地登记，收回原土地证书，与受让方签订《国有土地使用权出让合同》。

市、县国土资源管理部门应当按照5.8有关规定公布协议出让结果。

7.7　办理土地登记

按5.10规定办理。

7.8　资料归档

出让手续办结后，市、县国土资源管理部门应当对宗地出让过程中的用地申请、审批、交易、签订合同等各环节相关资料、文件进行整理，并按规定归档。应归档的宗地出让资料包括：

(1) 申请人的申请材料；

(2) 宗地条件及相关资料；

(3) 土地评估资料；

(4) 出让金额确定资料；

(5) 协议出让方案；

(6) 出让方案批复文件；

(7)《划拨土地使用权准予转让通知书》等相关资料；

(8) 公开交易资料及转让合同等资料；

(9)《国有土地使用权出让合同》；

(10) 协议出让公告资料；

(11) 其他应归档的材料。

8 出让土地改变用途等土地使用条件的处理

出让土地申请改变用途等土地使用条件，经出让方和规划管理部门同意，原土地使用权人可以与市、县国土资源管理部门签订《国有土地使用权出让合同变更协议》或重新签订《国有土地使用权出让合同》，调整国有土地使用权出让金，但《国有土地使用权出让合同》、法律、法规、行政规定等明确应当收回土地使用权重新公开出让的除外。原土地使用权人应当按照国有土地使用权出让合同变更协议或重新签订的国有土地使用权出让合同约定，及时补缴土地使用权出让金额，并按规定办理土地登记。

调整国有土地使用权出让金额应当根据批准改变用途等土地使用条件时的土地市场价格水平，按下式确定：

应当补缴的土地出让金额 = 批准改变时的新土地使用条件下土地使用权市场价格 – 批准改变时原土地使用条件下剩余年期土地使用权市场价格。

附录：A 国有土地使用权出让意向书示范文本格式（略）

B 划拨土地使用权准予转让通知书示范文本格式（略）

国土资源部关于发布实施《全国工业用地出让最低价标准》的通知

（国土资发〔2006〕307号）

各省、自治区、直辖市国土资源厅（国土环境资源厅、国土资源局、国土资源和房屋管理局、房屋土地资源管理局），计划单列市国土资源行政主管部门，新疆生产建设兵团国土资源局：

为贯彻落实《国务院关于加强土地调控有关问题的通知》（国发〔2006〕31号）精神，加强对工业用地的调控和管理，促进土地节约集约利用，根据土地等级、区域土地利用政策等，部统一制订了《全国工业用地出让最低价标准》（以下简称《标准》，详见附件1），现予以发布。

一、本《标准》是市、县人民政府出让工业用地，确定土地使用权出让价格时必须执行的最低控制标准。

二、工业用地必须采用招标拍卖挂牌方式出让，其出让底价和成交价格均不得低于所在地土地等别（详见附件2）相对应的最低价标准。各地国土资源管理部门在办理土地出让手续时必须严格执行本《标准》，不得以土地取得来源不同、土地开发程度不同等各种理由对规定的最低价标准进行减价修正。

三、工业项目必须依法申请使用土地利用总体规划确定的城市建设用地范围内的国有建设用地。对少数地区确需使用土地利用总体规划确定的城市建设用地范围外的土地，且土地前期开发由土地使用者自行完成的工业项目用地，在确定土地出让价格时可按不低于所在地土地等别相对应最低价标准的60%执行。其中，对使用未列入耕地后备资源且尚未确定土地使用权人（或承包经营权人）的国有沙地、裸土地、裸岩石砾地的工业项目用地，在确定土地出让价格时可按不低于所在地土地等别相对应最低价标准的30%执行。对实行这类地价政策的工业项目用地，由省级国土资源管理部门报部备案。

四、对低于法定最高出让年期（50年）出让工业用地，或采取租赁方式供应工业用地的，所确定的出让价格和年租金按照一定的还原利率修正到法定最高出让年期的价格，均不得低于本《标准》。年期修正必须符合《城镇土地估价规程》（GB/T 18508—2001）的规定，还原利率不得低于同期中国人民银行公布的人民币五年期存款利率。

五、为切实保障被征地农民的长远生计，省级国土资源管理部门可根据本地征地补偿费用提高的实际，进一步提高本地的工业用地出让最低价标准；亦可根据本地产业发展政策，在不低于本《标准》的前提下，制定并公布不同行业、不同区域的工业用地出让最低价标准，及时报部备案。

六、本《标准》发布实施后，各省（区、市）要依据本《标准》，开展基准地价更新工作，及时调整工业用地基准地价。

七、各地国土资源管理部门要加强对工业用地出让的监督管理。低于最低价标准出让工业用地，或以各种形式给予补贴或返还的，属非法低价出让国有土地使用权的行为，要依法追究有关人员的法律责任。

八、本《标准》自2007年1月1日起实施。部将根据各地社会经济发展情况、宏观调控的需要以及《标准》的实施情况，适时进行修订。

附件：1. 全国工业用地出让最低价标准

2. 土地等别（略）

国土资源部

二〇〇六年十二月二十三日

附件1：

全国工业用地出让最低价标准

全国工业用地出让最低价标准

单位：元/平方米（土地）

土地等别	一等	二等	三等	四等	五等	六等	七等	八等
最低价标准	840	720	600	480	384	336	288	252
土地等别	九等	十等	十一等	十二等	十三等	十四等	十五等	
最低价标准	204	168	144	120	96	84	60	

国土资源部、财政部、中国人民解放军总后勤部关于加强军队空余土地转让管理有关问题的通知

（国土资发〔2007〕29号）

各省、自治区、直辖市国土资源厅（国土环境资源厅、国土资源局、国土资源和房屋管理局、房屋土地资源管理局）、财政厅（局），计划单列市国土资源行政主管部门、财政局；各军区联勤部，各兵种后勤部，总参三部、管理保障部，总政直工部，总装后勤部，军事科学院院务部，国防大学、国防科技大学校务部，总后所属直供单位：

为进一步加强军队空余土地转让管理，规范土地转让行为，严格执行经营性用地招标拍卖挂牌出让制度，根据国家土地管理法律政策规定和军队的有关规定，现就军队空余土地转让的有关问题通知如下：

一、严格控制军队空余土地的转让范围

军队土地是保障部队战备、训练、工作和生活的重要物质基础。军队空余土地应当首先满足军队单位的用地需求，凡是军队新上建设项目需要使用土地的，应当尽量从现有军队空余土地中调整解决。今后，转让军队空余土地，要按照总后勤部的有关规定，除整宗空余土地、部队部署调整搬迁后空出土地、军队售房区土地、独立坐落干休所土地，以及地方城市规划修建市政基础设施和公益性设施占用土地外，其他军队空余土地原则上不得转让。同时，军队空余土地转为民用之前，军队单位应当严格审查转让是否涉及军事安全、保密等问题，凡涉及军事安全、保密的，一律不得转让。

二、严格实行军队土地转让计划管理

转让军队空余土地，由军队土地使用单位提出申请，按程序报总后勤部批准后，纳入军队空余土地转让计划。军队空余土地在申请转让时，应当征求当地国土资源管理部门和城市规划管理部门的意见，符合土地利用总体规划和城市规划的，应当明确宗地转让后的土地用途、容积率等土地开发利用和规划设计条件。军队空余土地转让计划经总后勤部批准后，抄送有关省（自治区、直辖市）国土资源管理部门和土地所在地的市、县人民政府。市、县人民政府在编制年度土地供应计划时，应优先安排纳入军队空余土地转让计划的土地。未纳入军队空余土地转让计划和当地土地年度供应计划的土地，不得转让。

三、规范军队空余土地转让行为

经依法批准，可以依法转让的军队空余土地，其土地面积、用途、开发利用和规划设计条件、转让方式、交易结果等信息，在当地土地有形市场和中国土地市场网等相关媒体上公布。凡属于商业、旅游、娱乐、商品住宅和工业用途的，必须在当地统一的土地市场公开转让，按价高者得的原则，确定土地使用权人。

军队空余土地转让可采用以下三种模式：① 由当地政府收购储备，再由政府统一出让；② 直接在当地的土地有形市场公开转让，由军队与土地所在地的市、县人民政府国土资源管理部门协商一致后共同实施，招标拍卖挂牌的具体事务性工作可由当地国土资源管理部门承办；③ 由军队单位按照总后勤部的有关规定组织公开转让，确定受让人，市、县国土资源管理部门按规定与受让人签订《国有土地使用权出让合同》，按市场价格核定土地出让收益。具体采用哪种模式，由军队单位与土地所在地的市、县国土资源管理部门协商后，在申报军队空余土地转让计划时一并上报总后勤部审批。

军队空余土地转让项目应当上报总后勤部审批，未经总后勤部批准并确认许可的，各级国土资源管理部门不得办理有关手续。具体办法，由总后勤部另行制定。

四、加强军队空余土地转让后的监督管理

军队空余土地转让后不再属于军用土地，纳入地方职能部门的监督管理。土地用途、开发利用和规划设计条件应当作为军队空余土地转让的前置条件，并在转让文件和《国有土地使用权出让合同》中明确。用地者应当严格按照军队空余土地转让批准文件和《国有土地使用权出让合同》的约定开发利用土地，国土资源管理部门应当加强《国有土地使用权出让合同》管理。对于改变土地用途、容积率等土地使用条件的，应当严格按照《国有土地使用权出让合同》的约定，补交不同用途、容积率的土地价款差额或收回土地使用权重新公开出让。

五、规范军队空余土地转让收益分配和管理

军队空余土地由当地政府收购储备再统一出让的，由当地政府按照土地收购储备的有关规定，向军队支付土地补偿费、安置补助费、地上附着物补偿费、拆迁补偿费等相关费用。

军队空余土地由当地国土资源管理部门实行招标拍卖挂牌转让的，转让收入归军队所有。军队应当按照规定支付土地出让业务费等相关费用。土地出让业务费等相关费用，统一并入土地出让收入，全额缴入地方国库，纳入地方政府预算，实行“收支两条线”管理。

军队空余土地由军队自行组织公开转让的，转让收入归军队所有。受让人与当地国土资源管理部门签订国有土地出让合同时，应当按照规定缴纳土地过户中的有

关费用，并全额缴入地方国库，纳入地方政府预算，实行“收支两条线”管理。

军队所得的转让空余土地收入，专项用于部队营房建设，具体管理办法由财政部会同总后勤部另行制定。

各级国土资源管理部门、财政部门以及军队单位要切实做好政策衔接工作。本通知下发之前，已领取《军用土地补办出让手续许可证》的，可按原有规定办理，并在2007年6月30日前办理完毕。

国土资源部

财政部

中国人民解放军总后勤部

二〇〇七年一月三十一日

招标拍卖挂牌出让国有建设用地使用权规定

（2002 年 5 月 9 日国土资源部令第 11 号发布　2007 年 9 月 21 日国土资源部第三次部务会议修订）

第一条　为规范国有建设用地使用权出让行为，优化土地资源配置，建立公开、公平、公正的土地使用制度，根据《中华人民共和国物权法》、《中华人民共和国土地管理法》、《中华人民共和国城市房地产管理法》和《中华人民共和国土地管理法实施条例》，制定本规定。

第二条　在中华人民共和国境内以招标、拍卖或者挂牌出让方式在土地的地表、地上或者地下设立国有建设用地使用权的，适用本规定。

本规定所称招标出让国有建设用地使用权，是指市、县人民政府国土资源行政主管部门（以下简称出让人）发布招标公告，邀请特定或者不特定的自然人、法人和其他组织参加国有建设用地使用权投标，根据投标结果确定国有建设用地使用权人的行为。

本规定所称拍卖出让国有建设用地使用权，是指出让人发布拍卖公告，由竞买人在指定时间、地点进行公开竞价，根据出价结果确定国有建设用地使用权人的行为。

本规定所称挂牌出让国有建设用地使用权，是指出让人发布挂牌公告，按公告规定的期限将拟出让宗地的交易条件在指定的土地交易场所挂牌公布，接受竞买人的报价申请并更新挂牌价格，根据挂牌期限截止时的出价结果或者现场竞价结果确定国有建设用地使用权人的行为。

第三条　招标、拍卖或者挂牌出让国有建设用地使用权，应当遵循公开、公平、公正和诚信的原则。

第四条　工业、商业、旅游、娱乐和商品住宅等经营性用地以及同一宗地有两个以上意向用地者的，应当以招标、拍卖或者挂牌方式出让。

前款规定的工业用地包括仓储用地，但不包括采矿用地。

第五条　国有建设用地使用权招标、拍卖或者挂牌出让活动，应当有计划地进行。

市、县人民政府国土资源行政主管部门根据经济社会发展计划、产业政策、土地利用总体规划、土地利用年度计划、城市规划和土地市场状况，编制国有建设用地使用权出让年度计划，报经同级人民政府批准后，及时向社会公开发布。

第六条　市、县人民政府国土资源行政主管部门应当按照出让年度计划，会同城市规划等有关部门共同拟订拟招标拍卖挂牌出让地块的出让方案，报经市、县人民政府批准后，由市、县人民政府国土资源行政主管部门组织实施。

前款规定的出让方案应当包括出让地块的空间范围、用途、年限、出让方式、时间和其他条件等。

第七条　出让人应当根据招标拍卖挂牌出让地块的情况，编制招标拍卖挂牌出让文件。

招标拍卖挂牌出让文件应当包括出让公告、投标或者竞买须知、土地使用条件、标书或者竞买申请书、报价单、中标通知书或者成交确认书、国有建设用地使用权出让合同文本。

第八条　出让人应当至少在投标、拍卖或者挂牌开始日前20日，在土地有形市场或者指定的场所、媒介发布招标、拍卖或者挂牌公告，公布招标拍卖挂牌出让宗地的基本情况和招标拍卖挂牌的时间、地点。

第九条　招标拍卖挂牌公告应当包括下列内容：

（一）出让人的名称和地址；

（二）出让宗地的面积、界址、空间范围、现状、使用年期、用途、规划指标要求；

（三）投标人、竞买人的资格要求以及申请取得投标、竞买资格的办法；

（四）索取招标拍卖挂牌出让文件的时间、地点和方式；

（五）招标拍卖挂牌时间、地点、投标挂牌期限、投标和竞价方式等；

（六）确定中标人、竞得人的标准和方法；

（七）投标、竞买保证金；

（八）其他需要公告的事项。

第十条　市、县人民政府国土资源行政主管部门应当根据土地估价结果和政府产业政策综合确定标底或者底价。

标底或者底价不得低于国家规定的最低价标准。

确定招标标底，拍卖和挂牌的起叫价、起始价、底价，投标、竞买保证金，应当实行集体决策。

招标标底和拍卖挂牌的底价，在招标开标前和拍卖挂牌出让活动结束之前应当保密。

第十一条　中华人民共和国境内外的自然人、法人和其他组织，除法律、法规另有规定外，均可申请参加国有建设用地使用权招标拍卖挂牌出让活动。

出让人在招标拍卖挂牌出让公告中不得设定影响公平、公正竞争的限制条件。挂牌出让的，出让公告中规定的申请截止时间，应当为挂牌出让结束日前2天。对符合招标拍卖挂牌公告规定条件的申请人，出让人应当通知其参加招标拍卖挂牌活动。

第十二条　市、县人民政府国土资源行政主管部门应当为投标人、竞买人查询拟出让土地的有关情况提供便利。

第十三条 投标、开标依照下列程序进行：

（一）投标人在投标截止时间前将标书投入标箱。招标公告允许邮寄标书的，投标人可以邮寄，但出让人在投标截止时间前收到的方为有效。

标书投入标箱后，不可撤回。投标人应当对标书和有关书面承诺承担责任。

（二）出让人按照招标公告规定的时间、地点开标，邀请所有投标人参加。由投标人或者其推选的代表检查标箱的密封情况，当众开启标箱，点算标书。投标人少于三人的，出让人应当终止招标活动。投标人不少于三人的，应当逐一宣布投标人名称、投标价格和投标文件的主要内容。

（三）评标小组进行评标。评标小组由出让人代表、有关专家组成，成员人数为五人以上的单数。

评标小组可以要求投标人对投标文件作出必要的澄清或者说明，但是澄清或者说明不得超出投标文件的范围或者改变投标文件的实质性内容。

评标小组应当按照招标文件确定的评标标准和方法，对投标文件进行评审。

（四）招标人根据评标结果，确定中标人。

按照价高者得的原则确定中标人的，可以不成立评标小组，由招标主持人根据开标结果，确定中标人。

第十四条 对能够最大限度地满足招标文件中规定的各项综合评价标准，或者能够满足招标文件的实质性要求且价格最高的投标人，应当确定为中标人。

第十五条 拍卖会依照下列程序进行：

（一）主持人点算竞买人；

（二）主持人介绍拍卖宗地的面积、界址、空间范围、现状、用途、使用年期、规划指标要求、开工和竣工时间以及其他有关事项；

（三）主持人宣布起叫价和增价规则及增价幅度。没有底价的，应当明确提示；

（四）主持人报出起叫价；

（五）竞买人举牌应价或者报价；

（六）主持人确认该应价或者报价后继续竞价；

（七）主持人连续三次宣布同一应价或者报价而没有再应价或者报价的，主持人落槌表示拍卖成交；

（八）主持人宣布最高应价或者报价者为竞得人。

第十六条 竞买人的最高应价或者报价未达到底价时，主持人应当终止拍卖。

拍卖主持人在拍卖中可以根据竞买人竞价情况调整拍卖增价幅度。

第十七条 挂牌依照以下程序进行：

（一）在挂牌公告规定的挂牌起始日，出让人将挂牌宗地的面积、界址、空间范围、现状、用途、使用年期、规划指标要求、开工时间和竣工时间、起始价、增价规则及增价幅度等，在挂牌公告规定的土地交易场所挂牌公布；

（二）符合条件的竞买人填写报价单报价；

（三）挂牌主持人确认该报价后，更新显示挂牌价格；

（四）挂牌主持人在挂牌公告规定的挂牌截止时间确定竞得人。

第十八条 挂牌时间不得少于10日。挂牌期间可根据竞买人竞价情况调整增价幅度。

第十九条 挂牌截止应当由挂牌主持人主持确定。挂牌期限届满，挂牌主持人现场宣布最高报价及其报价者，并询问竞买人是否愿意继续竞价。有竞买人表示愿意继续竞价的，挂牌出让转入现场竞价，通过现场竞价确定竞得人。挂牌主持人连续三次报出最高挂牌价格，没有竞买人表示愿意继续竞价的，按照下列规定确定是否成交：

（一）在挂牌期限内只有一个竞买人报价，且报价不低于底价，并符合其他条件的，挂牌成交；

（二）在挂牌期限内有两个或者两个以上的竞买人报价的，出价最高者为竞得人；报价相同的，先提交报价单者为竞得人，但报价低于底价者除外；

（三）在挂牌期限内无应价者或者竞买人的报价均低于底价或者均不符合其他条件的，挂牌不成交。

第二十条 以招标、拍卖或者挂牌方式确定中标人、竞得人后，中标人、竞得人支付的投标、竞买保证金，转作受让地块的定金。出让人应当向中标人发出中标通知书或者与竞得人签订成交确认书。

中标通知书或者成交确认书应当包括出让人和中标人或者竞得人的名称，出让标的，成交时间、地点、价款以及签订国有建设用地使用权出让合同的时间、地点等内容。

中标通知书或者成交确认书对出让人和中标人或者竞得人具有法律效力。出让人改变竞得结果，或者中标人、竞得人放弃中标宗地、竞得宗地的，应当依法承担责任。

第二十一条 中标人、竞得人应当按照中标通知书或者成交确认书约定的时间，与出让人签订国有建设用地使用权出让合同。中标人、竞得人支付的投标、竞买保证金抵作土地出让价款；其他投标人、竞买人支付的投标、竞买保证金，出让人必须在招标拍卖挂牌活动结束后5个工作日内予以退还，不计利息。

第二十二条 招标拍卖挂牌活动结束后，出让人应在10个工作日内将招标拍卖挂牌出让结果在土地有形市场或者指定的场所、媒介公布。

出让人公布出让结果，不得向受让人收取费用。

第二十三条 受让人依照国有建设用地使用权出让合同的约定付清全部土地出让价款后，方可申请办理土地登记，领取国有建设用地使用权证书。

未按出让合同约定缴清全部土地出让价款的，不得发放国有建设用地使用权证书，也不得按出让价款缴纳比例分割发放国有建设用地使用权证书。

第二十四条 应当以招标拍卖挂牌方式出让国有建设用地使用权而擅自采用协议方式出让的，对直接负责的主管人员和其他直接责任人员依法给予处分；构成犯罪的，依法追究刑事责任。

第二十五条 中标人、竞得人有下列行为之一的，中标、竞得结果无效；造成损失的，应当依法承担赔偿责任：

（一）提供虚假文件隐瞒事实的；

（二）采取行贿、恶意串通等非法手段中标或者竞得的。

第二十六条 国土资源行政主管部门的工作人员在招标拍卖挂牌出让活动中玩忽职守、滥用职权、徇私舞弊的，依法给予处分；构成犯罪的，依法追究刑事责任。

第二十七条 以招标拍卖挂牌方式租赁国有建设用地使用权的，参照本规定执行。

第二十八条 本规定自2007年11月1日起施行。

国土资源部关于调整工业用地出让最低价标准实施政策的通知

（国土资发〔2009〕56号）

各省、自治区、直辖市国土资源厅（国土环境资源厅、国土资源局、国土资源和房屋管理局、规划和国土资源管理局），新疆生产建设兵团国土资源局，各派驻地方的国家土地督察局：

针对当前经济形势和土地市场运行变化情况，为进一步落实党中央、国务院关于扩大内需促进经济平稳较快发展的重大决策，更好地履行部门职责，充分发挥地价政策在宏观调控中的作用，部决定对《全国工业用地出让最低价标准》（以下简称《标准》）实施政策进行适当调整。现就有关问题通知如下：

一、市县国土资源管理部门在工业用地出让前应当按照《城镇土地估价规程》（GB/T 18508—2001）进行评估，根据土地估价结果、土地供应政策和最低价标准等集体决策、综合确定出让底价。

二、对各省（区、市）确定的优先发展产业且用地集约的工业项目，在确定土地出让底价时可按不低于所在地土地等别相对应《标准》的70%执行。优先发展产业是指各省（区、市）依据国家《产业结构调整指导目录》制订的本地产业发展规划中优先发展的产业。用地集约是指项目建设用地容积率和建筑系数超过《关于发布和实施〈工业项目建设用地控制指标〉的通知》（国土资发〔2008〕24号）所规定标准40%以上、投资强度增加10%以上。

三、以农、林、牧、渔业产品初加工为主的工业项目，在确定土地出让底价时可按不低于所在地土地等别相对应《标准》的70%执行。农、林、牧、渔业产品初加工工业项目是指在产地对农、林、牧、渔业产品直接进行初次加工的项目，具体由各省（区、市）在《国民经济行业分类》（GB/T 4754—2002）第13、14、15、17、18、19、20大类范围内按小类认定。

四、对中西部地区确需使用土地利用总体规划确定的城镇建设用地范围外的国有未利用地，且土地前期开发由土地使用者自行完成的工业项目用地，在确定土地出让价格时可按不低于所在地土地等别相对应《标准》的15%执行。使用土地利用总体规划确定的城镇建设用地范围内的国有未利用地，可按不低于所在地土地等别相对应《标准》的50%执行。国有未利用地包括《土地利用现状分类》（GB/T 21010—2007）中未列入耕地后备资源的盐碱地、沼泽地、沙地、裸地。

五、工业项目按照本通知第二、三、四条规定拟定的出让底价低于该项目实际土地取得成本、土地前期开发成本和按规定应收取的相关费用之和的，应按不低于实际各项成本费用之和的原则确定出让底价。

六、省级国土资源管理部门要根据本地实际尽快制定公布本省（区、市）的工业用地出让最低价标准，对个别县、市（区）基准地价末级地的平均土地取得成本、土地前期开发成本和按规定收取的相关费用之和确实低于《标准》的，由省级国土资源管理部门根据本省（区、市）县级行政单元总数，按照总数小于50的不超过5%，其他不超过3%的原则，控制拟调整县、市（区）的数量，统筹组织测算、论证和平衡，提出明确意见并于2009年6月30日前报部备案后，可以按当地实际执行最低价标准。各省（区、市）确定的优先发展产业目录与按行业分类小类认定的农、林、牧、渔业产品初加工项目目录需一并报部备案。逾期未备案的按《标准》执行。

七、各地国土资源管理部门要加强对工业用地出让的监督管理，通过土地市场动态监测与监管系统，及时掌握出让价格等土地供应信息。对违反最低价标准相关实施政策、低于标准出让工业用地的，要依法追究有关人员的法律责任。

国土资源部

二〇〇九年五月十一日

国土资源部、监察部关于进一步落实工业用地出让制度的通知

（国土资发〔2009〕101号）

各省、自治区、直辖市国土资源厅（国土环境资源厅、国土资源局、国土资源和房屋管理局、规划和国土资源管理局）、监察厅（局），副省级城市国土资源行政主管部门、监察局，新疆生产建设兵团国土资源局、监察局，各派驻地方的国家土地督察局：

针对当前国内经济形势和工业用地供应中存在的突出问题，为落实党中央、国务院关于保增长、扩内需、促进经济平稳较快发展的重大决策，更大程度地发挥土地政策调控作用，现就进一步完善工业用地出让制度通知如下。

一、明确政策，合理选择工业用地招标拍卖挂牌出让方式

工业项目行业门类多，对产业政策、环保标准、产业布局结构和生产技术水平要求高。各地要在坚持工业用地招标拍卖挂牌出让制度的基础上，充分考虑工业用地的特点，合理选择出让方式，进一步细化政策措施。

（一）各地要严格执行工业用地招标拍卖挂牌制度，凡属于农用地转用和土地征收审批后由政府供应的工业用地，政府收回、收购国有土地使用权后重新供应的工业用地，必须采取招标拍卖挂牌方式公开确定土地价格和土地使用权人。

（二）各市、县国土资源行政主管部门应当依据年度土地利用计划、国家产业政策、土地供应政策、本地区社会经济发展目标、土地市场状况和土地供应潜力等，科学编制土地出让计划，明确工业用地的供应规模、功能布局和供应时序，经批准的出让计划要及时向社会公布。各地要支持中小企业发展，在土地出让计划中要安排一定比例的土地用于中小企业开发利用，特别是建设多层标准厂房。

（三）为充分了解工业用地需求，合理安排出让进度和出让规模，各地要大力推进工业用地预申请制度，加快制定工业用地预申请政策措施和操作程序。对列入市、县土地出让计划的工业用地，要及时将具备出让条件地块的位置、面积、产业要求、使用年限、土地使用条件（功能分区）等信息向社会发布，接受用地申请。单位和个人对拟出让的地块有使用意向，所承诺支付的土地价格和土地使用条件符合规定的，市、县国土资源行政主管部门应适时组织挂牌或拍卖出让活动。

（四）各地在工业用地出让中，应依据供地政策、土地用途、规划限制等具体因素，选择适宜的出让方式。对具有综合目标或特定社会、公益建设条件，土地用途

受严格限制、仅有少数单位或个人可能有受让意向的工业用地，可以采取招标方式，按照综合条件最佳者得的原则确定受让人。也可以设定专项条件，采取挂牌、拍卖方式，按照价高者得的原则确定受让人。采用上述方式出让工业用地的，必须严格审核把关，在签订出让合同前必须按规定时间将供地审批结果向社会公示，公示时间不少于10个工作日；供地后必须加强监管，改变用地条件的，要收回土地，追究责任。

（五）分期建设的工业项目，市、县国土资源行政主管部门可以通过竞单位面积地价的方式确定招标拍卖挂牌竞得人（中标人），一次签订国有土地使用权出让合同，支付土地出让价款，再按照土地使用标准分期供地。自出让合同签订之日起两年内，办理完供地手续。分期建设的工业项目，不得改变土地用途，不得兴建职工住房。改变土地用途用于商业、旅游、娱乐、商品住宅等经营性用途的，一律收回土地使用权重新招标拍卖挂牌出让。

二、严格限定协议范围，规范工业用地协议出让

各地要规范执行《招标拍卖挂牌出让国有建设用地使用权规定》（国土资源部令第39号）和《招标拍卖挂牌出让国有土地使用权规范》（国土资发〔2006〕114号），严格落实工业用地招标拍卖挂牌出让制度。依法不属于招标拍卖挂牌出让范围的工业用地，方可按照《协议出让国有土地使用权规范》（国土资发〔2006〕114号）规定的程序，办理协议出让。

（一）由于城市规划调整、经济形势发生变化、企业转型等原因，土地使用权人已依法取得的国有划拨工业用地补办出让、国有承租工业用地补办出让，符合规划并经依法批准，可以采取协议方式。

（二）政府实施城市规划进行旧城区改建，需要搬迁的工业项目符合国家产业政策的，经市、县国土资源行政主管部门审核并报市、县人民政府批准，收回原国有土地使用权，以协议出让或租赁方式为原土地使用权人重新安排工业用地。拟安置的工业项目用地应符合土地利用总体规划布局和城市规划功能分区要求，尽可能在确定的工业集中区安排工业用地。

（三）采矿、采石、采砂、盐田等地面生产和尾矿堆放用地，鼓励采取租赁，也可协议方式出让。各地可在不高于法律规定的工业用地最高出让年限内，结合探矿权、采矿权出让年限，灵活确定采矿用地租赁和出让年限。

三、明确约定工业用地出让各方的权利义务，加强合同履约管理

（一）工业用地出让合同中要明确约定土地的交付时间、建设项目的开竣工时间。出让方应按照合同约定及时提供土地，督促用地者按期开工建设。受让人因非主观原因未按期开工、竣工的，应提前30日向出让人提出延建申请，经出让人同意，项目开竣工延期不得超过一年。

（二）工业用地出让期限内，受让人在符合规划、不改变土地用途的前提下增加容积率的，经核准，不再增收土地价款；需要改变土地用途的，必须取得出让人和市、县人民政府城市规划行政主管部门的同意，与出让人签订出让合同变更协议或者重新签订出让合同，由受让人按照批准改变时新土地使用条件下土地使用权市场价格与批准改变时原土地使用条件下剩余年期土地使用权市场价格的差额补缴出让金。出让合同或法律、法规、行政规定等明确改变土地用途应收回土地的，应当收回土地使用权，以招标拍卖挂牌方式重新出让。

四、强化执法监察，严格执行工业用地出让制度

（一）省级国土资源行政主管部门要继续严格落实《物权法》、《国务院关于加强土地调控有关问题的通知》（国发〔2006〕31号）和《国土资源部监察部关于落实工业用地招标拍卖挂牌出让制度有关问题的通知》（国土资发〔2007〕78号）等法律政策，结合当前经济形势和土地市场供求状况，积极研究解决本地区工业用地出让中的新情况、新问题，及时总结推广工业用地出让中的好做法、好经验，加大政策指导力度。省级监察机关要把对落实工业用地出让制度的监督检查作为一项日常工作，定期作出安排部署并组织实施，保证执法监察工作的效果。

（二）各级监察机关、国土资源行政主管部门要认真履行职责，严肃查处工业用地出让和转让中的违纪违法案件。对于应当采取出让而采用划拨方式或者应当招标拍卖挂牌出让而协议出让工业用地的；对低于国家规定的工业用地出让最低价标准出让工业用地的；对工业用地出让合同签订后，擅自批准调整土地用途的；对不符合转让条件违规转让工业用地的；对不按规定及时准确地在中国土地市场网和指定的场所、媒介发布工业用地出让公告和出让结果等信息的违法违规行为，要认真纠正和查处。特别对领导干部以任何形式违反规定干预和插手工业用地招标拍卖挂牌出让的，要坚决予以查处。对领导干部在工业用地出让中违规违法造成重大损失或恶劣影响的，要实行问责。对于一些地方以扩大内需、促进经济增长为名在工业用地出让中违反供地政策、用地标准和国家产业政策，搭车用地、借机圈地的，要严肃处理。

地方各级国土资源行政主管部门、监察机关要结合工程建设领域突出问题专项治理工作，按照本《通知》要求，密切配合，认真做好工业用地出让工作，健全完善工业用地出让制度。监察部、国土资源部将根据各地的工作情况，适时组织联合检查。

国土资源部
监察部
二〇〇九年八月十日

国土资源部关于严格建设用地管理促进批而未用土地利用的通知

（国土资发〔2009〕106号）

各省、自治区、直辖市国土资源厅（国土环境资源厅、国土资源局、国土资源和房屋管理局、规划和国土资源管理局），新疆生产建设兵团国土资源局，各派驻地方的国家土地督察局：

为促进城市新增建设用地及时有效供应并得到充分利用，进一步加强建设用地管理，依法纠正和遏制违法违规使用农村集体土地等行为，现就有关工作事宜通知如下：

一、加快城市建设用地审批和土地征收实施

各级国土资源管理部门要切实增强主动工作意识，提高工作效率，积极采取有效措施，对国务院批准的2007年、2008年度城市建设用地，凡未上报或审核同意实施方案的，省级国土资源管理部门要督促城市人民政府尽快编制和上报实施方案，并尽快向省（区、市）人民政府汇报，在9月底前完成审核工作。

省级国土资源管理部门要加强对地方的指导，督促各地加快征地实施工作进度，确保已批准的城市建设用地能够及时形成供地条件，保障扩内需、保增长、调结构用地的供应。

省级国土资源管理部门要加强对城市建设用地批后实施的跟踪管理和督促。国务院批准的城市建设用地，自省级人民政府审核同意实施方案后满两年未实施具体征地或用地行为的，该部分土地的农用地转用失效，并应以适当方式予以公告。

二、切实抓好批而未征土地的处理

各地要按照《关于在保增长保红线行动中加快处理批而未用土地等工作的通知》（国土资电发〔2009〕44号）的部署，在全面清理、摸清底数的基础上，及时制订批而未征、征而未供、供而未用、用而未尽土地的处理意见和整改方案，并认真抓好落实。省级国土资源管理部门要加强对城市建设用地批后实施情况的调查研究，帮助市、县协调解决工作中的困难和问题。

允许在一定条件下适当调整建设用地区位。国务院批准的2007年、2008年度城市建设用地，至今未实施征地，但各种原因确需对原批准的建设用地区位进行调整的，且拟调整用地在符合土地利用总体规划和城市规划、不突破国务院批准的城市

总用地和新增建设用地规模、“三类住房”等民生用地面积不减少的条件下，允许适当调整。城市人民政府应在申报实施方案时连同调整方案一并报省级人民政府审核。城市人民政府申报调整方案时应明确拟调整土地的具体位置、图幅图斑号、地类、面积等情况。凡涉及区位调整的，经省级人民政府批准后，应及时将相关批准文件报部备案，并抄送派驻地方的国家土地督察局。省级人民政府审批的城市建设用地满足上述条件的，可参照执行。

三、进一步规范和加强建设项目用地管理

规范城市基础设施等用地的供地手续。城市公共道路、公共绿地、公共污水雨水排放管线、公共休憩广场等基础设施、公用设施用地等，凡以建设项目运作实施的，必须严格依法办理供地手续，颁发《建设用地批准书》和《国有建设用地划拨决定书》，及时通过电子备案系统进行备案；对用地主体不明确，且已实际使用土地进行开发建设的，可视为已供地予以备案，待竣工后通过土地变更进行登记，用地主体确定为城市人民政府。

完善工业用地出让备案制度。对以招标拍卖挂牌方式确定使用权的工业项目用地，可在签订《成交确认书》后通过电子备案系统进行预备案，待正式签订《国有建设用地出让合同》后再规范填报供地备案；若后期因未取得其他相关部门批准手续而放弃土地使用权的，应及时在电子备案系统中注销预备案。

采取切实措施促进建设用地的有效利用。对已完成土地征收和前期土地开发，原意向项目不落实的，应及时调整给其他用地者。对因城市规划调整造成已供地项目不能落地的，应允许用地者报经批准后改变土地具体用途，或者通过协商调整安排给其他符合规划的项目，但应依法办理相关供地手续。对取得土地后满 2 年未动工的建设项目用地，应依照闲置土地的处置政策依法处置，促进尽快利用。

四、坚决查处违法批地和用地行为

各级国土资源管理部门要继续加大土地执法工作力度。当前，要围绕保增长、保民生、保稳定和社会关注的热点问题，切实抓好违法用地案件的查处。

加强土地执法监察。要通过进一步建立健全动态巡查、举报等制度，对苗头性、倾向性问题早发现、早制止、早处置，及时纠正和查处以预审代审批、通过办理临时用地方式变相开工建设等未批先用、批而不用、批少占多等违法违规用地行为。

严肃查处违反土地管理法律法规新建“小产权房”和高尔夫球场项目用地。必须严格按照《土地管理法》和《关于严格执行有关农村集体建设用地法律和政策的通知》(国办发〔2007〕71 号）的规定执行。对在建在售的以新农村建设、村庄改造、农民新居建设和设施农业、观光农业等名义占用农村集体土地兴建商品住宅，在地方政府统一组织协调下，必须采取强力措施，坚决叫停管住并予以严肃查处。

五、加强建设用地批后监管

健全建设用地动态监管制度。加快运行建设用地“批、供、用、补、查”综合监管平台，重点对土地利用规划和计划执行、土地审批及土地征收、土地供应、项目用地开发利用等情况进行动态监管，切实预防和防止未批即用、批而未征、征而未供、供而未用等现象的发生。省级国土资源管理部门要认真做好建设用地审批备案工作，适时掌握国务院批准城市用地的农用地转用、土地征收方案实施情况和省级人民政府审批建设用地情况。市、县国土资源管理部门要全面运行土地市场动态监测与监管系统。建设用地供应，必须通过系统填报并由系统生成配电子编号和条形码的《国有建设用地出让合同》、《国有建设用地划拨决定书》，并对执行情况实施全程监管，及时向社会公开供地计划、供应结果和实际开发利用情况动态信息。

各派驻地方的国家土地督察局要加强对建设用地审批事项的督察，将城市建设用地批后实施作为督察重点，特别是对调整用地区位的建设用地要加大抽查力度。把违法违规使用农村集体土地建设纳入专项督察范围，对问题严重地区发出整改意见，督促地方政府纠正整改。

国土资源部

二〇〇九年八月十一日

国土资源部办公厅
关于出让土地改变用途有关问题的复函

（国土资厅函〔2010〕104 号）

湖南省国土资源厅：

《关于出让土地使用权改变土地用途如何办理相关手续的请示》（湘国土资〔2010〕3 号）收悉。经研究，函复如下：

根据《土地管理法》、《城市房地产管理法》和《协议出让国有土地使用权规范》（国土资发〔2006〕114 号）等法律政策规定，出让土地改变土地用途，经出让方和规划管理部门同意，原土地使用权人可以与市、县国土资源管理部门签订变更协议或重新签订出让合同，相应调整土地出让金。原土地使用权人应当按照变更协议或重新签订的出让合同约定，及时补缴出让金，办理土地登记。但出让合同、法律、法规、行政规定等明确必须收回土地使用权重新公开出让的，不得办理协议出让手续。

国土资源部办公厅

二〇一〇年二月二日

国土资源部关于进一步完善农村宅基地管理制度切实维护农民权益的通知

（国土资发〔2010〕28号）

各省、自治区、直辖市国土资源厅（国土环境资源厅、国土资源局、国土资源和房屋管理局、规划和国土资源管理局），副省级城市国土资源行政主管部门，各派驻地方的国家土地督察局：

规范农村宅基地管理，对于统筹城乡发展，促进节约集约用地，维护农民的合法权益，推进社会主义新农村建设，保持农村社会稳定和经济可持续发展具有重要意义。为贯彻落实中央有关要求，现就进一步完善农村宅基地管理制度，切实维护农民权益的有关问题通知如下：

一、加强规划计划控制引导，合理确定村庄宅基地用地布局规模

（一）加强农村住宅建设用地规划计划控制。根据新农村建设的需要，省级国土资源行政管理部门要统筹安排并指导市、县国土资源行政管理部门，结合新一轮乡（镇）土地利用总体规划修编，组织编制村土地利用规划，报县级人民政府审批。在县级土地利用总体规划确定的城镇建设扩展边界内的村土地利用规划，要与城镇规划相衔接，合理划定农民住宅建设用地范围；在土地利用总体规划确定的城镇建设扩展边界外的村庄，县级国土资源管理部门要在摸清宅基地利用现状和用地需求的基础上，以乡（镇）土地利用总体规划和村土地利用规划为控制，组织编制村庄宅基地现状图、住宅建设用地规划图和宅基地需求预测十年计划表（即“两图一表”），制定完善宅基地申请审批制度，张榜公布，指导农民住宅建设按规划、有计划、规范有序进行。

（二）科学确定农村居民点用地布局和规模。市、县在新一轮土地利用总体规划修编中，要按照城乡一体化的要求，结合城镇规划，合理确定土地利用总体规划划定的城镇建设扩展边界内的城郊、近郊农村居民点用地布局，严格控制建设用地规模，防止出现新的“城中村”。对土地利用总体规划确定的城镇建设扩展边界外的村庄，要结合县域镇村体系规划、新农村发展规划和产业规划，在乡（镇）土地利用总体规划中合理确定保留、调整和重点发展的农村居民点用地，统筹农村公益事业、基础设施、生活、生态、生产用地需求，合理确定中心村和新村建设用地规模，指导农民住宅和村庄建设按规划有序进行。

（三）改进农村宅基地用地计划管理方式。新增农村宅基地建设用地应纳入土地

利用年度计划，各地在下达年度土地利用计划指标时应优先安排农村宅基地用地计划指标，切实保障农民住宅建设合理用地需求。占用耕地的，必须依法落实占补平衡。农村建设用地计划指标应结合农村居民点布局和结构调整，重点用于小城镇和中心村建设，控制自然村落无序扩张。

二、严格标准和规范，完善宅基地管理制度

（四）严格宅基地面积标准。宅基地是指农民依法取得的用于建造住宅及其生活附属设施的集体建设用地，“一户一宅”是指农村居民一户只能申请一处符合规定面积标准的宅基地。各地要结合本地资源状况，按照节约集约用地的原则，严格确定宅基地面积标准。要充分发挥村自治组织依法管理宅基地的职能。加强对农村宅基地申请利用的监管。农民新申请的宅基地面积，必须控制在规定的标准内。

（五）合理分配宅基地。土地利用总体规划确定的城镇建设扩展边界内的城郊、近郊农村居民点用地，原则上不再进行单宗分散的宅基地分配，鼓励集中建设农民新居。土地利用总体规划确定的城镇建设扩展边界外的村庄，要严格执行一户只能申请一处符合规定面积标准的宅基地的政策。经济条件较好、土地资源供求矛盾突出的地方，允许村自治组织对新申请宅基地的住户开展宅基地有偿使用试点。试点方案由村自治组织通过村民会议讨论提出，经市、县国土资源管理部门审核报省级国土资源管理部门批准实施，接受监督管理。

（六）规范宅基地审批程序。各地要根据实施土地利用总体规划和规范农民建房用地的需要，按照公开高效、便民利民的原则，规范宅基地审批程序。在土地利用总体规划确定的城镇建设扩展边界内，县（市）要统筹安排村民住宅建设用地。在土地利用总体规划确定的城镇建设扩展边界外，已经编制完成村土地利用规划和宅基地需求预测十年计划表的村庄，可适当简化审批手续。使用村内原有建设用地的，由村申报、乡（镇）审核，批次报县（市）批准后，由乡（镇）国土资源所逐宗落实到户；占用农用地的，县（市）人民政府于每年年初一次性向省、自治区、直辖市人民政府或省级人民政府授权的设区的市、自治州申请办理农用地转用审批手续，经依法批准后，由乡（镇）国土资源所逐宗落实到户，落实情况按年度向省（区、市）国土资源管理部门备案。

宅基地审批应坚持实施“三到场”。接到宅基地用地申请后，乡（镇）国土资源所或县（市）国土资源管理部门要组织人员到实地审查申请人是否符合条件、拟用地是否符合规划和地类等。宅基地经依法批准后，要到实地丈量批放宅基地，明确建设时间并受理农民宅基地登记申请。村民住宅建成后，要到实地检查是否按照批准的面积和要求使用土地，符合规定的方可办理土地登记，发放集体建设用地使用权证。

（七）依法维护农民宅基地的取得权。农民申请宅基地的，乡（镇）、村应及时进行受理审查，对符合申请条件，且经公示无异议的，应及时按程序上报。县（市）

人民政府对符合宅基地申请条件的，必须在规定时间内批准，不得拖延和拒绝。各地县（市）人民政府要建立健全农民宅基地申报、审批操作规范，并根据本地区季节性特点和农民住宅建设实际，明确宅基地申请条件和各环节办理时限要求，向社会公开，接受社会监督，切实维护农民依法取得宅基地的正当权益。

（八）加强农村宅基地确权登记发证和档案管理工作。各地要按照相关规定，依法加快宅基地确权登记发证，妥善处理宅基地争议。要摸清宅基地底数，掌握宅基地使用现状，并登记造册，建立健全宅基地档案及管理制度，做到变更一宗，登记一宗。要积极建立农村宅基地动态管理信息系统，实现宅基地申请、审批、利用、查处信息上下连通、动态管理、公开查询。

三、探索宅基地管理的新机制，落实最严格的节约用地制度

（九）严控总量盘活存量。要在保障农民住房建设用地基础上，严格控制农村居民点用地总量，统筹安排各类建设用地。农民新建住宅应优先利用村内空闲地、闲置宅基地和未利用地，凡村内有空闲宅基地未利用的，不得批准新增建设用地。鼓励通过改造原有住宅，解决新增住房用地。各地要根据地方实际情况制定节约挖潜、盘活利用的具体政策措施。

（十）逐步引导农民居住适度集中。有条件的地方可根据土地利用规划、城乡一体化的城镇建设发展规划，结合新农村建设，本着量力而行、方便生产、改善生活的原则，因地制宜、按规划、有步骤地推进农村居民点撤并整合和小城镇、中心村建设，引导农民居住建房逐步向规划的居民点自愿、量力、有序的集中。对因撤并需新建或改扩建的小城镇和中心村，要加大用地计划、资金的支持。对近期规划撤并的村庄，不再批准新建、改建和扩建住宅，应向规划的居民点集中。

（十一）因地制宜地推进“空心村”治理和旧村改造。各地要结合新农村建设，本着提高村庄建设用地利用效率、改善农民生产生活条件和维护农民合法权益的原则，指导有条件的地方积极稳妥地开展“空心村”治理和旧村改造，完善基础设施和公共设施。对治理改造中涉及宅基地重划的，要按照新的规划，统一宅基地面积标准。对村庄内现有各类建设用地进行调整置换的，应对土地、房屋价格进行评估，在现状建设用地边界范围内进行；在留足村民必需的居住用地（宅基地）前提下，其他土地可依法用于发展二、三产业，但不得用于商品住宅开发。

四、加强监管，建立宅基地使用和管理新秩序

（十二）建立宅基地管理动态巡查和责任追究制度。县（市）、乡（镇）国土资源管理部门要建立健全农村宅基地管理动态巡查制度，切实做到对宅基地违法违规行为早发现、早制止、早报告、早查处。县市国土资源执法监察机构和乡镇国土资源所是农村宅基地动态巡查工作的实施主体，对动态巡查负直接责任。建立动态巡查责任追究制度，对巡查工作不到位、报告不及时、制止不得力的要追究有关责任

人的责任。

（十三）建立共同责任机制。市县、乡镇国土资源管理部门应当与市、县有关部门、乡镇政府、村自治组织建立依法管理宅基地的共同责任机制，建立农村宅基地监督管理制度，落实工作责任，形成执法监管合力，共同遏制违法占地建住宅的行为。

（十四）依法查处乱占行为。各地要认真负责依法查处宅基地使用中的违法行为。对未经申请和批准或违反规划计划管理占用土地建住宅的，应当限期拆除、退还土地并恢复原状。对超过当地规定面积标准的宅基地，经依法处置后，按照《关于进一步加快宅基地使用权登记发证工作的通知》（国土资发〔2008〕146号）要求予以登记的，村集体组织可对确认超占的面积实施有偿使用。对一户违法占有两处宅基地的，核实后应收回一处。

（十五）加强指导，不断研究解决新情况新问题。各地务必从实际出发，切实加强对宅基地管理工作的指导，抓紧落实通知要求的各项措施，尽快研究制定符合本地实际的具体政策规定。同时要深入调研宅基地管理中的倾向性、苗头性的问题，主动采取措施解决，并及时上报，确保各项政策措施的落实。各派驻地方的国家土地督察局要加强对督察区域内农民宅基地审批与管理情况的监督，确保农民合法居住权益得到保障。

国土资源部

二〇一〇年三月二日

国土资源部关于加强房地产用地供应和监管有关问题的通知

（国土资发〔2010〕34号）

各省、自治区、直辖市国土资源厅（国土环境资源厅、国土资源局、国土资源和房屋管理局、规划和国土资源管理局），副省级城市国土资源行政主管部门，新疆生产建设兵团国土资源局，各派驻地方的国家土地督察局：

为贯彻落实《国务院办公厅关于促进房地产市场平稳健康发展的通知》（国办发〔2010〕4号）要求，依法加强监管，切实落实房地产土地管理的各项规定，增强土地政策参与房地产市场宏观调控的针对性和灵活性，增加保障性为重点的住房建设用地有效供应，提高土地供应和开发利用效率，促进地产市场健康平稳有序运行，现将有关问题通知如下：

一、加快住房建设用地供应计划编制

（一）科学编制住房特别是保障性住房用地供应计划。市、县国土资源管理部门要依据土地利用总体规划和年度计划、住房建设规划和计划及棚户区改造规划，结合本地区已供土地开发利用情况和闲置土地处置情况，科学编制住房特别是保障性住房用地供应计划，合理确定住房用地供应总量和结构。确保保障性住房、棚户改造和自住性中小套型商品房建房用地，确保上述用地不低于住房建设用地供应总量的70%。要严格控制大套型住房建设用地，严禁向别墅供地。省级国土资源管理部门应及时对市、县房地产用地年度计划作出预安排，并于3月底前，将本年度住房和保障性住房用地供应计划汇总报部，并抄送各派驻地方的国家土地督察局。

（二）协调推进住房用地供应计划实施。市、县国土资源管理部门应按照经政府批准的供地计划，结合政府收购储备地块开发和房地产市场土地供需的情况，确定年度计划中拟供应的地块，合理安排供地时序。应主动与有关部门联系协调，依据投资到位情况和方便群众工作生活要求，优先确定保障性住房用地地块，确保保障性住房用地计划落实。城市和国有工矿棚户区改建原则上应实行原址改造，盘活存量土地，优化用地结构，完善服务功能，节约集约用地。落实住房和保障性住房用地供应计划涉及占用农用地的，要优先安排农转用计划指标，按部审批改革要求，及时组织申报，加快审批征收。

二、促进住房建设用地有效供应

（三）确保保障性住房用地供应。各地对列入年度供地计划的保障性住房用地，要应保尽保、及时供地。保障性住房以及城市和国有工矿棚户区改造中符合保障性住房条件的安置用地，应以划拨方式供应。保障性住房建设项目中配建的商服等经营性项目用地，应按市场价有偿使用。商品房建设项目中配建保障性住房的，必须在土地出让合同中明确保障性住房的建筑总面积、分摊的土地面积、套数、套型建筑面积、建成后由政府收回或收购的条件、保障性住房与商品住房同步建设等约束性条件。

（四）严格规范商品房用地出让行为。严格土地出让条件。市、县国土资源管理部门应依据城市规划部门出具的宗地规划设计条件，拟定出让方案，确定为中低价位普通商品房用地的，方案中要增加房地产主管部门提出的住房销售价位、套数、套型面积等控制性要求，并写入出让合同，约定违约处罚条款。土地使用权人违约的，要追究相应违约责任。各地要按照《限制用地项目目录（2006 年增补本）》要求，严格控制商品房用地单宗出让面积。条件具备的地方，可以探索房地产用地出让预申请制度。

严格规范土地出让底价。各地应按规定及时更新基准地价并向社会公布。招标、拍卖、挂牌和协议出让底价应当依据土地估价结果、供地政策和土地市场行情等，集体决策，综合确定。土地出让最低价不得低于出让地块所在地级别基准地价的 70%，竞买保证金不得低于出让最低价的 20%。

严格土地竞买人资格审查。对用地者欠缴土地出让价款、闲置土地、囤地炒地、土地开发规模超过实际开发能力以及不履行土地使用合同的，市、县国土资源管理部门要禁止其在一定期限内参加土地竞买。对存在的违法违规用地行为，要严肃查处。

严格土地出让合同管理。土地出让成交后，必须在 10 个工作日内签订出让合同，合同签订后 1 个月内必须缴纳出让价款 50% 的首付款，余款要按合同约定及时缴纳，最迟付款时间不得超过一年。出让合同必须明确约定土地面积、用途、容积率、建筑密度、套型面积及比例、定金、交地时间及方式、价款缴纳时间及方式、开竣工时间及具体认定标准、违约责任处理。上述条款约定不完备的，不得签订合同，违规签订合同的，必须追究出让人责任。受让人逾期不签订合同的，终止供地、不得退还定金。已签合同不缴纳出让价款的，必须收回土地。

（五）坚持和完善土地招拍挂制度。各地要按照公开、公平、公正的原则和统一、规范的市场建设要求，坚持和完善招拍挂出让制度。房价过高、上涨过快的城市，市、县国土资源管理部门可选择部分地块，按照政府确定的限价房项目采用竞地价办法招拍挂出让土地，发挥抑制房价上涨过快的调节作用。要按照提高土地开发利用效率的原则，探索综合评标的具体方法。在确定土地出让最低价的基础上，将土地价款交付、开发建设周期、中小套型建设要求、土地节约集约程度等影响土地开发利用的因素作为评标条件，科学量化标准，合理确定各因素权重，完善评标专家库，细化评标规则，规范运作，依法依纪严格监督。

三、切实加强房地产用地监管

（六）实施住房用地开发利用申报制度。从2010年4月1日起，市、县国土资源管理部门要建立房地产用地开竣工申报制度。用地者应当在项目开工、竣工时，向国土资源管理部门书面申报，各地应对合同约定内容进行核验。在合同约定期限内未开工、竣工的，用地者要在到期前15日内，申报延迟原由，市、县国土资源管理部门应按合同约定认真处理后，可通过增加出让合同和划拨决定书条款或签订补充协议等方式，对申报内容进行约定监管。对不执行申报制度的，要向社会公示，并限制其至少在一年内不得参加土地购置活动。

（七）加强土地开发利用动态监测。市、县国土资源管理部门必须将每一宗土地的出让合同或划拨决定书，通过网络在线上报，经部统一配号后方可作为正式文本签订，并将出让合同或划拨决定书的电子监管号作为土地登记的要件。各地要对已供土地的开竣工、开发建设进度等情况进行实地巡查，及时更新开发利用信息，加强统计分析，并入网上传部门户网站（中国土地市场网页）。

（八）强化保障性住房用地供后监管。保障性住房用地不得从事商业性房地产开发，因城市规划调整需要改变的，应由政府收回，另选地块供应。对没有按约定配建保障性住房的，要按照出让合同或划拨决定书约定处理。对违法违规的企业，要依法查处。查处不落实的，依据《违反土地管理规定行为处分办法》（国土资源部令第15号），追究相关人员责任。

（九）严格依法处置闲置房地产用地。各省（区、市）国土资源管理部门要全面掌握本地区闲置房地产用地查处情况，对未查处的闲置土地，实行挂牌督办，依法依规处置。对政府及政府有关部门原因造成闲置土地且未查处的，各派驻地方的国家土地督察局要及时向当地人民政府提出督察整改意见，限期依法查处。市、县国土资源管理部门要利用监测网络系统，加强对每个房地产项目开工到期申报情况的监测核查，防止产生新的闲置土地。省级国土资源管理部门要将企业闲置土地的情况，及时通报同级金融监管部门。

（十）加强房地产用地开发利用诚信管理。市、县国土资源管理部门要建立房地产企业土地开发利用诚信档案，对招拍挂竞得土地后不及时签订成交确认书或出让合同、未按合同约定缴纳土地价款、未按合同约定开竣工的，要依法依规处理，向社会公示，计入诚信档案，作为土地竞买人资格审查的依据，并入网上传部房地产用地开发利用诚信体系，部将及时向有关部门通报。

四、建立健全信息公开制度

（十一）公开住房供地计划。各地应及时将住房特别是保障性住房用地供应计划在部门户网站（中国土地市场网页）及当地土地有形市场公开，接受社会监督。部将于4月上旬在部门户网站（中国土地市场网页）公开通报各地供地计划情况。省级国土资源管理部门应分别于每年7月5日和次年1月5日前，将住房和保障性住房用地供应计划落实情况汇总报部并抄送各派驻地方的国家土地督察局，部每半年在部门户网站（中国土地市场网页）向社会公布。

（十二）公开土地出让公告。市、县国土资源管理部门必须在部门户网站（中国土地市场网页）发布土地出让公告，按照部规定的规范格式，公告拟出让宗地的位置、面积、用途、套型要求、容积率、出让年限、投标（竞买）保证金、提交申请时间、出让时间等内容。公告不规范的，部将予以通报批评，限期纠正。

（十三）公开土地出让和划拨结果。市、县国土资源管理部门要及时将出让成交和已划拨土地的位置、面积、用途、土地价款、容积率、开竣工时间等，在入网上传部的同时，在当地土地有形市场及媒体公开。没有公开出让和划拨供地结果的，省级国土资源管理部门要通报批评，限期纠正。部将从土地市场动态监测监管系统中，生成供地结果信息，并向社会发布。

（十四）公开土地开发利用信息。自今年起，部将每季度向社会公布未按出让合同和划拨决定书约定时间开竣工的宗地信息。对社会关注的典型地块信息，在部门户网站“出让信息”专栏及时公开。地方各级国土资源管理部门要通过各自门户网站，或召开新闻发布会等形式，定期或不定期向社会公开土地供应和开发利用情况及闲置土地查处信息。

（十五）公开违法违规用地查处结果。各地要将挂牌督办和社会关注的案件处理结果及时向社会公开。省级国土资源管理部门要加强对重点案件处理结果落实情况的监督检查，及时公开查处结果，接受社会监督。部将不定期对重大违法案件挂牌督办，公开查处结果。

五、开展房地产用地突出问题专项检查

（十六）明确房地产用地专项检查的重点内容。部决定，今年3月至7月，在全国组织开展对房地产用地突出问题的专项检查。检查重点是：房地产用地特别是保障性住房用地未经批准擅自改变用途，违规供应土地建设别墅，违反法律法规闲置土地、囤地炒地等。各省级国土资源管理部门要按照专项检查工作要求，及时向政府汇报，统一部署，认真实施。

（十七）结合出让合同清理制定专项检查方案。各地要根据《国有建设用地使用权出让合同专项清理工作方案》（国土资厅发〔2009〕86号）要求，抓紧开展出让合同和划拨决定书专项清理，全面掌握本地房地产用地供应及开发利用情况，加快信息进网上传，于3月31日前完成数据填报。在合同清理基础上，省级国土资源管理部门要指导各地制定专项检查方案，细化工作措施，切实抓好落实，加强检查督办。各地必须在7月中旬前完成专项检查和处理工作，由省级国土资源管理部门汇

总情况，形成书面报告，连同出让合同清理报告于7月底前一并报部。

（十八）严肃查处房地产用地中的违法违规行为。各地要按照本通知要求，严格履行职责，认真开展专项检查，对房地产用地供应和开发利用中的不规范行为，要认真整改；对违法违规用地行为，要依法依纪坚决查处。对瞒案不报、压案不查的，要严肃追究责任。4月份，中央工程建设领域突出问题专项治理领导小组将组织监察部、国土资源部等部门，对中央扩大内需促进经济增长政策落实和工程建设领域突出问题专项治理情况开展联合检查，同时，一并检查房地产开发中突出问题的清查情况。

（十九）切实加强对专项检查工作的组织领导和政策指导。各省（区、市）国土资源管理部门要高度重视，认真组织实施，严格落实共同责任，切实加强对房地产用地突出问题专项检查的组织领导和政策指导，督促市、县国土资源管理部门严格执行房地产用地的法规和政策，健全完善制度，规范供地用地行为，确保专项检查取得实效。

国土资源部

二〇一〇年三月八日

国土资源部、国家发展和改革委员会、工业和信息化部、监察部、环境保护部、住房和城乡建设部、交通运输部、铁道部、水利部、国家能源局关于进一步加强和改进国家和省级重点项目建设用地服务和监管的通知

（国土资发〔2010〕87 号）

各省、自治区、直辖市国土资源、发展改革、工业和信息化、监察、环境保护、住房城乡建设、交通运输、水利（水务）主管部门，能源行业管理部门，各铁路局，水利部各流域管理机构，新疆生产建设兵团国土资源局、各派驻地方的国家土地督察局：

近年来，各地认真贯彻落实科学发展观，积极推进国家重点项目（国务院或国务院投资主管部门审批、核准的项目）和省级重点项目（省级人民政府或省级人民政府投资主管部门确定的项目）建设，保护耕地、节约用地和依法用地意识明显增强，为国民经济和社会发展，特别是在2009 年扩大内需促进经济平稳较快发展中做出了重大贡献。但是，在有关土地执法检查中，发现部分地区的重点项目依然存在未报即用、未批先用、耕地占补平衡不落实、损害被征地农民合法权益等问题。为进一步加强和改进重点项目用地服务和监管工作，现就有关要求通知如下：

一、进一步提高依法用地意识

重点项目对扩大内需、加强基础设施建设、调整产业结构、带动区域经济发展、促进发展方式转变和改善民生，具有十分重要的作用，同时也受到社会各界和人民群众的广泛关注。重点项目用地行为是否依法依规，对地方其他建设项目的用地行为和土地市场秩序具有很强的导向和示范作用。重点项目建设用地面积大，用地报批工作量大、任务重。各行业主管部门要主动做好用地报批的协调和指导，保障重点项目建设顺利推进。重点项目建设单位要高度重视用地报批工作，树立依法用地意识，严格规范用地行为。

二、改进重点项目建设用地服务

地方各级国土资源主管部门要积极为重点项目提供用地服务和保障。新一轮土

地利用总体规划修编和年度土地利用计划要优先保障重点项目用地需求。已通过用地预审并经有关部门审批、核准的重点项目，要提前介入，尽快开展用地报批前期工作，研究解决用地中存在的问题，按规定时限组织用地报批；对于急需开工建设的控制性工程，在确保被用地单位和被征地农民得到依法合理补偿的前提下，帮助申请办理先行用地手续。要优先安排已纳入补充耕地储备库的耕地用于重点项目占补平衡，保障重点项目用地顺利报批。

国土资源主管部门要与建设单位的主管部门研究和完善重点项目建设用地报批工作。完善网上办事系统，加强电子监管，建立重点项目用地审批快速通道，专窗受理、专人服务、专门标识，实行限时审批。加快推进并联审批制度，缩短重点项目审批周期；涉及需要相关部门提出审查意见的，要积极协调建立限时办结制度，必要时可建议当地政府协调解决。

三、加强行业指导和监管

各行业主管部门要加强对建设单位用地行为的监管，督促建设单位依法用地；要制订和落实行业发展政策，鼓励建设项目节约用地；对于违反国家相关规定和产业政策占用土地的项目，不予核准或者审批。在项目建议书、可行性研究等前期工作中，要将征地补偿安置费用、耕地开垦费以及按规定应缴纳的新增建设用地土地有偿使用费等费用纳入建设成本，足额列入投资概算。在动工建设前，要督促建设单位及时办理用地审批手续。在建设过程中，要监督建设单位按照批准的用途、面积、位置和范围使用土地。对建设单位违法违规用地行为，要及时督促纠正。建设单位要及时办理项目用地报批手续，落实各项经费预算。在用地报批中遇到困难，要及时向国土资源主管部门和有关部门反映。未依法办理用地手续的，一律不得开工建设。

四、严格执法监察和国家土地督察

国土资源执法监察机构要加大巡查力度，对重点项目违法用地做到早发现、早制止，并及时报告本级政府和上级国土资源主管部门。省级国土资源主管部门要定期汇总并向国土资源部和省级人民政府报告，同时抄报各派驻地方的国家土地督察局。对已发生的重点项目违法用地，国土资源主管部门要依法做出行政处罚，有关部门要严肃追究建设单位有关人员的责任。对建设单位非法占用土地、征地补偿安置不落实即强行占用土地、欠缴耕地开垦费等费用的，要依法处理，对直接负责的主管人员和其他直接责任人员，依法追究政纪责任；构成犯罪的，要依法追究刑事责任。对地方政府主要领导人员和其他负有责任的领导人员，符合问责条件的要坚决实施问责。对典型的违法用地案件，国土资源部和省级国土资源主管部门要进行挂牌督办。经批准补办用地手续时，应当依法依规进行征地补偿和收取有关规费。

各派驻地方的国家土地督察局要加强对重点项目建设用地的监督检查。对重点项目违法问题要向有关省（区、市）人民政府通报，督促其在规定期限内纠正整改。逾期整改不到位的，要向有关省（区、市）人民政府发出整改意见书，要求省级国土资源主管部门暂停受理重点项目所在地区的建设项目用地报件。违法用地情节和后果严重的，要报请国家土地总督察发出限期整改通知书。限期整改期间，暂停该省（区、市）或者重点项目所在市、县的农用地转用和土地征收的受理和审批。

五、建立信息公开制度和部门协调联动机制

国土资源主管部门要会同有关部门将非涉密的重点项目清单通过网站等媒体分期分批向社会公布。重点项目用地批准后，要及时通过部门网站、当地报刊等媒体将项目用地的批准机关和批准的用地位置、用地范围（四至）、土地面积、土地用途、供地方式等信息公开。办理供地手续后，市、县国土资源主管部门要加强对项目用地开发利用情况的跟踪管理，并定期公告项目单位履行用地合同和开发利用情况。对重点项目违法用地情况和查处结果要向社会公布，对典型违法用地案件要公开曝光，接受社会监督。

国土资源主管部门与发展改革、工业和信息化、监察、环境保护、住房城乡建设、交通运输、铁道、水利、能源等部门要加强协调联动和相互沟通，定期召开联席会议，通报重点项目建设立项、规划选址、规划许可、用地供需形势、环境影响评价、新上重点项目安排、动态监管、违法用地及整改查处等情况，研究解决项目建设中的用地问题，共同改进和加强重点项目建设用地服务和监管工作。探索建立建设单位用地信用等级库，对其承担的重点项目用地情况定期进行评价，建立“违法用地项目清单”，向投资、环保、行业主管等部门通报，建议在投资安排、建设项目环评、建设项目招投标等方面予以限制。

国土资源部

国家发展和改革委员会

工业和信息化部

监察部

环境保护部

住房和城乡建设部

交通运输部

铁道部

水利部

国家能源局

二〇一〇年六月九日

国土资源部办公厅关于农产品批发市场用地有关问题的复函

（国土资厅函〔2010〕966 号）

辽宁省国土资源厅：

《关于农产品批发市场用地有关问题的请示》（辽国土资发〔2010〕147 号）收悉，经研究，现就农产品批发市场用地有关问题答复如下。

在土地调查、登记等基础性管理工作中，农产品批发市场用地应严格按照《土地利用现状分类》（GB/T 21010—2007）执行。供应国有建设用地用于农产品批发市场建设的，应当严格依法依规采取招标、拍卖、挂牌方式出让或租赁。

为更好地贯彻落实《国务院办公厅关于统筹推进新一轮“菜篮子”工程建设的意见》（国办发〔2010〕18 号）和《中共中央国务院关于切实加强农业基础设施进一步促进农业发展农民增收的若干意见》（中发〔2008〕1 号）文件精神，使惠及“三农”的政策措施切实落到实处，促进农业发展和农民增收，市县国土资源管理部门要进一步加强农产品批发市场用地管理，防止随意改变用途，挪作他用。土地出让前要制订控制性详细规划和土地供应方案，明确容积率等规划条件。规划条件一经确定，不得擅自调整。签订土地出让合同时，对改变土地用途、容积率等土地使用条件的，由政府收回土地使用权，重新依法出让。土地使用权出让底价，应符合国家出让地价管理的规定，严格履行规定的程序，不得低于最低价标准。

国土资源部办公厅

二〇一〇年九月十六日

国土资源部、住房和城乡建设部关于进一步加强房地产用地和建设管理调控的通知

（国土资发〔2010〕151号）

各省、自治区、直辖市国土资源厅（国土环境资源厅、国土资源局、国土资源和房屋管理局、规划和国土资源管理局）、住房城乡建设厅（建委、房地局、规划局），副省级城市国土资源行政主管部门、住房城乡建设（房地产、规划）行政主管部门，新疆生产建设兵团国土资源局、建设局，各派驻地方的国家土地督察局：

为贯彻落实《国务院关于坚决遏制部分城市房价过快上涨的通知》（国发〔2010〕10号，以下简称“国发10号文件”）确定的工作任务，进一步加强房地产用地和建设的管理调控，积极促进房地产市场继续向好发展，现就有关工作通知如下：

一、统一思想，加强部门协调配合

地方各级国土资源、住房城乡建设（房地产、规划、住房保障）主管部门要深入学习领会国发10号文件的指导思想、任务要求和政策规定，充分认识进一步加强房地产用地和建设的管理调控，是坚决贯彻落实国发10号文件政策、继续抑制房价上涨、促进房价地价合理调整的重要任务，是增加群众住房有效供给、维护群众切身利益的迫切需要，是促进城市建设节约用地、科学发展的重要举措。各级国土资源、住房城乡建设（房地产、规划、住房保障）主管部门要统一思想认识，明确工作职责和任务，在政府统一领导下，加强协作、形成合力，从当地房地产市场实际出发，在严格执行法规政策、加强管理监督、认真查处违法违规行为等各项工作中主动协调配合，落实各部门责任，努力开展工作，促进房地产市场持续向好发展。

二、强化住房用地和住房建设的年度计划管理

地方各级住房城乡建设（房地产、规划、住房保障）、国土资源主管部门要按照住房建设规划和编制计划的要求，共同商定城市住房供地和建设的年度计划，并根据年度计划实行宗地供应预安排，共同商定将确定的保障性住房、棚户区改造住房、公共租赁住房和中小套型普通商品住房年度建设任务落实到地块。省级市和市县国土资源主管部门应及时向社会公布供地计划、供地时序、宗地情况和供地条件，接受社会公众监督，正确引导市场预期。要根据住房建设计划落实情况，及时合理调整供地计划。要在确保保障性住房、棚户区改造住房和中小套型普通商品住房用地不低于住房用地供应总量70%的基础上，结合各地实际，选择地块，探索以划拨和

出让方式加大公共租赁住房供地建房、逐步与廉租住房并轨、简化并实施租赁住房分类保障的途径。在房价高的地区，应增加中小套型限价住房建设供地数量。要在盘活利用存量土地的同时，对依法收回的闲置土地和具备“净地”供应的储备土地以及农转用计划指标，应优先确保以保障性住房为主的上述各类住房用地的供应。没有完成上述住房供地计划的地方，不得向大户型高档住房建设供地。

三、加快推进住房用地供应和建设项目的审批

（一）加强保障性住房用地监管。省级住房城乡建设主管部门要监督市、县按确定的保障性住房、政策性住房的建设任务，尽快编制建设项目、落实资金。省级国土资源主管部门要督促市、县依据项目确定和资金落实情况，及时办理供地手续。对已供应的保障性住房建设用地，市、县住房城乡建设（房地产、规划、住房保障）等部门要督促建设单位抓紧做好开工前期工作，促其按期开工建设。要加强对保障性住房项目建筑设计方案的审查，严格落实国家关于保障性住房的建筑面积控制标准，严格按照规划要求同步建设公共配套设施。

对已供应的各类保障性住房用地，不得改变土地性质和土地用途，不得提高建设标准、增加套型面积。对改变上述内容的保障性住房建设项目，有关主管部门不得办理相关手续，已作为商品住房销售的，要依法没收违法所得并处以罚款。

（二）加快住房建设项目的行政审批。市、县国土资源、住房城乡建设（房地产、规划）主管部门要共同建立保障性住房、棚户区改造住房、公共租赁住房、中小套型普通商品住房建设项目行政审批快速通道，规划主管部门要在受理后10天内核发建设用地规划许可证，国土资源主管部门要在受理后10天内核发国有土地使用证，规划主管部门要在受理后60天内核发建设工程规划许可证，建设主管部门应当要求限时进行施工图审查和核发施工许可证，房地产主管部门要严格按规定及时核发商品房预售许可证。各部门要及时互通办理结果，主动衔接，提高行政办事效率，加快住房项目的供地、建设和上市，尽快形成住房的有效供应。

四、严格住房建设用地出让管理

（一）规范编制拟供地块出让方案。市、县国土资源主管部门要会同住房城乡建设（房地产、规划、住房保障）主管部门，依据土地利用规划和城镇控制性详细规划协调拟定住房用地出让方案。对具备供地条件的地块，规划、房地产主管部门要在接到国土资源主管部门书面函件后30日内分别提出规划和建设条件。拟出让宗地规划条件出具的时间逾期一年的，国土资源主管部门应当重新征求相关部门意见，并完善出让方案。

土地出让必须以宗地为单位提供规划条件、建设条件和土地使用标准，严格执行商品住房用地单宗出让面积规定，不得将两宗以上地块捆绑出让，不得“毛地”出让。拟出让地块要依法进行土地调查和确权登记，确保地类清楚、面积准确、权

属合法，没有纠纷。

（二）严格制定土地出让的规划和建设条件。市、县规划主管部门应当会同国土资源主管部门，严格依据经批准的控制性详细规划和节约集约用地要求，确定拟出让地块的位置、使用性质、开发强度、住宅建筑套数、套型建筑面积等套型结构比例条件，作为土地出让的规划条件，列入出让合同。对于中小套型普通商品住房建设项目，要明确提出平均套型建筑面积的控制标准，并制定相应的套型结构比例条件。要严格限制低密度大户型住宅项目的开发建设，住宅用地的容积率指标必须大于1。

市、县住房城乡建设（房地产、住房保障）主管部门要提出限价商品住房的控制性销售价位，商品住房建设项目中保障性住房的配建比例、配建套数、套型面积、设施条件和项目开竣工时间及建设周期等建设条件，作为土地出让的依据，并纳入出让合同。

土地出让后，任何单位和个人无权擅自更改规划和建设条件。因非企业原因确需调整的，必须依据《城乡规划法》规定的公开程序进行。由开发建设单位提出申请调整规划建设条件而不按期开工的，必须收回土地使用权，重新按招标拍卖挂牌方式出让土地。

（三）严格土地竞买人资格审查。国土资源主管部门对竞买人参加招拍挂出让土地时，除应要求提供有效身份证明文件、缴纳竞买（投标）保证金外，还应提交竞买（投标）保证金不属于银行贷款、股东借款、转贷和募集资金的承诺书及商业金融机构的资信证明。

根据国发10号文件规定，对发现并核实竞买人存在下列违法违规违约行为的，在结案和问题查处整改到位前，国土资源主管部门必须禁止竞买人及其控股股东参加土地竞买活动：

1. 存在伪造公文骗取用地和非法倒卖土地等犯罪行为的；
2. 存在非法转让土地使用权等违法行为的；
3. 因企业原因造成土地闲置一年以上的；
4. 开发建设企业违背出让合同约定条件开发利用土地的。

各级国土资源主管部门必须严格执行国发10号文件有关规定和上述规定，要及时将发现并核实有违法违规违约企业的名单、问题和查处结果入网上传到国土资源部门户网站的中国土地市场网页，不执行或弄虚作假的，按有关法规纪律规定严肃追究有关人员责任。

（四）严格划拨决定书和出让合同管理。各类住房建设项目应当在划拨决定书和出让合同中约定土地交付之日起一年内开工建设，自开工之日起三年内竣工。综合用地的，必须在合同中分别载明商业、住房等规划、建设及各相关条件。市、县国土资源主管部门要会同住房城乡建设（房地产、规划、住房保障）主管部门，研究制定违反土地划拨决定书和出让合同应约定的条件、规定和要求的违约责任及处罚条款，连同土地受让人对上述内容的承诺一并写入土地划拨决定书和出让合同，确保以保障性为重点的各类住房用地、建设和销售等按照国家政策落实到位。

五、加强对住房用地供地和建设的监管

（一）加强房地产用地供应监管。各省（区、市）国土资源主管部门要加强对住房用地出让公告和合同约定内容的适时监管，对市、县发布的公告中存在捆绑出让、超用地规模、“毛地”出让、超三年开发周期出让土地的，要责令立即撤销公告，调整出让方案重新出让。土地出让成交后，要协商规范合同约定内容，统一电子配号后方可签订合同。市、县国土资源主管部门要严格执行房地产用地开竣工申报制度，依托土地市场动态监测和监管系统，及时清理开工、竣工的房地产项目，定期对已供房地产用地的开竣工、开发建设条件执行等情况进行实地巡查，发现有违法违规问题的，必须依法依纪追究责任。

（二）加强住房建设项目开发过程的动态监管。市、县国土资源、住房城乡建设（房地产、规划、住房保障）主管部门要加强对房地产开发企业在土地开发利用、住房建设和销售的全程动态监管。应按照各自职责，认真审核审批，发现有违法违规违约行为的，必须终止企业相关行为、停办相关手续，及时通告并由业务主管部门负责，共同依法依规查处。房地产开发项目竣工验收时，住房城乡建设主管部门要会同国土资源主管部门对开发企业及建设项目履行用地合同约定的各类条件及承诺情况进行核查。

市、县住房城乡建设主管部门要全面加强对住宅工程、特别是保障性安居工程的质量监管，重点对勘察、设计、施工、监理等参建单位执行工程建设强制性标准的情况进行监督检查，强化住宅工程质量责任落实。在工程质量监管中发现的问题，要及时查处，并告知国土资源主管部门。

六、加大违法违规行为清理查处力度

（一）严格查处囤地炒地闲置土地行为。省级国土资源主管部门要采取得力措施，督促市、县国土资源主管部门加快查清处理闲置土地。对企业自身原因造成土地闲置的，必须依法坚决查处。对政府及部门原因造成土地闲置的，住房城乡建设部门要积极配合国土资源主管部门，联合限期查办。对未达到法律法规规定的土地转让条件转让房地产用地等囤地炒地的行为，要及时依法依规严肃查处，应当依法没收违法所得，并处罚款。对违规违法办理相关用地手续的部门和人员，省级国土资源主管部门要按有关规定追究责任人责任。

（二）严格查处擅自调整容积率行为。市、县规划主管部门应会同国土资源主管部门，严格按照已确定的容积率指标对开发宗地进行规划许可和建设项目竣工核验。对已供土地分期开发的建设项目，应统一规划设计，各期建设工程规划许可确定的建筑面积的总和，必须符合容积率指标要求。坚决制止擅自调整容积率等问题，严

肃查处国家机关工作人员在建设用地规划变更、容积率调整中玩忽职守、权钱交易等违纪违法行为。

（三）严格查处商品住房建设和销售的违法违规行为。市、县住房城乡建设（房地产、规划、住房保障）主管部门要依据法律法规，对房地产开发企业擅自突破住房套型结构比例、不按要求配建保障性住房、无故拖延开竣工时间、违反预销售时限和方式要求等行为进行处罚，并及时向国土资源、价格、金融等主管部门通报违法违约企业名单。房地产主管部门要会同有关部门建立市场动态监管制度，开展商品住房销售现场的日常巡查和实地检查，在商品住房预售环节及时发现并严肃查处捂盘惜售、囤积房源、虚假宣传、哄抬房价等违法违约行为。

市、县国土资源主管部门要联合住房城乡建设主管等部门，及时查处违反规定向别墅项目供地和未经批准改变项目规划建设条件建设别墅的行为。

（四）加大违法违规房地产用地信息公开。省（区、市）国土资源主管部门要按季度将发现和查处违法违规房地产用地的情况，在当地媒体和国土资源部门户网站的中国土地市场网页上向社会公布，接受公众监督，同时将有违法违规行为的房地产企业名单，及时抄送住房城乡建设、国有资产、工商、金融及监管、证券等部门，配合相关部门认真落实国发10号文件有关规定。每季度末，各省（区、市）国土资源主管部门要将有关情况报国土资源部，由国土资源部统一向社会通报。

国土资源部、住房和城乡建设部将按照国发10号文件的要求，对本通知贯彻落实情况进行指导监督和检查。

国土资源部

住房和城乡建设部

二〇一〇年九月二十一日

国土资源部关于坚持和完善土地招标拍卖挂牌出让制度的意见

（国土资发〔2011〕63号）

各省、自治区、直辖市国土资源厅（国土环境资源厅、国土资源局、国土资源和房屋管理局、规划和国土资源管理局），副省级城市国土资源主管部门，新疆生产建设兵团国土资源局：

去年以来，各地按照中央和部关于房地产市场调控政策要求，在坚持土地招标拍卖挂牌（以下简称招拍挂）制度基础上，积极探索创新城市住房用地出让政策，促进地价房价合理调整，取得了积极成效。为进一步落实《国务院办公厅关于进一步做好房地产市场调控工作有关问题的通知》（国办发〔2011〕1号）的要求，完善招拍挂的供地政策，加强土地出让政策在房地产市场调控中的积极作用，现提出以下意见。

一、正确把握土地招拍挂出让政策的调控作用

国有土地使用权招拍挂出让制度是市场配置国有经营性建设用地的基本制度。它充分体现了公开公平公正竞争和诚实信用的市场基本原则，建立了反映市场供求关系、资源稀缺程度、环境损害成本的价格形成机制，完全符合社会主义市场经济体制的基本方向。坚持国有经营性建设用地招拍挂出让制度和在房地产市场运行正常条件下按“价高者得”原则取得土地，符合市场优化配置土地资源的基本原则，符合法律政策要求，同时在抑制行政权力干预市场，从源头上防治土地出让领域腐败中发挥了重要作用。

当前，部分城市商品住房价格居高不下，户型结构和保障性安居工程用地布局不合理，少数规划的商品住房优质地块和二三线城市商品住房土地出让存在着地价非理性上涨的可能。为进一步落实中央关于房地产市场调控各项政策和工作要求，积极主动发挥招拍挂出让土地政策的稳定市场、优化结构、促进地价房价合理调整、保障住房用地的作用，当前和今后一个时期，各级国土资源主管部门必须从完善土地市场机制、健全土地宏观调控体系、实施节约优先战略的基本要求出发，以“保民生、促稳定”为重点，坚持土地招拍挂出让基本制度，创新和完善有效实现中央调控政策要求的土地出让政策和措施，主动解决商品住房建设项目供地、开发利用和监管中出现的新情况、新问题，实现土地经济效益与社会综合效益的统一、市场配置与宏观调控的统一，促进城市房地产市场健康发展。

二、完善住房用地招拍挂计划公示制度

市、县在向社会公布年度住房用地出让计划的基础上，建立计划出让地块开发建设的宗地条件公布机制，根据出让进度安排，进一步细化拟出让地块、地段的规划和土地使用条件，定期向社会发布细化的商品住房和保障性安居工程各类房屋建设用地信息，同时明确意向用地者申请用地的途径和方式，公开接受用地申请。单位和个人对列入出让计划的具体地块有使用意向并提出符合规定的申请后，应及时组织实施土地招拍挂出让。公示保障性安居工程项目划拨用地时，一并向社会公示申请用地单位，接受社会监督。

三、调整完善土地招拍挂出让政策

各地要根据当地土地市场、住房建设发展阶段，对需要出让的宗地，选择恰当的土地出让方式和政策，落实政府促进土地合理布局，节约集约利用，有效合理调整地价房价，保障民生，稳定市场预期的目标。

（一）限定房价或地价，以挂牌或拍卖方式出让政策性住房用地。

以“限房价、竞地价”方式出让土地使用权的，市、县国土资源主管部门应在土地出让前，会同住房建设、物价、规划行政主管部门，按相关政策规定确定住房销售条件，根据拟出让宗地所在区域商品住房销售价格水平，合理确定拟出让宗地的控制性房屋销售价格上限和住房套型面积标准，以此作为土地使用权转让的约束性条件，一并纳入土地出让方案，报经政府批准后，以挂牌、拍卖方式公开出让土地使用权，符合条件、承诺地价最高且不低于底价的为土地使用权竞得人。出让成交后，竞得人接受的宗地控制性房屋销售价格、成交地价、土地使用权转让条件及违约处罚条款等，均应在成交确认书和出让合同中明确。

以“限地价、竞房价”方式出让土地使用权的，市、县国土资源主管部门应在土地出让前，根据拟出让宗地的征地拆迁安置补偿费、土地前期开发成本、同一区域基准地价和市场地价水平、土地使用权转让条件、房屋销售价格和政府确定的房价控制目标等因素，综合确定拟出让宗地的出让价格，同时应确定房价的最高控制价（应低于同区域、同条件商品住房市场价），一并纳入土地出让方案，报经政府批准后，以挂牌、拍卖方式公开出让土地使用权，按照承诺销售房价最低者（开发商售房时的最高售价）确定为土地竞得人。招拍挂成交后，竞得人承诺的销售房价、成交地价、土地使用权转让条件及违约处罚条款等，均应在成交确认书和出让合同中明确。

（二）限定配建保障性住房建设面积，以挂牌或拍卖方式出让商品住房用地。

以“商品住房用地中配建保障性住房”方式出让土地使用权的，市、县国土资源主管部门应会同住房建设、规划、房屋管理和住房保障等部门确定拟出让宗地配建廉租房、经济适用房等保障性住房的面积、套数、建设进度、政府收回条件、回

购价格及土地面积分摊办法等，纳入出让方案，经政府批准后，写入出让公告及文件，组织实施挂牌、拍卖。土地出让成交后，成交价款和竞得人承诺配建的保障性住房事项一并写入成交确认书和出让合同。

（三）对土地开发利用条件和出让地价进行综合评定，以招标方式确定土地使用权人。

以“土地利用综合条件最佳”为标准出让土地使用权，市、县国土资源主管部门应依据规划条件和土地使用标准按照宗地所在区域条件、政府对开发建设的要求，制定土地出让方案和评标标准，在依法确定土地出让底价的基础上，将土地价款及交付时间、开发建设周期、建设要求、土地节约集约程度、企业以往出让合同履行情况等影响土地开发利用的因素作为评标条件，合理确定各因素权重，会同有关部门制定标书，依法依纪，发布公告，组织招投标。经综合评标，以土地利用综合条件最佳确定土地使用者。确定中标人后，应向社会公示并将上述土地开发利用条件写入中标通知书和出让合同。

四、大力推进土地使用权出让网上运行

出让国有建设用地使用权涉及的出让公告、出让文件、竞买人资格、成交结果等，都应在部门户网站和各地国土资源主管部门的网上公开发布。积极推行国有经营性建设用地网上挂牌出让方式。市、县国土资源主管部门可以通过网上发布出让公告信息，明确土地开发利用、竞买人资格和违约处罚等条件，组织网上报价竞价并确定竞得人。网上挂牌出让成交后，市、县国土资源主管部门要按照国有土地招拍挂出让规范，及时与竞得人签订纸质件的成交确认书和出让合同。对竞得人需要进行相关资料审查的，建立网上成交后的审查制度，发现受让人存在违法违规行为或不具有竞买资格时，挂牌出让不成交，应重新组织出让，并对违规者进行处罚。

五、完善土地招拍挂出让合同

市、县国土资源主管部门要依据现行土地管理法律政策，对附加各类开发建设销售条件的政策性商品住房用地的出让，增加出让合同条款，完善出让合同内容，严格供后监管。政策性商品住房用地出让成交后，竞得人或中标人应当按照成交确认书或中标通知书的要求，按时与国土资源主管部门签订出让合同。建房套数、套型、面积比例、容积率、项目开竣工时间、销售对象条件、房屋销售价格上限、受让人承诺的销售房价、土地转让条件、配建要求等规划、建设、土地使用条件以及相应的违约责任，应当在土地出让合同或住房建设和销售合同中明确。

为保证政策性商品住房用地及时开发利用，市、县国土资源主管部门可以在出让合同中明确约定不得改变土地用途和性质、不得擅自提高或降低规定的建设标准、保障性住房先行建设和先行交付、不得违规转让土地使用权等内容，对违反规定或约定的，可在出让合同中增加“收回土地使用权并依法追究责任”等相关内容。

各地应当加强对政策性商品住房用地出让合同履行情况的监督检查，对违反合同约定的，应会同有关部门依法处罚，追究违约责任。

各省级国土资源主管部门要切实加强对市、县住房供地政策制度和组织实施工作的指导和监管，及时发现和解决出现的问题。也可按照本意见，探索其他用途土地出让方式和土地出让各环节的制度创新，进一步完善国有土地使用权招拍挂出让制度，保障和促进中央关于房地产市场调控政策的落实。

国土资源部

二〇一一年五月十三日

国土资源部、国家发展和改革委员会关于发布实施《限制用地项目目录（2012年本）》和《禁止用地项目目录（2012年本）》的通知

（国土资发〔2012〕98号）

各省、自治区、直辖市国土资源主管部门和发展改革部门，新疆生产建设兵团国土资源局和发展改革委：

为贯彻落实《国务院关于促进节约集约用地的通知》（国发〔2008〕3号）精神，依据《产业结构调整指导目录（2011年本）》（国家发展改革委令第9号）和国家有关产业政策、土地供应政策，国土资源部、国家发展改革委制定了《限制用地项目目录（2012年本）》和《禁止用地项目目录（2012年本）》（以下分别简称《限制目录》和《禁止目录》）。现印发给你们，请认真贯彻执行。

一、本通知的规定适用于新建、扩建和改建的建设项目。

二、凡列入《限制目录》的建设项目，必须符合目录规定条件，国土资源管理部门和投资管理部门方可办理相关手续。

三、凡列入《禁止目录》的建设项目或者采用所列工艺技术、装备、规模的建设项目，国土资源管理部门和投资管理部门不得办理相关手续。

四、凡采用《产业结构调整指导目录（2011年本）》明令淘汰的落后工艺技术，装备或者生产明令淘汰产品的建设项目，国土资源管理部门和投资管理部门一律不得办理相关手续。

五、《限制目录》和《禁止目录》执行中，国务院发布的产业政策和土地资源管理政策对限制和禁止用地项目另有规定的，按国务院规定办理。

六、国土资源部、国家发展改革委将根据宏观调控需要，依据国家产业政策、土地供应政策，适时修订《限制目录》和《禁止目录》。各地可以根据本地区实际情况，在符合本《限制目录》和《禁止目录》的前提下，制定本地的限制和禁止用地项目目录。

七、《限制目录》和《禁止目录》执行中的问题，由国土资源部和国家发展改革委研究处理。

八、违反本通知规定办理相关手续的，依法追究有关部门和有关责任人的责任。

九、本通知自发布之日起施行。《关于发布实施〈限制用地项目目录（2006年本）〉和〈禁止用地项目目录（2006年本）〉的通知》（国土资发〔2006〕296号）

和《关于印发〈限制用地项目目录（2006 年本增补本）〉和〈禁止用地项目目录（2006 年本增补本）〉的通知》（国土资发〔2009〕154 号）同时废止。

国土资源部

国家发展和改革委员会

二〇一二年五月二十三日

附件：

限制用地项目目录（2012 年本）

一、党政机关新建办公楼项目

1. 中央直属机关、国务院各部门、省（区、市）及计划单列市党政机关新建办公楼项目：须经国务院批准

2. 中央和国家机关所属机关事业单位新建办公楼项目：须经国家发展改革委批准（使用中央预算内投资 7000 万元以上的，须经国务院批准）

3. 省直厅（局）级单位和地、县级党政机关新建办公楼项目：须经省级人民政府批准

4. 地、县级党政机关直属单位和乡镇党政机关新建办公楼项目：须经地级人民政府（行署）批准

二、城市主干道路项目

用地红线宽度（包括绿化带）不得超过下列标准：小城市和建制镇 40 米，中等城市 55 米，大城市 70 米。200 万人口以上特大城市主干道路确需超过 70 米的，城市总体规划中应有专项说明

三、城市游憩集会广场项目

用地面积不得超过下列标准：小城市和建制镇 1 公顷，中等城市 2 公顷，大城市 3 公顷，200 万人口以上特大城市 5 公顷

四、住宅项目

1. 宗地出让面积不得超过下列标准：小城市和建制镇 7 公顷，中等城市 14 公顷，大城市 20 公顷

2. 容积率不得低于以下标准：1.0（含 1.0）

五、农林业项目

1. 普通刨花板、高中密度纤维板生产装置不得低于以下规模：单线5万立方米/年

2. 木质刨花板生产装置不得低于以下规模：单线3万立方米/年

3. 松香生产不得低于以下规模：1000吨/年

4. 一次性木制品与木制包装的生产和使用：不得以优质林木为原料；木竹加工项目：木竹加工综合利用率不得偏低

5. 胶合板和细木工板生产线不得低于以下规模：1万立方米/年

6. 根雕制造：不得以珍稀植物为原料

7. 珍贵濒危野生动植物加工：不得以野外资源为原料

六、黄金项目

1. 独立氰化不得低于以下标准：日处理金精矿100吨，原料自供能力50%

2. 独立黄金选矿厂不得低于以下标准：日处理矿石200吨，配套采矿系统

3. 火法冶炼不得低于以下规模：日处理金精矿100吨

4. 独立堆浸场不得低于以下规模：东北、华北、西北地区年处理矿石10万吨、华东、中南、西南年处理矿石20万吨

5. 采选不得低于以下规模：日处理岩金矿石100吨

6. 砂金开采不得低于以下规模：年处理砂金矿砂30万立方米

七、其他项目

下列项目禁止占用耕地，亦不得通过先行办理城市分批次农用地转用等形式变相占用耕地：

1. 机动车交易市场、家具城、建材城等大型商业设施项目

2. 大型游乐设施、主题公园（影视城）、仿古城项目

3. 大套型住宅项目（指单套住房建筑面积超过144平方米的住宅项目）

4. 赛车场项目

5. 公墓项目

6. 机动车训练场项目

禁止用地项目目录（2012年本）

一、农林业

1. 兽用粉剂、散剂、预混剂生产线项目（持有新兽药证书的品种和自动化密闭

式高效率混合生产工艺除外）

2. 转瓶培养生产方式的兽用细胞苗生产线项目（持有新兽药证书的品种和采用新技术的除外）

3. 松脂初加工项目

4. 缺水地区、国家生态脆弱区纸浆原料林基地建设项目

5. 粮食转化乙醇、食用植物油料转化生物燃料项目

二、煤炭

1. 在国家发布新的煤炭产业政策前，单井井型不得低于以下规模：山西、内蒙古、陕西120万吨/年；重庆、四川、贵州、云南15万吨/年；福建、江西、湖北、湖南、广西9万吨/年；其他地区30万吨/年

2. 新建煤与瓦斯矿井不得低于以下规模：高瓦斯矿井30万吨/年，煤与瓦斯突出矿井45万吨/年（2015年前）

3. 采用非机械化开采工艺的煤矿项目

4. 设计的煤炭资源回收率达不到国家规定要求的煤矿项目

三、电力

1. 小电网外，单机容量30万千瓦及以下的常规燃煤火电机组

2. 小电网外，发电煤耗高于300克标准煤/千瓦时的湿冷发电机组，发电煤耗高于305克标准煤/千瓦时的空冷发电机组

3. 直接向江河排放冷却水的火电机组

4. 无下泄生态流量的引水式水力发电

四、石化化工

1. 新建1000万吨/年以下常减压、150万吨/年以下催化裂化、100万吨/年以下连续重整（含芳烃抽提）、150万吨/年以下加氢裂化生产装置

2. 新建80万吨/年以下石脑油裂解制乙烯、13万吨/年以下丙烯腈、100万吨/年以下精对苯二甲酸、20万吨/年以下乙二醇、20万吨/年以下苯乙烯（干气制乙苯工艺除外）、10万吨/年以下己内酰胺、乙烯法醋酸、30万吨/年以下羰基合成法醋酸、天然气制甲醇、100万吨/年以下煤制甲醇生产装置（综合利用除外），丙酮氰醇法丙烯酸、粮食法丙酮/丁醇、氯醇法环氧丙烷和皂化法环氧氯丙烷生产装置，300吨/年以下皂素（含水解物，综合利用除外）生产装置

3. 新建7万吨/年以下聚丙烯（连续法及间歇法）、20万吨/年以下聚乙烯、乙炔法聚氯乙烯、起始规模小于30万吨/年的乙烯氧氯化法聚氯乙烯、10万吨/年以下聚苯乙烯、20万吨/年以下丙烯腈/丁二烯/苯乙烯共聚物（ABS，本体连续法除外）、3万吨/年以下普通合成胶乳－羧基丁苯胶（含丁苯胶乳）生产装置，新建、改扩建

溶剂型氯丁橡胶类、丁苯热塑性橡胶类、聚氨酯类和聚丙烯酸酯类等通用型胶粘剂生产装置

4. 新建纯碱、烧碱、30 万吨/年以下硫磺制酸、20 万吨/年以下硫铁矿制酸、常压法及综合法硝酸、电石（以大型先进工艺设备进行等量替换的除外）、单线产能 5 万吨/年以下氢氧化钾生产装置

5. 新建三聚磷酸钠、六偏磷酸钠、三氯化磷、五硫化二磷、饲料磷酸氢钙、氯酸钠、少钙焙烧工艺重铬酸钠、电解二氧化锰、普通级碳酸钙、无水硫酸钠（盐业联产及副产除外）、碳酸钡、硫酸钡、氢氧化钡、氯化钡、硝酸钡、碳酸锶、白炭黑（气相法除外）、氯化胆碱、平炉法高锰酸钾、大锅蒸发法硫化钠生产装置

6. 新建黄磷，起始规模小于 3 万吨/年、单线产能小于 1 万吨/年氰化钠（折 100%），单线产能 5 千吨/年以下碳酸锂、氢氧化锂，单线产能 2 万吨/年以下无水氟化铝或中低分子比冰晶石生产装置

7. 新建以石油（高硫石油焦除外）、天然气为原料的氮肥，采用固定层间歇气化技术合成氨，磷铵生产装置，铜洗法氨合成原料气净化工艺项目

8. 新建高毒、高残留以及对环境影响大的农药原药［包括氧乐果、水胺硫磷、甲基异柳磷、甲拌磷、特丁磷、杀扑磷、溴甲烷、灭多威、涕灭威、克百威、敌鼠钠、敌鼠酮、杀鼠灵、杀鼠醚、溴敌隆、溴鼠灵、肉毒素、杀虫双、灭线磷、硫丹、磷化铝、三氯杀螨醇，有机氯类、有机锡类杀虫剂，福美类杀菌剂，复硝酚钠（钾）等］生产装置

9. 新建草甘膦、毒死蜱（水相法工艺除外）、三唑磷、百草枯、百菌清、阿维菌素、吡虫啉、乙草胺（甲叉法工艺除外）生产装置

10. 新建硫酸法钛白粉、铅铬黄、1 万吨/年以下氧化铁系颜料、溶剂型涂料（不包括鼓励类的涂料品种和生产工艺）、含异氰脲酸三缩水甘油酯（TGIC）的粉末涂料生产装置

11. 新建染料、染料中间体、有机颜料、印染助剂生产装置（不包括鼓励类的染料产品和生产工艺）

12. 新建氟化氢（HF）（电子级及湿法磷酸配套除外），新建初始规模小于 20 万吨/年、单套规模小于 10 万吨/年的甲基氯硅烷单体生产装置，10 万吨/年以下（有机硅配套除外）和 10 万吨/年及以上、没有副产四氯化碳配套处置设施的甲烷氯化物生产装置，新建、改扩建含氢氯氟烃（HCFCs）（作为原料用的除外），全氟辛基磺酰化合物（PFOS）和全氟辛酸（PFOA），六氟化硫（SF6）（高纯级除外）生产装置

13. 新建斜交轮胎和力车胎（手推车胎）、锦纶帘线、3 万吨/年以下钢丝帘线、常规法再生胶（动态连续脱硫工艺除外）、橡胶塑解剂五氯硫酚、橡胶促进剂二硫化四甲基秋兰姆（TMTD）生产装置

五、信息产业

1. 激光视盘机生产线（VCD系列整机产品）
2. 模拟CRT黑白及彩色电视机项目

六、钢铁

1. 未同步配套建设干熄焦、装煤、推焦除尘装置的炼焦项目
2. 180平方米以下烧结机（铁合金烧结机除外）
3. 有效容积400立方米以上1200立方米以下炼铁高炉；1200立方米及以上但未同步配套煤粉喷吹装置、除尘装置、余压发电装置，能源消耗大于430公斤标煤/吨、新水耗量大于2.4立方米/吨等达不到标准的炼铁高炉
4. 公称容量30吨以上100吨以下炼钢转炉；公称容量100吨及以上但未同步配套煤气回收、除尘装置，新水耗量大于3立方米/吨等达不到标准的炼钢转炉
5. 公称容量30吨以上100吨（合金钢50吨）以下电炉；公称容量100吨（合金钢50吨）及以上但未同步配套烟尘回收装置，能源消耗大于98公斤标煤/吨、新水耗量大于3.2立方米/吨等达不到标准的电炉
6. 1450毫米以下热轧带钢（不含特殊钢）项目
7. 30万吨/年及以下热镀锌板卷项目
8. 20万吨/年及以下彩色涂层板卷项目
9. 含铬质耐火材料生产项目
10. 普通功率和高功率石墨电极压型设备、焙烧设备和生产线
11. 直径600毫米以下或2万吨/年以下的超高功率石墨电极生产线
12. 8万吨/年以下预焙阳极（炭块）、2万吨/年以下普通阴极炭块、4万吨/年以下炭电极生产线
13. 单机120万吨/年以下的球团设备（铁合金球团除外）
14. 顶装焦炉炭化室高度<6.0米、捣固焦炉炭化室高度<5.5米，100万吨/年以下焦化项目，热回收焦炉的项目，单炉7.5万吨/年以下、每组30万吨/年以下、总年产60万吨以下的半焦（兰炭）项目
15. 3000千伏安及以上，未采用热装热兑工艺的中低碳锰铁、电炉金属锰和中低微碳铬铁精炼电炉
16. 300立方米以下锰铁高炉；300立方米及以上，但焦比高于1320千克/吨的锰铁高炉；规模小于10万吨/年的高炉锰铁企业
17. 1.25万千伏安以下的硅钙合金和硅钙钡铝合金矿热电炉；1.25万千伏安及以上，但硅钙合金电耗高于11000千瓦时/吨的矿热电炉
18. 1.65万千伏安以下硅铝合金矿热电炉；1.65万千伏安及以上，但硅铝合金电耗高于9000千瓦时/吨的矿热电炉

19. 2×2.5万千伏安以下普通铁合金矿热电炉（中西部具有独立运行的小水电及矿产资源优势的国家确定的重点贫困地区，矿热电炉容量<2×1.25万千伏安）；2×2.5万千伏安及以上，但变压器未选用有载电动多级调压的三相或三个单相节能型设备，未实现工艺操作机械化和控制自动化，硅铁电耗高于8500千瓦时/吨，工业硅电耗高于12000千瓦时/吨，电炉锰铁电耗高于2600千瓦时/吨，硅锰合金电耗高于4200千瓦时/吨，高碳铬铁电耗高于3200千瓦时/吨，硅铬合金电耗高于4800千瓦时/吨的普通铁合金矿热电炉

20. 采用间断浸出、间断送液的电解金属锰浸出工艺的项目；10000吨/年以下电解金属锰单条生产线（一台变压器），电解金属锰生产总规模为30000吨/年以下的项目

21. 采用反射炉焙烧钼精矿工艺或虽未采用反射炉焙烧钼精矿工艺但未配备SO_2回收装置的钼铁生产线

22. 采用反射炉还原、煅烧红矾钠、铬酐生产工艺的金属铬生产线

七、有色金属

1. 新建、扩建钨、锡、锑开采、冶炼项目
2. 新建、扩建钼金属资源量小于20万吨、开采规模小于100万吨/年的钼矿项目
3. 稀土开采、选矿、冶炼、分离项目（在确保产能总量不增加的前提下，有利于布局优化和兼并重组的项目除外）
4. 氧化锑、铅锡焊料生产项目
5. 单系列10万吨/年规模以下粗铜冶炼项目
6. 电解铝项目（淘汰落后生产能力置换项目及优化产业布局项目除外）
7. 铅冶炼项目（单系列5万吨/年规模及以上，不新增产能的技改和环保改造项目除外）
8. 单系列10万吨/年规模以下锌冶炼项目（直接浸出除外）
9. 镁冶炼项目（综合利用项目除外）
10. 10万吨/年以下的独立铝用炭素项目
11. 新建单系列生产能力5万吨/年及以下、改扩建单系列生产能力2万吨/年及以下，以及资源利用、能源消耗、环境保护等指标达不到行业准入条件要求的再生铅项目

八、黄金

1. 在林区、基本农田、河道中开采砂金项目

九、建材

1. 2000吨/日以下熟料新型干法水泥生产线，60万吨/年以下水泥粉磨站

2. 普通浮法玻璃生产线

3. 150 万平方米/年及以下的建筑陶瓷生产线

4. 60 万件/年以下的隧道窑卫生陶瓷生产线

5. 3000 万平方米/年以下的纸面石膏板生产线

6. 无碱、中碱玻璃球生产线、铂金坩埚球法拉丝玻璃纤维生产线

7. 粘土空心砖生产线（陕西、青海、甘肃、新疆、西藏、宁夏除外）和粘土实心砖生产线

8. 15 万平方米/年以下的石膏（空心）砌块生产线、单班 2.5 万立方米/年以下的混凝土小型空心砌块以及单班 15 万平方米/年以下的混凝土铺地砖固定式生产线、5 万立方米/年以下的人造轻集料（陶粒）生产线

9. 10 万立方米/年以下的加气混凝土生产线

10. 3000 万标砖/年以下的煤矸石、页岩烧结实心砖生产线

11. 10000 吨/年以下岩（矿）棉制品生产线和 8000 吨/年以下玻璃棉制品生产线

12. 100 万米/年及以下预应力高强混凝土离心桩生产线

13. 预应力钢筒混凝土管（简称 PCCP 管）生产线：PCCP－L 型：年设计生产能力≤50 千米，PCCP－E 型：年设计生产能力≤30 千米

十、医药

1. 新建、扩建古龙酸和维生素 C 原粉（包括药用、食品用和饲料用、化妆品用）生产装置，新建药品、食品、饲料、化妆品等用途的维生素 B1、维生素 B2、维生素 B12（综合利用除外）、维生素 E 原料生产装置

2. 新建青霉素工业盐、6－氨基青霉烷酸（6－APA）、化学法生产 7－氨基头孢烷酸（7－ACA）、7－氨基－3－去乙酰氧基头孢烷酸（7－ADCA）、青霉素 V、氨苄青霉素、羟氨苄青霉素、头孢菌素 c 发酵、土霉素、四环素、氯霉素、安乃近、扑热息痛、林可霉素、庆大霉素、双氢链霉素、丁胺卡那霉素、麦迪霉素、柱晶白霉素、环丙氟哌酸、氟哌酸、氟嗪酸、利福平、咖啡因、柯柯豆碱生产装置

3. 新建紫杉醇（配套红豆杉种植除外）、植物提取法黄连素（配套黄连种植除外）生产装置

4. 新建、改扩建药用丁基橡胶塞、二步法生产输液用塑料瓶生产装置

5. 新开办无新药证书的药品生产企业

6. 新建及改扩建原料含有尚未规模化种植或养殖的濒危动植物药材的产品生产装置

7. 新建、改扩建充汞式玻璃体温计、血压计生产装置、银汞齐齿科材料、新建 2 亿支/年以下一次性注射器、输血器、输液器生产装置

十一、机械

1. 2臂及以下凿岩台车制造项目
2. 装岩机（立爪装岩机除外）制造项目
3. 3立方米及以下小矿车制造项目
4. 直径2.5米及以下绞车制造项目
5. 直径3.5米及以下矿井提升机制造项目
6. 40平方米及以下筛分机制造项目
7. 直径700毫米及以下旋流器制造项目
8. 800千瓦及以下采煤机制造项目
9. 斗容3.5立方米及以下矿用挖掘机制造项目
10. 矿用搅拌、浓缩、过滤设备（加压式除外）制造项目
11. 低速汽车（三轮汽车、低速货车）（自2015年起执行与轻型卡车同等的节能与排放标准）
12. 单缸柴油机制造项目
13. 配套单缸柴油机的皮带传动小四轮拖拉机，配套单缸柴油机的手扶拖拉机，滑动齿轮换档、排放达不到要求的50马力以下轮式拖拉机
14. 30万千瓦及以下常规燃煤火力发电设备制造项目（综合利用．热电联产机组除外）
15. 电线、电缆制造项目（用于新能源、信息产业、航天航空、轨道交通、海洋工程等领域的特种电线电缆除外）
16. 非数控金属切削机床制造项目
17. 6300千牛及以下普通机械压力机制造项目
18. 非数控剪板机、折弯机、弯管机制造项目
19. 普通高速钢钻头、铣刀、锯片、丝锥、板牙项目
20. 棕刚玉、绿碳化硅、黑碳化硅等烧结块及磨料制造项目
21. 直径450毫米以下的各种结合剂砂轮（钢轨打磨砂轮除外）
22. 直径400毫米及以下人造金刚石切割锯片制造项目
23. P0级、直径60毫米以下普通微小型轴承制造项目
24. 220千伏及以下电力变压器（非晶合金、卷铁芯等节能配电变压器除外）
25. 220千伏及以下高、中、低压开关柜制造项目（使用环保型中压气体的绝缘开关柜除外）
26. 酸性碳钢焊条制造项目
27. 民用普通电度表制造项目
28. 8.8级以下普通低档标准紧固件制造项目
29. 驱动电动机功率560千瓦及以下、额定排气压力1.25兆帕及以下，一般用

固定的往复活塞空气压缩机制造项目

30. 普通运输集装干箱项目
31. 56 英寸及以下单级中开泵制造项目
32. 通用类 10 兆帕及以下中低压碳钢阀门制造项目
33. 5 吨/小时及以下短炉龄冲天炉
34. 有色合金六氯乙烷精炼、镁合金 SF6 保护
35. 冲天炉熔化采用冶金焦
36. 采用无再生的水玻璃砂造型制芯工艺的项目
37. 盐浴氮碳、硫氮碳共渗炉及盐
38. 电子管高频感应加热设备
39. 亚硝盐缓蚀、防腐剂
40. 铸/锻造用燃油加热炉
41. 锻造用燃煤加热炉
42. 手动燃气锻造炉
43. 蒸汽锤
44. 弧焊变压器
45. 含铅和含镉钎料
46. 新建全断面掘进机整机组装项目
47. 新建万吨级以上自由锻造液压机项目
48. 新建普通铸锻件项目
49. 动圈式和抽头式手工焊条弧焊机
50. Y 系列（IP44）三相异步电动机（机座号 80～355）及其派生系列，Y2 系列（IP54）三相异步电动机（机座号 63～355）
51. 背负式手动压缩式喷雾器
52. 背负式机动喷雾喷粉机
53. 手动插秧机
54. 青铜制品的茶叶加工机械
55. 双盘摩擦压力机
56. 含铅粉末冶金件
57. 出口船舶分段建造项目
58. 新建风电装备整机制造厂项目
59. 排放标准国三及以下的机动车用发动机
60. 4 档及以下机械式车用自动变速箱（AT）

十二、轻工

1. 聚氯乙烯普通人造革生产线

2. 年加工生皮能力20万标张牛皮以下的生产线，年加工蓝湿皮能力10万标张牛皮以下的生产线

3. 超薄型（厚度低于0.015毫米）塑料袋和超薄型（厚度低于0.025毫米）塑料购物袋生产

4. 新建以含氢氯氟烃（HCFCs）为发泡剂的聚氨酯泡沫塑料生产线、连续挤出聚苯乙烯泡沫塑料（XPS）生产线

5. 聚氯乙烯（PVC）食品保鲜包装膜

6. 普通照明白炽灯、高压汞灯

7. 最高转速低于4000针/分的平缝机（不含厚料平缝机）和最高转速低于5000针/分的包缝机

8. 电子计价秤（准确度低于最大称量的1/3000，称量≤15千克）、电子皮带秤（准确度低于最大称量的5/1000）、电子吊秤（准确度低于最大称量的1/1000，称量≤50吨）、弹簧度盘秤（准确度低于最大称量的1/400，称量≤8千克）

9. 电子汽车衡（准确度低于最大称量的1/3000，称量≤300吨）、电子静态轨道衡（准确度低于最大称量的1/3000，称量≤150吨）、电子动态轨道衡（准确度低于最大称量的1/500，称量≤150吨）

10. 玻璃保温瓶胆生产线

11. 3万吨/年及以下的玻璃瓶罐生产线

12. 以人工操作方式制备玻璃配合料及秤量

13. 未达到日用玻璃行业清洁生产评价指标体系规定指标的玻璃窑炉

14. 生产能力小于18000瓶/时的啤酒灌装生产线

15. 羰基合成法及齐格勒法生产的脂肪醇产品

16. 热法生产三聚磷酸钠生产线

17. 单层喷枪洗衣粉生产工艺及装备、1.6吨/小时以下规模磺化装置

18. 糊式锌锰电池、镉镍电池

19. 牙膏生产线

20. 100万吨/年以下北方海盐项目；新建南方海盐盐场项目；60万吨/年以下矿（井）盐项目

21. 单色金属板胶印机

22. 新建单条化学木浆30万吨/年以下、化学机械木浆10万吨/年以下、化学竹浆10万吨/年以下的生产线；新闻纸、铜版纸生产线

23. 元素氯漂白制浆工艺

24. 原糖加工项目及日处理甘蔗5000吨（云南地区3000吨）、日处理甜菜3000吨以下的新建项目

25. 白酒生产线

26. 酒精生产线

27. 5万吨/年及以下且采用等电离交工艺的味精生产线

28. 糖精等化学合成甜味剂生产线

29. 浓缩苹果汁生产线

30. 大豆压榨及浸出项目（黑龙江、吉林、内蒙古大豆主产区除外）；东、中部地区单线日处理油菜籽、棉籽200吨及以下，花生100吨及以下的油料加工项目；西部地区单线日处理油菜籽、棉籽、花生等油料100吨及以下的加工项目

31. 年加工玉米30万吨以下、绝干收率在98%以下玉米淀粉湿法生产线

32. 年屠宰生猪15万头及以下、肉牛1万头及以下、肉羊15万只及以下、活禽1000万只及以下的屠宰建设项目（少数民族地区除外）

33. 3000吨/年及以下的西式肉制品加工项目

34. 2000吨/年及以下的酵母加工项目

35. 冷冻海水鱼糜生产线

十三、纺织

1. 单线产能小于10万吨/年的常规聚酯（PET）连续聚合生产装置

2. 采用常规聚酯的对苯二甲酸二甲酯（DMT）法生产工艺的项目

3. 半连续纺粘胶长丝生产线

4. 间歇式氨纶聚合生产装置

5. 常规化纤长丝用锭轴长1200毫米及以下的半自动卷绕设备

6. 粘胶板框式过滤机

7. 单线产能≤1000吨/年、幅宽≤2米的常规丙纶纺粘法非织造布生产线

8. 25公斤/小时以下梳棉机

9. 200钳次/分钟以下的棉精梳机

10. 5万转/分钟以下自排杂气流纺设备

11. FA502、FA503细纱机

12. 入纬率小于600米/分钟的剑杆织机，入纬率小于700米/分钟的喷气织机，入纬率小于900米/分钟的喷水织机

13. 采用聚乙烯醇浆料（PVA）上浆工艺及产品（涤棉产品，纯棉的高支高密产品除外）

14. 吨原毛洗毛用水超过20吨的洗毛工艺与设备

15. 双宫丝和柞蚕丝的立式缫丝工艺与设备

16. 采用绞纱染色工艺项目

17. 亚氯酸钠漂白设备

十四、烟草

1. 卷烟加工项目

十五、消防

1. 火灾自动报警设备项目
2. 灭火器项目
3. 碳酸氢钠干粉（BC）和环保型水系灭火剂
4. 防火门项目
5. 消防水带项目
6. 消防栓（室内、外）项目
7. 普通消防车（罐类、专项类）项目

十六、民爆产品

1. 非人机隔离的非连续化、自动化雷管装配生产线
2. 非连续化、自动化炸药生产线
3. 高污染的起爆药生产线
4. 高能耗、高污染、低性能工业粉状炸药生产线

十七、其他

1. 别墅类房地产开发项目
2. 高尔夫球场项目
3. 赛马场项目
4. 党政机关（含国有企事业单位）新建、改扩建培训中心（基地）和各类具有住宿、会议、餐饮等接待功能的设施或场所建设项目
5. 未依法取得探矿权的矿产资源勘查项目
6. 未依法取得采矿权的矿产资源开采项目

闲置土地处置办法

（1999年4月26日国土资源部第六次部长办公会议通过　2012年5月22日国土资源部第一次部务会议修订）

第一章　总　则

第一条　为有效处置和充分利用闲置土地，规范土地市场行为，促进节约集约用地，根据《中华人民共和国土地管理法》、《中华人民共和国城市房地产管理法》及有关法律、行政法规，制定本办法。

第二条　本办法所称闲置土地，是指国有建设用地使用权人超过国有建设用地使用权有偿使用合同或者划拨决定书约定、规定的动工开发日期满一年未动工开发的国有建设用地。

已动工开发但开发建设用地面积占应动工开发建设用地总面积不足三分之一或者已投资额占总投资额不足百分之二十五，中止开发建设满一年的国有建设用地，也可以认定为闲置土地。

第三条　闲置土地处置应当符合土地利用总体规划和城乡规划，遵循依法依规、促进利用、保障权益、信息公开的原则。

第四条　市、县国土资源主管部门负责本行政区域内闲置土地的调查认定和处置工作的组织实施。

上级国土资源主管部门对下级国土资源主管部门调查认定和处置闲置土地工作进行监督管理。

第二章　调查和认定

第五条　市、县国土资源主管部门发现有涉嫌构成本办法第二条规定的闲置土地的，应当在三十日内开展调查核实，向国有建设用地使用权人发出《闲置土地调查通知书》。

国有建设用地使用权人应当在接到《闲置土地调查通知书》之日起三十日内，按照要求提供土地开发利用情况、闲置原因以及相关说明等材料。

第六条　《闲置土地调查通知书》应当包括下列内容：

（一）国有建设用地使用权人的姓名或者名称、地址；

（二）涉嫌闲置土地的基本情况；

（三）涉嫌闲置土地的事实和依据；

（四）调查的主要内容及提交材料的期限；

（五）国有建设用地使用权人的权利和义务；

（六）其他需要调查的事项。

第七条 市、县国土资源主管部门履行闲置土地调查职责，可以采取下列措施：

（一）询问当事人及其他证人；

（二）现场勘测、拍照、摄像；

（三）查阅、复制与被调查人有关的土地资料；

（四）要求被调查人就有关土地权利及使用问题作出说明。

第八条 有下列情形之一，属于政府、政府有关部门的行为造成动工开发延迟的，国有建设用地使用权人应当向市、县国土资源主管部门提供土地闲置原因说明材料，经审核属实的，依照本办法第十二条和第十三条规定处置：

（一）因未按照国有建设用地使用权有偿使用合同或者划拨决定书约定、规定的期限、条件将土地交付给国有建设用地使用权人，致使项目不具备动工开发条件的；

（二）因土地利用总体规划、城乡规划依法修改，造成国有建设用地使用权人不能按照国有建设用地使用权有偿使用合同或者划拨决定书约定、规定的用途、规划和建设条件开发的；

（三）因国家出台相关政策，需要对约定、规定的规划和建设条件进行修改的；

（四）因处置土地上相关群众信访事项等无法动工开发的；

（五）因军事管制、文物保护等无法动工开发的；

（六）政府、政府有关部门的其他行为。

因自然灾害等不可抗力导致土地闲置的，依照前款规定办理。

第九条 经调查核实，符合本办法第二条规定条件，构成闲置土地的，市、县国土资源主管部门应当向国有建设用地使用权人下达《闲置土地认定书》。

第十条《闲置土地认定书》应当载明下列事项：

（一）国有建设用地使用权人的姓名或者名称、地址；

（二）闲置土地的基本情况；

（三）认定土地闲置的事实、依据；

（四）闲置原因及认定结论；

（五）其他需要说明的事项。

第十一条 《闲置土地认定书》下达后，市、县国土资源主管部门应当通过门户网站等形式向社会公开闲置土地的位置、国有建设用地使用权人名称、闲置时间等信息；属于政府或者政府有关部门的行为导致土地闲置的，应当同时公开闲置原因，并书面告知有关政府或者政府部门。

上级国土资源主管部门应当及时汇总下级国土资源主管部门上报的闲置土地信息，并在门户网站上公开。

闲置土地在没有处置完毕前，相关信息应当长期公开。闲置土地处置完毕后，应当及时撤销相关信息。

第三章　处置和利用

第十二条　因本办法第八条规定情形造成土地闲置的，市、县国土资源主管部门应当与国有建设用地使用权人协商，选择下列方式处置：

（一）延长动工开发期限。签订补充协议，重新约定动工开发、竣工期限和违约责任。从补充协议约定的动工开发日期起，延长动工开发期限最长不得超过一年；

（二）调整土地用途、规划条件。按照新用途或者新规划条件重新办理相关用地手续，并按照新用途或者新规划条件核算、收缴或者退还土地价款。改变用途后的土地利用必须符合土地利用总体规划和城乡规划；

（三）由政府安排临时使用。待原项目具备开发建设条件，国有建设用地使用权人重新开发建设。从安排临时使用之日起，临时使用期限最长不得超过两年；

（四）协议有偿收回国有建设用地使用权；

（五）置换土地。对已缴清土地价款、落实项目资金，且因规划依法修改造成闲置的，可以为国有建设用地使用权人置换其他价值相当、用途相同的国有建设用地进行开发建设。涉及出让土地的，应当重新签订土地出让合同，并在合同中注明为置换土地；

（六）市、县国土资源主管部门还可以根据实际情况规定其他处置方式。

除前款第四项规定外，动工开发时间按照新约定、规定的时间重新起算。

符合本办法第二条第二款规定情形的闲置土地，依照本条规定的方式处置。

第十三条　市、县国土资源主管部门与国有建设用地使用权人协商一致后，应当拟订闲置土地处置方案，报本级人民政府批准后实施。

闲置土地设有抵押权的，市、县国土资源主管部门在拟订闲置土地处置方案时，应当书面通知相关抵押权人。

第十四条　除本办法第八条规定情形外，闲置土地按照下列方式处理：

（一）未动工开发满一年的，由市、县国土资源主管部门报经本级人民政府批准后，向国有建设用地使用权人下达《征缴土地闲置费决定书》，按照土地出让或者划拨价款的百分之二十征缴土地闲置费。土地闲置费不得列入生产成本；

（二）未动工开发满两年的，由市、县国土资源主管部门按照《中华人民共和国土地管理法》第三十七条和《中华人民共和国城市房地产管理法》第二十六条的规定，报经有批准权的人民政府批准后，向国有建设用地使用权人下达《收回国有建设用地使用权决定书》，无偿收回国有建设用地使用权。闲置土地设有抵押权的，同时抄送相关土地抵押权人。

第十五条　市、县国土资源主管部门在依照本办法第十四条规定作出征缴土地闲置费、收回国有建设用地使用权决定前，应当书面告知国有建设用地使用权人有申请听证的权利。国有建设用地使用权人要求举行听证的，市、县国土资源主管部门应当依照《国土资源听证规定》依法组织听证。

第十六条 《征缴土地闲置费决定书》和《收回国有建设用地使用权决定书》应当包括下列内容：

（一）国有建设用地使用权人的姓名或者名称、地址；

（二）违反法律、法规或者规章的事实和证据；

（三）决定的种类和依据；

（四）决定的履行方式和期限；

（五）申请行政复议或者提起行政诉讼的途径和期限；

（六）作出决定的行政机关名称和作出决定的日期；

（七）其他需要说明的事项。

第十七条 国有建设用地使用权人应当自《征缴土地闲置费决定书》送达之日起三十日内，按照规定缴纳土地闲置费；自《收回国有建设用地使用权决定书》送达之日起三十日内，到市、县国土资源主管部门办理国有建设用地使用权注销登记，交回土地权利证书。

国有建设用地使用权人对《征缴土地闲置费决定书》和《收回国有建设用地使用权决定书》不服的，可以依法申请行政复议或者提起行政诉讼。

第十八条 国有建设用地使用权人逾期不申请行政复议、不提起行政诉讼，也不履行相关义务的，市、县国土资源主管部门可以采取下列措施：

（一）逾期不办理国有建设用地使用权注销登记，不交回土地权利证书的，直接公告注销国有建设用地使用权登记和土地权利证书；

（二）申请人民法院强制执行。

第十九条 对依法收回的闲置土地，市、县国土资源主管部门可以采取下列方式利用：

（一）依据国家土地供应政策，确定新的国有建设用地使用权人开发利用；

（二）纳入政府土地储备；

（三）对耕作条件未被破坏且近期无法安排建设项目的，由市、县国土资源主管部门委托有关农村集体经济组织、单位或者个人组织恢复耕种。

第二十条 闲置土地依法处置后土地权属和土地用途发生变化的，应当依据实地现状在当年土地变更调查中进行变更，并依照有关规定办理土地变更登记。

第四章 预防和监管

第二十一条 市、县国土资源主管部门供应土地应当符合下列要求，防止因政府、政府有关部门的行为造成土地闲置：

（一）土地权利清晰；

（二）安置补偿落实到位；

（三）没有法律经济纠纷；

（四）地块位置、使用性质、容积率等规划条件明确；

（五）具备动工开发所必需的其他基本条件。

第二十二条　国有建设用地使用权有偿使用合同或者划拨决定书应当就项目动工开发、竣工时间和违约责任等作出明确约定、规定。约定、规定动工开发时间应当综合考虑办理动工开发所需相关手续的时限规定和实际情况，为动工开发预留合理时间。

因特殊情况，未约定、规定动工开发日期，或者约定、规定不明确的，以实际交付土地之日起一年为动工开发日期。实际交付土地日期以交地确认书确定的时间为准。

第二十三条　国有建设用地使用权人应当在项目开发建设期间，及时向市、县国土资源主管部门报告项目动工开发、开发进度、竣工等情况。

国有建设用地使用权人应当在施工现场设立建设项目公示牌，公布建设用地使用权人、建设单位、项目动工开发、竣工时间和土地开发利用标准等。

第二十四条　国有建设用地使用权人违反法律法规规定和合同约定、划拨决定书规定恶意囤地、炒地的，依照本办法规定处理完毕前，市、县国土资源主管部门不得受理该国有建设用地使用权人新的用地申请，不得办理被认定为闲置土地的转让、出租、抵押和变更登记。

第二十五条　市、县国土资源主管部门应当将本行政区域内的闲置土地信息按宗录入土地市场动态监测与监管系统备案。闲置土地按照规定处置完毕后，市、县国土资源主管部门应当及时更新该宗土地相关信息。

闲置土地未按照规定备案的，不得采取本办法第十二条规定的方式处置。

第二十六条　市、县国土资源主管部门应当将国有建设用地使用权人闲置土地的信息抄送金融监管等部门。

第二十七条　省级以上国土资源主管部门可以根据情况，对闲置土地情况严重的地区，在土地利用总体规划、土地利用年度计划、建设用地审批、土地供应等方面采取限制新增加建设用地、促进闲置土地开发利用的措施。

第五章　法律责任

第二十八条　市、县国土资源主管部门未按照国有建设用地使用权有偿使用合同或者划拨决定书约定、规定的期限、条件将土地交付给国有建设用地使用权人，致使项目不具备动工开发条件的，应当依法承担违约责任。

第二十九条　县级以上国土资源主管部门及其工作人员违反本办法规定，有下列情形之一的，依法给予处分；构成犯罪的，依法追究刑事责任：

（一）违反本办法第二十一条的规定供应土地的；

（二）违反本办法第二十四条的规定受理用地申请和办理土地登记的；

（三）违反本办法第二十五条的规定处置闲置土地的；

（四）不依法履行闲置土地监督检查职责，在闲置土地调查、认定和处置工作中徇私舞弊、滥用职权、玩忽职守的。

第六章　附　则

第三十条　本办法中下列用语的含义：

动工开发：依法取得施工许可证后，需挖深基坑的项目，基坑开挖完毕；使用桩基的项目，打入所有基础桩；其他项目，地基施工完成三分之一。

已投资额、总投资额：均不含国有建设用地使用权出让价款、划拨价款和向国家缴纳的相关税费。

第三十一条　集体所有建设用地闲置的调查、认定和处置，参照本办法有关规定执行。

第三十二条　本办法自2012年7月1日起施行。

国土资源部、国务院侨务办公室关于做好华侨农场土地保护和开发利用工作的意见

（国土资发〔2013〕116号）

吉林、福建、江西、广东、广西、海南、云南省（区）国土资源主管部门、侨务办公室：

华侨农场国有土地是广大归难侨职工赖以生存的重要生产资料，是华侨农场发展的资源保障。近年来，通过全面开展土地确权登记工作，华侨农场及归难侨职工土地权益得到有效保障，土地开发利用成效显著，经济社会得到较快发展，广大职工特别是归难侨的生活大大改善。但各地在开发利用华侨农场土地过程中，也不同程度存在一些问题，影响了改革的深入和华侨农场的发展。

为加强华侨农场土地保护和开发利用管理，切实维护华侨农场及广大职工的土地权益，根据《国务院关于推进华侨农场改革和发展的意见》（国发〔2007〕6号）和国务院侨务办公室等十部门《关于进一步推进华侨农场改革和发展工作的意见》（国侨发〔2012〕29号）精神，现提出以下意见：

一、认真做好华侨农场土地保护工作

（一）全面完成华侨农场土地确权工作。坚持按照尊重历史、面对现实的原则，依法加大对华侨农场土地权属争议调处力度，及早解决土地权属纠纷，全面完成华侨农场土地确权工作；结合日常地籍管理，强化华侨农场土地权益保护，避免已确权土地再次产生争议。已登记的华侨农场土地被周边农村集体、农民个人以及其他单位非法侵占的，要坚决依法责令退回。

（二）深化华侨农场土地经营体制改革。稳定和完善以职工家庭土地承包经营为基础、统分结合的双层经营体制，保障承包户对土地的使用、收益等权利。在承包期内，华侨农场不得强制收回土地承包经营权；确需改变职工家庭土地承包权、承包期、承包费的，应事先征得承包户同意；涉及土地范围较大、承包户较多时，应制定合理的调整和补偿方案，经农场职工代表大会讨论通过并予公示。坚持按照依法、有偿、自愿的原则，规范有序推进华侨农场土地承包经营权的流转。承包户流转土地承包经营权应当签订书面合同，并报华侨农场备案。

（三）落实华侨农场耕地与基本农田保护政策。各地在开发利用华侨农场土地过程中，必须严格遵守耕地保护政策，严格执行土地用途管制制度及占用耕地补偿制度，切实做到耕地占补平衡；根据华侨农场实际及当地经济社会发展的需要，合理

确定华侨农场范围内基本农田数量和区位；严格执行基本农田保护政策，确保土地利用总体规划范围内的基本农田总量不减少、用途不改变、质量有提高。严禁擅自通过调整华侨农场隶属关系、撤销华侨农场建制等方式收回华侨农场土地或改变华侨农场农用地用途。

二、有序推进华侨农场土地开发利用

（四）加强华侨农场土地利用规划。各地应按照循序渐进、集约发展的原则，合理确定华侨农场区域功能、产业定位和发展规模，并将华侨农场用地纳入当地土地利用总体规划及城乡规划统筹安排。华侨农场产业布局及其他专项规划应当与土地利用总体规划相衔接。依据规划有序开展各项土地开发利用活动，不断提高土地节约集约利用水平。

（五）大力推进高标准基本农田建设。切实加大华侨农场土地综合整治力度，积极开展土地整理复垦开发，加大农业物质技术装备投入，加强农业设施建设，提升华侨农场耕地地力等级和农业生产能力。各地在安排国家农田水利建设、农业综合开发、土地开发整理、耕地质量建设、农田林网建设等项目时，对符合条件的华侨农场给予适当倾斜。鼓励和支持基本农田集中连片的华侨农场推进高标准基本农田建设。

（六）鼓励华侨农场发展农业规模化经营。鼓励和支持承包土地向专业大户、家庭农场、农民合作社流转，发展多种形式的适度规模经营；引导职工家庭经营更多地采用先进适用技术和现代生产要素，加快转变农业生产经营方式。积极培育壮大农业产业化龙头企业，鼓励和引导侨资、民营资本等到华侨农场发展适合企业化经营的种养业，切实将符合条件的企业纳入各项支农强农惠农补贴补助范围。

（七）积极支持华侨农场产业发展用地需求。各地国土资源主管部门在安排土地利用年度计划时，要充分考虑华侨农场发展的需求，安排好华侨农场的建设用地。对华侨农场调整优化产业结构，发展现代高效农业，高技术、高附加值、低消耗、低排放的新产业、新工艺、新产品以及旅游文化服务等第三产业，在项目用地上给予适当倾斜。严格控制环境危害大、土地利用强度低、投入产出效益差的项目用地。

（八）节约集约开发利用华侨农场土地。鼓励有条件的华侨农场，规范运用城乡建设用地增减挂钩等政策，优化华侨农场建设用地布局，推进节约集约用地。严格执行闲置土地处置政策，优先开发利用空闲、废弃、闲置和低效利用的土地，努力提高建设用地利用效率。严格执行《工业项目建设用地控制指标》（国土资发〔2008〕24 号）、国家和地方颁布的建设项目用地标准，加强标准执行情况的监测监管，在建、已建项目达不到相关标准的，按土地出让合同承担违约责任，避免利用产业项目圈地占地。

（九）积极支持华侨农场城镇化建设用地。有条件的地方，可以在自愿基础上有序推进职工住宅小区建设，引导职工向场镇居民点集中居住，多渠道筹措建设资金，不断改善职工居住条件和居住环境。重点支持华侨农场职工集中居住点，优先安排华侨农场水、电、路网等基础设施建设用地，保障教育、医疗、安置住房等民生用地，提高基础设施建设和社会公共服务水平。

三、切实保障华侨农场及职工土地权益

（十）规范华侨农场国有土地使用权收回行为。因国家经济建设或地方公益性建设需要，收回华侨农场农用地的，涉及农用地转用的需依法办理农用地转用审批手续，并按照国土资源部、国务院侨务办公室等十部委联合印发的国侨发〔2012〕29号文规定的补偿标准给予补偿；收回华侨农场建设用地的，应按照《国土资源部农业部关于加强国有农场土地使用管理的意见》（国土资发〔2008〕202号）规定的补偿标准给予补偿；征收华侨农场国有土地上房屋的，应按照《国有土地上房屋征收与补偿条例》规定的补偿标准给予补偿。依法收回的华侨农场国有建设用地使用权不符合法定划拨供地范围的，应当实行有偿使用；用于工业、商业、旅游、娱乐和商品住宅等经营性用途的，应当实行招标、拍卖或者挂牌方式供地。

对拟收回的华侨农场土地使用权，在依法报批前，参照集体土地征收办法进行告知、确认、听证，将拟收回土地的权利人名称、用途、位置、面积、补偿标准、安置途径等告知该农场和所涉及的职工。应当书面告知华侨农场国有建设用地使用权人有申请听证的权利，权利人要求举行听证的，市、县国土资源主管部门应当依照《国土资源听证规定》依法组织听证。对拟收回土地的现状调查结果，应当经该农场和所涉及的职工确认，并将该农场和所涉及职工的知情、确认等有关材料作为收回土地报批的必备材料。

（十一）切实做好失地人员的补偿安置工作。坚持先补偿安置、后开发利用的原则，补偿资金和安置方案不落实的，不得收回华侨农场土地。土地补偿费应当归农场所有，农场对土地补偿费的使用应主要用于被收回土地的农场职工；安置补助费应专项用于被收回土地的农场职工安置支出；地上附着物及青苗补偿费归地上附着物及青苗的所有者所有。各项补偿费用应当及时足额支付给农场和被收回土地的农场职工，任何单位和个人不得截留、挤占和挪用。住房安置应按照“先建新、后拆旧”的原则，确保收回华侨农场土地及征收国有土地上房屋等工作平稳有序进行。土地出让所得中应安排适当资金补助失地人员社会保障支出，逐步建立归难侨生活保障的长效机制。加强就业创业培训，拓宽就业渠道，创造失地人员自主就业创业的条件。

（十二）建立健全华侨农场土地收益分配机制。华侨农场土地出让和增值收益，要严格遵照国土资源部、国务院侨务办公室等十部委联合印发的国侨发〔2012〕29号文有关规定，优先用于解决华侨农场基础设施建设及归难侨民生问题。华侨农场整合原有资产涉及的原划拨建设用地改变用途用于经营性物业开发的，经规划部门同意并报经市县人民政府批准，可以办理协议出让等有偿用地手续；原出让土地改

变用途的，经出让方和规划部门同意，市县国土资源主管部门可以与原土地使用权人签订国有土地出让合同变更协议或重新签订出让合同，补缴土地出让金，并按规定办理土地变更登记。华侨农场原有资产和土地资源整合中涉及农用地转为建设用地的，应当在依法办理农用地转用、收回等相关手续后，依法依规供地；不符合划拨和协议出让范围的，应当采取招标拍卖挂牌等方式出让。华侨农场应当因地制宜发展特色产业，切实提高经营收益，为归难侨职工提供长远生活保障。要进一步深化华侨农场体制改革，尽快与财政、税收、土地等政策做好衔接，落实地方政府各类补贴、返还政策，不断建立和完善各类补贴、返还承接机制，以满足华侨农场长远发展需要。

（十三）切实维护华侨农场及其职工的合法土地权益。各地要加强对华侨农场土地保护和开发利用工作的组织领导，坚决贯彻落实加强土地管理的各项政策措施，严肃查处擅自改变华侨农场土地用途和非法侵占华侨农场土地的行为，切实维护华侨农场及其职工的合法土地权益。

各地国土资源、侨务主管部门要加强协调配合，做好政策落实情况的监督检查。政策执行中的问题和意见请及时报告上级部门。

国土资源部

国务院侨务办公室

二〇一三年十月二十八日

国土资源部办公厅关于印发《养老服务设施用地指导意见》的通知

（国土资厅发〔2014〕11 号）

各省、自治区、直辖市国土资源主管部门，新疆生产建设兵团国土资源局，计划单列市国土资源主管部门：

为贯彻落实《国务院关于加快发展养老服务业的若干意见》（国发〔2013〕35 号）文件精神，保障养老服务设施用地供应，规范养老服务设施用地开发利用管理，大力支持养老服务业发展，部制定了《养老服务设施用地指导意见》（以下简称《意见》），现予印发，请结合本地实际认真贯彻执行。

本通知自下发之日起执行，有效期五年。

国土资源部办公厅

二〇一四年四月十七日

附件：

养老服务设施用地指导意见

一、合理界定养老服务设施用地范围。专门为老年人提供生活照料、康复护理、托管等服务的房屋和场地设施占用土地，可确定为养老服务设施用地。老年酒店、宾馆、会所、商场、俱乐部等商业性设施占用土地，不属于本《意见》中的养老服务设施用地。

二、依法确定养老服务设施土地用途和年期。养老服务设施用地在办理供地手续和土地登记时，土地用途应确定为医卫慈善用地。

依据《土地利用现状分类》（GB/T 21010—2007），规划为公共管理用地、公共服务用地中的医卫慈善用地，可布局和安排养老服务设施用地，其他用地中只能配套建设养老服务设施用房并分摊相应的土地面积。

养老服务设施用地以出让方式供应的，建设用地使用权出让年限按最高不超过 50 年确定。以租赁方式供应的，租赁年限在合同中约定，最长租赁期限不得超过同类用途土地出让最高年期。

三、规范编制养老服务设施供地计划。养老服务设施用地供应应当纳入国有建设用地供应计划。新建城区和居住小区配建养老服务设施用地的，建设规模应一并纳入住房建设用地供应计划；新建养老机构服务设施用地的，应根据城乡规划布局要求，统筹考虑，分期分阶段纳入国有建设用地供应计划。对闲置土地依法处置后由政府收回的，规划用途符合要求的，可优先用于养老服务设施用地，一并纳入国有建设用地供应计划。

四、细化养老服务设施供地政策。经养老主管部门认定的非营利性养老服务机构的，其养老服务设施用地可采取划拨方式供地。民间资本举办的非营利性养老服务机构，经养老主管部门认定后同意变更为营利性养老服务机构的，其养老服务设施用地应当报经市、县人民政府批准后，可以办理协议出让（租赁）土地手续，补缴土地出让金（租金）。但法律法规规章和原《国有建设用地划拨决定书》明确应当收回划拨建设用地使用权的除外。

营利性养老服务设施用地，应当以租赁、出让等有偿方式供应，原则上以租赁方式为主。土地出让（租赁）计划公布后，同一宗养老服务设施用地有两个或者两个以上意向用地者的，应当以招标、拍卖或者挂牌方式供地。以招标、拍卖或者挂牌方式供应养老服务设施用地时，不得设置要求竞买人具备相应资质、资格等影响公平公正竞争的限制条件。房地产用地中配套建设养老服务设施的，可将养老服务设施的建设要求作为出让条件，但不得将养老服务机构的资格或资信等级等作为出让条件。

五、鼓励租赁供应养老服务设施用地。为降低营利性养老服务机构的建设成本，各地可制订养老服务设施用地以出租或先租后让供应的鼓励政策和租金标准，明确相应的权利和义务，向社会公开后执行。市县国土资源管理部门与用地者应当签订养老服务设施用地租赁合同，约定租赁国有建设用地的出租人和承租人、地块的位置、用途、面积、空间范围、容积率、租期、租金标准及调整时间和方式、到期处置与续期或出让等内容。

六、实行养老服务设施用地分类管理。新建城区和居住（小）区按规定配建养老服务设施，依据规划用途可以划分为不同宗地的，应当先行分割成不同宗地，再按宗供应；不能分宗的，应当明确养老服务设施用地、社区其他用途土地的面积比例和供应方式。

新建养老服务机构项目用地涉及新增建设用地，符合土地利用总体规划和城乡规划的，应当在土地利用年度计划指标中优先予以安排。

新建养老服务设施用地依据规划单独办理供地手续的，其宗地面积原则上控制在3公顷以下。有集中配建医疗、保健、康复等医卫设施的，不得超过5公顷。新建城区和居住（小）区按规定配建养老服务设施用地，应当在《国有建设用地使用权出让合同》或《国有建设用地划拨决定书》中予以特别说明，应明确配建的面积、容积率、开发投资条件和开发建设周期，以及建成后交付、运营、管理、后续监管的方式等。

七、加强养老服务设施用地监管。在核发国有建设用地划拨决定书、签订出让合同和租赁合同时，应当作出以下规定或者约定：

（一）建设用地使用权可以整体转让和转租、不得分割转让和转租；

（二）不得改变规划确定的土地用途，改变用途用于住宅、商业等房地产开发的，由市、县国土资源管理部门依法收回建设用地使用权；

（三）签订出让合同和租赁合同时，应当约定出让或租赁建设用地使用权可以设定抵押权。划拨建设用地要设定抵押权，在核发划拨决定书时，应当约定划拨建设用地使用权不得单独设定抵押权，设定房地产抵押权的建设用地使用权是以划拨方式取得的，应当从拍卖所得的价款中缴纳相当于应缴纳的土地使用权出让金的款额后，抵押权人方可优先受偿；

（四）养老服务设施用地内建设的老年公寓、宿舍等居住用房，可参照公共租赁住房套型建筑面积标准，限定在40平方米以内；

（五）向符合养老申请条件的老年人出租老年公寓、宿舍等居住用房的，出租服务合同应约定服务期限一次最长不能超过5年，期限届满，原承租人有优先承租权。

八、鼓励盘活存量用地用于养老服务设施建设。对营利性养老服务机构利用存量建设用地从事养老设施建设，涉及划拨建设用地使用权出让（租赁）或转让的，在原土地用途符合规划的前提下，可不改变土地用途，允许补缴土地出让金（租金），办理协议出让或租赁手续。在符合规划的前提下，在已建成的住宅小区内增加非营利性养老服务设施建筑面积的，可不增收土地价款。若后续调整为营利性养老服务设施的，应补缴相应土地价款。

企事业单位、个人对城镇现有空闲的厂房、学校、社区用房等进行改造和利用，兴办养老服务机构，经规划批准临时改变建筑使用功能从事非营利性养老服务且连续经营一年以上的，五年内可不增收土地年租金或土地收益差价，土地使用性质也可暂不作变更。

九、利用集体建设用地兴办养老服务设施。农村集体经济组织可依法使用本集体所有土地，为本集体经济组织内部成员兴办非营利性养老服务设施。民间资本举办的非营利性养老机构与政府举办的养老机构可以依法使用农民集体所有的土地。

国土资源部关于推进土地节约集约利用的指导意见

（国土资发〔2014〕119号）

各省、自治区、直辖市及计划单列市国土资源主管部门，新疆生产建设兵团国土资源局，解放军土地管理局，中国地质调查局及部其他直属单位，各派驻地方的国家土地督察局，部机关各司局：

土地节约集约利用是生态文明建设的根本之策，是新型城镇化的战略选择。党中央、国务院高度重视土地节约集约利用，针对我国经济发展进入新常态，处于经济增长换挡期、结构调整阵痛期、前期刺激政策消化期“三期叠加”的阶段特征，对大力推进节约集约用地提出了新要求。近年来，各地采取措施推进土地节约集约利用，取得了积极进展，但是，土地粗放利用状况没有根本改变，建设用地低效闲置现象仍较普遍。为了深入贯彻落实党中央、国务院的决策部署，切实解决土地粗放利用和浪费问题，以土地利用方式转变促进经济发展方式转变，推动生态文明建设和新型城镇化，提出如下指导意见。

一、总体要求

（一）指导思想。以邓小平理论、“三个代表”重要思想和科学发展观为指导，认真贯彻生态文明建设和新型城镇化战略部署，紧紧围绕使市场在资源配置中起决定性作用和更好发挥政府作用，坚持和完善最严格的节约用地制度，遵循严控增量、盘活存量、优化结构、提高效率的总要求，全面做好定标准、建制度、重服务、强监管工作，大力推进节约集约用地，促进土地利用方式和经济发展方式加快转变，为全面建成小康社会和实现中华民族伟大复兴的中国梦提供坚实保障。

（二）主要目标。

——建设用地总量得到严格控制。实施建设用地总量控制和减量化战略，城乡建设用地总量控制在土地利用总体规划确定的目标之内，努力实现全国新增建设用地规模逐步减少，到2020年，单位建设用地二、三产业增加值比2010年翻一番，单位固定资产投资建设用地面积下降80%，城市新区平均容积率比现城区提高30%以上。

——土地利用结构和布局不断优化。实施土地空间引导和布局优化战略，完成全国城市开发边界、永久基本农田和生态保护红线划定，引导城市建设向组团式、串联式、卫星城式发展，工业用地逐步减少，生活和基础设施用地逐步增加，中西部地区建设用地占全国建设用地的比例有所提高。

——土地存量挖潜和综合整治取得明显进展。实施土地内涵挖潜和整治再开发战略，"十二五"和"十三五"期间，累计完成城镇低效用地再开发750万亩、农村建设用地整治900万亩、历史遗留工矿废弃地复垦利用300万亩，土地批后供应率、实际利用率明显提高。

——土地节约集约利用制度更加完善，机制更加健全。"党委领导、政府负责、部门协同、公众参与、上下联动"的国土资源管理新格局基本形成，节约集约用地制度更加完备，市场配置、政策激励、科技应用、考核评价、共同责任等机制更加完善，建成一批国土资源节约集约利用示范省、模范县（市）。

二、严格用地规模管控

（三）严格控制城乡建设用地规模。实行城乡建设用地总量控制制度，强化县市城乡建设用地规模刚性约束，遏制土地过度开发和建设用地低效利用。加强相关规划与土地利用总体规划的协调衔接，相关规划的建设用地规模不得超过土地利用总体规划确定的建设用地规模。依据二次土地调查成果和土地变更调查成果，按照国家统一部署，调整完善土地利用总体规划，从严控制城乡建设用地规模。探索编制实施重点城市群土地利用总体规划和村土地利用规划，强化对城镇建设用地总规模的控制，合理引导乡村建设集中布局、集约用地。严格执行围填海造地政策，控制围填海造地规模。

（四）逐步减少新增建设用地规模。与国民经济和社会发展计划、节约集约用地目标要求相适应，逐步减少新增建设用地计划和供应，东部地区特别是优化开发的三大城市群地区要以盘活存量为主，率先压减新增建设用地规模。严格核定各类城市新增建设用地规模，适当增加城区人口100万~300万的大城市新增建设用地，合理确定城区人口300万~500万的大城市新增建设用地，从严控制城区人口500万以上的特大城市新增建设用地。

（五）着力盘活存量建设用地。着力释放存量建设用地空间，提高存量建设用地在土地供应总量中的比重。制定促进批而未征、征而未供、供而未用土地有效利用的政策，将实际供地率作为安排新增建设用地计划和城镇批次用地规模的重要依据，对近五年平均供地率小于60%的市、县，除国家重点项目和民生保障项目外，暂停安排新增建设用地指标，促进建设用地以盘活存量为主。严格执行依法收回闲置土地或征收土地闲置费的规定，加快闲置土地的认定、公示和处置。建立健全低效用地再开发激励约束机制，推进城乡存量建设用地挖潜利用和高效配置。完善土地收购储备制度，制定工业用地等各类存量用地回购和转让政策，建立存量建设用地盘活利用激励机制。

（六）有序增加建设用地流量。按照土地利用总体规划和土地整治规划，在安排新增建设用地时同步减少原有存量建设用地，既保持建设用地总量不变又增加建设用地流量，保障经济社会发展用地，提高土地节约集约利用水平。在确保城乡建设用地总量稳定、新增建设用地规模逐步减少的前提下，逐步增加城乡建设用地增减挂钩、工矿废弃地复垦利用和城镇低效用地再开发等流量指标，统筹保障建设用地供给。建设用地流量供应，主要用于促进存量建设用地的布局优化，推动建设用地在城镇和农村内部、城乡之间合理流动。各地要探索创新“以补充量定新增量、以压增量倒逼存量挖潜”的建设用地流量管理办法和机制，合理保障城乡建设用地，促进土地利用和经济发展方式转变。

（七）提高建设用地利用效率。合理确定城市用地规模和开发边界，强化城市建设用地开发强度、土地投资强度、人均用地指标整体控制，提高区域平均容积率，优化城市内部用地结构，促进城市紧凑发展，提高城市土地综合承载能力。制定地上地下空间开发利用管理规范，统筹地上地下空间开发，推进建设用地的多功能立体开发和复合利用，提高空间利用效率。完善城市、基础设施、公共服务设施、交通枢纽等公共空间土地综合开发利用模式和供地方式，提高土地利用强度。统筹城市新区各功能区用地，鼓励功能混合和产城融合，促进人口集中、产业集聚、用地集约。加强开发区用地功能改造，合理调整用地结构和布局，推动单一生产功能向城市综合功能转型，提高土地利用经济、社会、生态综合效益。

三、优化开发利用格局

（八）优化建设用地布局。发挥国土规划和土地利用总体规划的引导管控作用，最大限度保护耕地、园地和河流、湖泊、山峦等自然生态用地，促进形成规模适度、布局合理、功能互补的城镇空间体系，加快构建以城市群为主体、大中小城市和小城镇协调发展的城镇化格局。加快划定城市开发边界、永久基本农田和生态保护红线，促进生产、生活、生态用地合理布局。结合农村土地综合整治，因地制宜、量力而行，在具备条件的地方对农村建设用地按规划进行区位调整、产权置换，促进农民住宅向集镇、中心村集中。完善与区域发展战略相适应、与人口城镇化相匹配、与节约集约用地相挂钩的土地政策体系，促进区域、城乡用地布局优化。

（九）严控城市新区无序扩张。严格城市新区用地管控，除因中心城区功能过度叠加、人口密度过高或规避自然灾害等原因外，不得设立城市新区；确需设立城市新区的，必须以人口密度、用地产出强度和资源环境承载能力为基准，以符合土地利用总体规划为前提。按照《城市新区设立审核办法》，严格审核城市新区规划建设用地规模和布局。制定新区用地扩张与旧城改造相挂钩的方案，促进新旧城区联动发展。

（十）加强产业与用地的空间协同。强化产业发展规划与土地利用总体规划的协调衔接，统筹各业各类用地，重点保障与区域资源环境和发展条件相适应的主导产业用地，合理布局战略性新兴产业、先进制造业和基础产业用地，引导产业集聚、用地集约。完善用地激励和约束机制，严禁为产能严重过剩行业新增产能项目提供用地，促进落后产能淘汰退出和企业兼并重组。推动特大城市中心城区部分产业向卫星城疏散，强化大中城市中心城区现代商贸、现代服务等功能，提高城市土地产业支撑能力。

（十一）合理调整建设用地比例结构。与新型城镇化和新农村建设进程相适应，引导城镇建设用地结构调整，控制生产用地，保障生活用地，增加生态用地；优化农村建设用地结构，保障农业生产、农民生活必需的建设用地，支持农村基础设施建设和社会事业发展；促进城乡用地结构调整，合理增加城镇建设用地，加大农村空闲、闲置和低效用地整治，力争到2020年，城镇工矿用地在城乡建设用地总量中的比例提高到40%左右。调整产业用地结构，保障水利、交通、能源等重点基础设施用地，优先安排社会民生、扶贫开发、战略性新兴产业以及国家扶持的健康和养老服务业、文化产业、旅游业、生产性服务业发展用地。

四、健全用地控制标准

（十二）完善区域节约集约用地控制标准。继续落实“十二五”单位国内生产总值建设用地下降30%的目标要求。探索开展土地开发利用强度和效益考核，依据区域人口密度、二三产业产值、产业结构、税收等指标和建设用地结构、总量的变化，提出控制标准，加快建立综合反映土地利用对经济社会发展承载能力和水平的评价标准。

（十三）引导城乡提高土地利用强度。加强对城镇和功能区土地利用强度的管控和引导，依据城镇建设用地普查，开展人均城镇建设用地、城市土地平均容积率、各功能区容积率和不同用途容积率、建筑密度、单位土地投资等土地利用效率和效益的控制标准研究。提出“十三五”平均容积率等节约集约用地考核具体指标。逐步确立由国家和省市调控城镇区域投入产出、平均建筑密度、平均容积率控制标准，各城镇自主确定具体地块土地利用强度的管理制度，实现城镇整体节约集约、功能结构完整、利用疏密有致、建筑形态各具特点的土地利用新格局。

（十四）严格执行各行各业建设项目用地标准。在建设项目可行性研究、初步设计、土地审批、土地供应、供后监管、竣工验收等环节，严格执行建设用地标准，建设项目的用地规模和功能分区，不得突破标准控制。各地要在用地批准文件、出让合同、划拨决定书等法律文本中，明确用地标准的控制性要求，加强土地使用标准执行的监督检查。鼓励各地在严格执行国家标准的基础上，结合实际制定地方土地使用标准，细化和提高相关要求。对国家和地方尚未编制用地标准的建设项目，国家和地方已编制用地标准但因安全生产、地形地貌、工艺技术有特殊要求需要突破标准的建设项目，必须开展建设项目节地评价论证，合理确定用地规模。

五、发挥市场机制作用

（十五）发挥市场机制的激励约束作用。深化国有建设用地有偿使用制度改革，扩大国有土地有偿使用范围，逐步对经营性基础设施和社会事业用地实行有偿使用，缩小划拨供地范围。加快形成充分反映市场供求关系、资源稀缺程度和环境损害成本的土地市场价格机制，通过价格杠杆约束粗放利用，激励节约集约用地。完善土地租赁、转让、抵押二级市场。健全完善主体平等、规则一致、竞争有序的市场规制，营造有利于土地市场规范运行、有效落实节约集约用地的制度环境。

（十六）鼓励划拨土地盘活利用。按照促进流转、鼓励利用的原则，进一步细化原划拨土地利用政策，加快推进原划拨土地入市交易和开发利用，提高土地要素市场周转率和利用效率。符合规划并经市、县人民政府批准，原划拨土地可依法办理出让、转让、租赁等有偿使用手续。符合规划并经依法批准后，原划拨土地既可与其他存量土地一并整体开发，也可由原土地使用权人自行开发。经依法批准后，鼓励闲置划拨土地上的工业厂房、仓库等用于养老、流通、服务、旅游、文化创意等行业发展，在一定时间内可继续以划拨方式使用土地，暂不变更土地使用性质。

（十七）完善土地价租均衡的调节机制。完善工业用地出让最低价标准相关实施政策，建立有效调节工业用地和居住用地合理比价机制，提高工业用地价格，优化居住用地和工业用地结构比例。实行新增工业用地弹性出让年期制，重点推行工业用地长期租赁。加快制订有利于节约集约用地的租金标准，根据产业类型和生产经营周期确定各类用地单位的租期和用地量，引导企业减少占地规模，缩短占地年期，防止工业企业长期大量圈占土地。进一步完善土地价租税体系，提高土地保有成本，强化对土地取得、占有和使用的经济约束，提高土地利用效率和效益。

六、实施综合整治利用

（十八）推动城乡土地综合利用。在符合建设要求、不影响质量安全和生态环境的基础上，因地制宜推动城市交通、商业、娱乐、人防、绿化等多功能、一体化、综合型公共空间立体开发建设，引导城镇建设提高开发强度和社会经济活动承载力。引导工业企业通过技改、压缩绿地和辅助设施用地，扩大生产用地，提高工业用地投资强度和利用效率。推动农村各类用地科学布局，鼓励农用地按循环经济模式引导、组合各类生产功能，实现土地复合利用、立体利用。结合永久基本农田和生态保护红线的划定，保留连片优质农田和菜地，作为城市绿心、绿带，发挥耕地的生产、生态和景观等多重功能。

（十九）大力推进城镇低效用地再开发。坚持规划统筹、政府引导、市场运作、公众参与、利益共享、严格监管的原则，在严格保护历史文化遗产、传统建筑和保持特色风貌的前提下，规范有序推进城镇更新和用地再开发，提升城镇用地人口、产业承载能力。结合城市棚户区改造，建立合理利益分配机制，采取协商收回、收购储备等方式，推进“旧城镇”改造；依法办理相关手续，鼓励“旧工厂”改造和产业升级；充分尊重权利人意愿，鼓励采取自主开发、联合开发、收购开发等模式，分类推动“城中村”改造。

（二十）强化开发区用地内涵挖潜。推动开发区存量建设用地盘活利用，鼓励对现有工业用地追加投资、转型改造，提高土地利用强度。提高开发区工业用地准入门槛，制订各开发区亩均投资强度标准和最低单独供地标准，并定期更新。推动开发区建设一定规模的多层标准厂房，支持各类投资开发主体参与建设和运营管理。加强标准厂房建设的土地供应，国家级和省级开发区建设标准厂房容积率超过1.2的，所需新增建设用地年度计划指标由省级国土资源主管部门单列。各地可结合实际，制订扶持标准厂房建设和鼓励中小项目向标准厂房集中的政策，促进中小企业节约集约用地。

（二十一）因地制宜盘活农村建设用地。统筹运用土地整治、城乡建设用地增减挂钩等政策手段，整合涉地资金和项目，推进田、水、路、林、村综合整治，促进农村低效和空闲土地盘活利用，改善农村生产生活条件和农村人居环境。土地整治和增减挂钩要按照新农村建设、现代农业发展和农村人居环境改造的要求，尊重农民意愿，坚持因地制宜、分类指导、规划先行、循序渐进，保持乡村特色，防止大拆大建；要坚持政府统一组织和农民主体地位，增加工作的公开性和透明度，维护农民土地合法权益，确保农民自愿、农民参与、农民受益。在同一乡镇范围内调整村庄建设用地布局的，由省级国土资源部门统筹安排，纳入城乡建设用地增减挂钩管理。

（二十二）积极推进矿区土地复垦利用。按照生态文明建设和矿区可持续发展的要求，坚持强化主体责任与完善激励机制相结合，综合运用矿山地质环境治理恢复、土地复垦等政策手段，全面推进矿区土地复垦，改善矿区生态环境，提高矿区土地利用效率。依法落实矿山土地复垦主体责任，确保新建在建矿山损毁土地及时全面复垦。创新土地管理方式，在集中成片、条件具备的地区，推动历史遗留工矿废弃地复垦和挂钩利用，确保建设用地规模不增加、耕地综合生产能力有提高、生态环境有改善，废弃地得到盘活利用。

七、推动科技示范引领

（二十三）推广应用节地技术和模式。及时总结提炼各类有利于节约集约用地的建造技术和利用模式，完善激励机制和政策，加大推广应用力度。要重点推广城市公交场站、大型批发市场、会展和文体中心、城市新区建设中的地上地下空间立体开发、综合利用、无缝衔接等节地技术和节地模式，鼓励城市内涵发展；加快推广标准厂房等节地技术和模式，降低工业项目占地规模；引导铁路、公路、水利等基础设施建设采取措施，减少工程用地和取弃土用地；推进盐碱地、污染地、工矿废弃地的治理与生态修复技术创新，加强暗管改碱节地技术研发和应用，实现土地循环利用。

（二十四）研究制定激励配套政策。加大节地技术和节地模式的配套政策支持力度，在用地取得、供地方式、土地价格等方面，制定鼓励政策，形成节约集约用地的激励机制。对现有工业项目不改变用途前提下提高利用率和新建工业项目建筑容积率超过国家、省、市规定容积率部分的，不再增收土地价款。在土地供应中，可将节地技术和节地模式作为供地要求，落实到供地文件和土地使用合同中。协助相关部门，探索土地使用税差别化征收措施，按照节约集约利用水平完善土地税收调节政策，鼓励提高土地利用效率和效益。

（二十五）组织开展土地整治技术集成与应用。加强土地整治技术集成方法研究，组织实施一批土地整治重大科技专项，选取典型区域开展应用示范攻关。在土地整理、土地复垦、土地开发和土地修复中，综合运用先进科学技术，推进农村土地整治和城市更新，修复损毁土地，保障土地可持续利用，提高节约集约用地水平。

（二十六）深入开展节约集约用地模范县市创建。完善创建活动指标标准体系和评选考核办法，深化创建活动工作机制建设，定期评选模范县市，引导开展节约集约示范省建设。以创建活动引导各地树立正确的政绩观和科学发展理念；广泛动员社会各方力量，推进土地节约集约利用进社区、进企业、进家庭、进课堂。

八、加强评价监管宣传

（二十七）全面清查城乡建设用地情况。以第二次全国土地调查和城镇地籍调查为基础，通过年度土地变更调查和年度城镇地籍调查数据更新汇总，全面掌握城乡建设用地的结构、布局、强度、密度等现状及其变化情况。在此基础上，各地可根据需要开展补充调查，为充分利用各类闲置、低效和未利用土地及开展节约集约用地评价考核提供详实的建设用地基础数据。

（二十八）全面推进节约集约用地评价。持续开展单位国内生产总值建设用地消耗下降目标的年度评价。进一步完善开发区建设用地节约集约利用评价，适时更新评价制度。部署开展城市节约集约用地初始评价，在初始评价基础上开展区域和中心城区更新评价。加快建立工程建设项目节地评价制度，明确节地评价的范围、原则和实施程序，通过制度规范促进节约集约用地。

（二十九）加强建设用地全程监管及执法督察。全面落实土地利用动态巡查制度，超过土地使用合同规定的开工时间一年以上未开工、且未开工建设用地总面积已超过近五年年均供地量的市、县，要暂停新增建设用地供应。建立健全土地市场监测监管实地核查办法，加大违法违规信息的网上排查和实地核查。充分运用执法、督察手段，加强与审计、纪检监察、检察等监督或司法机关的联动，有效制止和严肃查处违法违规用地行为。

（三十）强化舆论宣传和引导。充分利用多种媒体渠道和“6·25”土地日等活动平台，广泛宣传我国土地资源国情和形势，增强社会各界的资源忧患意识，促进形成节约集约用地全民共识。深入宣传全面落实节约优先战略，提高土地利用效率和效益的做法和典型经验。加强科普宣传和人才培训，普及推广节约集约用地知识。

推进土地节约集约利用，是各级国土资源部门的中心工作和主要职责。各省（区、市）国土资源部门积极争取党委、政府的支持，结合实际制定细化方案和配套措施，认真贯彻落实本指导意见。部机关各司局、各派驻地方的国家土地督察局及相关单位要结合职责，明确目标任务、具体措施、责任分工和推进时限，确保指导意见的落实。

本文件有效期为8年。

国土资源部

二〇一四年九月十二日

国土资源部办公厅关于做好国有未利用地开发审批权下放和后续监管有关事项的通知

（国土资厅发〔2015〕3号）

各省、自治区、直辖市国土资源主管部门，新疆生产建设兵团国土资源局，各派驻地方的国家土地督察局：

按照转变职能、简政放权的要求，国务院先后下发《关于取消和下放一批行政审批项目的决定》（国发〔2014〕5号）和《关于修改部分行政法规的决定》（国务院令第653号），将一次性开发600公顷以上未确定土地使用权的国有荒山、荒地、荒滩从事种植业、林业、畜牧业、渔业生产用地的审查事项下放至省级人民政府土地行政主管部门，同步修改了《中华人民共和国土地管理法实施条例》（以下简称《条例》）有关条款的规定。为做好下放行政审批事项落实和衔接工作，现就有关事项通知如下：

一、切实落实国务院下放审批事项的决定

修订后的《条例》规定，开发未确定土地使用权的国有荒山、荒地、荒滩从事种植业、林业、畜牧业、渔业生产的，应当向土地所在地的县级以上地方人民政府土地行政主管部门提出申请，按照省、自治区、直辖市规定的权限，由县级以上地方人民政府批准。

根据修订后的《条例》，国务院不再受理和审批一次性开发600公顷以上未确定土地使用权的国有荒山、荒地、荒滩申请事项，国土资源部不再承办此类申请事项的审查报批工作。省级国土资源主管部门要承接好此类事项的审查责任，切实履行保护和合理利用国土资源的职责，规范审查、严格把关，为政府科学决策提供保障。部将加强宏观政策研究，加强工作指导和监督检查，促进地方提高管理科学化、规范化水平。

二、依法依规，因地制宜开展土地开发活动

开发未确定土地使用权的国有荒山、荒地、荒滩，必须符合土地利用总体规划，开发范围必须在土地利用总体规划确定的土地开发重点区域。对不符合土地利用总体规划的，一律不得通过审查，不得进行土地开发活动。禁止毁坏森林、草原开垦耕地，禁止围湖造田和侵占江河滩地。

要以保护和改善生态环境、防止水土流失和土地荒漠化为前提，坚持在保护中

开发、在开发中保护的原则，严格依据有关法律法规和相关规划，有计划、有步骤地开展土地开发活动。要依据土地利用总体规划和土地整治规划，在综合研究资源环境承载能力的基础上，按照因地制宜的原则，编制土地开发规划和设计方案，宜耕则耕、宜林则林、宜牧则牧、宜渔则渔，科学合理利用国土资源，提高资源开发利用效率和综合效益。

三、健全制度，严把土地开发用地审查关

各省、自治区、直辖市国土资源主管部门要按照简政放权、权责一致、提高效能的要求，抓紧修改完善本省（区、市）未确定土地使用权的国有荒山、荒地、荒滩开发审查有关规定，将一次性开发600公顷以上未确定土地使用权的国有荒山、荒地、荒滩审查事项纳入制度规定。要进一步明确审查原则、依据、重点和审查标准，规定调查评价和评估论证要求，规范审查报批程序，保证审批过程公开、公平、公正。要明确省、市、县三级国土资源主管部门在审查、实施、监督等方面的责任，相应建立责任追究制度，为科学、合理、有序开展工作提供制度保障。

土地开发事项经依法批准后，要向社会公开审批信息，主动接受社会监督。各省（区、市）修改完善后的有关制度规定和政策性文件应及时报部备案。

四、加强对土地开发活动的监督检查

地方各级国土资源主管部门要加强日常巡查检查，加强土地开发用地的事中、事后监管，及时发现、制止、查处违法违规土地开发行为，积极协调处理好实施过程中出现的问题，促进土地开发规范有序进行。要按照国土资源“一张图”和综合监管平台管理要求，通过农村土地整治监测监管系统，将土地开发项目相关信息及时报备，上图入库，落实集中统一、全面全程监管的要求。

各派驻地方的国家土地督察局要把土地开发管理等情况纳入土地督察的工作内容，结合其他督察工作，加强监督检查。部将结合年度土地变更调查、耕地保护责任目标考核和执法检查等工作，运用现代技术手段，加强对各地土地开发工作的监督检查。对发现违法违规开发土地的，要按照有关法律法规和规定严肃查处。

本文件有效期为5年。

国土资源部办公厅

二〇一五年二月十五日

国土资源部办公厅关于规范开展建设项目节地评价工作的通知

（国土资厅发〔2015〕16号）

各省、自治区、直辖市国土资源主管部门，新疆生产建设兵团国土资源局：

为进一步改进和规范建设项目用地审查报批工作，落实土地使用标准控制制度，促进超标准、无标准建设项目节约使用土地，切实提高节约集约用地水平，现就规范开展建设项目节地评价有关问题通知如下：

一、充分认识开展建设项目节地评价的重要性

党中央、国务院高度重视节约集约用地工作，明确提出强化节地标准建设。为了落实中央要求，充分发挥土地使用标准对建设项目用地的控制作用，规范超标准、无标准建设项目节约合理用地，部下发的《节约集约利用土地规定》（国土资源部令第61号令）和《国土资源部关于推进土地节约集约利用的指导意见》（国土资发〔2014〕119号），对建立和完善建设项目节地评价制度，规范开展节地评价，促进节约集约用地提出明确要求。各地要高度重视，充分认识开展建设项目节地评价对健全建设用地审批制度、完善节约集约用地评价体系、落实建设用地标准控制制度、推进节约集约用地的重要意义，从建设项目用地预审和建设用地审查报批环节，进一步完善制度措施，细化操作、明确程序，把加快实施和规范开展节地评价作为当前和今后一个时期的重要工作任务，推进超标准、无标准项目节约使用土地。

二、合理确定建设项目节地评价范围

各地要严格执行国家发布的各类土地使用标准，在建设项目设计、审批、供地、用地等环节，进一步落实标准控制制度。对国家和地方已经颁布土地使用标准和建设标准，但因安全生产、地形地貌、工艺技术等有特殊要求，确需突破土地使用标准确定的规模和功能分区的建设项目，以及国家和地方尚未颁布土地使用标准和建设标准的建设项目，县级以上国土资源主管部门应当组织开展建设项目节地评价，并将其作为建设用地供应的依据。

为了提高建设项目用地审查报批效率，水库和水电工程项目淹没区用地、矿山企业开采区用地、通信和输电线路塔基用地、河道治理工程用地和引排灌工程用地，不列入建设项目节地评价范围。

三、明确开展建设项目节地评价的内容和环节

县级以上地方国土资源主管部门在建设项目用地预审和建设用地审查报批环节，要依法规范审查项目用地的土地使用标准执行情况。对于超标准的建设项目，申报材料对项目的建设用地总规模和功能分区用地规模以及超标准原因、申请用地规模依据作出说明的，县级以上地方有法定审批权的地方国土资源主管部门应当开展节地评价，组织专家评审，出具评审论证意见。对于国家未颁布土地使用标准的建设项目，申报材料对项目用地的总规模和功能分区用地规模以及是否体现节约集约用地要求作出说明的，县级以上地方有法定审批权的地方国土资源主管部门应当开展节地评价，组织专家评审，出具评审论证意见。国土资源部负责审查的建设用地项目，属于上述情形、申报材料符合上述开展节地评价条件的，由所在地的省级国土资源主管部门组织开展节地评价。经对建设项目用地预审或审查报批材料进行审核，属于超标准或无标准建设项目，但申报材料中对超标准的原因、申请用地规模依据未作说明；属于本《通知》确定需开展节地评价的无、对无标准建设项目，对用地总规模和功能分区用地规模的合理性未作说明，无法进行节地评价的，受理审批的国土资源主管部门应要求核减建设用地规模。

属于已开展建设项目节地评价并通过建设项目用地预审的单独选址建设项目，在建设用地审查报批时，建设项目未超过预审确定的建设用地总规模，功能分区未发生重大变化的，不再重复开展节地评价。属于超过建设项目用地预审有效期、建设用地规模和功能分区发生重大变化、预审阶段未进行节地评价等情形之一的，在建设用地审查报批环节，仍须重新开展节地评价。

四、加快建设项目节地评价专家库建设

纳入节地评价的建设项目涉及国民经济各行业、各领域，需要一批懂规划设计、标准编制和标准使用评价审核的专家力量。各地要根据业务及管理需要，抓紧建立建设项目节地评价专家库，重点加强省级专家库建设，重点选择参与土地使用标准及相关工程项目标准编制的专家以及国土资源管理、公路、铁路、航空、电力、石油天然气、煤炭等行业领域专家进入专家库。参加建设项目节地评价的专家人选原则上应当从专家库中选择。各省（区、市）要加快建立省级专家库，重点选择参与土地使用标准及相关工程项目标准编制的专家以及国土资源管理、公路、铁路、航空、电力、石油天然气、煤炭等行业领域专家。要规范专家库管理，建立和规范专家的申请、准入、评价、审核和退出等管理制度，明确入库专家的权利、义务和责任，细化组织专家参与节地评价开展专家论证的工作规则方式及专家的权利、义务，建立节地评价根据开展工作情况实施综合评估制度，保证节地评价质量。通过专家库建设，尽快培养一批编制和评估土地使用标准的专业人才。部将进一步完善国土资源部专家库建设。

五、加强对节地评价工作监督管理

本通知下发后，各地要加快推进建设项目节地评价工作，规范制度、健全程序。省级国土资源主管部门要加强对节地评价工作的组织管理，坚持依法依规、依法行政，做好建设用地审批与开展节地评价的工作衔接，不得因开展建设项目节地评价产生得新设审批事项。国土资源部将对建设项目申报材料中的节地评价材料评审论证材料进行检查和抽查，对于节地评价评审结果明显异常的建设项目用地，可组织委托相关单位组织开展节地评价评审。

本通知文件自下发之日起执行，有效期五年。

国土资源部办公厅

二〇一五年四月三日

国土资源部关于发布《光伏发电站工程项目用地控制指标》的通知

（国土资规〔2015〕11号）

各省、自治区、直辖市及计划单列市国土资源主管部门，新疆生产建设兵团国土资源局：

为落实建设项目用地标准控制制度，大力推进土地节约集约利用，根据《中华人民共和国土地管理法》、《国务院关于促进节约集约用地的通知》（国发〔2008〕3号）、《节约集约利用土地规定》（国土资源部令第61号）等法律法规，部编制了《光伏发电站工程项目用地控制指标》，现予发布，自2016年1月1日起实施，有效期5年。

附件：光伏发电站工程项目用地控制指标（略）

国土资源部

二〇一五年十二月二日

国土资源部关于发布《石油天然气工程项目用地控制指标》的通知

（国土资规〔2016〕14 号）

各省、自治区、直辖市及计划单列市国土资源主管部门，新疆生产建设兵团国土资源局：

为落实建设项目用地标准控制制度，大力推进土地节约集约利用，根据《中华人民共和国土地管理法》、《国务院关于促进节约集约用地的通知》（国发〔2008〕3 号）、《节约集约利用土地规定》（国土资源部令第 61 号）等法律法规规章，部编制了《石油天然气工程项目用地控制指标》，现予发布，自 2017 年 1 月 1 日起实施，有效期 5 年，《住房城乡建设部 国土资源部关于批准发布〈石油天然气工程项目建设用地指标〉的通知》（建标〔2009〕7 号）同时废止。

附件：石油天然气工程项目用地控制指标（略）

国土资源部

二〇一六年十一月二十三日

地籍管理

最高人民法院、国土资源部、建设部关于依法规范人民法院执行和国土资源房地产管理部门协助执行若干问题的通知

（法发〔2004〕5号）

各省、自治区、直辖市高级人民法院，解放军军事法院，新疆维吾尔自治区高级人民法院生产建设兵团分院；各省、自治区、直辖市国土资源厅（国土环境资源厅、国土资源和房屋管理局、房屋土地资源管理局、规划和国土资源局），新疆生产建设兵团国土资源局；各省、自治区建设厅，新疆生产建设兵团建设局，各直辖市房地产管理局：

为保证人民法院生效判决、裁定及其他生效法律文书依法及时执行，保护当事人的合法权益，根据《中华人民共和国民事诉讼法》、《中华人民共和国土地管理法》、《中华人民共和国城市房地产管理法》等有关法律规定，现就规范人民法院执行和国土资源、房地产管理部门协助执行的有关问题通知如下：

一、人民法院在办理案件时，需要国土资源、房地产管理部门协助执行的，国土资源、房地产管理部门应当按照人民法院的生效法律文书和协助执行通知书办理协助执行事项。

国土资源、房地产管理部门依法协助人民法院执行时，除复制有关材料所必需的工本费外，不得向人民法院收取其他费用。登记过户的费用按照国家有关规定收取。

二、人民法院对土地使用权、房屋实施查封或者进行实体处理前，应当向国土资源、房地产管理部门查询该土地、房屋的权属。

人民法院执行人员到国土资源、房地产管理部门查询土地、房屋权属情况时，应当出示本人工作证和执行公务证，并出具协助查询通知书。

人民法院执行人员到国土资源、房地产管理部门办理土地使用权或者房屋查封、预查封登记手续时，应当出示本人工作证和执行公务证，并出具查封、预查封裁定书和协助执行通知书。

三、对人民法院查封或者预查封的土地使用权、房屋，国土资源、房地产管理部门应当及时办理查封或者预查封登记。

国土资源、房地产管理部门在协助人民法院执行土地使用权、房屋时，不对生效法律文书和协助执行通知书进行实体审查。国土资源、房地产管理部门认为人民

法院查封、预查封或者处理的土地、房屋权属错误的，可以向人民法院提出审查建议，但不应当停止办理协助执行事项。

四、人民法院在国土资源、房地产管理部门查询并复制或者抄录的书面材料，由土地、房屋权属的登记机构或者其所属的档案室（馆）加盖印章。无法查询或者查询无结果的，国土资源、房地产管理部门应当书面告知人民法院。

五、人民法院查封时，土地、房屋权属的确认以国土资源、房地产管理部门的登记或者出具的权属证明为准。权属证明与权属登记不一致的，以权属登记为准。

在执行人民法院确认土地、房屋权属的生效法律文书时，应当按照人民法院生效法律文书所确认的权利人办理土地、房屋权属变更、转移登记手续。

六、土地使用权和房屋所有权归属同一权利人的，人民法院应当同时查封；土地使用权和房屋所有权归属不一致的，查封被执行人名下的土地使用权或者房屋。

七、登记在案外人名下的土地使用权、房屋，登记名义人（案外人）书面认可该土地、房屋实际属于被执行人时，执行法院可以采取查封措施。

如果登记名义人否认该土地、房屋属于被执行人，而执行法院、申请执行人认为登记为虚假时，须经当事人另行提起诉讼或者通过其他程序，撤销该登记并登记在被执行人名下之后，才可以采取查封措施。

八、对被执行人因继承、判决或者强制执行取得，但尚未办理过户登记的土地使用权、房屋的查封，执行法院应当向国土资源、房地产管理部门提交被执行人取得财产所依据的继承证明、生效判决书或者执行裁定书及协助执行通知书，由国土资源、房地产管理部门办理过户登记手续后，办理查封登记。

九、对国土资源、房地产管理部门已经受理被执行人转让土地使用权、房屋的过户登记申请，尚未核准登记的，人民法院可以进行查封，已核准登记的，不得进行查封。

十、人民法院对可以分割处分的房屋应当在执行标的额的范围内分割查封，不可分割的房屋可以整体查封。

分割查封的，应当在协助执行通知书中明确查封房屋的具体部位。

十一、人民法院对土地使用权、房屋的查封期限不得超过二年。期限届满可以续封一次，续封时应当重新制作查封裁定书和协助执行通知书，续封的期限不得超过一年。确有特殊情况需要再续封的，应当经过所属高级人民法院批准，且每次再续封的期限不得超过一年。

查封期限届满，人民法院未办理继续查封手续的，查封的效力消灭。

十二、人民法院在案件执行完毕后，对未处理的土地使用权、房屋需要解除查封的，应当及时作出裁定解除查封，并将解除查封裁定书和协助执行通知书送达国土资源、房地产管理部门。

十三、被执行人全部缴纳土地使用权出让金但尚未办理土地使用权登记的，人民法院可以对该土地使用权进行预查封。

十四、被执行人部分缴纳土地使用权出让金但尚未办理土地使用权登记的，对可以分割的土地使用权，按已缴付的土地使用权出让金，由国土资源管理部门确认被执行人的土地使用权，人民法院可以对确认后的土地使用权裁定预查封。对不可以分割的土地使用权，可以全部进行预查封。

被执行人在规定的期限内仍未全部缴纳土地出让金的，在人民政府收回土地使用权的同时，应当将被执行人缴纳的按照有关规定应当退还的土地出让金交由人民法院处理，预查封自动解除。

十五、下列房屋虽未进行房屋所有权登记，人民法院也可以进行预查封：

（一）作为被执行人的房地产开发企业，已办理了商品房预售许可证且尚未出售的房屋；

（二）被执行人购买的已由房地产开发企业办理了房屋权属初始登记的房屋；

（三）被执行人购买的办理了商品房预售合同登记备案手续或者商品房预告登记的房屋。

十六、国土资源、房地产管理部门应当依据人民法院的协助执行通知书和所附的裁定书办理预查封登记。土地、房屋权属在预查封期间登记在被执行人名下的，预查封登记自动转为查封登记，预查封转为正式查封后，查封期限从预查封之日起开始计算。

十七、预查封的期限为二年。期限届满可以续封一次，续封时应当重新制作预查封裁定书和协助执行通知书，预查封的续封期限为一年。确有特殊情况需要再续封的，应当经过所属高级人民法院批准，且每次再续封的期限不得超过一年。

十八、预查封的效力等同于正式查封。预查封期限届满之日，人民法院未办理预查封续封手续的，预查封的效力消灭。

十九、两个以上人民法院对同一宗土地使用权、房屋进行查封的，国土资源、房地产管理部门为首先送达协助执行通知书的人民法院办理查封登记手续后，对后来办理查封登记的人民法院作轮候查封登记，并书面告知该土地使用权、房屋已被其他人民法院查封的事实及查封的有关情况。

二十、轮候查封登记的顺序按照人民法院送达协助执行通知书的时间先后进行排列。查封法院依法解除查封的，排列在先的轮候查封自动转为查封；查封法院对查封的土地使用权、房屋全部处理的，排列在后的轮候查封自动失效；查封法院对查封的土地使用权、房屋部分处理的，对剩余部分，排列在后的轮侯查封自动转为查封。

预查封的轮侯登记参照第十九条和本条第一款的规定办理。

二十一、已被人民法院查封、预查封并在国土资源、房地产管理部门办理了查封、预查封登记手续的土地使用权、房屋，被执行人隐瞒真实情况，到国土资源、房地产管理部门办理抵押、转让等手续的，人民法院应当依法确认其行为无效，并可视情节轻重，依法追究有关人员的法律责任。国土资源、房地产管理部门应当按照人民法院的生效法律文书撤销不合法的抵押、转让等登记，并注销所颁发的证照。

二十二、国土资源、房地产管理部门对被人民法院依法查封、预查封的土地使用权、房屋，在查封、预查封期间不得办理抵押、转让等权属变更、转移登记手续。

国土资源、房地产管理部门明知土地使用权、房屋已被人民法院查封、预查封，仍然办理抵押、转让等权属变更、转移登记手续的，对有关的国土资源、房地产管理部门和直接责任人可以依照民事诉讼法第一百零二条的规定处理。

二十三、在变价处理土地使用权、房屋时，土地使用权、房屋所有权同时转移；土地使用权与房屋所有权归属不一致的，受让人继受原权利人的合法权利。

二十四、人民法院执行集体土地使用权时，经与国土资源管理部门取得一致意见后，可以裁定予以处理，但应当告知权利受让人到国土资源管理部门办理土地征用和国有土地使用权出让手续，缴纳土地使用权出让金及有关税费。

对处理农村房屋涉及集体土地的，人民法院应当与国土资源管理部门协商一致后再行处理。

二十五、人民法院执行土地使用权时，不得改变原土地用途和出让年限。

二十六、经申请执行人和被执行人协商同意，可以不经拍卖、变卖，直接裁定将被执行人以出让方式取得的国有土地使用权及其地上房屋经评估作价后交由申请执行人抵偿债务，但应当依法向国土资源和房地产管理部门办理土地、房屋权属变更、转移登记手续。

二十七、人民法院制作的土地使用权、房屋所有权转移裁定送达权利受让人时即发生法律效力，人民法院应当明确告知权利受让人及时到国土资源、房地产管理部门申请土地、房屋权属变更、转移登记。

国土资源、房地产管理部门依据生效法律文书进行权属登记时，当事人的土地、房屋权利应当追溯到相关法律文书生效之时。

二十八、人民法院进行财产保全和先予执行时适用本通知。

二十九、本通知下发前已经进行的查封，自本通知实施之日起计算期限。

三十、本通知自2004年3月1日起实施。

最高人民法院

国土资源部

建设部

二〇〇四年二月十日

国土资源部关于印发《实际耕地与新增建设用地面积确定办法》的通知

（国土资发〔2007〕207号）

各省、自治区、直辖市国土资源厅（国土资源环境厅、国土资源局、国土资源和房屋管理局、房屋土地资源局）：

《实际耕地与新增建设用地面积确定办法》已经部审定，现予印发，请遵照执行。

国土资源部

二○○七年九月五日

实际耕地与新增建设用地面积确定办法

一、为客观评价各级人民政府履行土地管理和耕地保护责任落实情况，依据《中华人民共和国土地管理法》、《国务院关于加强土地调控有关问题的通知》（国发〔2006〕31号）等有关规定，制定本办法。

二、实际耕地面积是指在各省（区、市）、市（地、州）、县（区、市）行政辖区范围内当年实际耕地总数量。

三、新增建设用地面积是指当年依法批准的新增建设用地和未经依法批准的新增建设用地面积之和。

四、实际耕地面积与新增建设用地面积的确定以土地变更调查数据为依据。

五、依法批准的新增建设用地，按批准用地文件，将用地的范围标注到土地利用现状图上（以下简称上图），并填写《土地变更调查记录表》（以下简称上表）。

依法由国务院批准的城市建设用地，以省级人民政府审核同意的农用地转用和土地征收实施方案为依据，上图上表。

由省级人民政府批准农用地转用、国务院批准征收的土地，以土地征收批准文件为依据，上图上表。

六、未经依法批准的新增建设用地，按实际占地面积进行年度土地变更调查，上图上表。

七、农业结构调整、生态退耕、耕地灾毁等造成的耕地减少和土地开发整理等增加的耕地，按实地变化情况进行年度土地变更调查，上图上表。

八、实际耕地面积作为耕地保护责任目标考核的重要依据。

九、实际新增建设用地面积作为年度计划指标执行考核的重要依据，土地利用年度计划指标包括当年下发的计划指标和经依法批准结转使用的计划指标。

十、新增建设用地有偿使用费按当年批准用地的应缴额与未经依法批准的新增建设用地面积、相应等别和标准计算的应缴额之和进行考核，并限期追缴。

十一、国土资源部将利用遥感监测、抽查巡查等办法，对各省（区、市）当年耕地面积和实际新增建设用地面积数据进行核查。

十二、在土地变更调查中弄虚作假、虚报瞒报数据的行为，要依法依规追究有关人员的行政责任，触犯刑律的，依法追究刑事责任。

土地登记办法

（2007年12月30日　国土资源部令第40号）

第一章　总　则

第一条　为规范土地登记行为，保护土地权利人的合法权益，根据《中华人民共和国物权法》、《中华人民共和国土地管理法》、《中华人民共和国城市房地产管理法》和《中华人民共和国土地管理法实施条例》，制定本办法。

第二条　本办法所称土地登记，是指将国有土地使用权、集体土地所有权、集体土地使用权和土地抵押权、地役权以及依照法律法规规定需要登记的其他土地权利记载于土地登记簿公示的行为。

前款规定的国有土地使用权，包括国有建设用地使用权和国有农用地使用权；集体土地使用权，包括集体建设用地使用权、宅基地使用权和集体农用地使用权（不含土地承包经营权）。

第三条　土地登记实行属地登记原则。

申请人应当依照本办法向土地所在地的县级以上人民政府国土资源行政主管部门提出土地登记申请，依法报县级以上人民政府登记造册，核发土地权利证书。但土地抵押权、地役权由县级以上人民政府国土资源行政主管部门登记，核发土地他项权利证明书。

跨县级行政区域使用的土地，应当报土地所跨区域各县级以上人民政府分别办理土地登记。

在京中央国家机关使用的土地，按照《在京中央国家机关用地土地登记办法》的规定执行。

第四条　国家实行土地登记人员持证上岗制度。从事土地权属审核和登记审查的工作人员，应当取得国务院国土资源行政主管部门颁发的土地登记上岗证书。

第二章　一般规定

第五条　土地以宗地为单位进行登记。

宗地是指土地权属界线封闭的地块或者空间。

第六条　土地登记应当依照申请进行，但法律、法规和本办法另有规定的除外。

第七条　土地登记应当由当事人共同申请，但有下列情形之一的，可以单方申请：

（一）土地总登记；

（二）国有土地使用权、集体土地所有权、集体土地使用权的初始登记；

（三）因继承或者遗赠取得土地权利的登记；

（四）因人民政府已经发生法律效力的土地权属争议处理决定而取得土地权利的登记；

（五）因人民法院、仲裁机构已经发生法律效力的法律文书而取得土地权利的登记；

（六）更正登记或者异议登记；

（七）名称、地址或者用途变更登记；

（八）土地权利证书的补发或者换发；

（九）其他依照规定可以由当事人单方申请的情形。

第八条 两个以上土地使用权人共同使用一宗土地的，可以分别申请土地登记。

第九条 申请人申请土地登记，应当根据不同的登记事项提交下列材料：

（一）土地登记申请书；

（二）申请人身份证明材料；

（三）土地权属来源证明；

（四）地籍调查表、宗地图及宗地界址坐标；

（五）地上附着物权属证明；

（六）法律法规规定的完税或者减免税凭证；

（七）本办法规定的其他证明材料。

前款第（四）项规定的地籍调查表、宗地图及宗地界址坐标，可以委托有资质的专业技术单位进行地籍调查获得。

申请人申请土地登记，应当如实向国土资源行政主管部门提交有关材料和反映真实情况，并对申请材料实质内容的真实性负责。

第十条 未成年人的土地权利，应当由其监护人代为申请登记。申请办理未成年人土地登记的，除提交本办法第九条规定的材料外，还应当提交监护人身份证明材料。

第十一条 委托代理人申请土地登记的，除提交本办法第九条规定的材料外，还应当提交授权委托书和代理人身份证明。

代理境外申请人申请土地登记的，授权委托书和被代理人身份证明应当经依法公证或者认证。

第十二条 对当事人提出的土地登记申请，国土资源行政主管部门应当根据下列情况分别作出处理：

（一）申请登记的土地不在本登记辖区的，应当当场作出不予受理的决定，并告知申请人向有管辖权的国土资源行政主管部门申请；

（二）申请材料存在可以当场更正的错误的，应当允许申请人当场更正；

（三）申请材料不齐全或者不符合法定形式的，应当当场或者在五日内一次告知申请人需要补正的全部内容；

（四）申请材料齐全、符合法定形式，或者申请人按照要求提交全部补正申请材料的，应当受理土地登记申请。

第十三条 国土资源行政主管部门受理土地登记申请后，认为必要的，可以就有关登记事项向申请人询问，也可以对申请登记的土地进行实地查看。

第十四条 国土资源行政主管部门应当对受理的土地登记申请进行审查，并按照下列规定办理登记手续：

（一）根据对土地登记申请的审核结果，以宗地为单位填写土地登记簿；

（二）根据土地登记簿的相关内容，以权利人为单位填写土地归户卡；

（三）根据土地登记簿的相关内容，以宗地为单位填写土地权利证书。对共有一宗土地的，应当为两个以上土地权利人分别填写土地权利证书。

国土资源行政主管部门在办理土地所有权和土地使用权登记手续前，应当报经同级人民政府批准。

第十五条 土地登记簿是土地权利归属和内容的根据。土地登记簿应当载明下列内容：

（一）土地权利人的姓名或者名称、地址；

（二）土地的权属性质、使用权类型、取得时间和使用期限、权利以及内容变化情况；

（三）土地的坐落、界址、面积、宗地号、用途和取得价格；

（四）地上附着物情况。

土地登记簿应当加盖人民政府印章。

土地登记簿采用电子介质的，应当每天进行异地备份。

第十六条 土地权利证书是土地权利人享有土地权利的证明。

土地权利证书记载的事项，应当与土地登记簿一致；记载不一致的，除有证据证明土地登记簿确有错误外，以土地登记簿为准。

第十七条 土地权利证书包括：

（一）国有土地使用证；

（二）集体土地所有证；

（三）集体土地使用证；

（四）土地他项权利证明书。

国有建设用地使用权和国有农用地使用权在国有土地使用证上载明；集体建设用地使用权、宅基地使用权和集体农用地使用权在集体土地使用证上载明；土地抵押权和地役权可以在土地他项权利证明书上载明。

土地权利证书由国务院国土资源行政主管部门统一监制。

第十八条 有下列情形之一的，不予登记：

（一）土地权属有争议的；

（二）土地违法违规行为尚未处理或者正在处理的；

（三）未依法足额缴纳土地有偿使用费和其他税费的；

（四）申请登记的土地权利超过规定期限的；

（五）其他依法不予登记的。

不予登记的，应当书面告知申请人不予登记的理由。

第十九条 国土资源行政主管部门应当自受理土地登记申请之日起二十日内，办结土地登记审查手续。特殊情况需要延期的，经国土资源行政主管部门负责人批准后，可以延长十日。

第二十条 土地登记形成的文件资料，由国土资源行政主管部门负责管理。

土地登记申请书、土地登记审批表、土地登记归户卡和土地登记簿的式样，由国务院国土资源行政主管部门规定。

第三章 土地总登记

第二十一条 本办法所称土地总登记，是指在一定时间内对辖区内全部土地或者特定区域内土地进行的全面登记。

第二十二条 土地总登记应当发布通告。通告的主要内容包括：

（一）土地登记区的划分；

（二）土地登记的期限；

（三）土地登记收件地点；

（四）土地登记申请人应当提交的相关文件材料；

（五）需要通告的其他事项。

第二十三条 对符合总登记要求的宗地，由国土资源行政主管部门予以公告。公告的主要内容包括：

（一）土地权利人的姓名或者名称、地址；

（二）准予登记的土地坐落、面积、用途、权属性质、使用权类型和使用期限；

（三）土地权利人及其他利害关系人提出异议的期限、方式和受理机构；

（四）需要公告的其他事项。

第二十四条 公告期满，当事人对土地总登记审核结果无异议或者异议不成立的，由国土资源行政主管部门报经人民政府批准后办理登记。

第四章 初始登记

第二十五条 本办法所称初始登记，是指土地总登记之外对设立的土地权利进行的登记。

第二十六条 依法以划拨方式取得国有建设用地使用权的，当事人应当持县级以上人民政府的批准用地文件和国有土地划拨决定书等相关证明材料，申请划拨国有建设用地使用权初始登记。

新开工的大中型建设项目使用划拨国有土地的，还应当提供建设项目竣工验收报告。

第二十七条 依法以出让方式取得国有建设用地使用权的，当事人应当在付清全部国有土地出让价款后，持国有建设用地使用权出让合同和土地出让价款缴纳凭证等相关证明材料，申请出让国有建设用地使用权初始登记。

第二十八条 划拨国有建设用地使用权已依法转为出让国有建设用地使用权的，当事人应当持原国有土地使用证、出让合同及土地出让价款缴纳凭证等相关证明材料，申请出让国有建设用地使用权初始登记。

第二十九条 依法以国有土地租赁方式取得国有建设用地使用权的，当事人应当持租赁合同和土地租金缴纳凭证等相关证明材料，申请租赁国有建设用地使用权初始登记。

第三十条 依法以国有土地使用权作价出资或者入股方式取得国有建设用地使用权的，当事人应当持原国有土地使用证、土地使用权出资或者入股批准文件和其他相关证明材料，申请作价出资或者入股国有建设用地使用权初始登记。

第三十一条 以国家授权经营方式取得国有建设用地使用权的，当事人应当持原国有土地使用证、土地资产处置批准文件和其他相关证明材料，申请授权经营国有建设用地使用权初始登记。

第三十二条 农民集体土地所有权人应当持集体土地所有权证明材料，申请集体土地所有权初始登记。

第三十三条 依法使用本集体土地进行建设的，当事人应当持有批准权的人民政府的批准用地文件，申请集体建设用地使用权初始登记。

第三十四条 集体土地所有权人依法以集体建设用地使用权入股、联营等形式兴办企业的，当事人应当持有批准权的人民政府的批准文件和相关合同，申请集体建设用地使用权初始登记。

第三十五条 依法使用本集体土地进行农业生产的，当事人应当持农用地使用合同，申请集体农用地使用权初始登记。

第三十六条 依法抵押土地使用权的，抵押权人和抵押人应当持土地权利证书、主债权债务合同、抵押合同以及相关证明材料，申请土地使用权抵押登记。

同一宗地多次抵押的，以抵押登记申请先后为序办理抵押登记。

符合抵押登记条件的，国土资源行政主管部门应当将抵押合同约定的有关事项在土地登记簿和土地权利证书上加以记载，并向抵押权人颁发土地他项权利证明书。申请登记的抵押为最高额抵押的，应当记载所担保的最高债权额、最高额抵押的期间等内容。

第三十七条 在土地上设定地役权后，当事人申请地役权登记的，供役地权利人和需役地权利人应当向国土资源行政主管部门提交土地权利证书和地役权合同等相关证明材料。

符合地役权登记条件的，国土资源行政主管部门应当将地役权合同约定的有关事项分别记载于供役地和需役地的土地登记簿和土地权利证书，并将地役权合同保存于供役地和需役地的宗地档案中。

供役地、需役地分属不同国土资源行政主管部门管辖的，当事人可以向负责供役地登记的国土资源行政主管部门申请地役权登记。负责供役地登记的国土资源行政主管部门完成登记后，应当通知负责需役地登记的国土资源行政主管部门，由其记载于需役地的土地登记簿。

第五章　变更登记

第三十八条　本办法所称变更登记，是指因土地权利人发生改变，或者因土地权利人姓名或者名称、地址和土地用途等内容发生变更而进行的登记。

第三十九条　依法以出让、国有土地租赁、作价出资或者入股方式取得的国有建设用地使用权转让的，当事人应当持原国有土地使用证和土地权利发生转移的相关证明材料，申请国有建设用地使用权变更登记。

第四十条　因依法买卖、交换、赠与地上建筑物、构筑物及其附属设施涉及建设用地使用权转移的，当事人应当持原土地权利证书、变更后的房屋所有权证书及土地使用权发生转移的相关证明材料，申请建设用地使用权变更登记。涉及划拨土地使用权转移的，当事人还应当提供有批准权人民政府的批准文件。

第四十一条　因法人或者其他组织合并、分立、兼并、破产等原因致使土地使用权发生转移的，当事人应当持相关协议及有关部门的批准文件、原土地权利证书等相关证明材料，申请土地使用权变更登记。

第四十二条　因处分抵押财产而取得土地使用权的，当事人应当在抵押财产处分后，持相关证明文件，申请土地使用权变更登记。

第四十三条　土地使用权抵押期间，土地使用权依法发生转让的，当事人应当持抵押权人同意转让的书面证明、转让合同及其他相关证明材料，申请土地使用权变更登记。

已经抵押的土地使用权转让后，当事人应当持土地权利证书和他项权利证明书，办理土地抵押权变更登记。

第四十四条　经依法登记的土地抵押权因主债权被转让而转让的，主债权的转让人和受让人可以持原土地他项权利证明书、转让协议、已经通知债务人的证明等相关证明材料，申请土地抵押权变更登记。

第四十五条　因人民法院、仲裁机构生效的法律文书或者因继承、受遗赠取得土地使用权，当事人申请登记的，应当持生效的法律文书或者死亡证明、遗嘱等相关证明材料，申请土地使用权变更登记。

权利人在办理登记之前先行转让该土地使用权或者设定土地抵押权的，应当依照本办法先将土地权利申请登记到其名下后，再申请办理土地权利变更登记。

第四十六条　已经设定地役权的土地使用权转移后，当事人申请登记的，供役地权利人和需役地权利人应当持变更后的地役权合同及土地权利证书等相关证明材料，申请办理地役权变更登记。

第四十七条　土地权利人姓名或名称、地址发生变化的，当事人应当持原土地权利证书等相关证明材料，申请姓名或者名称、地址变更登记。

第四十八条　土地的用途发生变更的，当事人应当持有关批准文件和原土地权利证书，申请土地用途变更登记。

土地用途变更依法需要补交土地出让价款的，当事人还应当提交已补交土地出让价款的缴纳凭证。

第六章　注销登记

第四十九条　本办法所称注销登记，是指因土地权利的消灭等而进行的登记。

第五十条　有下列情形之一的，可直接办理注销登记：

（一）依法收回的国有土地；

（二）依法征收的农民集体土地；

（三）因人民法院、仲裁机构的生效法律文书致使原土地权利消灭，当事人未办理注销登记的。

第五十一条　因自然灾害等原因造成土地权利消灭的，原土地权利人应当持原土地权利证书及相关证明材料，申请注销登记。

第五十二条　非住宅国有建设用地使用权期限届满，国有建设用地使用权人未申请续期或者申请续期未获批准的，当事人应当在期限届满前十五日内，持原土地权利证书，申请注销登记。

第五十三条　已经登记的土地抵押权、地役权终止的，当事人应当在该土地抵押权、地役权终止之日起十五日内，持相关证明文件，申请土地抵押权、地役权注销登记。

第五十四条　当事人未按照本办法第五十一条、第五十二条和第五十三条的规定申请注销登记的，国土资源行政主管部门应当责令当事人限期办理；逾期不办理的，进行注销公告，公告期满后可直接办理注销登记。

第五十五条　土地抵押期限届满，当事人未申请土地使用权抵押注销登记的，除设定抵押权的土地使用权期限届满外，国土资源行政主管部门不得直接注销土地使用权抵押登记。

第五十六条　土地登记注销后，土地权利证书应当收回；确实无法收回的，应当在土地登记簿上注明，并经公告后废止。

第七章　其他登记

第五十七条　本办法所称其他登记，包括更正登记、异议登记、预告登记和查封登记。

第五十八条 国土资源行政主管部门发现土地登记簿记载的事项确有错误的，应当报经人民政府批准后进行更正登记，并书面通知当事人在规定期限内办理更换或者注销原土地权利证书的手续。当事人逾期不办理的，国土资源行政主管部门报经人民政府批准并公告后，原土地权利证书废止。

更正登记涉及土地权利归属的，应当对更正登记结果进行公告。

第五十九条 土地权利人认为土地登记簿记载的事项错误的，可以持原土地权利证书和证明登记错误的相关材料，申请更正登记。

利害关系人认为土地登记簿记载的事项错误的，可以持土地权利人书面同意更正的证明文件，申请更正登记。

第六十条 土地登记簿记载的权利人不同意更正的，利害关系人可以申请异议登记。

对符合异议登记条件的，国土资源行政主管部门应当将相关事项记载于土地登记簿，并向申请人颁发异议登记证明，同时书面通知土地登记簿记载的土地权利人。

异议登记期间，未经异议登记权利人同意，不得办理土地权利的变更登记或者设定土地抵押权。

第六十一条 有下列情形之一的，异议登记申请人或者土地登记簿记载的土地权利人可以持相关材料申请注销异议登记：

（一）异议登记申请人在异议登记之日起十五日内没有起诉的；

（二）人民法院对异议登记申请人的起诉不予受理的；

（三）人民法院对异议登记申请人的诉讼请求不予支持的。

异议登记失效后，原申请人就同一事项再次申请异议登记的，国土资源行政主管部门不予受理。

第六十二条 当事人签订土地权利转让的协议后，可以按照约定持转让协议申请预告登记。

对符合预告登记条件的，国土资源行政主管部门应当将相关事项记载于土地登记簿，并向申请人颁发预告登记证明。

预告登记后，债权消灭或者自能够进行土地登记之日起三个月内当事人未申请土地登记的，预告登记失效。

预告登记期间，未经预告登记权利人同意，不得办理土地权利的变更登记或者土地抵押权、地役权登记。

第六十三条 国土资源行政主管部门应当根据人民法院提供的查封裁定书和协助执行通知书，报经人民政府批准后将查封或者预查封的情况在土地登记簿上加以记载。

第六十四条 国土资源行政主管部门在协助人民法院执行土地使用权时，不对生效法律文书和协助执行通知书进行实体审查。国土资源行政主管部门认为人民法院的查封、预查封裁定书或者其他生效法律文书错误的，可以向人民法院提出审查建议，但不得停止办理协助执行事项。

第六十五条 对被执行人因继承、判决或者强制执行取得，但尚未办理变更登记的土地使用权的查封，国土资源行政主管部门依照执行查封的人民法院提交的被执行人取得财产所依据的继承证明、生效判决书或者执行裁定书及协助执行通知书等，先办理变更登记手续后，再行办理查封登记。

第六十六条 土地使用权在预查封期间登记在被执行人名下的，预查封登记自动转为查封登记。

第六十七条 两个以上人民法院对同一宗土地进行查封的，国土资源行政主管部门应当为先送达协助执行通知书的人民法院办理查封登记手续，对后送达协助执行通知书的人民法院办理轮候查封登记，并书面告知其该土地使用权已被其他人民法院查封的事实及查封的有关情况。

轮候查封登记的顺序按照人民法院送达协助执行通知书的时间先后进行排列。查封法院依法解除查封的，排列在先的轮候查封自动转为查封；查封法院对查封的土地使用权全部处理的，排列在后的轮候查封自动失效；查封法院对查封的土地使用权部分处理的，对剩余部分，排列在后的轮候查封自动转为查封。

预查封的轮候登记参照本条第一款和第二款的规定办理。

第六十八条 查封、预查封期限届满或者人民法院解除查封的，查封、预查封登记失效，国土资源行政主管部门应当注销查封、预查封登记。

第六十九条 对被人民法院依法查封、预查封的土地使用权，在查封、预查封期间，不得办理土地权利的变更登记或者土地抵押权、地役权登记。

第八章 土地权利保护

第七十条 依法登记的国有土地使用权、集体土地所有权、集体土地使用权和土地抵押权、地役权受法律保护，任何单位和个人不得侵犯。

第七十一条 县级以上人民政府国土资源行政主管部门应当加强土地登记结果的信息系统和数据库建设，实现国家和地方土地登记结果的信息共享和异地查询。

第七十二条 国家实行土地登记资料公开查询制度。土地权利人、利害关系人可以申请查询土地登记资料，国土资源行政主管部门应当提供。

土地登记资料的公开查询，依照《土地登记资料公开查询办法》的规定执行。

第九章 法律责任

第七十三条 当事人伪造土地权利证书的，由县级以上人民政府国土资源行政主管部门依法没收伪造的土地权利证书；情节严重构成犯罪的，依法追究刑事责任。

第七十四条 国土资源行政主管部门工作人员在土地登记工作中玩忽职守、滥用职权、徇私舞弊的，依法给予行政处分；构成犯罪的，依法追究刑事责任。

第十章 附 则

第七十五条 经省、自治区、直辖市人民政府确定，县级以上地方人民政府由一个部门统一负责土地和房屋登记工作的，其房地产登记中有关土地登记的内容应当符合本办法的规定，其房地产权证书的内容和式样应当报国务院国土资源行政主管部门核准。

第七十六条 土地登记中依照本办法需要公告的，应当在人民政府或者国土资源行政主管部门的门户网站上进行公告。

第七十七条 土地权利证书灭失、遗失的，土地权利人应当在指定媒体上刊登灭失、遗失声明后，方可申请补发。补发的土地权利证书应当注明“补发”字样。

第七十八条 本办法自2008年2月1日起施行。

土地调查条例实施办法

（2009 年 6 月 17 日国土资源部令第 45 号发布　根据 2016 年 1 月 5 日《国土资源部关于修改和废止部分规章的决定》修正）

第一章　总　则

第一条　为保证土地调查的有效实施，根据《土地调查条例》（以下简称条例），制定本办法。

第二条　土地调查是指对土地的地类、位置、面积、分布等自然属性和土地权属等社会属性及其变化情况，以及基本农田状况进行的调查、监测、统计、分析的活动。

第三条　土地调查包括全国土地调查、土地变更调查和土地专项调查。

全国土地调查，是指国家根据国民经济和社会发展需要，对全国城乡各类土地进行的全面调查。

土地变更调查，是指在全国土地调查的基础上，根据城乡土地利用现状及权属变化情况，随时进行城镇和村庄地籍变更调查和土地利用变更调查，并定期进行汇总统计。

土地专项调查，是指根据国土资源管理需要，在特定范围、特定时间内对特定对象进行的专门调查，包括耕地后备资源调查、土地利用动态遥感监测和勘测定界等。

第四条　全国土地调查，由国务院全国土地调查领导小组统一组织，县级以上人民政府土地调查领导小组遵照要求实施。

土地变更调查，由国土资源部会同有关部门组织，县级以上国土资源行政主管部门会同有关部门实施。

土地专项调查，由县级以上国土资源行政主管部门组织实施。

第五条　县级以上地方国土资源行政主管部门应当配合同级财政部门，根据条例规定落实地方人民政府土地调查所需经费。必要时，可以与同级财政部门共同制定土地调查经费从新增建设用地土地有偿使用费、国有土地使用权有偿出让收入等土地收益中列支的管理办法。

第六条　在土地调查工作中作出突出贡献的单位和个人，由有关国土资源行政主管部门按照国家规定给予表彰或者奖励。

第二章　土地调查机构及人员

第七条　国务院全国土地调查领导小组办公室设在国土资源部，县级以上地方人民政府土地调查领导小组办公室设在同级国土资源行政主管部门。

县级以上国土资源行政主管部门应当明确专门机构和人员，具体负责土地变更调查和土地专项调查等工作。

第八条　土地调查人员包括县级以上国土资源行政主管部门和相关部门的工作人员，有关事业单位的人员以及承担土地调查任务单位的人员。

第九条　土地调查人员应当经过省级以上国土资源行政主管部门组织的业务培训，通过全国统一的土地调查人员考核，领取土地调查员工作证。

已取得国土资源部、人力资源和社会保障部联合颁发的土地登记代理人资格证书的人员，可以直接申请取得土地调查员工作证。

土地调查员工作证由国土资源部统一制发，按照规定统一编号管理。

第十条　承担国家级土地调查任务的单位，应当符合条例第十三条的规定，并具备以下条件：

（一）近三年内有累计合同额1000万元以上，经县级以上国土资源行政主管部门验收合格的土地调查项目；

（二）有专门的质量检验机构和专职质量检验人员，有完善有效的土地调查成果质量保证制度；

（三）近三年内无土地调查成果质量不良记录；

（四）取得土地调查员工作证的技术人员不少于20名；

（五）国土资源部规章、规范性文件规定的其他条件。

第十一条　申请列入国家级土地调查单位名录的单位，应当向国土资源部提出申请。经审核符合条例第十三条和本办法第十条规定的，由国土资源部列入国家级土地调查单位名录并公布。

列入国家级土地调查单位名录的单位，可以在全国范围内承担土地调查任务。

各省、自治区、直辖市国土资源行政主管部门可以参照本办法规定，确定并公布省级土地调查单位名录。

第十二条　土地调查单位名录实行动态管理，定期公布。

第十三条　各级国土资源行政主管部门应当根据土地调查单位名录，选取符合条件的土地调查单位承担土地调查任务。

第三章　土地调查的组织实施

第十四条　开展全国土地调查，由国土资源部会同有关部门在开始前一年度拟订全国土地调查总体方案，报国务院批准后实施。

全国土地调查总体方案应当包括调查的主要任务、时间安排、经费落实、数据要求、成果公布等内容。

第十五条　县级以上地方国土资源行政主管部门应当会同同级有关部门，根据全国土地调查总体方案和上级土地调查实施方案的要求，拟定本行政区域的土地调查实施方案，报上一级人民政府国土资源行政主管部门备案。

第十六条　土地变更调查由国土资源部统一部署，以县级行政区为单位组织实施。

县级以上国土资源行政主管部门应当按照国家统一要求，组织实施土地变更调查，保持调查成果的现势性和准确性。

第十七条　土地变更调查中的城镇和村庄地籍变更调查，应当根据土地权属等变化情况，以宗地为单位，随时调查，及时变更地籍图件和数据库。

第十八条　土地变更调查中的土地利用变更调查，应当以全国土地调查和上一年度土地变更调查结果为基础，全面查清本年度本行政区域内土地利用状况变化情况，更新土地利用现状图件和土地利用数据库，逐级汇总上报各类土地利用变化数据。

土地利用变更调查的统一时点为每年12月31日。

第十九条　土地变更调查，包括下列内容：

（一）行政和权属界线变化状况；

（二）土地所有权和使用权变化情况；

（三）地类变化情况；

（四）基本农田位置、数量变化情况；

（五）国土资源部规定的其他内容。

第二十条　土地专项调查由县级以上国土资源行政主管部门组织实施，专项调查成果报上一级国土资源行政主管部门备案。

全国性的土地专项调查，由国土资源部组织实施。

第二十一条　土地调查应当执行国家统一的土地利用现状分类标准、技术规程和国土资源部的有关规定，保证土地调查数据的统一性和准确性。

第二十二条　上级国土资源行政主管部门应当加强对下级国土资源行政主管部门土地调查工作的指导，并定期组织人员进行监督检查，及时掌握土地调查进度，研究解决土地调查中的问题。

第二十三条　县级以上国土资源行政主管部门应当建立土地调查进度的动态通报制度。

上级国土资源行政主管部门应当根据全国土地调查、土地变更调查和土地专项调查确定的工作时限，定期通报各地工作的完成情况，对工作进度缓慢的地区，进行重点督导和检查。

第二十四条　从事土地调查的单位和个人，应当遵守国家有关保密的法律法规和规定。

第四章　调查成果的公布和应用

第二十五条　土地调查成果包括数据成果、图件成果、文字成果和数据库成果。

土地调查数据成果，包括各类土地分类面积数据、不同权属性质面积数据、基本农田面积数据和耕地坡度分级面积数据等。

土地调查图件成果，包括土地利用现状图、地籍图、宗地图、基本农田分布图、耕地坡度分级专题图等。

土地调查文字成果，包括土地调查工作报告、技术报告、成果分析报告和其他专题报告等。

土地调查数据库成果，包括土地利用数据库和地籍数据库等。

第二十六条　县级以上国土资源行政主管部门应当按照要求和有关标准完成数据处理、文字报告编写等成果汇总统计工作。

第二十七条　土地调查成果实行逐级汇交制度。

县级以上地方国土资源行政主管部门应当将土地调查形成的数据成果、图件成果、文字成果和数据库成果汇交上一级国土资源行政主管部门汇总。

土地调查成果汇总的内容主要包括数据汇总、图件编制、文字报告编写和成果分析等。

第二十八条　全国土地调查成果的检查验收，由各级土地调查领导小组办公室按照下列程序进行：

（一）县级组织调查单位和相关部门，对调查成果进行全面自检，形成自检报告，报市（地）级复查；

（二）市（地）级复查合格后，向省级提出预检申请；

（三）省级对调查成果进行全面检查，验收合格后上报；

（四）全国土地调查领导小组办公室对成果进行核查，根据需要对重点区域、重点地类进行抽查，形成确认意见。

第二十九条　全国土地调查成果的公布，依照条例第二十五条规定进行。

土地变更调查成果，由各级国土资源行政主管部门报本级人民政府批准后，按照国家、省、市、县的顺序依次公布。

土地专项调查成果，由有关国土资源行政主管部门公布。

第三十条　土地调查上报的成果质量实行分级负责制。县级以上国土资源行政主管部门应当对本级上报的调查成果认真核查，确保调查成果的真实、准确。

上级国土资源行政主管部门应当定期对下级国土资源行政主管部门的土地调查成果质量进行监督。

第三十一条　经依法公布的土地调查成果，是编制国民经济和社会发展规划、有关专项规划以及国土资源管理的基础和依据。

建设用地报批、土地整治项目立项以及其他需要使用土地基础数据与图件资料的活动，应当以国家确认的土地调查成果为基础依据。

各级土地利用总体规划修编，应当以经国家确定的土地调查成果为依据，校核规划修编基数。

第五章 法律责任

第三十二条 接受土地调查的单位和个人违反条例第十七条的规定，无正当理由不履行现场指界义务的，由县级以上人民政府国土资源行政主管部门责令限期改正，逾期不改正的，依照条例第三十二条的规定进行处罚。

第三十三条 承担土地调查任务的单位有下列情形之一的，县级以上国土资源行政主管部门应当责令限期改正，逾期不改正的，终止土地调查任务，该单位五年内不得列入土地调查单位名录：

（一）在土地调查工作中弄虚作假的；

（二）无正当理由，未按期完成土地调查任务的；

（三）土地调查成果有质量问题，造成严重后果的。

第三十四条 承担土地调查任务的单位不符合条例第十三条和本办法第十条规定的相关条件，弄虚作假，骗取土地调查任务的，县级以上国土资源行政主管部门应当终止该单位承担的土地调查任务，并不再将该单位列入土地调查单位名录。

第三十五条 土地调查人员违反条例第三十一条规定的，由国土资源部注销土地调查员工作证，不得再次参加土地调查人员考核。

第三十六条 国土资源行政主管部门工作人员在土地调查工作中玩忽职守、滥用职权、徇私舞弊，构成犯罪的，依法追究刑事责任；尚不构成犯罪的，依法给予行政处分。

第六章 附 则

第三十七条 本办法自公布之日起施行。

国土资源部、财政部、农业部关于加快推进农村集体土地确权登记发证工作的通知

（国土资发〔2011〕60号）

各省、自治区、直辖市国土资源厅（国土环境资源厅、国土资源局、国土资源和房屋管理局、规划和国土资源管理局）、财政厅（局）、农业（农牧、农村经济）厅（局、委、办），新疆生产建设兵团国土资源局、财务局、农业局：

为贯彻落实十七届三中全会精神和《中共中央国务院关于加大统筹城乡发展力度进一步夯实农业农村发展基础的若干意见》（中发〔2010〕1号，以下简称中央1号文件）有关要求，切实加快推进农村集体土地确权登记发证工作，现将有关事项通知如下：

一、充分认识加快农村集体土地确权登记发证的重要意义

《土地管理法》实施以来，各地按照国家法律法规和政策积极开展土地登记工作，取得了显著的成绩，对推进土地市场建设，维护土地权利人合法权益，促进经济社会发展发挥了重要作用。但是，受当时条件的限制，农村集体土地确权登记发证工作总体滞后，有的地区登记发证率还很低，已颁证的农村集体土地所有权大部分只确权登记到行政村农民集体一级，没有确认到每一个具有所有权的农民集体，这与中央的要求和农村经济社会发展的现实需求不相适应。明晰集体土地财产权，加快推进农村集体土地确权登记发证工作任务十分紧迫繁重。

（一）加快推进农村集体土地确权登记发证工作是维护农民权益、促进农村社会和谐稳定的现实需要。通过农村集体土地确权登记发证，有效解决农村集体土地权属纠纷，化解农村社会矛盾，依法确认农民土地权利，强化农民特别是全社会的土地物权意识，有助于在城镇化、工业化和农业现代化推进过程中，切实维护农民权益。

（二）加快推进农村集体土地确权登记发证工作是落实最严格的耕地保护制度和节约用地制度、提高土地管理和利用水平的客观需要。土地确权登记发证的过程，是进一步查清宗地的权属、面积、用途、空间位置，建立土地登记簿的过程，也是摸清土地利用情况的过程，从而改变农村土地管理基础薄弱的状况，夯实管理和改革的基础，确认农民集体、农民与土地长期稳定的产权关系，将农民与土地物权紧密联系起来，可以进一步激发农民保护耕地、节约集约用地的积极性。

（三）加快推进农村集体土地确权登记发证工作是夯实农业农村发展基础、促进

城乡统筹发展的迫切需要。加快农村集体土地确权登记发证，依法确认和保障农民的土地物权，进而通过深化改革，还权赋能，最终形成产权明晰、权能明确、权益保障、流转顺畅、分配合理的农村集体土地产权制度，是建设城乡统一的土地市场的前提，是促进农村经济社会发展、实现城乡统筹的动力源泉。

二、切实加快农村集体土地确权登记发证工作，强化成果应用

各地要认真落实中央1号文件精神，加快农村集体土地所有权、宅基地使用权、集体建设用地使用权等确权登记发证工作，力争到2012年底把全国范围内的农村集体土地所有权证确认到每个具有所有权的集体经济组织，做到农村集体土地确权登记发证全覆盖。要按照土地总登记模式，集中人员、时间和地点开展工作，坚持依法依规、便民高效、因地制宜、急需优先和全面覆盖的原则，注重解决难点问题。

（一）完善相关政策。认真总结在农村集体土地确权登记发证工作方面的经验，围绕地籍调查、土地确权、争议调处、登记发证工作中存在的问题，深入研究，创新办法，细化和完善加快农村集体土地确权登记发证的政策。严禁通过土地登记将违法违规用地合法化。

（二）加快地籍调查。地籍调查是土地登记发证的前提，各地要加快地籍调查，严格按照地籍调查有关规程规范的要求，开展农村集体土地所有权、宅基地使用权、集体建设用地使用权调查工作，查清农村每一宗土地的权属、界址、面积和用途等基本情况。有条件的地方要制作农村集体土地所有权地籍图，以大比例尺地籍调查为基础，制作农村集体土地使用权，特别是建设用地使用权、宅基地使用权地籍图。县级以上城镇以及有条件的一般建制镇、村庄，要建立地籍信息系统，将地籍调查成果上图入库，纳入规范化管理，在此基础上，开展土地总登记及初始登记和变更登记。建立地籍成果动态更新机制，以土地登记为切入点，动态更新地籍调查成果资料，保持调查成果的现势性，确保土地登记结果的准确性。

（三）加强争议调处。要及时调处土地权属争议，建立土地权属争议调处信息库，及时掌握集体土地所有权、宅基地使用权和集体建设用地使用权权属争议动态，有效化解争议，为确权创造条件。

（四）规范已有成果。结合全国土地登记规范化和土地权属争议调处检查工作，凡是农村集体土地所有权证没有确认到具有所有权的农民集体经济组织的，应当确认到具有所有权的农民集体经济组织；已经登记发证的宗地缺失档案资料以及不规范的，尽快补正完善；已经登记的宗地测量精度不够的，及时进行修补测；对于发现登记错误的，及时予以更正。

（五）加强信息化建设。把农村集体土地确权登记发证同地籍信息化建设结合起来，在应用现代信息技术加快确权登记发证的同时，一并将地籍档案数字化，实现确权登记发证成果的信息化管理。建设全国土地登记信息动态监管查询系统，逐步实现土地登记资料网上实时更新，动态管理，建立共享机制，全面提高地籍管理水

平，大幅度提高地籍工作的社会化服务程度。

（六）强化证书应用。实行凭证管地用地制度。土地权利证书要发放到权利人手中，严禁以统一保管等名义扣留、延缓发放土地权利证书。各地根据当地实际，可以要求凡被征收的农村集体所有土地，在办理征地手续之前，必须完成农村集体土地确权登记发证，在征地拆迁时，要依据农村集体土地所有证和农村集体土地使用证进行补偿；凡是依法进入市场流转的经营性集体建设用地使用权，必须经过确权登记，做到产权明晰、四至清楚、没有纠纷，没有经过确权登记的集体建设用地使用权一律禁止流转；农用地流转需与集体土地所有权确权登记工作做好衔接，确保承包地流转前后的集体所有性质不改变，土地用途不改变，农民土地承包权益不受损害；对新农村建设和农村建设用地整治涉及宅基地调整的，必须以确权登记发证为前提。

充分发挥农村土地确权登记发证工作成果在规划、耕保、利用、执法等国土资源管理各个环节的基础作用。农村集体土地登记发证与集体建设用地流转、城乡建设用地增减挂钩、农用地流转、土地征收等各项重点工作挂钩。凡是到2012年底未按时完成农村集体土地所有权登记发证工作的，农转用、土地征收审批暂停，农村土地整治项目不予立项。

三、加强组织领导，强化督促落实

（一）加强组织领导。国土资源部会同财政部、农业部成立全国加快推进农村集体土地确权登记发证工作领导小组，办公室设在国土资源部地籍管理司，由成员单位有关方面负责人、联络员及工作人员组成，具体负责推进农村集体土地确权登记发证的日常工作。省级人民政府国土资源部门要牵头成立相应的领导小组，负责本地区工作的组织和实施。市（县）政府是农村集体土地登记的法定主体，市（县）成立以政府领导为组长的工作领导小组，国土资源部门承担领导小组的日常工作，负责编制实施方案，分解任务，落实责任，明确进度，定期检查，抓好落实。农村集体土地所有权确权登记发证应当覆盖到本行政区内全部集体土地。

（二）周密部署安排。各省要抓紧摸清本地区集体土地确权登记发证现状，研究制定具体工作方案，明确年度工作目标和任务，加强人员培训，落实责任制，加快农村集体土地所有权、宅基地使用权、集体建设用地使用权等确权登记颁证工作，2012年底基本完成把农村集体土地所有权证确认到每个具有所有权的农民集体经济组织的任务。

建立全国农村集体土地确权登记发证工作进度汇总统计分析和通报制度。请省级领导小组办公室于2011年6月底将本地区农村集体土地确权登记发证工作进展情况报办公室，此后按季度定期上报工作进度情况，并逐步建立网上动态上报机制，办公室将采取多种方式加强督促检查。

（三）切实保障经费。相关地方政府要按照中央1号文件要求，统筹安排，将农村集体土地确权登记发证有关工作经费足额纳入财政预算，保障工作开展。

（四）加强土地登记代理机构队伍建设。借助土地登记代理机构等专业力量，提高确权登记发证的效率和规范化程度。

（五）宣传动员群众。各地要通过报纸、电视、广播、网络等媒体，大力宣传农村集体土地确权登记发证的重要意义、工作目标和法律政策，创造良好的舆论环境和工作氛围。争取广大农民群众和社会各界的理解支持，充分发挥农村基层组织在登记申报、土地确权、纠纷调处等工作中的重要作用，调动广大农民群众参与的积极性。国土资源部将适时召开加快推进农村集体土地确权登记发证工作现场会，总结、推广、宣传典型经验，为全国提供示范典型。

国土资源部

财政部

农业部

二〇一一年五月六日

国土资源部关于进一步加快农村地籍调查推进集体土地确权登记发证工作的通知

（国土资发〔2013〕97号）

各省、自治区、直辖市国土资源主管部门，新疆生产建设兵团国土资源局，解放军土地管理局，部有关直属单位，各派驻地方的国家土地督察局，部机关各司局：

按照党的“十八大”关于推进新型城镇化建设和城乡发展一体化的要求，全面贯彻落实中共中央、国务院《关于加快发展现代农业 进一步增强农村发展活力的若干意见》（中发〔2013〕1号）精神，部研究决定，在现有工作的基础上，采取切实有效措施，进一步加快农村地籍调查，全面推进集体土地确权登记发证工作。现将有关事项通知如下。

一、加快农村地籍调查，保障集体土地确权登记发证工作

（一）充分认识农村地籍调查工作重要意义。农村地籍调查是土地管理中打基础、利长远的工作，是实现土地精细化管理，促进城乡地政统一管理的重要保障，是维护广大农民土地合法权益，促进社会和谐稳定的重要支撑。各地要充分认识农村地籍调查工作的重要意义，通过组织开展农村地籍调查，全面掌握农村范围内每一宗土地的利用类型、数量、分布及权属、界址等产权状况，为当前开展的集体土地确权登记发证工作提供基础支撑，确保全国农村集体土地确权登记发证工作有序推进。同时，也为下一步不动产统一登记奠定坚实的基础。

（二）进一步明确农村地籍调查工作内容。农村地籍调查作为今后一段时期地籍管理工作的重点，主要任务是对农村范围内包括农村宅基地、农村集体建设用地等在内的每一宗地的权属、界址、位置、面积、用途等进行调查。主要内容包括土地权属调查和地籍测量，土地权属调查是调查土地的权属状况和界址，地籍测量是测量宗地的界址边界。各地要严格依据《地籍调查规程》（TD/T 1001—2012），按照“统筹谋划，科学组织；需求带动，服务推动；立足基础，节约高效；息纷止争，维权维稳”的总体指导原则，坚持政府主导，建立稳定的长效投入机制，调动各方积极性，加快推进本地区农村地籍调查的各项调查工作。

（三）统筹有序安排农村地籍调查各项任务。各地要客观分析现有工作条件，有计划、有步骤、分阶段稳妥推进本地区的农村地籍调查工作。各地在开展农村地籍调查工作时，要与现有工作统筹安排，当前尤其要充分结合农村集体土地确权登记发证工作的总体部署和要求，在已基本完成集体土地所有权登记发证工作的基础上，

继续做好调查成果的整理完善工作，尽快组织开展农村集体建设用地调查和宅基地调查，全力保证农村集体土地确权登记发证工作。

二、因地制宜，严格规范，确保农村地籍调查成果质量

（一）因地制宜加快农村地籍调查工作。地方应根据本地区的特点，制定地籍调查方案，采用切实可行的调查方法开展调查。有条件地区要着眼于地籍管理和国土资源事业的长远发展，兼顾需要和可能，尽可能采用高精度的调查标准和调查方法实测界址点坐标并计算宗地面积，制作大比例尺地籍图；条件不具备的地区，界址点的测量可采用图解法，实地丈量界址边长及界址点与邻近地物的相关距离或条件距离，确保相邻关系的准确。

对于已经调查的宗地实地情况发生变化的，开展日常变更地籍调查及变更登记，保持地籍调查成果的现势性；对已经调查的宗地测量精度不满足需要的，要及时进行修补测；对于已经调查的宗地档案资料缺失及不规范的，应尽快补正完善；对于未开展过地籍调查的地区，按照地籍总调查的模式开展调查。

（二）严格规范开展农村地籍调查工作。各地应以“权属合法、界址清楚、面积准确”为原则，依据《地籍调查规程》，查清农村每一宗土地的权属、界址、面积和用途（地类）等，建立完备的地籍调查数据库。地籍调查工作中，各地要积极探索新技术、新方法的应用，结合已有的宅基地、集体建设用地调查成果，并充分利用第二次全国土地调查成果、年度土地变更调查成果以及最新的遥感影像，开展农村地籍调查工作，并做好与现有调查资料的充分衔接。

同时，各地可结合开展不动产统一登记的新形势、新要求，适时开展涵盖各种权利类型的农村地籍调查工作，探索形成操作性强的工作流程和切实可行的技术方法，为即将开展的不动产统一登记进行积极主动的探索。

（三）加强农村地籍调查成果的信息化。各地应以集体土地确权登记发证工作为契机，采取积极有效措施，加快推进农村地籍调查成果的信息化。要在第二次全国土地调查成果的基础上，以年度土地变更调查数据库为平台，开展农村集体土地所有权调查成果的上图入库工作，补充完善农村集体建设用地调查和宅基地调查成果，建立农村地籍调查数据库，更新土地变更调查数据库中权属、界址、面积等地籍信息。同时，建立农村地籍调查成果动态更新长效机制，以土地登记为切入点，动态更新农村地籍调查成果资料，保持调查成果的现势性。

（四）探索农村地籍调查成果的应用。各地要积极探索农村地籍调查成果的应用，切实为国土资源精细化管理提供支撑和保障。农村宅基地地籍调查成果要充分应用于宅基地审批、城乡建设用地增减挂钩、农村土地整治等工作中，农村集体建设用地调查成果要与年度土地变更调查、土地执法等工作相结合，做到相互印证，相互支撑。

三、采取有效措施，全面推进各项工作

（一）加强组织领导。各地要高度重视，加强对农村地籍调查的组织领导，将加快推进农村地籍调查工作作为夯实农村土地管理基础，特别是农村集体土地确权登记发证的重要内容，统一领导、统一部署、统一组织实施。各地在推进地籍调查工作的过程中，要立足当地工作基础和实际需求，对重点区域和城乡接合部以需求带动为主，体现急需优先的原则，对其他地区，则应加大政府投入力度，以服务推动为主，体现全面开展的要求。各地国土资源主管部门要积极主动地向同级党委、政府汇报调查工作进度，加强与各有关部门的协调联动，建立政府主导的工作推动机制。各省要及时将加快推进农村地籍调查工作的省级实施方案报部备案，部将适时开展督导检查。

（二）保障工作经费。农村地籍调查是一项基础性工作，各地要积极开拓思路，多渠道筹措资金，确保地籍调查所需经费。县级以上地方国土资源主管部门应当配合同级财政部门，根据2013年中央1号文件精神和《土地调查条例实施办法》的有关规定落实经费。必要时，可以与同级财政部门共同制定调查经费从新增建设用地土地有偿使用费、国有土地使用权有偿出让收入中列支的管理办法。已经完成地籍调查的地区，要积极争取地方政府财政支持，将地籍成果更新和系统建设与维护资金足额纳入年度财政预算。

（三）强化队伍建设。各级国土资源主管部门要有计划地开展地籍调查业务培训，逐步建立地籍调查人员学习培训长效机制，不断提高执行政策和规范开展业务的能力，以及沟通协调和解决实际问题的能力。县级以上国土资源主管部门应明确专门的机构和人员，具体负责地籍调查工作，建立调查队伍人员的定期考核制度。各地要积极引导建立社会化地籍调查中介机构，提高农村地籍调查效率和规范化水平，逐步建立市场化的地籍调查工作机制。

（四）加大宣传力度。各地要采取多种形式，在农村集体土地确权发证工作中，大力宣传农村地籍调查的重要意义，创造良好的舆论环境和工作氛围。部将根据农村集体土地确权登记发证工作进展，适时召开加快推进农村地籍调查工作现场会，总结推广典型经验，促进农村地籍调查工作规范有序开展。

此通知自下发之日起实施，有效期为5年。

国土资源部

二〇一三年九月三日

国土资源部、财政部、住房和城乡建设部、农业部、国家林业局关于进一步加快推进宅基地和集体建设用地使用权确权登记发证工作的通知

（国土资发〔2014〕101号）

各省、自治区、直辖市及副省级城市国土资源主管部门、财政厅（局）、住房城乡建设厅（建委、建交委）、农业（农牧、农村经济）厅（局、委、办），林业厅（局）、新疆生产建设兵团国土资源局、财务局、建设局、农业局、林业局，解放军土地管理局：

为落实十八届三中全会关于“赋予农民更多财产权利，保障农户宅基地用益物权，改革完善农村宅基地制度；建立城乡统一的建设用地市场，在符合规划和用途管制前提下，允许集体经营性建设用地实行与国有土地同等入市、同权同价”改革精神，认真贯彻《关于全面深化农村改革加快推进农业现代化的若干意见》（中发〔2014〕1号）和《2014年政府工作报告》，结合国家建立和实施不动产统一登记制度的有关要求，进一步加快推进宅基地和集体建设用地使用权确权登记发证工作，现将有关事项通知如下：

一、结合新形势，充分认识宅基地和集体建设用地使用权确权登记发证工作的重要意义

（一）加快推进宅基地和集体建设用地使用权确权登记发证是维护农民合法权益，促进农村社会秩序和谐稳定的重要措施。宅基地和集体建设用地使用权是农民及农民集体重要的财产权利，直接关系到每个农户的切身利益，通过宅基地和集体建设用地确权登记发证，依法确认农民的宅基地和集体建设用地使用权，可以有效解决土地权属纠纷，化解农村社会矛盾，为农民维护土地权益提供有效保障，从而进一步夯实农业农村发展基础，促进农村社会秩序的稳定与和谐。

（二）宅基地和集体建设用地使用权确权登记发证是深化农村改革，促进城乡统筹发展的产权基础。通过加快推进宅基地和集体建设用地确权登记发证，使农民享有的宅基地和集体建设用地使用权依法得到法律的确认和保护，是改革完善宅基地制度，实行集体经营性建设用地与国有土地同等入市、同权同价，建立城乡统一的建设用地市场等农村改革的基础和前提，也为下一步赋予农民更多财产权利，促进城乡统筹发展提供了产权基础和法律依据。

（三）宅基地和集体建设用地使用权登记发证是建立实施不动产统一登记制度的基本内容。党的十八届二中全会和十二届全国人大一次会议审议通过的《国务院机构改革和职能转变方案》明确建立不动产统一登记制度，为避免增加群众负担，减少重复建设和资金浪费，在宅基地和集体建设用地使用权登记发证工作中将农房等集体建设用地上建筑物、构筑物一并纳入，有助于建立健全不动产登记制度，形成覆盖城乡房地一体的不动产登记体系，进一步提高政府行政效能和监管水平。

二、因地制宜，全面加快推进宅基地和集体建设用地使用权确权登记发证工作

各地要以登记发证为主线，因地制宜，采用符合实际的调查方法，将农房等集体建设用地上的建筑物、构筑物纳入工作范围，建立健全不动产统一登记制度，实现统一调查、统一确权登记、统一发证，力争尽快完成房地一体的全国农村宅基地和集体建设用地使用权确权登记发证工作。

（一）全面加快农村地籍调查，统筹推进农房等集体建设用地上的建筑物、构筑物补充调查工作。各地要以服务和支撑登记发证工作为切入点，兼顾集体建设用地流转、改革完善宅基地制度等土地制度改革、不动产统一登记建设的实际需要，按照《农村地籍和房屋调查技术方案（试行）》（见附件）的要求，积极稳妥推进本地区的农村地籍调查工作，并将农房等集体建设用地上的建筑物、构筑物纳入工作范围。

各地要统筹考虑基础条件、工作需求和经济技术可行性，避免重复投入，因事、因地、因物，审慎科学地选择符合本地区实际的调查方法。可按照“百衲衣”的方式，同一地区内采用多种不同调查方法开展工作，以满足登记发证工作的基本需要。

（二）制定和完善宅基地和集体建设用地使用权确权登记发证相关政策。各地要认真研究分析当前工作存在的问题，全面总结行之有效的经验和做法，在国土资发〔2011〕60号、国土资发〔2011〕178号及国家有关要求的基础上，根据本地实际，进一步细化农村宅基地和集体建设用地使用权确权登记发证的政策，积极探索，勇于突破，尽快出台或完善有关政策或指导意见，为推进工作提供政策支撑。

各地在制定政策或指导意见时，应以化解矛盾、应发尽发为原则，要坚持农村违法宅基地和集体建设用地必须依法补办用地批准手续后，方可进行登记发证。在权属调查和纠纷处理工作中，要充分发挥基层群众自治组织和农村集体经济组织的作用，建立健全农村土地权属纠纷调处工作机制，在登记发证工作中注重保护农村妇女土地权益，切实保护群众合法利益。

（三）进一步加快推进宅基地和集体建设用地使用权确权登记发证工作。各地要按照不动产统一登记制度建设和宅基地制度改革的要求，全面落实宅基地、集体建设用地使用权以及农房等集体建设用地上的建筑物、构筑物确权登记发证工作，做

到应发尽发。要从工作现状出发，尽快制定或调整工作计划，将农房等集体建设用地上的建筑物、构筑物纳入工作范围，按年度细化工作目标、任务和措施，明确完成时限。在完成农村地籍调查和农房调查的基础上，省级国土资源主管部门要尽量选择房地合一的地区开展房地一体的登记发证试点，为全面铺开工作积累经验。

计划在2014年底完成宅基地和集体建设用地使用权确权登记发证的省（区、市），应根据实际情况尽快调整工作计划，增加农房调查等工作任务，并制定补充调查方案；做出新的调整，增加农房等集体建设用地上的建筑物、构筑物可能造成不利影响的，今年可以先按原计划继续推进，今后再逐步开展补充调查，或结合日常变更登记逐步补充完善房屋及附属设施信息。各省（区、市）应按照工作计划，积极推进确权登记发证工作，本级财政给予必要的支持。

（四）进一步加强登记规范化和信息化建设。已完成宅基地和集体建设用地使用权确权登记发证工作的省份，要进一步规范已有登记成果，提高成果质量。各地要继续推进农村集体土地登记信息化数据库建设，逐步建立数据库共享机制，实现数据实时更新，在满足现有工作需求基础上，统筹考虑与不动产统一登记制度信息化建设的衔接，实现登记发证成果的数字化管理和信息化应用。

三、采取有效措施，切实保障宅基地和集体建设用地使用权确权登记发证顺利进行

（一）加强组织领导。地方各级集体土地确权登记发证领导小组办公室继续负责本地区确权登记发证工作的组织和实施。根据《国务院办公厅关于落实中共中央国务院关于全面深化农村改革加快推进农业现代化的若干意见有关政策措施分工的通知》（国办函〔2014〕31号）要求，相应增加或调整领导小组成员单位。依靠各级党委、政府，特别是市（县）党委、政府强有力的组织、协调和保障，各级国土资源部门要牵头负责，与同级财政、住建、农业、林业部门密切合作，确保宅基地和集体建设用地使用权确权登记发证工作积极稳妥、规范有序推进。严格执行已有工作机制和制度，认真落实月报季报等有关制度。省级国土资源主管部门要在2014年8月31日前将相关工作计划报国土资源部备案。

（二）切实保障经费落实。相关地方政府要按照2013年、2014年中发1号文件要求将确权登记颁证工作经费纳入财政预算，切实保障工作开展。

（三）加强正面宣传引导。各地应结合建立和实施不动产统一登记制度建设的要求，通过报纸、电视、广播、网络等媒体，加强宣传宅基地和集体建设用地使用权及农房等集体建设用地上的建筑物、构筑物确权登记发证工作的重要意义、工作目标和法律政策，争取广大农民群众和社会各界的理解支持，创造良好的舆论环境和工作氛围。

（四）加强督促指导及验收。全国加快推进农村集体土地确权登记发证工作领导

小组办公室将继续实行“一省一策”、“分片包干”、“定期上报”等工作制度，加强督促检查，对工作进度缓慢、工作质量不高的地区，进行重点督导。省级国土资源主管部门应在本省（区、市）基本完成宅基地和集体建设用地使用权确权登记发证工作的基础上，对尚未完成工作任务的地区，进一步加强督促和指导，集中研究解决难题，限时完成工作目标，同时组织好验收总结，切实保证工作成果质量。

国土资源部

财政部

住房和城乡建设部

农业部

国家林业局

二〇一四年八月一日

不动产登记暂行条例实施细则

（2016 年 1 月 1 日　国土资源部令第 63 号）

第一章　总　则

第一条　为规范不动产登记行为，细化不动产统一登记制度，方便人民群众办理不动产登记，保护权利人合法权益，根据《不动产登记暂行条例》（以下简称《条例》），制定本实施细则。

第二条　不动产登记应当依照当事人的申请进行，但法律、行政法规以及本实施细则另有规定的除外。

房屋等建筑物、构筑物和森林、林木等定着物应当与其所依附的土地、海域一并登记，保持权利主体一致。

第三条　不动产登记机构依照《条例》第七条第二款的规定，协商办理或者接受指定办理跨县级行政区域不动产登记的，应当在登记完毕后将不动产登记簿记载的不动产权利人以及不动产坐落、界址、面积、用途、权利类型等登记结果告知不动产所跨区域的其他不动产登记机构。

第四条　国务院确定的重点国有林区的森林、林木和林地，由国土资源部受理并会同有关部门办理，依法向权利人核发不动产权属证书。

国务院批准的项目用海、用岛的登记，由国土资源部受理，依法向权利人核发不动产权属证书。

中央国家机关使用的国有土地等不动产登记，依照国土资源部《在京中央国家机关用地土地登记办法》等规定办理。

第二章　不动产登记簿

第五条　《条例》第八条规定的不动产单元，是指权属界线封闭且具有独立使用价值的空间。

没有房屋等建筑物、构筑物以及森林、林木定着物的，以土地、海域权属界线封闭的空间为不动产单元。

有房屋等建筑物、构筑物以及森林、林木定着物的，以该房屋等建筑物、构筑物以及森林、林木定着物与土地、海域权属界线封闭的空间为不动产单元。

前款所称房屋，包括独立成幢、权属界线封闭的空间，以及区分套、层、间等可以独立使用、权属界线封闭的空间。

第六条 不动产登记簿以宗地或者宗海为单位编成，一宗地或者一宗海范围内的全部不动产单元编入一个不动产登记簿。

第七条 不动产登记机构应当配备专门的不动产登记电子存储设施，采取信息网络安全防护措施，保证电子数据安全。

任何单位和个人不得擅自复制或者篡改不动产登记簿信息。

第八条 承担不动产登记审核、登簿的不动产登记工作人员应当熟悉相关法律法规，具备与其岗位相适应的不动产登记等方面的专业知识。

国土资源部会同有关部门组织开展对承担不动产登记审核、登簿的不动产登记工作人员的考核培训。

第三章 登记程序

第九条 申请不动产登记的，申请人应当填写登记申请书，并提交身份证明以及相关申请材料。

申请材料应当提供原件。因特殊情况不能提供原件的，可以提供复印件，复印件应当与原件保持一致。

第十条 处分共有不动产申请登记的，应当经占份额三分之二以上的按份共有人或者全体共同共有人共同申请，但共有人另有约定的除外。

按份共有人转让其享有的不动产份额，应当与受让人共同申请转移登记。

建筑区划内依法属于全体业主共有的不动产申请登记，依照本实施细则第三十六条的规定办理。

第十一条 无民事行为能力人、限制民事行为能力人申请不动产登记的，应当由其监护人代为申请。

监护人代为申请登记的，应当提供监护人与被监护人的身份证或者户口簿、有关监护关系等材料；因处分不动产而申请登记的，还应当提供为被监护人利益的书面保证。

父母之外的监护人处分未成年人不动产的，有关监护关系材料可以是人民法院指定监护的法律文书、经过公证的对被监护人享有监护权的材料或者其他材料。

第十二条 当事人可以委托他人代为申请不动产登记。

代理申请不动产登记的，代理人应当向不动产登记机构提供被代理人签字或者盖章的授权委托书。

自然人处分不动产，委托代理人申请登记的，应当与代理人共同到不动产登记机构现场签订授权委托书，但授权委托书经公证的除外。

境外申请人委托他人办理处分不动产登记的，其授权委托书应当按照国家有关规定办理认证或者公证。

第十三条 申请登记的事项记载于不动产登记簿前，全体申请人提出撤回登记申请的，登记机构应当将登记申请书以及相关材料退还申请人。

第十四条　因继承、受遗赠取得不动产，当事人申请登记的，应当提交死亡证明材料、遗嘱或者全部法定继承人关于不动产分配的协议以及与被继承人的亲属关系材料等，也可以提交经公证的材料或者生效的法律文书。

第十五条　不动产登记机构受理不动产登记申请后，还应当对下列内容进行查验：

（一）申请人、委托代理人身份证明材料以及授权委托书与申请主体是否一致；

（二）权属来源材料或者登记原因文件与申请登记的内容是否一致；

（三）不动产界址、空间界限、面积等权籍调查成果是否完备，权属是否清楚、界址是否清晰、面积是否准确；

（四）法律、行政法规规定的完税或者缴费凭证是否齐全。

第十六条　不动产登记机构进行实地查看，重点查看下列情况：

（一）房屋等建筑物、构筑物所有权首次登记，查看房屋坐落及其建造完成等情况；

（二）在建建筑物抵押权登记，查看抵押的在建建筑物坐落及其建造等情况；

（三）因不动产灭失导致的注销登记，查看不动产灭失等情况。

第十七条　有下列情形之一的，不动产登记机构应当在登记事项记载于登记簿前进行公告，但涉及国家秘密的除外：

（一）政府组织的集体土地所有权登记；

（二）宅基地使用权及房屋所有权，集体建设用地使用权及建筑物、构筑物所有权，土地承包经营权等不动产权利的首次登记；

（三）依职权更正登记；

（四）依职权注销登记；

（五）法律、行政法规规定的其他情形。

公告应当在不动产登记机构门户网站以及不动产所在地等指定场所进行，公告期不少于15个工作日。公告所需时间不计算在登记办理期限内。公告期满无异议或者异议不成立的，应当及时记载于不动产登记簿。

第十八条　不动产登记公告的主要内容包括：

（一）拟予登记的不动产权利人的姓名或者名称；

（二）拟予登记的不动产坐落、面积、用途、权利类型等；

（三）提出异议的期限、方式和受理机构；

（四）需要公告的其他事项。

第十九条　当事人可以持人民法院、仲裁委员会的生效法律文书或者人民政府的生效决定单方申请不动产登记。

有下列情形之一的，不动产登记机构直接办理不动产登记：

（一）人民法院持生效法律文书和协助执行通知书要求不动产登记机构办理登记的；

（二）人民检察院、公安机关依据法律规定持协助查封通知书要求办理查封登记的；

（三）人民政府依法做出征收或者收回不动产权利决定生效后，要求不动产登记机构办理注销登记的；

（四）法律、行政法规规定的其他情形。

不动产登记机构认为登记事项存在异议的，应当依法向有关机关提出审查建议。

第二十条 不动产登记机构应当根据不动产登记簿，填写并核发不动产权属证书或者不动产登记证明。

除办理抵押权登记、地役权登记和预告登记、异议登记，向申请人核发不动产登记证明外，不动产登记机构应当依法向权利人核发不动产权属证书。

不动产权属证书和不动产登记证明，应当加盖不动产登记机构登记专用章。

不动产权属证书和不动产登记证明样式，由国土资源部统一规定。

第二十一条 申请共有不动产登记的，不动产登记机构向全体共有人合并发放一本不动产权属证书；共有人申请分别持证的，可以为共有人分别发放不动产权属证书。

共有不动产权属证书应当注明共有情况，并列明全体共有人。

第二十二条 不动产权属证书或者不动产登记证明污损、破损的，当事人可以向不动产登记机构申请换发。符合换发条件的，不动产登记机构应当予以换发，并收回原不动产权属证书或者不动产登记证明。

不动产权属证书或者不动产登记证明遗失、灭失，不动产权利人申请补发的，由不动产登记机构在其门户网站上刊发不动产权利人的遗失、灭失声明15个工作日后，予以补发。

不动产登记机构补发不动产权属证书或者不动产登记证明的，应当将补发不动产权属证书或者不动产登记证明的事项记载于不动产登记簿，并在不动产权属证书或者不动产登记证明上注明“补发”字样。

第二十三条 因不动产权利灭失等情形，不动产登记机构需要收回不动产权属证书或者不动产登记证明的，应当在不动产登记簿上将收回不动产权属证书或者不动产登记证明的事项予以注明；确实无法收回的，应当在不动产登记机构门户网站或者当地公开发行的报刊上公告作废。

第四章 不动产权利登记

第一节 一般规定

第二十四条 不动产首次登记，是指不动产权利第一次登记。

未办理不动产首次登记的，不得办理不动产其他类型登记，但法律、行政法规另有规定的除外。

第二十五条　市、县人民政府可以根据情况对本行政区域内未登记的不动产，组织开展集体土地所有权、宅基地使用权、集体建设用地使用权、土地承包经营权的首次登记。

依照前款规定办理首次登记所需的权属来源、调查等登记材料，由人民政府有关部门组织获取。

第二十六条　下列情形之一的，不动产权利人可以向不动产登记机构申请变更登记：

（一）权利人的姓名、名称、身份证明类型或者身份证明号码发生变更的；

（二）不动产的坐落、界址、用途、面积等状况变更的；

（三）不动产权利期限、来源等状况发生变化的；

（四）同一权利人分割或者合并不动产的；

（五）抵押担保的范围、主债权数额、债务履行期限、抵押权顺位发生变化的；

（六）最高额抵押担保的债权范围、最高债权额、债权确定期间等发生变化的；

（七）地役权的利用目的、方法等发生变化的；

（八）共有性质发生变更的；

（九）法律、行政法规规定的其他不涉及不动产权利转移的变更情形。

第二十七条　因下列情形导致不动产权利转移的，当事人可以向不动产登记机构申请转移登记：

（一）买卖、互换、赠与不动产的；

（二）以不动产作价出资（入股）的；

（三）法人或者其他组织因合并、分立等原因致使不动产权利发生转移的；

（四）不动产分割、合并导致权利发生转移的；

（五）继承、受遗赠导致权利发生转移的；

（六）共有人增加或者减少以及共有不动产份额变化的；

（七）因人民法院、仲裁委员会的生效法律文书导致不动产权利发生转移的；

（八）因主债权转移引起不动产抵押权转移的；

（九）因需役地不动产权利转移引起地役权转移的；

（十）法律、行政法规规定的其他不动产权利转移情形。

第二十八条　有下列情形之一的，当事人可以申请办理注销登记：

（一）不动产灭失的；

（二）权利人放弃不动产权利的；

（三）不动产被依法没收、征收或者收回的；

（四）人民法院、仲裁委员会的生效法律文书导致不动产权利消灭的；

（五）法律、行政法规规定的其他情形。

不动产上已经设立抵押权、地役权或者已经办理预告登记，所有权人、使用权人因放弃权利申请注销登记的，申请人应当提供抵押权人、地役权人、预告登记权利人同意的书面材料。

第二节 集体土地所有权登记

第二十九条 集体土地所有权登记，依照下列规定提出申请：

（一）土地属于村农民集体所有的，由村集体经济组织代为申请，没有集体经济组织的，由村民委员会代为申请；

（二）土地分别属于村内两个以上农民集体所有的，由村内各集体经济组织代为申请，没有集体经济组织的，由村民小组代为申请；

（三）土地属于乡（镇）农民集体所有的，由乡（镇）集体经济组织代为申请。

第三十条 申请集体土地所有权首次登记的，应当提交下列材料：

（一）土地权属来源材料；

（二）权籍调查表、宗地图以及宗地界址点坐标；

（三）其他必要材料。

第三十一条 农民集体因互换、土地调整等原因导致集体土地所有权转移，申请集体土地所有权转移登记的，应当提交下列材料：

（一）不动产权属证书；

（二）互换、调整协议等集体土地所有权转移的材料；

（三）本集体经济组织三分之二以上成员或者三分之二以上村民代表同意的材料；

（四）其他必要材料。

第三十二条 申请集体土地所有权变更、注销登记的，应当提交下列材料：

（一）不动产权属证书；

（二）集体土地所有权变更、消灭的材料；

（三）其他必要材料。

第三节 国有建设用地使用权及房屋所有权登记

第三十三条 依法取得国有建设用地使用权，可以单独申请国有建设用地使用权登记。

依法利用国有建设用地建造房屋的，可以申请国有建设用地使用权及房屋所有权登记。

第三十四条 申请国有建设用地使用权首次登记，应当提交下列材料：

（一）土地权属来源材料；

（二）权籍调查表、宗地图以及宗地界址点坐标；

（三）土地出让价款、土地租金、相关税费等缴纳凭证；

（四）其他必要材料。

前款规定的土地权属来源材料，根据权利取得方式的不同，包括国有建设用地划拨决定书、国有建设用地使用权出让合同、国有建设用地使用权租赁合同以及国有建设用地使用权作价出资（入股）、授权经营批准文件。

申请在地上或者地下单独设立国有建设用地使用权登记的，按照本条规定办理。

第三十五条 申请国有建设用地使用权及房屋所有权首次登记的，应当提交下列材料：

（一）不动产权属证书或者土地权属来源材料；

（二）建设工程符合规划的材料；

（三）房屋已经竣工的材料；

（四）房地产调查或者测绘报告；

（五）相关税费缴纳凭证；

（六）其他必要材料。

第三十六条 办理房屋所有权首次登记时，申请人应当将建筑区划内依法属于业主共有的道路、绿地、其他公共场所、公用设施和物业服务用房及其占用范围内的建设用地使用权一并申请登记为业主共有。业主转让房屋所有权的，其对共有部分享有的权利依法一并转让。

第三十七条 申请国有建设用地使用权及房屋所有权变更登记的，应当根据不同情况，提交下列材料：

（一）不动产权属证书；

（二）发生变更的材料；

（三）有批准权的人民政府或者主管部门的批准文件；

（四）国有建设用地使用权出让合同或者补充协议；

（五）国有建设用地使用权出让价款、税费等缴纳凭证；

（六）其他必要材料。

第三十八条 申请国有建设用地使用权及房屋所有权转移登记的，应当根据不同情况，提交下列材料：

（一）不动产权属证书；

（二）买卖、互换、赠与合同；

（三）继承或者受遗赠的材料；

（四）分割、合并协议；

（五）人民法院或者仲裁委员会生效的法律文书；

（六）有批准权的人民政府或者主管部门的批准文件；

（七）相关税费缴纳凭证；

（八）其他必要材料。

不动产买卖合同依法应当备案的，申请人申请登记时须提交经备案的买卖合同。

第三十九条 具有独立利用价值的特定空间以及码头、油库等其他建筑物、构筑物所有权的登记，按照本实施细则中房屋所有权登记有关规定办理。

第四节 宅基地使用权及房屋所有权登记

第四十条 依法取得宅基地使用权，可以单独申请宅基地使用权登记。

依法利用宅基地建造住房及其附属设施的，可以申请宅基地使用权及房屋所有权登记。

第四十一条 申请宅基地使用权及房屋所有权首次登记的，应当根据不同情况，提交下列材料：

（一）申请人身份证和户口簿；

（二）不动产权属证书或者有批准权的人民政府批准用地的文件等权属来源材料；

（三）房屋符合规划或者建设的相关材料；

（四）权籍调查表、宗地图、房屋平面图以及宗地界址点坐标等有关不动产界址、面积等材料；

（五）其他必要材料。

第四十二条 因依法继承、分家析产、集体经济组织内部互换房屋等导致宅基地使用权及房屋所有权发生转移申请登记的，申请人应当根据不同情况，提交下列材料：

（一）不动产权属证书或者其他权属来源材料；

（二）依法继承的材料；

（三）分家析产的协议或者材料；

（四）集体经济组织内部互换房屋的协议；

（五）其他必要材料。

第四十三条 申请宅基地等集体土地上的建筑物区分所有权登记的，参照国有建设用地使用权及建筑物区分所有权的规定办理登记。

第五节 集体建设用地使用权及建筑物、构筑物所有权登记

第四十四条 依法取得集体建设用地使用权，可以单独申请集体建设用地使用权登记。

依法利用集体建设用地兴办企业，建设公共设施，从事公益事业等的，可以申请集体建设用地使用权及地上建筑物、构筑物所有权登记。

第四十五条 申请集体建设用地使用权及建筑物、构筑物所有权首次登记的，申请人应当根据不同情况，提交下列材料：

（一）有批准权的人民政府批准用地的文件等土地权属来源材料；

（二）建设工程符合规划的材料；

（三）权籍调查表、宗地图、房屋平面图以及宗地界址点坐标等有关不动产界址、面积等材料；

（四）建设工程已竣工的材料；

（五）其他必要材料。

集体建设用地使用权首次登记完成后，申请人申请建筑物、构筑物所有权首次登记的，应当提交享有集体建设用地使用权的不动产权属证书。

第四十六条 申请集体建设用地使用权及建筑物、构筑物所有权变更登记、转移登记、注销登记的，申请人应当根据不同情况，提交下列材料：

（一）不动产权属证书；

（二）集体建设用地使用权及建筑物、构筑物所有权变更、转移、消灭的材料；

（三）其他必要材料。

因企业兼并、破产等原因致使集体建设用地使用权及建筑物、构筑物所有权发生转移的，申请人应当持相关协议及有关部门的批准文件等相关材料，申请不动产转移登记。

第六节 土地承包经营权登记

第四十七条 承包农民集体所有的耕地、林地、草地、水域、滩涂以及荒山、荒沟、荒丘、荒滩等农用地，或者国家所有依法由农民集体使用的农用地从事种植业、林业、畜牧业、渔业等农业生产的，可以申请土地承包经营权登记；地上有森林、林木的，应当在申请土地承包经营权登记时一并申请登记。

第四十八条 依法以承包方式在土地上从事种植业或者养殖业生产活动的，可以申请土地承包经营权的首次登记。

以家庭承包方式取得的土地承包经营权的首次登记，由发包方持土地承包经营合同等材料申请。

以招标、拍卖、公开协商等方式承包农村土地的，由承包方持土地承包经营合同申请土地承包经营权首次登记。

第四十九条 已经登记的土地承包经营权有下列情形之一的，承包方应当持原不动产权属证书以及其他证实发生变更事实的材料，申请土地承包经营权变更登记：

（一）权利人的姓名或者名称等事项发生变化的；

（二）承包土地的坐落、名称、面积发生变化的；

（三）承包期限依法变更的；

（四）承包期限届满，土地承包经营权人按照国家有关规定继续承包的；

（五）退耕还林、退耕还湖、退耕还草导致土地用途改变的；

（六）森林、林木的种类等发生变化的；

（七）法律、行政法规规定的其他情形。

第五十条 已经登记的土地承包经营权发生下列情形之一的，当事人双方应当持互换协议、转让合同等材料，申请土地承包经营权的转移登记：

（一）互换；

（二）转让；

（三）因家庭关系、婚姻关系变化等原因导致土地承包经营权分割或者合并的；

（四）依法导致土地承包经营权转移的其他情形。

以家庭承包方式取得的土地承包经营权，采取转让方式流转的，还应当提供发包方同意的材料。

第五十一条 已经登记的土地承包经营权发生下列情形之一的，承包方应当持不动产权属证书、证实灭失的材料等，申请注销登记：

（一）承包经营的土地灭失的；

（二）承包经营的土地被依法转为建设用地的；

（三）承包经营权人丧失承包经营资格或者放弃承包经营权的；

（四）法律、行政法规规定的其他情形。

第五十二条 以承包经营以外的合法方式使用国有农用地的国有农场、草场，以及使用国家所有的水域、滩涂等农用地进行农业生产，申请国有农用地的使用权登记的，参照本实施细则有关规定办理。

国有农场、草场申请国有未利用地登记的，依照前款规定办理。

第五十三条 国有林地使用权登记，应当提交有批准权的人民政府或者主管部门的批准文件，地上森林、林木一并登记。

第七节 海域使用权登记

第五十四条 依法取得海域使用权，可以单独申请海域使用权登记。

依法使用海域，在海域上建造建筑物、构筑物的，应当申请海域使用权及建筑物、构筑物所有权登记。

申请无居民海岛登记的，参照海域使用权登记有关规定办理。

第五十五条 申请海域使用权首次登记的，应当提交下列材料：

（一）项目用海批准文件或者海域使用权出让合同；

（二）宗海图以及界址点坐标；

（三）海域使用金缴纳或者减免凭证；

（四）其他必要材料。

第五十六条 有下列情形之一的，申请人应当持不动产权属证书、海域使用权变更的文件等材料，申请海域使用权变更登记：

（一）海域使用权人姓名或者名称改变的；

（二）海域坐落、名称发生变化的；

（三）改变海域使用位置、面积或者期限的；

（四）海域使用权续期的；

（五）共有性质变更的；

（六）法律、行政法规规定的其他情形。

第五十七条 有下列情形之一的，申请人可以申请海域使用权转移登记：

（一）因企业合并、分立或者与他人合资、合作经营、作价入股导致海域使用权转移的；

（二）依法转让、赠与、继承、受遗赠海域使用权的；

（三）因人民法院、仲裁委员会生效法律文书导致海域使用权转移的；

（四）法律、行政法规规定的其他情形。

第五十八条 申请海域使用权转移登记的，申请人应当提交下列材料：

（一）不动产权属证书；

（二）海域使用权转让合同、继承材料、生效法律文书等材料；

（三）转让批准取得的海域使用权，应当提交原批准用海的海洋行政主管部门批准转让的文件；

（四）依法需要补交海域使用金的，应当提交海域使用金缴纳的凭证；

（五）其他必要材料。

第五十九条 申请海域使用权注销登记的，申请人应当提交下列材料：

（一）原不动产权属证书；

（二）海域使用权消灭的材料；

（三）其他必要材料。

因围填海造地等导致海域灭失的，申请人应当在围填海造地等工程竣工后，依照本实施细则规定申请国有土地使用权登记，并办理海域使用权注销登记。

第八节 地役权登记

第六十条 按照约定设定地役权，当事人可以持需役地和供役地的不动产权属证书、地役权合同以及其他必要文件，申请地役权首次登记。

第六十一条 经依法登记的地役权发生下列情形之一的，当事人应当持地役权合同、不动产登记证明和证实变更的材料等必要材料，申请地役权变更登记：

（一）地役权当事人的姓名或者名称等发生变化；

（二）共有性质变更的；

（三）需役地或者供役地自然状况发生变化；

（四）地役权内容变更的；

（五）法律、行政法规规定的其他情形。

供役地分割转让办理登记，转让部分涉及地役权的，应当由受让人与地役权人一并申请地役权变更登记。

第六十二条 已经登记的地役权因土地承包经营权、建设用地使用权转让发生转移的，当事人应当持不动产登记证明、地役权转移合同等必要材料，申请地役权转移登记。

申请需役地转移登记的，或者需役地分割转让，转让部分涉及已登记的地役权的，当事人应当一并申请地役权转移登记，但当事人另有约定的除外。当事人拒绝一并申请地役权转移登记的，应当出具书面材料。不动产登记机构办理转移登记时，应当同时办理地役权注销登记。

第六十三条 已经登记的地役权，有下列情形之一的，当事人可以持不动产登记证明、证实地役权发生消灭的材料等必要材料，申请地役权注销登记：

（一）地役权期限届满；

（二）供役地、需役地归于同一人；

（三）供役地或者需役地灭失；

（四）人民法院、仲裁委员会的生效法律文书导致地役权消灭；

（五）依法解除地役权合同；

（六）其他导致地役权消灭的事由。

第六十四条 地役权登记，不动产登记机构应当将登记事项分别记载于需役地和供役地登记簿。

供役地、需役地分属不同不动产登记机构管辖的，当事人应当向供役地所在地的不动产登记机构申请地役权登记。供役地所在地不动产登记机构完成登记后，应当将相关事项通知需役地所在地不动产登记机构，并由其记载于需役地登记簿。

地役权设立后，办理首次登记前发生变更、转移的，当事人应当提交相关材料，就已经变更或者转移的地役权，直接申请首次登记。

第九节 抵押权登记

第六十五条 对下列财产进行抵押的，可以申请办理不动产抵押登记：

（一）建设用地使用权；

（二）建筑物和其他土地附着物；

（三）海域使用权；

（四）以招标、拍卖、公开协商等方式取得的荒地等土地承包经营权；

（五）正在建造的建筑物；

（六）法律、行政法规未禁止抵押的其他不动产。

以建设用地使用权、海域使用权抵押的，该土地、海域上的建筑物、构筑物一并抵押；以建筑物、构筑物抵押的，该建筑物、构筑物占用范围内的建设用地使用权、海域使用权一并抵押。

第六十六条 自然人、法人或者其他组织为保障其债权的实现，依法以不动产设定抵押的，可以由当事人持不动产权属证书、抵押合同与主债权合同等必要材料，共同申请办理抵押登记。

抵押合同可以是单独订立的书面合同，也可以是主债权合同中的抵押条款。

第六十七条 同一不动产上设立多个抵押权的，不动产登记机构应当按照受理时间的先后顺序依次办理登记，并记载于不动产登记簿。当事人对抵押权顺位另有约定的，从其规定办理登记。

第六十八条 有下列情形之一的，当事人应当持不动产权属证书、不动产登记证明、抵押权变更等必要材料，申请抵押权变更登记：

（一）抵押人、抵押权人的姓名或者名称变更的；

（二）被担保的主债权数额变更的；

（三）债务履行期限变更的；

（四）抵押权顺位变更的；

（五）法律、行政法规规定的其他情形。

因被担保债权主债权的种类及数额、担保范围、债务履行期限、抵押权顺位发生变更申请抵押权变更登记时，如果该抵押权的变更将对其他抵押权人产生不利影响的，还应当提交其他抵押权人书面同意的材料与身份证或者户口簿等材料。

第六十九条 因主债权转让导致抵押权转让的，当事人可以持不动产权属证书、不动产登记证明、被担保主债权的转让协议、债权人已经通知债务人的材料等相关材料，申请抵押权的转移登记。

第七十条 有下列情形之一的，当事人可以持不动产登记证明、抵押权消灭的材料等必要材料，申请抵押权注销登记：

（一）主债权消灭；

（二）抵押权已经实现；

（三）抵押权人放弃抵押权；

（四）法律、行政法规规定抵押权消灭的其他情形。

第七十一条 设立最高额抵押权的，当事人应当持不动产权属证书、最高额抵押合同与一定期间内将要连续发生的债权的合同或者其他登记原因材料等必要材料，申请最高额抵押权首次登记。

当事人申请最高额抵押权首次登记时，同意将最高额抵押权设立前已经存在的债权转入最高额抵押担保的债权范围的，还应当提交已存在债权的合同以及当事人同意将该债权纳入最高额抵押权担保范围的书面材料。

第七十二条 有下列情形之一的，当事人应当持不动产登记证明、最高额抵押权发生变更的材料等必要材料，申请最高额抵押权变更登记：

（一）抵押人、抵押权人的姓名或者名称变更的；

（二）债权范围变更的；

（三）最高债权额变更的；

（四）债权确定的期间变更的；

（五）抵押权顺位变更的；

（六）法律、行政法规规定的其他情形。

因最高债权额、债权范围、债务履行期限、债权确定的期间发生变更申请最高额抵押权变更登记时，如果该变更将对其他抵押权人产生不利影响的，当事人还应当提交其他抵押权人的书面同意文件与身份证或者户口簿等。

第七十三条 当发生导致最高额抵押权担保的债权被确定的事由，从而使最高额抵押权转变为一般抵押权时，当事人应当持不动产登记证明、最高额抵押权担保的债权已确定的材料等必要材料，申请办理确定最高额抵押权的登记。

第七十四条 最高额抵押权发生转移的，应当持不动产登记证明、部分债权转移的材料、当事人约定最高额抵押权随同部分债权的转让而转移的材料等必要材料，申请办理最高额抵押权转移登记。

债权人转让部分债权，当事人约定最高额抵押权随同部分债权的转让而转移的，应当分别申请下列登记：

（一）当事人约定原抵押权人与受让人共同享有最高额抵押权的，应当申请最高额抵押权的转移登记；

（二）当事人约定受让人享有一般抵押权、原抵押权人就扣减已转移的债权数额后继续享有最高额抵押权的，应当申请一般抵押权的首次登记以及最高额抵押权的变更登记；

（三）当事人约定原抵押权人不再享有最高额抵押权的，应当一并申请最高额抵押权确定登记以及一般抵押权转移登记。

最高额抵押权担保的债权确定前，债权人转让部分债权的，除当事人另有约定外，不动产登记机构不得办理最高额抵押权转移登记。

第七十五条 以建设用地使用权以及全部或者部分在建建筑物设定抵押的，应当一并申请建设用地使用权以及在建建筑物抵押权的首次登记。

当事人申请在建建筑物抵押权首次登记时，抵押财产不包括已经办理预告登记的预购商品房和已经办理预售备案的商品房。

前款规定的在建建筑物，是指正在建造、尚未办理所有权首次登记的房屋等建筑物。

第七十六条 申请在建建筑物抵押权首次登记的，当事人应当提交下列材料：

（一）抵押合同与主债权合同；

（二）享有建设用地使用权的不动产权属证书；

（三）建设工程规划许可证；

（四）其他必要材料。

第七十七条 在建建筑物抵押权变更、转移或者消灭的，当事人应当提交下列材料，申请变更登记、转移登记、注销登记：

（一）不动产登记证明；

（二）在建建筑物抵押权发生变更、转移或者消灭的材料；

（三）其他必要材料。

在建建筑物竣工，办理建筑物所有权首次登记时，当事人应当申请将在建建筑物抵押权登记转为建筑物抵押权登记。

第七十八条 申请预购商品房抵押登记，应当提交下列材料：

（一）抵押合同与主债权合同；

（二）预购商品房预告登记材料；

（三）其他必要材料。

预购商品房办理房屋所有权登记后，当事人应当申请将预购商品房抵押预告登记转为商品房抵押权首次登记。

第五章　其他登记

第一节　更正登记

第七十九条　权利人、利害关系人认为不动产登记簿记载的事项有错误，可以申请更正登记。

权利人申请更正登记的，应当提交下列材料：

（一）不动产权属证书；

（二）证实登记确有错误的材料；

（三）其他必要材料。

利害关系人申请更正登记的，应当提交利害关系材料、证实不动产登记簿记载错误的材料以及其他必要材料。

第八十条　不动产权利人或者利害关系人申请更正登记，不动产登记机构认为不动产登记簿记载确有错误的，应当予以更正；但在错误登记之后已经办理了涉及不动产权利处分的登记、预告登记和查封登记的除外。

不动产权属证书或者不动产登记证明填制错误以及不动产登记机构在办理更正登记中，需要更正不动产权属证书或者不动产登记证明内容的，应当书面通知权利人换发，并把换发不动产权属证书或者不动产登记证明的事项记载于登记簿。

不动产登记簿记载无误的，不动产登记机构不予更正，并书面通知申请人。

第八十一条　不动产登记机构发现不动产登记簿记载的事项错误，应当通知当事人在30个工作日内办理更正登记。当事人逾期不办理的，不动产登记机构应当在公告15个工作日后，依法予以更正；但在错误登记之后已经办理了涉及不动产权利处分的登记、预告登记和查封登记的除外。

第二节　异议登记

第八十二条　利害关系人认为不动产登记簿记载的事项错误，权利人不同意更正的，利害关系人可以申请异议登记。

利害关系人申请异议登记的，应当提交下列材料：

（一）证实对登记的不动产权利有利害关系的材料；

（二）证实不动产登记簿记载的事项错误的材料；

（三）其他必要材料。

第八十三条　不动产登记机构受理异议登记申请的，应当将异议事项记载于不动产登记簿，并向申请人出具异议登记证明。

异议登记申请人应当在异议登记之日起15日内，提交人民法院受理通知书、仲裁委员会受理通知书等提起诉讼、申请仲裁的材料；逾期不提交的，异议登记失效。

异议登记失效后，申请人就同一事项以同一理由再次申请异议登记的，不动产登记机构不予受理。

第八十四条 异议登记期间，不动产登记簿上记载的权利人以及第三人因处分权利申请登记的，不动产登记机构应当书面告知申请人该权利已经存在异议登记的有关事项。申请人申请继续办理的，应当予以办理，但申请人应当提供知悉异议登记存在并自担风险的书面承诺。

第三节 预告登记

第八十五条 有下列情形之一的，当事人可以按照约定申请不动产预告登记：

（一）商品房等不动产预售的；

（二）不动产买卖、抵押的；

（三）以预购商品房设定抵押权的；

（四）法律、行政法规规定的其他情形。

预告登记生效期间，未经预告登记的权利人书面同意，处分该不动产权利申请登记的，不动产登记机构应当不予办理。

预告登记后，债权未消灭且自能够进行相应的不动产登记之日起3个月内，当事人申请不动产登记的，不动产登记机构应当按照预告登记事项办理相应的登记。

第八十六条 申请预购商品房的预告登记，应当提交下列材料：

（一）已备案的商品房预售合同；

（二）当事人关于预告登记的约定；

（三）其他必要材料。

预售人和预购人订立商品房买卖合同后，预售人未按照约定与预购人申请预告登记，预购人可以单方申请预告登记。

预购人单方申请预购商品房预告登记，预售人与预购人在商品房预售合同中对预告登记附有条件和期限的，预购人应当提交相应材料。

申请预告登记的商品房已经办理在建建筑物抵押权首次登记的，当事人应当一并申请在建建筑物抵押权注销登记，并提交不动产权属转移材料、不动产登记证明。不动产登记机构应当先办理在建建筑物抵押权注销登记，再办理预告登记。

第八十七条 申请不动产转移预告登记的，当事人应当提交下列材料：

（一）不动产转让合同；

（二）转让方的不动产权属证书；

（三）当事人关于预告登记的约定；

（四）其他必要材料。

第八十八条　抵押不动产，申请预告登记的，当事人应当提交下列材料：

（一）抵押合同与主债权合同；

（二）不动产权属证书；

（三）当事人关于预告登记的约定；

（四）其他必要材料。

第八十九条　预告登记未到期，有下列情形之一的，当事人可以持不动产登记证明、债权消灭或者权利人放弃预告登记的材料，以及法律、行政法规规定的其他必要材料申请注销预告登记：

（一）预告登记的权利人放弃预告登记的；

（二）债权消灭的；

（三）法律、行政法规规定的其他情形。

第四节　查封登记

第九十条　人民法院要求不动产登记机构办理查封登记的，应当提交下列材料：

（一）人民法院工作人员的工作证；

（二）协助执行通知书；

（三）其他必要材料。

第九十一条　两个以上人民法院查封同一不动产的，不动产登记机构应当为先送达协助执行通知书的人民法院办理查封登记，对后送达协助执行通知书的人民法院办理轮候查封登记。

轮候查封登记的顺序按照人民法院协助执行通知书送达不动产登记机构的时间先后进行排列。

第九十二条　查封期间，人民法院解除查封的，不动产登记机构应当及时根据人民法院协助执行通知书注销查封登记。

不动产查封期限届满，人民法院未续封的，查封登记失效。

第九十三条　人民检察院等其他国家有权机关依法要求不动产登记机构办理查封登记的，参照本节规定办理。

第六章　不动产登记资料的查询、保护和利用

第九十四条　不动产登记资料包括：

（一）不动产登记簿等不动产登记结果；

（二）不动产登记原始资料，包括不动产登记申请书、申请人身份材料、不动产权属来源、登记原因、不动产权籍调查成果等材料以及不动产登记机构审核材料。

不动产登记资料由不动产登记机构管理。不动产登记机构应当建立不动产登记资料管理制度以及信息安全保密制度，建设符合不动产登记资料安全保护标准的不动产登记资料存放场所。

不动产登记资料中属于归档范围的，按照相关法律、行政法规的规定进行归档管理，具体办法由国土资源部会同国家档案主管部门另行制定。

第九十五条 不动产登记机构应当加强不动产登记信息化建设，按照统一的不动产登记信息管理基础平台建设要求和技术标准，做好数据整合、系统建设和信息服务等工作，加强不动产登记信息产品开发和技术创新，提高不动产登记的社会综合效益。

各级不动产登记机构应当采取措施保障不动产登记信息安全。任何单位和个人不得泄露不动产登记信息。

第九十六条 不动产登记机构、不动产交易机构建立不动产登记信息与交易信息互联共享机制，确保不动产登记与交易有序衔接。

不动产交易机构应当将不动产交易信息及时提供给不动产登记机构。不动产登记机构完成登记后，应当将登记信息及时提供给不动产交易机构。

第九十七条 国家实行不动产登记资料依法查询制度。

权利人、利害关系人按照《条例》第二十七条规定依法查询、复制不动产登记资料的，应当到具体办理不动产登记的不动产登记机构申请。

权利人可以查询、复制其不动产登记资料。

因不动产交易、继承、诉讼等涉及的利害关系人可以查询、复制不动产自然状况、权利人及其不动产查封、抵押、预告登记、异议登记等状况。

人民法院、人民检察院、国家安全机关、监察机关等可以依法查询、复制与调查和处理事项有关的不动产登记资料。

其他有关国家机关执行公务依法查询、复制不动产登记资料的，依照本条规定办理。

涉及国家秘密的不动产登记资料的查询，按照保守国家秘密法的有关规定执行。

第九十八条 权利人、利害关系人申请查询、复制不动产登记资料应当提交下列材料：

（一）查询申请书；

（二）查询目的的说明；

（三）申请人的身份材料；

（四）利害关系人查询的，提交证实存在利害关系的材料。

权利人、利害关系人委托他人代为查询的，还应当提交代理人的身份证明材料、授权委托书。权利人查询其不动产登记资料无需提供查询目的的说明。

有关国家机关查询的，应当提供本单位出具的协助查询材料、工作人员的工作证。

第九十九条 有下列情形之一的，不动产登记机构不予查询，并书面告知理由：

（一）申请查询的不动产不属于不动产登记机构管辖范围的；

（二）查询人提交的申请材料不符合规定的；

（三）申请查询的主体或者查询事项不符合规定的；

（四）申请查询的目的不合法的；

（五）法律、行政法规规定的其他情形。

第一百条　对符合本实施细则规定的查询申请，不动产登记机构应当当场提供查询；因情况特殊，不能当场提供查询的，应当在5个工作日内提供查询。

第一百零一条　查询人查询不动产登记资料，应当在不动产登记机构设定的场所进行。

不动产登记原始资料不得带离设定的场所。

查询人在查询时应当保持不动产登记资料的完好，严禁遗失、拆散、调换、抽取、污损登记资料，也不得损坏查询设备。

第一百零二条　查询人可以查阅、抄录不动产登记资料。查询人要求复制不动产登记资料的，不动产登记机构应当提供复制。

查询人要求出具查询结果证明的，不动产登记机构应当出具查询结果证明。查询结果证明应注明查询目的及日期，并加盖不动产登记机构查询专用章。

第七章　法律责任

第一百零三条　不动产登记机构工作人员违反本实施细则规定，有下列行为之一，依法给予处分；构成犯罪的，依法追究刑事责任：

（一）对符合登记条件的登记申请不予登记，对不符合登记条件的登记申请予以登记；

（二）擅自复制、篡改、毁损、伪造不动产登记簿；

（三）泄露不动产登记资料、登记信息；

（四）无正当理由拒绝申请人查询、复制登记资料；

（五）强制要求权利人更换新的权属证书。

第一百零四条　当事人违反本实施细则规定，有下列行为之一，构成违反治安管理行为的，依法给予治安管理处罚；给他人造成损失的，依法承担赔偿责任；构成犯罪的，依法追究刑事责任：

（一）采用提供虚假材料等欺骗手段申请登记；

（二）采用欺骗手段申请查询、复制登记资料；

（三）违反国家规定，泄露不动产登记资料、登记信息；

（四）查询人遗失、拆散、调换、抽取、污损登记资料的；

（五）擅自将不动产登记资料带离查询场所、损坏查询设备的。

第八章　附　则

第一百零五条　本实施细则施行前，依法核发的各类不动产权属证书继续有效。不动产权利未发生变更、转移的，不动产登记机构不得强制要求不动产权利人更换不动产权属证书。

不动产登记过渡期内，农业部会同国土资源部等部门负责指导农村土地承包经营权的统一登记工作，按照农业部有关规定办理耕地的土地承包经营权登记。不动产登记过渡期后，由国土资源部负责指导农村土地承包经营权登记工作。

第一百零六条 不动产信托依法需要登记的，由国土资源部会同有关部门另行规定。

第一百零七条 军队不动产登记，其申请材料经军队不动产主管部门审核后，按照本实施细则规定办理。

第一百零八条 本实施细则自公布之日起施行。

矿产资源管理

国土资源部关于矿产资源勘查登记、开采登记有关规定的通知

（国土资发〔1998〕7号）

各省、自治区、直辖市地质矿产厅（局），海南环境资源厅：

1998年2月12日国务院发布了《矿产资源勘查区块登记管理办法》（国务院第240号令）和《矿产资源开采登记管理办法》（国务院第241号令），为认真贯彻实施国务院第240号令和第241号令，规范、指导全国矿产资源勘查登记、开采登记管理工作，部制定了《矿产资源勘查登记有关规定》和《矿产资源开采登记有关规定》。现下发给你们，请认真组织实施，执行中出现的问题随时与部沟通。

附件：1. 矿产资源勘查登记有关规定

2. 矿产资源开采登记有关规定

国土资源部

一九九八年四月十日

附件1：

矿产资源勘查登记有关规定

一、矿产资源勘查登记有关问题的说明

（一）申请登记资料要求

1. 申请登记书及区块范围图

申请登记书应使用国务院地质矿产主管部门统一制定的格式，并按照填表要求填写。申请登记书填报一式三份，若申请登记范围跨省（区、市）的，则按所跨省（区、市）数增加相应份数，申请登记书其他附件一式一份。

探矿权申请应附探矿权申请登记区块范围图，并标明拐点经纬度坐标。附图基础图件样式由登记管理机关提供。

2. 勘查单位的资格证书

提交的地质勘查单位资格证书应当是国务院地质矿产主管部门或各省（区、市）地质矿产主管部门颁发的地质勘查单位资格证书。勘查资格证书的业务范围应与本

次探矿权申请业务范围相符。

3. 勘查计划、合同或委托及资金的证明文件

（1）国家出资勘查的，提交国家下达的具有资金保证的地质勘查工作计划任务书；其他勘查工作计划需附具有资金保证的证明文件；

（2）探矿权申请人与地质勘查实施单位不是同一主体的，需提交勘查合同，同时附银行出具的资金证明；

（3）委托他人申请探矿权的，应提交出资人的勘查委托书和银行出具的资金证明；

（4）用自有资金下达的地质勘查工作计划，需附银行出具的资金证明。

4. 勘查工作实施方案及其附件

指与完成勘查工作任务相符的勘查工作任务设计书及其工程布置图等附件。

5. 申请登记所必需的其他文件资料

（1）申请国家出资勘查并已探明矿产地的探矿权，或转让由国家出资勘查的探矿权，应提交由国务院地质矿产主管部门对探矿权评估结果确认的文件，以及对探矿权价款处置方式的批准文件；

（2）外商投资企业（包括三资企业）申请勘查，是独资、合资企业的，应提交企业法人营业执照；合作勘查的，应提交合作合同；

（3）交通位置图。

（二）勘查申请应审查的主要内容

登记管理机关审查时，应重点审查以下几方面内容：

1. 申请范围内是否有其他申请人先递交了申请书；

2. 申请登记书的填写是否符合填表说明要求，附件是否齐全，提交的申请登记资料是否符合要求；

3. 申请登记的区块范围是否超出允许登记的最大范围，且为连续区块范围；

4. 申请登记区块范围是否设置探矿权或采矿权；

5. 申请国家出资勘查并已形成矿产地探矿权的，是否对探矿权价款进行了评估，评估结果是否已经国务院地质矿产主管部门确认，探矿权价款的处置方式是否已经有关部门批准；

6. 申请人在提交申请之日前90日内，是否注销过申请区块范围内的探矿权；

7. 申请人在提交申请之日前6个月内，是否受到被吊销勘查许可证的处罚。

（三）审批表中审查人意见的填写

1. 填写申请登记项目的基本事项

（1）申请登记资料是否符合要求；

（2）申请区块范围的大小及是否已设置其他矿业权；

（3）勘查单位是否具备勘查资格；

（4）应缴纳的探矿权使用费及说明；

（5）探矿权价款处置方式说明。

2. 填写拟批准勘查许可证的内容

（1）探矿权人；

（2）探矿权人地址；

（3）勘查项目名称；

（4）地理位置；

（5）图幅号；

（6）批准范围内基本区块数、勘查面积；

（7）有效期；

（8）勘查单位。

第（1）、（2）、（3）、（4）、（8）项的内容的填写，可按探矿权申请登记书上相应的栏目填写。

第（5）项图幅号应填写拟批准的勘查区块范围所处 1∶5 万地形图的国家标准图幅号。

第（6）项批准范围内基本单位区块数，应填写拟批准的基本单位区块数，不足一个基本单位区块的，折算为基本单位区块，保留小数点后两位。勘查面积应以平方公里为单位，保留小数点后一位。

第（7）项只填写拟批准的年限。许可证上的有效期起始日期以签发日期为准。

3. 不同意登记的，应说明理由。

（四）备案要求

各登记管理机关自发证之日起 10 日内，完成下列工作：

1. 国务院地质矿产主管部门发放勘查许可证后，向勘查项目所在地的有关省（区、市）登记管理机关发：

（1）探矿权申请登记书一份（不含附件）；

（2）颁发矿产资源勘查许可证通知。

省（区、市）登记管理机关向勘查项目所在地的有关地（市）、县级人民政府负责地质矿产管理工作的部门转发颁发矿产资源勘查许可证通知。

2. 省（区、市）登记管理机关发放勘查许可证后，向国务院地质矿产主管部门及勘查项目所在地的有关地（市）、县级人民政府负责地质矿产管理工作的部门颁发矿产资源勘查许可证通知。

3. 以下资料留发证机关存档：

（1）探矿权申请登记书一份；

（2）探矿权申请登记书全套附件一份；

（3）矿产资源勘查许可证备案卡片。

（五）变更、延续、保留探矿权登记程序

探矿权变更、延续、保留登记程序比照勘查登记程序执行。在颁发新的勘查许可证的同时，收回原勘查许可证。

（六）登记范围的核定

在勘查、采矿登记管理信息系统全国联网运行前，各登记管理机关在审查发证时，基层地质矿产管理机关应协助登记机关审查探矿权申请范围是否已设立其他矿业权。

（七）地质调查项目登记规定

申请地质调查的应填写地质调查申请登记书，并附地质调查项目申请登记区块范围图。调查项目的区块范围是领海及中国管辖的其他海域、跨省（区、市）的，应向国务院地质矿产主管部门申请，并办理地质调查项目审核备案登记，申请其他地质调查项目到项目所在地的省级登记管理机关审核备案登记，领取地质调查证。地质调查证工作面积不限，不具排他性，无须缴纳探矿权使用费。持证人不享受探矿权人的权利。

（八）勘查许可证、地质调查证、申请登记书及印章

自《矿产资源勘查区块登记管理办法》颁布之日起，全国统一使用国务院地质矿产主管部门印制的矿产资源勘查许可证、地质调查证及由国务院地质矿产主管部门制定格式的探矿权申请登记书、探矿权变更、延续、保留申请登记书、地质调查申请登记书；

矿产资源勘查登记专用章在新印章启用前暂用原章代。

（九）勘查登记手续费

勘查登记手续费收费标准暂按地发〔1987〕289号文执行，新规定出台后，从其规定。

二、矿产资源勘查登记程序

（一）申请

申请人按照《矿产资源勘查区块登记管理办法》规定的审批登记权限，及国务院地质矿产主管部门对各省（区、市）地矿主管部门勘查审批登记授权的权限规定，向有管辖权的登记管理机关递交勘查登记申请资料。

（二）受理

登记管理机关经办人清点申请登记资料，资料齐全，予以受理。收取勘查登记手续费。填写探矿权申请登记一览表，并在有关栏目内记录收到申请时间及收到申请顺序号并由申请人签字；申请资料不齐全的退回申请，不予受理。

（三）审查

审查人按照收到申请的先后顺序进行审查，提出审查人意见，填写探矿权申请审批表；需要修改或补充资料的，登记管理机关应向申请人发出探矿权申请补报资料通知，申请人在规定期限内未能补报资料的，视为自动放弃申请。

（四）报批

审查人将审批表及申请登记资料报送主管领导审批签发。

（五）通知

准予登记的，登记管理机关自领导签发之日向申请人发出领取矿产资源勘查许可证通知，通知探矿权申请人缴纳探矿权使用费，办理领取勘查许可证手续；不予登记的，登记管理机关向申请人发出矿产资源勘查申请不予登记通知。

（六）领证

申请人自收到领证通知之日起30日内，向指定机构缴纳有关费用后，凭领证通知及缴费证明，领取勘查许可证。逾期不办理手续的，视为自动放弃。

（七）发证

申请人领取勘查许可证后，发证登记管理机关应将所发放勘查许可证的内容分别填入矿产资源勘查许可证发证一览表和矿产资源勘查登记项目年检情况一览表。

（八）通报与公告

国务院地质矿产主管部门颁发、注销、吊销勘查许可证之日起10日内，通知有关省（区、市）地质矿产主管部门。有关省（区、市）地质矿产主管部门收到通知后，转发给项目所在地的地（市）、县级人民政府负责地质矿产管理工作的部门；

省级勘查登记管理机关颁发、注销、吊销勘查许可证之日起10日内，通知国务院地质矿产主管部门和项目所在地的地（市）、县级人民政府负责地质矿产管理工作的部门；

省级勘查登记管理机关应在每季度的第一旬内向国务院地质矿产主管部门报送上一季度的矿产资源勘查登记项目通报表。

各级登记管理机关对其登记发证情况定期予以公告。

附件2：

矿产资源开采登记有关规定

一、矿区范围的申请和审批

（一）矿区范围的申请

采矿权申请人应按《矿产资源开采登记管理办法》规定的审批、发证权限和地矿部对省（区、市）地质矿产主管部门采矿权审批、发证的授权，将矿区范围申请资料报采矿登记管理机关进行审查。

（二）应提交的申请资料

1. 划定矿区范围的申请报告，包括以下内容：

（1）办矿理由及简要论证。

（2）地质工作概况。

（3）矿产资源开发利用初步方案，包括以下内容。

拟申请开采矿产资源范围、矿种、位置；拟申请开采矿产资源储量、质量及其可靠程度；拟建矿山生产规模、服务年限、矿产资源综合开发利用方案；当申请范围为整体矿床中的一部分时，应说明与整体矿床的关系以及与矿区总体开发的衔接；并附申请开采的矿区范围图（以地质地形图或地质图为底图，以国家直角坐标标定）。

（4）矿山建设投资安排及资金来源。

（5）其他需要说明的问题。

2. 与矿山建设相适应的地质报告

矿山企业应提交有资格的地勘单位编制的地质报告。开采零星分散矿产资源或只能用作普通建筑材料的砖瓦砂石、粘土的，应提交相应的地质资料。

3. 探矿权人申请办矿的，应出具该区域的勘查许可证影印件；探矿权经转让取得的，还应出具转让审批的有关文件。

（三）划定矿区范围

采矿登记管理机关在收到申请人报送的申请资料后，应组织对申请的矿区范围内是否存在矿业权交叉重复情况以及矿产资源开发利用初步方案等进行审查。下一级地质矿产主管部门应协助登记管理机关对上述情况进行调查，并出具书面调查意见。经登记管理机关审查，同意开采的，划定矿区范围并下发审批意见；不同意开采的，说明理由，将申请资料退回。

审批机关在划定矿区范围时，应依据以下原则确定：

1. 对矿产资源开发实行统一规划、合理布局、合理开采和综合利用；

2. 矿山建设规模、服务年限要与申请开采的储量相适应；

3. 矿山建设体现规模生产、集约化经营的方针；

4. 保护已有探矿权、采矿权人利益。申请人申请划定的矿区范围，其地面投影或地表塌陷区与已设立探矿权、采矿权的区块范围、矿区范围重叠或有其他影响的，采矿登记管理机关在审批矿区范围时应以不影响已有的探矿权人或采矿权人权益为原则。采矿权申请人应与已有的探矿权人或采矿权人就可能造成对探矿权或采矿权影响的诸方面签有协议。探矿权人或采矿权人同意开采的，采矿登记管理机关可划定矿区范围；探矿权人或采矿权人认为有影响且出具充分证明的，采矿登记管理机关可以组织技术论证。论证结果确有影响且无法进行技术处理的，不予划定矿区范围。

审批意见应包括下列主要内容：

1. 同意开采的矿种、储量及矿区地理位置；

2. 以国家标准坐标标定的矿区范围（标明坐标的拐点数及开采深度）；

3. 对矿产资源综合开发利用的意见和要求（包括矿山建设规模，矿山预计服务年限、矿产资源开发综合利用、综合回收等方面的要求）；

4. 矿区范围预留期限；

5. 其他需要说明的问题。

审批意见须及时送申请人，抄送有关地质矿产主管部门、地方人民政府、其他有关主管部门等。

（四）矿区范围预留期限

矿区范围划定后各级采矿登记管理机关在该区域不再受理新的采矿权申请。矿区范围预留期：大型矿山不得超过3年，中型矿山不得超过2年，小型矿山不得超过1年。

二、矿区范围划定后，申请人应做的主要工作

矿区范围划定后，申请人应在矿区范围预留期内办理矿山建设项目的立项和企业设立手续；并编制矿产资源开发利用方案。

申请由国家出资探明矿产地的采矿权的，须由合法的评估机构对采矿权价款进行评估，评估结果由国务院地质矿产主管部门确认。但勘查单位与申请开采的国有矿山企业隶属于共同上级（部门、企业、单位）的，可以根据其共同上级的意见，决定是否评估。但是该项矿业权价款应按国家关于资产转移的有关规定进行处置。

矿区范围划定后，采矿权申请人，应每半年向采矿登记管理机关通报矿山建设项目和企业设立的有关进展情况。采矿权申请人逾期不办理采矿登记手续、未领取采矿许可证的，视为自动放弃采矿权申请，矿区范围不予保留，采矿登记管理机关可以在该矿区范围内受理其他采矿权的申请。

三、采矿登记

（一）采矿权的申请

采矿权申请人应按《矿产资源开采登记管理办法》规定的审批、发证权限和地矿部对省（区、市）地质矿产主管部门审批、发证的授权，将采矿登记申请资料报采矿登记管理机关进行审查。

（二）应提交的申请资料

1. 采矿权申请登记书；

2. 以地质地形图或地质图为底图的矿区范围图（以拐点标定，并附国家直角坐标和矿区面积）；

3. 有设计资格的单位编制的矿产资源开发利用方案。包括以下内容：矿山位置、地形、地貌、储量、质量及其可靠程度等，矿区范围、开采矿种、设计利用储量、矿山生产规模、服务年限、开采方式、开采方法、综合开发、综合利用等方面的技术、经济论证及确定的方案；

4. 法人营业执照或个体营业执照；

5. 具有与矿山建设规模相适应的资金、技术和设备条件的证明材料；

6. 申请由国家出资探明矿产地的采矿权的，还应报采矿权评估、确认的有关资料；

7. 环境影响报告及环保部门的审批意见。

（三）审批

采矿登记管理机关在收到采矿权申请人报送的采矿登记申请资料和下一级登记管理机关的调查意见后，应对下列内容进行审查：

1. 申请范围和面积与登记管理机关批准划定的矿区范围和面积是否相一致；

2. 矿山生产规模是否有变化、是否与设计利用储量相适应；

3. 矿山设计服务年限是否合理；

4. 矿产资源综合开发、综合利用、综合回收是否合理；

5. 采矿权申请人是否具备必要的资质条件；

6. 其他需要审查的内容。

采矿登记管理机关应自收到登记资料 40 日内（资料不全或需进行补充和修改的时间除外），作出是否同意办理采矿登记的决定。同意登记的，采矿登记管理机关通知采矿权申请人交纳有关费用后，颁发采矿许可证；不同意登记的，说明理由，将申请登记资料退回。

四、通知和公告

采矿登记管理机关在颁发采矿许可证后，应通知矿区范围所在地的县级人民政府对矿区范围予以公告。县级人民政府应当自收到通知之日起 90 日内予以公告，并可根据采矿权人的申请，组织埋设界桩或者设置地面标志。

国土资源部关于印发《探矿权采矿权招标拍卖挂牌管理办法（试行）》的通知

（国土资发〔2003〕197号）

各省、自治区、直辖市国土资源厅（国土环境资源厅、国土资源和房屋管理局、房屋土地资源管理局、规划和国土资源局），计划单列市国土资源行政主管部门，新疆生产建设兵团国土资源局：

《探矿权采矿权招标拍卖挂牌管理办法（试行）》，已经国土资源部第6次部务会议审议通过，现印发给你们，请遵照执行。

各地要依照本办法的规定，结合当地矿产资源市场建设的实际情况，按照党中央、国务院关于深化国土资源有偿使用制度改革，充分发挥市场对国土资源优化配置的基础性作用的要求，积极稳妥地推进探矿权采矿权招标拍卖挂牌工作。

各地在执行本办法中遇到的问题和意见，请及时报部。

国土资源部

二〇〇三年六月十一日

探矿权采矿权招标拍卖挂牌管理办法（试行）

第一章　总　则

第一条　为完善探矿权采矿权有偿取得制度，规范探矿权采矿权招标拍卖挂牌活动，维护国家对矿产资源的所有权，保护探矿权人、采矿权人合法权益，根据《中华人民共和国矿产资源法》《矿产资源勘查区块登记管理办法》和《矿产资源开采登记管理办法》，制定本办法。

第二条　探矿权采矿权招标拍卖挂牌活动，按照颁发勘查许可证、采矿许可证的法定权限，由县级以上人民政府国土资源行政主管部门（以下简称主管部门）负责组织实施。

第三条　本办法所称探矿权采矿权招标，是指主管部门发布招标公告，邀请特定或者不特定的投标人参加投标，根据投标结果确定探矿权采矿权中标人的活动。

本办法所称探矿权采矿权拍卖，是指主管部门发布拍卖公告，由竞买人在指定的时间、地点进行公开竞价，根据出价结果确定探矿权采矿权竞得人的活动。

本办法所称探矿权采矿权挂牌，是指主管部门发布挂牌公告，在挂牌公告规定的期限和场所接受竞买人的报价申请并更新挂牌价格，根据挂牌期限截止时的出价结果确定探矿权采矿权竞得人的活动。

第四条 探矿权采矿权招标拍卖挂牌活动，应当遵循公开、公平、公正和诚实信用的原则。

第五条 国土资源部负责全国探矿权采矿权招标拍卖挂牌活动的监督管理。

上级主管部门负责监督下级主管部门的探矿权采矿权招标拍卖挂牌活动。

第六条 主管部门工作人员在探矿权采矿权招标拍卖挂牌活动中玩忽职守、滥用职权、徇私舞弊的，依法给予行政处分。

第二章 范 围

第七条 新设探矿权有下列情形之一的，主管部门应当以招标拍卖挂牌的方式授予：

（一）国家出资勘查并已探明可供进一步勘查的矿产地；

（二）探矿权灭失的矿产地；

（三）国家和省两级矿产资源勘查专项规划划定的勘查区块；

（四）主管部门规定的其他情形。

第八条 新设采矿权有下列情形之一的，主管部门应当以招标拍卖挂牌的方式授予：

（一）国家出资勘查并已探明可供开采的矿产地；

（二）采矿权灭失的矿产地；

（三）探矿权灭失的可供开采的矿产地；

（四）主管部门规定无需勘查即可直接开采的矿产；

（五）国土资源部、省级主管部门规定的其他情形。

第九条 符合本办法第七条、第八条规定的范围，有下列情形之一的，主管部门应当以招标的方式授予探矿权采矿权：

（一）国家出资的勘查项目；

（二）矿产资源储量规模为大型的能源、金属矿产地；

（三）共伴生组分多、综合利用技术水平要求高的矿产地；

（四）对国民经济具有重要价值的矿区；

（五）根据法律法规、国家政策规定可以新设探矿权采矿权的环境敏感地区和未达到国家规定的环境质量标准的地区。

第十条 有下列情形之一的，主管部门不得以招标拍卖挂牌的方式授予：

（一）探矿权人依法申请其勘查区块范围内的采矿权；

（二）符合矿产资源规划或者矿区总体规划的矿山企业的接续矿区、已设采矿权的矿区范围上下部需要统一开采的区域；

（三）为国家重点基础设施建设项目提供建筑用矿产；

（四）探矿权采矿权权属有争议；

（五）法律法规另有规定以及主管部门规定因特殊情形不适于以招标拍卖挂牌方式授予的。

第十一条　违反本办法第七条、第八条、第九条和第十条的规定授予探矿权采矿权的，由上级主管部门责令限期改正；逾期不改正的，对直接负责的主管人员和其他直接责任人员依法给予行政处分。

第三章　实　施

第一节　一般规定

第十二条　探矿权采矿权招标拍卖挂牌活动，应当有计划地进行。

主管部门应当根据矿产资源规划、矿产资源勘查专项规划、矿区总体规划、国家产业政策以及市场供需情况，按照颁发勘查许可证、采矿许可证的法定权限，编制探矿权采矿权招标拍卖挂牌年度计划，报上级主管部门备案。

第十三条　上级主管部门可以委托下级主管部门组织探矿权采矿权招标拍卖挂牌的具体工作，勘查许可证、采矿许可证由委托机关审核颁发。

受委托的主管部门不得再委托下级主管部门组织探矿权采矿权招标拍卖挂牌的具体工作。

第十四条　主管部门应当根据探矿权采矿权招标拍卖挂牌年度计划和《外商投资产业指导目录》，编制招标拍卖挂牌方案；招标拍卖挂牌方案，县级以上地方主管部门可以根据实际情况报同级人民政府组织审定。

第十五条　主管部门应当根据招标拍卖挂牌方案，编制招标拍卖挂牌文件。

招标拍卖挂牌文件，应当包括招标拍卖挂牌公告、标书、竞买申请书、报价单、矿产地的地质报告、矿产资源开发利用和矿山环境保护要求、成交确认书等。

第十六条　招标标底、拍卖挂牌底价，由主管部门依规定委托有探矿权采矿权评估资质的评估机构或者采取询价、类比等方式进行评估，并根据评估结果和国家产业政策等综合因素集体决定。

在招标拍卖挂牌活动结束之前，招标标底、拍卖挂牌底价须保密，且不得变更。

第十七条　招标拍卖挂牌公告应当包括下列内容：

（一）主管部门的名称和地址；

（二）拟招标拍卖挂牌的勘查区块、开采矿区的简要情况；

（三）申请探矿权采矿权的资质条件以及取得投标人、竞买人资格的要求；

（四）获取招标拍卖挂牌文件的办法；

（五）招标拍卖挂牌的时间、地点；

（六）投标或者竞价方式；

（七）确定中标人或者竞得人的标准和方法；

（八）投标、竞买保证金及其缴纳方式和处置方式；

（九）其他需要公告的事项。

第十八条 主管部门应当依规定对投标人、竞买人进行资格审查。对符合资质条件和资格要求的，应当通知投标人、竞买人参加招标拍卖挂牌活动以及缴纳投标、竞买保证金的时间和地点。

第十九条 投标人、竞买人按照通知要求的时间和地点缴纳投标、竞买保证金后，方可参加探矿权采矿权招标拍卖挂牌活动；逾期未缴纳的，视为放弃。

第二十条 以招标拍卖挂牌方式确定中标人、竞得人后，主管部门应当与中标人、竞得人签订成交确认书。中标人、竞得人逾期不签订的，中标、竞得结果无效，所缴纳的投标、竞买保证金不予退还。

成交确认书应当包括下列内容：

（一）主管部门和中标人、竞得人的名称、地址；

（二）成交时间、地点；

（三）中标、竞得的勘查区块、开采矿区的简要情况；

（四）探矿权采矿权价款；

（五）探矿权采矿权价款的缴纳时间、方式；

（六）矿产资源开发利用和矿山环境保护要求；

（七）办理登记时间；

（八）主管部门和中标人、竞得人约定的其他事项。

成交确认书具有合同效力。

第二十一条 主管部门应当在颁发勘查许可证、采矿许可证前一次性收取探矿权采矿权价款。探矿权采矿权价款数额较大的，经上级主管部门同意可以分期收取。

探矿权采矿权价款的使用和管理按照有关规定执行。

第二十二条 中标人、竞得人缴纳的投标、竞买保证金，可以抵作价款。其他投标人、竞买人缴纳的投标、竞买保证金，主管部门须在招标拍卖挂牌活动结束后5个工作日内予以退还，不计利息。

第二十三条 招标拍卖挂牌活动结束后，主管部门应当在10个工作日内将中标、竞得结果在指定的场所、媒介公布。

第二十四条 中标人、竞得人提供虚假文件隐瞒事实、恶意串通、向主管部门或者评标委员会及其成员行贿或者采取其他非法手段中标或者竞得的，中标、竞得结果无效，所缴纳的投标、竞买保证金不予退还。

第二十五条 主管部门应当按照成交确认书所约定的时间为中标人、竞得人办理登记，颁发勘查许可证、采矿许可证，并依法保护中标人、竞得人的合法权益。

第二十六条 主管部门在签订成交确认书后，改变中标、竞得结果或者未依法办理勘查许可证、采矿许可证的，由上级主管部门责令限期改正，对直接负责的主管人员和其他直接责任人员依法给予行政处分；给中标人、竞得人造成损失的，中标人、竞得人可以依法申请行政赔偿。

第二十七条 主管部门负责建立招标拍卖挂牌的档案，档案包括投标人、评标委员会、中标人、竞买人和竞得人的基本情况、招标拍卖挂牌过程、中标、竞得结果等。

第二节 招 标

第二十八条 探矿权采矿权招标的，投标人不得少于三人。投标人少于三人，属采矿权招标的，主管部门应当依照本办法重新组织招标；属探矿权招标的，主管部门可以以挂牌方式授予探矿权。

第二十九条 主管部门应当确定投标人编制投标文件所需的合理时间；但是自招标文件发出之日起至投标人提交投标文件截止之日，最短不得少于30日。

第三十条 投标、开标依照下列程序进行：

（一）投标人按照招标文件的要求编制投标文件，在提交投标文件截止之日前，将投标文件密封后送达指定地点，并附具对投标文件承担责任的书面承诺。

在提交投标文件截止之日前，投标人可以补充、修改但不得撤回投标文件。补充、修改的内容作为投标文件的组成部分。

（二）主管部门签收投标文件后，在开标之前不得开启；对在提交投标文件的截止之日后送达的，不予受理。

（三）开标应当在招标文件确定的时间、地点公开进行。开标由主管部门主持，邀请全部投标人参加。

开标时，由投标人或者其推选的代表检查投标文件的密封情况，当众拆封，宣读投标人名称、投标价格和投标文件的主要内容。

（四）评标由主管部门组建的评标委员会负责。评标委员会应当按照招标文件确定的评标标准和方法，对投标文件进行评审。评审时，可以要求投标人对投标文件作出必要的澄清或者说明，但该澄清或者说明不得超出投标文件的范围或者改变投标文件的实质内容。评标委员会完成评标后，应当提出书面评标报告和中标候选人，报主管部门确定中标人；主管部门也可委托评标委员会直接确定中标人。

评标委员会经评审，认为所有的投标文件都不符合招标文件要求的，可以否决所有的投标。

第三十一条 评标委员会成员人数为五人以上单数，由主管部门根据拟招标的探矿权采矿权确定，有关技术、经济方面的专家不得少于成员总数的三分之二。

在中标结果公布前，评标委员会成员名单须保密。

第三十二条 评标委员会成员收受投标人的财物或其他好处的，或者向他人透露标底或有关其他情况的，主管部门应当取消其担任评标委员会成员的资格。

第三十三条 确定的中标人应当符合下列条件之一：

（一）能够最大限度地满足招标文件中规定的各项综合评价标准；

（二）能够满足招标文件的实质性要求，并且经评审的投标价格最高，但投标价格低于标底的除外。

第三十四条 中标人确定后，主管部门应当通知中标人在接到通知之日起5日内签订成交确认书，并同时将中标结果通知所有投标人。

第三节 拍 卖

第三十五条 探矿权采矿权拍卖的，竞买人不得少于三人。少于三人的，主管部门应当停止拍卖。

第三十六条 探矿权采矿权拍卖的，主管部门应当于拍卖日20日前发布拍卖公告。

第三十七条 拍卖会依照下列程序进行：

（一）拍卖主持人点算竞买人；

（二）拍卖主持人介绍探矿权采矿权的简要情况；

（三）宣布拍卖规则和注意事项；

（四）主持人报出起叫价；

（五）竞买人应价。

第三十八条 无底价的，拍卖主持人应当在拍卖前予以说明；有底价的，竞买人的最高应价未达到底价的，该应价不发生效力，拍卖主持人应当停止拍卖。

第三十九条 竞买人的最高应价经拍卖主持人落槌表示拍卖成交，拍卖主持人宣布该最高应价的竞买人为竞得人。

主管部门和竞得人应当当场签订成交确认书。

第四节 挂 牌

第四十条 探矿权采矿权挂牌的，主管部门应当于挂牌起始日20日前发布挂牌公告。

第四十一条 探矿权采矿权挂牌的，主管部门应当在挂牌起始日，将起始价、增价规则、增价幅度、挂牌时间等，在挂牌公告指定的场所挂牌公布。

挂牌时间不得少于10个工作日。

第四十二条 竞买人的竞买保证金在挂牌期限截止前缴纳的，方可填写报价单报价。主管部门受理其报价并确认后，更新挂牌价格。

第四十三条 挂牌期间，主管部门可以根据竞买人的竞价情况调整增价幅度。

第四十四条 挂牌期限届满，主管部门按照下列规定确定是否成交：

（一）在挂牌期限内只有一个竞买人报价，且报价高于底价的，挂牌成交；

（二）在挂牌期限内有两个或者两个以上的竞买人报价的，出价最高者为竞得人；报价相同的，先提交报价单者为竞得人，但报价低于底价者除外；

（三）在挂牌期限内无人竞买或者竞买人的报价低于底价的，挂牌不成交。

在挂牌期限截止前30分钟仍有竞买人要求报价的，主管部门应当以当时挂牌价为起始价进行现场竞价，出价最高且高于底价的竞买人为竞得人。

第四十五条　挂牌成交的，主管部门和竞得人应当当场签订成交确认书。

第四章　附　则

第四十六条　本办法自2003年8月1日施行。

本办法发布前制定的有关文件的内容与本办法的规定不一致的，按照本办法规定执行。

国土资源部关于规范勘查许可证采矿许可证权限有关问题的通知

（国土资发〔2005〕200号）

各省、自治区、直辖市国土资源厅（国土环境资源厅、国土资源和房屋管理局、房屋土地资源管理局、规划和国土资源局）：

按照《国务院关于全面整顿和规范矿产资源开发秩序的通知》（国发〔2005〕28号）有关国土资源部要严格按照法律法规的规定，对以往的各种授权进行清理并重新进行授权的要求，根据《中华人民共和国矿产资源法》、《矿产资源勘查区块登记管理办法》、《矿产资源开采登记管理办法》规定，为进一步规范探矿权、采矿权登记审批管理，严格按规划和法定的权限出让探矿权、采矿权，现对国务院国土资源主管部门和授权省级人民政府国土资源主管部门审批登记颁发勘查许可证、采矿许可证权限通知如下：

一、勘查登记

（一）石油、烃类天然气、煤成（层）气、放射性矿产勘查，由国土资源部颁发勘查许可证。

（二）煤炭勘查区块面积大于30平方千米（含）的勘查项目，由国土资源部颁发勘查许可证，其余授权省级人民政府国土资源主管部门颁发勘查许可证。

（三）钨、锡、锑、稀土矿产勘查投资大于500万元人民币（含），或勘查区块面积大于15平方千米（含）的勘查项目，由国土资源部颁发勘查许可证，其余授权省级人民政府国土资源主管部门颁发勘查许可证。

（四）油页岩、金、银、铂、锰、铬、钴、铁、铜、铅、锌、铝、镍、钼、磷、钾、锶、铌、钽矿产勘查投资大于500万元人民币（含）的勘查项目，由国土资源部颁发勘查许可证，其余授权省级人民政府国土资源主管部门颁发勘查许可证。

（五）二氧化碳气、地热、硫、金刚石、石棉、矿泉水矿产勘查，授权省级人民政府国土资源主管部门颁发勘查许可证。

（六）海域（含内水）、跨省、自治区、直辖市的矿产勘查，由国土资源部颁发勘查许可证。

（七）外商投资勘查矿产资源，应符合外商投资产业指导目录的有关规定，按照本通知对内资勘查规定的发证权限颁发勘查许可证。

二、采矿登记

（八）石油、烃类天然气、煤成（层）气、放射性矿产由国土资源部颁发采矿许可证。

（九）煤（煤井田储量1亿吨（含）以上，其中焦煤井田储量5000万吨（含）以上）、油页岩矿床储量规模为大型（含）以上的，由国土资源部颁发采矿许可证，其余授权省级人民政府国土资源主管部门颁发采矿许可证。

（十）钨、锡、锑、稀土矿床储量规模为中型（含）以上的，由国土资源部颁发采矿许可证，其余授权省级人民政府国土资源主管部门颁发采矿许可证。

（十一）金、银、铂、锰、铬、钴、铁、铜、铅、锌、铝、镍、钼、磷、钾、锶、金刚石、铌、钽矿床储量规模为大型（含）以上的，由国土资源部颁发采矿许可证，其余授权省级人民政府国土资源主管部门颁发采矿许可证。

（十二）二氧化碳气、地热、硫、石棉、矿泉水的开采，授权省级人民政府国土资源主管部门颁发采矿许可证。

（十三）海域（含内水）、跨省、自治区、直辖市开采矿产资源的，由国土资源部颁发采矿许可证。

（十四）外商投资开采矿产资源，应符合外商投资产业指导目录的有关规定，按照本通知对内资企业发证的权限颁发采矿许可证。

三、有关要求

（十五）对国家规划矿区和对国民经济具有重要价值矿区，由国土资源部批准其矿业权设置方案后，审批权限按本通知的规定办理。

（十六）在此之前省级人民政府国土资源主管部门已经颁发的勘查许可证、采矿许可证，凡与本通知规定不符的，在办理延续、转让、变更时，由省级人民政府国土资源主管部门提出意见后，将审批登记资料报部办理。

（十七）省级人民政府国土资源主管部门对国土资源部授权其审批登记颁发的勘查许可证、采矿许可证的权限不得再行授权。

（十八）各省（区、市）人民政府国土资源主管部门要严格按照法律法规和本通知的授权范围审批登记颁发勘查许可证、采矿许可证。严禁越权发证；严禁新设探矿权勘查程度低于原有工作程度；严禁将大中型储量规模的矿产地化大为小，分割出让。对违法违规颁发勘查许可证、采矿许可证的行为，要依法追究发证机关及直接责任人的责任。对省级人民政府国土资源主管部门越权颁发勘查许可证或采矿许可证、国土资源部责令限期纠正而又逾期不纠正的，国土资源部将直接予以撤销。对一年内越权发证两次以上的，国土资源部将停止对该矿种的授权。

（十九）部受理探矿权、采矿权申请前，向省级人民政府国土资源主管部门发送探矿权、采矿权受理调查函。省级人民政府国土资源主管部门应在二十个工作日内回复调查意见，凡不按规定的时间和内容回复意见，且无正当理由的，国土资源部将停止对该矿种的授权。

（二十）省级人民政府国土资源主管部门应在每月3日前将上月份本省区范围内的勘查许可证采矿许可证发证名录及范围报国土资源部。

（二十一）本通知所指矿床储量系指《固体矿产资源/储量分类》（GB/T 17766—1999）中编码为333以上的资源量和基础储量总和。

（二十二）本通知自发布之日起实行，以往授权与本通知不一致的，一律以本通知规定为准。

国土资源部

二〇〇五年九月三十日

国土资源部办公厅关于做好探矿权采矿权延续审批登记工作有关问题的通知

（国土资厅发〔2008〕144 号）

各省、自治区、直辖市国土资源厅（国土环境资源厅、国土资源局、国土资源和房屋管理局、房屋土地资源管理局）：

严格依法做好探矿权、采矿权延续审批登记是矿业权登记管理机关的一项法定职责。近一段时间，有不少矿业权人向部反映一些地区矿业权登记管理机关在矿业权人延续登记申请符合规定的情况下，不能按规定时限完成对勘查许可证、采矿许可证延续登记工作，对矿业权人的合法权益造成损害。在近期对几起矿山安全生产事故的调查处理中，也发现存在此类问题。为严格按照矿产资源法律法规和行政许可法的规定做好探矿权、采矿权延续审批登记工作，现就有关问题通知如下：

一、各级矿业权登记管理机关要严格按矿产资源法律法规和行政许可法的规定，在规定的时限内完成勘查许可证、采矿许可证延续登记申请的审批登记工作。凡已经受理未在规定时限内办结的，要进行一次全面清理，符合规定的要在本文下发后一个月内完成勘查许可证、采矿许可证延续申请审批登记工作。凡报件不符合规定，又不按要求补正的，按照《矿产资源区块登记管理办法》、《矿产资源开采登记管理办法》的相关规定，勘查许可证、采矿许可证自行废止。凡不能提交剩余保有储量等相关资料，不具备办理延续登记条件的，应通知申请人办理采矿许可证注销登记手续。自行废止和注销的采矿权，登记管理机关应通知相关部门及地方政府，由地方政府监督其停产。

二、因新增加审批条件和程序致使勘查许可证、采矿许可证延续登记审批难以在规定的时限内完成的，登记管理机关可根据实际情况，先为申请人办理短期勘查许可证和采矿许可证延续手续，并限期要求申请人完成有关工作，在相关工作完成后再按《关于进一步规范采矿许可证有效期的通知》（国土资发〔2007〕95 号）规定的期限，办理采矿许可证延续登记。

三、各级矿业权登记管理机关要对此前颁发的勘查许可证和采矿许可证进行一次清理，凡因增加审批条件和程序，要求矿业权人提前补做工作的，应及时通知矿业权人在规定的时间内完成，避免将应在日常工作中解决的问题积累到勘查许可证、采矿许可证延续登记时集中解决。

请各级矿业权登记管理机关严格按照本通知的规定做好工作。对不按法定时限完成勘查许可证、采矿许可证延续登记工作而引起严重后果的，部将依法追究登记管理机关及直接责任人的责任。

国土资源部办公厅

二〇〇八年十月二十日

国土资源部关于实行全国采矿权统一配号的通知

（国土资发〔2008〕292 号）

各省、自治区、直辖市国土资源厅（国土环境资源厅、国土资源局、国土资源和房屋管理局、规划和国土资源管理局）：

为进一步提高采矿权管理的科学化水平，完善矿业权信息系统建设，推进应用信息化手段加强矿业权管理，按照《关于加强矿业权管理信息化建设工作的道知》（国土资发〔2007〕137 号）的要求，在全面实行全国探矿权统一配号的基础上，自 2008 年 6 月 1 日起，部确定江苏、浙江、山东和云南 4 省国土资源厅（四川省因遭受地震灾害，试点工作暂停，增加江苏省为试点省）开展了全国采矿权统一配号试点工作。4 个试点省经过近半年的努力，采矿权统一配号试点工作取得了明显成效，截至 2008 年 12 月 3 日，共计统一配号采矿权 1503 个，工作进展顺利，为在全国实施采矿权统一配号积累了宝贵的经验。2008 年 11 月 25 日至 27 日，部在北京专门举办了培训班，对统一配号工作进行了培训和交流。目前实施全国采矿权统一配号工作时机已经成熟，部决定，从 2009 年 1 月 1 日起，在全国范围内实行采矿权统一配号。现就有关事项通知如下：

一、采矿许可证号编码规则

新的采矿许可证证号在原 13 位的基础上调整为 23 位，为永久证号，编码规则如下：

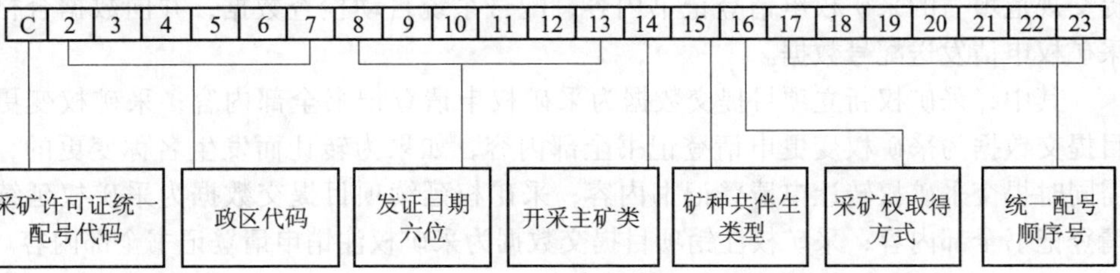

各号位定义说明：

（一）第 1 位为全国统一采矿权配号代码：C。

（二）第 2—7 位为行政区号国标代码，部代码为 100000，各级发证机关按其省（区、市）、市（地）、县（市、区）级别分别使用相应的代码。

（三）第 8—13 位为发证（首次发证或换证日期）年月：8—11 位为年，12、13

位为月。

（四）第14位为矿类代码（表1）。

（五）第15位为矿种共伴生类型：单一矿种为1，有共伴生矿种的为2。

（六）第16位为采矿权取得方式：探转采为1、协议（含延续转有偿）为2、招拍挂为3（尚未进行有偿处置的采矿权取2，并在采矿许可证副本上注明“采矿权未有偿处置”）。

（七）第17—23位为采矿权统一配号的顺序号。

表1　矿类代码分类

代码	矿类
1	能源矿产
2	黑色金属矿产
3	有色金属矿产
4	贵金属、铂族金属矿产
5	稀有稀土及分散元素矿产
6	非金属矿产
7	建材类矿产
8	水气矿产

二、配号条件

（一）数据符合规范的填写要求。

登记管理机关对采矿权申请依照法定程序审查批准后，在发证前须向配号系统提交规范填写的采矿权申请登记书内容，配号系统自动检查数据，并向数据合格的采矿权申请发送配号数据。

其中，采矿权新立项目提交数据为采矿权申请登记书全部内容；采矿权变更项目提交数据为采矿权变更申请登记书全部内容，如果为转让而发生名称变更的，还需同时提交采矿权转让申请登记书内容；采矿权延续项目提交数据为采矿权延续申请登记书全部内容；采矿权注销项目提交数据为采矿权注销申请登记书全部内容。

（二）权限符合法律法规及文件要求。

1. 发证权限

符合《矿产资源开采登记管理办法》（中华人民共和国国务院令第241号）和《关于规范勘查许可证采矿许可证权限有关问题的通知》（国土资发〔2005〕200号）规定的发证权限。

市（县）级人民政府国土资源行政主管部门发证权限按照省（区、市）人民代表大会常务委员会制定的办法管理。

2. 出让方式

符合《关于进一步规范矿业权出让管理的通知》（国土资发〔2006〕12号）规定的采矿权出让要求。

3. 其他要求

符合部按照产业政策作出的某一时期内有关的政策要求。

三、配号流程

配号操作流程如图1所示。各级采矿权登记管理机关操作权限的区别在于：

（一）上级登记管理机关可以查看下级登记管理机关从处理中到已公告的全部申请项目信息。

（二）下级登记管理机关可以查看（下载）上级登记管理机关在本行政区域内已公告设置的采矿权项目。

（三）省级登记管理机关依据本省的有关规定，对本辖区市、县级登记管理机关发证配号条件进行设置和管理。市县级登记管理机关的申请配号项目通过省级登记管理部门审核后，向配号系统申请配号。省级登记管理机关可实时掌控全省（区、市）已设置和正在设置的采矿权情况，实时查看本级和下级申请配号信息，实时获取部在本行政区内设置采矿权信息，实现对全省（区、市）采矿权登记信息的实时统计。

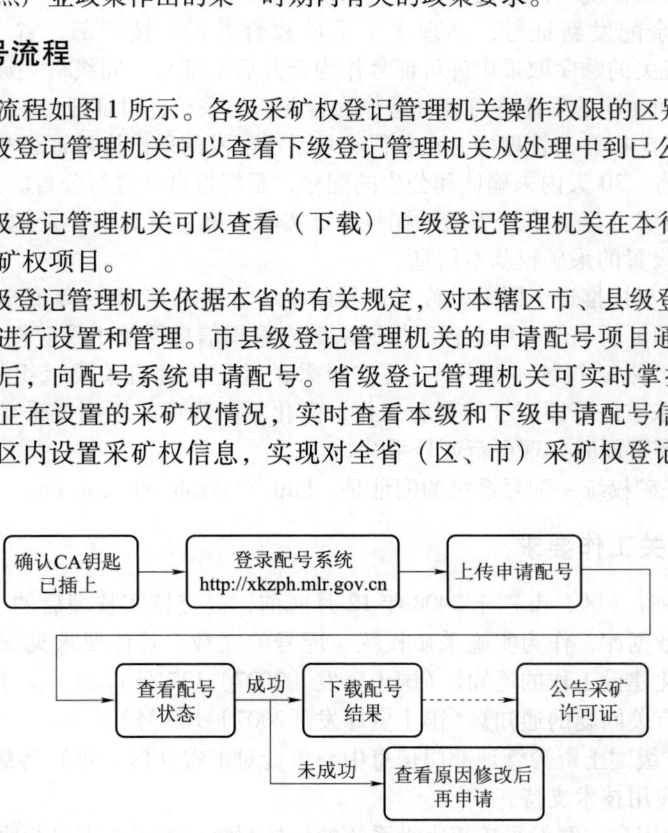

图1　采矿权统一配号流程

四、几点说明

（一）自2009年1月1日起，所有采矿权新立、变更、延续等申请项目，采矿权登记管理机关在准予登记后，必须通过采矿权统一配号系统（以下简称配号系统）提交登记数据，获取统一配发的采矿许可证号。凡未通过统一配号系统配号颁发的采矿许可证视为无效。

采矿权注销申请在采矿权登记管理机关审查批准后，需通过互联网向配号系统提交采矿权注销数据。采矿许可证号为永久证号，采矿许可证注销后，证号随之废止不再启用。

（二）已取得统一配号的采矿权，在办理变更、延续等手续并经批准后，采矿登记管理机关仍须将有关登记信息上报配号系统进行确认备案。

（三）已取得统一配号的采矿权，在办理采矿权分立时，其中一个沿用原采矿许可证号，其余配发新证号；办理多个采矿权合并的，按照部、省（区、市）、市（县）发证机关的顺序取采矿许可证号作为合并后的证号，同级机关颁发的采矿许可证取登记时间在前的采矿许可证证号作为合并后的采矿许可证证号。

（四）采矿权登记管理机关在获得配号系统配发的采矿许可证证号后，应及时进行确认和公告。30 天内未确认和公告的配号，系统将自动进行公告。

（五）各省（区、市）可通过配号系统实时查询、下载国土资源部在本省（区、市）区域内设置的采矿权基本信息。

（六）为尽快推进全国采矿许可证号的统一，要求在 2009 年底前完成对所有采矿许可证号的更新工作。更新程序按照采矿权管理信息系统中采矿权变更登记操作，变更内容为“采矿权统一配号”。各省级采矿登记管理机关要组织好对本省（区、市）辖区内采矿许可证证号的更新工作，简化更新程序，原则上采矿权人凭原采矿许可证原件即可即时办理更新证号手续。

（七）采矿权统一配号系统的网址是：http://xkzph. mlr. gov. cn。

五、相关工作要求

（一）各省（区、市）于 2008 年 12 月底前，提交核实整理后的全省（区、市）采矿权登记数据库，作为实施采矿权统一配号的底数。具体要求见《关于加强矿业权管理信息化建设工作的通知》（国土资发〔2007〕137 号）和《关于矿业权数据核实整理工作有关问题的通知》（国土资厅发〔2007〕169 号）。

（二）省级国土资源管理部门信息中心负责对本省（区、市）各级登记管理机关统一配号的应用技术支持。

（三）使用自主开发采矿权审批系统的，按照统一配号要求自行完成系统改造。

实行采矿权统一配号工作涉及面广，情况复杂，各省（区、市）国土资源主管部门要高度重视，认真组织实施。工作中遇到问题及时报部。

国土资源部

二〇〇八年十二月十九日

国土资源部办公厅关于做好探矿权采矿权登记与矿业权实地核查工作衔接有关问题的通知

（国土资厅发〔2009〕54号）

各省、自治区、直辖市国土资源厅（国土环境资源厅、国土资源局、国土资源和房屋管理局、规划和国土资源管理局）：

根据《全国矿业权实地核查总体实施方案》的部署，2009年6月30日前设置的有效矿业权范围统一采用1980西安坐标系进行实地核查。为做好7月1日以后矿业权申请审批管理与本次实地核查工作的衔接，现就有关问题通知如下：

一、自2009年7月1日起，新立探矿权登记申请和探矿权勘查范围变更登记申请，向国土资源部、各省（区、市）国土资源行政主管部门申报的规定要件中，一律提交基于1980西安坐标系测算的经纬度范围拐点坐标，同时需提交所在地县级国土资源行政主管部门签署意见的《探矿权申请范围核查表》（附件1）。

二、自2009年7月1日起，划定矿区范围申请、新立采矿权登记申请及采矿权矿区范围变更登记申请，向国土资源部、各省（区、市）、市、县级国土资源行政主管部门申报的规定要件中，一律提交1980西安坐标系的范围拐点坐标，高程采用1985国家高程基准。同时需提交经有资质的测量单位和所在地县级国土资源行政主管部门签署意见的《采矿权申请范围核查表》（附件2）。划定矿区范围时已提交了《采矿权申请范围核查表》的，在申请采矿权时如范围没有发生变化，不再提交该表。

三、对2009年7月1日前已受理，尚未审批的新设探矿权、新设采矿权申请和探矿权、采矿权范围变更申请及划定矿区范围申请，在批准发证前，由审批登记管理机关通知申请人，按照第一条、第二条的要求，补充相应的范围核查表。

四、2009年7月1日后颁发的采矿许可证副本和勘查许可证上需注明所采用的坐标系，即“1954北京坐标系”或“1980西安坐标系”。

五、为避免重复换证，完成采矿权统一配号证号更新工作的时间推延至2010年底，与矿业权实地核查工作进度保持一致。

六、部将对现有的矿业权数据报盘软件、矿业权管理信息系统及数据交换技术要求进行相应更新。各级管理机关应及时登录矿业权统一配号系统，查阅有关通知，下载使用新的版本。《探矿权申请范围核查表》及《采矿权申请范围核查表》可在国土资源部网站下载（网址：www. mlr. gov. cn）。

七、石油、天然气、煤层气矿业权申请仍按原规定办理。

矿业权管理和矿业权实地核查的衔接工作政策性、技术性很强，省级国土资源行政主管部门要立即组织市、县国土资源行政主管部门认真贯彻落实，确保“无缝”连接。相关测量单位必须依法依规，对提交的实测坐标负责。所在地县级国土资源行政主管部门要认真组织实地核查，签署重叠核查意见。严禁在申请范围核查中弄虚作假，一经发现，立即严肃处理。

附件：1.《探矿权申请范围核查表》及填表说明

2.《采矿权申请范围核查表》及填表说明

国土资源部办公厅

二〇〇九年六月十二日

附件 1：

探矿权申请范围核查表

探矿权申请人	（盖章）
勘查区名称	
项目类型	□新立探矿权登记　　□变更勘查区范围
勘查区范围坐标	（可另附页）
勘查区所在地县级国土资源行政主管部门重叠核查意见	实地核查责任人（签名）　　（单位盖章） 年　月　日

填表说明

一、"探矿权申请人"、"勘查区名称"要与申请资料中相应的名称一致，并加盖探矿权申请人公章。

二、"勘查区范围坐标"为申请人提交的采用 1980 西安坐标系的经纬度拐点坐标。

三、"勘查区所在地县级国土资源行政主管部门重叠核查意见"由勘查区所在地县级国土资源行政主管部门经过实地核查后填写并加盖公章，核查意见内容应包括：经实地核查，申请人提交的坐标范围内是否存在其他矿业权重叠设置，如有，还应附上重叠矿业权范围坐标（采用 1980 西安坐标系）。

四、如勘查区跨两个或多个县级辖区，需由所跨县国土资源行政主管部门分别填写核查意见及加盖公章。

附件 2：

采矿权申请范围核查表

采矿权申请人	（盖章）
矿山名称	
项目类型	□划定矿区范围　□新立采矿登记　□变更矿区范围
矿区范围坐标	（可另附页）
测量单位意见	实地测量人（签名）：　（单位盖章） 年　月　日
矿区所在地县级国土资源行政主管部门重叠核查意见	实地核查责任人（签名）：　（单位盖章） 年　月　日

填表说明

一、“采矿权申请人”、“矿山名称”要与申请资料中相应的名称一致，并加盖采矿权申请人公章。

二、“矿区范围坐标”为申请人提交的采用1980西安坐标系的拐点坐标。

三、“测量单位意见”由具有测绘资质的测量单位（部、省级国土资源行政主管部门负责登记的采矿权需乙级以上资质）进行现场实测后，填写并加盖公章。同时，需附上测量单位资质证书复印件。意见应写明：

1. 申请人提交的矿区范围坐标是本单位实地测量提供，实测的拐点已经做了现场标记。

2. 对探矿权转采矿权项目，其申请范围是否在探矿权范围内。

四、“矿区所在地县级国土资源行政主管部门重叠核查意见”由矿区所在地县级国土资源行政主管部门经过实地核查后填写并加盖公章，核查意见内容应包括：经实地核查，申请人提交的坐标范围内是否存在其他矿业权重叠设置，如有，还应附上重叠矿业权范围坐标（采用1980西安坐标系）。

五、如矿区范围跨两个或多个县级辖区，需由所跨县国土资源行政主管部门分别填写核查意见及加盖公章。

国土资源部关于进一步完善采矿权登记管理有关问题的通知

（国土资发〔2011〕14号）

各省、自治区、直辖市国土资源厅（国土环境资源厅、国土资源局、国土资源和房屋管理局、规划和国土资源管理局），新疆生产建设兵团国土资源局：

为进一步完善采矿权登记管理，规范采矿权市场秩序，维护采矿权人的合法权益，促进矿产资源合理开发利用，依据《中华人民共和国矿产资源法》、《矿产资源开采登记管理办法》和《探矿权采矿权转让管理办法》等相关法律法规规定，现就进一步完善矿产资源开采登记管理（石油、天然气和煤层气除外）的有关问题通知如下：

一、规范划定矿区范围管理

（一）划定矿区范围是指登记管理机关对划定矿区范围申请人提出的可供开采矿产资源范围及拟设开采工程分布范围的立体空间区域，依法审查批准的行政行为。划定矿区范围的批准文件是申请人开展采矿登记各项准备工作的依据。

登记管理机关原则上应根据可供开采矿产资源范围审批划定矿区范围。拟设开采工程分布范围超出探矿权范围的，经登记管理机关组织专家论证通过后，方可批准申请划定矿区范围。

（二）划定矿区范围依据的矿产资源储量的勘查程度，应符合现行规程规范要求，大中型煤矿应达到勘探程度；非煤矿山、小型煤矿原则上应达到勘探程度；简单矿床应达到详查程度并符合开采设计要求；《关于进一步规范矿业权出让管理的通知》（国土资发〔2006〕12号）中规定的第三类矿产应达到矿山建设要求的地质工作程度，具体要求由各省（区、市）国土资源主管部门另行规定。

（三）划定矿区范围必须符合矿产资源规划和矿业权设置方案。国家规划矿区内矿业权设置方案未经批准的，原则上不受理新立矿业权申请；国家规划矿区内探矿权人持其探矿权申请采矿权，申请范围与矿产资源规划和矿业权设置方案不符的，原则上应调整到与矿产资源规划和矿业权设置方案一致后申请划定矿区范围。

涉及矿产资源规划和矿业权设置方案调整的，登记管理机关应发布公告，调整期间暂停受理相关矿区的新立矿业权的业务。

（四）申请划定矿区范围的，除《国土资源部行政审批事项办事指南》和《关于调整探矿权采矿权申请资料有关问题的公告》等有关规定的要件外，还应符合以下要求：

1. 探矿权人申请划定矿区范围的，应出具经年检合格的勘查许可证。

2. 以协议方式出让的，凭登记管理机关同意以协议方式出让采矿权的文件，编制资源储量核实报告，经评审、备案后，凭相关文件申请划定矿区范围。

3. 按矿产资源开发整合要求设立或变更采矿权的，申请人可凭依照规定批准的矿产资源整合方案，申请办理矿区范围的资源储量核实、评审、备案；凭评审备案文件申请划定矿区范围。

（五）申请划定的矿区范围与周边毗邻的采矿权应按设计规范的规定保留安全间距。

（六）已设采矿权利用原有生产系统申请扩大矿区范围的，应符合国家产业政策、矿产资源规划和矿业权设置方案。扩区范围的地质工作程度应满足设立采矿权的要求；不能满足的，应申请探矿权。

满足设立采矿权要求的，申请人应在完成资源储量评审后，申请划定矿区范围；依据划定矿区范围批准文件，申请资源储量备案；涉及采矿权价款的，应按规定完成价款评估。采矿权扩区范围原则上限于原采矿权深部及周边零星分散且不宜单独另设采矿权的资源。

应申请探矿权的，第一类矿产的勘查空白区，按新立探矿权办理；其他勘查区，原则上按周边及深部不宜单独另设探矿权、采矿权的范围办理。

（七）需超过上一条规定扩大矿区范围的，登记管理机关应按照矿产资源规划和矿业权设置方案，重新设立矿业权，原采矿权人可以参与竞争。需按协议方式出让的，按《关于进一步规范矿业权出让管理的通知》（国土资发〔2006〕12 号）等规定的省级人民政府正式行文报国土资源部批准的程序和条件办理。

（八）矿区范围内涉及多个矿种的，采矿权申请人应按储量评审报告审定的主矿种申请划定矿区范围，并对共伴生资源综合利用，对共伴生资源综合利用有限制性规定的，按有关规定办理。

（九）探矿权人在取得划定矿区范围批复后，需要变更划定矿区范围批复持有人的，应在办理完成探矿权转让变更手续后，由探矿权受让人凭转让变更后的勘查许可证，申请办理划定矿区范围持有人的变更手续。

通过招标拍卖挂牌等竞争方式取得划定矿区范围批复的，竞得人需要变更划定矿区范围持有人的，经登记管理机关审查并经公示无异议后，可以变更划定矿区范围持有主体。

以协议出让方式划定的矿区范围，除根据企业经营需要设立全资子公司外，不得变更持有人。

（十）探矿权人在取得划定矿区范围批复后至取得采矿权前，探矿权有效期届满，可按有关规定申请办理探矿权保留。

（十一）探矿权人拟以部分勘查区块申请采矿权的，应在全区地质工作程度达到详查以上并申请探矿权分立后，按规定申请划定矿区范围。

（十二）非企业自身原因导致无法在规定期限内申请采矿登记的，申请人凭相关证明材料，在划定矿区范围预留期届满30日前，申请延续划定矿区范围预留期。延续期限每次不得超过原预留期限。

二、进一步规范采矿权新立、延续和审批管理

（十三）申请采矿权应具有独立企业法人资格，企业注册资本应不少于经审定的矿产资源开发利用方案测算的矿山建设投资总额的百分之三十，外商投资企业申请限制类矿种采矿权的，应出具有关部门的项目核准文件。

申请人在取得采矿许可证后，必须具备其他有关法定条件后方可实施开采作业。

采矿权人应当严格按照经审查批准的相关要件实施开采作业，接受相关部门的监督管理。

（十四）除同属一个矿业权人的情形外，矿业权在垂直投影范围内原则上不得重叠。涉及和石油、天然气等特定矿种的矿业权重叠的，应当签署互不影响，确保安全生产的协议后，办理采矿许可证。

（十五）探矿权人申请采矿许可证的，探矿权人在提出采矿登记申请时，应同时向登记管理机关提交探矿权注销申请，登记管理机关在批准采矿权新立时，同时注销该探矿权。勘查登记与采矿登记不属于同一登记机关的，采矿权新立一经批准，探矿权人应向原勘查登记管理机关提交探矿权注销申请，并凭探矿权注销通知（证明）领取采矿许可证。

（十六）采矿许可证剩余有效期不足一年的，负责采矿权年检的国土资源主管部门可以根据当地政府的有关社会服务要求，提醒告知采矿权延续事项。采矿许可证剩余有效期不足三个月的，登记管理机关应在本级或上级机关的门户网站上滚动提示采矿权延续事项。

采矿权人在采矿许可证有效期届满前无法完成延续要件准备的，应向登记管理机关书面说明原因，登记管理机关可以在原采矿许可证上加注有效期顺延三个月。

（十七）因新增审批要件（要求）造成无法按正常规定办理采矿权延续的，登记管理机关可根据实际需要顺延1至2年，并在采矿许可证副本上注明其原因和要求。

（十八）采矿权人申请采矿权延续登记，应出具经年检合格的采矿许可证，属《矿产资源开采登记管理办法》附录所列的矿种大中型资源储量规模的，凭近三年经评审备案的资源储量报告确定剩余查明资源储量；其余的可根据需要凭当年或上一年度经审查合格的矿山储量年报作为剩余查明资源储量的依据。采矿许可证延续的期限应与矿区范围内剩余的可开采利用的查明资源储量相适应，但不得超过国家规定的最长有效期限。采矿权延续申请批准后，其有效期应始于延续采矿许可证原有效期截止之日。

三、严格采矿权转让、变更条件和审批管理

（十九）转让采矿权受让人应具备本通知第十三条规定的采矿权申请人条件，并承继该采矿权的权利、义务。

（二十）采矿权转让涉及管理权限调整的，原登记管理机关完成转让审批并提出转报意见后，由调整后的登记管理机关办理采矿权变更登记。

（二十一）国有矿山企业申请转让采矿权的，应当获得其上级主管部门或单位的同意。

（二十二）有下列情形之一的采矿权不得转让：

1. 采矿权部分转让的；
2. 被纳入矿产资源开发整合方案的采矿权向非整合主体转让的；
3. 按国家产业政策属于关闭矿山的；
4. 按国家有关规定属于禁止开采区域的；
5. 采矿权抵押备案期内未经抵押权人同意的；
6. 采矿权处于国土资源行政主管部门立案查处、法院查封、扣押或公安、税务、检察机关等通知立案查处状态的。

除母公司与全资子公司之间的采矿权转让外，以协议出让方式取得的采矿权投产未满 5 年不得转让，确需转让的按原协议出让程序办理。

（二十三）采矿权原则上不得分立，因开采条件变化等特殊原因确需分立的，应符合矿产资源规划和矿业权设置方案，或由省级以上登记管理机关组织专家对分立方案进行论证，论证通过并公示无异议的，经登记管理机关同意后，准予变更登记。

（二十四）人民法院将采矿权拍卖或裁定给他人，受让人应依法申请变更登记。申请变更登记的受让人应具备本通知第十三条规定的资质条件，登记管理机关凭生效的判决文件，依法予以办理采矿权变更登记。

（二十五）除《矿产资源开采登记管理办法》第 15 条规定的情形外，凡增加或减少主要开采矿种的、变更生产规模的、变更矿山名称的，采矿权人应当在采矿许可证有效期内，向登记管理机关申请变更登记。

申请变更主要开采矿种的，应提交相关的储量评审备案文件，并根据需要提交经审查批准的矿产资源开发利用方案、环境影响评价报告和矿山安全生产监管部门的审查意见。由高风险矿种变更为低风险矿种的，还应缴纳矿业权价款；变更为国家实行开采总量控制矿种的，还应符合国家有关宏观调控的规定和开采总量控制要求，并需经专家论证通过、公示无异议。

申请扩大生产规模的，应提交经审查批准的矿产资源开发利用方案、环境影响评价报告及矿山安全生产监管部门的审查意见；申请变更矿山名称的，应提交相关的依据性文件。

煤炭采矿权人申请扩大生产规模的，还应当提交有关行业管理部门核定生产能

力的文件；实行开采总量控制的矿种申请扩大生产规模的，还应符合开采总量控制指标的有关规定。

（二十六）除法律法规规定或特定情形外，采矿权转让人和受让人应同时提交转让和变更申请，登记管理机关应同时办理转让审批和变更登记。

（二十七）采矿许可证剩余有效期不足四个月，采矿权人申请转让、变更的，受让人应同时向登记管理机关申请办理延续登记。

四、规范采矿权抵押备案、注销条件

（二十八）采矿权人申请抵押备案的，应向登记管理机关提交以下资料：

1. 抵押备案申请书；
2. 抵押合同；
3. 贷款合同；
4. 采矿权有偿取得（处置）凭证；
5. 采矿许可证（复印件）等相关要件。

到原登记管理机关办理备案手续，符合规定的，登记管理机关向抵押双方出具备案证明。

（二十九）登记管理机关予以备案的采矿权抵押申请，应具备以下条件：

1. 矿业权价款已按规定缴清；
2. 采矿权权属无争议；
3. 采矿权未被法定机关扣压、查封；
4. 采矿权抵押期没有超过采矿许可证有效期；
5. 采矿权未处于抵押备案状态或债权人间就受偿关系达成协议。

（三十）符合抵押备案条件的，登记管理机关出具抵押备案的通知，通知内容包括：抵押期限、采矿权转让和抵押实现的条件及抵押备案解除的条件等相关事项；并就抵押双方对标的物价值认定自行承担全部责任、采矿权人因违反矿产资源法律法规受罚后果自负等予以告知。

（三十一）采矿权抵押合同解除后20个工作日内，采矿权人应持抵押双方签署的抵押备案解除申请书及原备案文件到原抵押备案机关申请抵押备案解除。

（三十二）采矿权人具有下列情形之一的，经公告、并已送达采矿许可证注销通知期满60个工作日后仍不申请办理注销的，原登记管理机关可以直接注销采矿许可证。

1. 县级以上人民政府因安全生产问题决定关闭且企业法人不再存续的；
2. 企业法人主体资格灭失并且没有合法权利义务承继主体的；
3. 法律法规规定的其他需要直接注销的情形。

五、其他有关规定

（三十三）外商投资开采矿产资源的，应符合外商投资产业指导目录的有关规定，依照对内资企业发证的权限颁发采矿许可证。

（三十四）采矿许可证遗失或损毁的，采矿权人应及时在采矿登记机关所在地的主流媒体上刊登遗失声明满30日后，持补领申请书及遗失声明登载物原件到原登记管理机关申请补办采矿许可证。

采矿许可证被损坏的，采矿权人应携带能被鉴别为原采矿权许可证的残留件到登记管理机关申请补办采矿许可证。

登记管理机关补办的采矿许可证登记内容应与原证一致，并应注明补领时间。

（三十五）采矿权人可以在采矿许可证有效期内依法回收利用其尾矿资源和采矿废石，无需另行办理采矿登记；形成尾矿资源和采矿废石的采矿权已经灭失的，登记管理机关应在保障安全和保护环境的前提下，按新立采矿权的程序出让尾矿资源采矿权。

（三十六）在划定矿区范围、采矿权新立、延续、转让和变更等过程中涉及采矿权有偿处置的，应按《关于深化探矿权采矿权有偿取得制度改革有关问题的通知》等有关规定执行。

（三十七）申请人到登记管理机关办理登记手续的，应出具企业法人执照、法定代表人证明和本人身份证等原件，经核实无误后，方可将复印件作为申报要件；委托他人办理的，被委托人应出具企业法定代表人的书面委托书和本人身份证。

（三十八）登记管理机关接收采矿权登记申请资料后应出具回执。

需要申请人补正资料的，登记管理机关应书面通知申请人限期补充或者修改。采矿权申请人应在规定的期限内提交补正的资料。

补正资料及听证、鉴定、专家评审、向有关管理机关函调等所需时间不计入审批期限。

（三十九）采矿权申请人对其提供的申请材料的真实性负责；通过隐瞒有关情况、提供虚假材料或者拒绝提供反映其活动情况真实材料等不正当手段骗取采矿登记的，一经发现依据有关规定处理；构成犯罪的，移交司法机关依法追究责任。

（四十）各省（区、市）国土资源主管部门可根据实际情况，制定具体实施办法，并报部备案。对《关于进一步规范矿业权出让管理的通知》（国土资发〔2006〕12号）规定的第三类矿产，可根据实际情况适当简化采矿登记申报要件要求。

各级国土资源主管部门要按照本通知的要求，进一步规范和加强采矿登记工作的管理。国土资源部和地方各级国土资源主管部门以往规定与本通知不一致的，以本通知为准。各地在执行中如有问题及时报部。

国土资源部

二〇一一年一月二十日

国土资源部关于进一步规范矿产资源补偿费征收管理的通知

（国土资发〔2013〕77号）

各省、自治区、直辖市国土资源主管部门：

矿产资源补偿费自1994年开始征收以来，征收额持续增长，管理制度逐步完善，征收水平不断提高，成效显著，但也存在没有严格执行与开采回采率系数挂钩、一些矿产品计征销售收入的核定缺乏统一标准等问题。为解决实际工作中存在的问题，推进矿产资源补偿费征收管理科学化、规范化，切实保护采矿权人合法权益，维护国家财产权益，促进合理开发利用，根据《中华人民共和国矿产资源法》、《矿产资源补偿费征收管理规定》（国务院令第150号）及有关规定，现就有关事项通知如下：

一、进一步提高对规范矿产资源补偿费征收管理重要性的认识

矿产资源补偿费征收是采矿权人因开采消耗属于国家所有的矿产资源而对国家的经济补偿，是矿产资源有偿开采和维护国家财产权益的重要体现。进一步加强补偿费征收与开采回采率挂钩，规范征收管理，是贯彻节约资源基本国策，落实节约优先战略的重要措施，是完善资源有偿使用制度的重要经济手段，有利于引导和激励矿山企业提高资源开发利用水平，有利于推进资源节约集约利用，推动资源利用方式转变，有利于维护矿山企业的合法权益。各省（区、市）国土资源主管部门要从全面落实节约优先战略、推进生态文明建设，统筹做好保障科学发展、保护国土资源、维护群众权益的高度，进一步提高认识，加强组织协调，切实抓好落实。

二、科学规范计征矿产资源补偿费

（一）加强矿产资源补偿费征收与开采回采率系数挂钩。

矿山开采回采率高低直接反映矿产资源的开发利用水平，所有应考核开采回采率的矿山要严格按照国务院令第150号规定的方式，即矿产资源补偿费征收金额=矿产品销售收入×费率×开采回采率系数（核定开采回采率与实际开采回采率之比），运用开采回采率系数的实际结果计算征收金额，实际开采回采率高于核定开采回采率，开采回采率系数小于1，相应地少缴，反之多缴，充分发挥开采回采率系数的引导和调节作用。

（二）严格确定开采回采率系数。

1. 煤矿以采区作为开采回采率考核单元，非煤固体矿山以矿山生产的矿块（盘

区）作为开采回采率考核单元。

2. 核定开采回采率原则上以经批准的矿山设计或开发利用方案为准。对已有核定开采回采率的矿山企业，要组织进行复查，公示复查结果。复查的要求参照《关于加强矿产资源补偿费征收管理促进煤矿回采率提高的通知》（国土资发〔2006〕88号）。对无核定开采回采率的矿山企业，由各省（区、市）国土资源主管部门组织进行核定。

3. 实际开采回采率应依据矿山储量动态检测的结果确定。按照《关于全面开展矿山储量动态监督管理工作的通知》（国土资发〔2006〕87号）和《国土资源部关于印发〈矿山储量动态管理要求〉的通知》（国土资发〔2008〕163号）的要求，全面开展矿山企业的储量动态检测工作，提交矿山储量年报，计算当年实际开采回采率。

上一年度矿山停采或按照国土资源主管部门规定等没有考核实际开采回采率的，计算开采回采率系数采用的实际开采回采率为最近一次考核的实际数值。

4. 矿泉水及普通建筑砂、石、粘土等开采回采率系数原则上取1，钾盐矿开采回采率系数以综合利用系数代替，地热以回灌系数代替（见附件）。

5. 开采回采率系数按照“当年用上年的原则”使用，即当年矿产资源补偿费征收用上一年度的开采回采率系数。

（三）规范确定矿产品计征销售收入。

1. 计征对象的界定。计征矿产资源补偿费的矿产品是以公开交易市场价格销售的原矿或者选矿（初加工）产品。对于以原矿或选矿（初加工）产品直接形成市场销售收入的，其实际销售收入即为计征销售收入，不再进行折算。对于采选冶联合企业销售冶炼（加工）产品的，其计征矿产品销售收入应相对于选矿（初加工）产品进行折算，无选矿（初加工）产品的，可相对于原矿进行折算。

2. 矿产品计征销售价格的确定。计征矿产资源补偿费的矿产品价格是指在竞争条件下矿产品公开交易市场的实际销售价格。对于企业内部自用无实际市场销售价格，企业以内部定价或企业垄断价格等计算销售收入，申报、缴纳矿产资源补偿费的，由负责征收的征管机构按照当地国土资源主管部门会同或委托同级物价部门确定的当地公开交易市场平均销售价格核定计征销售价格；无法计算当地公开交易市场平均销售价格的，参照国内行业公认度较高的矿产品现货交易所公布的最近一个季度的平均销售价格核定计征销售价格，征收矿产资源补偿费。

3. 难以核定销售价格或销售收入的矿产资源补偿费计征办法。

（1）采选冶联合企业销售冶炼（加工）产品的，计征矿产资源补偿费的矿产品销售价格应根据冶炼（加工）产品的销售价格通过计征调整系数进行确定。矿产品计征销售收入计算公式为：矿产品计征销售收入 = 计征矿产资源补偿费的矿产品销售量 × 冶炼（加工）产品销售价格 × 计征调整系数。

计征调整系数确定原则为：最近三年当地同类选矿（初加工）产品的公开交易

市场平均销售价格除以相应冶炼（加工）产品的当地公开交易市场平均销售价格。无法计算当地选矿（初加工）或冶炼（加工）产品市场平均销售价格的，计算计征调整系数的选矿（初加工）和冶炼（加工）产品的公开交易市场平均销售价格均参照国内行业公认度较高的矿产品现货交易所公布的最近三年的平均销售价格。无选矿（初加工）产品或选矿（初加工）产品无实际销售价格的，可使用原矿的实际销售价格计算计征调整系数。采用以上方法仍难以确定计征调整系数的，可采用冶炼（加工）产品的销售收入扣减冶炼（加工）环节直接成本的方法，确定计征矿产资源补偿费的矿产品销售收入。

（2）对于所确定的计征对象无公开交易市场销售价格或难以核定其销售收入的，锰矿等9种矿产计征销售收入按附件确定，如需调整计征调整系数的，须按以上计征调整系数确定原则，由各省级国土资源主管部门研究制定并报部备案；各省级国土资源主管部门自行组织研究制定其他矿种计征销售收入办法的，须报部备案。

（3）采矿权人生产多种矿产品或矿产品中有多个计价的共伴生成分的，应当分别计算其产品销售收入并按相应费率计征。采矿权人无法区分主矿种与共伴生矿种矿产品销售收入的，以总销售收入和主矿种对应费率计征。

（4）对于开采建筑石材、普通建筑石料等非金属矿产，无市场销售收入或难以核定计征销售收入的，依据实际消耗资源储量，以当地公开交易市场最近一个季度或最近一个年度的平均销售价格核定其计征销售收入，计征矿产资源补偿费；对于间断性生产或财务账目不全的小矿（核定实际生产规模不足小型矿山生产规模上限十分之一）等难以计算其实际储量消耗的，依据采矿许可证批准的年生产规模，以当地矿产品公开交易市场最近一个年度的平均销售价格核定其年度计征销售收入，采用年度定额的方式计征矿产资源补偿费。

三、加强组织领导，完善管理制度

（一）加强队伍建设。各级国土资源主管部门要进一步充实征管队伍，强化征收的技术要求，加强培训，提高征管人员的业务素质，不断巩固履行征收矿产资源补偿费法定职责的主体地位。认真贯彻《财政部国土资源部关于将矿产资源专项收入统筹安排使用的通知》（财建〔2010〕925号）要求，保障对征管工作的投入，落实必要的工作经费，配备必要的设备，确保征管工作正常开展。

（二）完善征收管理制度。各级国土资源主管部门要完善矿产资源补偿费的纳费登记、申报、缴纳、稽查等征收管理制度，进一步细化征收管理。认真执行减免规定，规范减免，对于符合减免条件的要依法给予减免，引导和激励采矿权人提高资源综合利用效率；健全完善减免制度，批准减缴、免缴矿产资源补偿费的，要自批准之日起1个月内按规定备案。各省级国土资源主管部门要重点抓好部颁发采矿许可证的矿山企业以及省级颁发采矿许可证的大型矿山企业的征收工作，推进建立属地征收和分级征收相结合的征收机制。

（三）严格入库管理。各级国土资源主管部门要严格执行“收支两条线”管理。规范使用“矿产资源补偿费自收汇缴专用收据”和“矿产资源补偿费专用缴款书”“矿产资源补偿费收入退还书”等专用票据，及时将矿山企业缴纳的矿产资源补偿费足额入库，不得设立过渡性账户，不得截留、坐支和挪用。

（四）加强日常监管。各级国土资源主管部门要认真落实矿产开发利用年度检查中关于矿山储量动态检测和实际开采回采率考核的有关要求，充分利用矿产开发利用年度检查网上报备系统，及时掌握矿山企业开发利用情况。做好矿产资源补偿费征收统计网络直报工作，认真审核企业缴费情况，开展年度定期和不定期检查，对存在问题的矿山企业要及时稽查，加强对采矿权人履行缴费义务的日常监管。

矿产资源补偿费征收工作政策性强、技术要求高、任务重，国土资源主管部门作为征收主体，要切实承担起国家和法律赋予的职责，认真落实本通知要求，结合各地实际，进一步加强和规范矿产资源补偿费征收管理工作，征收工作中发生的重大事项和存在的突出问题，及时报部。

本通知自发布之日起实行，有效期5年。原地质矿产部印发的《关于共、伴生矿产征收矿产资源补偿费问题的复函》（地函〔1994〕276号）、《关于如何计征采、选、冶联合企业矿产资源补偿费的函》（地函〔1995〕130号）、《关于征收钾盐资源补偿费问题的复函》（地函〔1996〕184号）、《关于〈河北省地热水、矿泉水、砖瓦粘土矿产资源补偿费计算方式〉的批复》（地函〔1997〕152号）以及国土资源部印发的《关于征收黄金矿产资源补偿费有关问题的通知》（国土资发〔1999〕510号）同时废止。

国土资源部办公厅

二〇一三年七月四日

国土资源部关于严格控制和规范矿业权协议出让管理有关问题的通知

（国土资规〔2015〕3号）

各省、自治区、直辖市国土资源主管部门，中国地质调查局，武警黄金指挥部，部其他直属单位：

为深入贯彻落实中央关于开展工程建设领域突出问题专项治理工作精神，坚决遏制矿业领域腐败现象易发多发势头，各级国土资源主管部门必须坚持依法依规采取招标拍卖挂牌等市场竞争方式公开出让矿业权的原则，从严控制协议出让范围，严格执行矿业权协议出让的审批权限和程序，逐步减少协议出让数量，积极推进矿业权市场建设。为此，部于2012年5月15日印发了《国土资源部关于严格控制和规范矿业权协议出让管理有关问题的通知》（国土资发〔2012〕80号，以下简称80号文）。

现按照《国务院关于取消非行政许可审批事项的决定》（国发〔2015〕27号）关于取消“探矿权、采矿权协议出让申请审批”的相关要求，对80号文进行修改。本通知印发后80号文废止。

一、从严控制协议出让

（一）勘查、开采项目出资人已经确定，并经矿业权登记管理机关集体会审、属于下列五种情形之一的，准许以协议方式出让探矿权、采矿权：

1. 国务院批准的重点矿产资源开发项目和为国务院批准的重点建设项目提供配套资源的矿产地；

2. 省级人民政府批准的储量规模为大中型的矿产资源开发项目；

3. 为列入国家专项的老矿山（危机矿山）寻找接替资源的找矿项目；

4. 已设采矿权需要整合或利用原有生产系统扩大勘查开采范围的毗邻区域；

5. 已设探矿权需要整合或因整体勘查扩大勘查范围涉及周边零星资源的。

（二）协议出让探矿权、采矿权，应当符合矿产资源规划及国家相关产业政策。符合协议出让条件的，按照探矿权、采矿权审批登记权限，由登记管理机关审批登记颁发勘查许可证、采矿许可证，不再单独进行协议出让申请审批。

（三）申请以协议方式出让探矿权，原则上应提交普查以上（含普查）矿产勘查程度的资源储量报告，并按相关规定处置价款。属于下列情形之一，可先依法申请办理勘查许可证，达到普查以上（含普查）程度后再按规定进行价款处置：

1. 国家已出资勘查但未形成矿产地的区块，矿产勘查未达到普查以上（含普查）工作程度的；

2. 属低风险类矿种的探矿权人申请扩大勘查范围或者采矿权人申请在其深部、毗邻区域进行勘查，矿产勘查未达到普查以上（含普查）工作程度的。

二、严格规范协议出让

（四）符合下列两种协议出让情形的，申请人需向登记管理机关提供以下相关材料。

1. 国务院批准的重点矿产资源开发项目和为国务院批准的重点建设项目提供配套资源的矿产地，由项目出资人或者采矿权人持有关批准文件提出申请。

2. 为列入国家专项的老矿山（危机矿山）寻找接替资源的找矿项目，由采矿权人凭财政部下达的项目预算通知或者国土资源部下达的项目计划通知提出申请；

异地实施危机矿山接替资源找矿项目的，采矿权人还应提交项目所在地省级人民政府出具的批准文件或者书面意见。

（五）省级人民政府批准的储量规模为大中型的矿产资源开发项目，属国土资源部发证权限的，由申请人持省级人民政府向国土资源部提出协议出让申请的文件，向国土资源部提出申请；不属于国土资源部发证权限的，由申请人持省级人民政府同意协议出让的书面意见或相关批准文件，向登记管理机关提出申请。省级人民政府行文、同意协议出让的书面意见或相关批准文件中应明确：拟协议出让矿业权的勘查开采项目名称、受让主体、拟设勘查区块或者开采区的范围、坐标、面积、勘查程度、资源储量、开发利用情况，是否符合矿产资源规划等。

（六）已设采矿权需要整合或利用原有生产系统扩大勘查开采范围的毗邻区域，属国土资源部发证权限的，由采矿权人持省级国土资源主管部门出具的书面意见，向国土资源部提出申请；不属于国土资源部发证权限的，由采矿权人按照审批权限向登记管理机关提出申请。

（七）已设探矿权需要整合或因整体勘查扩大勘查范围涉及周边零星资源的，若所扩范围超过现有勘查区块面积25%以上（含），需经省级国土资源主管部门组织专家论证不宜单独另设探矿权后，由探矿权人向登记管理机关提出扩大变更申请；所扩范围不足现有勘查区块面积25%的，由探矿权人直接向登记管理机关提出扩大变更申请。

三、其他规定

（八）石油、天然气、煤成（层）气、页岩气和放射性矿产的探矿权、采矿权协议出让管理办法由国土资源部另行制定。

（九）《关于进一步规范矿业权出让管理的通知》（国土资发〔2006〕12号）中关于矿业权协议出让的管理规定与本通知不符的，以本通知为准。

本通知自印发之日起施行，有效期五年。

国土资源部

二〇一五年八月二十四日

案件查处

最高人民检察院等10部门关于建立在查办渎职案件中加强协调配合建立案件移送制度的意见

（高检会〔1999〕3号）

各省、自治区、直辖市人民检察院，公安厅（局），土地（国土）管理局（厅）、地质矿产厅（局），海关总署广东分署、各直属海关，国家税务局、地方税务局，环境保护局，工商行政管理局，林业（农林）厅（局），质量技术监督局，保密局：

现将《关于在查办渎职案件中加强协调配合建立案件移送制度的意见》印发给你们，请遵照执行。

最高人民检察院
公安部
国土资源部
海关总署
国家税务总局
国家环境保护总局
国家工商行政管理局
国家林业局
国家质量技术监督局
国家保密局
一九九九年十二月三十日

关于在查办渎职案件中加强协调配合建立案件移送制度的意见

为贯彻国家有关法律法规，及时准确查办司法人员、行政执法人员和其他国家机关工作人员的渎职案件，维护国家机关办事高效，运转协调，行为规范的正常秩序，促进依法行政和国家机关工作人员队伍建设，保障社会主义现代化建设健康发展，提出如下意见：

一、在查办渎职案件工作中，检察机关与各部门之间要加强联系、协调和配合，根据情况可采取不同形式互通信息，研究问题，交换意见。

二、公安、国土资源等部门发现或经调查，认为本部门工作人员触犯《中华人民共和国刑法》分则第九章中有关条款的规定，涉嫌渎职犯罪，需要追究刑事责任的案件，应将有关材料移送相应的检察机关，发现其他国家机关工作人员的渎职犯罪案件线索，也应将有关材料移送相应的检察机关。

三、检察机关对公安、国土资源等部门移送的材料要及时审查，决定是否立案。对决定立案的案件，检察机关应及时将立案情况通知移送单位。对决定不予立案的，应制作不立案通知书，写明不立案的原因和法律依据，送达移送单位，并退还有关材料。移送单位对不立案决定有异议的，可以在收到不立案通知书的十日以内向检察机关申请复议，检察机关应当在收到复议申请的三十日以内作出复议决定，并将复议决定书送达申请复议单位。

四、检察机关接受群众举报或侦查中自行发现的公安、国土资源等部门工作人员的渎职案件，经查认为涉嫌渎职犯罪的，应向有关单位通报，并请求提供相关材料和协助侦查，有关单位应当协助。

五、检察机关对经过初查或侦查，认为不需要追究刑事责任，未予立案或在立案后作出撤销或不起诉决定的案件，可与相关单位交换意见。对认为应当追究党纪政纪责任的，应提出检察建议连同有关材料一起移送相应单位的纪检监察部门处理。对其中涉及领导干部的渎职案件，应按干部管理权限的规定，将检察建议和有关材料移送相应主管机关处理。对需要给予行政处罚、行政处分或者需要没收其违法所得的，应提出检察意见，移送有关主管机关处理。移送情况应向发案单位通报。

六、检察机关在查办公安、国土资源等部门工作人员的渎职犯罪案件中，如发现发案单位和相关部门在管理和制度等方面存在漏洞，需要进行整改的，应提出检察建议。发案单位和相关部门在接到检察机关提出的检察意见或检察建议后，应认真处理或整改，并将处理和整改情况向检察机关反馈。

七、检察机关与联合制定本意见之外的其他部门在查办渎职案件工作中的协调配合和案件的移送，参照此规定执行。

国土资源部关于印发《国土资源执法监察错案责任追究制度》的通知

（国土资发〔2000〕431号）

各省、自治区、直辖市国土资源厅（国土环境资源厅、国土资源和房屋管理局、房屋土地资源管理局、规划和国土资源局），解放军土地管理局，新疆生产建设兵团土地管理局：

为了规范国土资源执法监察行为，提高国土资源违法案件查处工作水平，促进依法行政，维护公民、法人及其他组织的合法权益，研究制定了《国土资源执法监察错案责任追究制度》，现印发给你们，请遵照执行。

地方各级国土资源行政主管部门要根据本制度并结合各自部门的实际情况，建立具体的错案责任追究制度，并报上一级国土资源行政主管部门备案。

国土资源部

二〇〇〇年十二月二十九日

国土资源执法监察错案责任追究制度

第一条　为了规范国土资源执法监察行为，提高国土资源违法案件查处工作水平，维护公民、法人及其他组织的合法权益，制定本制度。

第二条　本制度所称错案，是指国土资源行政主管部门在查处国土资源违法案件过程中，由于其工作人员故意或者重大过失，致使案件处理错误，给案件当事人的合法权益造成损害或者造成不良社会影响的案件。

第三条　国土资源行政主管部门作出的行政处罚决定，有下列情形之一，被依法变更或者撤销的，应当追究直接负责的主管人员和其他直接责任人员的责任：

（一）没有法定的行政处罚依据；

（二）擅自改变行政处罚的种类和幅度；

（三）违反法定的行政处罚程序；

（四）主要事实不清、证据不足；

（五）其他情形。

第四条　在查处国土资源违法案件中，伪造、销毁、藏匿证据，更改案卷材料，或者提供虚假事实，造成错案的，追究直接责任人的责任。

第五条 在查处国土资源违法案件中，不认真履行职责，致使案件调查、审核工作出现重大疏漏，造成错案的，追究直接责任人和其他有关责任人的责任。

第六条 在查处国土资源违法案件中，违反保密规定，向案件当事人通风报信，致使案件事实认定错误，造成错案的，追究直接责任人的责任。

第七条 国土资源行政主管部门的各级负责人违法批办与案件有关的事项，或者越权干预案件的调查、处理，造成错案的，应当追究其责任。

第八条 下级国土资源行政主管部门遵照上级国土资源行政主管部门对案件的处理意见作出行政处罚决定，造成错案的，追究上级国土资源行政主管部门直接负责的主管人员和其他直接责任人员的责任。

第九条 对案件定性或者处理表示并保留不同意见的监督检查人员不承担错案责任。

第十条 追究错案责任人的责任应当坚持有错必究、责罚相当、教育与惩戒相结合的原则。

对错案责任人，应根据其过错情节及造成危害的程度，采取通报批评、责令向当事人赔礼道歉、责令依法承担全部或者部分对当事人的赔偿费用、暂停执法监察工作或者收回执法监察证等处理措施。

依照国家法律、法规应当给予错案责任人行政处分的，给予行政处分；涉嫌犯罪的，移送司法机关依法处理。

第十一条 及时发现错误并主动纠正且未造成严重危害后果的，可以从轻或者减轻追究错案责任人的责任。

第十二条 错案责任人有下列情形之一的，应当从重或加重追究责任：

（一）有受贿、索贿等徇私舞弊情节的；

（二）对控告、检举、申请行政复议、提起行政诉讼的公民、法人或者其他组织打击报复的；

（三）干扰或阻碍错案追究工作的；

（四）一年内发生两次以上本制度所列过错行为的；

（五）其他应当从重或者加重追究责任的情形。

第十三条 各级国土资源行政主管部门负责本部门的错案责任追究工作。

第十四条 上级国土资源行政主管部门有权对下级国土资源行政主管部门的错案责任追究情况进行监督检查；有权责令发生错案的下级国土资源行政主管部门追究错案责任人的错案责任；可以直接或者参与对下级国土资源行政主管部门错案的调查，提出建议或者处理意见。必要时，可以对下级国土资源行政主管部门的错案追究情况予以通报批评。

关于监察机关和国土资源部门在查处土地违法违纪案件中加强协作配合的通知

（监发〔2005〕6号）

各省、自治区、直辖市监察厅（局）、国土资源厅（局），新疆生产建设兵团监察局、国土资源局：

为了认真贯彻执行《国务院关于深化改革严格土地管理的决定》（国发〔2004〕28号），及时有效地查处土地违法违纪案件，维护土地管理秩序，现就监察机关和国土资源部门在查处土地违法违纪案件中加强协作配合的有关问题通知如下：

一、各级监察机关和国土资源部门应当分别依照《中华人民共和国行政监察法》、《中华人民共和国土地管理法》规定的职权范围，充分发挥各自的职能作用，在查处土地违法违纪案件中互通情况，相互支持，加强协作配合，建立相应的沟通、协调机制。

二、监察机关和国土资源部门共同立案查处的案件，应当由两个单位的有关人员组成联合调查组，按照各自的职权开展调查。

案件调查终结后，由两个单位共同研究写出调查报告。

需要追究行政纪律责任的，由参与联合调查的监察机关负责落实；需要给予行政处罚的，由参与调查的国土资源部门负责落实。

三、监察机关查处土地违法违纪案件，需要国土资源部门协助配合的，可以商请国土资源部门予以协助，国土资源部门应当予以协助配合。

四、国土资源部门查处土地违法违纪案件，需要监察机关协助配合的，可以商请监察机关予以协助，监察机关应当予以协助配合。

五、监察机关在查处土地违法违纪案件中，认为依法应当由国土资源部门给予行政处罚的，应当依照《中华人民共和国行政监察法》的有关规定提出监察建议，并将有关案件材料移送国土资源部门。国土资源部门应当依法及时查处，并将结果书面告知监察机关。

六、国土资源部门在查处土地违法违纪案件中，认为依法应当追究监察对象行政纪律责任且自己无权处理的，应当将有关案件材料移送监察机关。监察机关应当依法及时查处，并将处理结果书面告知国土资源部门。

七、监察机关和国土资源部门建立案件移送制度，移送案件时要做到证据齐全、程序合法、手续完备。

八、移送的土地违法违纪案件材料应当包括以下内容：

（一）本单位有关领导或者主管单位同意移送的意见；
（二）案件的来源及立案材料；
（三）案件调查报告；
（四）有关证据材料；
（五）其他需要移送的材料。

监察部

国土资源部

二〇〇五年八月二十三日

国土资源部关于坚决制止“以租代征”违法违规用地行为的紧急通知

（国土资发〔2005〕166号）

各省、自治区、直辖市国土资源厅（国土环境资源厅、国土资源和房屋管理局、房屋土地资源管理局、规划和国土资源局），计划单列市国土资源行政主管部门，解放军土地管理局、新疆生产建设兵团国土资源局，部有关直属单位，部机关有关司局：

近两年来，按照国务院的统一部署，各地深入开展以清理整顿各类开发区、园区为重点的土地市场治理整顿，有效地遏止了一些地方乱征滥占农民集体土地的势头。但一些地方政府和部门规避法定的农用地转用和土地征收审批及缴纳有关税费，“以租代征”，即通过租用农民集体土地进行非农业建没，擅自扩大建设用地规模，不落实耕地占补平衡法定义务，干扰了建设用地管理秩序，影响了国家宏观调控政策的落实和耕地保护目标的实现。为从严从紧控制建设用地总量，坚决制止“以租代征”违法违规用地行为，现就有关问题通知如下：

一、严禁“以租代征”擅自将农用地转为建设用地

根据《土地管理法》第六十三条规定，除符合土地利用总体规划并依法取得建设用地的企业，因破产、兼并等情形致使农民集体所有的土地使用权依法发生转移的外，地方政府、有关部门及单位和个人不得通过受让、租用等方式违法占用农民集体土地用于各类非农业建设。根据有关法律和国务院有关文件精神，国家允许单位和个人以租用、承包等方式使用农民集体土地用于农林开发或参与农民集体所有的“四荒地”治理开发，禁止以征收方式取得农民集体土地进行“果园”、“庄园”等农林开发。

各类开发建设活动需要占用农民集体农用地的，都必须符合土地利用总体规划，纳入土地利用年度计划；用于非农业建设的，必须依法按规定办理农用地转用和土地征收审批手续。用于农林开发的农民集体土地不得擅自改变土地用途，将农用地转为非农业建设用地。

二、依法严肃查处“以租代征”违法违规用地行为

对擅自通过出让、转让或者出租等方式将农民集体土地用于非农业建设的单位和个人，应依据《土地管理法》第七十六条、第八十一条的规定追究法律责任；非法批准“以租代征”用地项目的国家机关工作人员，依照《土地管理法》第七十八

条、《监察部国土资源部关于违反土地管理规定行为行政处分暂行办法》追究法律责任。涉及违法占用基本农田和耕地的，应依法从重处罚；涉嫌犯罪的，应移送司法机关追究刑事责任。

依法对“以租代征”违法违规用地行为处理后，确需补办用地手续的建设项目，必须附具对违法违规案件和有关责任人的处理意见及落实情况，征地补偿费用、耕地开垦费按违法用地期间最高标准支付和缴纳。有关地方要做好群众工作，依法保护农民集体和农户的合法权益，维护社会稳定。

三、进一步规范有关改革试点工作

当前，我部和一些省（区、市）正在进行农民集体建设用地流转试点和征地制度改革试点。根据部和省的统一部署和要求，两项试点只限定在试点地区；试点地区必须根据批复的试点方案内容开展试点工作。以转让、出租、作价入股等方式进行农民集体建设用地流转试点的，必须是已经依法批准为建设用地的农民集体所有土地；必须符合土地利用总体规划及城市（村庄和集镇）规划；必须按规定经农村集体经济组织和农民的同意；必须按规定签订流转合同，报县级以上国土资源部门批准后，办理土地变更登记手续。

有关改革试点工作要积极探索、勇于创新，同时要把握方向、循序渐进。试点中出现的新经验、新情况、新问题要及时报部，以便不断总结经验，完善有关法规和政策。

上述要求请各省、自治区、直辖市认真贯彻执行，并将有关工作开展情况及时报部。部将结合有关工作进行检查。

国土资源部

二〇〇五年八月二十二日

国土资源部关于印发《非法采矿、破坏性采矿造成矿产资源破坏价值鉴定程序的规定》的通知

（国土资发〔2005〕175号）

各省、自治区、直辖市国土资源厅（国土环境资源厅、国土资源和房屋管理局、房屋土地资源管理局、规划和国土资源局），解放军土地管理局，新疆生产建设兵团土地管理局：

为了规范非法采矿、破坏性采矿造成矿产资源破坏的价值鉴定工作，依法惩处矿产资源违法犯罪行为，维护矿产资源管理秩序，促进依法行政，现将《非法采矿、破坏性采矿造成矿产资源破坏价值鉴定程序的规定》印发给你们，请遵照执行。

附件：非法采矿、破坏性采矿造成矿产资源破坏价值鉴定程序的规定

国土资源部

二〇〇五年八月三十一日

附件：

非法采矿、破坏性采矿造成矿产资源破坏价值鉴定程序的规定

第一条　为了规范非法采矿、破坏性采矿造成矿产资源破坏价值的鉴定工作，依法惩处矿产资源犯罪行为，根据《中华人民共和国矿产资源法》《最高人民法院关于审理非法采矿、破坏性采矿刑事案件具体应用法律若干问题的解释》及有关规定，制定本规定。

第二条　国土资源主管部门在查处矿产资源违法案件中，对非法采矿、破坏性采矿涉嫌犯罪，需要对造成矿产资源破坏的价值进行鉴定的，或者省级以上人民政府国土资源主管部门根据公安、司法机关的请求进行上述鉴定的，适用本规定。

第三条　省级以上人民政府国土资源主管部门对非法采矿、破坏性采矿造成矿产资源破坏或者严重破坏的价值出具的鉴定结论，作为涉嫌犯罪的证据材料，由查处矿产资源违法案件的国土资源主管部门依法移送有关机关。属于根据公安、司法机关的请求所出具的鉴定结论，交予提出请求的公安、司法机关。

第四条　国土资源部负责出具由其直接查处的矿产资源违法案件中涉及非法采

矿、破坏性采矿造成矿产资源破坏价值的鉴定结论；省级人民政府国土资源主管部门负责出具本行政区域内的或者国土资源部委托其鉴定的非法采矿、破坏性采矿造成矿产资源破坏价值的鉴定结论。

第五条 省级以上人民政府国土资源主管部门设立非法采矿、破坏性采矿造成矿产资源破坏价值鉴定委员会，负责审查有关鉴定报告并提出审查意见。

鉴定委员会负责人由本级国土资源主管部门主要领导或者分管领导担任，成员由有关职能机构负责人及有关业务人员担任，可聘请有关专家参加。

第六条 对非法采矿、破坏性采矿造成矿产资源破坏的价值按照以下原则进行鉴定：非法采矿破坏的矿产资源价值，包括采出的矿产品价值和按照科学合理的开采方法应该采出但因矿床破坏已难以采出的矿产资源折算的价值。破坏性采矿造成矿产资源严重破坏的价值，指由于没有按照国土资源主管部门审查认可的矿产资源开发利用方案采矿，导致应该采出但因矿床破坏已难以采出的矿产资源折算的价值。

第七条 省级以下人民政府国土资源主管部门在查处矿产资源违法案件中，涉及对非法采矿、破坏性采矿造成矿产资源破坏的价值进行鉴定的，须向省级人民政府国土资源主管部门提出书面申请，同时出具对该违法行为的调查报告及有关材料，由省级人民政府国土资源主管部门按照本规定第八条规定出具鉴定结论。对于认为案情简单、鉴定技术要求不复杂，本部门自己进行鉴定或者自行委托专业技术机构进行鉴定的，须将鉴定报告及有关调查材料呈报省级国土资源主管部门进行审查，并由省级人民政府国土资源主管部门按照本规定第八条第（三）项的有关规定出具鉴定结论。

第八条 省级人民政府国土资源主管部门接到省级以下人民政府国土资源主管部门请求鉴定的书面申请后，按下述规定办理：

（一）自接到书面申请之日起7日内进行审查并决定是否受理。经审查不同意受理的，将有关材料退回；需要补充情况或者材料的，应及时提出要求。

（二）同意受理后，有条件自行鉴定的，自受理之日起30日内委派承办人员进行鉴定并提出鉴定报告。案情复杂的可以适当延长，但最长不得超过60日。没有条件自行鉴定的，委托专业技术机构进行鉴定并按照上述期限提出鉴定报告。鉴定报告须由具体承办人员签署姓名。受委托进行鉴定的专业技术机构需要国土资源主管部门予以协助、配合的，各级国土资源主管部门应当及时予以协助、配合。

（三）自接到鉴定报告之日起7日内，由鉴定委员会负责人召集组成人员进行审查。审查时，鉴定委员会组成人员必须达到三分之二以上，以听取鉴定情况汇报并对有关材料、数据、鉴定过程与方法审查等方式进行。审查通过的，本级国土资源主管部门出具鉴定结论并交予提出申请的国土资源主管部门。未能通过的，应说明意见及理由。

第九条 省级人民政府国土资源主管部门或者国土资源部对非法采矿、破坏性采矿行为进行直接查处并由本部门出具鉴定结论，或者根据公安、司法机关的请求出具鉴定结论的，进行鉴定、审查、出具鉴定结论及有关办理时限，按照第八条（二）、（三）项中的有关规定办理。

第十条　省级人民政府国土资源主管部门可以根据本规定并结合本地区的实际，制定具体的实施办法。

第十一条　本规定自颁布之日起施行。

最高人民检察院、国土资源部关于印发《关于人民检察院与国土资源行政主管部门在查处和预防渎职等职务犯罪工作中协作配合的若干规定（暂行）》的通知

（高检会〔2007〕7号）

各省、自治区、直辖市人民检察院、国土资源厅（国土环境资源厅、国土资源局、国土资源和房屋管理局、房屋土地资源管理局），新疆生产建设兵团人民检察院、国土资源局：

现将《关于人民检察院与国土资源行政主管部门在查处和预防渎职等职务犯罪工作中协作配合的若干规定（暂行）》印发给你们，请遵照执行。

最高人民检察院

国土资源部

二〇〇七年十月十日

关于人民检察院与国土资源行政主管部门在查处和预防渎职等职务犯罪工作中协作配合的若干规定（暂行）

为加强人民检察院与国土资源行政主管部门之间的协作配合，及时惩治和预防破坏土地资源、矿产资源的渎职等职务犯罪，依据《中华人民共和国刑法》、《中华人民共和国刑事诉讼法》和国务院《行政执法机关移送涉嫌犯罪案件的规定》，制定本规定。

一、各级人民检察院与各级政府国土资源行政主管部门要建立惩治与预防渎职等职务犯罪联席会议制度。最高人民检察院主管侦查工作的副检察长、渎职侵权检察厅、反贪污贿赂总局和职务犯罪预防厅的负责同志，国土资源部主管执法监察工作的副部长、执法监察局、监察局、国家土地总督察办公室、法规司的负责同志为最高人民检察院和国土资源部联席会议成员。双方各确定一名联络员，负责日常工作联系和筹办联席会议等事项。地方各级人民检察院和国土资源行政主管部门都要建立相应的联席会议制度。

二、联席会议每年召开一次例会，由人民检察院和国土资源行政主管部门轮流主持。遇有需要及时研究和协调的事项，经一方提议可随时召开。人民检察院和国土资源行政主管部门日常工作中需要进行沟通情况、讨论问题、协调案件的，由相关具体工作部门协商可随时召开工作层面的联系会议。

三、联席会议的主要内容：相互通报涉及土地资源、矿产资源违法犯罪的形势，分析新情况、新问题；通报年度惩治和预防职务犯罪工作情况；研究解决协作中出现的重大问题；研究阶段性工作重点和措施。工作层面的联系会议主要解决工作中的具体问题和重要案件的查处工作。

四、各级人民检察院查办与破坏土地资源、矿产资源相关的渎职等职务犯罪案件的个案情况应及时向同级国土资源行政主管部门进行通报；各级国土资源行政主管部门对所管干部因履行工作职责违法违纪作出党政纪处理的案件情况，应及时向同级人民检察院通报，共同做好惩治和预防破坏土地资源、矿产资源的渎职等职务违法犯罪工作。要充分利用计算机信息管理技术，依托政务局域网络，探索建立“网上衔接，信息共享”机制，推进行政执法与刑事司法衔接工作。

五、县级以上国土资源行政主管部门在依法查处破坏土地资源、矿产资源违法行为过程中，对本部门工作人员触犯刑法有关规定，涉嫌渎职等职务犯罪及利用职权实施的其他犯罪，依法需要追究刑事责任的案件或线索，应当向同级人民检察院移送；发现其他国家机关工作人员涉嫌渎职等职务犯罪线索的，也应当将有关材料移送同级人民检察院。国土资源部掌握的与破坏土地资源、矿产资源相关的涉嫌职务犯罪案件线索，直接向最高人民检察院移送。

六、国土资源行政主管部门向人民检察院移送的案件或者案件线索，主要是指以下案件：

（一）刑法第九章规定的国家机关工作人员渎职犯罪，包括：

1. 滥用职权罪（刑法第397条）；

2. 玩忽职守罪（刑法第397条）；

3. 徇私舞弊不移交刑事案件罪（刑法第402条）；

4. 非法批准征用、占用土地罪（刑法第410条）；

5. 非法低价出让国有土地使用权罪（刑法第410条）；

6. 帮助犯罪分子逃避处罚罪（刑法第417条）。

（二）刑法第八章规定的国家工作人员贪污贿赂犯罪

（三）国家机关工作人员利用职权实施的其他犯罪。

七、国土资源行政主管部门向人民检察院移送的案件或者案件线索，包括以下材料：

（一）涉嫌犯罪案件移送书；

（二）举报材料；

（三）涉嫌犯罪案件情况的调查报告；

（四）有关检验报告或者鉴定结论；

（五）有关文书资料和有关涉嫌犯罪的材料；

（六）有关音像资料；

（七）其他有关涉嫌犯罪的材料。

八、人民检察院对国土资源行政主管部门移送的案件，应当及时进行审查或者初查，决定是否立案。对决定立案的，应当及时将立案情况通报移送单位；对决定不予立案的，应当制作不立案通知书，写明不立案的原因和法律依据，送达移送案件的国土资源行政主管部门，并退还有关材料。

九、国土资源行政主管部门对人民检察院不立案决定有异议的，可以在收到不立案通知书后五日内要求作出不立案决定的人民检察院复议。人民检察院应当在收到要求复议意见书后七日内作出复议决定。国土资源行政主管部门对复议决定不服的，可以在收到复议决定书后五日内向上一级人民检察院提请复核。上一级人民检察院应当在收到提请复核意见书后十五日内作出复核决定。对不立案决定错误的，应当及时纠正，并通知作出不立案决定的下级人民检察院执行。

十、人民检察院不立案，或者在立案后经侦查作出撤销或者不起诉决定的案件，认为需要追究党纪政纪责任的，应当提出检察建议连同有关材料，按干部管理权限移送相应的国土资源行政主管部门处理。

十一、各级人民检察院受理涉及国土资源行政主管部门工作人员涉嫌职务犯罪的举报后。经审查或者初查，排除犯罪嫌疑，但涉及违法违纪问题的，应当及时按干部管理权限向相应的行政主管部门移送。

十二、国土资源行政主管部门查办破坏土地资源矿产资源违法案件，认为存在国家机关工作人员职务犯罪的，可以邀请同级人民检察院参加相关调查工作或者案件讨论。受到邀请的人民检察院应当及时派员参加。

十三、人民检察院查办与破坏土地资源、矿产资源相关的渎职等职务犯罪案件时，根据需要可以邀请同级国土资源行政主管部门派员协助调查，或者调取作为证据使用的及查办案件所需的相关材料，或者就政策性、专业性的问题提出咨询请求、提请作出鉴定。受到邀请、调取、咨询或者提请的国土资源行政主管部门应当予以协助配合。

十四、国土资源部及省、市级国土资源行政主管部门举行重大执法检查活动，可以邀请同级人民检察院派员参加；开展重大违法案件的调查工作，也可以邀请同级人民检察院派员参加。参加检查、调查工作的检察人员在检查组或调查组的统一安排下了解被查事项的情况，可以查阅、复制、调取有关资料，对发现的违法事实以及适用法律问题发表意见，但不得干预或者代替检查组或调查组的工作。

十五、各级人民检察院和国土资源行政主管部门在实际工作中要切实加强沟通和配合，共同做好惩治和预防渎职等职务犯罪工作。召开相关工作会议，可以邀请同级对方相关一单位派员参加，及时交换相关信息资料；对土地资源、矿产资源管理和开发利用中带有典型和倾向性的问题可以共同组织开展专题调研，针对存在的问题提出和制定预防违法犯罪的措施；结合典型案例，以案释法，进行警示教育，提高干部防范渎职等职务犯罪的自觉性；制定涉及职务犯罪惩治与预防的规范性文件时，应事前征求对方意见；各方进行干部培训时，可邀请业务骨干为对方单位培训进行授课，讲授专业工作和法律法规知识，以提高干部的业务工作能力和执法水平。

十六、本规定自印发之日开始实施。各级人民检察院和国土资源行政主管部门在实施过程中遇到的问题。应当及时协商解决，必要时向各自上级机关反映。

国土资源部关于建立健全土地执法监管长效机制的通知

（国土资发〔2008〕173号）

各省、自治区、直辖市国土资源厅（国土环境资源厅、国土资源局、国土资源和房屋管理局、房屋土地资源管理局），计划单列市国土资源行政主管部门，解放军土地管理局，新疆生产建设兵团国土资源局，各派驻地方的国家土地督察局，中国地质调查局及部其他直属单位，部机关各司局：

近年来，各级国土资源行政主管部门认真贯彻落实土地管理法律法规和国家宏观调控政策，采取有效措施，不断加大土地执法力度，取得了明显成效。但土地执法监管还存在许多薄弱环节，土地违法违规问题仍然比较突出，土地管理和土地执法所面临的形势依然严峻。为有效防范和遏制各类土地违法违规行为，建立健全土地执法监管长效机制，现就有关事项通知如下：

一、健全对外公示和内部制约机制

创新土地执法观念，改变重事后查处轻事前防范的做法，在土地管理的各个环节，实行“全员监管”、“全程监管”。各级国土资源行政主管部门内部土地管理的各个机构都要依法行政，切实履行好自身职责，在土地管理的各个环节严格把关，从源头上防范土地违法违规行为的发生。

（一）建立健全公示制度

建立土地利用总体规划公示制度。土地利用总体规划经依法批准后，各级国土资源行政主管部门要在一周内向社会公告，主动接受社会监督。修改土地利用总体规划经依法批准后，县级国土资源行政主管部门要及时将修改内容通过报刊、广播、电视和网络等媒体向社会公开。

健全土地划拨、出让结果公示制度。市、县国土资源行政主管部门要将划拨、出让的每一宗土地的土地使用权人及土地用途、位置、面积、价款等信息及时在土地有形市场、中国土地市场网（www. landchina. com）或者指定的场所、媒介向社会公布。

市、县国土资源行政主管部门要建立建设项目用地批准文件公示制度。除保密建设项目外，要求建设单位在建设施工地竖立或悬挂公示牌，将用地批准文件予以公示，并加强监督检查。

（二）进一步完善内部监督制约机制

各级国土资源行政主管部门要进一步完善和落实内部会审和重大事项集体决策制度，形成有效的内部监督制约机制。要进一步明确会审和集体决策范围和内容，规范会审和集体决策程序，强化会审和集体决策责任，提高会审和集体决策效果。

建设项目用地预审、农用地转用和土地征收审批、划拨用地审批、临时用地审批等事项都要纳入会审范围。执法监察机构必须作为会审单位参与会审，对有违法行为的项目实行“一票否决”。参与会审的各内部机构人员要对会审意见签字负责。编制或者修改土地利用总体规划、拟订土地利用年度计划草案、制定基准地价和协议出让最低价、确定土地使用权出让底价、拍卖起叫价和挂牌起始价、对情节复杂或者重大违法行为给予较重的行政处罚等事项都要纳入实行集体决策的范围。参与集体决策的人员要对集体决策的结果签字负责。

（三）建立土地审批权责统一的责任追究制度

地方各级国土资源行政主管部门要对上报的农用地转用、土地征收等审批事项涉及的用地是否符合规划、是否超计划、是否未批先用以及耕地占补平衡、基本农田补划、补偿安置情况的真实性和合法性负责。建立一把手负总责，分管领导、承办人员负具体责任的工作责任制。上级国土资源行政主管部门要加强对下级国土资源行政主管部门的监督，发现审核把关不严，甚至故意隐瞒真实情况的，或者在违法用地尚未依法处理前，报请办理用地审批手续或颁发土地证书的，必须追究有关人员的责任。

二、完善土地违法行为发现和查处机制

进一步完善土地执法监察工作机制，通过“天上看、地上查、网上管”的有机结合，做到及时发现、及时报告、及时制止、及时处理，有效遏制土地违法行为。

（一）完善土地违法行为发现机制

完善卫片执法检查制度。部每年将制作全国卫星遥感影像图，结合年度变更调查和图斑，组织开展一次全国性的卫片执法检查，地方可运用卫星遥感监测技术开展土地执法季度、半年或重点检查，进一步发挥科技手段在发现土地违法行为方面的重要作用，增强执法检查现势性。同时，进一步加强监测成果和检查成果的分析应用工作。

进一步落实土地执法监察动态巡查责任制。地方各级国土资源行政主管部门要进一步明确和细化各自的巡查责任，并严格纵向监督。进一步完善土地执法监察动态巡查责任目标考核体系，量化考核标准，严格落实巡查责任。市、县国土资源行政主管部门要根据当地土地利用和土地违法的形势和特点，合理划分巡查区域，有

针对性地确定巡查频率和巡查重点并落实责任人，及时发现土地违法行为。

建立健全乡（镇）、村执法监察信息员、协管员制度，完善社会监督机制。县级国土资源行政主管部门要积极采取措施，加强乡（镇）国土所建设，落实人员、经费和工作装备，健全完善土地执法监察责任制度，构建“横向到边、纵向到底”的执法监察网络。

建立网络信息监管制度。结合土地审批、供应、使用和监管业务系统和数据库，形成统一的信息监管平台，实现业务机构与执法监察机构的信息共享。通过对实时获取的各类监管信息进行网络化的统一管理和在线应用，进行动态监管，及时查处。

建立多渠道违法信息统一登记和查询分析制度。地方各级国土资源行政主管部门都要设立举报电话和举报信箱，并向社会公布。同时要整合各类举报信息资源，进一步拓宽违法行为的发现渠道。要确定专门机构和人员统一负责违法信息的登记和查询分析工作，通过新闻媒体披露、群众信访举报、网络查询等多种渠道，及时发现土地违法行为。

（二）完善土地违法行为报告机制

进一步明确报告的内容、程序和时限。地方各级国土资源行政主管部门要在发现土地违法行为的第一时间采取有效措施及时予以制止，对因受到阻力和干扰等原因而难以制止的土地违法行为以及带有苗头性、倾向性的土地违法违规问题，必须在发现之日起3个工作日内向本级政府和上级国土资源行政主管部门报告。对本地区的土地违法态势、土地违法数据要定期进行统计分析并及时向本级政府和上级国土资源行政主管部门报告。

（三）完善土地违法行为查处工作机制

进一步完善案件督办制度。对不按照上级国土资源行政主管部门的要求及时查处交办案件的，要通过责令当面汇报、派员实地督办、在一定范围内书面通报督办和在新闻媒体上披露公开挂牌督办等方式进行督办。

进一步完善土地违法公开曝光制度。将典型违法案件曝光工作制度化、定期化，市、县国土资源行政主管部门至少每半年向社会公开曝光一批典型违法案件。

建立土地违法记录通报公示制度。将发生两次以上违法行为或违法行为性质恶劣、后果严重的单位或个人列入“土地违法记录单”，通过金融业统一征信平台向当地金融机构通报，并向社会公示。

三、建立部门联动和协作监管机制

强化与土地违法案件查处相关部门的协作配合，落实土地执法监管共同责任，切实提高土地执法监管执行力。

（一）建立土地违法案件查处部门协作配合机制

各级国土资源行政主管部门要积极主动地争取人民法院、人民检察院、公安机关、监察机关的支持配合，加强协作，确保土地违法案件查处到位。

建立联席会议工作制度。定期召开联席会议，通报案件查处工作情况、研究土地违法形势、协调解决工作配合上存在的重大问题、制定预防和查处土地违法的措施。

建立信息情况通报制度。每季度书面交换有关土地违法案件查处方面的信息。有条件的地方，逐步实现信息联网共享，即时交换信息。

建立案件调查相互协助配合制度。国土资源行政主管部门查办土地违法案件，可邀请同级人民检察院、公安机关、监察机关派员参加案件讨论；必要时，可邀请有关单位提前介入或与有关单位联合组成调查组，按照各自职权开展调查工作。

建立案件移送工作制度。地方各级国土资源行政主管部门要与同级人民检察院、公安机关、监察机关建立案件移送工作制度，进一步细化移送程序，规范案件移送工作。查处的土地违法案件，依法应当给予处分，且本部门无权处理的，及时向监察机关提出处分建议；涉嫌犯罪，依法应当追究刑事责任的，及时向人民检察院、公安机关移送。

（二）建立土地违法行为部门联动遏制机制

地方各级国土资源行政主管部门要积极争取当地党委、政府支持，由政府按照《国务院办公厅关于严格执行有关农村集体建设用地法律和政策的通知》（国办发〔2007〕71号）和《国务院关于促进节约集约用地的通知》（国发〔2008〕3号）的有关要求下发文件，组织协调发展改革、规划、建设、房管、电力、市政、银行、工商等部门，建立相关工作制度，落实工作责任，形成执法合力，共同遏制违法占地建设行为。切实做到对未取得合法用地手续的建设项目，不办理项目审批、核准，不办理建设规划许可，不发放施工许可证，不通电、通水、通气，不受理土地登记申请，不办理房屋所有权登记，不发放贷款，不办理企业注册登记；建设项目没有国土资源行政主管部门的检查核验意见，或者检查核验不合格的，不通过竣工验收。

市、县国土资源行政主管部门要及时将建设用地审批的有关信息告知相关部门。对通过群众举报、动态巡查等方式发现的土地违法行为，要及时通知相关部门。发现相关部门仍为违法用地单位或个人办理项目审批或核准、建设规划许可、房屋所有权登记、企业注册登记、竣工验收等手续，发放施工许可证，通电、通水、通气，发放贷款的，要及时向本级政府和上级国土资源行政主管部门报告。

（三）建立土地执法监察机构与国家土地督察机构协作配合机制

国家土地督察机构对在审核、巡查工作中发现的重大土地违法行为，及时报总督察办公室，由总督察办公室及时通报部执法监察局，由部执法监察局按已有工作机制转办、交办、督办或直接查办。部执法监察局应将立案查处土地违法案件情况及时通报国家土地督察机构。部执法监察局在查办土地违法案件过程中，发现某一地区土地违法问题比较突出，或者存在政府主导、纵容、默许的严重土地违法违规行为，及时通报总督察办公室，安排由派驻地方的国家土地督察局负责督促整改。

四、完善约束和激励机制

（一）健全和落实案件查处责任制

建立一把手负总责，分管领导、办案机构负责人和承办人员分级负责的案件查处工作责任制。地方各级国土资源行政主管部门一把手是案件查处工作的第一责任人。要把案件查处工作纳入国土资源管理的考核内容，并作为评价国土资源行政主管部门及其领导干部工作业绩的重要指标和依据。要建立案件查处工作月统计、季分析、半年小结和年总结制度，并及时将统计、分析、总结情况上报上级国土资源行政主管部门。上级国土资源行政主管部门要通过定期或不定期检查对下级国土资源行政主管部门案件查处工作进行指导和监督。通过检查发现案件查处工作不力、违规违法问题严重、土地管理秩序混乱的，上级国土资源行政主管部门要与有关下级国土资源行政主管部门的主要负责人进行诫勉谈话，指出问题，限期改正。

完善土地执法责任追究制度。对行政区域内有土地管理秩序混乱，致使一个年度内本行政区域违法占用耕地面积达到新增建设用地占用耕地总面积15%或虽未达到15%，但造成恶劣影响或其他严重后果；发生土地违法案件造成严重后果；对违反土地管理规定行为不制止、不组织查处；对违反土地管理规定行为隐瞒不报、压案不查等情形的，要严格按照《违反土地管理规定行为处分办法》（监察部、人力资源和社会保障部、国土资源部部令第15号），积极配合监察机关追究政府主要领导人员和其他负有责任的领导人员的责任。国土资源行政主管部门及其工作人员不依法履行工作职责，明知建设项目用地涉嫌违反土地管理规定，尚未依法处理，仍为其办理用地审批、颁发土地证书；对发现的土地违法行为按规定应报告而不报告或不及时报告；对土地违法行为不依法查处，应当给予行政处罚而不给予行政处罚的，要严肃追究有关人员的责任。严格落实《国土资源执法监察错案责任追究制度》（国土资发〔2000〕431号），对因故意或重大过失，致使案件处理错误，给案件当事人的合法权益造成损害或者造成不良社会影响的，要坚决追究有关人员的责任。

（二）建立和完善土地执法保障机制

完善执法监察工作保障机制。各级国土资源行政主管部门要高度重视执法监察机构和队伍建设，建立和完善土地执法先进定期评优奖励制度，采取多种方式对执法先进地区、单位或个人给予表彰。要将执法监察工作经费纳入年度财政预算，并予以充分保障。努力改善执法监察机构和队伍的工作条件，在执法监察所必需的硬件设施建设资金投入方面要给予倾斜，为执法监察队伍配备必需的执法监察专用车辆以及通讯工具等有关办案设备。各省级国土资源行政主管部门应积极向省级政府争取，按特岗人员为市、县国土资源行政主管部门执法监察工作人员办理人身保险和意外伤害保险。

各级国土资源行政主管部门要充分认识当前严格土地管理、加强土地执法监管的重要性，根据本通知要求，并结合各地实际情况，尽快完善相关工作制度，努力建立国土资源行政主管部门内部各相关工作机构都参与执法的“全员监管”、对土地管理各个工作环节都进行监管的“全程监管”、与系统外各相关部门密切协作的“联动监管”的土地执法监管新机制。同时，要进一步强化严格执法，坚持原则，敢于碰硬，既查事又查人，切实做到对土地违法行为“防范在先、发现及时、制止有效、查处到位”，确保最严格的土地管理制度落到实处，为实现经济社会又好又快发展服务。

国土资源部

二〇〇八年九月五日

违反土地管理规定行为处分办法

（2008年5月2日　监察部、人力资源和社会保障部、国土资源部令第15号）

第一条　为了加强土地管理，惩处违反土地管理规定的行为，根据《中华人民共和国土地管理法》、《中华人民共和国行政监察法》、《中华人民共和国公务员法》、《行政机关公务员处分条例》及其他有关法律、行政法规，制定本办法。

第二条　有违反土地管理规定行为的单位，其负有责任的领导人员和直接责任人员，以及有违反土地管理规定行为的个人，应当承担纪律责任，属于下列人员的（以下统称有关责任人员），由任免机关或者监察机关按照管理权限依法给予处分：

（一）行政机关公务员；

（二）法律、法规授权的具有公共事务管理职能的事业单位中经批准参照《中华人民共和国公务员法》管理的工作人员；

（三）行政机关依法委托的组织中除工勤人员以外的工作人员；

（四）企业、事业单位中由行政机关任命的人员。

法律、行政法规、国务院决定和国务院监察机关、国务院人力资源和社会保障部门制定的处分规章对违反土地管理规定行为的处分另有规定的，从其规定。

第三条　有下列行为之一的，对县级以上地方人民政府主要领导人员和其他负有责任的领导人员，给予警告或者记过处分；情节较重的，给予记大过或者降级处分；情节严重的，给予撤职处分：

（一）土地管理秩序混乱，致使一年度内本行政区域违法占用耕地面积占新增建设用地占用耕地总面积的比例达到15%以上或者虽然未达到15%，但造成恶劣影响或者其他严重后果的；

（二）发生土地违法案件造成严重后果的；

（三）对违反土地管理规定行为不制止、不组织查处的；

（四）对违反土地管理规定行为隐瞒不报、压案不查的。

第四条　行政机关在土地审批和供应过程中不执行或者违反国家土地调控政策，有下列行为之一的，对有关责任人员，给予记大过处分；情节较重的，给予降级或者撤职处分；情节严重的，给予开除处分：

（一）对国务院明确要求暂停土地审批仍不停止审批的；

（二）对国务院明确禁止供地的项目提供建设用地的。

第五条　行政机关及其公务员违反土地管理规定，滥用职权，非法批准征收、占用土地的，对有关责任人员，给予记过或者记大过处分；情节较重的，给予降级或者撤职处分；情节严重的，给予开除处分。

有前款规定行为，且有徇私舞弊情节的，从重处分。

第六条　行政机关及其公务员有下列行为之一的，对有关责任人员，给予记过或者记大过处分；情节较重的，给予降级或者撤职处分；情节严重的，给予开除处分：

（一）不按照土地利用总体规划确定的用途批准用地的；

（二）通过调整土地利用总体规划，擅自改变基本农田位置，规避建设占用基本农田由国务院审批规定的；

（三）没有土地利用计划指标擅自批准用地的；

（四）没有新增建设占用农用地计划指标擅自批准农用地转用的；

（五）批准以“以租代征”等方式擅自占用农用地进行非农业建设的。

第七条　行政机关及其公务员有下列行为之一的，对有关责任人员，给予警告或者记过处分；情节较重的，给予记大过或者降级处分；情节严重的，给予撤职处分：

（一）违反法定条件，进行土地登记、颁发或者更换土地证书的；

（二）明知建设项目用地涉嫌违反土地管理规定，尚未依法处理，仍为其办理用地审批、颁发土地证书的；

（三）在未按照国家规定的标准足额收缴新增建设用地土地有偿使用费前，下发用地批准文件的；

（四）对符合规定的建设用地申请或者土地登记申请，无正当理由不予受理或者超过规定期限未予办理的；

（五）违反法定程序批准征收、占用土地的。

第八条　行政机关及其公务员违反土地管理规定，滥用职权，非法低价或者无偿出让国有建设用地使用权的，对有关责任人员，给予记过或者记大过处分；情节较重的，给予降级或者撤职处分；情节严重的，给予开除处分。

有前款规定行为，且有徇私舞弊情节的，从重处分。

第九条　行政机关及其公务员在国有建设用地使用权出让中，有下列行为之一的，对有关责任人员，给予警告或者记过处分；情节较重的，给予记大过或者降级处分；情节严重的，给予撤职处分：

（一）应当采取出让方式而采用划拨方式或者应当招标拍卖挂牌出让而协议出让国有建设用地使用权的；

（二）在国有建设用地使用权招标拍卖挂牌出让中，采取与投标人、竞买人恶意串通，故意设置不合理的条件限制或者排斥潜在的投标人、竞买人等方式，操纵中标人、竞得人的确定或者出让结果的；

（三）违反规定减免或者变相减免国有建设用地使用权出让金的；

（四）国有建设用地使用权出让合同签订后，擅自批准调整土地用途、容积率等土地使用条件的；

（五）其他违反规定出让国有建设用地使用权的行为。

第十条 未经批准或者采取欺骗手段骗取批准，非法占用土地的，对有关责任人员，给予警告、记过或者记大过处分；情节较重的，给予降级或者撤职处分；情节严重的，给予开除处分。

第十一条 买卖或者以其他形式非法转让土地的，对有关责任人员，给予警告、记过或者记大过处分；情节较重的，给予降级或者撤职处分；情节严重的，给予开除处分。

第十二条 行政机关侵占、截留、挪用被征收土地单位的征地补偿费用和其他有关费用的，对有关责任人员，给予记大过处分；情节较重的，给予降级或者撤职处分；情节严重的，给予开除处分。

第十三条 行政机关在征收土地过程中，有下列行为之一的，对有关责任人员，给予警告或者记过处分；情节较重的，给予记大过或者降级处分；情节严重的，给予撤职处分：

（一）批准低于法定标准的征地补偿方案的；

（二）未按规定落实社会保障费用而批准征地的；

（三）未按期足额支付征地补偿费用的。

第十四条 县级以上地方人民政府未按期缴纳新增建设用地土地有偿使用费的，责令限期缴纳；逾期仍不缴纳的，对有关责任人员，给予记大过处分；情节较重的，给予降级或者撤职处分；情节严重的，给予开除处分。

第十五条 行政机关及其公务员在办理农用地转用或者土地征收申报、报批等过程中，有谎报、瞒报用地位置、地类、面积等弄虚作假行为，造成不良后果的，对有关责任人员，给予记过或者记大过处分；情节较重的，给予降级或者撤职处分；情节严重的，给予开除处分。

第十六条 国土资源行政主管部门及其工作人员有下列行为之一的，对有关责任人员，给予记过或者记大过处分；情节较重的，给予降级或者撤职处分；情节严重的，给予开除处分：

（一）对违反土地管理规定行为按规定应报告而不报告的；

（二）对违反土地管理规定行为不制止、不依法查处的；

（三）在土地供应过程中，因严重不负责任，致使国家利益遭受损失的。

第十七条 有下列情形之一的，应当从重处分：

（一）致使土地遭受严重破坏的；

（二）造成财产严重损失的；

（三）影响群众生产、生活，造成恶劣影响或者其他严重后果的。

第十八条 有下列情形之一的，应当从轻处分：

（一）主动交代违反土地管理规定行为的；

（二）保持或者恢复土地原貌的；

（三）主动纠正违反土地管理规定行为，积极落实有关部门整改意见的；

（四）主动退还违法违纪所得或者侵占、挪用的征地补偿安置费等有关费用的；

（五）检举他人重大违反土地管理规定行为，经查证属实的。主动交代违反土地管理规定行为，并主动采取措施有效避免或者挽回损失的，应当减轻处分。

第十九条　任免机关、监察机关和国土资源行政主管部门建立案件移送制度。

任免机关、监察机关查处的土地违法违纪案件，依法应当由国土资源行政主管部门给予行政处罚的，应当将有关案件材料移送国土资源行政主管部门。国土资源行政主管部门应当依法及时查处，并将处理结果书面告知任免机关、监察机关。

国土资源行政主管部门查处的土地违法案件，依法应当给予处分，且本部门无权处理的，应当在作出行政处罚决定或者其他处理决定后10日内将有关案件材料移送任免机关或者监察机关。任免机关或者监察机关应当依法及时查处，并将处理结果书面告知国土资源行政主管部门。

第二十条　任免机关、监察机关和国土资源行政主管部门移送案件时要做到事实清楚、证据齐全、程序合法、手续完备。

移送的案件材料应当包括以下内容：

（一）本单位有关领导或者主管单位同意移送的意见；

（二）案件的来源及立案材料；

（三）案件调查报告；

（四）有关证据材料；

（五）其他需要移送的材料。

第二十一条　任免机关、监察机关或者国土资源行政主管部门应当移送而不移送案件的，由其上一级机关责令其移送。

第二十二条　有违反土地管理规定行为，应当给予党纪处分的，移送党的纪律检查机关处理；涉嫌犯罪的，移送司法机关依法追究刑事责任。

第二十三条　本办法由监察部、人力资源和社会保障部、国土资源部负责解释。

第二十四条　本办法自2008年6月1日起施行。

国土资源部、最高人民检察院、公安部关于国土资源行政主管部门移送涉嫌国土资源犯罪案件的若干意见

（国土资发〔2008〕203号）

各省、自治区、直辖市国土资源厅（局）、人民检察院、公安厅（局），解放军土地管理局、军事检察院，新疆生产建设兵团国土资源局、人民检察院、公安局：

为规范国土资源行政主管部门向人民检察院和公安机关移送涉嫌国土资源犯罪案件，依法惩处国土资源犯罪行为，依据《中华人民共和国刑法》、《中华人民共和国刑事诉讼法》、《行政执法机关移送涉嫌犯罪案件的规定》（国务院令2001年第310号）及有关规定，提出以下意见。

一、关于移送范围和移送机关

（一）国土资源犯罪案件，主要是指涉及以下罪名的案件：

1. 非法转让、倒卖土地使用权罪（《刑法》第228条）；
2. 非法占用农用地罪(《刑法》第342条)；
3. 非法采矿罪(《刑法》第343条第一款)；
4. 破坏性采矿罪（《刑法》第343条第二款)；
5. 非法批准征用、占用土地罪（《刑法》第410条)；
6. 非法低价出让国有土地使用权罪（《刑法》第410条)；
7. 国家工作人员涉及危害国土资源的贪污贿赂、渎职等其他职务犯罪案件。

（二）县级以上国土资源行政主管部门在依法查处国土资源违法行为过程中，发现有符合最高人民检察院和国土资源部《关于人民检察院与国土资源行政主管部门在查处和预防渎职等职务犯罪工作中协作配合的若干规定（暂行)》（高检会〔2007〕7号）第五条和第六条规定情形，根据最高人民检察院《关于人民检察院直接受理立案侦查案件立案标准的规定（试行)》（高检发释字〔1999〕2号）和最高人民检察院《关于渎职侵权犯罪案件立案标准的规定》（高检发释字〔2006〕2号），涉嫌渎职等职务犯罪，依法需要追究刑事责任的，应当依法向人民检察院移送。

县级以上国土资源行政主管部门在依法查处国土资源违法行为过程中，发现非法转让倒卖土地使用权、非法占用农用地、非法采矿或者破坏性采矿等违法事实，涉及的土地或者占用农用地的面积、国土资源财产损失数额、造成国土资源破坏的

后果及其他违法情节，达到最高人民法院《关于审理破坏土地资源刑事案件具体应用法律若干问题的解释》（法释〔2000〕14 号）和《关于审理非法采矿、破坏性采矿刑事案件具体应用法律若干问题的解释》（法释〔2003〕9 号）等规定的标准，涉嫌犯罪，依法需要追究刑事责任的，应当依法向公安机关移送。

二、关于移送证据

（三）移送涉嫌国土资源犯罪案件，需要对造成矿产资源破坏的价值进行鉴定的，由省级国土资源行政主管部门按照国土资源部《非法采矿、破坏性采矿造成矿产资源破坏价值鉴定程序的规定》（国土资发〔2005〕175 号）出具鉴定结论；需要对耕地破坏程度进行鉴定的，由市（地）级或者省级国土资源行政主管部门出具鉴定结论。

（四）国土资源行政主管部门在查处国土资源违法行为过程中，应当收集并妥善保存下列有关证据资料：

1. 国土资源违法行为调查报告；
2. 调查记录或询问笔录；
3. 有关鉴定结论；
4. 现场调查时的勘测和音像资料；
5. 其他可以保存的实物证据和资料。

三、关于移送程序

（五）国土资源行政主管部门在查处国土资源违法行为过程中，发现有符合移送条件的案件，应当由本部门正职负责人或者主持工作的负责人审批。

收到报告的负责人应当自接到报告之日起 3 日内作出是否批准移送的决定。决定移送的，应当在 24 小时内办理向同级人民检察院或者公安机关移送手续；决定不移送的，应当将不予批准的理由记录在案。

（六）国土资源行政主管部门向人民检察院或者公安机关移送涉嫌国土资源犯罪案件，应当附有下列材料：

1. 涉嫌国土资源犯罪案件移送书；
2. 涉嫌国土资源犯罪案件情况的调查报告；
3. 涉案物品清单；
4. 有关鉴定结论；
5. 其他有关涉嫌犯罪的材料。

对国土资源违法行为已经作出行政处罚决定的，应当同时移送行政处罚决定书和作出行政处罚决定的证据资料。

（七）人民检察院对国土资源行政主管部门移送的案件线索，应当及时进行审查，依法决定是否立案。对决定立案的，应当及时将立案情况通知移送单位；对决定不予立案的，应当制作不予立案通知书，写明不予立案的原因和法律依据，送达移送案件的国土资源行政主管部门，并退还有关材料。

（八）国土资源行政主管部门对人民检察院不予立案的决定有异议的，可以在收到不予立案通知之日起5日内，提请作出不予立案决定的人民检察院复议，人民检察院应当自收到复议申请之日起30日内作出复议决定。

人民检察院决定不立案，或者在立案后经侦查认为不需要追究刑事责任，作出撤销案件或不起诉决定的，认为应当追究党纪政纪责任的，应当提出检察建议连同有关材料一并移送有关纪检监察机关或者任免机关处理，并通知移送案件的国土资源行政主管部门。

（九）公安机关对国土资源行政主管部门移送的案件应当自接收移送案件之日起3日内，依法进行审查，作出立案或者不予立案决定，书面通知移送案件的国土资源行政主管部门。决定不予立案的，应当说明理由并同时退回案卷材料。对不属于本机关管辖的，应当在24小时内转送有管辖权的机关，并书面通知移送案件的国土资源行政主管部门。

公安机关违反国家有关规定，不接收国土资源行政主管部门移送的涉嫌国土资源犯罪案件，或者逾期不作出立案或者不予立案决定的，国土资源行政主管部门可以建议人民检察院依法进行立案监督，或者报告本级或者上级人民政府责令改正。

（十）国土资源行政主管部门应当在向公安机关移送案件后的10日内向公安机关查询立案情况。对公安机关不予立案通知书有异议的，国土资源行政主管部门应当自收到不予立案通知书之日起的3日内，提请作出不予立案决定的公安机关复议。

作出不予立案决定的公安机关应当自收到国土资源行政主管部门提请复议的文件之日起3日内，作出复议决定并书面通知提出复议申请的国土资源行政主管部门；国土资源行政主管部门对公安机关不予立案的复议决定仍有异议的，应当自收到复议决定通知书之日起3日内建议人民检察院依法进行立案监督。

（十一）国土资源行政主管部门对公安机关决定不予立案的案件，应当依法作出处理。其中，依照有关法律、法规或者规章的规定应当给予行政处罚的，应当依法实施行政处罚，同时将《行政处罚决定书》抄送同级人民检察院；应当追究有关责任人员党纪政纪责任的，应当将案件移送有关纪检监察机关或者任免机关处理。

四、其他

（十二）国土资源行政主管部门应当支持、配合人民检察院或者公安机关的侦查和调查工作，根据需要提供必要的调查数据和其他证据材料。

国土资源行政主管部门对正在查办的重大违法案件，必要时可以邀请人民检察院、公安机关派员参加相关调查工作。

人民检察院、公安机关认为国土资源行政主管部门正在查办的案件涉嫌犯罪，要求提前介入或者参加案件讨论的，国土资源行政主管部门应当给予支持和配合。

（十三）国土资源行政主管部门违反本规定，对涉嫌犯罪的案件应当移送人民检察院或者公安机关而不移送，或者以行政处罚代替移送的，上级国土资源行政主管部门应当责令改正，给予通报；拒不改正的，对其正职负责人或者主持工作的负责人给予记过以上处分；构成犯罪的，依法追究刑事责任。

各级国土资源行政主管部门和人民检察院、公安机关在办理危害国土资源犯罪案件中要进一步加强协调和沟通，定期或不定期召开联席会议，适时通报查办案件工作情况、研究案件移送中遇到的法律政策问题、研究阶段性工作重点和措施等，形成打击危害国土资源犯罪的合力。在实施中遇到的问题，应当及时协商解决，重大问题应呈报国土资源部和最高人民检察院、公安部解决。

国土资源部

最高人民检察院

公安部

二〇〇八年九月八日

最高人民法院、最高人民检察院、公安部、国土资源部关于在查处国土资源违法犯罪工作中加强协作配合的若干意见

（国土资发〔2008〕204号）

各省、自治区、直辖市高级人民法院、人民检察院、公安厅（局）、国土资源厅（局），解放军军事法院、军事检察院、土地管理局，新疆维吾尔自治区高级人民法院建设兵团分院，新疆生产建设兵团人民检察院、公安局、国土资源局：

为加强国土资源行政主管部门与人民法院、人民检察院、公安机关之间的沟通联系，建立相应工作机制，及时制止和有效查处国土资源违法犯罪行为，根据相关法律法规，提出以下意见。

一、建立联席会议工作制度

国土资源部与最高人民法院、最高人民检察院、公安部建立制止和查处国土资源违法犯罪行为联席会议工作制度。国土资源部为牵头单位，最高人民法院、最高人民检察院和公安部为成员单位。国土资源部分管部领导担任联席会议召集人，各成员单位分管的部级领导及有关司（局、厅、庭、室）负责同志为联席会议成员。各成员单位确定一名处级干部为联络员。联席会议原则上每年召开一次例会。联席会议设办公室，由各成员单位有关司（局、厅、庭、室）负责同志和联络员组成。联席会议办公室设在国土资源部，承担联席会议的日常工作，督促落实联席会议议定事项。联席会议办公室根据工作需要，可临时召集办公室成员会议。

联席会议主要通报涉及国土资源违法犯罪案件查处的工作情况；研究国土资源违法犯罪形势，分析新情况、新问题；协调解决工作配合上存在的重大问题；研究制定预防和查处国土资源违法犯罪行为的措施；研究决定当年需要联席会议成员单位督办的重大国土资源违法犯罪案件；联席会议成员单位认为需要提请联席会议讨论和研究的其他事项。

地方各级国土资源行政主管部门、人民法院、人民检察院、公安机关根据需要建立制止和查处国土资源违法犯罪行为联席会议工作制度。

二、建立信息情况通报制度

各级国土资源行政主管部门、人民法院、人民检察院、公安机关根据需要建立

信息情况通报制度，及时通报和交换相关信息。有条件的地方，在加强保密工作的前提下，充分利用计算机信息管理技术，依托政务局域网络，实现国土资源行政主管部门管理信息系统与人民法院、人民检察院、公安机关的信息联网共享。国土资源行政主管部门要及时向人民法院、人民检察院和公安机关通报国土资源违法犯罪案件查处情况、移送涉嫌犯罪案件情况；人民法院、人民检察院和公安机关要及时向国土资源行政主管部门通报有关国土资源违法犯罪案件的立案查处和审判情况，以及申请强制执行案件的执行情况。

三、建立制止违法犯罪行为的联系配合机制

国土资源行政主管部门在制止国土资源违法犯罪行为过程中，要注意方式方法，避免引发群体性事件，影响社会稳定。一旦出现暴力抗法或者引发群体性事件，公安机关要依法妥善处置。处置工作中，要坚持“三个慎用”原则，以教育疏导为主，防止矛盾激化。各级国土资源行政主管部门和公安机关要建立专门的联系渠道，确定具体负责日常工作联系的部门和人员，切实加强执法衔接与沟通配合。

四、加强涉嫌犯罪案件调查中的协助配合

各级国土资源行政主管部门与人民检察院、公安机关在调查国土资源违法犯罪案件过程中要互相协助和支持。

人民检察院、公安机关查办涉嫌国土资源违法犯罪案件，根据需要可以邀请同级国土资源行政主管部门派员协助，或者向有关国土资源行政主管部门调取查办案件所需的相关材料；就政策性、专业性问题提出咨询的，相关国土资源行政主管部门应当予以协助配合。

国土资源行政主管部门查办涉嫌国土资源违法犯罪案件，根据需要可以邀请同级人民检察院、公安机关派员协助调查或参加案件讨论；就罪与非罪、此罪与彼罪的界限，证据的固定和保全等问题向人民检察院、公安机关进行咨询；对有证据证明涉嫌犯罪的，应依法移送人民检察院或者公安机关，如果行为人可能逃匿或者销毁证据，应在移送时一并告知受理案件机关。

人民检察院、公安机关在侦查、批准逮捕、公诉过程中，需要确定耕地破坏程度的，可以向国土资源行政主管部门提出申请，由国土资源行政主管部门出具鉴定结论，并及时向申请单位提供。矿产资源破坏价值的鉴定，按照最高人民法院《关于审理非法采矿、破坏性采矿刑事案件具体应用法律若干问题的解释》（法释〔2003〕9号）和国土资源部《非法采矿、破坏性采矿造成矿产资源破坏价值鉴定程序的规定》（国土资发〔2005〕175号）办理。

五、积极做好违法犯罪案件移送工作

各级国土资源行政主管部门、人民检察院、公安机关在查办国土资源违法犯罪

案件过程中，要严格按照国务院《行政执法机关移送涉嫌犯罪案件的规定》（国务院2001 年第 310 号令）、最高人民检察院、全国整顿和规范市场经济秩序领导小组办公室、公安部、监察部《关于在行政执法中及时移送涉嫌犯罪案件的意见》（高检会〔2006〕2 号）和国土资源部、最高人民检察院、公安部《关于国土资源行政主管部门移送涉嫌国土资源犯罪案件的若干意见》（国土资发〔2008〕203 号）做好案件移送工作。国土资源行政主管部门发现国家机关工作人员有非法批准征用、占用土地、非法低价出让国有土地使用权以及其他贪污贿赂、渎职等行为，达到刑事追诉标准、涉嫌犯罪的，要依法及时向人民检察院移送；发现单位或者个人有非法转让、倒卖土地使用权、非法占用农用地、非法采矿、破坏性采矿等行为，达到刑事追诉标准、涉嫌犯罪的，要依法及时向公安机关移送。

国土资源行政主管部门、人民检察院、公安机关要建立移送工作制度，进一步规范案件移送工作。

六、加强对重大问题的研究

当前国土资源非诉行政执行案件难以执行到位、国土资源违法犯罪行为难以有效遏制、国土资源违法犯罪人员难以得到应有的法律制裁等问题非常突出，严重影响了国土资源的保护和合理利用。国土资源部将配合最高人民法院、最高人民检察院、公安部对有关问题进行认真调查研究，在坚持依法、有效原则的前提下，由最高人民法院、最高人民检察院、公安部按照各自职权范围，适时出台有关司法解释或者规范性文件，逐步加以解决。

国土资源部
最高人民法院
最高人民检察院
公安部
二○○八年九月二十八日

监察部、人力资源和社会保障部、国土资源部关于适用《违反土地管理规定行为处分办法》第三条有关问题的通知

（监发〔2009〕5号）

各省、自治区、直辖市监察厅（局），人力资源社会保障（人事）厅（局），国土资源厅（局），新疆生产建设兵团监察局、人事局、国土资源局，各派驻地方的国家土地督察局：

为贯彻落实科学发展观，严格执行国家耕地保护政策，规范执法执纪行为，现就适用《违反土地管理规定行为处分办法》（监察部、人力资源和社会保障部、国土资源部令第15号，以下简称15号令）第三条有关问题通知如下。

一、15号令第三条关于追究地方人民政府领导人员责任，应当给予处分的规定适用于2008年6月1日以后发生的违反土地管理规定行为。但是，对发生在2008年6月1日以前的违反土地管理规定行为在15号令施行后仍不制止、不组织查处，隐瞒不报、压案不查的，应当依照15号令第三条规定给予处分。

二、15号令第三条所称“一年度”是指一个自然年度。

三、15号令第三条所称“占用耕地总面积”是指实际占用的耕地总面积，不包括已办理农用地转用审批但未实际占用的耕地面积。

四、各级国土资源行政主管部门发现有15号令第三条规定情形，应当追究地方人民政府领导人员责任，给予处分的，必须按照15号令第十九条和第二十条的规定，及时移送案件材料。任免机关或者监察机关应当依法及时查处，并将处理结果书面告知国土资源行政主管部门。

监察部

人力资源和社会保障部

国土资源部

二〇〇九年六月一日

国土资源部办公厅关于印发《国土资源违法线索处理办法》（试行）的通知

（国土资厅发〔2009〕76 号）

部机关各司局，部有关直属单位：

经部同意，现将《国土资源违法线索处理办法》（试行）印发给你们，请遵照执行。

国土资源部办公厅

二〇〇九年九月十六日

国土资源违法线索处理办法（试行）

一、为畅通国土资源违法线索举报渠道，规范部受理和处理国土资源违法线索工作，确保及时有效执法，根据有关法律法规规定，制定本办法。

二、国土资源违法线索，主要包括以 12336 举报电话、举报信件、举报电子邮件、领导批办、下级上报、媒体反映和其他形式举报的各类国土资源违法行为。

三、部执法监察局负责国土资源违法线索统一处理平台的统筹、指导、协调。违法线索处理中心负责 12336 举报电话的接听、举报电子邮件、执法监察局收到的举报信件的录入，对七大类违法线索进行归集、整合、分析等，提出初步处理意见，并负责一般违法线索的转办工作。部信息中心负责国土资源违法线索管理信息系统的建设和完善，负责信息系统与部“批供用补查”监管平台的互联互通。

四、本办法所称国土资源违法线索举报，是指对于单位和个人违反土地、矿产资源管理法律法规行为的各类举报。土地违法行为主要包括：

（一）非法批地；

（二）违法占地；

（三）违法转让土地使用权；

（四）破坏耕地；

（五）其他土地违法行为。

矿产资源违法行为主要包括：

（一）非法勘查、开采；

（二）非法批准探矿权、采矿权；

（三）非法转让矿业权；

（四）其他矿产资源违法行为。

五、下列事项不属于本办法所称的国土资源违法线索：

（一）国土资源权属纠纷，征地拆迁纠纷，勘查开采矿产资源中涉及的环保、安全、信贷、工商等方面的问题以及在国土资源管理中发生的行政纠纷；

（二）政务公开类事项（应当向部政务公开办公室申请）；

（三）行政许可的有关事项（应当向部政务大厅咨询）；

（四）国土资源信访事项（应当向部信访办邮寄相关材料）；

（五）国土资源系统干部违纪问题（应当向驻部纪检组监察局或部直属机关纪委邮寄相关材料）；

（六）房屋拆迁、城市规划、城市建设、企业改制等方面的问题（应当向建设等其他部门反映）；

（七）集体经济组织内部征地补偿费分配、承包土地调整方面的问题（应当向农业等部门反映）；

（八）拖欠征地补偿费方面的问题（应当向财政等部门反映）。

对上述不属于国土资源违法线索的反映，接办人员应当向举报人作出说明、为其提供反映问题的路径。

六、12336举报电话由违法线索处理中心负责接听、记录、汇总、分析、提出初步处理意见，确定为一般违法线索的，由违法线索处理中心负责转办工作。

举报电话24小时开通，其中，法定工作日上午8：30－11：30，下午1：30－4：30应当人工接听，其他时间应当受理传真举报。接听举报电话应当文明礼貌，耐心细致，尽可能了解举报问题的具体内容和线索，重要情况、情节等要向举报人复述确认，并告知举报人违法线索编号。举报内容应当如实录入国土资源违规违法线索管理信息系统。

七、执法监察局收到的国土资源违法线索举报信件，应当及时转违法线索处理中心拆阅，及时录入国土资源违规违法线索管理信息系统。部其他有关司局和单位收到的违法线索举报信件，按《国土资源部受理和查处违法案件内部工作制度》办理，及时录入国土资源违规违法线索管理信息系统。

八、部门户网站设专门受理举报土地和矿产资源违法线索的电子邮箱。违法线索处理中心定期将举报电子邮件转录入国土资源违规违法线索管理信息系统，由部信息中心提供技术支持。

九、领导批办的违法线索，由批办单位按领导批示办理，并负责及时录入国土资源违规违法线索管理信息系统。涉及保密的，不在管理信患系统中处理，内部流转仍使用纸质文件。

十、下级上报的违法线索，由接办单位办理，并负责及时录入国土资源违规违法线索管理信息系统。

十一、媒体反映的国土资源违法线索，由国土资源报社负责收集，及时转违法线索处理中心，由违法线索处理中心负责及时录入国土资源违规违法线索管理信息系统。

十二、其他形式举报的违法线索，由部执法监察局及时转违法线索处理中心，及时录入部国土资源违法线索管理信息系统。

十三、国土资源部受理的国土资源违法线索举报，应当区分一般违法线索和重大违法线索分别处理。符合以下条件之一的，属于重大违法线索：

（一）非法批地、占地涉及耕地1000亩以上或者基本农田500亩以上，违法行为发生时间、地点、项目基本清楚的；

（二）非法批地、占地建设高尔夫球场、别墅等不符合国家供地政策，严重侵害农民合法权益的；

（三）违法勘查、开采情形特别严重，造成矿产资源严重破坏或非法所得在50万元以上的；

（四）群众反映强烈、社会影响重大的国土资源违法行为。

不符合以上条件的，作为一般违法线索处理。

十四、一般违法线索，应当按照《国土资源部受理和查处违法案件内部工作制度》规定，采用定期转办方式处理，一般每周转办一次。

转办时，违法线索处理中心将相应的举报材料（以电话形式举报的应当分别打印违法线索登记单）按省分类整理，填写《违法线索转办单》后转交地方办理。接到部的转办线索后，省级国土资源行政主管部门应当按照有关规定及时处理，并按季度向部违法线索处理中心反馈办理情况。

十五、重大违法线索，应当按照《国土资源部受理和查处违法案件内部工作制度》规定，采用交办、挂牌督办或派员直查方式处理。

违法线索处理中心接到符合重大违法线索标准的各类举报后，应当及时填写《重大违法线索办理单》，提出处理意见，经主管领导确认后，将《重大违法线索办理单》及相应的举报材料交部执法监察局。执法监察局应当在5个工作日内审核是否属于重大违法线索，提出相应的办理方式，填写审查意见。

十六、经执法监察局审核属于重大违法线索并明确办理方式后，应当按照《国土资源部受理和查处违法案件内部工作制度》规定的程序和时限要求，及时采用交办、挂牌督办或派员直查方式办理。其中，部派员直查的违法线索，应当在20日内完成违法线索核查报告，挂牌督办和交办的违法线索，省级国土资源行政主管部门应当在30日内向部提交违法线索核查报告。执法监察局接到违法线索核查情况报告后，应当在10日内提出审核意见。

十七、为确保违法线索处理中心及时掌握违法线索处理进程，适时更新国土资源违规违法线索管理信息系统，执法监察局应当在确定重大违法线索处理方式以及提出违法线索核查审核意见后，分别将填写相关内容的《重大违法线索处理单》复印件送违法线索处理中心，由违法线索处理中心及时将相关信息录入国土资源违规违法线索管理信息系统。

十八、经执法监察局审核不作为重大违法线索的，应将签署意见的《重大违法线索办理单》退违法线索处理中心。由违法线索处理中心按一般违法线索对国土资源违规违法线索管理信息系统登记的相关内容进行修改，并转省级国土资源行政主管部门处理。

十九、违法线索处理中心在受理举报 50 日后，可以对外提供处理情况查询。举报人凭举报线索编号拨打 12336 国土资源违法举报电话查询举报办理结果。

已经转省级国土资源行政管理部门处理的一般违法线索，告知转省级国土资源行政主管部门处理的时间。属于重大违法线索并已提出核查审核意见的，告知办理方式和简要核查情况；尚未提出核查审核意见的，说明正在办理并告知具体办理方式和办理时限。

二十、违法线索处理中心对违法线索按月、季度、半年和年度进行统计和分析。在每月 5 日前，将上一个月各类违法线索有关数据，进行汇总并形成统计表，并按季度、半年和年度形成分析报告报部。统计分析内容应当包括以下事项：

（一）违法线索处理中心接听的举报电话、收到的其他违法线索与地方上报的违法线索数量；

（二）违法线索在各省（区、市）的分布情况；

（三）违法线索在土地、矿产资源领域的分布情况；

（四）土地、矿产资源违法类型分布情况；

（五）突发性重大违法线索的数量和办理情况；

（六）其他统计事项。

违法线索举报及处理情况适时向国土资源管理系统或社会通报。

国土资源部关于印发《国土资源执法监察巡查工作规范》（试行）的通知

（国土资发〔2009〕127号）

各省、自治区、直辖市国土资源厅（国土环境资源厅、国土资源局、国土资源和房屋管理局、规划和国土资源管理局），副省级城市国土资源行政主管部门，解放军土地管理局、新疆生产建设兵团国土资源局，各派驻地方的国家土地督察局，部有关直属单位，部机关有关司局：

《国土资源执法监察巡查工作规范》（试行）已经部长办公会议审议同意，现予印发，请遵照执行。

请各省（区、市）国土资源行政主管部门根据规范制定或者完善本辖区巡查工作实施办法，于2009年12月31日前报部备案。

国土资源部

二〇〇九年九月十九日

国土资源执法监察巡查工作规范（试行）

第一章　总　则

第一条　为提高执法效能，实现对国土资源违法行为的“早发现、早制止、早处置”，促进地方国土资源行政主管部门依法组织、有效开展巡查工作，切实履行“保障发展，保护资源”职责，根据国土资源法律法规及有关规定，制定本规范。

第二条　本规范所称巡查，是指国土资源行政主管部门及其派出机构通过巡回检查的方式，及时发现本规范所列国土资源违法行为，依法予以制止和报告的工作制度。

第三条　巡查工作应当遵循依法、及时、有效的原则。

第四条　地方各级国土资源行政主管部门及其派出机构在本行政区域内组织实施巡查工作适用本规范。

第二章　职　责

第五条　省（区、市）国土资源行政主管部门行使下列巡查职责：

（一）组织、指导本辖区巡查工作，制定巡查工作实施办法；

（二）对下级国土资源行政主管部门巡查工作的开展情况进行监督检查；

（三）对下级国土资源行政主管部门巡查工作责任制的落实情况进行考核；

（四）每年向本级人民政府和国土资源部报告巡查工作开展情况，同时抄报派驻地方的国家土地督察局。

第六条　市（地、州）国土资源行政主管部门行使下列巡查职责：

（一）组织、指导本辖区巡查工作，制定巡查工作实施方案，报上一级国土资源行政主管部门备案。工作实施方案应当明确巡查的任务、目标、基本要求等；

（二）对下级国土资源行政主管部门巡查工作的开展情况进行监督检查；

（三）对下级国土资源行政主管部门巡查工作责任制的落实情况进行考核；

（四）每季度向本级人民政府和上一级国土资源行政主管部门报告巡查工作开展情况。

第七条　县（市、区）国土资源行政主管部门行使下列巡查职责：

（一）组织、实施本辖区巡查工作，制定季度工作计划，报上一级国土资源行政主管部门备案。季度工作计划应当明确巡查区域、巡查实施具体单位、巡查基本频率等；

（二）对本辖区巡查工作情况进行监督检查；

（三）对本辖区巡查责任制的落实情况进行考核；

（四）每月向本级人民政府和上一级国土资源行政主管部门报告巡查工作开展情况。

第八条　国土资源管理所行使下列巡查职责：

（一）实施本巡查区域巡查工作，制定月工作计划，报上一级国土资源行政主管部门备案。月工作计划应当明确巡查责任区域、巡查责任人员、巡查路线、巡查时段、巡查频率等；

（二）对巡查人员日常巡查工作情况进行监督、检查和考核；

（三）每周向上一级国土资源行政主管部门报告巡查工作开展情况。

第三章　实　施

第九条　县（市、区）国土资源行政主管部门和国土资源管理所是巡查工作的实施主体，对巡查工作负直接责任。县（市、区）国土资源行政主管部门和国土资源管理所的主要负责人是巡查工作的第一责任人。

对于以乡镇（街道）政府作为巡查的实施主体的地方，国土资源行政主管部门应当积极配合，加强业务指导。

第十条　巡查主要实行全面巡查和重点巡查两种方式。

巡查主要采取对巡查区域实行全覆盖的全面巡查方式和对国土资源违法行为多发时段和高发区域实行有针对性的重点巡查方式。

县（市、区）国土资源行政主管部门结合本地实际不定期实施重点巡查，国土资源管理所定期实施全面巡查。

鼓励组织、聘用城乡基层和社会团体相关人员开展巡查协查工作。

第十一条 巡查应当及时发现以下国土资源违法行为：

（一）未经批准非法占用土地的；

（二）在临时用地上修建永久性建筑物、构筑物的；

（三）占用耕地建窑、建坟或者擅自在耕地上建房、挖砂、采石、采矿、取土的；

（四）占用基本农田建窑、建房、建坟、挖砂、采石、采矿、取土、堆放固体废弃物或者从事其他活动破坏基本农田的；

（五）无证勘查、开采矿产资源的；

（六）法律规定其他占用或者毁坏国土资源的违法行为。

第十二条 省（区、市）国土资源行政主管部门制定本辖区统一的巡查台账格式文本，组织推广、应用巡查信息系统。

巡查台账应当包括巡查时间、巡查人员、巡查路线、巡查项目、违法项目主体或名称、违法地点、违法现状、制止措施、制止效果、后续处理等基本内容。

巡查台账内容及时录入巡查信息系统，实现本省（区、市）内巡查信息互联互通。

第十三条 巡查一般按照以下程序进行：

（一）巡查准备。巡查人员应当准备巡查工作所需相关图件，携带必要的巡查装备；

（二）实地巡查。巡查人员按照巡查工作计划，对巡查责任区域内的拟建、在建、新建成项目和矿产资源开发活动进行检查；

（三）发现违法。巡查人员检查发现本规范第十一条规定的行为时，应当对涉嫌违法主体、项目名称、用地位置、面积、用途、审批和施工进展情况、无证勘查或者开采矿产资源等情况进行初步核查，依法收集相关证据材料；

（四）现场处置。对确认的国土资源违法行为，巡查人员应当按照本规范第四章的规定，及时予以制止，填写违法行为报告单，同时向上级报告；

（五）巡查信息记录。巡查任务结束后，巡查人员应当及时填写巡查台账，将巡查台账内容录入巡查信息系统，及时跟踪后续情况，更新有关信息。

第十四条 执行巡查任务时，巡查人员应当不少于2人，携带执法监察等有效证件，着装规范。

第四章　制止、报告和通报

第十五条 制止国土资源违法行为采取口头和书面两种方式。

巡查人员发现国土资源违法行为时，应当向违法当事人宣传国土资源法律法规和政策，告知其行为违法及可能承担的法律责任，督促违法当事人立即停止、改正违法行为，跟踪检查整改情况。

国土资源行政主管部门根据违法行为报告单对违法行为进行审核或核查，确认为违法行为的，应当依法及时向违法当事人下达《责令停止违法行为通知书》或者《责令改正违法行为通知书》，停止办理相关审批手续。

第十六条 国土资源行政主管部门书面制止无效的，应当及时将违法信息函告违法行为发生地人民政府及相关部门，必要时向社会公告。

对符合立案条件的国土资源违法行为，国土资源行政主管部门应当及时立案查处；涉嫌构成犯罪的，应当移送司法机关依法追究刑事责任。

第十七条 巡查实行零报告、专项报告和定期报告制度。

零报告是指巡查人员每次巡查任务结束后，无论是否发现国土资源违法行为，均应当向巡查实施主体报告巡查结果。

专项报告是指巡查实施主体对巡查发现的重大、突发国土资源违法行为，及时向本级人民政府和上一级国土资源行政主管部门报告。

定期报告是指县级以上国土资源行政主管部门和国土资源管理所定期向本级人民政府和上一级国土资源行政主管部门报告巡查工作开展情况，对本辖区巡查工作进行总结，对国土资源违法形势进行分析，提出防范措施和处置意见等。

第十八条 通报分为案件情况通报和工作情况通报。

案件情况通报是指国土资源行政主管部门将巡查发现的国土资源违法案件通报发生地的人民政府和有关新闻媒体单位。

工作情况通报是指各级国土资源行政主管部门在定期报送巡查工作报告时，同时通报下一级人民政府或国土资源行政主管部门。

第五章 保 障

第十九条 地方各级国土资源行政主管部门应当建立健全巡查制度，落实巡查工作责任制度，推动巡查工作。

第二十条 地方各级国土资源行政主管部门应当积极争取当地政府及有关部门的支持，加强基层国土资源管理所建设，充实巡查力量，实行定编定岗定员。

第二十一条 地方各级国土资源行政主管部门应当积极争取当地政府支持，将巡查工作所需经费以及巡查人员人身意外伤害保险、巡查津贴、补助、巡查装备等费用纳入政府财政预算，予以保障。

第二十二条 地方各级国土资源行政主管部门应当根据巡查工作实际需要，配备巡查车辆、通讯工具、GPS、照相机、摄像机、计算机等专门用于巡查工作的装备器材。

第二十三条 地方各级国土资源行政主管部门应当结合卫片执法检查、举报电话、举报信件、举报电子邮件、领导批办、下级上报、媒体反映等方式，及时掌握国土资源违法线索。

地方各级国土资源行政主管部门通过聘请监察专员、协管员、信息员、青年志愿者等方式，充分发挥社会监督、舆论监督的作用，全面构建“横向到边、纵向到底”的执法监管网络体系。

第二十四条 地方各级国土资源行政主管部门应当积极协调公安等有关部门，支持、配合巡查人员开展巡查工作，及时处置采取暴力手段阻碍巡查人员依法履行职责、对巡查人员打击报复等行为，保障巡查人员的人身和财产安全。

第六章 考 核

第二十五条 省（区、市）国土资源行政主管部门制定本辖区内统一的巡查工作考核办法，将巡查工作纳入国土资源年度工作考核内容，建立和完善巡查责任目标考核体系，量化考核标准。

巡查责任目标考核体系，应当包括巡查制度建设和执行情况、巡查责任制落实情况、巡查效果、执法监察机构和执法监察队伍建设、巡查定编定岗定员及巡查装备配备情况等。

巡查效果应当包括巡查覆盖、巡查任务完成情况，违法行为及时发现、及时制止、及时报告、巡查信息记录情况等。

第二十六条 巡查工作考核，应当结合本年度巡查工作的检查、抽查情况，采取组织评议和综合评分等办法进行，考核结果予以通报。

考核结果应作为年度评先、奖惩、干部任用、国土资源执法先进单位评选的主要依据。

对考核不合格单位的主要负责人由上级国土资源行政主管部门进行约谈，限期整改。未按要求整改的，列入执法监察重点监管地区，予以通报批评或者对主要负责人进行调整。

第二十七条 国土资源部和省（区、市）国土资源行政主管部门定期组织评选、表彰巡查工作先进单位和个人，给予物质和精神奖励。

第二十八条 巡查工作中，国土资源行政主管部门及其工作人员有下列行为之一，造成严重后果的，按照有关规定追究责任，其中涉及领导干部的，按照中共中央办公厅、国务院办公厅《关于实行党政领导干部问责的暂行规定》予以问责。

（一）未按巡查工作实施方案和巡查工作计划等规定进行巡查的；

（二）应当发现而未发现国土资源违法行为的；

（三）发现违法行为不制止的；

（四）应当报告而未报告，或者报告不及时的；

（五）填写巡查台账或者录入巡查信息弄虚作假的。

第七章 附 则

第二十九条 省（区、市）国土资源行政主管部门应当根据本规范，制定或者完善本辖区巡查工作实施办法，报国土资源部备案。

第三十条 本规范自印发之日起施行。

国土资源部关于健全完善矿产资源勘查开采监督管理和执法监察长效机制的通知

（国土资发〔2009〕148号）

各省、自治区、直辖市国土资源厅（国土环境资源厅、国土资源局、国土资源和房屋管理局、规划和国土资源管理局）：

为巩固整顿和规范矿产资源开发秩序工作成果，维护矿产资源勘查开采秩序，遏制违法行为，有效保护和合理利用矿产资源，根据矿产资源法律法规和有关规定，现就健全完善矿产资源勘查开采监督管理和执法监察长效机制的有关事项通知如下：

一、严格矿业权人勘查开采活动的监管

（一）建立采矿权标识制度。依法新设立的采矿权（开采放射性矿产的除外）在正式开采前，采矿权人必须在开采作业场所的明显位置设立采矿权标识牌，接受国土资源行政主管部门和社会的监督。采矿权标识牌的内容应当包括采矿许可证载明的事项、制牌时间和监制单位，具体式样和内容由省（区、市）国土资源行政主管部门规定，县级人民政府国土资源行政主管部门负责本行政区域内采矿权标识牌的监制。现有采矿权人应当在2010年6月底前完成采矿权标识牌的立牌工作。

（二）加强矿产督察管理。省（区、市）国土资源行政主管部门要按照《矿产督察工作制度》（国土资发〔2003〕62号）的要求，依据督察工作任务量，聘请地方矿产督察员。设立矿产督察员办公室，明确专门人员，负责国家和地方矿产督察员的日常管理工作。矿产督察员任务分工要具体到矿山（矿区），现场督察每年不得少于4次。完善矿产督察员年度考核管理，考核不称职和不能胜任工作的应当及时解聘。每年1月底前向部报送矿产督察年度工作报告。

（三）加强矿产资源勘查开采活动的日常监管。地方各级国土资源行政主管部门必须加强对矿业权人的日常监管，明确监管任务，规范监管程序；对矿业权人勘查开采和矿山地质环境治理、土地复垦情况进行重点监管；建立矿业权人档案，将日常监管中发现的矿业权人违法行为记录在案，作为年度检查的依据。

探矿权人必须按规定向国土资源行政主管部门报送勘查项目开工报告和年度报告。采矿权人必须及时编绘采掘工程图件，每半年向县级以上人民政府国土资源行政主管部门报送“井上井下工程对照图”“采掘工程平面图”。

（四）加强矿业权人勘查开采活动的年度检查。地方各级国土资源行政主管部门要严格按照年度检查的有关规定，加强矿产资源勘查开采的年度检查，并将采矿权

标识、矿山储量动态监管、矿山地质环境治理恢复和矿区土地复垦等制度的执行情况列入矿产开发利用年度检查内容。矿业权人不接受年度检查或检查不合格的，矿业权登记管理机关不得批准其延续、变更、转让等申请；涉及违法的，依法进行查处。

省（区、市）国土资源行政主管部门必须将上年度矿产资源勘查年度检查总结报告、矿产开发利用年度检查快报（包括应检、实地检查、初审合格矿山数，以及年生产矿石量、销售收入、实缴补偿费等）和矿产开发利用年度检查总结报告分别于每年1月底前、3月底前和5月底前报部。

二、加强矿产资源合理开发利用的监管

（一）严格矿产资源开发利用方案的管理。采矿权登记管理机关要认真把好资源合理开发利用的源头关，严格审查矿产资源开发利用方案。地方各级国土资源行政主管部门要按照开发利用方案加强矿山企业合理开发利用矿产资源的监管。采矿权登记管理机关颁发采矿许可证后及时将矿产资源开发利用方案及其他相关资料送交矿区所在地的市（地）、县（市）国土资源行政主管部门。

（二）全面开展矿山储量动态监督管理。大、中型矿山企业应当设立矿山地质测量机构，小型矿山企业应当配备地质测量相关专业人员。各类矿山企业要按规定开展矿山地质测量，每年1月底前向国土资源行政主管部门报送由符合条件的矿山地质测量机构编制的上年度《矿山储量年报》。

国土资源行政主管部门要认真组织对《矿山储量年报》的审查，并按规定进行抽查，特别要加强对年度资源储量变化大、矿山储量年报中存在问题较多和保有资源储量少的矿山企业的抽查。

（三）加强矿山企业矿产资源回收利用指标的管理。地方各级国土资源行政主管部门应当定期核定矿山企业开采回采率、选矿回收率、共伴生资源综合利用率和土地复垦率等指标，严格矿产资源补偿费征收与开采回采率挂钩的管理，促进矿山企业提高资源利用水平。

三、建立健全及时发现和有效制止矿产资源勘查开采违法行为的机制

（一）认真组织开展巡查工作。地方各级国土资源行政主管部门要按照《国土资源执法监察巡查工作规范》（国土资发〔2009〕127号）的要求，推进执法关口前移和重心下移，针对矿产资源分布和无证勘查、开采矿产资源违法行为的特点，合理划分全面巡查和重点巡查区域，认真组织开展巡查，及时发现和有效制止无证勘查、开采等违法行为。

（二）建立违法违规线索统一处理信息平台。地方各级国土资源行政主管部门要对举报电话、举报信件、举报电子邮件、领导批办、下级上报、媒体反映等各类矿产资源违法线索进行整合，建立统一处理的信息平台，按规定进行核查。对举报属

实的，可视情况给予一定的奖励。

（三）拓宽社会监督渠道。地方各级国土资源行政主管部门可通过聘请监察专员、协管员、信息员、青年志愿者等方式，进一步拓宽社会监督渠道，充分发挥社会监督、舆论监督防范违法的作用。

（四）充分利用科技手段。积极探索并推广应用遥感监测、无人机巡查、电子设备监控等科技手段，对矿产资源集中的区域以及重要矿区进行适时监测，及时发现和制止无证勘查、开采等违法行为。

四、完善案件查处机制，切实提高查处效果

（一）严格依法履行查处职责。地方各级国土资源行政主管部门对发现的矿产资源违法行为，要及时立案查处。无证开采、越界开采、非法转让矿业权、违法审批发证等行为要作为查处的重点。对依法应当予以行政处罚、申请法院强制执行、提出行政处分建议、移送追究刑事责任的，要坚决依法办理，及时跟踪、协调有关部门反馈落实情况。

（二）落实案件查处责任。地方各级国土资源行政主管部门的主要负责人对案件查处负总责，分管的副厅（局）长是主要责任人，执法监察机构的主要负责人及案件承办人是案件查处的具体责任人。通过建立健全相关责任制，明确案件查处责任、具体程序、时限要求、考核指标及奖惩标准，确保依法履行职责。

（三）加强检查、督办。上级国土资源行政主管部门要加强对下级国土资源行政主管部门案件查处工作的检查。将是否及时发现和制止违法行为、是否依法履行查处职责以及处罚决定落实情况作为检查的重点。对交办下级国土资源行政主管部门查处的违法案件，要跟踪督办。对难以落实到位的，要及时向地方政府汇报并提出督办落实的建议。对下级国土资源行政主管部门办结上报的案件，要进行抽查。对发现的错案，予以纠正并依照有关规定追究责任。

（四）完善重大典型案件上报制度。县（市）、市（地）国土资源行政主管部门对本部门立案查处的重大典型违法案件特别是无证开采、越界开采、非法转让矿业权、违法审批发证等案件，逐级上报省（区、市）国土资源行政主管部门。省（区、市）国土资源行政主管部门遴选重大典型案件报部。

（五）切实发挥典型案例的警示作用。地方各级国土资源行政主管部门要定期选择典型的矿产资源违法案件进行通报或者曝光。

（六）加强“两率”指标统计。地方各级国土资源行政主管部门要按照《关于建立无证勘查开采案件增减率和矿业权人违法违规案件发生率统计制度的通知》（国土资发〔2007〕284 号）的要求，及时对本行政区域内各类矿产资源违法违规案件进行分类登记和统计，将“两率”指标纳入目标责任考核。省（区、市）国土资源行政主管部门每年 1 月底前和 7 月底前分别将上年度和当年上半年的“两率”指标统计表报部。

五、构建共同责任机制，发挥联动作用

（一）推进建立地方政府统筹协调、部门联动的执法监管制度。在地方政府统筹协调、有关部门共同参与下，开展联合执法检查。矿产资源丰富的县（市）原则上每半年组织一次联合执法检查，对群发性非法开采行为和矿产资源开采监管难度大的地区及时进行集中整治，对无证勘查开采行为采取拆除地面设施以及查封设备、充填井筒等措施，有效遏制违法行为。有条件的地方，可以建立国土公安等联合执法队伍。

（二）加强与有关部门的协作配合。地方各级国土资源行政主管部门要积极主动地与公安机关、人民检察院、人民法院协调沟通，落实国土资源部、公安部、最高人民检察院、最高人民法院联合发布的关于国土资源行政主管部门移送涉嫌国土资源犯罪案件以及加强协作配合的有关规定，确保违法案件查处到位。进一步健全并认真落实国土资源行政主管部门与公安机关、人民检察院、人民法院的联席会议制度。

（三）明确内部职能机构职责分工，加强协作配合。地方各级国土资源行政主管部门要进一步明确和细化矿产资源规划、地质勘查、矿业权、资源储量、执法监察、矿山地质环境、土地复垦管理等内部职能机构的监管职责分工。建立执法监察机构与矿政管理机构的协作配合制度，执法监察机构履行职责需要矿政管理机构予以配合的，要及时予以配合；矿政管理机构在履行业务监管职责中发现违法行为需要追究法律责任的，要及时移交执法监察机构组织查处。

省（区、市）国土资源行政主管部门要尽快建立矿产资源勘查开采“纵向到底、横向到边”的监管责任体系，按照“任务到矿、责任到人”的要求，明确地方各级国土资源行政主管部门的监管职责及其内部职能机构的监管职责，于2009年底前将职责分工落实情况报部。

（四）强化矿业权人的社会责任。定期或不定期开展矿业权人法律法规知识培训与教育，开展社会责任的宣传。积极主动服务，保障合法权益，定期公开矿业权人履行义务情况。充分发挥行业协会等自律性组织的作用，引导矿业权人自觉守法，自觉履行社会责任。

六、建立健全保障机制，增强执行力

（一）加强矿产资源勘查开采监督管理和执法监察机构、队伍建设。地方各级国土资源行政主管部门要积极争取当地政府和有关部门的支持，增加矿产资源勘查开采监督管理和执法监察人员编制。进一步理顺勘查开采监督管理和执法监察的关系，形成统一指挥、配合联动的工作格局。执法监察机构、队伍中应当配备矿产资源执法监察的专业人员，并实行持证上岗制度。地方各级国土资源行政主管部门必须重视矿产资源勘查开采监督管理和执法监察人员的业务培训工作，每三年至少轮训一

次，不断提高业务素质。

（二）加快矿产资源勘查开采监管和执法监察信息化建设。在矿产资源储量利用核查和矿业权核查成果形成的动态更新的数据库基础上，与矿产资源规划、矿业权配号管理、勘查开采监督管理、矿山遥感监测、执法监察、储量登记统计等系统实行有机衔接，构建矿产资源综合监管平台，以信息化和高科技手段加强监管，提高工作效率和监管水平。

（三）加强报告和通报制度建设。地方各级国土资源行政主管部门要定期对本行政区域内矿产资源勘查开采监督管理情况、违法态势、防范措施等，及时向同级人民政府和上级国土资源行政主管部门报告。上级国土资源行政主管部门要加强对下级管理部门的监督指导，通报矿产资源勘查开采监督管理情况，督促下级管理部门认真做好监督管理工作。省（区、市）国土资源行政主管部门每年1月底前和7月底前将上年度和当年上半年的矿产资源勘查开采监督管理工作总结报部。

（四）完善考核制度。省（区、市）国土资源行政主管部门要制定矿产资源勘查开采监督管理和执法监察工作的考核和责任追究制度，明确考核内客、量化考核指标、制定奖惩标准，按照干部管理权限分级考核并落实奖惩，形成有效的激励约束机制。

（五）进一步改善工作条件。矿产资源勘查开采监督管理和执法监察任务重、费用高，地方各级国土资源行政主管部门要积极争取当地人民政府的支持，将监督管理和执法监察工作经费纳入政府财政预算。各省（区、市）国土资源行政主管部门要从中央下拨的矿产资源补偿费征收部门补助经费中，列出专门督察工作经费。要加强执法监察装备建设，重点加强乡（镇）国土资源所的执法监察装备建设，配备巡查车、通讯工具、GPS、照相机、摄像机、计算机等专用装备器材，确保工作正常开展。有条件的地方，应当为监督管理和执法监察人员办理人身意外伤害保险、给予工作津贴或者补助。

石油、天然气、煤层气矿产资源勘查开采监督管理继续按《矿产勘查及油气开采督察员工作制度》（国土资发〔2003〕99号）执行。

地方各级国土资源行政主管部门要充分认识矿产资源勘查开采监督管理和执法监察工作的重要性，增强责任感和紧迫感，根据本通知的要求，结合实际提出具体的实施意见，实施中的情况和问题，由省（区、市）国土资源行政主管部门及时汇总报部。

国土资源部

二〇〇九年十月二十八日

国土资源部关于印发《土地矿产卫片执法检查工作规范（试行）》的通知

（国土资发〔2010〕21 号）

各省、自治区、直辖市国土资源厅（国土环境资源厅、国土资源局、国土资源和房屋管理局、规划和国土资源管理局），副省级城市国土资源行政主管部门，解放军土地管理局，新疆生产建设兵团国土资源局，各派驻地方的国家土地督察局，中国地质调查局及部其他直属单位，部机关各司局：

《土地矿产卫片执法检查工作规范（试行）》已经部长办公会审议通过，现予印发，请遵照执行。

国土资源部

二〇一〇年二月十二日

土地矿产卫片执法检查工作规范（试行）

1　总　则

1.1　目的

为促进利用卫星遥感信息资料对土地开发利用和矿产资源勘查开采开展执法检查（以下简称土地矿产卫片执法检查）工作规范化、制度化、科学化，充分发挥土地矿产卫片执法检查在发现和查处土地矿产违法行为上的客观性、公正性及重要作用，有效遏制土地矿产违法行为，提高执法监察效能，制定本规范。

1.2　范围

本规范规定了土地矿产卫片执法检查的任务、内容、依据、程序、方法及相关要求等，适用于全国土地矿产卫片执法检查工作。

2　工作目标和任务

2.1　工作目标

利用以卫星遥感为主的现代技术手段，发现、查处违法用地和违法勘查开采矿产资源行为，分析并探究违法成因，完善规范土地矿产执法监察制度，提高执法监察效能。

2.2　工作任务

2.2.1　调查统计卫星遥感监测时段监测区内实际占用的新增建设用地、矿产资源勘查开采情况。

2.2.2　调查统计卫星遥感监测时段监测区域内的违法用地、违法勘查开采矿产资源情况。

2.2.3　查处违法用地、违法勘查开采矿产资源行为，督促整改。

2.2.4　分析违法用地、违法勘查开采矿产资源的成因和深层次综合因素，提出完善制度、改进管理的建议。

3　检查内容和依据

3.1　检查内容

3.1.1　实际占用的新增建设用地合法性。

3.1.2　矿产资源勘查开采合法性。

3.1.3　违法用地、违法勘查开采矿产资源行为的整改查处情况。

3.2　检查依据

土地管理、矿产资源管理相关法律、法规、规章和国务院、国土资源部制定的规范性文件。

4　职责分工

4.1　国土资源部

4.1.1　组织开展全国土地利用变化、矿产资源勘查开采遥感监测，部署全国土地矿产卫片执法检查工作。

4.1.2　组织开展督查、挂牌督办和验收工作。

4.1.3　约谈土地违法严重地区的地方人民政府主要负责人员。

4.1.4　立案查处重大、典型违法案件。

4.1.5　通报全国土地矿产卫片执法检查情况。

4.1.6　依法制定、实施奖惩措施。

4.1.7　制定和解释土地矿产卫片执法检查工作中的有关政策。

4.2　省级国土资源行政主管部门

4.2.1　按照国土资源部的部署组织开展本行政区域内土地矿产卫片执法检查工作。

4.2.2　指导本行政区域内土地矿产卫片执法检查工作，组织开展督查、验收，督促落实国土资源部督查、验收意见。

4.2.3　立案查处本行政区域内重大、典型违法案件。

4.2.4　汇总上报相关数据和情况。

4.2.5　通报本行政区域土地矿产卫片执法检查情况。

4.2.6　依法制定、实施奖惩措施。

4.3　市、县级国土资源行政主管部门

根据国土资源部和省级国土资源行政主管部门的部署，按照本规范的要求，开展土地矿产卫片执法检查工作。

4.3.1　核查监测图斑

组织核查监测图斑，区分监测图斑类别，确定监测图斑涉及的地块或矿产资源勘查开采区的坐标，调查基本情况，拍摄实地照片，制作适当比例尺的土地利用现状图（局部）、矿产资源勘查开发现状图（局部）等。

4.3.2　审查用地、矿产资源勘查开采合法性

4.3.2.1　审查实际占用的新增建设用地涉及的地块是否符合土地利用总体规划，在土地利用总体规划图（局部）上标注地块位置。审查实际占用的新增建设用地图斑涉及的地块是否属于国家或省级重点工程项目用地。

审查矿产资源勘查开采活动涉及的图斑是否符合矿产资源规划，在矿产资源总体规划图（局部）上标注图斑位置。

4.3.2.2　审查实际占用的新增建设用地图斑涉及的地块是否依法办理农用地转用、征收（用）和供地审批手续。

审查矿产资源勘查开采活动涉及的图斑是否依法取得探矿权、采矿权；其中应办理土地使用手续的，是否依法办理。

4.3.3　依法组织查处土地矿产卫片执法检查发现的违法用地、违法勘查开采矿产资源行为。

4.3.4　填写相关报表

根据土地和矿产资源勘查开采监测图斑的核查和查处情况，分别填写《土地卫片图斑核查情况登记卡》、《土地违法案件立案查处及落实情况登记卡》、《矿产卫片图斑核查情况登记卡》、《矿产违法案件立案查处及落实情况登记卡》；对判定为军用土地的图斑，填写《军用土地图斑登记表》。

4.3.5　汇总上报相关数据和情况。

5　工作流程

5.1　工作部署

5.1.1　国土资源部确定年度土地矿产卫片执法检查工作要求，统一部署年度土地矿产卫片执法检查工作。

5.1.2　地方国土资源行政主管部门根据国土资源部的统一部署，逐级部署开展本行政区域的土地矿产卫片执法检查工作。

5.1.3　国土资源部统一组织订购卫片数据，统一制作和发放用于卫片执法检查的卫星遥感监测成果。

5.2 工作准备

5.2.1 组织准备

地方各级国土资源行政主管部门成立土地矿产卫片执法检查工作机构，各相关业务部门确定专人协同配合，共同完成年度土地矿产卫片执法检查工作任务。

5.2.2 装备准备

地方各级国土资源行政主管部门准备用于判读卫片的计算机及相关软件、制作卫片的绘图仪及相关耗材、外业核查的交通工具及测绘仪器等必要的工作装备。

5.2.3 经费准备

地方各级国土资源行政主管部门向本级人民政府申请土地矿产卫片执法检查专项工作经费。

5.2.4 资料准备

市、县级国土资源行政主管部门准备土地利用总体规划图件、土地利用年度计划文件、土地变更调查图件和统计台账、用地审批文件、日常巡查台账、违法用地案件查处案卷等相关文件资料。

市、县级国土资源行政主管部门准备矿产资源规划图件、矿区范围图件、矿山企业变更统一台账、探矿权、采矿权审批文件、日常巡查台账、群众举报违法勘查开采的登记材料和违法勘查开采矿产资源案件查处案卷等相关文件资料。

5.3 提取疑似违法图斑

国土资源部和省级国土资源行政主管部门组织利用综合信息监管平台，对卫星遥感监测发现的土地利用变化图斑进行内业核查，提取疑似违法用地图斑，填写《土地卫片疑似违法图斑登记表》。

国土资源部和省级国土资源行政主管部门组织利用综合信息监管平台，对卫星遥感监测发现的矿产资源勘查开采图斑进行内业核查，结合矿产资源规划、探矿权、采矿权等基础数据和地质背景，区分矿产资源勘查开采延续图斑、新增图斑和关停图斑，提取疑似违法勘查开采矿产资源图斑，填写《矿产卫片疑似违法图斑登记表》。

5.4 制发卫片

省级国土资源行政主管部门根据部统一提供的卫星遥感监测成果印制、分发卫片。

5.5 土地监测图斑核查

5.5.1 区分地块

市、县级土地矿产卫片执法检查工作机构通过内业判别和实地核查，区分卫星遥感监测图斑所涉及的地块范围，判定地块类别，做好相关记录。

5.5.1.1 地块类别

监测图斑涉及的地块区分为实际占用的新增建设用地、实地伪变化、军用土地三类。

5.5.1.2 地块编号

一个地块对应一个地块编号。地块编号以图斑编号为基础进行编定（编定方法详见附录二）。

5.5.1.3 坐标文件

市、县级土地矿产卫片执法检查工作机构按照有关技术规程确定图斑所涉及的每个地块的范围，根据土地矿产卫片执法检查信息系统的要求制作地块坐标文件并上传电子文件。

5.5.2 地块判别

土地矿产卫片执法检查工作机构根据土地利用现状图和内外业核查成果，对图斑所涉及地块的类别逐一进行判别（判别标准详见附录三）。

根据判别情况，对判定为实际占用的新增建设用地的，填写《土地卫片图斑核查情况登记卡》中“基本情况”和“实际占用的新增建设用地”相关栏目；对判定为实地伪变化的，填写《土地卫片图斑核查情况登记卡》中“基本情况”和“实地伪变化”相关栏目；对判定为军用土地的，填写《军用土地图斑登记表》并以机要件逐级上报。

5.5.3 实际占用的新增建设用地合法性审查

土地矿产卫片执法检查工作机构根据农用地转用、征收（用）审批，建设用地供应、土地登记等文件资料，对判定的实际占用的新增建设用地逐宗进行合法性审查，并填写《土地卫片图斑核查情况登记卡》中“合法性审查”相关栏目（判定标准详见附录三）。

5.5.4 违法用地类别判定

土地矿产卫片执法检查工作机构根据图斑核查情况，判定违法类别，填写《土地卫片图斑核查情况登记卡》中“违法情况”相关栏目（判定标准详见附录三）。

5.5.5 在国土资源部、省级国土资源行政主管部门督查前，违法批准占用、未报即用、边报边用等类型的违法用地，已依法查处并复耕到位的耕地面积，实施问责，核算违法占用耕地面积比例时不予计入。

5.6 矿产资源勘查开采监测图斑核查

5.6.1 矿产资源勘查开采监测图斑的编号方法和坐标文件与土地监测图斑的处理方法一致。

5.6.2 矿产资源勘查开采监测图斑区分与疑似违法图斑判定。

土地矿产卫片执法检查工作机构通过内业判别和实地核查，判定矿产资源勘查开采图斑，提取矿产资源勘查开采区域（钻探区、坑探区、槽探区、井口、硐口、采区等）位置、勘查开采矿种、开采方式等信息；在与矿产资源规划、探矿权、采矿权数据综合对比分析的基础上，初步判定矿产资源勘查开采疑似违法图斑。

5.6.3 矿产资源勘查开采合法性审查

土地矿产卫片执法检查工作机构对矿产资源勘查开采疑似违法图斑逐个进行合

法性审查，填写《矿产卫片图斑核查情况登记卡》中“矿产资源核查”相关栏目。

5.6.4　违法勘查开采矿产资源类别判定

土地矿产卫片执法检查工作机构根据矿产资源勘查开采疑似违法图斑核查情况，判定违法类别，填写《矿产卫片图斑核查情况登记卡》中“违法情况”相关栏目(判定标准详见附录三)。

5.7　整改查处

5.7.1　市、县级国土资源行政主管部门将核查情况和整改查处建议报告本级人民政府，同时抄报上级国土资源行政主管部门。

5.7.2　地方各级国土资源行政主管部门对土地矿产卫片执法检查发现的需要立案查处的违法用地、违法勘查开采矿产资源行为，按照管辖权限立案查处，分别填写《土地违法案件立案查处及落实情况登记卡》、《矿产违法案件立案查处及落实情况登记卡》中“立案情况”相关栏目。

5.7.3　地方各级国土资源行政主管部门根据土地矿产卫片执法检查中发现的违法问题整改查处结果，分别填写《土地违法案件立案查处及落实情况登记卡》、《矿产违法案件立案查处及落实情况登记卡》中“落实情况”相关栏目。

5.8　信息填报

5.8.1　实时录入土地矿产卫片检查情况和数据。市、县级土地矿产卫片执法检查工作机构在完成实地调查后，实时将《土地卫片图斑核查情况登记卡》、《土地违法案件立案查处及落实情况登记卡》、《矿产卫片图斑核查情况登记卡》、《矿产违法案件立案查处及落实情况登记卡》的相关信息录入土地矿产卫片执法检查信息系统，上传实地照片和相关执法检查结果文件。

5.8.2　按行政管辖逐级报送检查情况和数据。

5.8.2.1　纸质报送《土地矿产卫片执法检查工作报告》及《实际占用的新增建设用地统计汇总表》、《实地伪变化统计汇总表》、《违法用地分类统计汇总表》、《违法勘查开采分类统计汇总表》、《土地违法案件立案查处及落实情况统计汇总表》、《矿产违法案件立案查处及落实情况统计汇总表》。

5.8.2.2　在线上报由土地矿产卫片执法检查信息系统自动生成的电子数据。

5.8.3　省级国土资源行政主管部门报送国土资源部的同时，抄报派驻地方的国家土地督察局。

5.9　督查

5.9.1　督查主体

国土资源行政主管部门和国家土地督察机构组织督查。

5.9.2　督查任务

5.9.2.1　了解土地矿产卫片执法检查工作进展情况，研究解决工作中存在的问题。

5.9.2.2　核查自查上报成果中图斑所涉及地块性质判定的准确性和真实性。

5.9.2.3　选取重大、典型违法案件。

5.9.2.4　提出整改意见。

5.9.2.5　提交督查工作报告和重大、典型违法案件材料。

5.10　挂牌督办

国土资源行政主管部门对土地矿产卫片执法检查中发现的重大、典型违法案件进行挂牌督办，督促查处到位。

5.11　排序

综合考虑土地违法严重程度或比例变动趋势等因素进行排序。

5.12　约谈

根据土地违法严重程度，约谈县级以上地方人民政府主要负责人员，责令整改。

5.13　通报

5.13.1　土地矿产卫片执法检查工作总体情况。

5.13.2　违法用地、违法勘查开采矿产资源情况。

5.13.3　违法用地排序及约谈情况。

5.13.4　重大、典型违法案件。

5.14　验收

5.14.1　验收主体

国土资源行政主管部门和国家土地督察机构组织验收。

5.14.2　验收标准

存在以下情形之一的，不予通过验收。

5.14.2.1　没有按期完成工作任务。

5.14.2.2　弄虚作假，虚报瞒报。

5.14.2.3　应立案查处的违法用地、违法勘查开采矿产资源行为，依法履行职责到位率低于95%的。

5.14.2.4　组织整改不力的。

5.15　奖惩

5.15.1　奖励

5.15.1.1　通报表扬。

5.15.1.2　作为国土资源管理奖励措施考核依据之一。

5.15.1.3　推荐表彰为土地、矿产资源管理先进单位。

5.15.2　惩戒

5.15.2.1　通报批评。

5.15.2.2　作为国土资源管理处罚措施考核依据之一。

5.15.2.3　依法实施问责。

5.16　组卷归档

5.16.1　市、县级国土资源行政主管部门在完成信息填报后，应对土地矿产卫片执法检查工作成果进行组卷归档。

5.16.1.1　归档原则为一个地块一个卷宗。

5.16.1.2　归档内容包括：土地矿产卫片执法检查工作中形成的各种登记卡、实地照片、相关审批文件材料、违法案件处理材料及其他相关文件资料。

5.16.2　各级国土资源行政主管部门对卫片执法检查工作过程中形成的统计汇总表及各种相关文件材料按土地矿产卫片执法检查年度进行组卷归档。

5.16.3　国土资源部信息中心通过土地矿产卫片执法检查信息系统对每年度全国土地矿产卫片执法检查的所有电子成果进行归档，并将数据导入“批、供、用、补、查”综合信息监管平台。

6　施行时间和解释权

6.1　本规范自2010年3月1日起施行。

6.2　本规范由国土资源部负责解释。

【附录一】

名词解释

1. 卫片

利用卫星遥感监测等技术手段制作的叠加监测信息及有关要素后形成的专题影像图片，简称卫片。

2. 图斑编号

图斑编号是对监测区域内图斑编定的序号，以行政区划代码为基础，由国土资源部统一编定。

3. 依法履行职责到位率

依法履行职责到位率是指国土资源行政主管部门对土地矿产卫片执法检查中发现的违法行为所实际作出的行政行为、行政措施，占依法定权限、法定程序应当作出的行政行为、行政措施的比例。行政行为、行政措施包括立案、作出行政处罚决定、向有权机关提出处分建议、向公安机关或人民检察院移送涉嫌犯罪案件、向人民法院申请强制执行。

【附录二】

地块编号方法

一个监测图斑为一个地块的，以图斑编号为地块编号。

一个图斑涉及多个地块，既有实际占用的新增建设用地，又有实地伪变化或者军用土地的，先分割为实际占用的新增建设用地、实地伪变化或者军用土地，在图斑编号后按顺序增加支号作为分割后地块的地块编号。如分割前图斑编号为5，分割成两个地块，则地块编号分别为5－1、5－2。

一个实际占用的新增建设用地地块涉及多个用地单位的，按不同用地单位的界线范围对地块进行分割，在分割前的地块编号后按顺序增加支号作为分割后地块的地块编号。

相邻多个实际占用的新增建设用地实为一个地块的，将这些相邻的地块进行合并，以相邻地块编号中最小的作为合并后地块的地块编号。如合并前的地块编号为10、11、12，则合并后地块编号为“10”，合并前的地块编号以逗号分隔，填入“图斑编号”栏目。

一个图斑涉及多个地块的，按多宗计算地块宗数；多个图斑实为一个地块的，按一宗计算。

【附录三】

判别标准

1. 实际占用的新增建设用地的判别

监测时段内土地实际用途由农用地或未利用地转变为建设用地的，判定为土地矿产卫片执法检查中实际占用的新增建设用地。

监测时段起始时的土地实际用途和地类面积以当时的土地利用现状图为依据确定。因监测时段起始前已办理农用地转用审批而变更了土地利用现状图的，以办理农用地转用审批手续时使用的土地利用现状图为依据确定。

在监测时段内为实施建设而进行土地平整的，判定为实际占用的新增建设用地。

2. 实地伪变化的判别

因各种原因导致卫片反映地形地貌发生变化，但监测时段内土地的实际用途未发生改变的，矿产资源勘查开采实际状况也未发生改变的，判定为实地伪变化。

建设用地、未利用地转变为农用地的，判定为实地伪变化。

3. 军用土地的判别

军事单位使用的土地，判定为军用土地。

4. 实际占用的新增建设用地合法性判定

已依法取得土地使用权证书的建设用地，判定为合法用地。

已依法取得建设用地供地批准文件的用地，判定为合法用地。

已依法取得先行用地批准文件的用地，判定为合法用地。

已依法办理农用地转用、土地征收审批手续，因用地主体不明确而未办理供地手续的公路用地、公园与绿地、河流水面等用地，判定为合法用地。

已依法办理临时用地手续，且在批准使用时限内的用地，判定为合法用地。

法律法规规定的紧急用地，判定为合法用地。

5. 违法用地类别判定

土地矿产卫片执法检查工作中，违法用地类型分为违法批地和违法占地。违法批地分为违法批准占用、违法供地；违法占地分为未报即用、边报边用、未供即用。

未依法办理农用地转用、征收（用）审批手续，而擅自批准占用土地的，判定为违法批准占用。

依法办理农用地转用、征收（用）审批手续后，违反法律法规规定的方式和程序供地的，判定为违法供地。

卫星遥感监测时段结束时，用地者未申报用地报批手续，或用地申请材料虽已申报但由于用地指标、土地利用总体规划限制等原因，县级以上国土资源行政主管部门依法未予受理，即擅自占用土地的，判定为未报即用。

卫星遥感监测时段结束时，用地申请材料已经国土资源行政主管部门依法受理但未获得有权机关批准农用地转用、征收（用），或虽已批准但因各种原因未能取得批准文件，即开始占用土地的，判定为边报边用。

卫星遥感监测时段结束时，农用地转用、征收（用）已经有权机关批准，但未办理供地手续即开始占用土地进行非农业建设的，判定为未供即用。

6. 违法勘查开采矿产资源类别判定

土地矿产卫片执法检查工作中，违法勘查开采矿产资源类型分为违法勘查、违法开采、违法转让、违法审批。违法勘查分为无证勘查、越界勘查等；违法开采分为无证开采、越界开采（地下越界除外）、以采代探、擅自改变开采方式、擅自改变开采矿种等；违法转让，分为违法转让探矿权、违法转让采矿权等；违法审批，分为违法批准勘查矿产资源、违法批准开采矿产资源、越权审批探矿权、越权审批采矿权、违反规划审批探矿权、违反规划审批采矿权等。

未依法取得勘查许可证擅自进行勘查的，判定为无证勘查。

矿业权人超越批准勘查的区块范围进行的勘查活动，判定为越界勘查。

未按勘查许可证载明的对象，擅自勘查其他工作对象的，判定为擅自改变勘查工作对象。

探矿权人未经批准擅自进行边探边采或在未取得采矿许可证的情况下擅自采矿的，判定为以采代探。

未依法取得采矿许可证擅自采矿的，及未经批准在矿产资源规划禁止开采区开采矿产资源的，判定为无证开采。

采矿权人超越批准的矿区范围进行的采矿活动，判定为越界开采（不包括地下越界）。

未按照采矿许可证载明开采方式开采矿产资源的，判定为擅自改变开采方式。

未按照采矿许可证载明的矿种，擅自开采其他矿种的，判定为擅自改变开采矿种。

违反探矿权转让法律法规规定转让探矿权的，判定为违法转让探矿权。

违反采矿权转让法律法规规定转让采矿权的，判定为违法转让采矿权。

超越法律法规规定的权限批准勘查矿产资源的，判定为违法批准勘查矿产资源。

超越法律法规规定的权限批准开采矿产资源的，判定为违法批准开采矿产资源。

超越法律法规规定的权限审批探矿权的，判定为越权审批探矿权。

超越法律法规规定的权限审批采矿权的，判定为越权审批采矿权。

违反矿产资源规划擅自批准探矿权的，判定为违反规划审批探矿权。

违反矿产资源规划擅自批准采矿权的，判定为违反规划审批采矿权。

【附录四】

土地矿产卫片执法检查统计报表

1. 土地卫片图斑核查情况登记卡（略）
2. 矿产卫片图斑核查情况登记卡（略）
3. 土地违法案件立案查处及落实情况登记卡（略）
4. 矿产违法案件立案查处及落实情况登记卡（略）
5. 土地卫片疑似违法图斑登记表（略）
6. 矿产卫片疑似违法图斑登记表（略）
7. 军用土地图斑登记表（略）
8. 实际占用的新增建设用地统计汇总表（略）
9. 实地伪变化统计汇总表（略）
10. 违法用地分类统计汇总表（略）
11. 违法勘查开采分类统计汇总表（略）
12. 土地违法案件立案查处及落实情况统计汇总表（略）
13. 矿产违法案件立案查处及落实情况统计汇总表（略）

国土资源部办公厅关于印发《国土资源领域违法违规案件公开通报和挂牌督办办法》的通知

（国土资厅发〔2011〕4号）

各省、自治区、直辖市国土资源厅（国土环境资源厅、国土资源局、国土资源和房屋管理局、规划和国土资源管理局），解放军土地管理局，新疆生产建设兵团国土资源局，各派驻地方的国家土地督察局，中国地质调查局及部其他直属单位，部机关各司局：

《国土资源领域违法违规案件公开通报和挂牌督办办法》已经部领导批准，现予印发，请遵照执行。

国土资源部办公厅

二〇一一年一月十四日

国土资源领域违法违规案件公开通报和挂牌督办办法

第一条 为加大对国土资源领域违法违规案件的查处力度，推进依法行政、政务公开，强化执法监管，有效遏制国土资源领域违法违规行为，切实维护国土资源管理秩序，依据《中华人民共和国土地管理法》、《中华人民共和国矿产资源法》的有关规定，制定本办法。

第二条 本办法所称公开通报，是指国土资源部将部直接查处、挂牌督办或以其他方式督促地方国土资源主管部门查处到位的重大、典型国土资源领域违法违规案情和处理结果向社会公开通告，并接受社会监督的一种行政措施。

本办法所称挂牌督办，是指国土资源部对重大、典型国土资源领域违法违规案件的办理提出明确要求，公开督促省级国土资源主管部门限期办理，并向社会公开办理结果，接受社会监督的一种行政措施。

第三条 符合下列条件之一的国土资源领域违法违规案件，可以挂牌督办：

（一）严重违反国家产业政策和土地供应法律法规的；

（二）公众反映强烈、影响社会稳定的；

（三）给国家、人民群众利益造成重大损害的；

（四）造成耕地大量毁坏，或者造成矿产资源严重破坏的；

（五）隐瞒不报、压案不查、久查不决、屡查屡犯的；

（六）其他需要挂牌督办的。

国土资源部挂牌督办的案件，经依规依法处理到位后，应当公开通报。

国土资源部、地方国土资源主管部门查处的符合上述条件（一）、（二）、（三）、（四）之一的案件，经依规依法处理到位后，可以公开通报。

第四条　国土资源部从12336举报电话、举报信件、举报电子邮件、领导批办、媒体反映和其他形式举报、司局业务工作中发现、地方国土资源主管部门上报、派驻地方的国家土地督察局上报等多种渠道，获取案件或案件线索。

第五条　相关业务司局发现案件或案件线索并认为应当公开通报或挂牌督办时，填写《建议公开通报的案件情况表》、《建议挂牌督办的案件线索情况表》并附相关材料，提交执法监察局。执法监察局对多种渠道获取的案件或案件线索进行筛选、核查，会同相关业务司局审核，提出拟公开通报和挂牌督办案件的建议，提交部长办公会议审议决定。

第六条　部将拟公开通报和挂牌督办的案件有关情况函告相关省级国土资源主管部门，请其对拟公开通报案件的违法违规主体、违法违规事实、处理情况等进行审核；对挂牌督办案件的违法违规主体、违法违规事实等进行审核。审核意见经省级国土资源主管部门加盖本部门印章、报告省级人民政府主管领导后报部。对于公开通报案件，审核意见应同时附行政处罚决定书及执行记录、党纪政纪处分决定书等相关法律文书。

对于省级国土资源主管部门提出的异议，部执法监察局审核提出意见，报部长办公会议决定。

第七条　国土资源部通过召开新闻发布会或其他方式，将公开通报和挂牌督办的案件向社会公开。公开的内容包括公开通报案件的违法违规事实和处理结果、挂牌督办案件的基本情况和《国土资源领域违法违规案件挂牌督办通知书》等。

第八条　《国土资源领域违法违规案件挂牌督办通知书》应包括下列内容：

（一）案件名称；

（二）违法违规主体和主要违法违规事实；

（三）督办要求；

（四）办结时限；

（五）联系人。

《国土资源领域违法违规案件挂牌督办通知书》于向社会公开当日向省级国土资源主管部门下达，并抄送监察部和相关省级人民政府办公厅、监察厅及派驻地方的国家土地督察局。

第九条　公开通报或挂牌督办案件向社会公开后，省级国土资源主管部门应及时向本省级人民政府分管领导报告。对于挂牌督办案件，按有关规定配合或会同有关部门进行调查处理，定期向国土资源部报告进展情况。调查处理意见于向社会公开之日起45日内报国土资源部，经国土资源部同意后，由省级国土资源主管部门负责督促落实，落实情况报国土资源部。

根据案件查处情况，国土资源部可以督促省级国土资源主管部门，国家土地总督察可以督促省级人民政府分别按照下列要求办理国土资源领域违法违规案件：

（一）责令停止国土资源领域违法违规行为；

（二）责令限期查处国土资源领域违法违规行为；

（三）责令履行国土资源管理法定义务；

（四）将违法违规主体违法情况记入国土资源诚信记录；

（五）对国土资源领域违法违规案件实施行政处罚；

（六）对有关责任人员建议追究党纪政纪责任；

（七）对涉嫌构成犯罪的，建议移送司法机关依法追究刑事责任。

必要时，国土资源部可以派员进行现场督办。

第十条 挂牌督办案件的办结时限应当根据案件具体情况确定，一般不超过60日。重大或复杂案件，由省级国土资源主管部门向国土资源部提出书面申请，经批准后，可以适当延长办结时限，并在国土资源部门户网站上向社会公开。

第十一条 挂牌督办期间，国土资源部根据案件和社会影响程度，可以采取或要求相关的国土资源主管部门采取以下措施：

（一）暂缓受理、办理与本案有关的国土资源审批、登记事项；

（二）建议相关部门暂缓受理、办理与本案有关的审批、登记等事项；国家土地总督察根据案件和社会影响程度，可以约谈地方人民政府主要负责人或其他负责人。

第十二条 执法监察局对挂牌督办处理到位的案件落实情况进行审核后，报部领导批准，在国土资源部门户网站上向社会公开。

第十三条 省级国土资源主管部门未按时将挂牌督办案件依法依规处理到位，且未书面申请延长办理期限的，国土资源部可以对该案件进行直接办理，同时对该省级国土资源主管部门进行通报批评。

省级国土资源主管部门对拟公开通报的案件审核不严，造成严重后果的，对挂牌督办的案件相互推诿、办理不力或者弄虚作假的，国土资源部依法依规建议有关纪检监察机关追究相关人员责任。

第十四条 本办法适用于国土资源部公开通报和挂牌督办国土资源领域违法违规案件。

国土资源部商请监察机关、国务院其他有关部门实施联合公开通报和挂牌督办国土资源领域违法违规案件，可参照本办法执行。

地方各级国土资源主管部门实施公开通报和挂牌督办国土资源领域违法违规案件，可参照本办法执行。

第十五条 本办法自发布之日起实施。

附件1

建议公开通报的案件情况表

案件名称			
违法地点	省（区、市）　　市（地、州）		
违法时间		违法类型	
违法主体			
案件来源			
主要违法事实			
处理情况			
提交司局主要负责人签名	年　月　日		

附件 2

建议挂牌督办的案件线索情况表

<table>
<tr><td>案件名称</td><td colspan="3"></td></tr>
<tr><td>违法地点</td><td colspan="3">省（区、市）　　市（地、州）</td></tr>
<tr><td>违法时间</td><td></td><td>违法类型</td><td></td></tr>
<tr><td>违法主体</td><td colspan="3"></td></tr>
<tr><td>案件来源</td><td colspan="3"></td></tr>
<tr><td>主要违法事实</td><td colspan="3"></td></tr>
<tr><td>提交司局主要负责人签名</td><td colspan="3">年　　月　　日</td></tr>
</table>

附件 3

国土资源领域违法违规案件挂牌督办通知书

国土资案〔 〕 号

______________：

经部研究决定，将____

列为部挂牌督办案件。

你厅要按照《国土资源领域违法违规案件公开通报和挂牌督办办法》的规定，会同有关部门，抓紧进行调查，研究提出处理意见。处理意见自督办通知书下发之日起 45 日内报部，经部同意后，由你厅负责落实。

该案办结时限为自督办通知书下发之日起 60 日内。

联系人：______________电话：______________传真：______________

附件：______________________________案

（印章）

年 月 日

国土资源部办公厅关于进一步加强12336国土资源违法举报工作的通知

（国土资厅发〔2011〕16号）

各省、自治区、直辖市国土资源厅（国土环境资源厅、国土资源局、国土资源和房屋管理局、规划和国土资源管理局），新疆生产建设兵团国土资源局：

12336国土资源违法举报电话开通以来，在发现和受理违法违规线索、积极化解矛盾、严格国土资源执法、维护群众权益等方面取得明显成效，推动了国土资源领域违法违规行为“早发现、早报告、早处置”机制的建立完善。为进一步规范12336国土资源违法举报工作，持续推进国土资源执法监察信息平台建设，做到举报必接、违法必查，努力破解违法违规行为“发现难、制止难、查处难”问题，现就有关事项通知如下：

一、加强组织领导，确保12336国土资源违法举报电话畅通

（一）提高认识，保障有力。各级国土资源主管部门要高度重视，进一步增强责任感和紧迫感，充分发挥12336国土资源违法举报工作在创新执法监察发现机制、维护群众合法权益和国土资源管理秩序等方面的重要作用。主要领导要亲自抓，主管领导要具体落实，相关职能机构要分工协作、齐抓共管，保证12336国土资源违法举报工作必需的装备、场地，安排专项经费，确定专人负责、专人接听；要加强与电信运营部门的沟通协调，及时排查问题，消除“盲区”，确保持续畅通。

（二）明确职责，发挥合力。各级国土资源执法监察部门负责做好12336国土资源违法举报工作的统筹、指导、协调，各级12336处理中心按分级负责原则，负责电话接听、记录、汇总、分析、提出初步处理意见、归档、研判等工作。部、省级国土资源执法监察部门和12336处理中心要加强规范、指导和培训，建立健全规章制度，抓好检查落实，开展年度考核，对违法违规线索处理到位、核查反馈及时的地区进行表彰，对违法违规线索数量大、核查反馈率低的地区开展督导整改。省级国土资源主管部门要对本辖区内违法违规线索核查、处理、反馈工作负总责。市、县级国土资源主管部门要及时做好违法违规线索统计汇总等工作，向上级国土资源主管部门及时提交违法违规线索核查报告。

二、建立健全制度，规范违法举报工作

（三）夯实基础，创新机制。市、县是12336举报工作第一线，要采取措施，切

实提高市、县级 12336 国土资源违法举报工作的硬件装备水平和举报电话利用效率。部、省级国土资源执法监察部门和 12336 处理中心，指导市、县将违法违规线索核查、处理与日常巡查工作有机结合，合理调配人力、物力，对违法违规行为做到“早发现、早报告、早处置”。开展以违法违规行为信息报送、查处监察、情况反馈、汇总分析、信息保密等制度建设为主的“全流程建设”，提高 12336 国土资源违法举报工作的科学化、规范化程度。各级国土资源主管部门要建立快速反应和分类处理机制，及时制止情节严重、正在发生、可能危及社会稳定等方面的违法违规行为。对重大线索，部、省级国土资源主管部门要挂牌督办或直查；对一般线索，省、市、县级国土资源主管部门要及时核查、处理和反馈。

（四）科技支撑，加强联动。加强信息化建设，做到方案设计统一、程序规范、传输便捷，为 12336 国土资源违法举报工作高效规范运行提供技术支撑。部负责制定信息化建设总体方案，在全面评估《国土资源违法线索管理信息系统》运行情况的基础上，抓好整体布局设计和数据资源整合，逐步做到部、省、市、县四级国土资源违法违规线索管理信息系统互联互通，并与全国“一张图”和国土资源综合信息监管平台互联互通。各级国土资源主管部门要积极推动违法举报相关工作网上运行和远程数据交换，提高信息化管理水平和服务能力，加大信息共享，减少重复举报，实现网上查询，提升违法违规线索核查、处理和反馈效率。

（五）强化监督，提高效率。各级国土资源主管部门要对 12336 国土资源违法举报工作开展监督检查，严格按时核查、处理和反馈。对一般线索，部 12336 处理中心应当在受理之日起 3 个工作日内，通过信息系统转至省级国土资源主管部门处理；省级国土资源主管部门收到转（交）办线索并进行审查后，应在 5 个工作日内转至市、县级国土资源主管部门处理。市、县级国土资源主管部门收到转（交）办线索后应及时组织核查，并在 30 日内上报调查处理结果。省级国土资源主管部门应当在 3 个月内将反馈信息录入信息系统。各级国土资源主管部门要对转（交）办线索加强督办，下级国土资源主管部门自查的，必须严格按要求制作、保存详细的电话接听记录、案件核查材料，上级国土资源主管部门将不定时抽查。对到期未反馈、经督促后仍不上报的，予以通报。对由于工作失误造成矛盾激化、后果严重的，应依法依纪追究相关人员的责任。

三、加强分析研判，服务国土资源管理工作

（六）定期分析，掌握动态。及时开展 12336 违法举报情况数据统计和综合分析。市、县级 12336 处理中心要按月、季度、半年、全年，向同级国土资源主管部门和上级国土资源主管部门提交违法违规线索统计表和分析报告，重要情况要及时向同级和上级国土资源主管部门作专项报告；省级 12336 处理中心要按月、季度、半年、全年形成违法违规线索统计表和分析报告，每月 5 日前经省级国土资源主管部门审核后报部；部按季度向国土资源管理系统或社会通报违法违规线索受理情况。

（七）深入研究，提出建议。各级国土资源执法监察部门和12336处理中心要针对违法举报反映的问题，查找国土资源管理制度设计中存在的不足和问题，深入研究，分析原因，向同级和上级国土资源主管部门提出改进国土资源管理、提升执法监管效能的意见和建议。针对12336举报电话反映的可能危及群众安全和社会稳定的苗头性、倾向性违法问题，各级国土资源主管部门要研究制定应急预案，及时予以解决。

四、开展宣传培训，提升违法举报工作水平

（八）加大宣传，打造品牌。各级国土资源主管部门要通过广播、电视、报刊等媒体广泛宣传12336举报电话，定期向社会通报违法违规线索处理情况，定期公开通报和挂牌督办违法案件，扩大12336举报电话的影响。要定期组织开展学习交流活动，宣传推广各地的好做法、好经验，做到相互促进、共同提高。

（九）开展培训，建强队伍。各级国土资源主管部门要对12336国土资源违法举报工作人员定期组织培训和调研学习活动，熟知国土资源管理法律法规，强化相关知识储备，了解政策实施情况，提高工作的针对性和有效性。要对举报电话接听人员加强思想政治教育，做到细心、耐心、热心接听各类举报，正确处理违法线索。要安排国土资源主管部门的同志接听12336举报电话，倾听群众呼声，了解基层实情，推动国土资源管理工作上新台阶。

国土资源部办公厅

二〇一一年二月十五日

国土资源部、交通运输部、铁道部关于进一步加强和改进公路、铁路项目建设用地服务和监管的通知

（国土资发〔2011〕30号）

各省、自治区、直辖市国土资源、交通运输主管部门，各铁路局，新疆生产建设兵团国土资源局、各派驻地方的国家土地督察局：

近年来，公路、铁路建设快速发展，建设用地服务和监管工作逐年好转。但2009年度土地卫片执法检查结果显示，公路、铁路项目违法违规用地尚未得到有效遏制。为贯彻落实十部委《关于进一步加强和改进国家和省级重点工程项目建设用地服务和监管的通知》（国土资发〔2010〕87号）要求，进一步加强和改进对公路、铁路项目建设用地的服务和监管工作，促进公路、铁路项目建设的顺利实施和依法依规用地，现就有关事项通知如下：

一、牢固树立依法依规、节约集约用地意识

公路、铁路项目事关国计民生，工期紧、任务重，而且大多属于线性工程，点多线长、用地类别多、涉及范围广，用地报批工作难度大。多数公路、铁路项目属于国家和省级重点工程，社会各界和人民群众广泛关注，能否依法依规、节约集约用地，对维护土地管理和利用秩序具有很强的导向和示范作用。地方各级国土资源主管部门和公路、铁路行业主管部门要切实负起责任，主动协调、相互配合，保障公路、铁路项目建设及时供地和依法依规、节约集约用地。

各主管部门和用地单位都要牢固树立依法依规用地意识，坚决杜绝未经依法批准用地擅自开工建设行为，严禁单纯追求建设进度造成违法违规用地。要认真执行土地征收和临时用地补偿安置的法规政策，切实保障被征地农民权益，确保被征地农民生活水平不因征地而降低，坚决杜绝依靠行政命令压低补偿标准，侵害农民权益。要切实贯彻落实节约集约用地各项要求，坚持节约资源优先的原则，严格按用地标准供地，鼓励积极研究推广节地的技术和工程措施，严禁多占多用。

二、进一步改进公路、铁路项目建设用地服务

地方各级国土资源主管部门要按照国土资源部《关于加快做好国务院批准单独选址建设项目用地审查工作的通知》（国土资发〔2010〕192号）的要求，对符合条

件的公路、铁路项目建设用地，积极主动服务，改进用地审查报批工作，提高审批效率。

要充分发挥土地利用总体规划的统筹管控作用，在地方政府的统一组织下，国土资源主管部门会同有关部门，加快推进新一轮土地利用总体规划修编，将公路、铁路等重点基础设施项目纳入新一轮土地利用总体规划统筹安排，重点保障；要加强与公路、铁路行业主管部门的沟通协调，积极参与建设项目前期论证，科学合理选址（线），指导建设单位做好用地报件前期准备工作，确保及时申报；要强化用地预审，提前把好用地审查关，确保用地符合规划、纳入计划、符合用地标准，各类补偿安置费用和耕地占补平衡能够落实，征地能够实施。公路、铁路行业主管部门在土地利用总体规划编制、计划拟定、用地预审过程中，要主动提出用地需求，防止重复建设和超前建设，强化节约用地。

国土资源部将进一步加强用地审查、报批工作人员的业务培训，提高用地报批质量，促进各级国土资源主管部门及时发现和解决用地报批中存在的问题。对各省（区、市）申报的公路、铁路项目，同类补正问题多次提出而没有纠正的，国土资源部将进行通报。

国家重点公路、铁路建设项目，因工期紧急需开工建设的，在用地通过预审、项目可研批复后，桥梁、隧道、车站、特殊地基处理等控制性单体工程，以及受季节影响或与其他工程交叉干扰急需开工的工程，在设计审批部门确认工程选址和范围的前提下，可以申请并办理先行用地。先行开工工程涉及的拆迁安置用地，可一同申请办理先行用地。先行用地经批准后，要严格按照批准用地范围进行建设，同时抓紧申报正式用地，原则上应在6个月内完成。

公路、铁路项目正式报批用地时，可根据用地报批组卷进度，以市（地、州、盟）为单位分段报批用地。国家重点建设项目涉及的拆迁安置用地可随同项目用地一同报批；其他建设项目涉及的拆迁安置用地，在土地利用总体规划确定的城镇建设用地规划范围内的，按批次用地报批；在土地利用总体规划确定的城镇建设用地规划范围外的，可随同项目用地一同报批。对于建设施工中由于取弃土场等临时用地位置未确定等原因，难以完成土地复垦方案编制和评审工作，影响主体工程用地申报的，可由建设单位对此作出说明和承诺后报批用地。用地批准后，市、县国土资源主管部门在办理施工临时用地手续前，严格审核土地复垦资金和方案情况，土地复垦资金不落实、未按规定编制土地复垦方案的，不予办理临时用地手续。

加强项目建设用地规划设计管理，建设、设计单位应在设计过程中加强与各级国土资源主管部门沟通，及时提供有关信息，国土资源主管部门应加强服务、提前介入，加快用地手续办理。

三、切实加强行业指导和监管

各级公路、铁路行业主管部门要加强对建设、设计单位的指导和监督。在系统内积极宣传国土资源管理法律法规和政策的相关规定，进一步强化工作责任，认真落实耕地保护基本国策，切实增强建设单位依法依规用地和节约集约用地意识，依法履行建设用地审批程序，严格执行征地拆迁、补偿安置等各项政策要求。

对2009年度土地卫片执法检查发现的公路、铁路违法违规用地，行业主管部门和建设单位要积极配合国土资源主管部门做好整改工作，加快组卷报批，尽早完善用地手续。同时，对用地手续不完备的已建、在建公路、铁路项目进行一次全面清理整治，加快完善手续。

行业主管部门要严格履行监管职责，确定项目竣工时间要充分考虑项目用地申报、审批和征地实施等情况。建设用地未经依法审批，不得批准项目开工或以行政命令等手段强行要求开工。项目建设概算要依据国家有关政策足额安排征地补偿安置、补充耕地等费用，并依据有关规定安排被征地农民社会保障等费用，安排好搬迁农户建房等生活用地，切实维护农民权益，确保完成耕地占补任务。采取省部协议方式进行项目建设的，要确保协议签订后土地有关费用能够足额落实到位，用地报批工作顺利开展。

公路、铁路项目初步设计批准后，项目业主单位要及时、准确、完整地向国土资源主管部门提供设计文件和用地红线图，为建设用地组卷报批创造条件；公路沿线设施、铁路站场等项目在设计和建设过程中，要严格执行公路、铁路项目建设用地指标的规定，严禁超标准用地。国土资源主管部门要主动做好压覆矿产资源审核，指导项目主管部门做好协调工作。建设单位要主动与国土资源主管部门沟通，提前做好用地报批前期工作。建设单位必须积极配合国土资源主管部门协调征地拆迁中的有关问题，共同做好征地拆迁工作；要认真研究优化工程设计方案和施工组织方案，尽量少占耕地，节约集约用地；要严格依照国家有关政策规定缴纳相关税费，并督促施工单位及时进行土地复垦，确保耕地保护制度落到实处。

四、加强部门协调联动，严格监管

国土资源部、交通运输部、铁道部将建立多层次的用地协调机制，进一步健全共同责任机制，加强协调联动。

各级公路、铁路行业主管部门要加强对本区域工程建设情况的统筹规划，动态掌握项目建设用地手续办理情况，及时向上级主管部门报告用地手续办理情况。要积极配合国土资源主管部门履行监管职责。公路、铁路项目建设存在边报边用、未报即用等违法用地情况的，国土资源主管部门依法进行实地调查，勘查、测量面积时，建设单位应予以配合，并及时提供立项审批、用地报批等文件资料。未经国土资源主管部门检查核验，或者检查核验不合格的，主管部门不得通过项目竣工验收。

各级国土资源主管部门既要积极主动服务，也要严格规范管理。对先行用地建设项目超过批准范围使用土地，擅自改变公路、铁路用地性质进行建设的行为，要加大力度，严肃查处；严禁地方国土资源主管部门未经批准，擅自审批先行用地，一经发现，严格按非法批准用地查处；对制止无效、查处无法实施的公路、铁路项目违法用地，应当按照《关于进一步加强和规范对违反国土资源管理法律法规行为报告工作的意见》（国土资厅发〔2010〕58 号）要求，及时报告，省（区、市）国土资源主管部门对下级国土资源主管部门报告的违法行为，仍然制止无效、查处无法实施的，应当向省（区、市）人民政府和国土资源部专项报告，同时报告相关派驻地方的国家土地督察局。地方人民政府接到国土资源主管部门的报告后，对违法行为不制止、不组织查处、隐瞒不报、压案不查的，上级国土资源主管部门应会同有关部门，按照《关于实行党政领导干部问责的暂行规定》（中办发〔2009〕25 号）、《违反土地管理规定行为处分办法》（监察部、人力资源和社会保障部、国土资源部令第 15 号）的有关规定，追究政府主要领导人员和其他负有责任的领导人员的责任。

各派驻地方的国家土地督察局要进一步完善监管机制，加强建设用地审批事项审核督察，利用在线土地督察系统加强日常审核，组织开展实地核查。要通过与省级人民政府的定期通报机制，向省级人民政府及时通报重点建设项目违法用地情况；属于报国务院审批的单独选址项目用地，及时提出审核意见报国家土地总督察办公室，由国家土地总督察办公室在用地会审时提出意见，并向国务院有关部门通报；属于省级人民政府批准的重点建设项目用地，及时发出纠正整改意见。对违法用地情节和后果严重的，要报请国家土地总督察发出限期整改通知书，严肃查处，限期整改。

国土资源部

交通运输部

铁道部

二〇一一年三月二日

国土资源部关于进一步推进依法行政实现国土资源管理法治化的意见

（国土资发〔2011〕186号）

各省、自治区、直辖市及副省级城市国土资源主管部门，新疆生产建设兵团国土资源局，解放军土地管理局，国家海洋局、国家测绘地理信息局，中国地质调查局及部其他直属单位，各派驻地方的国家土地督察局，部机关各司局：

为贯彻落实依法治国基本方略，做好新形势下的国土资源管理依法行政工作，实现国土资源管理法治化，根据《国务院关于加强法治政府建设的意见》（国发〔2010〕33号），提出以下意见。

一、进一步强化依法行政意识和能力

1. 进一步推进国土资源管理依法行政的重要性和紧迫性。国土资源部党组始终高度重视依法行政工作，把依法行政作为建兴业的重要举措，作为关系国土资源改革与发展、具有全局意义的大事来抓。近年来，在全系统的共同努力下，具有国土资源特色的依法行政制度框架体系初步形成，国土资源法律体系基本建立，全系统领导干部依法行政意识能力大幅提升，行政权力运行日益规范，执法监督不断强化，国土资源管理依法行政取得明显成效。

当前，工业化、城镇化和农业现代化的同步快速推进，经济社会发展对资源的需求量不断增长，资源供需矛盾已经成为制约经济发展的重大问题，土地和矿产资源作为重要的生产资料，稀缺性和不可再生性更加凸显。资源配置不仅关系到公平正义原则的实现，也关系到社会主义市场经济体制的建立，还关系到国土资源领域的党风廉政建设。国土资源不但关系国家粮食安全、经济安全，更关系国家社会安全。面对复杂的形势，必须把依法行政纳入国土资源管理工作全局当中来谋划，在保障发展中不断完善国土资源管理制度体系，来提高服务和监管的水平；在保护资源中充分发挥国土资源管理制度的管控作用，来提高资源利用的效率；在维护国土资源管理秩序当中树立国土资源管理法治权威，来遏制违法违规的势头；在保障群众的权益中彰显国土资源执法的良好形象，来提高国土资源管理的公信力。

2. 进一步推进国土资源管理依法行政的指导思想和目标。进一步推进国土资源管理依法行政必须以邓小平理论和“三个代表”重要思想为指导，深入贯彻落实科学发展观，解放思想，改革创新，全面贯彻落实《国务院关于加强法治政府建设的意见》，以实现国土资源管理法治化为目标，健全决策程序，规范行政行为，强化行政监督，继续推进依法科学民主决策，不断深化行政审批制度改革，加快推进财政预算资金分配使用管理改革，推动保障和促进科学发展新机制的形成，促进经济社会全面协调可持续发展。

3. 提升国土资源管理系统工作人员特别是领导干部的依法行政意识和能力。领导干部依法行政意识和能力的提升，直接影响国土资源管理系统推进依法行政的成效。各级国土资源主管部门要高度重视国土资源工作人员特别是领导干部的依法行政意识和能力的培养，树立法治理念、弘扬法治精神、培育法治文化。国土资源工作人员特别是领导干部要深入学习宪法、深入学习社会主义法律体系，充分掌握应知应会的法律知识，增强学法、遵法、守法、用法的观念。深入学习《行政强制法》、《行政许可法》等重要行政法律，使全系统干部熟悉行政程序，提高尊重程序、遵守程序、运用程序的自觉性。完善国土资源领导干部集体学法、法制讲座学法等制度；积极开展法律知识培训工作，把法律法规学习课程纳入全系统各类培训中，建立干部任职前法律培训和考试制度，建立国土资源法律法规知识题库，切实提高运用法治思维和法律手段解决国土资源管理中突出问题和矛盾的能力；定期进行对国土资源工作人员特别是领导干部推进依法行政工作的考核，重视选拔任用依法行政意识强、善于用法律手段解决问题、推动国土资源管理法治化的优秀干部。

4. 健全推进依法行政的领导体制和机制。各级国土资源主管部门要建立由主要负责人牵头、法制机构组织、各业务机构承担的依法行政体制。每年至少听取两次依法行政工作汇报，及时掌握和解决存在的突出问题，研究部署下一阶段工作和任务，必须保障依法行政工作经费。建立依法行政工作考核机制，将考核结果作为领导班子和领导干部综合考核评价的重要内容。

5. 转变国土资源管理职能。各级国土资源主管部门要依法履行经济调节、市场监管、社会管理、公共服务等职能。凡是公民、法人和其他组织能够自行管理或市场竞争机制能够自行调节的、行业组织或者中介机构通过自律能够解决的事项，不要通过行政管理方式解决，从而确保政府职能不缺位、不越位、不错位。要按照建设法治政府的要求，不断创新行政管理方式。科学合理划分审批权限，不断减少行政审批事项，提高行政管理效能。

二、推进依法科学民主决策

6. 健全国土资源决策程序。各级国土资源主管部门要加强行政决策程序建设，健全国土资源重大事项集体决策制度，完善内部会审制度和听证制度，落实重大决策合法性审查和专家咨询论证制度，引入竞争性项目社会评审机制，提高决策效力，推进决策科学化、民主化、法治化。重大事项应当集体讨论决策的，个人不得擅自决策。要把公众参与、专家论证、风险评估、合法性审查和集体讨论决策作为重大决策的必经程序。作出行政决策前，要广泛听取、充分吸收各方意见，意见采纳情况及其理由要以适当形式反馈或者公布。重大决策事项要经部门常务会议或者领导班子集体讨论决定的，必须在会前或者讨论前交由法制工作机构进行合法性审查，未经合法性审查或者审查未通过的，不能提交会议讨论、作出决策。

7. 建立国土资源行政决策风险评估机制。凡涉及人民群众切身利益、影响面广、容易引起社会不稳定问题的国土资源管理重大项目、重大改革措施、重大资金分配使用、重大政策文件出台等决策事项，都要进行合理性、可行性和安全性评估，重点对资源环境承载力、资源节约集约利用和资源利用可持续、社会稳定、廉政风险等方面进行评估，了解政策的预期效果、对公众的影响以及风险成本等，制定相应的化解处置预案。建立专家论证、公众参与、专业机构测评相结合的国土资源行政决策风险评估工作制度，建立调查论证、会商分析、综合研判的国土资源重大决策风险化解机制。风险评估结果应作为国土资源行政决策的重要依据。

8. 全面落实国土资源听证制度。依照法律法规规定应当组织听证的必须按照公正、公平、公开、便民的原则组织听证。规范听证程序，严格按照法定时限和程序组织听证，听证参加人要有广泛的代表性，利益相关人必须占大多数。强化听证效力，对涉及相对人重大利益的，多数听证代表持反对意见的，决策要慎重，要认真组织研究听证意见，不予采纳的要说明理由，并及时向上级汇报听证情况及意见采纳情况，将听证结果作为决策的备查材料。县级以上国土资源主管部门除依法应当组织听证的以外，对涉及相对人直接利益的土地整治规划、城乡建设用地增减挂钩、矿区整合等重大事项，也要逐步推行听证。

9. 完善国土资源法律法规体系。制定国土资源管理规章和规范性文件要严格遵守法定权限和程序，积极完善公众参与的制度和机制。国土资源部门规章和规范性文件，除依法需要保密及应急性的事项外，应当采取听证会、座谈会、互联网等多种方式向社会公众公开征求意见，并以适当方式反馈意见采纳情况。要积极开展国土资源法律法规体系框架的统筹研究，实行项目储备。加强项目计划管理，强化进度管控，实行中期通报和年终总结制度。建立将成熟的规范性文件及时上升为规章的机制。要及时将国土资源管理改革的成功经验上升为制度措施，加强重点领域和关键环节的立法，提高立法质量，完善国土资源法律体系。

10. 建立规章和规范性文件“实时清理、自动更新”机制。法规清理是对国土资源管理水平的直接检验和评估。县级以上国土资源主管部门要根据立法机关的要求，认真开展法规清理工作，建立主动清理、定期清理和专项清理相结合的清理工作机制。清理工作结束后，应当将清理结果以部门规章、规范性文件等适当形式通过报刊、网站等媒介及时向社会公布。起草新的法规、规章草案和规范性文件时，要对已经发布的相关文件进行梳理，研究新文件与以往文件的逻辑关系，提出对以往文件的处理意见，实现“实时清理”。探索建立法规编纂工作制度。将现行有效的规章和继续有效的规范性文件汇编成册，作为国土资源管理工作的法定文本。建立国土资源法律法规数据库，将涉及国土资源管理的法律、行政法规、规范性文件纳入数据库，并进行适时更新。

11. 加强规范性文件管理。各级国土资源主管部门要严格按照法定权限和程序制定规范性文件，规范性文件不得创设行政许可、行政强制、行政处罚、行政审批等事项，不得违法作出限制公民、法人、其他组织权利和增设义务的决定。科学管理规范性文件发文计划，重要的规范性文件要公开征求意见。建立规范性文件有效期制度，新出台的规范性文件必须规定有效期，一般不得超过5年。建立规范性文件备案制度，县级以上地方国土资源主管部门应当在规范性文件发布后一个月内报上一级国土资源主管部门备案。探索建立规范性文件统一登记、统一编号、统一发布的“三统一”制度。完善规范性文件合法性审查制度，新出台的规范性文件必须由法制工作机构对文件的合法性、合理性、可行性进行审查，需要会议讨论审议的，应在会前由法制工作机构进行合法性审查，对于超越法定权限，设定行政许可和行政审批事项，增设公民、法人和其他组织义务的，不予审查通过。经审查通过的规范性文件，部门负责同志方可签署。规范法律、行政法规和规章应用解释工作，积极配合立法机关解释活动，建立行政管理相对人、专家学者、社会中介机构等多渠道解释事项收集制度，做好对规章的立法解释、对法律法规适用的行政解释和对国土资源管理工作的指导性意见等三类解释工作，并由法制工作机构按照专门类别统一解释、统一编号、定期发布。

12. 推进规章和规范性文件后评估制度。落实《国土资源部规章和规范性文件后评估办法》，全面建立规章和规范性文件后评估制度，评估结果要作为国土资源立法和制定政策的重要依据。各级国土资源管理部门应当对经济社会发展影响较大、群众反映强烈的规章和规范性文件的制度设计、实施效果、立法质量、存在问题等进行全面评估。对直接关系人民群众切身利益或对经济社会发展有较大影响、群众反映强烈的规章实施满2年的，必须进行评估。评估绩效报告应作为修改或者废止规章、完善配套制度和改进行政执法工作的主要依据，并向社会公开发布。要根据评估结果确定下一年度的发文计划，科学推进规章和规范性文件的立、改、废。

三、深化行政审批制度改革

13. 深化行政审批制度改革的总体要求。要进一步减少行政审批事项，下放审批权限，规范审批程序，提高审批效率，逐步推广审批集中和批、管分离，推动行政审批工作的精细化、标准化。强化国土资源主管部门的市场监管和公共服务职能，着力解决“重审批轻监管”等问题。进一步发挥市场配置资源的主体作用，切实转变行政管理职能和资源配置方式。加快建立全国规则统一、程序科学、公开透明的土地矿产资源有形交易市场。

14. 规范建设用地使用权和矿业权交易行为。进一步完善建设用地使用权招标拍卖挂牌制度，逐步扩大范围、规范程序。推进招标拍卖挂牌方式出让建设用地使用权和新设矿业权，深化土地和矿业权审批制度改革，严格实行审批接办分离、网上报批、联网审查、集体会审、限时办结、结果公开，接受社会监督。深入治理土地交易过程中串标、设定限制条件和门槛、商业关联交易等违法违规问题，解决矿业权出让公开竞争制度不健全、交易制度不完善、监管措施不到位等问题。积极推进建设用地使用权和矿业权网上交易和网上监管，建立矿业权交易制度，依法规范交易活动。进一步加大土地出让后的监管力度，建设用地出让后，必须依法管控，不得擅自调整修改容积率指标等土地出让条件，依法改变土地用途和调整容积率指标的，应依法按照市场价格补缴土地出让价款。强化土地和矿业权市场动态监测监管，完善和深化土地"批、供、用、补、查"信息监管系统。

15. 大力推进政务公开。加大国土资源政府信息公开力度，坚持以公开为原则、不公开为例外，确定公开事项，制定公开目录，设立公开标准。及时公开规章制度和规范性文件，每年公布现行有效的规章和继续有效的规范性文件目录，未公开的规章和规范性文件不得作为行政执法依据；重点公开国土资源主管部门财政预算、重大建设项目批准和实施、规划计划执行情况、重要业务进展情况、重要统计数据及具有重大社会影响和需广大公众参与的政府信息；全面公开办事依据、条件、要求、过程和结果。充分利用电子政务系统和门户网站提高公共查询服务水平，提供土地登记资料、地质资料和行政审批结果等信息资料的公开查询，建立国土资源便民统一查询平台，实现国土资源信息查询的互联互通，促进国土资源信息资料查询的集群化产业化发展。建立健全信息公开的监督和保障机制，针对政府信息公开范围、公开内容、公开方式、公开时间等定期开展评议考核。

16. 加强资源市场中介机构管理。积极引导资源市场中介机构健康发展，鼓励中介机构为国土资源技术业务提供支撑。加强对行业协会以及土地整理、土地估价、储量评审和矿业权评估等中介机构的管理，严格行业资质、加强行业建设、规范行业行为，应当由行业协会承担的必须交由其承担。尽快制定资源市场中介机构管理的法规规章，规范业务范围、从业人员资格、资金管理等。加快制定土地估价管理办法和矿业权评估行业管理办法，建立中介机构廉洁从业和诚信档案，加大中介机构和从业人员违法违规的责任追究力度。严禁各级国土资源主管部门工作人员在经营性事业单位或中介机构交叉任职，切实做好政企分开、管办分离。

四、推进财政预算资金分配使用管理改革

17. 规范财政预算资金的分配。各级预算单位要依法科学合理地编制预算，努力提高资金使用效率。严格按照程序编制预算，重大预算项目必须提交集体讨论、民主决策。专项资金的分配必须公正公开、依据充分、用途明确，严格按照规定编制预算细化方案，如需调整预算项目及经费必须报经有关部门核批。

18. 提高财政预算资金使用效率。严格按照预算法及现行有关财务制度使用各类预算资金，保证项目顺利实施，合理使用资金，努力提高效率。探索建立资金特别是重大专项财政预算资金使用效益评价机制，研究制定重大专项资金使用效率考核指标体系和具体标准，推进项目绩效考核。建立资金分配和使用奖惩制度，将财政

预算资金使用考核评估结果与今后预算资金的分配相挂钩。

19. 加强财政预算资金的分配使用监管。加强对土地整治、中低产田改造、基本农田保护、地质找矿、矿山环境治理、资源节约利用、境外勘查开采、地质灾害防治、科技项目等方面的资金使用监督。对新增建设用地的土地有偿使用费、探矿权和采矿权价款、矿产资源补偿费等专项收入安排的财政专项资金和部门预算执行情况，要进一步加强审计。进一步完善内部财务审计、领导干部人员经济责任审计和离任审计制度，积极推进行政问责制，严肃追究各类财经违法行为，促进国土资源反腐倡廉建设。各级国土资源主管部门要支持配合审计、监察等部门依法独立行使监督权。

五、规范执法行为

20. 完善执法程序。建立健全立案、回避、调查取证、告知、审查、送达等执法程序，加强程序制度建设。严格依照执法程序办事，按行政强制法、行政处罚法等规定，依法应当回避、告知、听证的，必须履行法定程序。规范执法裁量权行使，建立国土资源行政裁量权基准制度，合理细化自由裁量权情形、科学量化自由裁量权权限，制定自由裁量权适用范围和规则，严格限制裁量权的行使。加强执法程序监督，作出行政处罚或行政强制前，必须由法制部门对其是否存在程序瑕疵进行审核。

21. 提高执法能力。各级国土资源主管部门要“敢于碰硬，不怕得罪人”，做到严格执法、规范执法、公正执法、文明执法，切实保障当事人合法权益，坚持程序和实体并重。加强国土资源执法队伍建设，严格执法人员资格管理，全面提高执法人员素质。改进和创新执法方式，坚持管理和服务并重、处置和疏导结合，实现法律效果与社会效果的统一。运用高科技手段执法，探索违法线索网上举报、执法流程网上管理，提高执法效率和规范化水平。

22. 规范查处行为。根据法律法规规章的立、改、废情况，及时对执法依据进行调整和梳理，制定国土资源违规违法行为立案查处标准，并及时向社会公开立案标准和执法依据。通过 12336 国土资源违法线索举报热线、来信来访等方式多渠道收集违法线索。国土资源违规违法案件查处必须做到事实清楚、证据确凿、定性准确、处理恰当、手续完备、适用法律法规正确、符合法定程序和法定职责权限，查处过程要公开透明，对重大、特别重大或者群众反映强烈、社会影响力大的案件要及时向社会通报查处过程和结果。

23. 健全社会矛盾纠纷调解机制。各级国土资源主管部门要充分发挥行政机关在化解社会矛盾纠纷中的作用，引导群众通过行政复议、司法诉讼、仲裁等渠道化解矛盾纠纷。建立健全征地补偿标准争议裁决机制，对征地补偿标准争议要先行协调，协调不成的，依法进行裁决。注重运用调解、和解等方式解决纠纷，完善国土资源行政调解制度，科学界定调解范围，规范调解程序。要主动排查国土资源管理工作中的矛盾纠纷隐患，对国土资源管理过程中涉及人数较多、影响较大、可能影响社会稳定的矛盾纠纷，要主动进行调解。

24. 强化行政复议在解决矛盾纠纷中的作用。充分发挥行政复议在解决矛盾纠纷中的作用和内部管理的层级监督作用，强化内部纠错机制。要及时依法公正作出复议决定，各级国土资源主管部门要严格执行行政复议决定，对拒不履行或者无正当理由拖延履行的，要依法严肃追究有关人员的责任。加强行政复议信息化建设，逐步实现复议决定的全国查询。探索开展相对集中的行政复议审理工作，强化行政复议委员会职责，完善工作机制，健全工作制度。完善行政应诉制度，积极配合人民法院的行政审判活动，建立行政机关负责人出庭应诉制度和行政诉讼旁听制度。

25. 严格国土资源行政问责。严格国土资源行政问责，坚持有错必纠、有责必问。对因有令不行、有禁不止、行政不作为、失职渎职、违法行政等行为，导致发生重大责任事故、事件或者严重违法行政案件的，要严肃追究有关领导的责任，督促和约束国土资源主管部门及其工作人员严格依法行使权力、履行职责。进一步完善国土资源行政执法评议考核制度，分解执法职责，细化执法标准。注重群众和舆论监督，认真做好国土资源行政应诉工作，严格行政问责。

六、加强监督和组织保障

26. 正确处理依法行政和改革创新的关系。依法行政需要不断改革创新，只有改革创新才能更好地推进依法行政，才能为依法行政提供不竭动力。依法行政为改革创新提供有效的制度保障，改革创新必须坚持依法行政，必须以依法行政为前提，不能突破现行政策法律规定。国土资源管理改革创新必须先行试点，储备政策制度。批准试点要严格按照有关规定，确保局部试点、封闭运行、规范管理、依法推进、结果可控，未经批准不得擅自开展试点或扩大试点范围。要在调查研究基础上不断调整试点方案和政策，校正试点偏差。在试点基础上取得的好的经验和做法要及时上升为政策法律，确保试点工作在依法行政基础上规范运行。

27. 加强依法行政督促检查。加强对推进依法行政工作的督促指导、监督检查和舆论宣传，定期对本单位推进依法行政工作进行考核，将依法行政要求纳入绩效管理评估指标体系，并将评估结果作为目标责任制考核的依据。建立依法行政定期检查制度，由省级国土资源主管部门组织对本省内的依法行政工作进行检查；每五年由国土资源部组织对全国的国土资源管理依法行政工作进行检查并通报检查结果。严格实行国土资源管理依法行政报告制度，每年应对依法行政工作进行总结，将总结情况向上级主管部门汇报。建立依法行政表彰批评机制，加强宣传依法行政工作典型经验。对推进依法行政工作的先进单位在重大资金项目安排、差别化土地利用政策、重大试点改革、建设用地指标等方面的政策给予支持，对个人可优先选拔任用并在年度考核、创先评优等活动中予以倾斜；要重视提拔任用依法行政意识强、善于用法律手段解决问题、推动国土资源管理法治化的优秀干部；对依法行政工作不力的单位要予以通报批评、减少建设用地指标、取消评优资格。

28. 建立健全国土资源法制机构和队伍建设。进一步加强市、县级国土资源主管部门法制机构和队伍建设，在地市级国土资源主管部门必须单独设立国土资源法制机构并配备必要的专业工作人员。加大国土资源法制干部的培养、使用和交流力度，不断增强干部法律意识、提高法律素养、提升依法行政能力和水平，要重视提拔政治素质高、法律素养好、工作能力强的法制干部。

29. 加强基层国土资源主管部门的建设。各级国土资源主管部门要结合五年规划实施情况，制定依法行政的年度工作计划与检查考核标准，每年定期开展依法行政检查和调研，开拓思路、创新方法。加强基层国土资源所的建设，强化职能定位，提高干部意识，抓紧落实和解决人员、编制、经费、设施等问题。

30. 建立健全“制度＋科技”的工作机制。探索运用科技手段完善反腐倡廉建设协调机制，形成多方联动、上下互动的反腐倡廉工作格局。进一步加强国土资源信息化建设，健全完善全国土地利用“一张图”和土地“批、供、用、补、查”综合电子信息监管平台，将矿产资源勘查开采纳入遥感监测范围，利用“一张图”管地、管矿，健全完善“天上看、地上查、网上管”的国土资源综合监管体系。各级国土资源主管部门办公局域网都要把所有的监管内容定制到运行软件中，并在此基础上坚持系统信息公开。积极建立健全规则统一、程序科学、公开透明的土地和矿业权交易平台，变分散交易为集中交易，统一信息发布、交易规则和运作监管；推进行政审批标准化管理，坚持接办分离，网上报批、网上公布，建设统一的网上审批平台和电子监察系统。

各级国土资源主管部门要认真贯彻落实本意见，根据《国务院关于加强法治政府建设的意见》(国发〔2010〕33号）精神，研究本地区今后一个时期加强国土资源管理依法行政工作的总体规划，明确目标任务、具体措施、完成时限和责任主体，确定重点、扎实推进、锐意进取，积极推进社会主义法治政府建设。

从发文之日起，本意见的有效期为10年。

国土资源部

二○一一年十一月十八日

国土资源部关于贯彻实施《中华人民共和国行政强制法》的通知

（国土资发〔2011〕207号）

各省、自治区、直辖市及副省级城市国土资源主管部门，新疆生产建设兵团国土资源局，国家海洋局、国家测绘地理信息局，中国地质调查局及部其他直属单位，各派驻地方的国家土地督察局，部机关各司局：

《中华人民共和国行政强制法》（以下简称行政强制法）将于2012年1月1日起施行。为了做好行政强制法的实施工作，根据《国务院关于贯彻实施〈中华人民共和国行政强制法〉的通知》（国发〔2011〕25号）的要求，结合国土资源管理工作实际，现就有关问题通知如下：

一、充分认识行政强制法施行的重要意义

《行政强制法》是继《行政处罚法》、《行政复议法》、《行政许可法》之后又一部规范行政机关行政行为的重要法律。它的公布施行，对保障和监督行政机关严格依法履行职责，保护公民、法人和其他组织的合法权益具有重大意义。国土资源管理系统承担着依法管理和合理利用国土资源的重要职责，可以依法采取一定的行政强制，在国土资源管理工作中贯彻落实好《行政强制法》，不但关系国家粮食安全、经济安全，更关系国家社会安全。全系统全面、正确地实施《行政强制法》，对于促进经济社会协调发展，维护社会和谐稳定具有重要意义。各级国土资源主管部门要从深入贯彻落实科学发展观，深入推进依法行政，实现国土资源管理法治化，构建社会主义和谐社会的高度，充分认识贯彻实施行政强制法的重要意义，采取有效措施，做出具体部署，狠抓贯彻落实，扎实做好行政强制法实施工作。

二、加强对行政强制法的学习、宣传和培训

行政强制法确立了行政强制的基本原则，规定了行政强制的种类和方式、行政强制的设定、行政强制措施实施程序、行政机关强制执行程序、申请人民法院强制执行、实施行政强制的法律责任等重要制度，对行政强制做了系统规范和全面调整。各级国土资源主管部门要从贯彻落实科学发展观的高度出发，紧密结合《国土资源管理系统法制宣传教育第六个五年规划》和部即将下发的《国土资源部关于进一步推进依法行政实现国土资源管理法治化的意见》要求，以贯彻落实《行政强制法》为契机，持续深入加强对《行政诉讼法》、《行政许可法》等重要行政法律学习，突

出重点、注重实效，做到学习培训与管理实践有机结合。部决定集中组织开展一次行政强制法等重要行政法律学习活动，加强对全系统干部行政法律知识的学习、宣传和培训。地方各级国土资源主管部门也要按照部的统一部署，将学习宣传培训活动纳入“六五”普法规划的主要内容，成立专门机构推进，建立学习宣传工作责任制，保障各项活动责任落实到人。要根据不同情况，针对不同对象，采取生动灵活的形式和方法，制订切实可行的计划，狠抓贯彻落实。促使全系统干部特别是领导干部、审批和执法岗位上的工作人员以及市、县国土局长深刻领会行政强制法的精神实质，全面掌握其具体规定，并在行政执法中自觉贯彻执行。为行政强制法的正确实施营造氛围，做好准备。

三、认真做好行政强制有关规定的清理工作

根据行政强制法的规定，现行有关行政强制的规定与行政强制法不一致的，都要修改或者废止。地方各级国土资源主管部门要抓紧开展专项清理工作，把清理行政强制有关规定作为贯彻实施行政强制法的重要准备工作来抓。对自己负责执行地方性法规、地方政府规章进行认真梳理，与行政强制法不一致的，要主动向制定机关提出修改或者废止的建议；对自己制定的规范性文件中有关行政强制的规定，要对照行政强制法进行认真研究，该修改的要及时修改，该废止的要坚决予以废止。清理工作要在2011年底前全部完成，清理结果要通过门户网站等多种方式向社会公布。部将按照国务院的统一部署，按时完成相关行政法规的清理工作。在做好清理工作的同时，还要针对现行规定与行政强制法不一致的问题，主动与有关部门沟通，提前研究解决方案和处理措施，既要保证行政强制法的正确实施，又要保证国土资源管理工作的正常秩序。

四、进一步规范国土资源行政强制的设定和实施工作

根据行政强制法的规定，行政强制主要由法律设定。法律、法规以外的其他规范性文件不得设定行政强制措施。各级国土资源主管部门要加强研究，对履行国土资源管理职责确实需要，应当设定行政强制的，要在起草法律、法规草案时，主动加强与立法机关的沟通，说明有关情况，并按照行政强制法规定的程序，召开听证会、论证会等充分听取社会各方面的意见，做到科学立法、民主立法。特别是正在起草或修改的法律、法规，更要按照行政强制法的精神，科学合理地设定行政强制，使国土资源主管部门行使的行政强制权有法可依，程序合法。各级国土资源主管部门的法制机构要进一步加强规范性文件合法性审查工作，把是否设定行政强制作为合法性审查的重要内容，对设立行政强制的规范性文件一律不得通过合法性审查。

各级国土资源主管部门要进一步规范行政强制的实施主体。要对内设机构、直属单位等进行全面排查，对其日常管理和事务性工作中与行政强制有关行为的依据、方式和程序等予以审核，对没有法定依据实施行政强制、内设机构以自己的名义实

施行政强制、未经法律或者行政法规授权行使行政强制权的，要一律予以纠正。特别是，目前国土资源基层执法队伍普遍存在人员不足、事业编制和行政编制并用的问题比较突出，要及时妥善予以纠正和解决。对于规范后确定保留的行政强制实施主体，要严格依法行使行政强制权，不得委托，坚决避免执法的随意性，保持国土资源执法的严肃性和权威性。各级国土资源主管部门要进一步规范行政强制的实施程序，大力强化程序意识，建立健全有关配套制度，保证把行政强制法的各项程序规定落到实处。各级国土资源主管部门要进一步强化对实施行政强制的监督，严格履行行政强制法规定的义务和程序，防止违法实施行政强制。尊重并保障当事人的合法权益，完善当事人陈述申辩制度，健全国土资源行政强制执行的补救制度。对于违法实施行政强制的，要坚决予以纠正，应当追究法律责任的，依法追究有关责任人员的法律责任。

五、努力破解国土资源执法难题

行政强制法对行政机关申请人民法院强制执行作了明确规定。可以采取行政强制措施或者有行政强制执行权的国土资源主管部门，应当运用法律武器，加大执法力度，及时实施行政强制，有效制止违法行为。对于依法可以申请人民法院强制执行的，国土资源主管部门应当积极主动与人民法院沟通配合，按照行政强制法规定时间和程序提交有关材料，配合完成相关工作，促进执行工作顺利开展，切实维护国土资源管理秩序。对于人民法院不予受理的裁定，国土资源主管部门可以依照法定的救济程序申请复议。按照行政强制法明确规定，国土资源主管部门申请人民法院强制执行，不需交纳申请费，强制执行的费用由被执行人承担。

六、以贯彻实施行政强制法为契机，实现国土资源管理法治化

各级国土资源主管部门要把贯彻实施行政强制法，规范行政强制行为作为当前和今后一个时期全面推进依法行政，实现国土资源管理法治化的一项重要工作来抓，把贯彻实施行政强制法与贯彻实施《国务院关于加强法治政府建设的意见》和即将下发的《国土资源部关于进一步推进依法行政实现国土资源管理法治化的意见》结合起来，统筹考虑、统一安排。要以贯彻实施行政强制法为契机，进一步树立社会主义法治理念，加强制度创新，严格依法行政，注重行政监督，不断提高依法行政的意识和能力，提高国土资源管理的执行力、公信力和质量效果，围绕中心任务，为努力提高国土资源管理能力和水平、促进经济社会科学发展做出贡献。

贯彻实施行政强制法，需要清理行政强制的规定，规范行政强制行为，建立健全配套措施，强化对实施行政强制的监督。这些工作法律性、政策性、专业性强，任务重。各级国土资源主管部门的法制工作机构在这方面负有重要责任。各级国土资源主管部门要适应工作需要，采取切实有效措施，充分发挥其在推进依法行政中的统筹作用、立法工作中的主力军作用、政策研究的智囊作用。法制工作机构也要

加强自身组织建设和业务建设，不断提高自身素质，积极履行好在依法行政方面的重要职责。

地方各级国土资源主管部门要按照本通知要求，要结合本地实际，认真研究，抓好落实。有关贯彻实施情况和实施过程中遇到的新情况、新问题，请及时报部。

国土资源部

二〇一一年十一月二十八日

国土资源部办公厅关于加快推进国土资源遥感监测“一张图”和综合监管平台建设与应用的通知

（国土资厅发〔2012〕42号）

各省、自治区、直辖市和副省级城市国土资源主管部门，新疆生产建设兵团国土资源局，中国地质调查局及部其他直属单位，各派驻地方的国家土地督察局，部机关各司局：

为深入贯彻落实全国国土资源信息化工作会议精神和《国土资源信息化“十二五”规划》部署，现就加快推进国土资源遥感监测“一张图”（以下简称“一张图”）和综合监管平台建设与应用有关事项通知如下。

一、明确总体要求

（一）总体进度要求。2012年底前，基本完成省级和部分市级“一张图”和综合监管平台建设，部综合监管平台进一步完善拓展；2013年底前，完成半数以上的市级“一张图”和综合监管平台建设，省级综合监管平台得到进一步完善拓展。到“十二五”末，市级以上“一张图”和综合监管平台全面建成，并在各级国土资源调查评价、管理决策、监测监管、形势分析、社会服务中得到制度化、常态化应用。

（二）总体任务要求。部信息办、信息中心负责相关技术标准的梳理、完善和推广，对全国“一张图”和综合监管平台建设进行技术指导。部机关各司局和土地督察机构要充分运用“一张图”和综合监管平台提升管理效能，根据各自的监管职责提出完善和拓展的需求。部信息中心、地调局、规划院等单位要做好数据保障、系统建设与运行维护等服务工作。地方各级国土资源主管部门要明确本级监管的目标和重点，各业务主管部门结合各自的监管职责提出建设需求，在本级技术部门的配合下，按照统一的技术标准规范，统筹部署、推进“一张图”和综合监管平台建设。省级国土资源主管部门要统筹推进省以下“一张图”和综合监管平台建设与应用，协助部层面做好系统部署、信息汇集与上报。

二、加快推进“一张图”核心数据库建设

（一）明确“一张图”核心数据库建设的主要内容。“一张图”核心数据库是基于统一的基础地理空间参考，以高分辨率正射遥感影像为统一的数据本底，整合、关联和分层叠加各类土地、地质矿产基础数据的国土资源数据体系。开展“一张图”

核心数据库建设，必须在各级国土资源数据中心统一的软硬件环境支撑下，遵循统一的数据库标准规范，统筹推进、分步实施。各类管理信息系统都要纳入本级国土资源数据中心运行维护，产生的管理业务数据整合在“一张图”核心数据库中。按照“一数一源”的原则，加强对本级国土资源数据中心各类数据资源的统筹、梳理和集成，一项业务只能有一套数据，确保各类业务数据的唯一性。

（二）加快土地基础数据库整合。以宗地统一代码编制为基础和抓手，加快推进土地登记、土地调查、土地利用动态监测等数据库建设，推进全国地籍信息汇集和整合；加快全国五级土地规划数据库建设，2012 年完成全国省级和重点城市土地规划数据库建设；加快基本农田数据库建设；推进采矿用地方式改革试点区的采矿用地数据上图入库；加快省级以上开发区数据上图入库。

（三）加快地质矿产基础数据库整合。2012 年完成部分矿种矿产资源潜力数据库建设；整合矿产资源利用现状调查成果，更新矿产资源储量数据库；完成全国部分市、县级第二轮矿产资源规划数据库汇交和整合；推进矿业权设置方案数据库建设；加快全国重点地区地质灾害、矿山地质环境、地质遗迹保护等数据的整理、入库。

（四）强化数据汇交。各级国土资源主管部门要认真贯彻《国土资源部关于印发＜国土资源数据管理暂行办法＞的通知》（国土资发〔2010〕142 号），相关部门在组织实施规划、调查评价和监测工作中，要按照统一的数据库标准规范和“一张图”核心数据库整体架构同步开展数据生产、基础数据库建设，按时将成果数据汇交到本级国土资源数据中心。

（五）保持各级数据的一致性和动态同步更新。同一类数据库在各级应该保持数据指标等方面的一致性。省、市级国土资源主管部门在向上汇交、报送各类数据的同时，要把数据纳入本级国土资源数据中心。落实“谁生产、谁负责”的数据更新制度，数据更新与业务工作要紧密关联，在应用中实现数据的同步动态更新。规划修编和调整与规划数据库更新同步，逐级上报更新数据。调查评价和监测工作要以现状数据库为基础，利用调查评价和监测成果同步更新数据库。各项管理业务要以本级“一张图”核心数据库为支撑，利用管理工作产生的信息实时更新管理业务数据库。加强各级国土资源管理信息系统之间的互联互通，逐步实现管理业务数据的网上同步自动更新。

三、加快推进综合监管平台建设

（一）明确综合监管平台建设的主要内容。综合监管平台由动态信息采集与监测系统和数据综合分析系统组成，具有信息集聚、动态监测、在线分析、辅助决策等功能。开展综合监管平台建设，要以“一张图”核心数据库为基础，集成整合覆盖全国、贯穿各级的各类国土资源信息，通过图上比对核查、信息关联印证、数据综合分析，实现对国土资源管理行为、市场交易、开发利用的全程全覆盖实时动态监管，以及国土资源形势的科学分析研判。

（二）持续拓展部综合监管信息覆盖范围。部向地方各级国土资源主管部门，以及地勘单位和土地、矿产开发单位部署网络化动态信息采集与监测系统（包括监测监管、备案和统计网络直报系统等），实时获取部层面综合监管所需要的信息。

在土地综合监管信息采集与监测方面，2012 年要完成全国土地登记信息动态监管查询、工矿废弃地复垦利用和低丘缓坡荒滩等土地开发利用试点在线监管、基本农田动态监管等系统建设。进一步完善农村土地整治监管（含重大专项、高标准基本农田建设、土地整治权属管理）、土地利用计划管理、省级建设用地审批备案、省级政府耕地保护责任目标考核及预警分析、城市建设用地实施方案备案、土地市场动态监测与监管、城乡建设用地增减挂钩在线监管、在线土地督察、土地卫片执法检查、违法案件查处及统计等系统。加强各系统之间的衔接和数据的关联印证，确保管理各环节数据的一致性、完整性和准确性。

在矿产资源综合监管信息采集与监测方面，围绕四级国土资源主管部门的矿业权审批发证、全国地勘单位资质和勘查活动、矿山企业开发活动、矿产执法的全程全覆盖动态监管，完善、整合和拓展相关的动态信息采集与监测系统。2012 年启动矿产资源勘查和开采年检、矿山储量动态监测等系统建设。

（三）加强省、市级综合监管信息采集与监测。省、市级国土资源主管部门要做好部统一部署的动态信息采集与监测系统与本级行政审批等管理信息系统的对接，逐步实现信息的自动抓取。要尽可能采用部统一部署的系统实时获取本级综合监管所需要的信息，如果内容和指标不能满足本级监管需求，可在此基础上拓展，或自行组织开发部署满足本级监管需求的系统。市级国土资源主管部门要加强对土地开发项目的开工、施工、竣工，以及矿山开发活动的动态信息采集与监测。

（四）建立数据综合分析系统。各级国土资源主管部门围绕各自的监管重点，设计监测、监管和预警指标，基于数据分析模型，建立数据综合分析系统，对各类信息进行叠加、比对、关联和深度挖掘分析，监测预警重要指标，分析研判国土资源形势。强化辅助决策支持和三维模型展示等功能开发。加强数据综合分析系统与行政审批等管理信息系统之间的衔接，保证数据的唯一性、实时性、准确性、全面性。

四、深化“一张图”和综合监管平台应用

（一）全面实行“以图监管”。在实施“双保工程”、“两整治一改革”、耕地保护责任目标考核、城乡建设用地增减挂钩检查、土地节约集约利用评价、闲置地清查等专项工作中，要强化项目数据的上图入库，通过图上比对核查提高监管的针对性、有效性。在推进建设用地、矿业权审批等制度改革中，要发挥“一张图”和综合监管平台的自上而下图上监管、批后跟踪的优势，调整改进审批工作。深化土地

矿产卫片执法检查系统和在线土地督察系统应用。

（二）建立定期报告制度。各级国土资源主管部门要组织专门的工作人员，通过“一张图”和综合监管平台的日常化运行分析国土资源数量、质量、分布、潜力及开发利用状况，不断完善数据分析的主要内容和指标，定期出具报告，为调控资源供应总量、布局、结构、时序提供依据。

（三）建立监测预警机制。各业务主管部门要围绕各自的监管职责，定期和不定期做好建设用地审批、矿业权审批、土地市场、矿业权市场、土地利用计划执行、供地率、重点行业用地、违法违规等指标的监测和预警分析，对于发现的问题进行分级、分类预警和报告，并适时汇总和通报。

（四）强化“一张图”和综合监管平台对调查评价、监测和土地督察的支撑。各级国土资源主管部门要加强日常管理数据的实时上图入库，及时更新本级“一张图”核心数据库，并以此作为调查评价和监测工作的基础，提高工作效率，促进“一查多用”。土地督察机构应充分运用“一张图”和综合监管平台的数据成果，提高土地督察工作的质量和效率。

五、强化“一张图”和综合监管平台建设与应用的保障措施

（一）把“一张图”和综合监管平台建设与应用纳入重点工作。各级国土资源主管部门要把“一张图”和综合监管平台作为规范和创新管理工作的重要抓手，纳入重点工作内容，切实落实“一把手”负责制，加强统一领导和部署，整合资源，强力推进。

（二）加强监督考核。把“一张图”和综合监管平台应用纳入部机关司局绩效评估的内容，把对部机关司局的保障服务水平作为对部信息办、信息中心绩效评估的重要内容。部信息办从2012年开始要对各省级国土资源信息化总体情况进行年度评估、排名，把“一张图”和综合监管平台建设与应用情况作为重要指标。省级国土资源主管部门要把“一张图”和综合监管平台应用纳入本级各业务主管部门绩效评估的内容，并加强对省以下工作进展情况的考核。

（三）实行调查评价和监测项目的备案制度。相关部门和单位在设立调查评价和监测项目时，涉及到数据生产和数据库建设的工作，及时向本级信息办备案，建立项目台账，加强信息化建设项目的统筹和整合。

（四）健全约束机制。今后部在试点项目设立和行政审批管理中，将与信息化建设与应用相挂钩，对于需要上图入库和信息化管理的项目，把项目上图入库和信息化管理作为前置条件。

（五）强化技术指导和服务保障。部信息办要加强对全国“一张图”和综合监管平台建设与应用的技术指导，组织开展经常性技术培训和交流。各级国土资源主管部门的信息化、土地和地质矿产调查等技术部门要主动做好保障服务工作，针对应用的拓展，及时更新、升级硬件设备，改善网络环境。

为了全面推进全国各级“一张图”和综合监管平台建设与应用，逐步消除地区短板，部信息办要动态掌握各地进展情况，各省级国土资源主管部门每半年要向部信息办报送本地工作进展，部信息办要及时汇总，把各地工作推进情况、报送情况向部领导报告，向全系统通报。

国土资源部办公厅

二○一二年七月十日

国土资源部办公厅关于依法执法文明执法确保执法人员人身安全的通知

（国土资电发〔2012〕62号）

各省、自治区、直辖市国土资源主管部门，新疆生产建设兵团国土资源局：

近期，连续出现数起国土资源执法人员在执法过程中遭遇暴力抗法，执法人员被打伤甚至死亡事件。5月17日，贵州省德江县国土资源局执法监察大队副队长张波同志在制止违法占地违法建设行为时，被违法者用水果刀刺中心脏，经抢救无效，不幸因公殉职。5月24日，内蒙古自治区呼和浩特市赛罕区国土资源分局执法人员在制止非法挖砂取土行为时，5名执法人员被打，其中3人伤势严重，执法监察车辆、设备被砸。这些事件在社会上引起较大反响，也给执法人员造成很大压力。部领导对此高度重视，要求依法、文明执法，并确保执法人员的人身安全。现将有关事项通知如下：

一、要依法执法。执法人员要明确执法工作职责，严格规范执法行为，坚持依法执法，不得超越法定权限、违反法定程序实施制止、查处违法违规行为。对发现的国土资源领域违法违规行为确需采取制止措施的，除法律法规明确赋予国土资源主管部门强制制止权的，应尽量采取口头制止、下达现令停止违法行为通知书等方式，对制止不住的违法行为，要按照《国土资源部办公厅关于进一步加强和规范对违反国土资源法律法规行为报告工作的意见》（国土资厅发〔2010〕58号）要求，及时报告本级人民政府和上级国土资源主管部门，防止因采取强制措施或措施不当导致矛盾激化。特别是在土地矿产卫片执法检查中，要避免一味追求降低违法占用耕地占新增建设用地占用耕地比例，盲目进行拆除复耕，引发纠纷甚至群体性事件。

二、要文明执法。要强化文明执法意识，努力做好法律法规政策宣传和思想疏导工作，不得粗暴执法、野蛮执法。要坚持以人为本，注意听取当事人及各方面意见，多做协调和矛盾化解工作，耐心细致地对当事人晓之以法，动之以情，努力促使当事人自觉履行法定义务。

三、要联合执法。在强制制止国土资源领域违法违规行为时，要多方面了解当地社会治安、风俗人事以及当事人的具体情况，有针对性地确定工作方案。对情况复杂、对抗情绪大、可能引起暴力抗法事件的案件，要积极向当地党委政府汇报，争取由政府牵头，组织法院、公安、规划、城管等部门参加，开展联合执法，形成执法合力。

四、要确保安全。要切实增强预见性和处理各种突发事件的能力，确保执法人员的安全。对可能发生暴力抗法事件的，要及时发现苗头，妥善处理，把暴力抗法事件消灭在萌芽状态。对参与人数较多、矛盾较多、可能导致严重的暴力抗法事件，要制定预案，确保执法人员的安全，做到能够及时撤离，避免对抗加剧，事态扩大。一旦发生暴力抗法事件，要及时向当地党委政府和上级国土资源主管部门汇报，积极配合公安机关查清事实，依法严惩凶手，同时要正确引导舆论，防止片面报道和恶意炒作。

各级国土资源主管部门要高度重视，不断创新工作方式方法，切实加强思想政治工作，加大法律法规宣传力度，积极采取措施，预防暴力抗法事件的发生，确保执法人员的安全。有条件的地方，要积极争取人力资源和社会保障部门的支持，为执法人员上人身意外伤害保险。

国土资源部办公厅

二〇一二年六月六日

国土资源部办公厅关于进一步落实国土资源执法监察人员岗位培训持证上岗制度的通知

（国土资电发〔2012〕75号）

各省、自治区、直辖市国土资源主管部门，新疆生产建设兵团国土资源局：

2000年，部办公厅下发《关于开展国土资源执法监察人员岗位培训实行持证上岗的通知》（国土资厅发〔2000〕78号，以下简称《通知》），决定对国土资源执法监察系统全体人员开展岗位培训，实行持证上岗。各级国土资源主管部门按照《通知》要求认真组织开展执法监察岗位培训考试，积极推进执法监察人员持证上岗，有力推动了执法监察工作，取得了显著成效。但是，培训工作进展不平衡，有的地方重视不够，对培训工作抓得不紧；有的地方抓而不实，虽然按要求举办了培训，但没有坚持严格的考试制度，培训效果不够理想；有的地方一些新加入执法监察队伍的人员未参加岗位培训，未取得《国土资源执法监察证》，出现无证上岗的现象；有的地方虽然实现了全员培训、持证上岗，但仍存在已培训人员知识更新不及时，对新政策把握不准，难以适应新形势需要等问题。当前，国土资源执法监察形势总体向好，但也面临不少困难和问题，执法人员遭遇暴力抗法、人身安全受到威胁的事件时有发生，对加强国土资源执法监察队伍建设提出了新的更高要求。为进一步落实执法监察人员岗位培训、持证上岗制度，现就有关事项通知如下：

一、提高认识，切实加强组织领导

加强国土资源执法监察人员岗位培训，落实持证上岗制度，是提高执法业务水平、规范执法行为、提升执法效能的需要，也是维护执法人员自身合法权益的需要。各级国土资源主管部门要进一步提高认识，充分认识到强化执法监察人员岗位培训、落实持证上岗的重要性和必要性，加强组织领导，切实负起责任，认真抓好落实，做到培训工作“职责、人员、经费、时间”四落实，将培训工作列入年终工作考评的重要内容。

二、精心组织培训，严格考试

国土资源执法监察人员岗位培训坚持“统一部署、分组负责、层层培训”的原则，结合国土资源执法监察业务骨干“千人培训计划”组织实施。部负责培训省级国土资源主管部门执法监察工作人员和市级国土资源主管部门执法监察业务骨干；省级国土资源主管部门负责培训市级国土资源主管部门执法监察工作人员和县级国土资源主管部门执法监察业务骨干；市级国土资源主管部门负责培训县级国土资源主管部门执法监察工作人员和基层国土资源所执法监察业务骨干；县级国土资源主管部门负责培训基层国土资源所执法监察工作人员。

培训可以采取专家讲座、案例教学、讨论交流、专题研究、现场考察、自学等多种方式进行。培训内容不仅要有国土资源执法监察方面的业务知识，而且要有国土资源管理相关业务知识，以提高执法监察工作人员的综合素质和能力。各级国土资源执法监察部门每年至少要举办两期业务培训班，开班前要组织学习部编印的《国土资源执法监察政策文件汇编》、《土地矿产卫片执法检查实用手册》、《国土资源执法监察创新实例》、《国土资源执法监察典型案例》等业务书籍，增强学习的针对性，提升培训效果。培训期间要严肃上课纪律，建立考勤制度。培训结束时要严格组织结业考试，未参加考试或考试成绩不合格的，不得发放培训结业证书。

省级国土资源主管部门要切实负起责任，除直接组织开展培训工作外，也要加强对市、县国土资源主管部门培训工作的指导，及时了解和掌握培训工作进展情况，发现和总结培训工作中的好做法、好经验，确保岗位培训工作顺利实施并达到预期效果，力争2012年底前完成一轮全员岗位培训。省级国土资源主管部门要按照《国土资源执法监察业务骨干“千人培训计划”实施方案》的要求，认真组织实施，于每年1月15日前向部上报本年度本省（区、市）培训工作实施方案及上一年度培训工作实施方案落实情况（包括培训次数、培训人员数量、考试成绩统计分析情况、结业证书及《国土资源执法监察证》发放情况等），部将对各省（区、市）培训情况予以通报。

三、持证上岗，坚持依法依规执法

国土资源执法监察人员持证上岗，是《行政处罚法》、《土地管理法》等法律法规的明确要求。国土资源执法监察人员必须通过培训并经考试合格取得结业证书后，方可取得《国土资源执法监察证》，从事国土资源执法监察工作。《国土资源执法监察证》由部执法监察局统一制作并管理。按照统一制定编号原则，部负责省级以上（含省级）国土资源执法监察部门负责本行政区内省级以下国土资源执法监察人员《国土资源执法监察证》的签发工作，并报部执法监察局备案（包括姓名、性别、单位详细名称、职务、发证机关、证件编号等）。各省级国土资源主管部门要严格落实国土资源执法监察人员持证上岗制度，争取在2013年上半年实现执法监察系统全体人员持证上岗。没有获取执法监察证件的人员，暂时不得进行一线的执法巡查、案件查处工作。

近期，省级国土资源主管部门要对本行政区域内所有在编在岗的执法监察人员情况开展一次全面调查摸底，包括从事执法监察工作的人数、是否参加过岗位培训、是否持有《国土资源执法监察证》或其他行政执法证件等，并于7月31日前将《国土资源执法监察人员持证上岗情况统计汇总表》报部。

附件：国土资源执法监察人员持证上岗情况统计表

国土资源部办公厅

二〇一二年七月二日

附件：

国土资源执法监察人员持证上岗情况统计表

填报单位（盖章）：　　　　　　　　　　　　　　　　填表时间：

序号	市（地）	从事执法监管工作人数	参加过岗位培训人数	持有《国土资源执法监察证》人数	持有其他行政执法证件人数	备注
合计						

填表人：　　　　　　　　　　　　　　　　　　　　　审核人

注：1. 同时持有《国土资源执法监察证》和其他行政执法证件的不重复统计，按持有《国土资源执法监察证》统计。

2. 统计表制作成 excel 文档，电子版发至：bzfj－zhtj@ qq. com。

国土资源部办公厅关于印发《国土资源执法监察车辆（汽车类）标识及外观制式涂装规范》和《国土资源执法监察车辆（摩托车类）标识及外观制式涂装规范》的通知

（国土资厅函〔2012〕895 号）

各省、自治区、直辖市国土资源主管部门，新疆生产建设兵团国土资源局：

规范和统一国土资源执法监察车辆标识及外观制式，有利于增强国土资源执法监察的统一性和权威性，规范执法行为，接受群众监督，促进依法执法、文明执法，树立国土资源主管部门的良好形象。为此部制定了《国土资源执法监察车辆（汽车类）标识及外观制式涂装规范》、《国土资源执法监察车辆（摩托车类）标识及外观制式涂装规范》（以下简称“两个规范”），现印发给你们，请认真执行。

各地要高度重视，认真贯彻落实“两个规范”的有关要求，将统一和规范国土资源执法监察车辆标识及外观制式涂装规范作为 2012 年国土资源执法监察的重要工作，列入日程，安排专门经费，确保在 2012 年年底前完成。在“两个规范”印发前，已喷涂标识及外观制式的，要本着节约的原则，确定喷漆或贴膜涂装方式，尽快统一到部的要求上来。执行过程中遇到的问题要及时向部汇报。

附件：

1. 国土资源部执法监察车辆（汽车类）标识及外观制式涂装规范（略）
2. 国土资源部执法监察车辆（摩托车类）标识及外观制式涂装规范（略）

国土资源部办公厅

二〇一二年八月三十一日

国土资源行政复议决定履行与监督规定

（2012年9月6日　国土资源部令第54号）

第一条　为了加强对行政复议决定履行工作的监督，保证行政复议决定的全面履行，根据《中华人民共和国行政复议法》、《中华人民共和国行政复议法实施条例》和《国土资源行政复议规定》等有关规定，制定本规定。

第二条　本规定所称的行政复议决定，是指国土资源行政复议机关（以下简称行政复议机关）依法对被申请人作出的相关具体行政行为进行审查后，作出的维持、责令履行、撤销、变更、确认违法的决定。

第三条　被申请人履行行政复议机关作出的行政复议决定，以及行政复议机关对被申请人履行行政复议决定情况的监督，适用本规定。

行政复议机关在行政复议案件审理过程中作出关于对被申请人停止执行具体行政行为或者暂停相关行政审批事项决定的履行情况，按照本规定执行。

被申请人对发生法律效力的行政复议调解书的履行，以及对被申请人履行行政复议调解书情况的监督，参照本规定执行。

第四条　行政复议机关对本机关作出的行政复议决定履行情况负责监督。行政复议机构具体办理监督事项，履行下列职责：

（一）对不履行行政复议决定的事实、原因进行调查或者核实并向行政复议机关提出处理意见；

（二）对是否中止履行行政复议决定进行审查并向行政复议机关提出处理意见；

（三）对被申请人违反本规定的行为，向行政复议机关提出处理意见，以及关于向人事、监察部门提出对有关责任人员的处分建议。

第五条　被申请人收到行政复议决定书后，应当在法定期限内全面履行；未规定法定期限的，在下列期限内全面履行：

（一）行政复议决定对履行期限作出明确规定的，依其规定；

（二）行政复议决定对履行期限未作出明确规定的，自接到行政复议决定书之日起60日内完成。

因不可抗力或者申请人、第三人的原因无法在上述期限内履行的除外。

第六条　被申请人应当在行政复议决定履行完毕或者履

行期限届满后20个工作日内向行政复议机关书面报告行政复议决定的履行结果。

第七条　行政复议决定履行期满，被申请人不履行行政复议决定的，申请人可以向行政复议机关提出责令履行申请。

第八条　行政复议机关应当自收到责令履行申请书之日起5个工作日内书面通知被申请人，要求被申请人自收到通知之日起10个工作日内就是否履行行政复议决定作出书面答复。被申请人认为没有条件履行的，应当说明理由并提供相关证据、依据。

第九条　被申请人没有履行行政复议决定但决定履行的，应当自收到书面通知之日起20个工作日内履行完毕，并书面报告行政复议机关。

第十条　行政复议机关对被申请人认为没有条件履行所提出的书面答复及有关证据、依据进行审查，属于本规定第十一条第二款规定情形之一的，行政复议机关可以决定中止履行行政复议决定。

经行政复议机关审查，认定被申请人不履行行政复议决定的理由不成立的，行政复议机关依法作出《责令履行行政复议决定通知书》并送达被申请人。

《责令履行行政复议决定通知书》应当载明被责令履行的机关名称、行政复议决定送达日期、履行内容、履行期限及不履行所应当承担的法律责任等内容。

第十一条　被申请人与申请人达成中止履行协议的，向行政复议机关提出中止履行申请，经行政复议机关审批并决定中止履行行政复议决定。

有下列情形之一的，行政复议机关可以直接决定中止履行行政复议决定：

（一）有新的事实和证据，足以影响行政复议决定履行的；

（二）行政复议决定履行需要以其他案件的审理结果为依据，而其他案件尚未审结的；

（三）因不可抗力等其他需要中止履行的情形。

中止履行期间，不计算在第五条规定的期限内。中止履行的情形消失后，行政复议机关应当及时通知被申请人恢复履行行政复议决定。

第十二条　决定中止、恢复履行行政复议决定的，行政复议机关应当制发《行政复议决定中止履行通知书》、《行政复议决定恢复履行通知书》，载明中止、恢复履行的理由、法律依据，并送达行政复议申请人、被申请人、第三人。

第十三条　被申请人在规定期限内不履行行政复议决定的，行政复议机关可以作出责令书面检查、通报批评、取消当年和下一年度各项评优资格的处理决定，行政复议机构可以向人事、监察部门建议对直接负责的主管人员和其他直接责任人员给予警告、记过、记大过的行政处分。

经责令履行仍拒不履行的，行政复议机构可以建议人事、监察部门对直接负责的主管人员和其他直接责任人员给予降级、撤职、开除的行政处分。

第十四条　本规定自2012年10月1日起施行。

国土资源部关于进一步加强国土资源行政复议工作的意见

（国土资发〔2013〕6号）

各省、自治区、直辖市及副省级城市国土资源主管部门，新疆生产建设兵团国土资源局，部机关各司局：

为充分发挥行政复议在化解行政争议、解决群众合理诉求、维护群众合法权益方面的重要作用，进一步加强国土资源行政复议工作，提高国土资源行政复议工作水平，根据《行政复议法》、《行政复议法实施条例》、《国土资源行政复议规定》和《国务院关于加强法治政府建设的意见》（国发〔2010〕33号），提出如下意见。

一、高度重视，充分认识行政复议在解决争议、维护权益、建设法治政府中的作用

（一）加强国土资源行政复议工作，是实现国土资源管理任务的必然要求。行政复议是有效化解行政争议、维护人民群众合法权益、监督权力公开规范运行、建设法治政府的重要法律制度。行政复议工作是国土资源主管部门的重要职责，各级国土资源主管部门要认真履行职责，加强行政复议工作，提高国土资源主管部门的公信力与执行力，促进社会和谐稳定、实现社会公平正义。

（二）加强国土资源行政复议工作，是维护群众合法权益的重要手段。保障行政相对人的合法权益不受损害，及时纠正违法和不当行政行为造成的不良后果，是行政机关的基本职责。国土资源主管部门要将行政复议作为及时有效化解行政争议的主渠道，在依法妥善化解矛盾纠纷的过程中最大限度维护群众合法权益，最大限度制约行政权力滥用，力求实现国家利益、社会公共利益和个人利益的平衡。

（三）加强国土资源行政复议工作，是强化行政监督和纠错职能的重要手段。行政复议可以推进行政机关严格依法办事，严格执行法定程序，及时纠正行政主体不当、超越或滥用职权、违反法定程序和处理失当的行政行为，发现行政机关管理中的问题，健全完善相关的制度规范，改善管理与服务。要进一步发挥行政复议制度的内部层级监督作用，通过纠正违法和不当的行政行为，保证国土资源主管部门依照法定权限和程序行使权力，不断完善各项制度，加强自身建设，提高依法行政的能力和水平。

（四）加强国土资源行政复议工作，是推进国土资源法治政府建设的重要抓手。

建立纠纷预防化解机制和有效的行政监督机制是全面推进依法行政、建设法治政府的重要内容。要促进国土资源主管部门领导及其工作人员树立依法行政、合理行政、程序正当、高效便民、诚实守信、权责统一的基本理念，不断提高依法、科学、民主决策的水平，增强依法行使权力的觉悟，推进国土资源主管部门服务型、高效型法治政府建设。

二、规范办案，依法保护申请人的合法权益

（五）依法受理行政复议申请。应当严格依据法律、法规的受理条件对行政复议申请进行审查。对符合受理条件的行政复议申请，必须依法受理；对行政复议申请材料不齐全或者表述不清楚的，应当一次性书面告知申请人补正的内容；对不属于本机关受理的行政复议申请，应当告知申请人向有关行政复议机关提出；对不符合法律规定的行政复议申请，应当不予受理，不予受理决定书应当载明不予受理的理由和依据，并尽量做好申请人的解释工作。

（六）做好行政复议答复工作。被申请人要严格按照法定时限进行答复。行政复议答复书按照“谁行为，谁负责”的原则，由具体行政行为的原承办机构提出书面答复，行政复议机构负责审核。未依法提出书面答复、提交当初作出具体行政行为的证据、依据和其他有关材料的，视为该具体行政行为没有证据、依据，国土资源行政复议机关决定撤销该具体行政行为，直接负责的主管人员和其他直接责任人员要依法承担相应法律责任。被申请人要提高行政复议答复质量，严格按照规定承担举证责任。

（七）规范行政复议调查取证工作。对经书面审查发现案件存在事实不清、证据材料相互矛盾、双方争议较大以及其他需要调查取证情形的，可以通过书面调查、实地调查或者听证等方式核实证据。实地调查时，行政复议人员不得少于2人，重大、复杂或者专业性较强的案件，可以邀请有关专家、技术人员参与调查。国土资源行政复议机构决定举行听证的，应当遵循公开、公平、公正和便民的原则，按照规定的程序进行，充分听取当事人的意见，保证其陈述、质证和申辩的权利。听证笔录作为国土资源行政复议机关作出行政复议决定的依据之一。

（八）注重运用公开审理方式。国土资源行政复议机构在办理行政复议案件时，对事实清楚、证据确凿的案件，可以采用书面审理方式；对重大、疑难、复杂的案件，应当运用案件审查会等公开审理方式，由当事人质证辩论，国土资源行政复议机构居中裁判；对案情简单、争议不大的案件，可以探索灵活多样的简易程序审理。

（九）规范行政复议案件和解、调解工作。国土资源行政复议机构要积极运用和解、调解方式解决行政争议，探索案前和解、案中协调的程序，努力化解矛盾。和解、调解工作要在查明事实、明确是非、分清责任的基础上，按照依法、自愿的原则开展，不得以和解、调解方式规避对违法和不当行政行为的纠正，损害社会公共利益和他人合法权益。

（十）依法作出行政复议决定。要依法公正作出裁决，该撤销的坚决撤销，该确认违法的坚决确认违法，在作出撤销或确认违法决定的同时，对有必要重新或者继续履行行政行为的，还要责令履行。要增强行政复议决定的说理性，注重以法明理、以理服人。要明确办案各个环节的时限，责任到人，积极采取措施提高行政复议案件的按时审结率，切实提高办案效率。行政复议决定应当依法告知当事人的法律救济权利并及时送达当事人。当事人对处理结果不服的，应当尽量做好解释工作，争取案结事了。

（十一）做好行政应诉工作。行政复议决定维持或具体行政行为直接引起行政诉讼的，由具体行政行为的原承办机构负责应诉，行政复议机构协助办理；行政复议决定改变原具体行政行为引起行政诉讼的，由行政复议机构负责应诉，具体行政行为的原承办机构协助办理。

三、加强监督，切实改进行政管理工作

（十二）确保行政复议决定的履行。要强化对行政复议决定履行情况的监督，认真贯彻落实《国土资源行政复议决定履行与监督规定》，坚决纠正拒绝履行、拖延履行、不完全履行行政复议决定等行为。被申请人应当在行政复议决定履行完毕或者履行期限届满后20个工作日内向国土资源行政复议机关书面报告履行结果。被申请人认为没有条件履行的，应当说明理由并提供相关证据、依据。经国土资源行政复议机关审查，认为不履行理由不成立的，责令其限期履行；对经责令履行仍未履行的，要依法追究被申请人及有关责任人员的责任。

（十三）完善行政复议意见书和建议书制度。国土资源行政复议机关对不符合行政复议法定受理条件，但在审查中发现相关行政行为违法或者需要做好善后工作的，或者在行政复议期间发现相关行政行为违法或者需要做好善后工作的，应当下达行政复议意见书，有关机关应当将纠正相关行政违法行为或者做好善后工作的情况通报国土资源行政复议机构。国土资源行政复议机构发现法律、法规、规章实施中带有普遍性的问题，可以作出行政复议建议书，向有关机关提出完善制度和改进行政执法的建议。要加大经行政复议提出改进工作情况的督促力度，对不按照规定及时反馈落实情况的，要予以通报。

（十四）促进行政行为的规范。要注重研究行政复议工作中反映出来的政策法律完善和适用、行政程序规范等带有普遍性的问题，及时提出对策建议，交有关部门研究处理。通过政策制定、法律解释、法规清理等相关措施促进国土资源行政管理制度的完善。

四、完善制度，提高行政复议工作效率

（十五）推进行政复议案件审理标准规范化建设。要及时总结行政复议办案经验，认真整理、评析典型案例，充分发挥典型案例的示范作用。对国土资源政府信

息公开行为、行政许可行为程序不规范、行政不作为等多发案件统一行政复议办案尺度，努力做到对同类案件审理标准基本一致和对同一法律法规适用标准基本一致。

（十六）规范行政复议统计工作。要严格执行《国土资源部办公厅关于做好行政复议统计工作的通知》（国土资厅函〔2012〕387 号）的要求，明确责任，专人负责统计工作，按时上报统计报表和分析报告，保证统计数据的准确性、时效性，确保行政复议统计数据能够准确反映行政复议案件和行政复议工作的现状。

（十七）加强行政复议信息化建设。《国土资源行政复议管理系统》软件已经正式发布，要认真推广使用，加大资金投入，为行政复议工作信息化建设提供物质保障。要推进行政复议案件受理、审理和决定全过程的工作流程信息化，实现国土资源系统行政复议案件办理、统计和监督信息网络互联互通。

五、建强队伍，不断提高行政复议人员的素质

（十八）加强行政复议机构建设。要严格落实行政复议法及其实施条例的规定，建立健全国土资源行政复议机构。要结合案件数量及行政复议工作需要，配备、充实专职行政复议人员。建立行政复议人员持证上岗制度，行政复议人员必须具备相关法律知识和业务知识，经考试合格后持证从事行政复议工作。要注意解决行政复议机构实际困难，行政复议人员可以比照信访工作人员享受相应的岗位津贴。

（十九）加强人员岗位培训。要定期开展形式多样的培训工作，推动培训工作的制度化、常态化，不断提高行政复议人员素质。要定期组织开展行政复议法律知识的培训，把行政复议法律知识的学习、培训作为国土资源系统法制宣传教育的重要内容，培训的主要对象是各级国土资源主管部门领导干部、在国土资源审批发证等岗位上的行政管理人员和从事行政复议工作的人员，增强依法行政的自觉性。

（二十）加强行政复议工作交流联系。要通过案例评析会、经验交流会、专题研讨会等多种方式，加强行政复议人员的交流联系，分享工作经验，交流工作心得，查找工作差距，以点带面，共同促进国土资源行政复议工作的整体提升。

六、加强领导，落实行政复议工作保障

（二十一）加强组织领导。各级国土资源主管部门领导要将行政复议工作列入重要议事日程。国土资源主管部门主要领导是加强行政复议工作的第一责任人，要加强协调、指导和督促；分管领导是直接责任人，负责组织研究和制定工作方案，统筹解决各类实际困难和问题，切实解决行政复议工作中的各项具体问题。

（二十二）做好行政复议保障工作。要建立健全适应行政复议工作特点的经费保障机制，行政复议经费包括案件办理经费、办案设备经费、宣传指导经费和其他业务经费；要保证国土资源行政复议机构办理行政复议案件所需的办公场所和必要的工作条件；要不断完善行政复议接待制度，设立行政复议接待场所，为顺利开展行政复议工作提供保障。

（二十三）加强对行政复议工作的监督检查。要根据本地区的实际情况，制定具体的量化考核指标体系，每年开展一次考核评查，重点检查行政复议机构建设、制度建设、行政复议案件审理、行政复议决定履行等情况。对考核优秀的，依照有关规定给予表彰和奖励；对考核不合格的，予以通报批评并限期整改。要不断完善国土资源行政复议工作情况的主动公开制度，接受社会监督。国土资源部将根据行政复议工作的推进情况，适时组织抽查。

国土资源部

二〇一三年一月二十四日

国土资源部办公厅关于建立土地利用动态巡查制度加强建设用地供后开发利用全程监管的通知

（国土资厅发〔2013〕30号）

各省、自治区、直辖市国土资源主管部门，新疆生产建设兵团国土资源局，各派驻地方的国家土地督察局，部机关有关司局，有关直属事业单位：

为加强建设用地供后开发利用全程监管，促进各项建设依法依规用地，不断提高节约集约用地水平，部在总结土地利用动态巡查试点城市经验和做法的基础上，决定在全国范围内建立土地利用动态巡查制度。现就有关问题通知如下：

一、建立土地利用动态巡查制度是促进土地开发利用的基本保障

土地利用动态巡查，是国土资源主管部门依托土地市场动态监测与监管系统（以下称“监测监管系统”），以供地政策的落实和《国有建设用地使用权出让合同》、《国有建设用地划拨决定书》的履行为重点，通过信息公示、预警提醒、开竣工申报、现场核查、跟踪管理、竣工验收、闲置土地查处、建立诚信档案等手段，实现对辖区内建设用地批后开发利用的全程监管。部于2012年在全国选择部分市、县进行了试点，取得了成功经验与有效做法，土地开发利用状况明显改观。实践证明，建立土地利用动态巡查制度，是切实加强建设用地供后开发利用全程监管、促进土地节约集约利用的重要抓手和基本保障。各级国土资源主管部门要高度重视，把建立土地利用动态巡查制度作为转变政府职能、提高管理水平的重要内容，切实加强组织领导，积极推进机制创新，着力强化技术支撑，全面促进各项制度落到实处。

为使土地利用动态巡查工作运行简单、易行、高效，部已在监测与监管系统中开发了土地利用动态巡查模块，设计了项目跟踪、信息公示、开竣工提醒和闲置土地处置等巡查内容的具体操作流程和有关文书。该系统从本通知下发之日起试运行，2014年1月1日起正式运行。

二、准确把握土地利用动态巡查制度的基本内容

各地要准确把握动态巡查制度的基本内容，突出工作重点，严密业务流程，及时开展土地利用动态巡查工作。

（一）建设项目跟踪。出让合同签订或划拨决定书下发后，市、县国土资源主管部门应在监测监管系统中提取《建设项目用地跟踪管理卡》，对已供土地的公开信

息、出让价款缴纳、开竣工、定期巡查等情况作详细记录，作为开展土地利用动态巡查工作的基础。

（二）信息现场公示。市、县国土资源主管部门应依据《建设项目用地跟踪管理卡》的相关内容，形成《建设项目用地信息公示牌》，提示土地使用权人在项目所在地醒目位置挂牌公示，接受社会监督。公示内容包括建设用地使用权人、建设单位、项目动工开发、竣工时间、土地开发利用标准和监管机构、举报电话等相关信息。

（三）价款缴纳提醒。对于合同约定的缴款时间前30日尚未缴纳土地出让价款的项目，市、县国土资源主管部门应根据监测监管系统的预警提醒，在系统中提取《国有建设用地使用权出让价款缴纳提示书》，提示受让人及时缴纳土地出让价款。缴纳土地出让价款后10个工作日内，相关人员应及时将价款支付情况及相关凭证录入监测监管系统。

（四）开竣工预警提醒。对于合同约定或划拨决定书规定的开竣工时间前30日尚未开竣工的项目，市、县国土资源主管部门应根据监测监管系统的预警提醒，在系统中提取《开工提醒书》或《竣工提醒书》，并送达土地使用权人，提醒其按期开工或竣工，同时提示其违约风险及违约处理等事宜。对于依法批准延期的，应及时在监测监管系统中更新信息，并按照新的开、竣工时间进行监测监管。

（五）开竣工申报。市、县国土资源主管部门应当要求土地使用权人按规定在项目开工、竣工时应向市、县国土资源主管部门提交《建设项目动工申报书》和《建设项目竣工申报书》，并提供相应的建设用地施工许可证、现场照片、竣工验收证明等材料。市、县国土资源主管部门应及时将相关信息在10个工作日内上传监测监管系统。

（六）现场核查。市、县国土资源主管部门要在约定开竣工时间、实际开工、竣工验收等时点以及开发建设过程中，定期或不定期对项目建设情况进行现场核查，获取同一角度、不同时期全景照片，并在《建设项目用地跟踪管理卡》上做好记录。核查记录要在获取后10个工作日内上传监测监管系统。

（七）闲置土地查处。市、县国土资源主管部门应严格按照《闲置土地处置办法》（国土资源部令第53号）的要求，认真履行各项程序。对涉嫌构成闲置的建设用地及时开展调查、认定和处置，并将有关信息及时录入监测监管系统，同时填报相应的法律文书和案卷表；对于确认的闲置土地及处置结果应在门户网站和中国土地市场网等媒体向社会公开相关信息，并抄送金融监管等部门。

（八）建立诚信档案。各级国土资源主管部门应根据监测监管系统中的土地使用权人违规违约记录，分级建立用地诚信档案。对于未按要求提交开竣工申报书、未按合同约定开竣工、不及时缴纳土地价款的，列入市、县级诚信档案；对于在省域内存在闲置土地的，列入省级诚信档案。各地在建立用地诚信档案的过程中，根据管理需要，可在内容和环节上适当延伸，从成交确认、开发建设条件复核、合同履行等方面做好诚信记录，建立符合本地特色的诚信系统。

地方各级国土资源主管部门还可结合实际，借鉴部试点单位的做法，在遵循合同法等相关法律规定框架下探索建立土地开发利用履约保证金等相关制度，进一步丰富和完善土地利用动态巡查制度的内容和手段。

三、明确职责，切实落实土地利用动态巡查制度

各级国土资源主管部门要采取切实有效措施，建立工作机制，落实工作责任，加强督促指导，确保土地利用动态巡查工作落到实处。

（一）落实工作责任。各地要将动态巡查嵌入日常工作链条，明确责任单位，落实专岗专人，健全巡查队伍，保障工作条件，形成动态巡查责任体系。

市、县国土资源主管部门是土地利用动态巡查工作的责任主体。部门内设机构要设立土地利用动态巡查专岗，主要负责动态巡查任务的分配、督察和结果反馈。专岗工作人员要在合同签订或划拨决定书下发后10个工作日内，从监测监管系统提取《建设项目用地跟踪管理卡》，将巡查任务分配到相应的基层国土所或国土资源分局，并负责督办现场巡查，取得巡查结果和上传巡查数据。

基层国土所或国土资源分局是现场核查的责任主体。实地核查人员负责按照动态巡查的内容和上级部门所分配任务，适时开展土地利用动态巡查，记录巡查结果，并按时反馈给专岗工作人员。

各地要切实落实动态巡查的各项要求。对于要求土地使用权人应履行的事项，在出让合同、划拨决定书中要明确约定。对于各类违法、违规、违约行为国土资源主管部门要依法依规严肃查处，并适时通过当地媒体和中国土地市场网向社会公开，同时计入相应级别的诚信档案，按照《国务院办公厅关于继续做好房地产市场调控工作的通知》（国办发〔2013〕17号）要求，禁止其参加土地竞买。

（二）加强督促指导。省级国土资源主管部门是土地利用动态巡查制度落实的监督单位，负责督促、指导市、县国土资源主管部门开展土地利用动态巡查的具体工作。省级国土资源管理部门要及时汇总分析辖区内土地开发利用情况并进行定期通报。对辖区内土地开发利用情况不佳、闲置土地情况严重的地区，适时督促检查和实地督办。要主动加强与相关部门的沟通协调，建立信息共享机制，鼓励将合同履约情况、开发利用情况、闲置土地情况、用地诚信档案等内容抄送银行、银监、证监等相关行政监管部门，切实加强对违法、违规、违约行为的综合防控。

部将适时通报各地土地利用动态巡查工作情况。对于未按规定及时上报信息，或存在虚假、瞒报等情况的，予以通报批评；对违法、违规、违约行为严重的地区，适时开展实地核查与督办，或将有关情况抄送相关地方政府。

本文件自下发之日起执行，有效期八年。

国土资源部办公厅

二〇一三年六月六日

测绘地理信息行政执法证管理办法

（2014 年 4 月 17 日　国土资源部令第 58 号）

第一条　为了加强测绘地理信息行政执法证管理，规范测绘地理信息行政执法行为，促进测绘地理信息行政执法队伍建设，根据《中华人民共和国行政处罚法》、《中华人民共和国测绘法》等有关法律法规，制定本办法。

第二条　测绘地理信息行政执法证是测绘地理信息行政执法人员依法从事行政执法活动的有效证件，是履行测绘地理信息行政执法职责的资格凭证。

第三条　具有测绘地理信息行政执法职能的行政机关、法律法规授权和依法受委托的组织等测绘地理信息行政执法机构中从事测绘地理信息行政执法工作的人员，应当领取测绘地理信息行政执法证等有效执法证件。

第四条　测绘地理信息行政执法证的申领、注册、使用和监督管理适用本办法。

第五条　国家测绘地理信息局负责全国测绘地理信息行政执法证的管理工作。

县级以上地方人民政府测绘地理信息行政主管部门负责本行政区域内测绘地理信息行政执法证的管理工作。

第六条　测绘地理信息行政执法证由国家测绘地理信息局统一制作和颁发。

测绘地理信息行政执法证的样式、内容和编号等由国家测绘地理信息局另行规定。

第七条　测绘地理信息行政主管部门应当组织开展测绘地理信息行政执法人员岗位培训。

测绘地理信息行政执法人员岗位培训分为岗前培训和在岗培训，培训内容包括法律法规、政策理论、专业知识和行为规范等。

第八条　国家测绘地理信息局负责组织编制全国测绘地理信息行政执法人员培训规划，制定培训大纲。国家测绘地理信息局和省级人民政府测绘地理信息行政主管部门按照培训规划，分别组织开展测绘地理信息行政执法人员岗位培训。

第九条　国家测绘地理信息局和省级人民政府测绘地理信息行政主管部门按照培训规划分别组织开展测绘地理信息行政执法人员资格考试。

测绘地理信息行政执法人员考试题库由国家测绘地理信息局负责建立。

第十条　申领测绘地理信息行政执法证的人员，应当符合下列条件：

（一）测绘地理信息行政执法机构中正式在编，并且拟从事测绘地理信息行政执法工作；

（二）参加测绘地理信息行政执法岗前培训，并且通过测绘地理信息行政执法人员资格考试；

（三）掌握测绘地理信息行政执法相关的法律法规、政策理论和专业知识；

（四）身体健康，品行良好，遵纪守法；

（五）国家测绘地理信息局规定的其他条件。

第十一条　申领测绘地理信息行政执法证的人员应当填写《测绘地理信息行政执法证申领表》。申领人所在的测绘地理信息行政执法机构应当签署意见，逐级上报至省级人民政府测绘地理信息行政主管部门。

第十二条　省级人民政府测绘地理信息行政主管部门负责对测绘地理信息行政执法证申领人的信息进行初审，并通过测绘地理信息行政执法管理信息系统将申领人的信息和初审意见报送国家测绘地理信息局。

第十三条　国家测绘地理信息局收到测绘地理信息行政执法证申领人信息和初审意见后，应当按照本办法第十条规定的条件进行审查，对符合条件的，颁发测绘地理信息行政执法证。

第十四条　国家测绘地理信息局应当通过政府网站向社会公布测绘地理信息行政执法证的持有人姓名和单位、编号等信息，供社会公众查询。

第十五条　测绘地理信息行政执法人员应当依法使用测绘地理信息行政执法证，不得利用测绘地理信息行政执法证从事与测绘地理信息行政执法无关的活动。

测绘地理信息行政执法人员从事行政执法活动时，应当主动出示测绘地理信息行政执法证等有效执法证件。

第十六条　县级以上人民政府测绘地理信息行政主管部门根据实际情况，定期组织对测绘地理信息行政执法人员进行执法工作考评，并将考评结果作为测绘地理信息行政执法证注册的重要依据。

第十七条　测绘地理信息行政执法人员应当妥善保管测绘地理信息行政执法证，防止遗失和损毁。

测绘地理信息行政执法人员不得擅自涂改测绘地理信息行政执法证，不得将测绘地理信息行政执法证转借他人。

第十八条　测绘地理信息行政执法证实行注册制度，每两年注册一次。逾期未注册的，不得作为从事测绘地理信息行政执法活动的资格凭证和有效证件。

第十九条　国家测绘地理信息局负责国家测绘地理信息局行政执法人员的执法证注册工作。省级人民政府测绘地理信息行政主管部门负责本行政区域内测绘地理信息行政执法证的注册工作。

第二十条　测绘地理信息行政执法人员符合下列条件的，应当予以注册：

（一）符合本办法第十条规定的条件；

（二）按照测绘地理信息行政主管部门的要求参加在岗培训；

（三）测绘地理信息行政执法工作考评合格；

（四）国家测绘地理信息局规定的其他条件。

第二十一条　测绘地理信息行政执法人员申请注册测绘地理信息行政执法证的，

应当填写《测绘地理信息行政执法证注册申请表》，在注册期满前30日内报其所在的测绘地理信息行政执法机构。测绘地理信息行政执法机构应当在申请表上签署意见，并将申请表、测绘地理信息行政执法证原件逐级报送省级人民政府测绘地理信息行政主管部门。

省级人民政府测绘地理信息行政主管部门审核后，对符合本办法第二十条规定条件的，应当在测绘地理信息行政执法证上加盖注册标识，并通过测绘地理信息行政执法管理信息系统向国家测绘地理信息局备案。

测绘地理信息行政执法证注册标识由国家测绘地理信息局统一规定。

第二十二条 测绘地理信息行政执法人员遗失测绘地理信息行政执法证的，应当立即向其所在的测绘地理信息行政执法机构报告，并公开声明遗失。

申请补发测绘地理信息行政执法证的人员应当填写《测绘地理信息行政执法证补发申请表》。其所在的测绘地理信息行政执法机构应当按照本办法第十一条、第十二条规定的程序向国家测绘地理信息局提出补发申请。国家测绘地理信息局审查核实后，予以补发。

第二十三条 测绘地理信息行政执法证污损、残缺，无法正常使用的，由省级人民政府测绘地理信息行政主管部门将旧证收回，交由国家测绘地理信息局换发新证。

第二十四条 测绘地理信息行政执法人员调离、辞职、退休或者因其他原因不再从事测绘地理信息行政执法工作的，其所在的测绘地理信息行政执法机构应当收回其持有的测绘地理信息行政执法证，并逐级上报至国家测绘地理信息局，由国家测绘地理信息局予以注销。

第二十五条 测绘地理信息行政执法人员有下列行为之一的，国家测绘地理信息局或者省级人民政府测绘地理信息行政主管部门收回其测绘地理信息行政执法证，并由国家测绘地理信息局予以吊销；构成犯罪的，由司法机关追究其刑事责任：

（一）弄虚作假骗取测绘地理信息行政执法证的；

（二）利用测绘地理信息行政执法证进行与测绘地理信息行政执法无关的活动，造成严重后果的；

（三）擅自涂改、转借测绘地理信息行政执法证，造成严重后果的；

（四）在测绘地理信息行政执法活动中徇私舞弊、滥用职权，或者存在其他违法行为的；

（五）因测绘地理信息行政执法以外其他重大违法违纪行为被处理的；

（六）其他依法应当吊销测绘地理信息行政执法证的情形。

被吊销测绘地理信息行政执法证的，不得重新申领测绘地理信息行政执法证。

第二十六条 测绘地理信息行政主管部门及其工作人员，违反本办法的规定擅自制作、发放测绘地理信息行政执法证的，应当按照有关规定予以行政处分。

第二十七条 本办法自2014年7月1日起施行。国家测绘局2000年1月4日发布的《测绘行政执法证管理规定》（国家测绘局令第7号）同时废止。

国土资源行政处罚办法

（2014年5月7日 国土资源部令第60号）

第一章 总 则

第一条 为规范国土资源行政处罚的实施，保障和监督国土资源主管部门依法履行职责，保护自然人、法人或者其他组织的合法权益，根据《中华人民共和国行政处罚法》以及《中华人民共和国土地管理法》、《中华人民共和国矿产资源法》等国土资源管理法律法规，制定本办法。

第二条 县级以上国土资源主管部门依照法定职权和程序，对自然人、法人或者其他组织违反国土资源管理法律法规的行为实施行政处罚，适用本办法。

第三条 国土资源主管部门实施行政处罚，遵循公正、公开的原则，做到事实清楚，证据确凿，定性准确，依据正确，程序合法，处罚适当。

第四条 国土资源行政处罚包括：

（一）警告；

（二）罚款；

（三）没收违法所得、没收非法财物；

（四）限期拆除；

（五）吊销勘查许可证和采矿许可证；

（六）法律法规规定的其他行政处罚。

第二章 管 辖

第五条 国土资源违法案件由土地、矿产资源所在地的县级国土资源主管部门管辖，但法律法规以及本办法另有规定的除外。

第六条 省级、市级国土资源主管部门管辖本行政区域内重大、复杂和法律法规规定应当由其管辖的国土资源违法案件。

第七条 国土资源部管辖全国范围内重大、复杂和法律法规规定应当由其管辖的国土资源违法案件。

第八条 有下列情形之一的，上级国土资源主管部门有权管辖下级国土资源主管部门管辖的案件：

（一）下级国土资源主管部门应当立案调查而不予立案调查的；

（二）案情复杂，情节恶劣，有重大影响的。

上级国土资源主管部门可以将本级管辖的案件交由下级国土资源主管部门管辖，但是法律法规规定应当由其管辖的除外。

第九条 有管辖权的国土资源主管部门由于特殊原因不能行使管辖权的，可以报请上一级国土资源主管部门指定管辖。

国土资源主管部门之间因管辖权发生争议的，报请共同的上一级国土资源主管部门指定管辖。

上一级国土资源主管部门应当在接到指定管辖申请之日起七个工作日内，作出管辖决定。

第十条 国土资源主管部门发现违法案件不属于本部门管辖的，应当移送有管辖权的国土资源主管部门或者其他部门。受移送的国土资源主管部门对管辖权有异议的，应当报请上一级国土资源主管部门指定管辖，不得再自行移送。

第三章 立案、调查和审理

第十一条 国土资源主管部门发现自然人、法人或者其他组织行为涉嫌违法的，应当及时核查。对正在实施的违法行为，应当依法及时下达《责令停止违法行为通知书》予以制止。

《责令停止违法行为通知书》应当记载下列内容：

（一）违法行为人的姓名或者名称；

（二）违法事实和依据；

（三）其他应当记载的事项。

第十二条 符合下列条件的，国土资源主管部门应当在十个工作日内予以立案：

（一）有明确的行为人；

（二）有违反国土资源管理法律法规的事实；

（三）依照国土资源管理法律法规应当追究法律责任；

（四）属于本部门管辖；

（五）违法行为没有超过追诉时效。

违法行为轻微并及时纠正，没有造成危害后果的，可以不予立案。

第十三条 立案后，国土资源主管部门应当指定案件承办人员，及时组织调查取证。调查取证时，案件调查人员应当不少于二人，并应当向被调查人出示执法证件。

第十四条 调查人员与案件有直接利害关系的，应当回避。

第十五条 国土资源主管部门进行调查取证，有权采取下列措施：

（一）要求被调查的单位或者个人提供有关文件和资料，并就与案件有关的问题作出说明；

（二）询问当事人以及相关人员，进入违法现场进行检查、勘测、拍照、录音、摄像，查阅和复印相关材料；

（三）依法可以采取的其他措施。

第十六条　当事人拒绝调查取证或者采取暴力、威胁的方式阻碍国土资源主管部门调查取证的，国土资源主管部门可以提请公安机关、检察机关、监察机关或者相关部门协助，并向本级人民政府或者上一级国土资源主管部门报告。

第十七条　依法取得并能够证明案件事实情况的书证、物证、视听资料、计算机数据、证人证言、当事人陈述、询问笔录、现场勘测笔录、鉴定结论、认定结论等，作为国土资源行政处罚的证据。

第十八条　调查人员应当收集、调取与案件有关的书证、物证、视听资料、计算机数据的原件、原物、原始载体；收集、调取原件、原物、原始载体确有困难的，可以收集、调取复印件、复制件、节录本、照片、录像等。声音资料应当附有该声音内容的文字记录。

第十九条　证人证言应当符合下列要求：

（一）注明证人的姓名、年龄、性别、职业、住址、联系方式等基本情况；

（二）有证人的签名，不能签名的，应当按手印或者盖章；

（三）注明出具日期；

（四）附有居民身份证复印件等证明证人身份的文件。

第二十条　当事人请求自行提供陈述材料的，应当准许。必要时，调查人员也可以要求当事人自行书写。当事人应当在其提供的陈述材料上签名、按手印或者盖章。

第二十一条　询问应当个别进行，并制作询问笔录。询问笔录应当记载询问的时间、地点和询问情况等。

第二十二条　现场勘测一般由案件调查人实施，也可以委托有资质的单位实施。现场勘测应当制作现场勘测笔录。

第二十三条　为查明事实，需要对案件中的有关问题进行检验鉴定的，国土资源主管部门可以委托具有相应资质的机构进行。

第二十四条　案件调查终结，案件承办人员应当提交调查报告。调查报告应当包括当事人的基本情况、违法事实以及法律依据、相关证据、违法性质、违法情节、违法后果，并提出依法应当不予行政处罚或者给予行政处罚以及给予何种行政处罚的处理意见。

涉及需要追究党纪、政纪或者刑事责任的，应当提出移送有权机关的建议。

第二十五条　国土资源主管部门在审理案件调查报告时，应当就下列事项进行审理：

（一）事实是否清楚、证据是否确凿；

（二）定性是否准确；

（三）适用法律是否正确；

（四）程序是否合法；

（五）拟定的处理意见是否适当。

经审理发现调查报告存在问题的，可以要求调查人员重新调查或者补充调查。

第四章 决 定

第二十六条 审理结束后，国土资源主管部门根据不同情况，分别作出下列决定：

（一）违法事实清楚、证据确凿、依据正确、调查审理符合法定程序的，作出行政处罚决定；

（二）违法情节轻微、依法可以不给予行政处罚的，不予行政处罚；

（三）违法事实不成立的，不得给予行政处罚；

（四）违法行为涉及需要追究党纪、政纪或者刑事责任的，移送有权机关。

第二十七条 违法行为依法需要给予行政处罚的，国土资源主管部门应当制作《行政处罚告知书》，按照法律规定的方式，送达当事人。当事人有权进行陈述和申辩。陈述和申辩应当在收到《行政处罚告知书》后三个工作日内提出。口头形式提出的，案件承办人员应当制作笔录。

第二十八条 对拟给予较大数额罚款或者吊销勘查许可证、采矿许可证等行政处罚的，国土资源主管部门应当制作《行政处罚听证告知书》，按照法律规定的方式，送达当事人。当事人要求听证的，应当在收到《行政处罚听证告知书》后三个工作日内提出。

国土资源行政处罚听证适用《国土资源听证规定》。

第二十九条 当事人未在规定时间内陈述、申辩或者要求听证的，以及陈述、申辩或者听证中提出的事实、理由或者证据不成立的，国土资源主管部门应当依法制作《行政处罚决定书》，并按照法律规定的方式，送达当事人。

《行政处罚决定书》中应当包括行政处罚告知、当事人陈述、申辩或者听证的情况。

《行政处罚决定书》一经送达，即发生法律效力。当事人对行政处罚决定不服申请行政复议或者提起行政诉讼的，在行政复议或者行政诉讼期间，行政处罚决定不停止执行；法律另有规定的除外。

《行政处罚决定书》应当加盖作出处罚决定的国土资源主管部门的印章。

第三十条 法律法规规定的责令改正或者责令限期改正，可以与行政处罚决定一并作出，也可以在作出行政处罚决定之前单独作出。

第三十一条 当事人有两个以上国土资源违法行为的，国土资源主管部门可以制作一份《行政处罚决定书》，合并执行。《行政处罚决定书》应当明确对每个违法行为的处罚内容和合并执行的内容。

违法行为有两个以上当事人的，可以分别作出行政处罚决定，制作一式多份《行政处罚决定书》，分别送达当事人。行政处罚决定书应当明确给予每个当事人的处罚内容。

第三十二条　国土资源主管部门应当自立案之日起六十日内作出行政处罚决定。

案情复杂，不能在规定期限内作出行政处罚决定的，经本级国土资源主管部门负责人批准，可以适当延长，但延长期限不得超过三十日，案情特别复杂的除外。

第五章　执　行

第三十三条　行政处罚决定生效后，当事人逾期不履行的，国土资源主管部门除采取法律法规规定的措施外，还可以采取以下措施：

（一）向本级人民政府和上一级国土资源主管部门报告；

（二）向当事人所在单位或者其上级主管部门通报；

（三）向社会公开通报；

（四）停止办理或者告知相关部门停止办理当事人与本案有关的许可、审批、登记等手续。

第三十四条　国土资源主管部门申请人民法院强制执行前，有充分理由认为被执行人可能逃避执行的，可以申请人民法院采取财产保全措施。

第三十五条　国土资源主管部门作出没收矿产品、建筑物或者其他设施的行政处罚决定后，应当在行政处罚决定生效后九十日内移交同级财政部门处理，或者拟订处置方案报本级人民政府批准后实施。法律法规另有规定的，从其规定。

第三十六条　国土资源主管部门申请人民法院强制执行前，应当催告当事人履行义务。

当事人在法定期限内不申请行政复议或者提起行政诉讼，又不履行的，国土资源主管部门可以自期限届满之日起三个月内，向土地、矿产资源所在地有管辖权的人民法院申请强制执行。

第三十七条　国土资源主管部门向人民法院申请强制执行，应当提供下列材料：

（一）《强制执行申请书》；

（二）《行政处罚决定书》及作出决定的事实、理由和依据；

（三）当事人的意见及催告情况；

（四）申请强制执行标的情况；

（五）法律法规规定的其他材料。

《强制执行申请书》应当加盖国土资源主管部门的印章。

第三十八条　符合下列条件之一的，经国土资源主管部门负责人批准，案件结案：

（一）执行完毕的；

（二）终结执行的；

（三）已经依法申请人民法院强制执行的；

（四）其他应当结案的情形。

涉及需要移送有关部门追究党纪、政纪或者刑事责任的，应当在结案前移送。

第六章　监督管理

第三十九条　国土资源主管部门应当通过定期或者不定期检查等方式，加强对下级国土资源主管部门实施行政处罚工作的监督，其中要将发现制止违法、依法履行行政处罚职责等情况作为监督检查的重点内容。

第四十条　国土资源主管部门应当建立重大违法案件公开通报制度，将案情和处理结果向社会公开通报并接受社会监督。

第四十一条　国土资源主管部门应当建立重大违法案件挂牌督办制度，明确提出办理要求，公开督促下级国土资源主管部门限期办理并接受社会监督。

第四十二条　国土资源主管部门应当建立违法案件统计制度。下级国土资源主管部门应当定期将本行政区域内的违法形势分析、案件发生情况、查处情况等逐级上报。

第四十三条　国土资源主管部门应当建立国土资源违法案件错案追究制度。行政处罚决定错误并造成严重后果的，作出处罚决定的机关应当承担相应的责任。

第四十四条　国土资源主管部门应当配合有关部门加强对行政处罚实施过程中的社会稳定风险防控。

第七章　法律责任

第四十五条　县级以上国土资源主管部门直接负责的主管人员和其他直接责任人员，违反本办法规定，有下列情形之一，致使公民、法人或者其他组织的合法权益、公共利益和社会秩序遭受损害的，应当依法给予处分：

（一）对违法行为未依法制止的；

（二）应当依法立案查处，无正当理由未依法立案查处的；

（三）在制止以及查处违法案件中受阻，依照有关规定应当向本级人民政府或者上级国土资源主管部门报告而未报告的；

（四）应当依法进行行政处罚而未依法处罚的；

（五）应当依法申请强制执行、提出行政处分建议或者移送有权机关追究党纪、政纪或者刑事责任，而未依法申请强制执行、提出行政处分建议、移送有权机关的；

（六）其他徇私枉法、滥用职权、玩忽职守的情形。

第八章　附　则

第四十六条　国土资源行政处罚法律文书格式，由国土资源部统一制定。

第四十七条　本办法自2014年7月1日起施行。原地质矿产部1993年7月19日发布的《违反矿产资源法规行政处罚办法》和原国家土地管理局1995年12月18日发布的《土地违法案件查处办法》同时废止。

国土资源部关于印发《国土资源违法行为查处工作规程》的通知

（国土资发〔2014〕117号）

各省、自治区、直辖市国土资源主管部门，新疆生产建设兵团国土资源局，解放军土地管理局，部有关直属单位，各派驻地方的国家土地督察局，部机关各司局：

《国土资源违法行为查处工作规程》已经部长办公会议审议通过，现予以发布，自2014年10月1日起施行。

国土资源部

二〇一四年九月十日

国土资源违法行为查处工作规程

为规范国土资源违法行为查处工作，明确查处工作程序和标准，提高执法水平，提升执法效能，根据《中华人民共和国土地管理法》、《中华人民共和国矿产资源法》、《中华人民共和国行政处罚法》等法律法规，制定本规程。

1　适用范围

县级以上人民政府国土资源主管部门查处国土资源违法行为，适用本规程，法律、法规、规章另有规定的除外。

2　引用的标准和文件

下列标准和文件所包含的条文，通过在本规程中引用而构成本规程的条文。本规程颁布时，所示版本均为有效。使用本规程的各方应当使用下列各标准和文件的最新版本。

GB/T 17228—1998　《地质矿产勘查测绘术语》

GB/T 17986—2000　《房产测量规范》

GB/T 18341—2001　《地质矿产勘查测量规范》

GB/T 18507—2001　《城镇土地分等定级规程》

GB/T 18508—2001　《城镇土地估价规程》

GB/T 19231—2003　《土地基本术语》
GB/T 21010—2007　《土地利用现状分类》
GB/T 28407—2012　《农用地质量分等规程》
GB/T 28405—2012　《农用地定级规程》
GB/T 28406—2012　《农用地估价规程》
TD/T 1010—1999　《土地利用动态遥感监测规程》
TD/T 1008—2007　《土地勘测定界规程》

3　依据

（1）《中华人民共和国土地管理法》
（2）《中华人民共和国城市房地产管理法》
（3）《中华人民共和国城乡规划法》
（4）《中华人民共和国矿产资源法》
（5）《中华人民共和国行政处罚法》
（6）《中华人民共和国行政强制法》
（7）《中华人民共和国行政许可法》
（8）《中华人民共和国行政复议法》
（9）《中华人民共和国行政诉讼法》
（10）《中华人民共和国民法通则》
（11）《中华人民共和国物权法》
（12）《中华人民共和国刑法》
（13）《中华人民共和国民事诉讼法》
（14）《中华人民共和国城镇国有土地使用权出让和转让暂行条例》（国务院令第55号）
（15）《矿产资源补偿费征收管理规定》（国务院令第150号）
（16）《中华人民共和国矿产资源法实施细则》（国务院令第152号）
（17）《矿产资源勘查区块登记管理办法》（国务院令第240号）
（18）《矿产资源开采登记管理办法》（国务院令第241号）
（19）《探矿权采矿权转让管理办法》（国务院令第242号）
（20）《城市房地产开发经营管理条例》（国务院令第248号）
（21）《中华人民共和国土地管理法实施条例》（国务院令第256号）
（22）《基本农田保护条例》（国务院令第257号）
（23）《行政执法机关移送涉嫌犯罪案件的规定》（国务院令第310号）
（24）《国务院关于预防煤矿生产安全事故的特别规定》（国务院令第446号）
（25）《中华人民共和国行政复议法实施条例》（国务院令第499号）
（26）《土地调查条例》（国务院令第518号）

(27)《土地复垦条例》(国务院令第592号)

(28)《国务院关于坚决制止占用基本农田进行植树等行为的紧急通知》(国发明电〔2004〕1号)

(29)《国务院关于深化改革严格土地管理的决定》(国发〔2004〕28号)

(30)《国务院关于全面整顿和规范矿产资源开发秩序的通知》(国发〔2005〕28号)

(31)《国务院关于加强土地调控有关问题的通知》(国发〔2006〕31号)

(32)《国务院办公厅关于规范国有土地使用权出让收支管理的通知》(国办发〔2006〕100号)

(33)《国务院办公厅关于严格执行有关农村集体建设用地法律和政策的通知》(国办发〔2007〕71号)

(34)《国务院关于促进节约集约用地的通知》(国发〔2008〕3号)

(35)《关于实行党政领导干部问责的暂行规定》(中办发〔2009〕25号)

(36)《中共中央办公厅 国务院办公厅转发国务院法制办等部门〈关于加强行政执法与刑事司法衔接工作的意见〉的通知》(中办发〔2011〕8号)

(37)《建设用地审查报批管理办法》(国土资源部令第3号)

(38)《划拨用地目录》(国土资源部令第9号)

(39)《违反土地管理规定行为处分办法》(监察部、人力资源和社会保障部、国土资源部令第15号)

(40)《协议出让国有土地使用权规定》(国土资源部令第21号)

(41)《国土资源听证规定》(国土资源部令第22号)

(42)《土地利用年度计划管理办法》(国土资源部令第37号)

(43)《招标拍卖挂牌出让国有建设用地使用权规定》(国土资源部令第39号)

(44)《土地登记办法》(国土资源部令第40号)

(45)《建设项目用地预审管理办法》(国土资源部令第42号)

(46)《土地利用总体规划编制审查办法》(国土资源部令第43号)

(47)《土地调查条例实施办法》(国土资源部令第45号)

(48)《闲置土地处置办法》(国土资源部令第53号)

(49)《土地复垦条例实施办法》(国土资源部令第56号)

(50)《国土资源行政处罚办法》(国土资源部令第60号)

(51)《节约集约利用土地规定》(国土资源部令第61号)

(52)《国土资源部关于加强地热、矿泉水勘查、开采管理的通知》(国土资发〔2000〕209号)

(53)《国土资源部关于印发矿业权出让转让管理暂行规定》的通知(国土资发〔2000〕309号)

(54)《国土资源部关于印发〈国土资源执法监察错案责任追究制度〉的通知》(国土资发〔2000〕431号)

（55）《国土资源部关于印发〈国土资源违法案件会审制度〉等三项制度的通知》（国土资发〔2001〕372号）

（56）《国土资源部关于印发〈市（地）县（市）级国土资源主管部门矿产资源监督管理暂行办法〉的通知》（国土资发〔2003〕17号）

（57）《监察部 国土资源部关于监察机关和国土资源部门在查处土地违法违纪案件中加强协作配合的通知》（监发〔2005〕6号）

（58）《国土资源部关于印发〈非法采矿、破坏性采矿造成矿产资源破坏价值鉴定程序〉的通知》（国土资发〔2005〕175号）

（59）《国土资源部关于印发〈招标拍卖挂牌出让国有土地使用权规范〉（试行）和〈协议出让国有土地使用权规范〉（试行）的通知》（国土资发〔2006〕114号）

（60）《国土资源部 监察部关于落实工业用地招标拍卖挂牌出让制度有关问题的通知》（国土资发〔2007〕78号）

（61）《国土资源部关于建立健全土地执法监管长效机制的通知》（国土资发〔2008〕173号）

（62）《国土资源部 最高人民检察院 公安部关于国土资源主管部门移送涉嫌国土资源犯罪案件的若干意见》（国土资发〔2008〕203号）

（63）《最高人民法院 最高人民检察院 公安部 国土资源部关于在查处国土资源违法犯罪工作中加强协作配合的若干意见》（国土资发〔2008〕204号）

（64）《监察部 人力资源和社会保障部 国土资源部关于适用〈违反土地管理规定行为处分办法〉第三条有关问题的通知》（监发〔2009〕5号）

（65）《国土资源部 监察部关于进一步落实工业用地出让制度的通知》（国土资发〔2009〕101号）

（66）《国土资源部关于印发〈国土资源执法监察巡查工作规范〉（试行）的通知》（国土资发〔2009〕127号）

（67）《国土资源部关于进一步规范探矿权管理有关问题的通知》（国土资发〔2009〕200号）

（68）《国土资源部办公厅关于印发〈关于进一步加强和规范对违反国土资源管理法律法规行为报告工作的意见〉的通知》（国土资厅发〔2010〕58号）

（69）《国土资源部关于进一步加强对违反国土资源管理法律法规行为发现、制止、报告和查处工作的通知》（国土资电发〔2010〕78号）

（70）《国土资源部 住房和城乡建设部关于进一步加强房地产用地和建设管理调控的通知》（国土资发〔2010〕151号）

（71）《国土资源部 农业部关于完善设施农用地管理有关问题的通知》（国土资发〔2010〕155号）

（72）《国土资源部关于印发城乡建设用地增减挂钩试点和农村土地整治有关问题的处理意见的通知》（国土资发〔2011〕80号）

（73）《国土资源部 国家发展和改革委员会关于发布实施〈限制用地项目目录（2012年本）〉和〈禁止用地项目目录（2012年本）〉的通知》（国土资发〔2012〕98号）

（74）《国土资源部关于严格执行土地使用标准大力促进节约集约用地的通知》（国土资发〔2012〕132号）

（75）《国土资源部关于强化管控落实最严格耕地保护制度的通知》（国土资发〔2014〕18号）

（76）《最高人民法院关于执行〈中华人民共和国行政诉讼法〉若干问题的解释》（法释〔2000〕8号）

（77）《关于审理破坏土地资源刑事案件具体应用法律若干问题的解释》（法释〔2000〕14号）

（78）《最高人民法院关于行政诉讼证据若干问题的规定》（法释〔2002〕21号）

（79）《关于审理非法采矿、破坏性采矿刑事案件具体应用法律若干问题的解释》（法释〔2003〕9号）

（80）《最高人民法院关于审理破坏林地资源刑事案件具体应用法律若干问题的解释》（法释〔2005〕15号）

（81）《最高人民法院关于审理破坏草原资源刑事案件应用法律若干问题的解释》（法释〔2012〕15号）

（82）《最高人民法院关于适用〈中华人民共和国民事诉讼法〉若干问题的意见》（法发〔1992〕22号）

（83）最高人民检察院等10部门《关于在查办渎职案件中加强协调配合建立案件移送制度的意见》（高检会〔1999〕3号）

（84）《最高人民法院 国土资源部 建设部关于依法规范人民法院执行和国土资源房地产管理部门协助执行若干问题的通知》（法发〔2004〕5号）

（85）《最高人民检察院 国土资源部关于印发〈关于人民检察院与国土资源主管部门在查处和预防渎职等职务犯罪工作中协作配合的若干规定（暂行）〉的通知》（高检会〔2007〕7号）

（86）《最高人民检察院 公安部关于印发〈最高人民检察院 公安部关于公安机关管辖的刑事案件立案追诉标准的规定（一）〉的通知》（公通字〔2008〕36号）

（87）《最高人民检察院 公安部关于印发〈最高人民检察院 公安部关于公安机关管辖的刑事案件立案追诉标准的规定（二）〉的通知》（公通字〔2010〕23号）

4　总则

4.1　查处国土资源违法行为的基本内容

查处国土资源违法行为，是指县级以上人民政府国土资源主管部门，依照法定职权和程序，对自然人、法人或者其他组织违反土地、矿产资源法律法规的行为，进行调查处理，实施法律制裁的具体行政执法行为。

4.2 查处国土资源违法行为的原则与要求

查处国土资源违法行为，应当遵循严格、规范、公正、文明的原则，做到事实清楚、证据确凿、定性准确、依据正确、程序合法、处罚适当。

4.3 查处国土资源违法行为的实施主体

县级以上人民政府国土资源主管部门组织实施国土资源违法行为查处工作，具体工作依法由其执法监察工作机构和其他业务职能工作机构按照职责分工承担。

本规程所称国土资源执法监察工作机构是指履行执法监察职责的县级以上人民政府国土资源主管部门执法监察机构、队伍，包括执法监察局、处、科、股和执法监察总队、支队、大队等。

县级人民政府国土资源主管部门可以根据需要依法明确国土资源管理所、执法监察中队承担相应的国土资源执法监察工作。

4.4 国土资源执法监察人员

国土资源执法监察人员应当熟悉土地、矿产资源等法律法规，经过培训，考核合格，取得《国土资源执法监察证》。

执法监察人员在查处国土资源违法行为过程中，应当出示《国土资源执法监察证》，向当事人或者相关人员表明身份。

在国土资源违法行为查处过程中涉及国家秘密、商业秘密或者个人隐私的，执法监察人员应当保守秘密。

4.5 查处国土资源违法行为的工作保障

县级以上人民政府国土资源主管部门应当将执法监察工作经费纳入年度部门预算，提供必要的工作保障。

国土资源主管部门可以为执法监察人员办理人身意外伤害保险。

4.6 查处国土资源违法行为的基本流程

（1）违法线索发现

（2）线索核查与违法行为制止

（3）立案

（4）调查取证

（5）案情分析与调查报告起草

（6）案件审理

(7) 作出处理决定（行政处罚决定或者行政处理决定）

(8) 执行

(9) 结案

(10) 立卷归档

涉及需要移送公安、检察、监察、任免机关追究刑事责任、行政纪律责任的，应当依照有关规定移送。

4.7 规范实施行政处罚自由裁量权

省级人民政府国土资源主管部门应当依据法律法规规定的违法行为和相应法律责任，结合当地社会经济发展的实际情况，制定规范行政处罚自由裁量权适用的标准和办法，规定行政处罚自由裁量权适用的条件、种类、幅度、方式和时限等。市(地)级、县级人民政府国土资源主管部门可以根据省级规范行政处罚自由裁量权适用标准和办法，制定实施细则。

县级以上人民政府国土资源主管部门在对国土资源违法行为的调查、形成处理意见、审理、决定等查处过程中应当依照行政处罚自由裁量权标准规范进行。

4.8 地方补充规定

县级以上地方人民政府国土资源主管部门可以依据本规程制定实施细则或者补充规定，报上一级人民政府国土资源主管部门备案。

5 违法线索发现

5.1 违法线索发现渠道

(1) 举报发现。通过12336举报电话、举报信件、网络举报等发现的国土资源违法线索。

(2) 巡查发现。按照巡查工作计划确定的时间、路线、频率，巡查发现的国土资源违法线索。

(3) 卫片执法监督检查发现。利用卫星遥感监测或者土地变更调查成果发现的国土资源违法线索。

(4) 媒体反映。通过报刊、广播电视、网络等媒体发现的国土资源违法线索。

(5) 上级交办、国家土地督察机构督办或者其他部门移送、转办的国土资源违法线索。

(6) 其他渠道发现的国土资源违法线索。

5.2 违法线索处置

对于有明确违法行为发生地和基本违法事实的国土资源违法线索，应当填写

《违法线索登记表》，载明线索来源、联系人基本情况、线索内容等，并提出初步处置建议，报执法监察工作机构负责人签批。

执法监察工作机构负责人认为需要对违法线索进行核查的，应当及时安排人员进行核查。

6 线索核查与违法行为制止

6.1 线索核查的主要内容

（1）涉嫌违法当事人的基本情况；
（2）涉嫌违法的基本事实；
（3）违反国土资源管理法律法规的情况；
（4）是否属于本级本部门管辖。

核查过程中，可以采取拍照、询问、复印资料等方式收集相关证据。

6.2 违法行为制止

发现存在国土资源违法行为，执法监察人员应当向违法当事人宣传国土资源法律法规和政策，告知其行为违法及可能承担的法律责任，采取措施予以制止。

6.2.1 责令停止违法行为

对正在实施的违法行为，国土资源主管部门应当依法及时下达《责令停止违法行为通知书》。

《责令停止违法行为通知书》应当记载下列内容：

（1）违法当事人的姓名或者名称；
（2）简要违法事实和法律依据；
（3）责令停止违法行为的要求；
（4）其他应当记载的事项。

6.2.2 其他制止措施

对国土资源违法行为书面制止无效、当事人拒不停止违法行为的，国土资源主管部门应当及时将违法事实书面报告同级人民政府和上一级国土资源主管部门；可以根据情况将涉嫌违法的事实及制止违法行为的情况抄告发展改革、规划、建设、环保、市政、电力、金融、工商、安监、公安等相关部门，提请相关部门按照共同责任机制的要求履行部门职责，采取相关措施，共同制止违法行为；必要时，可以将有关情况向社会通报。

6.3 核查结果处置

核查结束后，核查人员应当提交核查报告，提出立案或者不予立案的建议。

7　立案

7.1　案件管辖

7.1.1　地域管辖

国土资源违法案件由土地、矿产资源所在地的县级以上人民政府国土资源主管部门管辖，法律法规另有规定的除外。

7.1.2　级别管辖

县级人民政府国土资源主管部门管辖本行政区域内发生的国土资源违法案件。

市级、省级人民政府国土资源主管部门管辖本行政区域内重大、复杂和法律法规规定应当由其管辖的国土资源违法案件。

国土资源部管辖全国范围内重大、复杂和法律法规规定应当由其管辖的国土资源违法案件。

有下列情形之一的，上级国土资源主管部门有权管辖下级国土资源主管部门管辖的案件：

（1）下级国土资源主管部门应当立案调查而不予立案调查的；

（2）案情复杂，情节恶劣，有重大影响的；

（3）上级国土资源主管部门认为应当由其管辖的。

必要时，上级国土资源主管部门可以将本机关管辖的案件交由下级国土资源主管部门立案调查，但是法律法规规定应当由其管辖的除外。

7.1.3　指定管辖

有管辖权的国土资源主管部门由于特殊原因不能行使管辖权的，可以报请上一级国土资源主管部门指定管辖；国土资源主管部门之间因管辖权发生争议的，报请共同的上一级国土资源主管部门指定管辖。上一级国土资源主管部门应当在接到指定管辖申请之日起七个工作日内，作出管辖决定。

国土资源主管部门与其他部门之间因管辖权发生争议，经协商无法达成一致意见的，应当报请同级人民政府指定管辖。

7.1.4　移送管辖

国土资源主管部门发现违法行为不属于本级或者本部门管辖时，应当移送有管辖权的国土资源主管部门或者其他部门。受移送的国土资源主管部门对管辖权有异议的，应当报请上一级国土资源主管部门指定管辖，不得再自行移送。

7.2　立案条件

符合下列条件的，国土资源主管部门应当予以立案：

（1）有明确的行为人；

（2）有违反国土资源管理法律法规的事实；

（3）依照国土资源管理法律法规应当追究法律责任；

（4）属于本级本部门管辖；

（5）违法行为没有超过追诉时效。

违法行为轻微并及时纠正，没有造成危害后果，或者立案前违法状态已经消除的，可以不予立案。

7.3 立案呈批

核查后，执法监察工作机构认为符合立案条件的，应当填写《立案呈批表》，报国土资源主管部门负责人审批。符合立案条件的，国土资源主管部门应当在十个工作日内予以立案。

《立案呈批表》应当载明案件来源、当事人基本情况、涉嫌违法事实、相关建议等内容，必要时，一并提出暂停办理与案件相关的国土资源审批、登记等手续的建议。

7.4 确定承办人员

批准立案后，执法监察工作机构应当确定案件承办人员，承办人员不得少于二人。

承办人员具体组织实施案件调查取证，起草相关法律文书，提出处理建议，撰写案件调查报告等。

7.5 回避

承办人员与案件有利害关系或者可能影响公正处理的，应当主动申请回避。当事人认为承办人员应当回避而没有回避的，可以申请承办人员回避。

承办人员的回避，由执法监察工作机构负责人决定；涉及执法监察工作机构负责人的回避，由国土资源主管部门负责人决定。决定回避的，应当对之前的调查行为是否有效一并决定。决定回避前，被要求回避的承办人员不停止对案件的调查。

其他与案件有利害关系或者可能影响公正处理的人员，不得参与案件的调查、讨论、审理和决定。

8 调查取证

办案人员应当对违法事实进行调查，并收集相关证据。调查取证时，应当不少于二人，并应当向被调查人出示执法证件。

8.1 调查措施

8.1.1 一般调查措施

调查取证时，办案人员有权采取下列措施：

（1）下达《接受调查通知书》，要求被调查的单位或者个人提供有关文件和资料，并就与案件有关的问题作出说明；

（2）询问当事人以及相关人员，进入违法现场进行检查、勘测、拍照、录音、摄像，查阅和复印相关材料；

（3）责令当事人停止违法行为；

（4）根据需要可以对有关证据先行登记保存；

（5）依法可以采取的其他措施。

8.1.2　调查遇阻措施

被调查人员拒绝、逃避调查取证或者采取暴力、威胁等方式阻碍调查取证时，可以采取下列措施：

（1）商请当事人所在单位或者违法行为发生地所在基层组织协助调查；

（2）向上一级国土资源主管部门和本级人民政府报告；

（3）提请公安机关、检察机关、监察机关或者相关部门协助；

（4）向社会通报违法信息。

8.2　调查实施与证据收集

8.2.1　调查前期准备

（1）研究确定调查的主要内容、方法、步骤及拟收集的证据清单等；

（2）收集内业资料；

（3）准备调查装备、设备。

8.2.2　证据种类

（1）书证；

（2）物证；

（3）视听资料；

（4）证人证言；

（5）当事人的陈述；

（6）询问笔录；

（7）现场勘测笔录；

（8）鉴定结论、鉴定意见或者检验报告；

（9）其他。

8.2.3　证据范围

8.2.3.1　土地违法案件证据范围

（1）当事人身份证明材料；

（2）询问笔录；

（3）地类及权属证明材料；

（4）土地利用现状图、土地利用总体规划图等；

（5）现场勘测材料，包括勘测笔录、勘测定界图、勘测报告等；

（6）违法地块现状材料，包括现场照片、视听资料等；

（7）土地来源资料，包括土地征收、农用地转用、预审、先行用地、供地等相关审批材料、土地取得协议或者合同、骗取批准的证明材料等；

（8）项目立项、规划、环评、建设等审批资料；

（9）破坏耕地等农用地涉嫌犯罪的相关鉴定材料；

（10）违法转让的证明材料，包括转让协议、实际交付价款凭证、土地已实际交付证明材料、违法所得认定材料；

（11）违法批地的证明资料，包括批准用地的文件、协议、会议纪要、记录等；

（12）需要收集的其他材料。

8.2.3.2　矿产资源违法案件证据范围

（1）当事人身份证明材料；

（2）询问笔录；

（3）勘查、开采审批登记相关资料；

（4）证明矿产品种类、开采量、品位、价格等的资料；

（5）违法所得证据及认定材料，包括生产记录、销售凭据等；

（6）违法勘查、开采的证明材料，包括现场勘测笔录、现场照片、视听资料等；

（7）违法转让（出租、承包）矿产资源、矿业权的证明材料，包括协议、转让价款凭证、往来账目等；

（8）违法采矿、破坏性采矿涉嫌犯罪的相关鉴定结论、鉴定意见或者检验报告；

（9）需要收集的其他材料。

8.2.4　证据要求

8.2.4.1　书证、物证

书证和物证为原件原物的，制作证据交接单，注明证据名称（品名）、编号（型号）、数量等内容。经核对无误后，双方签字，一式二份，各持一份。

书证为复印件的，应当由保管书证原件的单位或者个人在复印件上注明出处和“本复印件与原件一致”等字样，签名、盖章，并签署时间。单项书证较多的，加盖骑缝章。

收集物证原物确有困难的，可以收集与原物核对无误的复制件或者证明该物证的照片、录像等其他证据。

8.2.4.2　视听资料

录音、录像或者计算机数据等视听资料应当符合下列要求：

（1）收集有关资料的原始载体。收集原始载体确有困难的，可以收集复制件；

（2）注明制作方法、制作时间、制作人和证明对象等；

（3）声音资料应当附有该声音内容的文字记录。

8.2.4.3　证人证言

证人证言应当符合下列要求：

（1）写明证人的姓名、年龄、性别、职业、住址、联系方式等基本情况；

（2）有与案件相关的事实；

（3）有证人签名，证人不能签名的，应当以盖章等方式证明；

（4）注明出具日期；

（5）附有身份证复印件等证明证人身份的文件。

8.2.4.4　当事人的陈述

当事人请求自行提供陈述材料的，应当准许。当事人应当在其提供的书面材料上签名、按手印或者盖章。

8.2.4.5　询问笔录

对当事人、证人等询问时，应当个别进行，并制作《询问笔录》。《询问笔录》包括基本情况和询问记录等内容。

基本情况包括：询问时间、询问地点、询问人、记录人、被询问人基本信息等。

询问记录包括：询问告知情况、案件相关事实和被询问人补充内容。

（1）询问开始时，办案人员应当表明身份，出示执法证件，并告知被询问人诚实作证和配合调查的法律义务，隐瞒事实、作伪证的法律责任以及申请办案人员回避的权利。

（2）案件相关事实包括：时间、地点、原貌与现状、地类、面积、权属、矿种、采出量、违法所得、实施主体、实施目的、实施过程、后果、相关手续办理情况、其他单位或者部门处理情况、相关资料保存情况以及其他需要询问的内容。

询问结束，应当将《询问笔录》交被询问人核对。被询问人阅读有困难的，应当向其宣读。笔录如有差错、遗漏，应当允许被询问人更正或者补充，涂改部分应当由被询问人按手印。经核对无误后，由被询问人在《询问笔录》上逐页签名、按手印，在尾页空白处写明“以上笔录经本人核对无异议”等被询问人认可性语言，签署姓名和时间，并按手印。《询问笔录》应当注明总页数和页码。

被询问人拒绝签名的，办案人员应当在《询问笔录》中注明。有其他见证人在场的，可以由见证人签名。

询问时，在文字记录的同时，根据需要可以在告知被询问人后录音、录像。

8.2.4.6　现场勘测笔录

现场勘测应当告知当事人参加。当事人拒绝参加的，不影响勘测进行，但可以邀请案件发生地村（居）委会等基层组织相关人员作为见证人参加。必要时，可以采取拍照、录像等方式记录现场勘测情况。

现场勘测应当制作《现场勘测笔录》。《现场勘测笔录》应当记载当事人、案由、勘测内容、勘测时间、勘测地点、勘测人、勘测情况等内容，并附勘测图。《现场勘测笔录》应当由勘测人员、办案人员、当事人或者见证人签名。当事人拒绝签名或者不能签名的，应当注明原因。

8.2.4.7 鉴定结论、鉴定意见或者检验报告

需要对案件涉及的耕地等农用地破坏程度和违法采矿、破坏性采矿造成的矿产资源破坏价值等进行鉴定或者检验的，应当按照有关规定，由市（地）级或者省级人民政府国土资源主管部门组织实施；也可以委托有资质的机构进行，出具相应的鉴定结论、鉴定意见或者检验报告。

8.2.5 证据先行登记保存

调查中发现证据可能灭失或者以后难以取得的情况下，经国土资源主管部门负责人批准，可以先行登记保存，并应当在七日内及时作出处理决定。证据先行登记保存期间，任何人不得销毁或者转移证据。

证据先行登记保存，应当制作《证据先行登记保存通知书》，附具《证据保存清单》，向当事人下达。制作《证据保存清单》，应当有当事人在场，当事人不在场可以邀请其他见证人参加，并由当事人或者见证人核对，确定无误后签字。

先行登记保存的证据，可以交由当事人自己保存，也可以由国土资源主管部门或者其指定单位保存。证据在原地保存可能妨害公共秩序、公共安全或者对证据保存不利的，也可以异地保存。

国土资源主管部门应当自发出《证据先行登记保存通知书》之日起七日内，根据情况分别作出如下处理决定：

（1）采取记录、复制、复印、拍照、录像等方式收集证据；

（2）送交具有资质的专门机构进行鉴定、认定等；

（3）违法事实不成立的，解除证据先行登记保存；

（4）其他应当作出的决定。

8.3 调查中止

有下列情形之一的，办案人员应当填写《中止调查决定呈批表》，报国土资源主管部门负责人批准后，中止调查。

（1）因不可抗力或者意外事件，致使案件暂时无法调查的；

（2）涉及法律适用问题，需要有权机关作出解释或者确认的；

（3）需要公安、检察机关、其他行政机关、组织的决定或者结论作为前提，但尚无定论的；

（4）当事人下落不明致使调查证据不足的；

（5）需要中止调查的其他情形。

案件中止调查的情形消除后，应当及时恢复调查。

8.4 调查终止

有下列情形之一的，办案人员应当填写《终止调查决定呈批表》并提出处理建议，报国土资源主管部门负责人批准后，终止调查。

（1）调查过程中，发现违法事实不成立的；

（2）违法行为已过行政处罚追诉时效的；

（3）不属本部门管辖，需要向其他部门移送的；

（4）因不可抗力致使案件无法调查处理的；

（5）需要终止调查的其他情形。

9　案情分析与调查报告起草

在调查取证的基础上，办案人员应当对收集的证据、案件事实进行认定，确定违法的性质和法律适用，研究提出处理建议，并起草调查报告。

9.1　证据认定

9.1.1　证据审查

办案人员应当对证据的真实性、合法性和关联性进行审查。

（1）真实性审查主要审查证据是否为原件、原物，复制件、复制品是否符合要求等。

（2）合法性审查主要审查证据取得程序及相关手续是否合法等。

（3）关联性审查主要审查证据与案件的待证事实之间是否具有内在的联系，证据之间能否互相支撑形成证据链等。

9.1.2　证据的证明效力认定

认定各类证据的证明效力应当遵循以下原则：

（1）国家机关以及其他职能部门依职权制作的公文文书优于其他书证；

（2）鉴定结论、鉴定意见或者检验报告、现场勘测笔录、档案材料以及经过公证或者登记的书证优于其他书证、视听资料和证人证言；

（3）原件、原物优于复制件、复制品；

（4）法定鉴定部门的鉴定结论、鉴定意见或者检验报告优于其他鉴定部门的鉴定结论、鉴定意见或者检验报告；

（5）原始证据优于传来证据；

（6）其他证人证言优于与当事人有亲属关系或者其他密切关系的证人提供的对该当事人有利的证言；

（7）数个种类不同、内容一致的证据优于一个孤立的证据。

9.1.3　辅助证据

下列证据不能单独作为认定案件事实的依据，但可以作为辅助证据。

（1）未成年人的证言；

（2）与当事人有亲属关系或者其他密切关系的证人所作的对该当事人有利的证言，或者与当事人有不利关系的证人所作的对该当事人不利的证言；

（3）难以识别是否经过修改的视听资料；

（4）无法与原件、原物核对的复制件或者复制品；

（5）其他不能单独作为定案依据的证据材料。

9.2 事实认定

9.2.1 违法责任主体认定

违法责任主体应当是实施违法行为并且能够独立承担法律责任的自然人、法人或者其他组织。

（1）当事人是自然人的，该自然人为违法责任主体。

（2）当事人是法人的（企业法人、机关法人、事业单位法人、社会团体法人等），该法人为违法责任主体；不具有独立法人资格的分公司、内设机构、派出机构、临时机构等实施违法行为的，设立该分公司、内设机构、派出机构、临时机构的法人为违法责任主体。

（3）当事人是其他组织的，能够独立承担法律责任的，该组织为违法责任主体；不能独立承担法律责任的，创办该组织的单位或者个人为违法责任主体。

（4）受委托或者雇佣的自然人、法人或者其他组织在受委托或者雇佣的工作范围内，实施国土资源违法行为，并且能够证明委托或者雇佣关系及委托或者雇佣工作范围的，应当认定委托人或者雇佣人为违法责任主体。

（5）同一违法行为有两个以上当事人的，应当认定为共同违法责任主体。

9.2.2 违法用地占用地类认定

判定违法用地占用地类，应当将违法用地的界址范围或者勘测定界坐标数据套合到违法用地行为发生上一年度土地利用现状图或者土地利用现状数据库上，对照标示的现状地类进行判定。违法用地发生时，该用地已经批准转为建设用地的，应当按照建设用地判定。

执法监察工作机构可以提请地籍管理工作机构进行认定。

9.2.3 是否符合土地利用总体规划的认定

判定违法用地是否符合土地利用总体规划，应当将违法用地的界址范围（或者界址坐标）与乡（镇）土地利用总体规划纸质图件（或者数据库矢量图件）套合比对、对照，将项目名称与土地利用总体规划文本对照。

与乡（镇）土地利用总体规划纸质图件（或者数据库矢量图件）进行套合比对，违法用地位于规划城乡建设用地区域的，应当判定为符合土地利用总体规划；与乡（镇）土地利用总体规划纸质图件（或者数据库矢量图件）进行对照，违法用地位于土地利用总体规划确定的交通廊道内、独立工矿用地区域的，应当判定为符合土地利用总体规划；与土地利用总体规划文本进行对照，用地项目已列入土地利用总体规划重点建设项目清单的，应当判定为符合土地利用总体规划。

在作出处罚决定前，土地利用总体规划依法作出了重大调整，违法用地的规划土地用途发生重大变更的，可以按照从轻原则判定是否符合土地利用总体规划。

执法监察工作机构可以提请国土资源规划管理工作机构进行认定。

9.2.4　占用基本农田的认定

判定违法用地是否占用基本农田，应当将违法用地的界址范围（或者界址坐标）与乡（镇）土地利用总体规划纸质图件（或者数据库矢量图件）进行套合比对，对照所标示的基本农田保护地块范围进行判定。

违法用地位于土地利用总体规划图上标示的基本农田保护地块范围的，应当判定为占用基本农田。但已列入土地利用总体规划确定的交通廊道或者已列入土地利用总体规划重点建设项目清单的民生、环保等特殊项目，在未超出规划多划基本农田面积额度的前提下，占用规划多划的基本农田时，按照占用一般耕地进行判定，不视为占用基本农田。

执法监察工作机构可以提请国土资源规划管理和耕地保护工作机构进行认定。

9.2.5　违法勘查开采数量和价值认定

违法开采的矿产品数量认定，可以采取计重或者测算体积等方式得出。对于找不到现场堆放的矿产品的，可以通过测量采空区计算或者通过查阅违法当事人销售矿产品的相关台账计算。

违法开采矿产品的价值认定，可以根据违法当事人违法开采的矿产品数量，结合违法行为发生时当地的矿产品价格计算，也可以通过查阅违法当事人销售矿产品的相关台账计算。

9.2.6　违法所得认定

9.2.6.1　违法转让土地使用权的违法所得认定

依法取得的土地使用权违法转让的，违法所得为当事人转让全部所得扣除当事人依法取得土地使用权的成本和对土地的合法投入；违法取得的土地使用权违法转让的，违法所得为当事人转让全部所得。

转让全部所得数额按照转让合同及交易凭据所列价款确定。没有转让合同及交易凭据、当事人拒不提供或者提供的转让合同及交易凭据所列价款明显不符合实际的，可以按照评估价认定。

对土地的合法投入包括土地开发、新建建筑物和构筑物的建设投入等，但是违法新建建筑物和构筑物的建设投入除外。

9.2.6.2　矿产资源违法所得的认定

对无证开采和越界开采的，违法所得数额应当按照销售凭据确定；没有销售凭据的，按照违法行为发生时当地原矿的市场价格计算，不扣除开采成本。

对买卖、出租和转让矿产资源的，违法所得数额应当为买卖、出租和转让的全部所得。

9.3　法律适用和处理建议

办案人员应当依据调查掌握的证据和认定的违法事实，确定违法的性质和适用的法律法规，对照行政处罚自由裁量权标准和办法，研究提出处理建议。

国土资源违法行为主要类型、法律依据与法律责任见附录A、附录B。

9.3.1 不予处罚、从轻或者减轻处罚

办案人员应当依照法律法规规定，根据违法事实、性质、情节、社会危害程度以及是否主动消除违法行为后果等因素，对照行政处罚自由裁量权标准和办法，研究提出处理建议。

国土资源违法行为情节轻微并及时纠正，没有造成危害性后果，或者行政处罚告知书下发前主动消除违法状态的，可以不予行政处罚。

有下列情形之一的，应当从轻或者减轻处罚：

（1）行政处罚决定下达前，主动采取措施减轻违法后果的；

（2）积极主动配合调查处理且未造成严重后果的；

（3）其他依法应当从轻或者减轻处罚的情形。

9.3.2 提出处理建议

办案人员应当在证据认定和事实认定的基础上，综合研究提出处理建议：

（1）事实清楚、证据确凿、属于本级本部门管辖的，应当提出明确的处理建议。其中，对于依法应当给予行政处罚的，明确行政处罚的具体内容；对依法可以不予行政处罚的，明确不予行政处罚的理由；对于单位、个人违法批准征收、使用土地或者违法批准勘查、开采矿产资源的，应当提出确认相关批准文件、协议、纪要、批示等无效及撤销批准文件、废止违法内容、依法收回土地等建议；

（2）依法需要追究当事人及有关责任人员行政纪律责任的，应当提出移送监察、任免机关处理的建议；

（3）涉嫌犯罪，依法需要追究刑事责任的，应当提出将案件向公安、检察机关移送追究刑事责任的建议；

（4）经批准终止调查的，应当提出撤案或者结案的建议。对于违法事实不成立、违法行为已过行政处罚追诉时效的，建议撤案；对不属本部门管辖、因不可抗力致使案件无法调查处理的，建议结案；

（5）案件调查中，发现案件发生地国土资源管理秩序混乱或者国土资源管理方面存在问题的，提出限期整改、加强监管或者改进管理和完善政策的建议；

（6）其他处理建议。

9.4 调查报告起草

案件调查结束后，承办人员应当起草《国土资源违法案件调查报告》。

《国土资源违法案件调查报告》包括首部、正文、尾部和证据清单。

9.4.1 首部

首部应当包括案由、调查机关、办案人员、调查时间、当事人基本情况等内容。

9.4.2 正文

正文应当包括调查情况、基本事实、案件定性、责任认定、处理建议等。

9.4.2.1 调查情况

简要介绍案件来源，立案及调查工作开展情况。

9.4.2.2 基本事实

基本事实应当包括违法行为当事人、发生时间、地点、违法行为事实及造成的后果。叙述一般应当按照事件发生的时间顺序客观、全面、真实地反映案情，要注意重点，详细表述主要情节、证据和关联关系。对可能影响量罚的不予处罚、从轻或者减轻处罚的事实，应当作出具体说明。

（1）土地违法案件基本要素：违法主体、违法行为发生、发现、制止及立案查处的时间、用地及建设情况、占用地类、规划用途、相关审批情况、征地补偿安置标准、程序、支付情况等。

（2）矿产资源违法案件基本要素：违法主体、勘查开采地点、勘查开采时间、矿区范围、勘查开采方式、矿种、数量、矿产品价值、违法所得、鉴定结论、鉴定意见或者检验报告、已批准勘查、开采以及登记发证情况等。

9.4.2.3 案件定性

认定调查发现存在的主要问题，对案件的法律适用进行分析，明确认定当事人违法的法律依据以及违反的具体法律法规，提出认定违法行为性质的结论。

9.4.2.4 处理建议

根据法律法规的有关规定，认定相关责任，并提出处理建议。

9.4.3 尾部

承办人员签名，并注明时间。

9.4.4 证据清单

列明案件调查报告涉及的证据。清单所列证据作为调查报告的附件。

10 案件审理

10.1 审理基本要求

承办人员提交《国土资源违法案件调查报告》后，执法监察工作机构或者国土资源主管部门应当组织审理人员对案件调查报告和证据等相关材料进行审理。审理人员不能为同一案件的承办人员。

10.2 审理内容

审理内容包括：

（1）是否符合立案条件；

（2）违法主体是否认定准确；

（3）事实是否清楚，证据是否合法、确实、充分；

（4）定性是否准确，理由是否充分；

（5）适用法律法规是否正确；

（6）程序是否合法；

（7）拟定的处理建议是否适当，行政处罚是否符合自由裁量权标准；

（8）其他需要审理的内容和事项。

10.3 审理方式

一般案件由执法监察内设审理机构或者审理人员负责组织，采用书面或者会议方式进行审理，提出审理意见。

重大、疑难案件由执法监察工作机构负责人组织会审，并提出会审意见。有下列情形之一的，应当由国土资源主管部门负责人召集有关职能机构负责人及其他有关人员进行会审。

（1）依法需要向公安、检察机关移送的；

（2）经过行政复议或者行政诉讼，需要重新作出行政处罚的；

（3）经过听证程序，需要对拟定的行政处罚决定作出实质性修改的；

（4）案情复杂，难以定性的；

（5）国土资源主管部门主要负责人认为应当进行会审的。

10.4 审理程序

（1）承办人员提交案件调查报告和证据等相关材料，并作出说明；

（2）审理人员进行审理，就有关问题提问；

（3）承办人员解答问题，进行补充说明；

（4）审理人员形成审理意见。以会议方式审理的，应当制作《违法案件审理记录》。

10.5 审理意见

根据审理情况，分别提出以下审理意见：

（1）违法主体认定准确、事实清楚、证据合法确实充分、定性准确、适用法律正确、程序合法、处理建议适当的，同意处理建议。

（2）有下列情形之一的，应当提出明确的修改、纠正意见，要求办案人员重新调查或者补充调查：

①不符合立案条件的；

②违法主体认定不准确的；

③案件事实不清楚，证据不确实充分的；

④定性不准确，理由不充分的；

⑤适用法律法规不正确的；

⑥程序不合法的；

⑦处理建议不适当、行政处罚不符合自由裁量权标准的。

承办人员应当按照审理意见进行修改、纠正，并重新提请审理。

承办人员对审理意见有异议的，可以提出理由，连同调查报告、审理意见及证据等相关材料报执法监察工作机构负责人决定。

11　处理决定

11.1　作出处理决定

案件经审理通过的，承办人员应当填写《违法案件处理决定呈批表》，附具《国土资源违法案件调查报告》和案件审理意见，报国土资源主管部门负责人审查，根据不同情况，分别作出如下处理决定：

（1）确有应当予以行政处罚的违法行为的，根据情节轻重及具体情况，作出行政处罚决定；

（2）对于单位、个人违法批准征收、使用土地或者违法批准勘查、开采矿产资源的，应当根据情节轻重及具体情况，作出行政处理决定；

（3）违法行为轻微，依法可以不予行政处罚或者行政处理的，作出不予行政处罚或者行政处理决定，予以结案；

（4）不属于本级本部门管辖的，移送有管辖权的机关，予以结案；

（5）因不可抗力终止调查的，予以结案；

（6）对于违法事实不成立、违法行为已过行政处罚追诉时效的，予以撤案；

（7）依法需要追究当事人及有关责任人行政纪律责任的，移送监察、任免机关；

（8）涉嫌犯罪，依法需要追究刑事责任的，移送公安、检察机关；

（9）对国土资源管理秩序混乱的，作出限期整改、加强监管的具体决定；对国土资源管理方面存在的问题，提出改进管理和完善政策的具体要求。

对情节复杂或者重大违法行为给予较重的行政处罚，国土资源主管部门的负责人应当集体讨论决定。

11.2　实施处理决定

（1）决定给予行政处罚的，按照本规程12的规定办理。

（2）决定给予行政处理的，应当明确违法批准征收、使用土地或者违法批准勘查、开采矿产资源的相关文件无效，提出撤销批准文件、废止违法内容、依法收回土地等具体要求和追究行政纪律责任的建议。有关当事人拒不归还土地的，以违法占用土地论处。

（3）决定撤销案件的，填写《撤销立案决定呈批表》，报国土资源主管部门负责人批准后，予以撤案。

（4）决定移送案件的，按照本规程15的规定办理。

（5）决定结案的，按照本规程 16 的规定办理。

（6）决定限期整改、加强监管的，书面通知整改地区的人民政府和国土资源主管部门。

12 行政处罚

12.1 国土资源行政处罚的种类

国土资源行政处罚主要包括以下种类：

（1）警告；

（2）罚款；

（3）没收违法所得、没收非法财物；

（4）限期拆除；

（5）吊销勘查许可证、采矿许可证；

（6）法律法规规定的其他行政处罚。

12.2 告知

作出行政处罚之前，国土资源主管部门应当制作《行政处罚告知书》，按照本规程 13 规定的方式，送达当事人，当事人有权进行陈述和申辩。

《行政处罚告知书》应当载明作出行政处罚的事实、理由、依据和处罚内容，并告知当事人依法享有的陈述和申辩权利。陈述和申辩应当由当事人在收到《行政处罚告知书》后三个工作日内提出。口头形式提出的，应当制作笔录。

国土资源主管部门对当事人提出的事实、理由和证据应当进行复核。当事人提出的事实、理由或者证据成立的，应当予以采纳。

国土资源主管部门不得因当事人的申辩而加重处罚。

12.3 听证

国土资源主管部门在作出以下行政处罚决定前，应当制作《行政处罚听证告知书》，按照本规程 13 规定的方式，送达当事人。听证告知和处罚告知可以一并下达或者合并下达。

（1）较大数额罚款；

（2）没收违法用地上的新建建筑物和其他设施；

（3）限期拆除违法用地上的新建建筑物和其他设施，恢复土地原状；

（4）吊销勘查许可证、采矿许可证。

《行政处罚听证告知书》应当载明作出行政处罚的事实、理由、依据和处罚内容，并告知当事人有要求举行听证的权利。

当事人要求听证的，应当在收到《行政处罚听证告知书》后三个工作日内提出申请，口头提出的，应当制作笔录。

国土资源行政处罚听证适用《国土资源听证规定》。

12.4　行政处罚决定

当事人未在规定时间内陈述、申辩、要求听证的，或者陈述、申辩、听证中提出的事实、理由或者证据不成立的，国土资源主管部门应当依法制作《行政处罚决定书》；陈述、申辩或者听证中提出的事实、理由或者证据成立，需要修改拟作出的处理决定的，国土资源主管部门应当按照本规程11.1的规定，调整或者重新作出处理决定，依法制作《行政处罚决定书》。《行政处罚决定书》应当按照本规程13规定的方式送达当事人。

法律法规规定的责令改正或者责令限期改正，可以与行政处罚决定一并作出，也可以在作出行政处罚决定之前单独作出。

12.4.1《行政处罚决定书》的内容

（1）国土资源主管部门名称、文书标题及文号；

（2）当事人的姓名或者名称、地址等基本情况；

（3）违反法律、法规或者规章的事实和证据；

（4）告知、听证的情况；

（5）行政处罚的具体依据和内容；

（6）履行方式和期限；

（7）不服行政处罚决定，申请行政复议或者提起行政诉讼的途径和期限；

（8）拒不执行行政处罚决定的法律后果；

（9）作出决定的日期及印章。

12.4.2　制作《行政处罚决定书》的注意事项

（1）《行政处罚决定书》应当由具有行政处罚权的县级以上国土资源主管部门制作并加盖其印章，派出机构、内设机构不能以自己的名义制作。

（2）认定的违法事实应当客观真实，明确违法行为的性质。列举的证据应当全面具体，充分支撑所认定的违法事实。有从轻或者减轻情节的，应当一并说明。

（3）行政处罚前的告知、听证情况应当包括告知、听证程序的履行情况和当事人意见采纳情况。

（4）行政处罚的依据应当结合具体违法事实，分别说明定性和处罚适用的具体法律条款；引用法律条款应当根据条、款、项、目的顺序写明。

（5）行政处罚的内容应当明确、具体，有明确的履行方式和期限。

①责令退还、交还违法占用土地的，应当写明退还、交还土地的对象、范围、期限等。

②责令当事人限期履行的，应当写明履行的具体内容和期限。责令限期改正的，应当表述为“责令限××日内改正××行为”；责令限期拆除、恢复土地原状的，应

当写明拆除地上建筑物和其他设施的范围、内容，恢复场地平整或者耕地种植条件，并明确履行的具体期限。

③责令缴纳复垦费、处以罚款、没收违法所得的，应当写明违法所得的金额和币种、交款的期限、指定银行账户等。

④没收地上建筑物和其他设施的，应当写明没收建筑物的范围、内容等。

⑤吊销勘查许可证、采矿许可证的，应当写明矿业权人、勘查许可证或者采矿许可证的证号等。

⑥没收矿产品的，应当写明矿产品的种类、数量和堆放地点等。

（6）申请行政复议或者提起行政诉讼的途径和期限，应当具体明确。当事人申请行政复议的时限为自收到《行政处罚决定书》之日起六十日内，复议机关为作出行政处罚决定的同级人民政府或者上一级国土资源主管部门。当事人提起行政诉讼的时限一般为自收到《行政处罚决定书》之日起三个月内，对责令限期拆除处罚决定不服的，提起行政诉讼的时限为自收到《行政处罚决定书》之日起十五日内，诉讼机关为有管辖权的人民法院。

（7）当事人有两个以上国土资源违法行为的，国土资源主管部门可以制作一份《行政处罚决定书》，合并执行。《行政处罚决定书》中应当明确对每个违法行为的处罚内容和合并执行的内容。

（8）国土资源违法行为有两个以上当事人的，可以分别作出行政处罚决定，制作一式多份《行政处罚决定书》，分别送达当事人。

（9）有条件的地方，可以使用说理式《行政处罚决定书》。

12.5　作出行政处罚决定的期限

作出行政处罚决定的期限一般为立案之日起六十日内。案情复杂不能在规定期限内作出行政处罚决定的，报本级国土资源主管部门负责人批准，可以适当延长，但延长期限原则上不超过三十日，案情特别复杂的除外。

案件查处过程中的鉴定、听证、委托其他部门的认定、公告、邮递在途等时间不计入前款规定的期限；涉嫌犯罪移送的，等待公安机关、检察机关作出决定的时间，不计入前款规定的期限。

13　送达

《责令停止违法行为通知书》、《行政处罚决定书》等国土资源法律文书作出后，应当及时送达当事人，并制作《法律文书送达回证》，送达人应当为两人以上。

国土资源法律文书一经送达，即发生法律效力。

国土资源法律文书应当采用直接送达方式。直接送达有困难的，可以采用留置送达、委托送达、传真或者电子信息送达、委托或者邮寄送达、转交送达和公告送达等方式。

13.1　直接送达

直接送达的应当直接送交受送达人。受送达人是自然人的，本人不在交其同住成年家属签收；受送达人是法人或者其他组织的，应当由法人的法定代表人、其他组织的主要负责人或者该法人、组织负责收件的人签收；受送达人有代理人的，可以送交其代理人签收；受送达人已向国土资源主管部门指定代收人的，送交代收人签收。

送达回证上签收的日期为送达日期。

13.2　留置送达

受送达人或者其同住成年家属拒绝接收法律文书的，送达人可以邀请有关基层组织或者所在单位的代表到场，说明情况，在送达回证上记明拒收事由和日期，由送达人、见证人签名或者盖章，把法律文书留在受送达人的住所或者张贴在违法用地现场，并采用拍照、录像等方式记录送达过程，即视为送达。

影像中应当体现送达文书内容、明确的送达日期、当事人住所等现场情况。

送达回证上记明的日期为送达日期。

13.3　传真或者电子信息送达

经当事人同意，可以采用传真、电子邮件、手机信息等能够确认其收悉的方式送达法律文书，但《行政处罚决定书》除外。

传真、电子邮件、手机信息等到达当事人特定系统的日期为送达日期。

13.4　委托或者邮寄送达

直接送达法律文书有困难的，可以委托其他国土资源主管部门或者其他机关代为送达，或者邮寄送达。

委托送达，以受送达人在送达回证上签收的日期为送达日期。邮寄送达，应当附有送达回证，回执上注明的收件日期与送达回证上注明的收件日期不一致的，或者送达回证没有寄回的，以回执上注明的收件日期为送达日期。

13.5　转交送达

当事人是军人的，通过其所在部队团以上单位的政治机关转交；当事人被监禁的，通过其所在监所转交，以在送达回证上的签收日期为送达日期。

13.6　公告送达

当事人下落不明或者上述方式无法送达的，可以公告送达。公告送达，可以在当地主要媒体上予以公告或者在本部门公告栏、当事人所在基层组织公告栏、当事人住所地等地张贴公告并拍照，并在本部门或者本系统门户网站上公告。

自发出公告之日起，经过六十日，即视为送达。公告送达，应当在案卷中记明原因和经过，并应保存公告的有关材料。

14 执行

行政处罚决定、行政处理决定生效后，除涉及国家秘密外，国土资源主管部门可以将其内容在门户网站公开，督促违法当事人自觉履行，接受社会监督。

14.1 当事人履行

当事人收到行政处罚决定后，应当在行政处罚决定规定的期限内自行履行。

14.2 督促履行

行政处罚决定生效后，当事人逾期不履行的，国土资源主管部门可以采取以下措施督促其履行：

（1）向本级人民政府和上一级国土资源主管部门报告；

（2）向当事人所在单位或者其上级主管部门通报；

（3）向社会公开通报；

（4）停止办理或者告知相关部门停止办理当事人与本案有关的许可、审批、登记等手续。

14.3 催告履行

国土资源主管部门申请人民法院强制执行前，应当制作《履行行政处罚决定催告书》送达当事人，催告其履行义务。

14.4 申请人民法院强制执行

《履行行政处罚决定催告书》送达十日后，当事人仍未履行行政处罚决定的，国土资源主管部门可以向土地、矿产资源所在地有管辖权的人民法院申请强制执行。

当事人在法定期限内不申请行政复议或者提起行政诉讼，又不履行行政处罚决定的，国土资源主管部门可以自期限届满之日起三个月内，申请人民法院强制执行。

14.4.1 申请程序

申请人民法院强制执行，应当填写《强制执行申请书》，由国土资源主管部门负责人签名，加盖国土资源主管部门印章，注明日期，并附下列材料：

（1）《行政处罚决定书》及作出决定的事实、理由和依据；

（2）当事人意见及催告情况；

（3）申请强制执行标的情况；

（4）法律法规规定的其他材料。

递交《强制执行申请书》时，应当取得人民法院接收人员签字或者盖章的回执；接收人员拒收或者拒绝签字、盖章的，应当记录申请书是否递交、拒收或者拒签情形。

人民法院裁定不予受理强制执行申请或者受理后裁定不予执行，国土资源主管部门对裁定有异议的，可以自收到裁定之日起十五日内向上一级人民法院申请复议；对裁定无异议或者有异议但经复议维持原裁定的，国土资源主管部门应当纠正存在的问题。

14.4.2 财产保全

国土资源主管部门申请人民法院强制执行前，有充分理由认为被执行人可能逃避执行的，可以依法申请人民法院采取财产保全措施。

14.5 执行要求

（1）给予没收违法所得、罚款处罚的，罚没款足额缴入指定的银行账户，并取得缴款凭证。

当事人确有经济困难，需要延期或者分期缴纳罚款的，当事人应当提出申请，报国土资源主管部门主管负责人批准后，可以暂缓或者分期缴纳。

（2）给予拆除新建建筑物和其他设施、恢复土地原状处罚的，新建建筑物和其他设施已拆除，恢复场地平整或者耕地种植条件。

（3）给予没收新建建筑物和其他设施、矿产品或者其他实物处罚的，作出行政处罚决定的国土资源主管部门填写《非法财物移交书》，连同《行政处罚决定书》移交县级以上人民政府或者其指定的部门处理。涉及没收新建建筑物和其他设施的，移交不动产所在地县级以上人民政府或者其指定的部门。对没收后的地上建筑物和其他设施处置，不动产所在地县级以上人民政府可以根据情况决定拆除或保留。

（4）责令退还、交还土地的，将土地退还、交还至土地权利人或者管理人。

（5）责令限期履行义务，治理、改正、采取补救措施的，当事人在限定期限内履行义务、改正违法行为或者达到治理要求、采取相应的补救措施。

（6）给予吊销勘查许可证、采矿许可证处罚的，国土资源主管部门予以吊销，并公告。

（7）给予行政处理的，撤销或者废止违法批准征收、使用土地或者违法批准勘查、开采矿产资源的相关文件，依法收回土地，向有关单位提出对责任人的处理建议。

当事人对行政处罚决定不服申请行政复议或者提起行政诉讼的，在行政复议或者行政诉讼期间，行政处罚决定不停止执行，法律另有规定的除外。

14.6 终结执行

有下列情形之一的，终结执行：

(1) 自然人死亡，无遗产可供执行，又无义务承受人的；

(2) 法人或者其他组织终止，无财产可供执行，又无义务承受人的；

(3) 执行标的灭失的；

(4) 据以执行的行政处罚决定被撤销的；

(5) 需要终结执行的其他情形。

14.7 执行记录

国土资源主管部门应当根据执行情况制作《行政处罚决定执行记录》。《行政处罚决定执行记录》中应当载明案由、当事人、行政处罚事项、行政处罚内容的执行方式、执行结果等情况。其中，申请人民法院强制执行的，应当记录申请、受理、裁定执行情况等。

15 移送

国土资源主管部门在查处违法行为过程中，发现违法行为涉嫌犯罪依法应当追究刑事责任的，或者当事人及有关责任人员违规违纪应当追究行政纪律责任的，应当依照有关规定移送有关机关。

15.1 移送公安、检察机关

15.1.1 移送情形

国土资源主管部门在依法查处违法行为过程中，发现单位或者个人违法转让倒卖土地使用权、违法占用农用地、违法采矿、破坏性采矿等行为，达到刑事追诉标准、涉嫌犯罪的，在调查终结后，应当依法及时将案件移送公安机关。

国土资源主管部门在依法查处违法行为过程中，发现国家机关工作人员有违法批准、占用土地、违法低价出让国有土地使用权以及其他贪污贿赂、渎职等行为，达到刑事追诉标准、涉嫌犯罪的，在调查终结后，应当依法及时将案件移送检察机关。

15.1.2 移送程序

(1) 依法需要移送公安、检察机关追究刑事责任的，办案人员应当制作《违法案件处理决定呈批表》，提出移送公安、检察机关的建议。

(2) 国土资源主管部门负责人收到《违法案件处理决定呈批表》后，应当在三个工作日内作出是否批准移送的决定。决定不移送的，应当写明不予批准的理由。

(3) 决定移送的，应当制作《涉嫌犯罪案件移送书》，附具案件调查报告、涉案物品清单、有关鉴定结论、鉴定意见或者检验报告及其他有关涉嫌犯罪的材料，在移送决定批准后24小时内办理移送手续。国土资源主管部门在移送案件时已经作出行政处罚决定的，应当同时移送《行政处罚决定书》和作出行政处罚决定的证据材料。

向公安机关移送的案件，应当同时将《涉嫌犯罪案件移送书》及相关材料目录抄送同级人民检察院备案。

（4）公安机关对移送的案件决定不予立案，国土资源主管部门有异议的，可以在收到不予立案通知之日起三个工作日内，提请作出决定的公安机关复议。

检察机关对移送的案件决定不予立案，国土资源主管部门有异议的，可以在收到不予立案通知之日起五个工作日内，提请作出决定的检察机关复议。

（5）移送时，国土资源主管部门未作出行政处罚或者行政处理决定，人民法院判决后，违法状态仍未消除的，国土资源主管部门应当依法作出行政处罚或者行政处理，其中，人民法院已给予罚金处罚的，不再给予罚款的行政处罚。

15.2　移送监察、任免机关

15.2.1　移送情形

国土资源主管部门在依法查处违法行为的过程中，发现依法需要追究当事人及有关责任人员行政纪律责任，本部门无权处理的，在作出行政处罚决定或者行政处理决定后，应当依法及时将有关案件材料移送监察、任免机关。

由监察机关或者任免机关按照管理权限依法处分的人员主要包括：行政机关公务人员，法律、法规授权的具有公共事务管理职能的事业单位中经批准参照《公务员法》管理的工作人员，行政机关依法委托的组织中除工勤人员以外的工作人员，企业、事业单位中由行政机关任命的人员，法律、行政法规、国务院决定和国务院监察机关、国务院人力资源和社会保障部门制定的处分规章规定应当给予处分的人员。

15.2.2　移送程序

（1）需要移送监察、任免机关追究责任的，办案人员应当制作《违法案件处理决定呈批表》，提出移送监察、任免机关的建议。

（2）国土资源主管部门负责人收到《违法案件处理决定呈批表》后，应当作出是否批准移送的决定。决定不移送的，应当写明不予批准的理由。

（3）决定移送的，应当在作出行政处罚决定或者其他处理决定后十个工作日内，制作《行政处分建议书》，附具案件来源及立案材料、案件调查报告、处罚或者处理决定、有关证据材料及其他需要移送的材料。

15.3　移送送达回证

国土资源主管部门向有关机关移送案件，应当制作《法律文书送达回证》。受送达人接受移送的案件材料，并在送达回证上签字、盖章。受送达人拒收或者拒签的，送达人详细填写送达回证中的拒收、拒签的情况和理由。

16　结案

16.1　结案条件

符合下列条件之一的，可以结案：

（1）案件已经移送管辖的；

（2）终止调查的；

（3）决定不予行政处罚或者行政处理的；

（4）行政处罚决定或者行政处理决定执行完毕的；

（5）行政处罚决定终结执行的；

（6）已经依法申请人民法院强制执行的。

涉及需要移送有关部门追究刑事责任、行政纪律责任的，结案前应当已经依法移送。

16.2　结案呈批

符合结案条件的，承办人员应当填写《结案呈批表》，报国土资源主管部门负责人批准后结案。

《结案呈批表》应当载明案由、立案时间、立案编号、调查时间、当事人、主要违法事实、执行情况、相关建议等内容。

对终止调查或者终结执行但地上违法新建建筑物或者其他设施尚未处置的，结案呈批时，可以建议将有关情况报告或者函告地上违法新建建筑物或者其他设施所在地政府，由其依法妥善处置。

16.3　后续工作

结案后，有关部门开展与本案相关的强制执行、刑事责任、行政纪律责任追究等工作，需要国土资源主管部门配合的，国土资源主管部门应当予以配合。

17　立卷归档

办案人员应当将办案过程中形成的全部材料，及时整理装订成卷，并按照规定归档。

17.1　归档材料

卷宗内的归档材料应当包括：

（1）封面、目录；

（2）案件来源材料；

（3）责令停止违法行为通知书、责令履行法定义务通知书、责令改正违法行为通知书及送达回证；

（4）立案呈批表；

（5）证据材料；

（6）调查报告；

（7）审理记录；

(8) 案件处理决定呈批表;

(9) 行政处罚告知书及送达回证;

(10) 当事人陈述申辩材料、复核意见书;

(11) 行政处罚听证告知书、听证通知书、听证笔录、听证意见书、违法案件陈述、申辩、听证复核意见书等;

(12)《行政处罚决定书》或者行政处理决定及送达回证;

(13) 行政处分决定、行政处分建议书、刑事判决书、涉嫌犯罪案件移送书、案件管辖移送书;

(14) 有关法律文书送达回证;

(15) 履行处罚决定催告书及送达回证;

(16) 强制执行申请书及送达回证、申请送达情况记录;

(17) 行政处罚决定执行记录、罚没收据、缴纳相关费用收据、暂缓或者分期缴纳罚款的审批材料、吊销采矿许可证或者勘查许可证公告、非法财物移交书、非法财物清单、退地证明、证明拆除和恢复土地原状的图像资料、撤销批准文件的决定及相关材料;

(18) 经行政复议机关复议的应当附具行政复议决定书、经人民法院审理的应当附具人民法院判决书副本;

(19) 案件结案呈批表;

(20) 其他需要归档的材料。

17.2 归档要求

(1) 所有归档的材料，应当合法、完整、真实、准确，文字清楚，日期完备。应当保证归档材料之间的有机联系，同一案件形成的档案应当作为一个整体统一归档，不得分散归档，案卷较厚的可分卷归档。案卷应当标注总页码和分页码，加盖档号章。

(2) 卷内各类材料的排列，应当按照结论、决定、裁决性文件在前，依据性材料在后的原则，即批复在前、请示在后，正文在前、附件在后，印件在前、草稿在后的顺序组卷。

(3) 案卷资料归档应当按照档案管理要求统一归档保存或者交本部门档案室保存。

18 监督与责任追究

18.1 监督

国土资源主管部门应当通过定期或者不定期检查等方式，加强对本级和下级国土资源主管部门查处工作的监督，及时发现、纠正存在的问题。

县级以上人民政府国土资源主管部门发现作出的行政处罚、行政处理有错误的，应当主动改正。

国土资源主管部门应当建立重大违法案件挂牌督办制度，明确提出办理要求，公开督促下级国土资源主管部门限期办理并接受社会监督。

国土资源主管部门应当建立重大违法案件公开通报制度，将案情和处理结果向社会公开通报并接受社会监督。

18.2 责任追究

国土资源主管部门直接负责的主管人员和其他直接责任人员有下列情形之一，致使自然人、法人或者其他组织的合法权益、公共利益和社会秩序遭受损害的，应当依法追究责任：

（1）对发现的违法行为未依法制止的；

（2）应当依法立案查处，无正当理由未依法立案查处的；

（3）在制止以及查处违法案件中受阻，依照有关规定应当向本级人民政府或者上级国土资源主管部门报告而未报告的；

（4）应当依法给予行政处罚而未依法处罚的；

（5）应当依法申请强制执行、提出行政处分建议或者移送有权机关追究行政纪律或者刑事责任，而未依法申请强制执行、提出行政处分建议、移送有权机关的；

（6）其他徇私枉法、滥用职权、玩忽职守的情形。

国土资源执法监察工作机构和人员已经按照规定履行相应查处职责的，不得以玩忽职守、渎职等名义追究责任。

19 附则

19.1 期间

期间以时、日、月、年计算。期间开始的时和日不计算在期间内。工作日不包括法定节假日。

期间届满的最后一日是节假日的，以节假日后的第一日为期间届满的日期。

期间不包括在途时间。法律文书在期满前交邮的，不算过期。

19.2 数量关系的规范

本规程中的“以上”、“以下”、“内”、“前”，均包括本数；“后”不包括本数。

19.3 行政处罚追诉时效

国土资源违法行为在两年内未被发现的，不再给予行政处罚。法律另有规定的除外。

前款规定的期限，从违法行为发生之日起计算；违法行为有连续或者继续状态的，从行为终了之日起计算。

违法占用土地的行为，恢复土地原状前，应当视为具有继续状态。

19.4　解释机关

本规程由国土资源部负责解释。

国土资源部关于《国土资源行政处罚办法》第七条的解释

（2016 年 5 月 12 日　国土资源部令第 67 号）

根据《规章制定程序条例》第三十三条的规定，对《国土资源行政处罚办法》第七条中“全国范围内重大、复杂”的国土资源违法案件作如下解释：

一、全国范围内重大、复杂的国土资源违法案件是指：

（一）国务院要求国土资源部管辖的国土资源违法案件；

（二）跨省级行政区域的国土资源违法案件；

（三）国土资源部认为应当由其管辖的其他国土资源违法案件。

二、本解释自公布之日起实施。

国土资源部关于印发《国土资源部立案查处国土资源违法行为工作规范（试行）》的通知

（国土资规〔2016〕13号）

各省、自治区、直辖市国土资源主管部门，新疆生产建设兵团国土资源局，各派驻地方的国家土地督察局，部机关各司局：

《国土资源部立案查处国土资源违法行为工作规范（试行）》已经2016年11月2日第25次部长办公会审议通过，现予印发，请遵照执行。

本文件自印发之日起执行，有效期八年。

国土资源部

二〇一六年十一月十六日

国土资源部立案查处国土资源违法行为工作规范（试行）

为规范国土资源部本级立案查处国土资源违法行为工作，明确部立案查处的范围、工作程序和内容，规范执法行为，提升执法效能，推进法治国土建设，依据《土地管理法》、《矿产资源法》、《行政处罚法》、《国土资源行政处罚办法》、《国土资源违法行为查处工作规程》等法律法规规章和规范性文件，制定本规范。

一、适用范围

国土资源部立案查处土地、矿产资源违法行为，适用本规范。

二、工作要求和流程

国土资源部立案查处国土资源违法行为，应当遵循严格规范公正文明执法原则，做到事实清楚、证据确凿、定性准确、依据正确、程序合法、处理适当。

国土资源部立案查处国土资源违法行为，应当按照立案、调查取证、案情分析和调查报告、案件审理、征求意见、法制审核、部审议形成处理决定、实施处理决定、执行、结案的工作流程进行；具体工作由执法监察局和其他业务司局按照职责分工实施。

三、立案

（一）立案管辖范围。

国土资源违法案件管辖以属地管辖为原则，国土资源违法案件原则上由土地、矿产资源所在地的县级国土资源主管部门管辖。国土资源部管辖全国范围内重大、复杂和法律法规规定应当管辖的案件，具体包括：

1. 法律法规规定应当由国土资源部管辖的国土资源违法案件；
2. 国务院要求国土资源部管辖的国土资源违法案件；
3. 跨省级行政区域的国土资源违法案件；
4. 国土资源部认为应当由其管辖的国土资源违法案件。

其中，国土资源部认为应当由其管辖的国土资源违法案件是指省级国土资源主管部门上报、其他部门移送以及执法督察工作中发现严重损害群众权益的重大、典型违法行为，经部批准立案查处的案件。

（二）立案呈批。

对需要由国土资源部立案查处的国土资源违法行为，应当先行组织对违法基本事实进行核查。

经核查，发现符合以下条件的国土资源违法行为，应当报部批准后立案：

1. 有明确的行为人；
2. 有违反国土资源管理法律法规的事实；
3. 依照国土资源管理法律法规应当追究法律责任；
4. 未超过行政处罚时效；
5. 符合国土资源部立案管辖范围。

经核查，发现违法事实不存在，违法行为轻微并及时纠正、没有造成危害后果，或者违法状态已消除的，报部批准后，可以不予立案。

立案或者不予立案呈批前，执法监察局应当征求部相关司局意见。

土地案件应当征求办公厅、国家土地总督察办公室、政策法规司、调控和监测司、规划司、财务司、耕地保护司、地籍管理司（不动产登记局）、土地利用管理司、人事司、机关党委等司局意见。

矿产资源案件应当征求办公厅、政策法规司、调控和监测司、规划司、财务司、地质勘查司（矿产勘查办）、矿产开发管理司、矿产资源储量司、地质环境司（应急办）、人事司、机关党委等司局意见。

立案或者不予立案呈批时，执法监察局应当向部提交相应的请示，附《立案呈批表》或者《不予立案呈批表》、初步核查报告和征求意见情况。部领导在10个工作日内作出立案或者不予立案的决定。

（三）确定承办人员。

部决定立案查处的，应当确定至少2名案件承办人员。

根据工作需要，执法监察局可以统一调配局内人员，也可以抽调地方国土资源执法监察人员参加部立案查处工作，配发部临时执法监察证件，保障办案人员执法资格。

四、调查取证

（一）取证要求。

调查取证时，办案人员应当不少于2人，并应当向被调查人出示执法监察证件。根据需要，可以请派驻地方的国家土地督察机构派员参加调查。

办案人员按照《国土资源行政处罚办法》、《国土资源违法行为查处工作规程》中的证据收集要求，收集与案件相关的书证、物证、视听资料、证人证言、当事人陈述、询问笔录、现场勘测笔录、鉴定结论等证据。其中，需要耕地破坏程度和矿产资源破坏价值等鉴定的，部可以委托省级国土资源主管部门进行鉴定并出具鉴定结论或者鉴定意见。

（二）调查中止或者调查终止。

出现《国土资源违法行为查处工作规程》中规定的中止调查或者终止调查情形的，案件承办人员应当填写《中止调查决定呈批表》或者《终止调查决定呈批表》，征求部相关司局意见，按程序报部批准后，中止或者终止案件调查。

五、案情分析和调查报告

在调查取证的基础上，案件承办人员对收集的证据、案件事实进行认定，确定违法性质和法律适用，研究提出处理建议，起草调查报告。

（一）案情分析。

案件承办人员对收集的证据进行真实性、合法性和关联性审查，梳理和认定违法事实，研究确定违法性质和法律适用等。案情分析过程中，可以根据需要征求部相关业务司局或其他单位的意见。

（二）调查报告。

在调查取证和案情分析基础上，案件承办人员起草《国土资源违法案件调查报告》。调查报告提出的处理建议应当明确具体。其中，建议给予行政处罚的，应当依据土地、矿产资源所在地的行政处罚自由裁量权标准和办法，提出具体的行政处罚建议。

六、案件审理

案件承办人员起草的《国土资源违法案件调查报告》经内部审核后，提交执法监察局局长办公会审理。

局长办公会由局长主持，其他局领导、各处处长及相关人员参加。案件承办人员介绍案件情况，对违法事实、案件定性、处理意见和法律适用等作出说明；参会人员就案件有关问题进行提问和讨论，案件承办人员进行解答或者补充说明；会议主持人总结形成审理意见；案件承办人员如实记录参会人员意见和审理意见，制作《违法案件审理记录》，参会人员签字后，报会议主持人审签。

根据审理意见，案件承办人员对《国土资源违法案件调查报告》进行修改、完善。

七、征求意见

案件审理通过后，将《国土资源违法案件调查报告》分送部相关司局、案件所在地省级国土资源主管部门或者其他单位征求意见。

土地案件应当征求办公厅、国家土地总督察办公室、政策法规司、调控和监测司、规划司、财务司、耕地保护司、地籍管理司（不动产登记局）、土地利用管理司、人事司、机关党委等司局意见。

矿产资源案件应当征求办公厅、政策法规司、调控和监测司、规划司、财务司、地质勘查司（矿产勘查办）、矿产开发管理司、矿产资源储量司、地质环境司（应急办）、人事司、机关党委等司局意见。

根据征求意见情况，执法监察局对《国土资源违法案件调查报告》进行修改、完善。

八、法制审核

对部相关司局在法律适用问题上难以达成一致、确有必要的案件，《国土资源违法案件调查报告》应当送政策法规司进行法制审核。

按照法制审核意见，执法监察局对《国土资源违法案件调查报告》进行修改、完善。

九、部审议形成处理决定

执法监察局起草《关于提请部专题会审议国土资源违法案件调查报告的请示》，经相关司局会签后报部。请示应附会签意见及采纳情况、征求意见及采纳情况、《违法案件处理决定呈批表》等。对于拟作出行政处罚决定的，另附《行政处罚告知书》、《行政处罚听证告知书》、《行政处罚决定书》；对于拟作出行政处理决定的，另附《行政处理决定告知书》、《行政处理决定书》；对于需要追究行政纪律责任的，另附《行政处分建议书》；对于涉嫌犯罪的，另附《涉嫌犯罪案件移送书》。

部领导同意召开部专题会并确定会议时间后，执法监察局准备会议材料，并于会议前一天将会议材料分送各参会单位。

部专题会由分管部领导主持，执法监察局汇报，相关司局参加。

审议土地案件时，办公厅、国家土地总督察办公室、政策法规司、调控和监测司、规划司、财务司、耕地保护司、地籍管理司（不动产登记局）、土地利用管理司、人事司、机关党委等司局参加。

审议矿产资源案件时，办公厅、政策法规司、调控和监测司、规划司、财务司、地质勘查司（矿产勘查办）、矿产开发管理司、矿产资源储量司、地质环境司（应急办）、人事司、机关党委等司局参加。

部专题会对案件调查报告及相关法律文书进行审议，形成案件处理决定。执法监察局起草《部专题会议纪要》，经办公厅主任或者副主任审核后，报分管部领导签发。

部专题会认为案件特别复杂、重大的，应当提交部长办公会审议。执法监察局按照《国土资源部工作规则》的有关规定，提请部长办公会审议，并准备相关材料。

经部专题会或者部长办公会审议通过后，执法监察局将《违法案件处理决定呈批表》报部领导审签。

十、实施处理决定

《违法案件处理决定呈批表》经部领导签批后，执法监察局及相关司局具体履行相应程序，实施处理决定。

（一）行政处罚。

决定给予行政处罚的，按照下列程序进行：

1. 行政处罚告知和行政处罚听证告知。制作《行政处罚告知书》、《行政处罚听证告知书》，采取直接送达或者委托送达等方式送达当事人。当事人提出陈述和申辩的，由执法监察局进行复核。

当事人申请听证的，由部法制工作机构按照《国土资源听证规定》组织进行听证。

2. 行政处罚决定书。当事人未在规定时间内提出陈述、申辩和申请听证的，或者陈述、申辩、听证提出的事实、理由或者证据不成立的，制作《行政处罚决定书》，经部领导签发、加盖部印章后，采取直接送达或者委托送达等方式，送达当事人。经陈述、申辩或者听证，需要修改拟作出的行政处罚决定的，按照程序调整或者重新作出处罚决定。

3. 行政处罚作出时限。部应当自立案之日起60日内作出行政处罚决定。如需延长，应当报部批准。

（二）行政处理。

对违法批地、违法批矿等，决定给予行政处理的（如明确违法批准征收、使用土地或者违法批准勘查、开采矿产资源的相关文件无效，提出撤销批准文件、废止违法内容、依法收回土地等具体要求和建议追究行政纪律责任等），按照下列程序进行：

1. 行政处理告知。制作《行政处理告知书》，采取直接送达或者委托送达等方式送达当事人。当事人提出陈述和申辩的，由执法监察局进行复核。

2. 行政处理决定书。当事人未在规定时间内提出陈述、申辩的，或者陈述、申辩提出的事实、理由、证据不成立的，制作《行政处理决定书》，经部领导签发、加盖部印章后，采取直接送达或者委托送达等方式送达当事人。经陈述、申辩，需要修改拟作出的行政处理决定的，按照程序调整或者重新作出处理决定。

（三）移送案件。

对案件需要追究责任人行政纪律责任或者涉嫌犯罪，决定向有关部门移送案件的，执法监察局起草《行政处分建议书》或者《涉嫌犯罪案件移送书》，报部领导签发后，按照规定，将案件移送与责任人级别相对应的监察、任免机关或者有管辖权的公安、检察机关。

（四）撤销立案决定。

对违法事实不成立或者违法行为已过行政处罚追诉时效，决定撤销立案决定的，执法监察局填写《撤销立案决定呈批表》，报部批准。

（五）不予行政处罚或者行政处理。

对违法行为轻微或者违法状态已消除，决定不予行政处罚或者行政处理的，执法监察局按照本规范第十二条的规定办理结案手续。

（六）移送有管辖权机关。

案件不属于国土资源部管辖，决定移送有管辖权机关的，执法监察局起草移送案件管辖文件，报部批准后，移送有管辖权机关，按照本规范第十二条的规定办理结案手续。

十一、执行

（一）主动公开处理决定。

国土资源部作出的行政处罚决定、行政处理决定生效后，按照政府信息公开有关规定，在部门户网站公开，督促违法当事人自觉履行，接受社会监督。

根据工作需要，可以通过其他媒体进行报道。

（二）行政处罚决定的执行。

当事人应当按照《行政处罚决定书》的要求自觉履行。其中，决定没收违法所得或者罚款的，应当将违法所得或者罚款足额上缴国库，并提供缴款凭据；决定没收地上建（构）筑物、矿产品或者其他实物的，应当配合将地上建（构）筑物、矿产品或者其他实物移交所在地的人民政府或者其指定的部门。

当事人在法定期限内不申请行政复议或者提起行政诉讼，又不履行行政处罚决定的，国土资源部可以自期限届满之日起三个月内，向土地、矿产资源所在地的中级人民法院申请强制执行。《强制执行申请书》应当由部领导签名，加盖部印章，注明日期，并附具相关材料。

申请强制执行前，国土资源部制作《履行行政处罚决定催告书》，采取直接送达或者委托送达方式，送达当事人。

（三）行政处理决定的执行。

当事人应当按照《行政处理决定书》的要求，自觉履行，撤销、废止违法批准征收、使用土地或者违法批准勘查、开采矿产资源的相关文件，落实依法收回土地等决定。

（四）督促执行。

根据案件情况，国土资源部可以要求有关派驻地方的国家土地督察机构、省级国土资源主管部门跟踪督办行政处罚、行政处理决定的执行情况。

（五）执行记录。

根据行政处罚、行政处理决定的执行情况，执法监察局制作《执行记录》。

十二、结案

（一）结案条件。

符合下列条件之一的，可以结案：

（1）案件已经移送管辖的；

（2）终止调查的；

（3）决定不予行政处罚或者行政处理的；

（4）行政处罚决定或者行政处理决定执行完毕的；

（5）行政处罚决定终结执行的；

（6）已经依法申请人民法院强制执行的。

涉及需要移送有关部门追究刑事责任、行政纪律责任的，结案前应当已经依法移送。

（二）结案呈批。

符合结案条件的，执法监察局填写《结案呈批表》，报部批准后结案。

（三）立卷归档。

结案后，案件承办人员将办案过程中形成的全部材料，按照《国土资源违法行为查处工作规程》的要求，及时整理装订成卷，交由部档案室归档保存。

案卷分为正卷和副卷，正卷主要为案件查处过程中制作的法律文书和收集的证据材料等，当事人和利害关系人经申请可以查询、复制；副卷主要为内部呈批材料等，不对外公开。

附件：

1. 国土资源部立案查处国土资源违法行为工作流程图
2. 相关法律文书格式（略）

附件1

国土资源部立案查处国土资源违法行为工作流程图

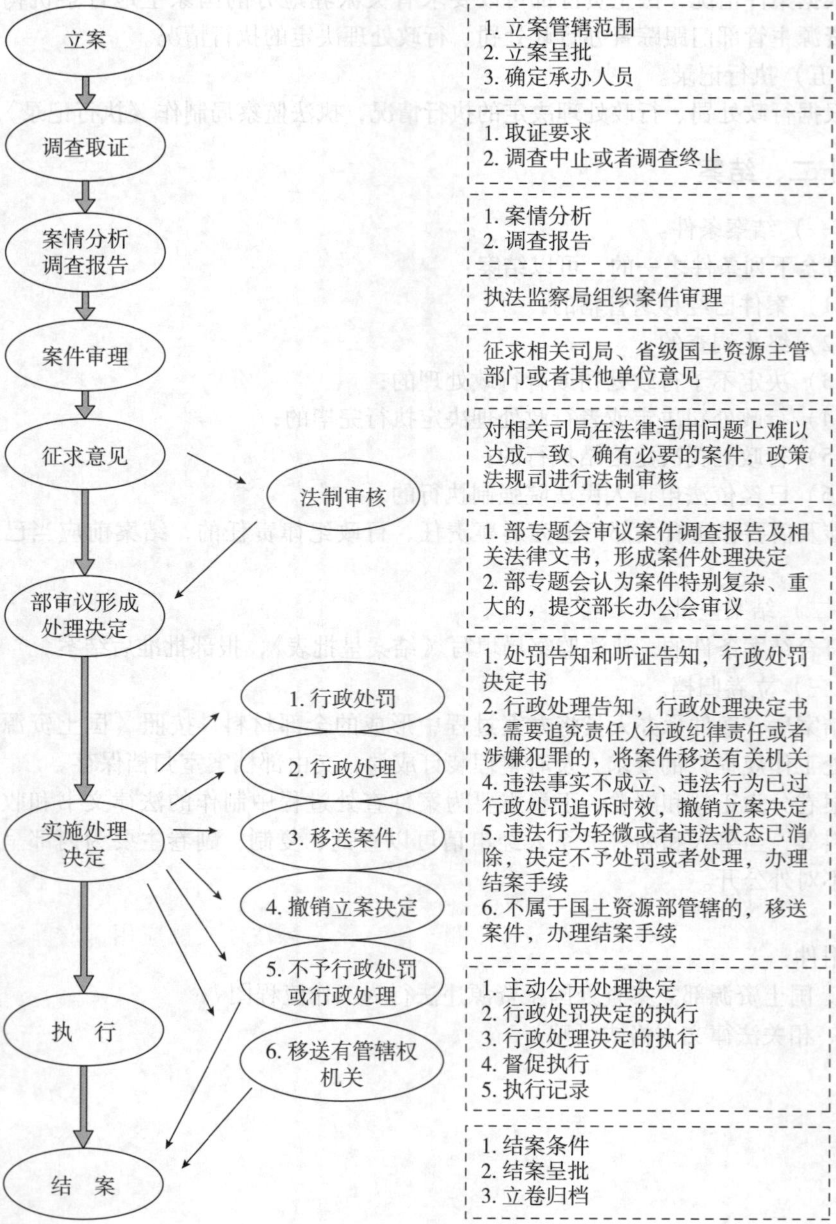

国土资源部关于进一步加强和改进执法监察工作的意见

（国土资规〔2017〕3号）

各省、自治区、直辖市国土资源主管部门，新疆生产建设兵团国土资源局，各派驻地方的国家土地督察局，部机关各司局：

执法监察工作是国土资源管理的重要组成部分，对维护国土资源管理秩序和群众权益，保护和合理利用国土资源，具有不可替代的作用。为进一步加强和改进执法监察工作，推进法治国土建设，提出如下意见。

一、加强和改进执法监察工作的总体思路

全面贯彻党的十八大和十八届三中、四中、五中、六中全会精神，深入贯彻习近平总书记系列重要讲话精神和治国理政新理念新思想新战略，紧紧围绕统筹推进“五位一体”总体布局和协调推进“四个全面”战略布局，坚持尽职尽责保护国土资源，节约集约利用国土资源，尽心尽力维护群众权益，落实依法行政、推进法治国土建设的要求，严格执法监管，建立健全执法监察工作常态化、立体化、制度化机制和模式，持续提升履职能力和水平，着力将违法行为发现在初始、解决在萌芽，维护国土资源管理的良好秩序。

二、加强和改进执法监察工作的基本原则

坚持严格执法监察。切实履行法定职责，公开、公正、严肃查处违法行为，敢于动真碰硬，重典问责。

坚持预防查处并重。完善制度和管理，从源头上防范违法；强化日常执法，抓早抓小，及时发现和处置违法行为。

坚持科技创新支撑。强化遥感监测、信息化等科技手段的应用，发挥现代科技对执法监察工作的支撑作用。

坚持落实共同责任。共享行政执法信息，推动各方自觉履行共同责任，合力防范和遏制违法行为。

三、构建常态化执法监察机制

加强源头防控。各级国土资源主管部门要加强违法形势分析和研判，从案件查处中发现前端管理和制度政策中需完善之处，及时健全制度，改进管理。注意了解

掌握各类项目动态，提前介入、主动服务，有针对性地提出解决方案，保障合理的国土资源需求，最大限度地从源头上防止产生违法问题。

及时发现违法行为。将执法监察的重心下移到县级国土资源主管部门，充分发挥国土资源所前沿哨所作用，强化基层执法。对群众举报、媒体反映、遥感监测、执法巡查、随机抽查等方式发现的违法线索，要及时核查，将违法行为发现在初始。有条件的地方可以探索购买第三方服务的方式，协助支撑巡查等工作。

有效处置违法问题。对发现的违法问题，要采取责令停止或限期改正等措施，及时制止；拒不停止的，要报告同级人民政府、抄告相关部门、向社会通报，做到解决在萌芽。符合立案条件的，应当依法立案查处。

改进完善卫片检查。坚持把权力和责任放下去，把监管和服务抓起来，应用遥感监测技术手段，充分发挥全天候和全覆盖遥感监测的监管作用，完善卫片检查与土地变更调查协同推进、与土地例行督察相结合的工作机制。健全约谈、问责制度，强化查处整改，发挥卫片检查对日常执法的评估检验作用。

四、严肃查处违法问题

严格履行法定查处职责。对违法问题始终保持高压态势，坚决纠正有法不依、执法不严问题。坚持案件查处属地管辖原则，县、市两级国土资源主管部门要切实履行查处工作主体责任。部和省级国土资源主管部门要加强指导，并对重大典型案件挂牌督办或直接立案查处。

突出执法查处重点。将违法占用耕地特别是基本农田、用地和勘查开采活动中破坏生态环境、土地征收中损害群众权益等严重的国土资源违法问题作为执法查处重点，严肃查处，公开通报查处结果，做到查处一案、教育一片、警示一方。

加强监督检查。强化对执法查处履职情况的监督，严格落实行政执法责任制。对有案不查的，上级国土资源主管部门要责令其查处或者挂牌督办、直接立案查处。对违法多发、日常执法薄弱的地区，上级国土资源主管部门要作为重点监管地区，督促其整改。国土资源执法监察工作机构和人员不依法履职或履职过错的，应当依法追究责任。

五、规范执法监察行为

完善执法监察工作规定。进一步明确国土资源执法监察工作职责界限、程序、内容和标准，规范执法行为，依法履职尽责。

健全行政处罚裁量权基准制度。细化行政处罚裁量标准，规范裁量的范围、种类、幅度，强化对行政执法权力的制约和监督。严格执行行政处罚裁量权基准，依法给予当事人相应处罚，做到过罚相当。

建立执法全过程记录制度。按照规定收集书证、物证、证人证言、询问笔录、鉴定结论等各类证据，规范执法文书制作，完善案卷立卷归档，对案件查处各个环节进行记录，做到执法留痕。有条件的地方，可以探索利用信息技术推行执法文书电子化，利用拍照、摄像等技术手段强化执法过程记录。

推行行政执法公示制度。各级国土资源主管部门应当依照规定将执法依据、执法流程、裁量权基准、处罚决定等向社会公开，接受社会监督。执法监察人员从事执法监察活动，要出示国土资源执法监察证件。

探索建立重大行政处罚决定法制审核制度。对涉及重大金额、重点执法对象、有重大社会影响等案件，在作出行政处罚决定之前，可以探索由本单位法制机构进行法制审核，确保行政执法行为规范合法。

六、提升科技执法水平

创新应用执法科技手段。充分应用卫星遥感、无人机、视频监控、手机终端、微信平台等科技手段，完善立体化的违法行为发现渠道和处置模式。有条件的地方，要探索建立快捷有效的违法行为核查指挥和快速反应机制，应用互联网+技术开展在线巡查和实地核查，提升执法监管的科学性和时效性。

推进执法监察信息化建设。建设执法监察信息数据库，整合建立执法监察信息监管平台，增强系统集成度。实现部省市县四级执法监察信息的互联互通、执法监察信息与国土资源其他业务信息的互联互通，构建信息化条件下协同监管的工作格局。

七、加强执法监察能力建设

加强队伍建设。建立重心下移、力量下沉的执法工作机制，加强县级国土资源执法队伍和国土资源所建设，充实基层执法力量。健全完善考核评价制度，不断提高执法队伍思想政治素质、业务工作能力、职业道德水准。加强对下级国土资源主管部门的业务指导和督促检查，组织开展上岗培训、业务培训，落实持证上岗和资格管理制度。打造执法严明、勤政廉洁、敢于担当的执法监察队伍。

提高保障水平。各级国土资源主管部门要把执法监察工作摆到更加突出的位置，切实加强组织领导和统筹协调，加强与财政、人事等相关部门的沟通，确保执法人员、经费和车辆等装备到位，为执法监察工作提供有力保障。有条件的地区，要为执法监察人员建立健全人身意外伤害保险等职业风险保障制度。

八、营造良好执法监察环境

扩大执法监察工作影响力。将执法监察情况纳入依法行政、绩效等政府工作考核体系，加大执法监察相关测评指标在开展全国文明城市、国土资源节约集约模范县（市）等创建活动中的运用力度，争取地方党委政府和有关部门对执法监察工作的重视和支持。

加强宣传教育引导。加大法律法规政策的宣传教育力度。充分发挥典型案件查处、约谈问责的警示教育作用，探索将国土资源违法信息纳入社会统一征信平台，提高全社会保护和依法开发利用国土资源意识。

发挥社会力量监督作用。充分发挥12336国土资源违法线索举报电话和违法举报微信平台等作用，畅通群众举报渠道。通过聘请监察专员、协管员、信息员、志愿者等方式，更好地发挥社会监督在防范国土资源违法中的作用。

九、落实协同推进工作机制

加强部门之间协作配合。对发现的违法行为，要按照规定及时抄告相关部门，提请相关部门采取措施，共同制止违法行为。联合有关部门探索建立黑名单信用惩戒机制，对重大违法案件当事人依法依规采取行政性约束和惩戒措施。已实行综合行政执法的地区，国土资源主管部门要积极支持、配合综合行政执法机构做好相关工作。

加强内部业务沟通协同。各级国土资源主管部门要按照权责一致的原则，细化内部各业务机构的监管职责，强化协同配合，完善内部审批、管理和执法信息共享机制。审批和管理中发现的违法问题，应当及时移交执法监察工作机构组织查处；执法监察工作中发现的制度和管理问题，应当及时通报相关业务机构。

强化执法督察协调联动。加强执法监察和土地督察工作的统筹和协调，建立执法和督察信息共享、定期会商、协同作战等工作机制，打出执法、督察的组合拳，发挥法律手段和行政手段各自优势，有效传导查处、整改压力，提高地方人民政府依法管地用地意识。

推进行政执法与司法衔接。进一步完善国土资源主管部门与公安机关、检察机关、审判机关的协作配合机制，落实联席会议、信息通报、案件移送等各项制度，探索实施裁执分离，发挥乡镇人民政府在依法拆除违法建筑方面的作用，有效解决案件移送难、执行难等问题。

本意见有效期5年，自印发之日起施行。《国土资源部关于进一步加强国土资源执法监察工作的通知》（国土资发〔2005〕220号）同时废止。

国土资源部

二〇一七年三月二十日

国土资源行政应诉规定

（2017 年 5 月 8 日　国土资源部令第 71 号）

第一条　为规范国土资源行政应诉工作，保护公民、法人和其他组织的合法权益，全面推进法治国土建设，根据《中华人民共和国行政诉讼法》等法律法规和国务院有关规定，结合国土资源管理工作实际，制定本规定。

第二条　国土资源主管部门依法参加行政诉讼活动，适用本规定。

第三条　国土资源主管部门应当积极支持人民法院依法受理和审理行政诉讼案件，依法履行出庭应诉职责，尊重并执行人民法院生效裁判，自觉接受司法监督。

第四条　国土资源主管部门的法制工作机构负责组织、协调和指导本部门的行政应诉工作。

国土资源主管部门作出被诉行政行为的工作机构为应诉承办机构，负责承办相应的行政应诉工作。

第五条　国土资源主管部门收到人民法院的应诉通知书后，由法制工作机构负责统一登记。其他工作机构收到应诉通知书的，应当于收到应诉通知书的当日转交法制工作机构。

第六条　国土资源主管部门应当依照下列规定确定应诉承办机构，并将应诉通知书及相关材料转交应诉承办机构办理：

（一）被诉的行政行为未经复议的，作出该行政行为的业务工作机构为应诉承办机构；

（二）被诉的行政行为经复议维持的，作出该行政行为的业务工作机构和办理行政复议事项的法制工作机构为应诉承办机构。业务工作机构负责对原行政行为的合法性进行举证和答辩，法制工作机构负责对复议程序的合法性进行举证和答辩；

（三）被诉的行政行为经复议改变的，办理行政复议事项的法制工作机构为应诉承办机构，业务工作机构协助办理。

经国土资源主管部门负责人同意，应诉承办机构可以通知与被诉行政行为有关的其他工作机构参与应诉工作。

依照本条第一款规定难以确定应诉承办机构的，由法制工作机构提出处理意见，报请国土资源主管部门负责人确定。

第七条　国土资源主管部门可以委托所属事业单位承担有关行政应诉的事务性工作。

第八条　应诉承办机构应当按照人民法院应诉通知书的要求，及时收集整理作出被诉行政行为的证据、依据和其他有关材料，拟订答辩状，确定应诉承办人员，并制作法定代表人身份证明和授权委托书。

应诉承办机构根据需要，可以提请法制工作机构组织有关机构、单位、法律顾问等对复杂案件进行会商。

第九条 应诉承办机构应当将答辩状及证据、依据等相关材料提交国土资源主管部门负责人审查批准。

答辩状、法定代表人身份证明、授权委托书应当加盖国土资源主管部门的印章，授权委托书还应当加盖法人代表签名章或者由法定代表人签字。

第十条 应诉承办机构应当于国土资源主管部门收到人民法院应诉通知书之日起15日内，按照人民法院的要求将答辩状、证据、依据等相关材料提交立案的人民法院。因不可抗力等正当事由导致证据不能按时提供的，应当向人民法院提出申请，经准许后可以延期提供。

证据、依据等相关材料涉及国家秘密、商业秘密或者个人隐私的，应诉承办机构应当作出明确标注和说明，安排工作人员当面提交给人民法院，由人民法院指定的人员签收。

第十一条 应诉承办机构认为需要向人民法院申请阅卷的，可以向人民法院提出申请，并按照规定查阅、复制卷宗材料。

第十二条 应诉承办机构收到应诉通知书后，认为能够采取解释说明、补充完善相关行政程序、积极履行法定职责等措施化解行政争议的，应当及时提出具体措施的建议，必要时应当经本部门负责人同意，与人民法院、原告沟通协商，但不得采取欺骗、胁迫等手段迫使原告撤诉。

国土资源主管部门为化解行政争议所采取的措施，不得损害国家利益、社会公共利益和他人合法权益，不得违反法律行政法规的规定。

第十三条 人民法院建议调解的行政争议，应诉承办机构应当提出协调解决方案，经国土资源主管部门负责人批准后，配合人民法院与当事人进行沟通协调。

第十四条 符合下列情形之一的，国土资源主管部门负责人应当出庭应诉：

（一）涉及重大公共利益、社会高度关注或者可能引发群体性事件，负责人出庭更有利于化解争议的案件；

（二）上级国土资源主管部门建议或者同级人民政府要求负责人出庭应诉的案件；

（三）人民法院书面建议负责人出庭应诉的案件；

（四）其他对国土资源管理可能产生重大影响的案件。

符合前款规定的，应诉承办机构应当及时提出负责人出庭的具体建议。国土资源主管部门负责人确实无法出庭的，应当指定其他工作人员出庭应诉，并按照人民法院的要求，在开庭审理前向人民法院作出书面说明。

第十五条 符合下列情形之一的，应诉承办机构负责人应当出庭应诉：

（一）国土资源主管部门负责人要求应诉承办机构负责人出庭的案件；

（二）国土资源主管部门提起上诉或者申请再审的案件；

（三）其他对本机构业务执法标准可能产生重大影响的案件。

第十六条　出庭应诉人员应当按时到庭。未经法庭许可，不得中途退庭。确因特殊情况不能按时出庭的，应当提前告知人民法院并说明事由，经法院许可申请延期。

第十七条　出庭应诉人员应当根据人民法院的要求参加庭审活动，遵守司法程序和法庭纪律，尊重审判人员和其他诉讼参加人。

第十八条　庭审结束后需要补充答辩意见和相关材料的，应诉承办机构应当在人民法院要求的期限内提供。

第十九条　法制工作机构负责统一登记人民法院行政案件裁判文书。其他工作机构收到人民法院行政案件裁判文书的，应当于收到裁判文书的当日转交法制工作机构进行登记，由法制工作机构将行政案件裁判文书转交应诉承办机构。

第二十条　应诉承办机构应当对人民法院裁判文书进行认真研究，认为依法应当提起上诉、申请再审的，经国土资源主管部门负责人批准后，于法定期限内向有管辖权的人民法院提交上诉状或者再审申请书，并将上诉状或者再审申请书抄送法制工作机构。

国土资源主管部门决定不提起上诉的，应诉承办机构应当于人民法院裁判文书生效之日起10日内，将裁判结果及分析情况向本部门负责人报告，同时抄送法制工作机构。因同一原因导致多个案件收到相同裁判结果的，可以合并报告。

第二十一条　国土资源主管部门或者原告提起上诉、申请再审的，第二审案件、再审案件由原承办第一审案件、第二审案件的应诉承办机构负责承办行政应诉工作。

第二十二条　人民法院的裁判文书需要履行的，应诉承办机构应当自判决、裁定和调解书生效之日起10日内提出履行的意见，报经本部门负责人批准后组织实施，并在判决、裁定和调解书生效之日起30日内，向负责人报告履行情况，同时抄送法制工作机构。

依法提出再审申请的，应诉承办机构应当就履行的意见与相关人民法院进行沟通。

第二十三条　人民法院依法判决国土资源主管部门承担赔偿责任的，应诉承办机构应当会同相关机构依照法律法规和国家有关规定制定赔偿方案，经本部门负责人批准后，办理支付赔偿费用手续。

第二十四条　需要缴纳诉讼费用的，由应诉承办机构会同相关机构办理。

第二十五条　国土资源主管部门收到人民法院提出的司法建议的，应当组织研究落实，提出具体措施、意见和建议，对存在的违法或者不当的行政行为进行整改，并将有关情况及时向人民法院反馈。

第二十六条　国土资源主管部门收到人民法院对本部门制定的规范性文件的处

理建议的，应当组织研究，于60日内向人民法院反馈处理意见。发现该规范性文件与法律法规规章的规定相抵触的，应当及时停止执行该规范性文件或者相关规定，并向社会公布。

第二十七条 应诉承办机构应当在行政诉讼活动全部结束后，将案件材料进行收集整理装订，依照档案管理的有关规定归档、移交。

第二十八条 国土资源主管部门应当定期统计和分析行政应诉情况，总结行政应诉中发现的问题，并在本部门内部或者向下级国土资源主管部门通报，督促其改进管理、完善制度。

第二十九条 国土资源主管部门应当根据行政应诉工作需要，配备、充实工作人员，保障工作经费、装备和其他必要的工作条件，保证行政应诉人员、机构和能力与工作任务相适应。

第三十条 国土资源主管部门应当建立行政应诉学习培训制度，开展集中培训、旁听庭审和案例研讨等活动，提高工作人员的行政应诉能力。

第三十一条 国土资源主管部门可以根据应诉工作的需要，聘请律师或者安排公职律师办理国土资源行政案件。

第三十二条 国土资源主管部门应当将出庭应诉、支持人民法院受理和审理行政案件、执行人民法院生效裁判以及行政应诉能力建设等依法履行行政应诉职责情况纳入法治国土建设考核和绩效考核等，考核结果作为评价领导班子、评先表彰、干部使用的重要依据。

应诉承办机构负责人和地方国土资源主管部门负责人进行年度述职时，应当报告履行出庭应诉职责情况。

第三十三条 对在行政应诉工作中取得显著成绩的单位和个人，国土资源主管部门应当予以表彰和奖励。

第三十四条 国土资源主管部门及其工作人员违反本规定，有下列情形之一，应当责令限期改正；造成不良后果的，应当依法予以处分：

（一）收到人民法院的法律文书后未及时处理或者转交的；

（二）不按照本规定提交证据、依据及其他相关材料，履行答辩、举证等法定义务的；

（三）无正当理由不出庭应诉，也不委托相应的工作人员出庭的；

（四）出庭应诉人员无正当理由未按时出庭或者未经法院许可中途退庭的；

（五）拒绝履行或者无正当理由拖延履行人民法院发生法律效力的判决、裁定和调解书，被人民法院强制执行的；

（六）无法定事由未全面履行人民法院发生法律效力的判决、裁定和调解书的；

（七）不依法及时处理司法机关司法建议，不整改本部门、本单位存在的违法行政问题的；

（八）应当提起上诉、申请再审的案件，拖延或者怠于履行提起上诉、申请再审职责，导致国家蒙受重大损失的；

（九）其他违反本规定的行为。

第三十五条　国土资源主管部门的工作人员违反本规定，在行政应诉工作中玩忽职守、滥用职权、徇私舞弊的，依法给予处分；构成犯罪的，依法追究刑事责任。

第三十六条　国土资源主管部门参加行政赔偿诉讼活动，国土资源部办理国务院裁决案件的答复事项，参照本规定执行。

第三十七条　本规定自公布之日起施行。